最新

宪法国家法

法律法规汇编

法律出版社法规中心 编

法律出版社
LAW PRESS·CHINA
北京

图书在版编目(CIP)数据

最新宪法国家法法律法规汇编 / 法律出版社法规中心编. -- 3 版. -- 北京 : 法律出版社, 2023
ISBN 978-7-5197-7587-2

Ⅰ. ①最… Ⅱ. ①法… Ⅲ. ①宪法-汇编-中国②国家法-汇编-中国 Ⅳ. ①D921.09

中国国家版本馆 CIP 数据核字(2023)第 027771 号

最新宪法国家法法律法规汇编
ZUIXIN XIANFA GUOJIAFA FALǙ FAGUI HUIBIAN

法律出版社法规中心 编

责任编辑 冯高琼
装帧设计 李 瞻

出版发行 法律出版社
编辑统筹 法规出版分社
责任校对 张红蕊
责任印制 耿润瑜
经　　销 新华书店

开本 A5
印张 20.75　**字数** 631 千
版本 2023 年 4 月第 3 版
印次 2023 年 4 月第 1 次印刷
印刷 固安华明印业有限公司

地址:北京市丰台区莲花池西里 7 号(100073)
网址:www.lawpress.com.cn
投稿邮箱:info@lawpress.com.cn
举报盗版邮箱:jbwq@lawpress.com.cn
销售电话:010-83938349
客服电话:010-83938350
咨询电话:010-63939796

书号:ISBN 978-7-5197-7587-2　**定价**:68.00 元
凡购买本社图书,如有印装错误,我社负责退换。电话:010-83938349

目　　录

一、综　　合

二、国家制度

1. 选举制度

2. 立法制度

3. 民族区域自治制度

4. 特别行政区制度

三、公民基本权利和义务

四、国家机构

1. 人民代表大会

2. 人民政府及基层自治组织

3. 监察委员会

4. 人 民 法 院

5. 人民检察院

五、国旗、国徽、国歌

六、国家主权和领土完整

七、国　　防

八、国家赔偿

九、国家安全

十、其他相关法

一、综　合

中华人民共和国宪法

1. 1982年12月4日第五届全国人民代表大会第五次会议通过
2. 1982年12月4日全国人民代表大会公告公布施行
3. 根据1988年4月12日第七届全国人民代表大会第一次会议通过的《中华人民共和国宪法修正案》、1993年3月29日第八届全国人民代表大会第一次会议通过的《中华人民共和国宪法修正案》、1999年3月15日第九届全国人民代表大会第二次会议通过的《中华人民共和国宪法修正案》、2004年3月14日第十届全国人民代表大会第二次会议通过的《中华人民共和国宪法修正案》和2018年3月11日第十三届全国人民代表大会第一次会议通过的《中华人民共和国宪法修正案》修正

目　录

序　　言

中国是世界上历史最悠久的国家之一。中国各族人民共同创造了光辉灿烂的文化,具有光荣的革命传统。

一八四〇年以后,封建的中国逐渐变成半殖民地、半封建的国家。中国人民为国家独立、民族解放和民主自由进行了前仆后继的英勇奋斗。

二十世纪,中国发生了翻天覆地的伟大历史变革。

一九一一年孙中山先生领导的辛亥革命,废除了封建帝制,创立了中华民国。但是,中国人民反对帝国主义和封建主义的历史任务还没有完成。

一九四九年,以毛泽东主席为领袖的中国共产党领导中国各族人民,在经历了长期的艰难曲折的武装斗争和其他形式的斗争以后,终于推翻了帝国主义、封建主义和官僚资本主义的统治,取得了新民主主义革命的伟大胜利,建立了中华人民共和国。从此,中国人民掌握了国家的权力,成为国家的主人。

中华人民共和国成立以后,我国社会逐步实现了由新民主主义到社会主义的过渡。生产资料私有制的社会主义改造已经完成,人剥削人的制度已经消灭,社会主义制度已经确立。工人阶级领导的、以工农联盟为基础的人民民主专政,实质上即无产阶级专政,得到巩固和发展。中国人民和中国人民解放军战胜了帝国主义、霸权主义的侵略、破坏和武装挑衅,维护了国家的独立和安全,增强了国防。经济建设取得了重大的成就,独立的、比较完整的社会主义工业体系已经基本形成,农业生产显著提高。教育、科学、文化等事业有了很大的发展,社会主义思想教育取得了明显的成效。广大人民的生活有了较大的改善。

中国新民主主义革命的胜利和社会主义事业的成就,是中国共产党领导中国各族人民,在马克思列宁主义、毛泽东思想的指引下,坚持真理,修正错误,战胜许多艰难险阻而取得的。我国将长期处于社会主义初级阶段。国家的根本任务是,沿着中国特色社会主义道路,集中力量进行社会主义现代化建设。中国各族人民将继续在中国共产党领导下,在马克思列宁主义、毛泽东思想、邓小平理论、“三个代表”重要思想、科学发展观、习近平新时代中国特色社会主义思想指引下,坚持人民民主专政,坚持社会主义道路,坚持改革开放,不断完善社会主义的各项制度，发展社会主义市场经济，发展社会主义民主，健全社会主义法治，贯彻新发展理念，自力更生，艰苦奋斗，逐步实现工业、农业、国防和科学技术的现代化，推动物质文明、政治文明、精神文明、社会文明、生态文明协调发展，把我国建设成为富强民主文明和谐美丽的社会主义现代化强国，实现中华民族伟大复兴。

在我国，剥削阶级作为阶级已经消灭，但是阶级斗争还将在一定范围内长期存在。中国人民对敌视和破坏我国社会主义制度的国内外的敌对势力和敌对分子，必须进行斗争。

台湾是中华人民共和国的神圣领土的一部分。完成统一祖国的大业是包括台湾同胞在内的全中国人民的神圣职责。

社会主义的建设事业必须依靠工人、农民和知识分子，团结一切可以团结的力量。在长期的革命、建设、改革过程中，已经结成由中国共产党领导的，有各民主党派和各人民团体参加的，包括全体社会主义劳动者、社会主义事业的建设者、拥护社会主义的爱国者、拥护祖国统一和致力于中华民族伟大复兴的爱国者的广泛的爱国统一战线，这个统一战线将继续巩固和发展。中国人民政治协商会议是有广泛代表性的统一战线组织，过去发挥了重要的历史作用，今后在国家政治生活、社会生活和对外友好活动中，在进行社会主义现代化建设、维护国家的统一和团结的斗争中，将进一步发挥它的重要作用。中国共产党领导的多党合作和政治协商制度将长期存在和发展。

中华人民共和国是全国各族人民共同缔造的统一的多民族国家。平等团结互助和谐的社会主义民族关系已经确立，并将继续加强。在维护民族团结的斗争中，要反对大民族主义，主要是大汉族主义，也要反对地方民族主义。国家尽一切努力，促进全国各民族的共同繁荣。

中国革命、建设、改革的成就是同世界人民的支持分不开的。中国的前途是同世界的前途紧密地联系在一起的。中国坚持独立自主的对外政策，坚持互相尊重主权和领土完整、互不侵犯、互不干涉内政、平等互利、和平共处的五项原则，坚持和平发展道路，坚持互利共赢开放战略，发展同各国的外交关系和经济、文化交流，推动构建人类命运共同体；坚持反对帝国主义、霸权主义、殖民主义，加强同世界各国人民的团结，支持被压迫民族和发展中国家争取和维护民族独立、发展民族经济的正义斗争，为维护世界和平和促进人类进步事业而努力。

本宪法以法律的形式确认了中国各族人民奋斗的成果，规定了国家的根本制度和根本任务，是国家的根本法，具有最高的法律效力。全国各族人民、一切国家机关和武装力量、各政党和各社会团体、各企业事业组织，都必须以宪法为根本的活动准则，并且负有维护宪法尊严、保证宪法实施的职责。

第一章 总 纲

第一条 中华人民共和国是工人阶级领导的、以工农联盟为基础的人民民主专政的社会主义国家。

社会主义制度是中华人民共和国的根本制度。中国共产党领导是中国特色社会主义最本质的特征。禁止任何组织或者个人破坏社会主义制度。

第二条 中华人民共和国的一切权力属于人民。

人民行使国家权力的机关是全国人民代表大会和地方各级人民代表大会。

人民依照法律规定，通过各种途径和形式，管理国家事务，管理经济和文化事业，管理社会事务。

第三条 中华人民共和国的国家机构实行民主集中制的原则。

全国人民代表大会和地方各级人民代表大会都由民主选举产生，对人民负责，受人民监督。

国家行政机关、监察机关、审判机关、检察机关都由人民代表大会产生，对它负责，受它监督。

中央和地方的国家机构职权的划分，遵循在中央的统一领导下，充分发挥地方的主动性、积极性的原则。

第四条 中华人民共和国各民族一律平等。国家保障各少数民族的合法的权利和利益，维护和发展各民族的平等团结互助和谐关系。禁止对任何民族的歧视和压迫，禁止破坏民族团结和制造民族分裂的行为。

国家根据各少数民族的特点和需要，帮助各少数民族地区加速经济和文化的发展。

各少数民族聚居的地方实行区域自治，设立自治机关，行使自治权。各民族自治地方都是中华人民共和国不可分离的部分。

各民族都有使用和发展自己的语言文字的自由，都有保持或者改革自己的风俗习惯的自由。

第五条　中华人民共和国实行依法治国,建设社会主义法治国家。

国家维护社会主义法制的统一和尊严。

一切法律、行政法规和地方性法规都不得同宪法相抵触。

一切国家机关和武装力量、各政党和各社会团体、各企业事业组织都必须遵守宪法和法律。一切违反宪法和法律的行为,必须予以追究。

任何组织或者个人都不得有超越宪法和法律的特权。

第六条　中华人民共和国的社会主义经济制度的基础是生产资料的社会主义公有制,即全民所有制和劳动群众集体所有制。社会主义公有制消灭人剥削人的制度,实行各尽所能、按劳分配的原则。

国家在社会主义初级阶段,坚持公有制为主体、多种所有制经济共同发展的基本经济制度,坚持按劳分配为主体、多种分配方式并存的分配制度。

第七条　国有经济,即社会主义全民所有制经济,是国民经济中的主导力量。国家保障国有经济的巩固和发展。

第八条　农村集体经济组织实行家庭承包经营为基础、统分结合的双层经营体制。农村中的生产、供销、信用、消费等各种形式的合作经济,是社会主义劳动群众集体所有制经济。参加农村集体经济组织的劳动者,有权在法律规定的范围内经营自留地、自留山、家庭副业和饲养自留畜。

城镇中的手工业、工业、建筑业、运输业、商业、服务业等行业的各种形式的合作经济,都是社会主义劳动群众集体所有制经济。

国家保护城乡集体经济组织的合法的权利和利益,鼓励、指导和帮助集体经济的发展。

第九条　矿藏、水流、森林、山岭、草原、荒地、滩涂等自然资源,都属于国家所有,即全民所有;由法律规定属于集体所有的森林和山岭、草原、荒地、滩涂除外。

国家保障自然资源的合理利用,保护珍贵的动物和植物。禁止任何组织或者个人用任何手段侵占或者破坏自然资源。

第十条　城市的土地属于国家所有。

农村和城市郊区的土地,除由法律规定属于国家所有的以外,属于集体所有;宅基地和自留地、自留山,也属于集体所有。

国家为了公共利益的需要,可以依照法律规定对土地实行征收或者征用并给予补偿。

任何组织或者个人不得侵占、买卖或者以其他形式非法转让土地。土地的使用权可以依照法律的规定转让。

一切使用土地的组织和个人必须合理地利用土地。

第十一条 在法律规定范围内的个体经济、私营经济等非公有制经济,是社会主义市场经济的重要组成部分。

国家保护个体经济、私营经济等非公有制经济的合法的权利和利益。国家鼓励、支持和引导非公有制经济的发展,并对非公有制经济依法实行监督和管理。

第十二条 社会主义的公共财产神圣不可侵犯。

国家保护社会主义的公共财产。禁止任何组织或者个人用任何手段侵占或者破坏国家的和集体的财产。

第十三条 公民的合法的私有财产不受侵犯。

国家依照法律规定保护公民的私有财产权和继承权。

国家为了公共利益的需要,可以依照法律规定对公民的私有财产实行征收或者征用并给予补偿。

第十四条 国家通过提高劳动者的积极性和技术水平,推广先进的科学技术,完善经济管理体制和企业经营管理制度,实行各种形式的社会主义责任制,改进劳动组织,以不断提高劳动生产率和经济效益,发展社会生产力。

国家厉行节约,反对浪费。

国家合理安排积累和消费,兼顾国家、集体和个人的利益,在发展生产的基础上,逐步改善人民的物质生活和文化生活。

国家建立健全同经济发展水平相适应的社会保障制度。

第十五条 国家实行社会主义市场经济。

国家加强经济立法,完善宏观调控。

国家依法禁止任何组织或者个人扰乱社会经济秩序。

第十六条 国有企业在法律规定的范围内有权自主经营。

国有企业依照法律规定,通过职工代表大会和其他形式,实行民主管理。

第十七条 集体经济组织在遵守有关法律的前提下,有独立进行经济活动的自主权。

集体经济组织实行民主管理,依照法律规定选举和罢免管理人员,决定经营管理的重大问题。

第十八条　中华人民共和国允许外国的企业和其他经济组织或者个人依照中华人民共和国法律的规定在中国投资，同中国的企业或者其他经济组织进行各种形式的经济合作。

在中国境内的外国企业和其他外国经济组织以及中外合资经营的企业，都必须遵守中华人民共和国的法律。它们的合法的权利和利益受中华人民共和国法律的保护。

第十九条　国家发展社会主义的教育事业，提高全国人民的科学文化水平。

国家举办各种学校，普及初等义务教育，发展中等教育、职业教育和高等教育，并且发展学前教育。

国家发展各种教育设施，扫除文盲，对工人、农民、国家工作人员和其他劳动者进行政治、文化、科学、技术、业务的教育，鼓励自学成才。

国家鼓励集体经济组织、国家企业事业组织和其他社会力量依照法律规定举办各种教育事业。

国家推广全国通用的普通话。

第二十条　国家发展自然科学和社会科学事业，普及科学和技术知识，奖励科学研究成果和技术发明创造。

第二十一条　国家发展医疗卫生事业，发展现代医药和我国传统医药，鼓励和支持农村集体经济组织、国家企业事业组织和街道组织举办各种医疗卫生设施，开展群众性的卫生活动，保护人民健康。

国家发展体育事业，开展群众性的体育活动，增强人民体质。

第二十二条　国家发展为人民服务、为社会主义服务的文学艺术事业、新闻广播电视事业、出版发行事业、图书馆博物馆文化馆和其他文化事业，开展群众性的文化活动。

国家保护名胜古迹、珍贵文物和其他重要历史文化遗产。

第二十三条　国家培养为社会主义服务的各种专业人才，扩大知识分子的队伍，创造条件，充分发挥他们在社会主义现代化建设中的作用。

第二十四条　国家通过普及理想教育、道德教育、文化教育、纪律和法制教育，通过在城乡不同范围的群众中制定和执行各种守则、公约，加强社会主义精神文明的建设。

国家倡导社会主义核心价值观，提倡爱祖国、爱人民、爱劳动、爱科学、爱社会主义的公德，在人民中进行爱国主义、集体主义和国际主义、共产主义的教育，进行辩证唯物主义和历史唯物主义的教育，反对资本主义的、封建主义的和其他的腐朽思想。

第二十五条 国家推行计划生育，使人口的增长同经济和社会发展计划相适应。

第二十六条 国家保护和改善生活环境和生态环境，防治污染和其他公害。

国家组织和鼓励植树造林，保护林木。

第二十七条 一切国家机关实行精简的原则，实行工作责任制，实行工作人员的培训和考核制度，不断提高工作质量和工作效率，反对官僚主义。

一切国家机关和国家工作人员必须依靠人民的支持，经常保持同人民的密切联系，倾听人民的意见和建议，接受人民的监督，努力为人民服务。

国家工作人员就职时应当依照法律规定公开进行宪法宣誓。

第二十八条 国家维护社会秩序，镇压叛国和其他危害国家安全的犯罪活动，制裁危害社会治安、破坏社会主义经济和其他犯罪的活动，惩办和改造犯罪分子。

第二十九条 中华人民共和国的武装力量属于人民。它的任务是巩固国防，抵抗侵略，保卫祖国，保卫人民的和平劳动，参加国家建设事业，努力为人民服务。

国家加强武装力量的革命化、现代化、正规化的建设，增强国防力量。

第三十条 中华人民共和国的行政区域划分如下：

（一）全国分为省、自治区、直辖市；

（二）省、自治区分为自治州、县、自治县、市；

（三）县、自治县分为乡、民族乡、镇。

直辖市和较大的市分为区、县。自治州分为县、自治县、市。

自治区、自治州、自治县都是民族自治地方。

第三十一条 国家在必要时得设立特别行政区。在特别行政区内实行的制度按照具体情况由全国人民代表大会以法律规定。

第三十二条 中华人民共和国保护在中国境内的外国人的合法权利和利益，在中国境内的外国人必须遵守中华人民共和国的法律。

中华人民共和国对于因为政治原因要求避难的外国人，可以给予受庇护的权利。

第二章　公民的基本权利和义务

第三十三条　凡具有中华人民共和国国籍的人都是中华人民共和国公民。

中华人民共和国公民在法律面前一律平等。

国家尊重和保障人权。

任何公民享有宪法和法律规定的权利，同时必须履行宪法和法律规定的义务。

第三十四条　中华人民共和国年满十八周岁的公民，不分民族、种族、性别、职业、家庭出身、宗教信仰、教育程度、财产状况、居住期限，都有选举权和被选举权；但是依照法律被剥夺政治权利的人除外。

第三十五条　中华人民共和国公民有言论、出版、集会、结社、游行、示威的自由。

第三十六条　中华人民共和国公民有宗教信仰自由。

任何国家机关、社会团体和个人不得强制公民信仰宗教或者不信仰宗教，不得歧视信仰宗教的公民和不信仰宗教的公民。

国家保护正常的宗教活动。任何人不得利用宗教进行破坏社会秩序、损害公民身体健康、妨碍国家教育制度的活动。

宗教团体和宗教事务不受外国势力的支配。

第三十七条　中华人民共和国公民的人身自由不受侵犯。

任何公民，非经人民检察院批准或者决定或者人民法院决定，并由公安机关执行，不受逮捕。

禁止非法拘禁和以其他方法非法剥夺或者限制公民的人身自由，禁止非法搜查公民的身体。

第三十八条　中华人民共和国公民的人格尊严不受侵犯。禁止用任何方法对公民进行侮辱、诽谤和诬告陷害。

第三十九条　中华人民共和国公民的住宅不受侵犯。禁止非法搜查或者非法侵入公民的住宅。

第四十条　中华人民共和国公民的通信自由和通信秘密受法律的保护。除因国家安全或者追查刑事犯罪的需要，由公安机关或者检察机关依照法律规定的程序对通信进行检查外，任何组织或者个人不得以任何理由侵犯公民的通信自由和通信秘密。

第四十一条 中华人民共和国公民对于任何国家机关和国家工作人员，有提出批评和建议的权利；对于任何国家机关和国家工作人员的违法失职行为，有向有关国家机关提出申诉、控告或者检举的权利，但是不得捏造或者歪曲事实进行诬告陷害。

对于公民的申诉、控告或者检举，有关国家机关必须查清事实，负责处理。任何人不得压制和打击报复。

由于国家机关和国家工作人员侵犯公民权利而受到损失的人，有依照法律规定取得赔偿的权利。

第四十二条 中华人民共和国公民有劳动的权利和义务。

国家通过各种途径，创造劳动就业条件，加强劳动保护，改善劳动条件，并在发展生产的基础上，提高劳动报酬和福利待遇。

劳动是一切有劳动能力的公民的光荣职责。国有企业和城乡集体经济组织的劳动者都应当以国家主人翁的态度对待自己的劳动。国家提倡社会主义劳动竞赛，奖励劳动模范和先进工作者。国家提倡公民从事义务劳动。

国家对就业前的公民进行必要的劳动就业训练。

第四十三条 中华人民共和国劳动者有休息的权利。

国家发展劳动者休息和休养的设施，规定职工的工作时间和休假制度。

第四十四条 国家依照法律规定实行企业事业组织的职工和国家机关工作人员的退休制度。退休人员的生活受到国家和社会的保障。

第四十五条 中华人民共和国公民在年老、疾病或者丧失劳动能力的情况下，有从国家和社会获得物质帮助的权利。国家发展为公民享受这些权利所需要的社会保险、社会救济和医疗卫生事业。

国家和社会保障残废军人的生活，抚恤烈士家属，优待军人家属。

国家和社会帮助安排盲、聋、哑和其他有残疾的公民的劳动、生活和教育。

第四十六条 中华人民共和国公民有受教育的权利和义务。

国家培养青年、少年、儿童在品德、智力、体质等方面全面发展。

第四十七条 中华人民共和国公民有进行科学研究、文学艺术创作和其他文化活动的自由。国家对于从事教育、科学、技术、文学、艺术和其他文化事业的公民的有益于人民的创造性工作，给以鼓励和帮助。

第四十八条　中华人民共和国妇女在政治的、经济的、文化的、社会的和家庭的生活等各方面享有同男子平等的权利。

国家保护妇女的权利和利益，实行男女同工同酬，培养和选拔妇女干部。

第四十九条　婚姻、家庭、母亲和儿童受国家的保护。

夫妻双方有实行计划生育的义务。

父母有抚养教育未成年子女的义务，成年子女有赡养扶助父母的义务。

禁止破坏婚姻自由，禁止虐待老人、妇女和儿童。

第五十条　中华人民共和国保护华侨的正当的权利和利益，保护归侨和侨眷的合法的权利和利益。

第五十一条　中华人民共和国公民在行使自由和权利的时候，不得损害国家的、社会的、集体的利益和其他公民的合法的自由和权利。

第五十二条　中华人民共和国公民有维护国家统一和全国各民族团结的义务。

第五十三条　中华人民共和国公民必须遵守宪法和法律，保守国家秘密，爱护公共财产，遵守劳动纪律，遵守公共秩序，尊重社会公德。

第五十四条　中华人民共和国公民有维护祖国的安全、荣誉和利益的义务，不得有危害祖国的安全、荣誉和利益的行为。

第五十五条　保卫祖国、抵抗侵略是中华人民共和国每一个公民的神圣职责。

依照法律服兵役和参加民兵组织是中华人民共和国公民的光荣义务。

第五十六条　中华人民共和国公民有依照法律纳税的义务。

第三章　国家机构

第一节　全国人民代表大会

第五十七条　中华人民共和国全国人民代表大会是最高国家权力机关。它的常设机关是全国人民代表大会常务委员会。

第五十八条　全国人民代表大会和全国人民代表大会常务委员会行使国家立法权。

第五十九条　全国人民代表大会由省、自治区、直辖市、特别行政区和军队选出的代表组成。各少数民族都应当有适当名额的代表。

全国人民代表大会代表的选举由全国人民代表大会常务委员会主持。

全国人民代表大会代表名额和代表产生办法由法律规定。

第六十条 全国人民代表大会每届任期五年。

全国人民代表大会任期届满的两个月以前,全国人民代表大会常务委员会必须完成下届全国人民代表大会代表的选举。如果遇到不能进行选举的非常情况,由全国人民代表大会常务委员会以全体组成人员的三分之二以上的多数通过,可以推迟选举,延长本届全国人民代表大会的任期。在非常情况结束后一年内,必须完成下届全国人民代表大会代表的选举。

第六十一条 全国人民代表大会会议每年举行一次,由全国人民代表大会常务委员会召集。如果全国人民代表大会常务委员会认为必要,或者有五分之一以上的全国人民代表大会代表提议,可以临时召集全国人民代表大会会议。

全国人民代表大会举行会议的时候,选举主席团主持会议。

第六十二条 全国人民代表大会行使下列职权:

(一)修改宪法;

(二)监督宪法的实施;

(三)制定和修改刑事、民事、国家机构的和其他的基本法律;

(四)选举中华人民共和国主席、副主席;

(五)根据中华人民共和国主席的提名,决定国务院总理的人选;根据国务院总理的提名,决定国务院副总理、国务委员、各部部长、各委员会主任、审计长、秘书长的人选;

(六)选举中央军事委员会主席;根据中央军事委员会主席的提名,决定中央军事委员会其他组成人员的人选;

(七)选举国家监察委员会主任;

(八)选举最高人民法院院长;

(九)选举最高人民检察院检察长;

(十)审查和批准国民经济和社会发展计划和计划执行情况的报告;

(十一)审查和批准国家的预算和预算执行情况的报告;

(十二)改变或者撤销全国人民代表大会常务委员会不适当的决定;

(十三)批准省、自治区和直辖市的建置;

（十四）决定特别行政区的设立及其制度；

（十五）决定战争和和平的问题；

（十六）应当由最高国家权力机关行使的其他职权。

第六十三条　全国人民代表大会有权罢免下列人员：

（一）中华人民共和国主席、副主席；

（二）国务院总理、副总理、国务委员、各部部长、各委员会主任、审计长、秘书长；

（三）中央军事委员会主席和中央军事委员会其他组成人员；

（四）国家监察委员会主任；

（五）最高人民法院院长；

（六）最高人民检察院检察长。

第六十四条　宪法的修改，由全国人民代表大会常务委员会或者五分之一以上的全国人民代表大会代表提议，并由全国人民代表大会以全体代表的三分之二以上的多数通过。

法律和其他议案由全国人民代表大会以全体代表的过半数通过。

第六十五条　全国人民代表大会常务委员会由下列人员组成：

委员长，

副委员长若干人，

秘书长，

委员若干人。

全国人民代表大会常务委员会组成人员中，应当有适当名额的少数民族代表。

全国人民代表大会选举并有权罢免全国人民代表大会常务委员会的组成人员。

全国人民代表大会常务委员会的组成人员不得担任国家行政机关、监察机关、审判机关和检察机关的职务。

第六十六条　全国人民代表大会常务委员会每届任期同全国人民代表大会每届任期相同，它行使职权到下届全国人民代表大会选出新的常务委员会为止。

委员长、副委员长连续任职不得超过两届。

第六十七条　全国人民代表大会常务委员会行使下列职权：

（一）解释宪法，监督宪法的实施；

（二）制定和修改除应当由全国人民代表大会制定的法律以外的其他法律；

（三）在全国人民代表大会闭会期间，对全国人民代表大会制定的法律进行部分补充和修改，但是不得同该法律的基本原则相抵触；

（四）解释法律；

（五）在全国人民代表大会闭会期间，审查和批准国民经济和社会发展计划、国家预算在执行过程中所必须作的部分调整方案；

（六）监督国务院、中央军事委员会、国家监察委员会、最高人民法院和最高人民检察院的工作；

（七）撤销国务院制定的同宪法、法律相抵触的行政法规、决定和命令；

（八）撤销省、自治区、直辖市国家权力机关制定的同宪法、法律和行政法规相抵触的地方性法规和决议；

（九）在全国人民代表大会闭会期间，根据国务院总理的提名，决定部长、委员会主任、审计长、秘书长的人选；

（十）在全国人民代表大会闭会期间，根据中央军事委员会主席的提名，决定中央军事委员会其他组成人员的人选；

（十一）根据国家监察委员会主任的提请，任免国家监察委员会副主任、委员；

（十二）根据最高人民法院院长的提请，任免最高人民法院副院长、审判员、审判委员会委员和军事法院院长；

（十三）根据最高人民检察院检察长的提请，任免最高人民检察院副检察长、检察员、检察委员会委员和军事检察院检察长，并且批准省、自治区、直辖市的人民检察院检察长的任免；

（十四）决定驻外全权代表的任免；

（十五）决定同外国缔结的条约和重要协定的批准和废除；

（十六）规定军人和外交人员的衔级制度和其他专门衔级制度；

（十七）规定和决定授予国家的勋章和荣誉称号；

（十八）决定特赦；

（十九）在全国人民代表大会闭会期间，如果遇到国家遭受武装侵犯或者必须履行国际间共同防止侵略的条约的情况，决定战争状态的宣布；

（二十）决定全国总动员或者局部动员；

（二十一）决定全国或者个别省、自治区、直辖市进入紧急状态；

（二十二）全国人民代表大会授予的其他职权。

第六十八条　全国人民代表大会常务委员会委员长主持全国人民代表大会常务委员会的工作，召集全国人民代表大会常务委员会会议。副委员长、秘书长协助委员长工作。

委员长、副委员长、秘书长组成委员长会议，处理全国人民代表大会常务委员会的重要日常工作。

第六十九条　全国人民代表大会常务委员会对全国人民代表大会负责并报告工作。

第七十条　全国人民代表大会设立民族委员会、宪法和法律委员会、财政经济委员会、教育科学文化卫生委员会、外事委员会、华侨委员会和其他需要设立的专门委员会。在全国人民代表大会闭会期间，各专门委员会受全国人民代表大会常务委员会的领导。

各专门委员会在全国人民代表大会和全国人民代表大会常务委员会领导下，研究、审议和拟订有关议案。

第七十一条　全国人民代表大会和全国人民代表大会常务委员会认为必要的时候，可以组织关于特定问题的调查委员会，并且根据调查委员会的报告，作出相应的决议。

调查委员会进行调查的时候，一切有关的国家机关、社会团体和公民都有义务向它提供必要的材料。

第七十二条　全国人民代表大会代表和全国人民代表大会常务委员会组成人员，有权依照法律规定的程序分别提出属于全国人民代表大会和全国人民代表大会常务委员会职权范围内的议案。

第七十三条　全国人民代表大会代表在全国人民代表大会开会期间，全国人民代表大会常务委员会组成人员在常务委员会开会期间，有权依照法律规定的程序提出对国务院或者国务院各部、各委员会的质询案。受质询的机关必须负责答复。

第七十四条　全国人民代表大会代表，非经全国人民代表大会会议主席团许可，在全国人民代表大会闭会期间非经全国人民代表大会常务委员会许可，不受逮捕或者刑事审判。

第七十五条　全国人民代表大会代表在全国人民代表大会各种会议上的

发言和表决,不受法律追究。

第七十六条 全国人民代表大会代表必须模范地遵守宪法和法律,保守国家秘密,并且在自己参加的生产、工作和社会活动中,协助宪法和法律的实施。

全国人民代表大会代表应当同原选举单位和人民保持密切的联系,听取和反映人民的意见和要求,努力为人民服务。

第七十七条 全国人民代表大会代表受原选举单位的监督。原选举单位有权依照法律规定的程序罢免本单位选出的代表。

第七十八条 全国人民代表大会和全国人民代表大会常务委员会的组织和工作程序由法律规定。

第二节 中华人民共和国主席

第七十九条 中华人民共和国主席、副主席由全国人民代表大会选举。

有选举权和被选举权的年满四十五周岁的中华人民共和国公民可以被选为中华人民共和国主席、副主席。

中华人民共和国主席、副主席每届任期同全国人民代表大会每届任期相同。

第八十条 中华人民共和国主席根据全国人民代表大会的决定和全国人民代表大会常务委员会的决定,公布法律,任免国务院总理、副总理、国务委员、各部部长、各委员会主任、审计长、秘书长,授予国家的勋章和荣誉称号,发布特赦令,宣布进入紧急状态,宣布战争状态,发布动员令。

第八十一条 中华人民共和国主席代表中华人民共和国,进行国事活动,接受外国使节;根据全国人民代表大会常务委员会的决定,派遣和召回驻外全权代表,批准和废除同外国缔结的条约和重要协定。

第八十二条 中华人民共和国副主席协助主席工作。

中华人民共和国副主席受主席的委托,可以代行主席的部分职权。

第八十三条 中华人民共和国主席、副主席行使职权到下届全国人民代表大会选出的主席、副主席就职为止。

第八十四条 中华人民共和国主席缺位的时候,由副主席继任主席的职位。

中华人民共和国副主席缺位的时候,由全国人民代表大会补选。

中华人民共和国主席、副主席都缺位的时候,由全国人民代表大会补选;在补选以前,由全国人民代表大会常务委员会委员长暂时代理主席职位。

第三节　国　务　院

第八十五条　中华人民共和国国务院,即中央人民政府,是最高国家权力机关的执行机关,是最高国家行政机关。

第八十六条　国务院由下列人员组成:

总理,

副总理若干人,

国务委员若干人,

各部部长,

各委员会主任,

审计长,

秘书长。

国务院实行总理负责制。各部、各委员会实行部长、主任负责制。

国务院的组织由法律规定。

第八十七条　国务院每届任期同全国人民代表大会每届任期相同。

总理、副总理、国务委员连续任职不得超过两届。

第八十八条　总理领导国务院的工作。副总理、国务委员协助总理工作。

总理、副总理、国务委员、秘书长组成国务院常务会议。

总理召集和主持国务院常务会议和国务院全体会议。

第八十九条　国务院行使下列职权:

(一)根据宪法和法律,规定行政措施,制定行政法规,发布决定和命令;

(二)向全国人民代表大会或者全国人民代表大会常务委员会提出议案;

(三)规定各部和各委员会的任务和职责,统一领导各部和各委员会的工作,并且领导不属于各部和各委员会的全国性的行政工作;

(四)统一领导全国地方各级国家行政机关的工作,规定中央和省、自治区、直辖市的国家行政机关的职权的具体划分;

(五)编制和执行国民经济和社会发展计划和国家预算;

(六)领导和管理经济工作和城乡建设、生态文明建设;

(七)领导和管理教育、科学、文化、卫生、体育和计划生育工作;

(八)领导和管理民政、公安、司法行政等工作;

（九）管理对外事务，同外国缔结条约和协定；

（十）领导和管理国防建设事业；

（十一）领导和管理民族事务，保障少数民族的平等权利和民族自治地方的自治权利；

（十二）保护华侨的正当的权利和利益，保护归侨和侨眷的合法的权利和利益；

（十三）改变或者撤销各部、各委员会发布的不适当的命令、指示和规章；

（十四）改变或者撤销地方各级国家行政机关的不适当的决定和命令；

（十五）批准省、自治区、直辖市的区域划分，批准自治州、县、自治县、市的建置和区域划分；

（十六）依照法律规定决定省、自治区、直辖市的范围内部分地区进入紧急状态；

（十七）审定行政机构的编制，依照法律规定任免、培训、考核和奖惩行政人员；

（十八）全国人民代表大会和全国人民代表大会常务委员会授予的其他职权。

第九十条 国务院各部部长、各委员会主任负责本部门的工作；召集和主持部务会议或者委员会会议、委务会议，讨论决定本部门工作的重大问题。

各部、各委员会根据法律和国务院的行政法规、决定、命令，在本部门的权限内，发布命令、指示和规章。

第九十一条 国务院设立审计机关，对国务院各部门和地方各级政府的财政收支，对国家的财政金融机构和企业事业组织的财务收支，进行审计监督。

审计机关在国务院总理领导下，依照法律规定独立行使审计监督权，不受其他行政机关、社会团体和个人的干涉。

第九十二条 国务院对全国人民代表大会负责并报告工作；在全国人民代表大会闭会期间，对全国人民代表大会常务委员会负责并报告工作。

第四节 中央军事委员会

第九十三条 中华人民共和国中央军事委员会领导全国武装力量。

中央军事委员会由下列人员组成：

主席，

副主席若干人，

委员若干人。

中央军事委员会实行主席负责制。

中央军事委员会每届任期同全国人民代表大会每届任期相同。

第九十四条　中央军事委员会主席对全国人民代表大会和全国人民代表大会常务委员会负责。

第五节　地方各级人民代表大会和地方各级人民政府

第九十五条　省、直辖市、县、市、市辖区、乡、民族乡、镇设立人民代表大会和人民政府。

地方各级人民代表大会和地方各级人民政府的组织由法律规定。

自治区、自治州、自治县设立自治机关。自治机关的组织和工作根据宪法第三章第五节、第六节规定的基本原则由法律规定。

第九十六条　地方各级人民代表大会是地方国家权力机关。

县级以上的地方各级人民代表大会设立常务委员会。

第九十七条　省、直辖市、设区的市的人民代表大会代表由下一级的人民代表大会选举；县、不设区的市、市辖区、乡、民族乡、镇的人民代表大会代表由选民直接选举。

地方各级人民代表大会代表名额和代表产生办法由法律规定。

第九十八条　地方各级人民代表大会每届任期五年。

第九十九条　地方各级人民代表大会在本行政区域内，保证宪法、法律、行政法规的遵守和执行；依照法律规定的权限，通过和发布决议，审查和决定地方的经济建设、文化建设和公共事业建设的计划。

县级以上的地方各级人民代表大会审查和批准本行政区域内的国民经济和社会发展计划、预算以及它们的执行情况的报告；有权改变或者撤销本级人民代表大会常务委员会不适当的决定。

民族乡的人民代表大会可以依照法律规定的权限采取适合民族特点的具体措施。

第一百条　省、直辖市的人民代表大会和它们的常务委员会，在不同宪法、法律、行政法规相抵触的前提下，可以制定地方性法规，报全国人民代表大会常务委员会备案。

设区的市的人民代表大会和它们的常务委员会,在不同宪法、法律、行政法规和本省、自治区的地方性法规相抵触的前提下,可以依照法律规定制定地方性法规,报本省、自治区人民代表大会常务委员会批准后施行。

第一百零一条　地方各级人民代表大会分别选举并且有权罢免本级人民政府的省长和副省长、市长和副市长、县长和副县长、区长和副区长、乡长和副乡长、镇长和副镇长。

县级以上的地方各级人民代表大会选举并且有权罢免本级监察委员会主任、本级人民法院院长和本级人民检察院检察长。选出或者罢免人民检察院检察长,须报上级人民检察院检察长提请该级人民代表大会常务委员会批准。

第一百零二条　省、直辖市、设区的市的人民代表大会代表受原选举单位的监督;县、不设区的市、市辖区、乡、民族乡、镇的人民代表大会代表受选民的监督。

地方各级人民代表大会代表的选举单位和选民有权依照法律规定的程序罢免由他们选出的代表。

第一百零三条　县级以上的地方各级人民代表大会常务委员会由主任、副主任若干人和委员若干人组成,对本级人民代表大会负责并报告工作。

县级以上的地方各级人民代表大会选举并有权罢免本级人民代表大会常务委员会的组成人员。

县级以上的地方各级人民代表大会常务委员会的组成人员不得担任国家行政机关、监察机关、审判机关和检察机关的职务。

第一百零四条　县级以上的地方各级人民代表大会常务委员会讨论、决定本行政区域内各方面工作的重大事项;监督本级人民政府、监察委员会、人民法院和人民检察院的工作;撤销本级人民政府的不适当的决定和命令;撤销下一级人民代表大会的不适当的决议;依照法律规定的权限决定国家机关工作人员的任免;在本级人民代表大会闭会期间,罢免和补选上一级人民代表大会的个别代表。

第一百零五条　地方各级人民政府是地方各级国家权力机关的执行机关,是地方各级国家行政机关。

地方各级人民政府实行省长、市长、县长、区长、乡长、镇长负责制。

第一百零六条　地方各级人民政府每届任期同本级人民代表大会每届任

期相同。

第一百零七条　县级以上地方各级人民政府依照法律规定的权限，管理本行政区域内的经济、教育、科学、文化、卫生、体育事业、城乡建设事业和财政、民政、公安、民族事务、司法行政、计划生育等行政工作，发布决定和命令，任免、培训、考核和奖惩行政工作人员。

乡、民族乡、镇的人民政府执行本级人民代表大会的决议和上级国家行政机关的决定和命令，管理本行政区域内的行政工作。

省、直辖市的人民政府决定乡、民族乡、镇的建置和区域划分。

第一百零八条　县级以上的地方各级人民政府领导所属各工作部门和下级人民政府的工作，有权改变或者撤销所属各工作部门和下级人民政府的不适当的决定。

第一百零九条　县级以上的地方各级人民政府设立审计机关。地方各级审计机关依照法律规定独立行使审计监督权，对本级人民政府和上一级审计机关负责。

第一百一十条　地方各级人民政府对本级人民代表大会负责并报告工作。县级以上的地方各级人民政府在本级人民代表大会闭会期间，对本级人民代表大会常务委员会负责并报告工作。

地方各级人民政府对上一级国家行政机关负责并报告工作。全国地方各级人民政府都是国务院统一领导下的国家行政机关，都服从国务院。

第一百一十一条　城市和农村按居民居住地区设立的居民委员会或者村民委员会是基层群众性自治组织。居民委员会、村民委员会的主任、副主任和委员由居民选举。居民委员会、村民委员会同基层政权的相互关系由法律规定。

居民委员会、村民委员会设人民调解、治安保卫、公共卫生等委员会，办理本居住地区的公共事务和公益事业，调解民间纠纷，协助维护社会治安，并且向人民政府反映群众的意见、要求和提出建议。

第六节　民族自治地方的自治机关

第一百一十二条　民族自治地方的自治机关是自治区、自治州、自治县的人民代表大会和人民政府。

第一百一十三条　自治区、自治州、自治县的人民代表大会中，除实行区域自治的民族的代表外，其他居住在本行政区域内的民族也应当有适当名额的代表。

自治区、自治州、自治县的人民代表大会常务委员会中应当有实行区域自治的民族的公民担任主任或者副主任。

第一百一十四条 自治区主席、自治州州长、自治县县长由实行区域自治的民族的公民担任。

第一百一十五条 自治区、自治州、自治县的自治机关行使宪法第三章第五节规定的地方国家机关的职权,同时依照宪法、民族区域自治法和其他法律规定的权限行使自治权,根据本地方实际情况贯彻执行国家的法律、政策。

第一百一十六条 民族自治地方的人民代表大会有权依照当地民族的政治、经济和文化的特点,制定自治条例和单行条例。自治区的自治条例和单行条例,报全国人民代表大会常务委员会批准后生效。自治州、自治县的自治条例和单行条例,报省或者自治区的人民代表大会常务委员会批准后生效,并报全国人民代表大会常务委员会备案。

第一百一十七条 民族自治地方的自治机关有管理地方财政的自治权。凡是依照国家财政体制属于民族自治地方的财政收入,都应当由民族自治地方的自治机关自主地安排使用。

第一百一十八条 民族自治地方的自治机关在国家计划的指导下,自主地安排和管理地方性的经济建设事业。

国家在民族自治地方开发资源、建设企业的时候,应当照顾民族自治地方的利益。

第一百一十九条 民族自治地方的自治机关自主地管理本地方的教育、科学、文化、卫生、体育事业,保护和整理民族的文化遗产,发展和繁荣民族文化。

第一百二十条 民族自治地方的自治机关依照国家的军事制度和当地的实际需要,经国务院批准,可以组织本地方维护社会治安的公安部队。

第一百二十一条 民族自治地方的自治机关在执行职务的时候,依照本民族自治地方自治条例的规定,使用当地通用的一种或者几种语言文字。

第一百二十二条 国家从财政、物资、技术等方面帮助各少数民族加速发展经济建设和文化建设事业。

国家帮助民族自治地方从当地民族中大量培养各级干部、各种专业人才和技术工人。

第七节　监察委员会

第一百二十三条　中华人民共和国各级监察委员会是国家的监察机关。

第一百二十四条　中华人民共和国设立国家监察委员会和地方各级监察委员会。

监察委员会由下列人员组成：

主任，

副主任若干人，

委员若干人。

监察委员会主任每届任期同本级人民代表大会每届任期相同。国家监察委员会主任连续任职不得超过两届。

监察委员会的组织和职权由法律规定。

第一百二十五条　中华人民共和国国家监察委员会是最高监察机关。

国家监察委员会领导地方各级监察委员会的工作，上级监察委员会领导下级监察委员会的工作。

第一百二十六条　国家监察委员会对全国人民代表大会和全国人民代表大会常务委员会负责。地方各级监察委员会对产生它的国家权力机关和上一级监察委员会负责。

第一百二十七条　监察委员会依照法律规定独立行使监察权，不受行政机关、社会团体和个人的干涉。

监察机关办理职务违法和职务犯罪案件，应当与审判机关、检察机关、执法部门互相配合，互相制约。

第八节　人民法院和人民检察院

第一百二十八条　中华人民共和国人民法院是国家的审判机关。

第一百二十九条　中华人民共和国设立最高人民法院、地方各级人民法院和军事法院等专门人民法院。

最高人民法院院长每届任期同全国人民代表大会每届任期相同，连续任职不得超过两届。

人民法院的组织由法律规定。

第一百三十条　人民法院审理案件，除法律规定的特别情况外，一律公开进行。被告人有权获得辩护。

第一百三十一条　人民法院依照法律规定独立行使审判权，不受行政机关、社会团体和个人的干涉。

第一百三十二条 最高人民法院是最高审判机关。

最高人民法院监督地方各级人民法院和专门人民法院的审判工作，上级人民法院监督下级人民法院的审判工作。

第一百三十三条 最高人民法院对全国人民代表大会和全国人民代表大会常务委员会负责。地方各级人民法院对产生它的国家权力机关负责。

第一百三十四条 中华人民共和国人民检察院是国家的法律监督机关。

第一百三十五条 中华人民共和国设立最高人民检察院、地方各级人民检察院和军事检察院等专门人民检察院。

最高人民检察院检察长每届任期同全国人民代表大会每届任期相同，连续任职不得超过两届。

人民检察院的组织由法律规定。

第一百三十六条 人民检察院依照法律规定独立行使检察权，不受行政机关、社会团体和个人的干涉。

第一百三十七条 最高人民检察院是最高检察机关。

最高人民检察院领导地方各级人民检察院和专门人民检察院的工作，上级人民检察院领导下级人民检察院的工作。

第一百三十八条 最高人民检察院对全国人民代表大会和全国人民代表大会常务委员会负责。地方各级人民检察院对产生它的国家权力机关和上级人民检察院负责。

第一百三十九条 各民族公民都有用本民族语言文字进行诉讼的权利。人民法院和人民检察院对于不通晓当地通用的语言文字的诉讼参与人，应当为他们翻译。

在少数民族聚居或者多民族共同居住的地区，应当用当地通用的语言进行审理；起诉书、判决书、布告和其他文书应当根据实际需要使用当地通用的一种或者几种文字。

第一百四十条 人民法院、人民检察院和公安机关办理刑事案件，应当分工负责，互相配合，互相制约，以保证准确有效地执行法律。

第四章 国旗、国歌、国徽、首都

第一百四十一条 中华人民共和国国旗是五星红旗。

中华人民共和国国歌是《义勇军进行曲》。

第一百四十二条 中华人民共和国国徽，中间是五星照耀下的天安门，周围是谷穗和齿轮。

第一百四十三条　中华人民共和国首都是北京。

全国人民代表大会常务委员会关于实行宪法宣誓制度的决定

1. 2015年7月1日第十二届全国人民代表大会常务委员会第十五次会议通过
2. 2018年2月24日第十二届全国人民代表大会常务委员会第三十三次会议修订

宪法是国家的根本法，是治国安邦的总章程，具有最高的法律地位、法律权威、法律效力。国家工作人员必须树立宪法意识，恪守宪法原则，弘扬宪法精神，履行宪法使命。为彰显宪法权威，激励和教育国家工作人员忠于宪法、遵守宪法、维护宪法，加强宪法实施，全国人民代表大会常务委员会决定：

一、各级人民代表大会及县级以上各级人民代表大会常务委员会选举或者决定任命的国家工作人员，以及各级人民政府、监察委员会、人民法院、人民检察院任命的国家工作人员，在就职时应当公开进行宪法宣誓。

二、宣誓誓词如下：

我宣誓：忠于中华人民共和国宪法，维护宪法权威，履行法定职责，忠于祖国、忠于人民，恪尽职守、廉洁奉公，接受人民监督，为建设富强民主文明和谐美丽的社会主义现代化强国努力奋斗！

三、全国人民代表大会选举或者决定任命的中华人民共和国主席、副主席，全国人民代表大会常务委员会委员长、副委员长、秘书长、委员，国务院总理、副总理、国务委员、各部部长、各委员会主任、中国人民银行行长、审计长、秘书长，中华人民共和国中央军事委员会主席、副主席、委员，国家监察委员会主任，最高人民法院院长，最高人民检察院检察长，以及全国人民代表大会专门委员会主任委员、副主任委员、委员等，在依照法定程序产生后，进行宪法宣誓。宣誓仪式由全国人民代表大会会议主席团组织。

四、在全国人民代表大会闭会期间，全国人民代表大会常务委员会任命或者决定任命的全国人民代表大会专门委员会个别副主任委员、委员，国务院部长、委员会主任、中国人民银行行长、审计长、秘书长，中华人民共和国中央军事委员会副主席、委员，在依照法定程序产生后，进行宪法宣誓。宣誓仪式由全国人民代表大会常务委员会委员长会议组织。

五、全国人民代表大会常务委员会任命的全国人民代表大会常务委员会副秘书长，全国人民代表大会常务委员会工作委员会主任、副主任、委员，全国人民代表大会常务委员会代表资格审查委员会主任委员、副主任委员、委员等，在依照法定程序产生后，进行宪法宣誓。宣誓仪式由全国人民代表大会常务委员会委员长会议组织。

六、全国人民代表大会常务委员会任命或者决定任命的国家监察委员会副主任、委员，最高人民法院副院长、审判委员会委员、庭长、副庭长、审判员和军事法院院长，最高人民检察院副检察长、检察委员会委员、检察员和军事检察院检察长，中华人民共和国驻外全权代表，在依照法定程序产生后，进行宪法宣誓。宣誓仪式由国家监察委员会、最高人民法院、最高人民检察院、外交部分别组织。

七、国务院及其各部门、国家监察委员会、最高人民法院、最高人民检察院任命的国家工作人员，在就职时进行宪法宣誓。宣誓仪式由任命机关组织。

八、宣誓仪式根据情况，可以采取单独宣誓或者集体宣誓的形式。单独宣誓时，宣誓人应当左手抚按《中华人民共和国宪法》，右手举拳，诵读誓词。集体宣誓时，由一人领誓，领誓人左手抚按《中华人民共和国宪法》，右手举拳，领诵誓词；其他宣誓人整齐排列，右手举拳，跟诵誓词。

宣誓场所应当庄重、严肃，悬挂中华人民共和国国旗或者国徽。宣誓仪式应当奏唱中华人民共和国国歌。

负责组织宣誓仪式的机关，可以根据本决定并结合实际情况，对宣誓的具体事项作出规定。

九、地方各级人民代表大会及县级以上地方各级人民代表大会常务委员会选举或者决定任命的国家工作人员，以及地方各级人民政府、监察委员会、人民法院、人民检察院任命的国家工作人员，在依照法定程序产生后，进行宪法宣誓。宣誓的具体组织办法由省、自治区、直辖市人民代表大会常务委员会参照本决定制定，报全国人民代表大会常务委员会备案。

十、本决定自 2018 年 3 月 12 日起施行。

全国人民代表大会常务委员会
关于设立国家宪法日的决定

2014 年 11 月 1 日第十二届全国人民代表大会常务委员会第十一次会议通过

1982 年 12 月 4 日，第五届全国人民代表大会第五次会议通过了现行的《中华人民共和国宪法》。现行宪法是对 1954 年制定的新中国第一部宪法的继承和发展。宪法是国家的根本法，是治国安邦的总章程，具有最高的法律地位、法律权威、法律效力。全面贯彻实施宪法，是全面推进依法治国、建设社会主义法治国家的首要任务和基础性工作。全国各族人民、一切国家机关和武装力量、各政党和各社会团体、各企业事业组织，都必须以宪法为根本的活动准则，并且负有维护宪法尊严、保证宪法实施的职责。任何组织或者个人都不得有超越宪法和法律的特权，一切违反宪法和法律的行为都必须予以追究。为了增强全社会的宪法意识，弘扬宪法精神，加强宪法实施，全面推进依法治国，第十二届全国人民代表大会常务委员会第十一次会议决定：

将 12 月 4 日设立为国家宪法日。国家通过多种形式开展宪法宣传教育活动。

二、国家制度

1. 选举制度

中华人民共和国全国人民代表大会和地方各级人民代表大会选举法

1. 1979年7月1日第五届全国人民代表大会第二次会议通过

2. 根据1982年12月10日第五届全国人民代表大会第五次会议《关于修改〈中华人民共和国全国人民代表大会和地方各级人民代表大会选举法〉的若干规定的决议》第一次修正

3. 根据1986年12月2日第六届全国人民代表大会常务委员会第十八次会议《关于修改〈中华人民共和国全国人民代表大会和地方各级人民代表大会选举法〉的决定》第二次修正

4. 根据1995年2月28日第八届全国人民代表大会常务委员会第十二次会议《关于修改〈中华人民共和国全国人民代表大会和地方各级人民代表大会选举法〉的决定》第三次修正

5. 根据2004年10月27日第十届全国人民代表大会常务委员会第十二次会议《关于修改〈中华人民共和国全国人民代表大会和地方各级人民代表大会选举法〉的决定》第四次修正

6. 根据2010年3月14日第十一届全国人民代表大会第三次会议《关于修改〈中华人民共和国全国人民代表大会和地方各级人民代表大会选举法〉的决定》第五次修正

7. 根据2015年8月29日第十二届全国人民代表大会常务委员会第十六次会议《关于修改〈中华人民共和国地方各级人民代表大会和地方各级人民政府组织法〉、〈中华人民共和国全国人民代表大会和地方各级人民代表大会选举法〉、〈中华人民共和国全国人民代表大会和地方各级人民代表大会代表法〉的决定》第六次修正

8. 根据2020年10月17日第十三届全国人民代表大会常务委员会第二十二次会议《关于修改〈中华人民共和国全国人民代表大会和地方各级人民代表大会选举法〉的决定》第七次修正

目　　录

第一章　总　　则

第一条　根据中华人民共和国宪法,制定全国人民代表大会和地方各级人民代表大会选举法。

第二条　全国人民代表大会和地方各级人民代表大会代表的选举工作,坚持中国共产党的领导,坚持充分发扬民主,坚持严格依法办事。

第三条　全国人民代表大会的代表,省、自治区、直辖市、设区的市、自治州的人民代表大会的代表,由下一级人民代表大会选举。

不设区的市、市辖区、县、自治县、乡、民族乡、镇的人民代表大会的代表,由选民直接选举。

第四条　中华人民共和国年满十八周岁的公民,不分民族、种族、性别、职业、家庭出身、宗教信仰、教育程度、财产状况和居住期限,都有选举权和被选举权。

依照法律被剥夺政治权利的人没有选举权和被选举权。

第五条　每一选民在一次选举中只有一个投票权。

第六条　人民解放军单独进行选举,选举办法另订。

第七条　全国人民代表大会和地方各级人民代表大会的代表应当具有广泛的代表性,应当有适当数量的基层代表,特别是工人、农民和知识分子代表;应当有适当数量的妇女代表,并逐步提高妇女代表的比例。

全国人民代表大会和归侨人数较多地区的地方人民代表大会，应当有适当名额的归侨代表。

旅居国外的中华人民共和国公民在县级以下人民代表大会代表选举期间在国内的，可以参加原籍地或者出国前居住地的选举。

第八条 全国人民代表大会和地方各级人民代表大会的选举经费，列入财政预算，由国库开支。

第二章 选举机构

第九条 全国人民代表大会常务委员会主持全国人民代表大会代表的选举。省、自治区、直辖市、设区的市、自治州的人民代表大会常务委员会主持本级人民代表大会代表的选举。

不设区的市、市辖区、县、自治县、乡、民族乡、镇设立选举委员会，主持本级人民代表大会代表的选举。不设区的市、市辖区、县、自治县的选举委员会受本级人民代表大会常务委员会的领导。乡、民族乡、镇的选举委员会受不设区的市、市辖区、县、自治县的人民代表大会常务委员会的领导。

省、自治区、直辖市、设区的市、自治州的人民代表大会常务委员会指导本行政区域内县级以下人民代表大会代表的选举工作。

第十条 不设区的市、市辖区、县、自治县的选举委员会的组成人员由本级人民代表大会常务委员会任命。乡、民族乡、镇的选举委员会的组成人员由不设区的市、市辖区、县、自治县的人民代表大会常务委员会任命。

选举委员会的组成人员为代表候选人的，应当辞去选举委员会的职务。

第十一条 选举委员会履行下列职责：

（一）划分选举本级人民代表大会代表的选区，分配各选区应选代表的名额；

（二）进行选民登记，审查选民资格，公布选民名单；受理对于选民名单不同意见的申诉，并作出决定；

（三）确定选举日期；

（四）了解核实并组织介绍代表候选人的情况；根据较多数选民的意见，确定和公布正式代表候选人名单；

（五）主持投票选举；

（六）确定选举结果是否有效，公布当选代表名单；

（七）法律规定的其他职责。

选举委员会应当及时公布选举信息。

第三章 地方各级人民代表大会代表名额

第十二条 地方各级人民代表大会的代表名额，按照下列规定确定：

（一）省、自治区、直辖市的代表名额基数为三百五十名，省、自治区每十五万人可以增加一名代表，直辖市每二万五千人可以增加一名代表；但是，代表总名额不得超过一千名；

（二）设区的市、自治州的代表名额基数为二百四十名，每二万五千人可以增加一名代表；人口超过一千万的，代表总名额不得超过六百五十名；

（三）不设区的市、市辖区、县、自治县的代表名额基数为一百四十名，每五千人可以增加一名代表；人口超过一百五十五万的，代表总名额不得超过四百五十名；人口不足五万的，代表总名额可以少于一百四十名；

（四）乡、民族乡、镇的代表名额基数为四十五名，每一千五百人可以增加一名代表；但是，代表总名额不得超过一百六十名；人口不足二千的，代表总名额可以少于四十五名。

按照前款规定的地方各级人民代表大会的代表名额基数与按人口数增加的代表数相加，即为地方各级人民代表大会的代表总名额。

自治区、聚居的少数民族多的省，经全国人民代表大会常务委员会决定，代表名额可以另加百分之五。聚居的少数民族多或者人口居住分散的县、自治县、乡、民族乡，经省、自治区、直辖市的人民代表大会常务委员会决定，代表名额可以另加百分之五。

第十三条 省、自治区、直辖市的人民代表大会代表的具体名额，由全国人民代表大会常务委员会依照本法确定。设区的市、自治州和县级的人民代表大会代表的具体名额，由省、自治区、直辖市的人民代表大会常务委员会依照本法确定，报全国人民代表大会常务委员会备案。乡级的人民代表大会代表的具体名额，由县级的人民代表大会常务委员会依照本法确定，报上一级人民代表大会常务委员会备案。

第十四条 地方各级人民代表大会的代表总名额经确定后，不再变动。如果由于行政区划变动或者由于重大工程建设等原因造成人口较大变动的，该级人民代表大会的代表总名额依照本法的规定重新确定。

依照前款规定重新确定代表名额的，省、自治区、直辖市的人民代表大会常务委员会应当在三十日内将重新确定代表名额的情况报全国人民代表大会常务委员会备案。

第十五条 地方各级人民代表大会代表名额，由本级人民代表大会常务委员会或者本级选举委员会根据本行政区域所辖的下一级各行政区域或者各选区的人口数，按照每一代表所代表的城乡人口数相同的原则，以及保证各地区、各民族、各方面都有适当数量代表的要求进行分配。在县、自治县的人民代表大会中，人口特少的乡、民族乡、镇，至少应有代表一人。

地方各级人民代表大会代表名额的分配办法，由省、自治区、直辖市人民代表大会常务委员会参照全国人民代表大会代表名额分配的办法，结合本地区的具体情况规定。

第四章 全国人民代表大会代表名额

第十六条 全国人民代表大会的代表，由省、自治区、直辖市的人民代表大会和人民解放军选举产生。

全国人民代表大会代表的名额不超过三千人。

香港特别行政区、澳门特别行政区应选全国人民代表大会代表的名额和代表产生办法，由全国人民代表大会另行规定。

第十七条 全国人民代表大会代表名额，由全国人民代表大会常务委员会根据各省、自治区、直辖市的人口数，按照每一代表所代表的城乡人口数相同的原则，以及保证各地区、各民族、各方面都有适当数量代表的要求进行分配。

省、自治区、直辖市应选全国人民代表大会代表名额，由根据人口数计算确定的名额数、相同的地区基本名额数和其他应选名额数构成。

全国人民代表大会代表名额的具体分配，由全国人民代表大会常务委员会决定。

第十八条 全国少数民族应选全国人民代表大会代表，由全国人民代表大会常务委员会参照各少数民族的人口数和分布等情况，分配给各省、自治区、直辖市的人民代表大会选出。人口特少的民族，至少应有代表一人。

第五章 各少数民族的选举

第十九条 有少数民族聚居的地方，每一聚居的少数民族都应有代表参加当地的人民代表大会。

聚居境内同一少数民族的总人口数占境内总人口数百分之三十以上的，每一代表所代表的人口数应相当于当地人民代表大会每一代表所代表的人口数。

聚居境内同一少数民族的总人口数不足境内总人口数百分之十五的，每一代表所代表的人口数可以适当少于当地人民代表大会每一代表所代表的人口数，但不得少于二分之一；实行区域自治的民族人口特少的自治县，经省、自治区的人民代表大会常务委员会决定，可以少于二分之一。人口特少的其他聚居民族，至少应有代表一人。

聚居境内同一少数民族的总人口数占境内总人口数百分之十五以上、不足百分之三十的，每一代表所代表的人口数，可以适当少于当地人民代表大会每一代表所代表的人口数，但分配给该少数民族的应选代表名额不得超过代表总名额的百分之三十。

第二十条 自治区、自治州、自治县和有少数民族聚居的乡、民族乡、镇的人民代表大会，对于聚居在境内的其他少数民族和汉族代表的选举，适用本法第十九条的规定。

第二十一条 散居的少数民族应选当地人民代表大会的代表，每一代表所代表的人口数可以少于当地人民代表大会每一代表所代表的人口数。

自治区、自治州、自治县和有少数民族聚居的乡、民族乡、镇的人民代表大会，对于散居的其他少数民族和汉族代表的选举，适用前款的规定。

第二十二条 有少数民族聚居的不设区的市、市辖区、县、乡、民族乡、镇的人民代表大会代表的产生，按照当地的民族关系和居住状况，各少数民族选民可以单独选举或者联合选举。

自治县和有少数民族聚居的乡、民族乡、镇的人民代表大会，对于居住在境内的其他少数民族和汉族代表的选举办法，适用前款的规定。

第二十三条 自治区、自治州、自治县制定或者公布的选举文件、选民名单、选民证、代表候选人名单、代表当选证书和选举委员会的印章等，都应当同时使用当地通用的民族文字。

第二十四条 少数民族选举的其他事项，参照本法有关各条的规定办理。

第六章 选区划分

第二十五条 不设区的市、市辖区、县、自治县、乡、民族乡、镇的人民代表大会的代表名额分配到选区，按选区进行选举。选区可以按居住状况划分,也可以按生产单位、事业单位、工作单位划分。

选区的大小,按照每一选区选一名至三名代表划分。

第二十六条 本行政区域内各选区每一代表所代表的人口数应当大体相等。

第七章 选民登记

第二十七条 选民登记按选区进行,经登记确认的选民资格长期有效。每次选举前对上次选民登记以后新满十八周岁的、被剥夺政治权利期满后恢复政治权利的选民,予以登记。对选民经登记后迁出原选区的,列入新迁入的选区的选民名单;对死亡的和依照法律被剥夺政治权利的人,从选民名单上除名。

精神病患者不能行使选举权利的,经选举委员会确认,不列入选民名单。

第二十八条 选民名单应在选举日的二十日以前公布,实行凭选民证参加投票选举的,并应当发给选民证。

第二十九条 对于公布的选民名单有不同意见的,可以在选民名单公布之日起五日内向选举委员会提出申诉。选举委员会对申诉意见,应在三日内作出处理决定。申诉人如果对处理决定不服,可以在选举日的五日以前向人民法院起诉,人民法院应在选举日以前作出判决。人民法院的判决为最后决定。

第八章 代表候选人的提出

第三十条 全国和地方各级人民代表大会的代表候选人,按选区或者选举单位提名产生。

各政党、各人民团体,可以联合或者单独推荐代表候选人。选民或者代表,十人以上联名,也可以推荐代表候选人。推荐者应向选举委员会或者大会主席团介绍代表候选人的情况。接受推荐的代表候选人应当向选举委员会或者大会主席团如实提供个人身份、简历等基本情况。提供的基本情况不实的,选举委员会或者大会主席团应当向选民或者代表通报。

各政党、各人民团体联合或者单独推荐的代表候选人的人数,每一选民或者代表参加联名推荐的代表候选人的人数,均不得超过本选区或者选举单位应选代表的名额。

第三十一条 全国和地方各级人民代表大会代表实行差额选举,代表候选人的人数应多于应选代表的名额。

由选民直接选举人民代表大会代表的，代表候选人的人数应多于应选代表名额三分之一至一倍；由县级以上的地方各级人民代表大会选举上一级人民代表大会代表的，代表候选人的人数应多于应选代表名额五分之一至二分之一。

第三十二条 由选民直接选举人民代表大会代表的，代表候选人由各选区选民和各政党、各人民团体提名推荐。选举委员会汇总后，将代表候选人名单及代表候选人的基本情况在选举日的十五日以前公布，并交各该选区的选民小组讨论、协商，确定正式代表候选人名单。如果所提代表候选人的人数超过本法第三十一条规定的最高差额比例，由选举委员会交各该选区的选民小组讨论、协商，根据较多数选民的意见，确定正式代表候选人名单；对正式代表候选人不能形成较为一致意见的，进行预选，根据预选时得票多少的顺序，确定正式代表候选人名单。正式代表候选人名单及代表候选人的基本情况应当在选举日的七日以前公布。

县级以上的地方各级人民代表大会在选举上一级人民代表大会代表时，提名、酝酿代表候选人的时间不得少于两天。各该级人民代表大会主席团将依法提出的代表候选人名单及代表候选人的基本情况印发全体代表，由全体代表酝酿、讨论。如果所提代表候选人的人数符合本法第三十一条规定的差额比例，直接进行投票选举。如果所提代表候选人的人数超过本法第三十一条规定的最高差额比例，进行预选，根据预选时得票多少的顺序，按照本级人民代表大会的选举办法根据本法确定的具体差额比例，确定正式代表候选人名单，进行投票选举。

第三十三条 县级以上的地方各级人民代表大会在选举上一级人民代表大会代表时，代表候选人不限于各该级人民代表大会的代表。

第三十四条 选举委员会或者人民代表大会主席团应当向选民或者代表介绍代表候选人的情况。推荐代表候选人的政党、人民团体和选民、代表可以在选民小组或者代表小组会议上介绍所推荐的代表候选人的情况。选举委员会根据选民的要求，应当组织代表候选人与选民见面，由代表候选人介绍本人的情况，回答选民的问题。但是，在选举日必须停止代表候选人的介绍。

第三十五条 公民参加各级人民代表大会代表的选举，不得直接或者间接接受境外机构、组织、个人提供的与选举有关的任何形式的资助。

违反前款规定的，不列入代表候选人名单；已经列入代表候选人名单的，从名单中除名；已经当选的，其当选无效。

第九章　选举程序

第三十六条　全国人民代表大会和地方各级人民代表大会代表的选举，应当严格依照法定程序进行，并接受监督。任何组织或者个人都不得以任何方式干预选民或者代表自由行使选举权。

第三十七条　在选民直接选举人民代表大会代表时，选民根据选举委员会的规定，凭身份证或者选民证领取选票。

第三十八条　选举委员会应当根据各选区选民分布状况，按照方便选民投票的原则设立投票站，进行选举。选民居住比较集中的，可以召开选举大会，进行选举；因患有疾病等原因行动不便或者居住分散并且交通不便的选民，可以在流动票箱投票。

第三十九条　县级以上的地方各级人民代表大会在选举上一级人民代表大会代表时，由各该级人民代表大会主席团主持。

第四十条　全国和地方各级人民代表大会代表的选举，一律采用无记名投票的方法。选举时应当设有秘密写票处。

选民如果是文盲或者因残疾不能写选票的，可以委托他信任的人代写。

第四十一条　选举人对于代表候选人可以投赞成票，可以投反对票，可以另选其他任何选民，也可以弃权。

第四十二条　选民如果在选举期间外出，经选举委员会同意，可以书面委托其他选民代为投票。每一选民接受的委托不得超过三人，并应当按照委托人的意愿代为投票。

第四十三条　投票结束后，由选民或者代表推选的监票、计票人员和选举委员会或者人民代表大会主席团的人员将投票人数和票数加以核对，作出记录，并由监票人签字。

代表候选人的近亲属不得担任监票人、计票人。

第四十四条　每次选举所投的票数，多于投票人数的无效，等于或者少于投票人数的有效。

每一选票所选的人数，多于规定应选代表人数的作废，等于或者少于规定应选代表人数的有效。

第四十五条　在选民直接选举人民代表大会代表时，选区全体选民的过半数参加投票,选举有效。代表候选人获得参加投票的选民过半数的选票时,始得当选。

县级以上的地方各级人民代表大会在选举上一级人民代表大会代表时,代表候选人获得全体代表过半数的选票时,始得当选。

获得过半数选票的代表候选人的人数超过应选代表名额时,以得票多的当选。如遇票数相等不能确定当选人时,应当就票数相等的候选人再次投票,以得票多的当选。

获得过半数选票的当选代表的人数少于应选代表的名额时,不足的名额另行选举。另行选举时,根据在第一次投票时得票多少的顺序,按照本法第三十一条规定的差额比例,确定候选人名单。如果只选一人,候选人应为二人。

依照前款规定另行选举县级和乡级的人民代表大会代表时,代表候选人以得票多的当选,但是得票数不得少于选票的三分之一;县级以上的地方各级人民代表大会在另行选举上一级人民代表大会代表时,代表候选人获得全体代表过半数的选票,始得当选。

第四十六条 选举结果由选举委员会或者人民代表大会主席团根据本法确定是否有效,并予以宣布。

当选代表名单由选举委员会或者人民代表大会主席团予以公布。

第四十七条 代表资格审查委员会依法对当选代表是否符合宪法、法律规定的代表的基本条件,选举是否符合法律规定的程序,以及是否存在破坏选举和其他当选无效的违法行为进行审查,提出代表当选是否有效的意见,向本级人民代表大会常务委员会或者乡、民族乡、镇的人民代表大会主席团报告。

县级以上的各级人民代表大会常务委员会或者乡、民族乡、镇的人民代表大会主席团根据代表资格审查委员会提出的报告,确认代表的资格或者确定代表的当选无效,在每届人民代表大会第一次会议前公布代表名单。

第四十八条 公民不得同时担任两个以上无隶属关系的行政区域的人民代表大会代表。

第十章 对代表的监督和罢免、辞职、补选

第四十九条 全国和地方各级人民代表大会的代表,受选民和原选举单位的监督。选民或者选举单位都有权罢免自己选出的代表。

第五十条 对于县级的人民代表大会代表,原选区选民五十人以上联名,

对于乡级的人民代表大会代表,原选区选民三十人以上联名,可以向县级的人民代表大会常务委员会书面提出罢免要求。

罢免要求应当写明罢免理由。被提出罢免的代表有权在选民会议上提出申辩意见,也可以书面提出申辩意见。

县级的人民代表大会常务委员会应当将罢免要求和被提出罢免的代表的书面申辩意见印发原选区选民。

表决罢免要求,由县级的人民代表大会常务委员会派有关负责人员主持。

第五十一条 县级以上的地方各级人民代表大会举行会议的时候,主席团或者十分之一以上代表联名,可以提出对由该级人民代表大会选出的上一级人民代表大会代表的罢免案。在人民代表大会闭会期间,县级以上的地方各级人民代表大会常务委员会主任会议或者常务委员会五分之一以上组成人员联名,可以向常务委员会提出对由该级人民代表大会选出的上一级人民代表大会代表的罢免案。罢免案应当写明罢免理由。

县级以上的地方各级人民代表大会举行会议的时候,被提出罢免的代表有权在主席团会议和大会全体会议上提出申辩意见,或者书面提出申辩意见,由主席团印发会议。罢免案经会议审议后,由主席团提请全体会议表决。

县级以上的地方各级人民代表大会常务委员会举行会议的时候,被提出罢免的代表有权在主任会议和常务委员会全体会议上提出申辩意见,或者书面提出申辩意见,由主任会议印发会议。罢免案经会议审议后,由主任会议提请全体会议表决。

第五十二条 罢免代表采用无记名的表决方式。

第五十三条 罢免县级和乡级的人民代表大会代表,须经原选区过半数的选民通过。

罢免由县级以上的地方各级人民代表大会选出的代表,须经各该级人民代表大会过半数的代表通过;在代表大会闭会期间,须经常务委员会组成人员的过半数通过。罢免的决议,须报送上一级人民代表大会常务委员会备案、公告。

第五十四条 县级以上的各级人民代表大会常务委员会组成人员,县级以上的各级人民代表大会专门委员会成员的代表职务被罢免的,其常务委员会组成人员或者专门委员会成员的职务相应撤销,由主席团或者常务委员会予以公告。

乡、民族乡、镇的人民代表大会主席、副主席的代表职务被罢免的,其主席、副主席的职务相应撤销,由主席团予以公告。

第五十五条 全国人民代表大会代表,省、自治区、直辖市、设区的市、自治州的人民代表大会代表,可以向选举他的人民代表大会的常务委员会书面提出辞职。常务委员会接受辞职,须经常务委员会组成人员的过半数通过。接受辞职的决议,须报送上一级人民代表大会常务委员会备案、公告。

县级的人民代表大会代表可以向本级人民代表大会常务委员会书面提出辞职,乡级的人民代表大会代表可以向本级人民代表大会书面提出辞职。县级的人民代表大会常务委员会接受辞职,须经常务委员会组成人员的过半数通过。乡级的人民代表大会接受辞职,须经人民代表大会过半数的代表通过。接受辞职的,应当予以公告。

第五十六条 县级以上的各级人民代表大会常务委员会组成人员,县级以上的各级人民代表大会的专门委员会成员,辞去代表职务的请求被接受的,其常务委员会组成人员、专门委员会成员的职务相应终止,由常务委员会予以公告。

乡、民族乡、镇的人民代表大会主席、副主席,辞去代表职务的请求被接受的,其主席、副主席的职务相应终止,由主席团予以公告。

第五十七条 代表在任期内,因故出缺,由原选区或者原选举单位补选。

地方各级人民代表大会代表在任期内调离或者迁出本行政区域的,其代表资格自行终止,缺额另行补选。

县级以上的地方各级人民代表大会闭会期间,可以由本级人民代表大会常务委员会补选上一级人民代表大会代表。

补选出缺的代表时,代表候选人的名额可以多于应选代表的名额,也可以同应选代表的名额相等。补选的具体办法,由省、自治区、直辖市的人民代表大会常务委员会规定。

对补选产生的代表,依照本法第四十七条的规定进行代表资格审查。

第十一章 对破坏选举的制裁

第五十八条 为保障选民和代表自由行使选举权和被选举权,对有下列行为之一,破坏选举,违反治安管理规定的,依法给予治安管理处罚;构成犯罪的,依法追究刑事责任:

(一)以金钱或者其他财物贿赂选民或者代表,妨害选民和代表自由行使选举权和被选举权的;

(二)以暴力、威胁、欺骗或者其他非法手段妨害选民和代表自由行使选举权和被选举权的；

(三)伪造选举文件、虚报选举票数或者有其他违法行为的；

(四)对于控告、检举选举中违法行为的人，或者对于提出要求罢免代表的人进行压制、报复的。

国家工作人员有前款所列行为的，还应当由监察机关给予政务处分或者由所在机关、单位给予处分。

以本条第一款所列违法行为当选的，其当选无效。

第五十九条 主持选举的机构发现有破坏选举的行为或者收到对破坏选举行为的举报，应当及时依法调查处理；需要追究法律责任的，及时移送有关机关予以处理。

第十二章 附 则

第六十条 省、自治区、直辖市的人民代表大会及其常务委员会根据本法可以制定选举实施细则，报全国人民代表大会常务委员会备案。

中华人民共和国全国人民代表大会和地方各级人民代表大会代表法

1. 1992年4月3日第七届全国人民代表大会第五次会议通过

2. 根据2009年8月27日第十一届全国人民代表大会常务委员会第十次会议《关于修改部分法律的决定》第一次修正

3. 根据2010年10月28日第十一届全国人民代表大会常务委员会第十七次会议《关于修改〈中华人民共和国全国人民代表大会和地方各级人民代表大会代表法〉的决定》第二次修正

4. 根据2015年8月29日第十二届全国人民代表大会常务委员会第十六次会议《关于修改〈中华人民共和国地方各级人民代表大会和地方各级人民政府组织法〉、〈中华人民共和国全国人民代表大会和地方各级人民代表大会选举法〉、〈中华人民共和国全国人民代表大会和地方各级人民代表大会代表法〉的决定》第三次修正

目 录

第一章 总　　则

第一条 为保证全国人民代表大会和地方各级人民代表大会代表依法行使代表的职权,履行代表的义务,发挥代表作用,根据宪法,制定本法。

第二条 全国人民代表大会和地方各级人民代表大会代表依照法律规定选举产生。

全国人民代表大会代表是最高国家权力机关组成人员,地方各级人民代表大会代表是地方各级国家权力机关组成人员。

全国人民代表大会和地方各级人民代表大会代表,代表人民的利益和意志,依照宪法和法律赋予本级人民代表大会的各项职权,参加行使国家权力。

第三条 代表享有下列权利:

(一)出席本级人民代表大会会议,参加审议各项议案、报告和其他议题,发表意见;

(二)依法联名提出议案、质询案、罢免案等;

(三)提出对各方面工作的建议、批评和意见;

(四)参加本级人民代表大会的各项选举;

(五)参加本级人民代表大会的各项表决;

(六)获得依法执行代表职务所需的信息和各项保障;

(七)法律规定的其他权利。

第四条 代表应当履行下列义务:

(一)模范地遵守宪法和法律,保守国家秘密,在自己参加的生产、工作和社会活动中,协助宪法和法律的实施;

(二)按时出席本级人民代表大会会议,认真审议各项议案、报告和其他议题,发表意见,做好会议期间的各项工作;

(三)积极参加统一组织的视察、专题调研、执法检查等履职活动;

(四)加强履职学习和调查研究,不断提高执行代表职务的能力;

(五)与原选区选民或者原选举单位和人民群众保持密切联系,听取和反映他们的意见和要求,努力为人民服务;

（六）自觉遵守社会公德，廉洁自律，公道正派，勤勉尽责；

（七）法律规定的其他义务。

第五条 代表依照本法的规定在本级人民代表大会会议期间的工作和在本级人民代表大会闭会期间的活动，都是执行代表职务。

国家和社会为代表执行代表职务提供保障。

代表不脱离各自的生产和工作。代表出席本级人民代表大会会议，参加闭会期间统一组织的履职活动，应当安排好本人的生产和工作，优先执行代表职务。

第六条 代表受原选区选民或者原选举单位的监督。

第二章 代表在本级人民代表大会会议期间的工作

第七条 代表应当按时出席本级人民代表大会会议。代表因健康等特殊原因不能出席会议的，应当按照规定请假。

代表在出席本级人民代表大会会议前，应当听取人民群众的意见和建议，为会议期间执行代表职务做好准备。

第八条 代表参加大会全体会议、代表团全体会议、小组会议，审议列入会议议程的各项议案和报告。

代表可以被推选或者受邀请列席主席团会议、专门委员会会议，发表意见。

代表应当围绕会议议题发表意见，遵守议事规则。

第九条 代表有权依照法律规定的程序向本级人民代表大会提出属于本级人民代表大会职权范围内的议案。议案应当有案由、案据和方案。

代表依法提出的议案，由本级人民代表大会主席团决定是否列入会议议程，或者先交有关的专门委员会审议、提出是否列入会议议程的意见，再决定是否列入会议议程。

列入会议议程的议案，在交付大会表决前，提出议案的代表要求撤回的，经主席团同意，会议对该项议案的审议即行终止。

第十条 全国人民代表大会代表，有权依照宪法规定的程序向全国人民代表大会提出修改宪法的议案。

第十一条 代表参加本级人民代表大会的各项选举。

全国人民代表大会代表有权对主席团提名的全国人民代表大会常务委员会组成人员的人选，中华人民共和国主席、副主席的人选，中央军事委员会主席的人选,最高人民法院院长和最高人民检察院检察长的人选,全国人民代表大会各专门委员会的人选,提出意见。

县级以上的地方各级人民代表大会代表有权依照法律规定的程序提出本级人民代表大会常务委员会的组成人员,人民政府领导人员,人民法院院长,人民检察院检察长以及上一级人民代表大会代表的人选,并有权对本级人民代表大会主席团和代表依法提出的上述人员的人选提出意见。

乡、民族乡、镇的人民代表大会代表有权依照法律规定的程序提出本级人民代表大会主席、副主席和人民政府领导人员的人选,并有权对本级人民代表大会主席团和代表依法提出的上述人员的人选提出意见。

各级人民代表大会代表有权对本级人民代表大会主席团的人选,提出意见。

代表对确定的候选人,可以投赞成票,可以投反对票,可以另选他人,也可以弃权。

第十二条 全国人民代表大会代表参加决定国务院组成人员和中央军事委员会副主席、委员的人选。

县级以上的各级人民代表大会代表参加表决通过本级人民代表大会各专门委员会组成人员的人选。

第十三条 代表在审议议案和报告时,可以向本级有关国家机关提出询问。有关国家机关应当派负责人或者负责人员回答询问。

第十四条 全国人民代表大会会议期间,一个代表团或者三十名以上的代表联名,有权书面提出对国务院和国务院各部、各委员会,最高人民法院,最高人民检察院的质询案。

县级以上的地方各级人民代表大会代表有权依照法律规定的程序提出对本级人民政府及其所属各部门,人民法院,人民检察院的质询案。

乡、民族乡、镇的人民代表大会代表有权依照法律规定的程序提出对本级人民政府的质询案。

质询案应当写明质询对象、质询的问题和内容。

质询案按照主席团的决定由受质询机关答复。提出质询案的代表半数以上对答复不满意的,可以要求受质询机关再作答复。

第十五条 全国人民代表大会代表有权依照法律规定的程序提出对全国人民代表大会常务委员会组成人员,中华人民共和国主席、副主席,国务院组成人员，中央军事委员会组成人员，最高人民法院院长，最高人民检察院检察长的罢免案。

县级以上的地方各级人民代表大会代表有权依照法律规定的程序提出对本级人民代表大会常务委员会组成人员，人民政府组成人员，人民法院院长，人民检察院检察长的罢免案。

乡、民族乡、镇的人民代表大会代表有权依照法律规定的程序提出对本级人民代表大会主席、副主席和人民政府领导人员的罢免案。

罢免案应当写明罢免的理由。

第十六条 县级以上的各级人民代表大会代表有权依法提议组织关于特定问题的调查委员会。

第十七条 代表参加本级人民代表大会表决，可以投赞成票，可以投反对票，也可以弃权。

第十八条 代表有权向本级人民代表大会提出对各方面工作的建议、批评和意见。建议、批评和意见应当明确具体，注重反映实际情况和问题。

第三章 代表在本级人民代表大会闭会期间的活动

第十九条 县级以上的各级人民代表大会常务委员会组织本级人民代表大会代表开展闭会期间的活动。

县级以上的地方各级人民代表大会常务委员会受上一级人民代表大会常务委员会的委托，组织本级人民代表大会选举产生的上一级人民代表大会代表开展闭会期间的活动。

乡、民族乡、镇的人民代表大会主席、副主席根据主席团的安排，组织本级人民代表大会代表开展闭会期间的活动。

第二十条 代表在闭会期间的活动以集体活动为主，以代表小组活动为基本形式。代表可以通过多种方式听取、反映原选区选民或者原选举单位的意见和要求。

第二十一条 县级以上的各级人民代表大会代表，在本级或者下级人民代表大会常务委员会协助下，可以按照便于组织和开展活动的原则组成代表小组。

县级以上的各级人民代表大会代表，可以参加下级人民代表大会代表的代表小组活动。

第二十二条 县级以上的各级人民代表大会代表根据本级人民代表大会常务委员会的安排，对本级或者下级国家机关和有关单位的工作进行视察。乡、民族乡、镇的人民代表大会代表根据本级人民代表大会主席团的安排，对本级人民政府和有关单位的工作进行视察。

代表按前款规定进行视察，可以提出约见本级或者下级有关国家机关负责人。被约见的有关国家机关负责人或者由他委托的负责人员应当听取代表的建议、批评和意见。

代表可以持代表证就地进行视察。县级以上的地方各级人民代表大会常务委员会或者乡、民族乡、镇的人民代表大会主席团根据代表的要求，联系安排本级或者上级的代表持代表证就地进行视察。

代表视察时，可以向被视察单位提出建议、批评和意见，但不直接处理问题。

第二十三条 代表根据安排，围绕经济社会发展和关系人民群众切身利益、社会普遍关注的重大问题，开展专题调研。

第二十四条 代表参加视察、专题调研活动形成的报告，由本级人民代表大会常务委员会办事机构或者乡、民族乡、镇的人民代表大会主席团转交有关机关、组织。对报告中提出的意见和建议的研究处理情况应当向代表反馈。

第二十五条 代表有权依照法律规定的程序提议临时召集本级人民代表大会会议。

第二十六条 县级以上的各级人民代表大会代表可以应邀列席本级人民代表大会常务委员会会议、本级人民代表大会各专门委员会会议，参加本级人民代表大会常务委员会组织的执法检查和其他活动。乡、民族乡、镇的人民代表大会代表参加本级人民代表大会主席团组织的执法检查和其他活动。

第二十七条 全国人民代表大会代表，省、自治区、直辖市、自治州、设区的市的人民代表大会代表可以列席原选举单位的人民代表大会会议，并可以应邀列席原选举单位的人民代表大会常务委员会会议。

第二十八条 县级以上的各级人民代表大会代表根据本级人民代表大会或者本级人民代表大会常务委员会的决定，参加关于特定问题的调查委员会。

第二十九条 代表在本级人民代表大会闭会期间，有权向本级人民代表大会常务委员会或者乡、民族乡、镇的人民代表大会主席团提出对各方面工作的建议、批评和意见。建议、批评和意见应当明确具体，注重反映实际情况和问题。

第三十条　乡、民族乡、镇的人民代表大会代表在本级人民代表大会闭会期间，根据统一安排，开展调研等活动；组成代表小组，分工联系选民，反映人民群众的意见和要求。

第四章　代表执行职务的保障

第三十一条　代表在人民代表大会各种会议上的发言和表决，不受法律追究。

第三十二条　县级以上的各级人民代表大会代表，非经本级人民代表大会主席团许可，在本级人民代表大会闭会期间，非经本级人民代表大会常务委员会许可，不受逮捕或者刑事审判。如果因为是现行犯被拘留，执行拘留的机关应当立即向该级人民代表大会主席团或者人民代表大会常务委员会报告。

对县级以上的各级人民代表大会代表，如果采取法律规定的其他限制人身自由的措施，应当经该级人民代表大会主席团或者人民代表大会常务委员会许可。

人民代表大会主席团或者常务委员会受理有关机关依照本条规定提请许可的申请，应当审查是否存在对代表在人民代表大会各种会议上的发言和表决进行法律追究，或者对代表提出建议、批评和意见等其他执行职务行为打击报复的情形，并据此作出决定。

乡、民族乡、镇的人民代表大会代表，如果被逮捕、受刑事审判、或者被采取法律规定的其他限制人身自由的措施，执行机关应当立即报告乡、民族乡、镇的人民代表大会。

第三十三条　代表在本级人民代表大会闭会期间，参加由本级人民代表大会常务委员会或者乡、民族乡、镇的人民代表大会主席团安排的代表活动，代表所在单位必须给予时间保障。

第三十四条　代表按照本法第三十三条的规定执行代表职务，其所在单位按正常出勤对待，享受所在单位的工资和其他待遇。

无固定工资收入的代表执行代表职务，根据实际情况由本级财政给予适当补贴。

第三十五条　代表的活动经费，应当列入本级财政预算予以保障，专款专用。

第三十六条　县级以上的各级人民代表大会常务委员会应当采取多种方

式同本级人民代表大会代表保持联系，扩大代表对本级人民代表大会常务委员会活动的参与。

第三十七条 县级以上的地方各级人民代表大会常务委员会，应当为本行政区域内的代表执行代表职务提供必要的条件。

第三十八条 县级以上的各级人民代表大会常务委员会，各级人民政府和人民法院、人民检察院，应当及时向本级人民代表大会代表通报工作情况，提供信息资料，保障代表的知情权。

第三十九条 县级以上的各级人民代表大会常务委员会应当有计划地组织代表参加履职学习，协助代表全面熟悉人民代表大会制度、掌握履行代表职务所需的法律知识和其他专业知识。

乡、民族乡、镇的人民代表大会代表可以参加上级人民代表大会常务委员会组织的代表履职学习。

第四十条 县级以上的各级人民代表大会常务委员会的办事机构和工作机构是代表执行代表职务的集体服务机构，为代表执行代表职务提供服务保障。

第四十一条 为了便于代表执行代表职务，各级人民代表大会可以为本级人民代表大会代表制发代表证。

第四十二条 有关机关、组织应当认真研究办理代表建议、批评和意见，并自交办之日起三个月内答复。涉及面广、处理难度大的建议、批评和意见，应当自交办之日起六个月内答复。

有关机关、组织在研究办理代表建议、批评和意见的过程中，应当与代表联系沟通，充分听取意见。

代表建议、批评和意见的办理情况，应当向本级人民代表大会常务委员会或者乡、民族乡、镇的人民代表大会主席团报告，并印发下一次人民代表大会会议。代表建议、批评和意见办理情况的报告，应当予以公开。

第四十三条 少数民族代表执行代表职务时，有关部门应当在语言文字、生活习惯等方面给予必要的帮助和照顾。

第四十四条 一切组织和个人都必须尊重代表的权利，支持代表执行代表职务。

有义务协助代表执行代表职务而拒绝履行义务的，有关单位应当予以批评教育，直至给予行政处分。

阻碍代表依法执行代表职务的，根据情节，由所在单位或者上级机关给予行政处分，或者适用《中华人民共和国治安管理处罚法》第五十条的处罚规定；以暴力、威胁方法阻碍代表依法执行代表职务的，依照刑法有关规定追究刑事责任。

对代表依法执行代表职务进行打击报复的，由所在单位或者上级机关责令改正或者给予行政处分；国家工作人员进行打击报复构成犯罪的，依照刑法有关规定追究刑事责任。

第五章 对代表的监督

第四十五条 代表应当采取多种方式经常听取人民群众对代表履职的意见，回答原选区选民或者原选举单位对代表工作和代表活动的询问，接受监督。

由选民直接选举的代表应当以多种方式向原选区选民报告履职情况。县级人民代表大会常务委员会和乡、民族乡、镇的人民代表大会主席团应当定期组织本级人民代表大会代表向原选区选民报告履职情况。

第四十六条 代表应当正确处理从事个人职业活动与执行代表职务的关系，不得利用执行代表职务干涉具体司法案件或者招标投标等经济活动牟取个人利益。

第四十七条 选民或者选举单位有权依法罢免自己选出的代表。被提出罢免的代表有权出席罢免该代表的会议提出申辩意见，或者书面提出申辩意见。

第四十八条 代表有下列情形之一的，暂时停止执行代表职务，由代表资格审查委员会向本级人民代表大会常务委员会或者乡、民族乡、镇的人民代表大会报告：

（一）因刑事案件被羁押正在受侦查、起诉、审判的；

（二）被依法判处管制、拘役或者有期徒刑而没有附加剥夺政治权利，正在服刑的。

前款所列情形在代表任期内消失后，恢复其执行代表职务，但代表资格终止者除外。

第四十九条 代表有下列情形之一的，其代表资格终止：

（一）地方各级人民代表大会代表迁出或者调离本行政区域的；

（二）辞职被接受的；

（三）未经批准两次不出席本级人民代表大会会议的；

（四）被罢免的；

（五）丧失中华人民共和国国籍的；

（六）依照法律被剥夺政治权利的；

（七）丧失行为能力的。

第五十条 县级以上的各级人民代表大会代表资格的终止，由代表资格审查委员会报本级人民代表大会常务委员会，由本级人民代表大会常务委员会予以公告。

乡、民族乡、镇的人民代表大会代表资格的终止，由代表资格审查委员会报本级人民代表大会，由本级人民代表大会予以公告。

第六章 附 则

第五十一条 省、自治区、直辖市的人民代表大会及其常务委员会可以根据本法和本行政区域的实际情况，制定实施办法。

第五十二条 本法自公布之日起施行。

2. 立法制度

中华人民共和国立法法

1. 2000年3月15日第九届全国人民代表大会第三次会议通过

2. 根据2015年3月15日第十二届全国人民代表大会第三次会议《关于修改〈中华人民共和国立法法〉的决定》第一次修正

3. 根据2023年3月13日第十四届全国人民代表大会第一次会议《关于修改〈中华人民共和国立法法〉的决定》第二次修正

目 录

第一章 总　　则

第一条 为了规范立法活动，健全国家立法制度，提高立法质量，完善中国特色社会主义法律体系，发挥立法的引领和推动作用，保障和发展社会主义民主，全面推进依法治国，建设社会主义法治国家，根据宪法，制定本法。

第二条 法律、行政法规、地方性法规、自治条例和单行条例的制定、修改和废止，适用本法。

国务院部门规章和地方政府规章的制定、修改和废止，依照本法的有关规定执行。

第三条 立法应当坚持中国共产党的领导，坚持以马克思列宁主义、毛泽东思想、邓小平理论、“三个代表”重要思想、科学发展观、习近平新时代中国特色社会主义思想为指导，推进中国特色社会主义法治体系建设，保障在法治轨道上全面建设社会主义现代化国家。

第四条 立法应当坚持以经济建设为中心，坚持改革开放，贯彻新发展理念，保障以中国式现代化全面推进中华民族伟大复兴。

第五条 立法应当符合宪法的规定、原则和精神，依照法定的权限和程序，从国家整体利益出发，维护社会主义法制的统一、尊严、权威。

第六条 立法应当坚持和发展全过程人民民主，尊重和保障人权，保障和促进社会公平正义。

立法应当体现人民的意志，发扬社会主义民主，坚持立法公开，保障人民通过多种途径参与立法活动。

第七条 立法应当从实际出发，适应经济社会发展和全面深化改革的要求，科学合理地规定公民、法人和其他组织的权利与义务、国家机关的权力与责任。

法律规范应当明确、具体，具有针对性和可执行性。

第八条　立法应当倡导和弘扬社会主义核心价值观，坚持依法治国和以德治国相结合，铸牢中华民族共同体意识，推动社会主义精神文明建设。

第九条　立法应当适应改革需要，坚持在法治下推进改革和在改革中完善法治相统一，引导、推动、规范、保障相关改革，发挥法治在国家治理体系和治理能力现代化中的重要作用。

第二章　法　　律

第一节　立法权限

第十条　全国人民代表大会和全国人民代表大会常务委员会根据宪法规定行使国家立法权。

全国人民代表大会制定和修改刑事、民事、国家机构的和其他的基本法律。

全国人民代表大会常务委员会制定和修改除应当由全国人民代表大会制定的法律以外的其他法律；在全国人民代表大会闭会期间，对全国人民代表大会制定的法律进行部分补充和修改，但是不得同该法律的基本原则相抵触。

全国人民代表大会可以授权全国人民代表大会常务委员会制定相关法律。

第十一条　下列事项只能制定法律：

（一）国家主权的事项；

（二）各级人民代表大会、人民政府、监察委员会、人民法院和人民检察院的产生、组织和职权；

（三）民族区域自治制度、特别行政区制度、基层群众自治制度；

（四）犯罪和刑罚；

（五）对公民政治权利的剥夺、限制人身自由的强制措施和处罚；

（六）税种的设立、税率的确定和税收征收管理等税收基本制度；

（七）对非国有财产的征收、征用；

（八）民事基本制度；

（九）基本经济制度以及财政、海关、金融和外贸的基本制度；

（十）诉讼制度和仲裁基本制度；

（十一）必须由全国人民代表大会及其常务委员会制定法律的其他事项。

第十二条 本法第十一条规定的事项尚未制定法律的,全国人民代表大会及其常务委员会有权作出决定,授权国务院可以根据实际需要,对其中的部分事项先制定行政法规,但是有关犯罪和刑罚、对公民政治权利的剥夺和限制人身自由的强制措施和处罚、司法制度等事项除外。

第十三条 授权决定应当明确授权的目的、事项、范围、期限以及被授权机关实施授权决定应当遵循的原则等。

授权的期限不得超过五年,但是授权决定另有规定的除外。

被授权机关应当在授权期限届满的六个月以前,向授权机关报告授权决定实施的情况,并提出是否需要制定有关法律的意见;需要继续授权的,可以提出相关意见,由全国人民代表大会及其常务委员会决定。

第十四条 授权立法事项,经过实践检验,制定法律的条件成熟时,由全国人民代表大会及其常务委员会及时制定法律。法律制定后,相应立法事项的授权终止。

第十五条 被授权机关应当严格按照授权决定行使被授予的权力。

被授权机关不得将被授予的权力转授给其他机关。

第十六条 全国人民代表大会及其常务委员会可以根据改革发展的需要,决定就特定事项授权在规定期限和范围内暂时调整或者暂时停止适用法律的部分规定。

暂时调整或者暂时停止适用法律的部分规定的事项,实践证明可行的,由全国人民代表大会及其常务委员会及时修改有关法律;修改法律的条件尚不成熟的,可以延长授权的期限,或者恢复施行有关法律规定。

第二节 全国人民代表大会立法程序

第十七条 全国人民代表大会主席团可以向全国人民代表大会提出法律案,由全国人民代表大会会议审议。

全国人民代表大会常务委员会、国务院、中央军事委员会、国家监察委员会、最高人民法院、最高人民检察院、全国人民代表大会各专门委员会,可以向全国人民代表大会提出法律案,由主席团决定列入会议议程。

第十八条 一个代表团或者三十名以上的代表联名,可以向全国人民代表大会提出法律案,由主席团决定是否列入会议议程,或者先交有关的专门委员会审议、提出是否列入会议议程的意见,再决定是否列入会议议程。

专门委员会审议的时候,可以邀请提案人列席会议,发表意见。

第十九条 向全国人民代表大会提出的法律案，在全国人民代表大会闭会期间，可以先向常务委员会提出，经常务委员会会议依照本法第二章第三节规定的有关程序审议后，决定提请全国人民代表大会审议，由常务委员会向大会全体会议作说明，或者由提案人向大会全体会议作说明。

常务委员会依照前款规定审议法律案，应当通过多种形式征求全国人民代表大会代表的意见，并将有关情况予以反馈；专门委员会和常务委员会工作机构进行立法调研，可以邀请有关的全国人民代表大会代表参加。

第二十条 常务委员会决定提请全国人民代表大会会议审议的法律案，应当在会议举行的一个月前将法律草案发给代表，并可以适时组织代表研读讨论，征求代表的意见。

第二十一条 列入全国人民代表大会会议议程的法律案，大会全体会议听取提案人的说明后，由各代表团进行审议。

各代表团审议法律案时，提案人应当派人听取意见，回答询问。

各代表团审议法律案时，根据代表团的要求，有关机关、组织应当派人介绍情况。

第二十二条 列入全国人民代表大会会议议程的法律案，由有关的专门委员会进行审议，向主席团提出审议意见，并印发会议。

第二十三条 列入全国人民代表大会会议议程的法律案，由宪法和法律委员会根据各代表团和有关的专门委员会的审议意见，对法律案进行统一审议，向主席团提出审议结果报告和法律草案修改稿，对涉及的合宪性问题以及重要的不同意见应当在审议结果报告中予以说明，经主席团会议审议通过后，印发会议。

第二十四条 列入全国人民代表大会会议议程的法律案，必要时，主席团常务主席可以召开各代表团团长会议，就法律案中的重大问题听取各代表团的审议意见，进行讨论，并将讨论的情况和意见向主席团报告。

主席团常务主席也可以就法律案中的重大的专门性问题，召集代表团推选的有关代表进行讨论，并将讨论的情况和意见向主席团报告。

第二十五条 列入全国人民代表大会会议议程的法律案，在交付表决前，提案人要求撤回的，应当说明理由，经主席团同意，并向大会报告，对该法律案的审议即行终止。

第二十六条 法律案在审议中有重大问题需要进一步研究的，经主席团提出,由大会全体会议决定,可以授权常务委员会根据代表的意见进一步审议,作出决定,并将决定情况向全国人民代表大会下次会议报告;也可以授权常务委员会根据代表的意见进一步审议,提出修改方案,提请全国人民代表大会下次会议审议决定。

第二十七条 法律草案修改稿经各代表团审议,由宪法和法律委员会根据各代表团的审议意见进行修改,提出法律草案表决稿,由主席团提请大会全体会议表决,由全体代表的过半数通过。

第二十八条 全国人民代表大会通过的法律由国家主席签署主席令予以公布。

第三节 全国人民代表大会常务委员会立法程序

第二十九条 委员长会议可以向常务委员会提出法律案,由常务委员会会议审议。

国务院、中央军事委员会、国家监察委员会、最高人民法院、最高人民检察院、全国人民代表大会各专门委员会,可以向常务委员会提出法律案,由委员长会议决定列入常务委员会会议议程,或者先交有关的专门委员会审议、提出报告,再决定列入常务委员会会议议程。如果委员长会议认为法律案有重大问题需要进一步研究,可以建议提案人修改完善后再向常务委员会提出。

第三十条 常务委员会组成人员十人以上联名,可以向常务委员会提出法律案,由委员长会议决定是否列入常务委员会会议议程,或者先交有关的专门委员会审议、提出是否列入会议议程的意见,再决定是否列入常务委员会会议议程。不列入常务委员会会议议程的,应当向常务委员会会议报告或者向提案人说明。

专门委员会审议的时候,可以邀请提案人列席会议,发表意见。

第三十一条 列入常务委员会会议议程的法律案,除特殊情况外,应当在会议举行的七日前将法律草案发给常务委员会组成人员。

常务委员会会议审议法律案时,应当邀请有关的全国人民代表大会代表列席会议。

第三十二条 列入常务委员会会议议程的法律案,一般应当经三次常务委员会会议审议后再交付表决。

常务委员会会议第一次审议法律案,在全体会议上听取提案人的说明,由分组会议进行初步审议。

常务委员会会议第二次审议法律案，在全体会议上听取宪法和法律委员会关于法律草案修改情况和主要问题的汇报，由分组会议进一步审议。

常务委员会会议第三次审议法律案，在全体会议上听取宪法和法律委员会关于法律草案审议结果的报告，由分组会议对法律草案修改稿进行审议。

常务委员会审议法律案时，根据需要，可以召开联组会议或者全体会议，对法律草案中的主要问题进行讨论。

第三十三条　列入常务委员会会议议程的法律案，各方面的意见比较一致的，可以经两次常务委员会会议审议后交付表决；调整事项较为单一或者部分修改的法律案，各方面的意见比较一致，或者遇有紧急情形的，也可以经一次常务委员会会议审议即交付表决。

第三十四条　常务委员会分组会议审议法律案时，提案人应当派人听取意见，回答询问。

常务委员会分组会议审议法律案时，根据小组的要求，有关机关、组织应当派人介绍情况。

第三十五条　列入常务委员会会议议程的法律案，由有关的专门委员会进行审议，提出审议意见，印发常务委员会会议。

有关的专门委员会审议法律案时，可以邀请其他专门委员会的成员列席会议，发表意见。

第三十六条　列入常务委员会会议议程的法律案，由宪法和法律委员会根据常务委员会组成人员、有关的专门委员会的审议意见和各方面提出的意见，对法律案进行统一审议，提出修改情况的汇报或者审议结果报告和法律草案修改稿，对涉及的合宪性问题以及重要的不同意见应当在修改情况的汇报或者审议结果报告中予以说明。对有关的专门委员会的审议意见没有采纳的，应当向有关的专门委员会反馈。

宪法和法律委员会审议法律案时，应当邀请有关的专门委员会的成员列席会议，发表意见。

第三十七条　专门委员会审议法律案时，应当召开全体会议审议，根据需要，可以要求有关机关、组织派有关负责人说明情况。

第三十八条　专门委员会之间对法律草案的重要问题意见不一致时，应当向委员长会议报告。

第三十九条 列入常务委员会会议议程的法律案，宪法和法律委员会、有关的专门委员会和常务委员会工作机构应当听取各方面的意见。听取意见可以采取座谈会、论证会、听证会等多种形式。

法律案有关问题专业性较强，需要进行可行性评价的，应当召开论证会，听取有关专家、部门和全国人民代表大会代表等方面的意见。论证情况应当向常务委员会报告。

法律案有关问题存在重大意见分歧或者涉及利益关系重大调整，需要进行听证的，应当召开听证会，听取有关基层和群体代表、部门、人民团体、专家、全国人民代表大会代表和社会有关方面的意见。听证情况应当向常务委员会报告。

常务委员会工作机构应当将法律草案发送相关领域的全国人民代表大会代表、地方人民代表大会常务委员会以及有关部门、组织和专家征求意见。

第四十条 列入常务委员会会议议程的法律案，应当在常务委员会会议后将法律草案及其起草、修改的说明等向社会公布，征求意见，但是经委员长会议决定不公布的除外。向社会公布征求意见的时间一般不少于三十日。征求意见的情况应当向社会通报。

第四十一条 列入常务委员会会议议程的法律案，常务委员会工作机构应当收集整理分组审议的意见和各方面提出的意见以及其他有关资料，分送宪法和法律委员会、有关的专门委员会，并根据需要，印发常务委员会会议。

第四十二条 拟提请常务委员会会议审议通过的法律案，在宪法和法律委员会提出审议结果报告前，常务委员会工作机构可以对法律草案中主要制度规范的可行性、法律出台时机、法律实施的社会效果和可能出现的问题等进行评估。评估情况由宪法和法律委员会在审议结果报告中予以说明。

第四十三条 列入常务委员会会议议程的法律案，在交付表决前，提案人要求撤回的，应当说明理由，经委员长会议同意，并向常务委员会报告，对该法律案的审议即行终止。

第四十四条 法律草案修改稿经常务委员会会议审议，由宪法和法律委员会根据常务委员会组成人员的审议意见进行修改，提出法律草案表决稿，由委员长会议提请常务委员会全体会议表决，由常务委员会全体组成人员的过半数通过。

法律草案表决稿交付常务委员会会议表决前，委员长会议根据常务委员会会议审议的情况，可以决定将个别意见分歧较大的重要条款提请常务委员会会议单独表决。

单独表决的条款经常务委员会会议表决后，委员长会议根据单独表决的情况，可以决定将法律草案表决稿交付表决，也可以决定暂不付表决，交宪法和法律委员会、有关的专门委员会进一步审议。

第四十五条 列入常务委员会会议审议的法律案，因各方面对制定该法律的必要性、可行性等重大问题存在较大意见分歧搁置审议满两年的，或者因暂不付表决经过两年没有再次列入常务委员会会议议程审议的，委员长会议可以决定终止审议，并向常务委员会报告；必要时，委员长会议也可以决定延期审议。

第四十六条 对多部法律中涉及同类事项的个别条款进行修改，一并提出法律案的，经委员长会议决定，可以合并表决，也可以分别表决。

第四十七条 常务委员会通过的法律由国家主席签署主席令予以公布。

第四节 法律解释

第四十八条 法律解释权属于全国人民代表大会常务委员会。

法律有以下情况之一的，由全国人民代表大会常务委员会解释：

（一）法律的规定需要进一步明确具体含义的；

（二）法律制定后出现新的情况，需要明确适用法律依据的。

第四十九条 国务院、中央军事委员会、国家监察委员会、最高人民法院、最高人民检察院、全国人民代表大会各专门委员会，可以向全国人民代表大会常务委员会提出法律解释要求或者提出相关法律案。

省、自治区、直辖市的人民代表大会常务委员会可以向全国人民代表大会常务委员会提出法律解释要求。

第五十条 常务委员会工作机构研究拟订法律解释草案，由委员长会议决定列入常务委员会会议议程。

第五十一条 法律解释草案经常务委员会会议审议，由宪法和法律委员会根据常务委员会组成人员的审议意见进行审议、修改，提出法律解释草案表决稿。

第五十二条 法律解释草案表决稿由常务委员会全体组成人员的过半数通过，由常务委员会发布公告予以公布。

第五十三条 全国人民代表大会常务委员会的法律解释同法律具有同等效力。

第五节 其他规定

第五十四条 全国人民代表大会及其常务委员会加强对立法工作的组织协调,发挥在立法工作中的主导作用。

第五十五条 全国人民代表大会及其常务委员会坚持科学立法、民主立法、依法立法,通过制定、修改、废止、解释法律和编纂法典等多种形式,增强立法的系统性、整体性、协同性、时效性。

第五十六条 全国人民代表大会常务委员会通过立法规划和年度立法计划、专项立法计划等形式,加强对立法工作的统筹安排。编制立法规划和立法计划,应当认真研究代表议案和建议,广泛征集意见,科学论证评估,根据经济社会发展和民主法治建设的需要,按照加强重点领域、新兴领域、涉外领域立法的要求,确定立法项目。立法规划和立法计划由委员长会议通过并向社会公布。

全国人民代表大会常务委员会工作机构负责编制立法规划、拟订立法计划,并按照全国人民代表大会常务委员会的要求,督促立法规划和立法计划的落实。

第五十七条 全国人民代表大会有关的专门委员会、常务委员会工作机构应当提前参与有关方面的法律草案起草工作;综合性、全局性、基础性的重要法律草案,可以由有关的专门委员会或者常务委员会工作机构组织起草。

专业性较强的法律草案,可以吸收相关领域的专家参与起草工作,或者委托有关专家、教学科研单位、社会组织起草。

第五十八条 提出法律案,应当同时提出法律草案文本及其说明,并提供必要的参阅资料。修改法律的,还应当提交修改前后的对照文本。法律草案的说明应当包括制定或者修改法律的必要性、可行性和主要内容,涉及合宪性问题的相关意见以及起草过程中对重大分歧意见的协调处理情况。

第五十九条 向全国人民代表大会及其常务委员会提出的法律案,在列入会议议程前,提案人有权撤回。

第六十条 交付全国人民代表大会及其常务委员会全体会议表决未获得通过的法律案,如果提案人认为必须制定该法律,可以按照法律规定的程序重新提出，由主席团、委员长会议决定是否列入会议议程；其中，未获得全国人民代表大会通过的法律案，应当提请全国人民代表大会审议决定。

第六十一条 法律应当明确规定施行日期。

第六十二条 签署公布法律的主席令载明该法律的制定机关、通过和施行日期。

法律签署公布后，法律文本以及法律草案的说明、审议结果报告等，应当及时在全国人民代表大会常务委员会公报和中国人大网以及在全国范围内发行的报纸上刊载。

在常务委员会公报上刊登的法律文本为标准文本。

第六十三条 法律的修改和废止程序，适用本章的有关规定。

法律被修改的，应当公布新的法律文本。

法律被废止的，除由其他法律规定废止该法律的以外，由国家主席签署主席令予以公布。

第六十四条 法律草案与其他法律相关规定不一致的，提案人应当予以说明并提出处理意见，必要时应当同时提出修改或者废止其他法律相关规定的议案。

宪法和法律委员会、有关的专门委员会审议法律案时，认为需要修改或者废止其他法律相关规定的，应当提出处理意见。

第六十五条 法律根据内容需要，可以分编、章、节、条、款、项、目。

编、章、节、条的序号用中文数字依次表述，款不编序号，项的序号用中文数字加括号依次表述，目的序号用阿拉伯数字依次表述。

法律标题的题注应当载明制定机关、通过日期。经过修改的法律，应当依次载明修改机关、修改日期。

全国人民代表大会常务委员会工作机构编制立法技术规范。

第六十六条 法律规定明确要求有关国家机关对专门事项作出配套的具体规定的，有关国家机关应当自法律施行之日起一年内作出规定，法律对配套的具体规定制定期限另有规定的，从其规定。有关国家机关未能在期限内作出配套的具体规定的，应当向全国人民代表大会常务委员会说明情况。

第六十七条 全国人民代表大会有关的专门委员会、常务委员会工作机构可以组织对有关法律或者法律中有关规定进行立法后评估。评估情况应当向常务委员会报告。

第六十八条　全国人民代表大会及其常务委员会作出有关法律问题的决定,适用本法的有关规定。

第六十九条　全国人民代表大会常务委员会工作机构可以对有关具体问题的法律询问进行研究予以答复,并报常务委员会备案。

第七十条　全国人民代表大会常务委员会工作机构根据实际需要设立基层立法联系点,深入听取基层群众和有关方面对法律草案和立法工作的意见。

第七十一条　全国人民代表大会常务委员会工作机构加强立法宣传工作,通过多种形式发布立法信息、介绍情况、回应关切。

第三章　行 政 法 规

第七十二条　国务院根据宪法和法律,制定行政法规。

行政法规可以就下列事项作出规定:

(一)为执行法律的规定需要制定行政法规的事项;

(二)宪法第八十九条规定的国务院行政管理职权的事项。

应当由全国人民代表大会及其常务委员会制定法律的事项,国务院根据全国人民代表大会及其常务委员会的授权决定先制定的行政法规,经过实践检验,制定法律的条件成熟时,国务院应当及时提请全国人民代表大会及其常务委员会制定法律。

第七十三条　国务院法制机构应当根据国家总体工作部署拟订国务院年度立法计划,报国务院审批。国务院年度立法计划中的法律项目应当与全国人民代表大会常务委员会的立法规划和立法计划相衔接。国务院法制机构应当及时跟踪了解国务院各部门落实立法计划的情况,加强组织协调和督促指导。

国务院有关部门认为需要制定行政法规的,应当向国务院报请立项。

第七十四条　行政法规由国务院有关部门或者国务院法制机构具体负责起草,重要行政管理的法律、行政法规草案由国务院法制机构组织起草。行政法规在起草过程中,应当广泛听取有关机关、组织、人民代表大会代表和社会公众的意见。听取意见可以采取座谈会、论证会、听证会等多种形式。

行政法规草案应当向社会公布,征求意见,但是经国务院决定不公布的除外。

第七十五条 行政法规起草工作完成后，起草单位应当将草案及其说明、各方面对草案主要问题的不同意见和其他有关资料送国务院法制机构进行审查。

国务院法制机构应当向国务院提出审查报告和草案修改稿，审查报告应当对草案主要问题作出说明。

第七十六条 行政法规的决定程序依照中华人民共和国国务院组织法的有关规定办理。

第七十七条 行政法规由总理签署国务院令公布。

有关国防建设的行政法规，可以由国务院总理、中央军事委员会主席共同签署国务院、中央军事委员会令公布。

第七十八条 行政法规签署公布后，及时在国务院公报和中国政府法制信息网以及在全国范围内发行的报纸上刊载。

在国务院公报上刊登的行政法规文本为标准文本。

第七十九条 国务院可以根据改革发展的需要，决定就行政管理等领域的特定事项，在规定期限和范围内暂时调整或者暂时停止适用行政法规的部分规定。

第四章　地方性法规、自治条例和单行条例、规章

第一节　地方性法规、自治条例和单行条例

第八十条 省、自治区、直辖市的人民代表大会及其常务委员会根据本行政区域的具体情况和实际需要，在不同宪法、法律、行政法规相抵触的前提下，可以制定地方性法规。

第八十一条 设区的市的人民代表大会及其常务委员会根据本市的具体情况和实际需要，在不同宪法、法律、行政法规和本省、自治区的地方性法规相抵触的前提下，可以对城乡建设与管理、生态文明建设、历史文化保护、基层治理等方面的事项制定地方性法规，法律对设区的市制定地方性法规的事项另有规定的，从其规定。设区的市的地方性法规须报省、自治区的人民代表大会常务委员会批准后施行。省、自治区的人民代表大会常务委员会对报请批准的地方性法规，应当对其合法性进行审查，认为同宪法、法律、行政法规和本省、自治区的地方性法规不抵触的，应当在四个月内予以批准。

省、自治区的人民代表大会常务委员会在对报请批准的设区的市的地方性法规进行审查时，发现其同本省、自治区的人民政府的规章相抵

触的,应当作出处理决定。

除省、自治区的人民政府所在地的市,经济特区所在地的市和国务院已经批准的较大的市以外,其他设区的市开始制定地方性法规的具体步骤和时间,由省、自治区的人民代表大会常务委员会综合考虑本省、自治区所辖的设区的市的人口数量、地域面积、经济社会发展情况以及立法需求、立法能力等因素确定,并报全国人民代表大会常务委员会和国务院备案。

自治州的人民代表大会及其常务委员会可以依照本条第一款规定行使设区的市制定地方性法规的职权。自治州开始制定地方性法规的具体步骤和时间,依照前款规定确定。

省、自治区的人民政府所在地的市,经济特区所在地的市和国务院已经批准的较大的市已经制定的地方性法规,涉及本条第一款规定事项范围以外的,继续有效。

第八十二条 地方性法规可以就下列事项作出规定:

(一)为执行法律、行政法规的规定,需要根据本行政区域的实际情况作具体规定的事项;

(二)属于地方性事务需要制定地方性法规的事项。

除本法第十一条规定的事项外,其他事项国家尚未制定法律或者行政法规的,省、自治区、直辖市和设区的市、自治州根据本地方的具体情况和实际需要,可以先制定地方性法规。在国家制定的法律或者行政法规生效后,地方性法规同法律或者行政法规相抵触的规定无效,制定机关应当及时予以修改或者废止。

设区的市、自治州根据本条第一款、第二款制定地方性法规,限于本法第八十一条第一款规定的事项。

制定地方性法规,对上位法已经明确规定的内容,一般不作重复性规定。

第八十三条 省、自治区、直辖市和设区的市、自治州的人民代表大会及其常务委员会根据区域协调发展的需要,可以协同制定地方性法规,在本行政区域或者有关区域内实施。

省、自治区、直辖市和设区的市、自治州可以建立区域协同立法工作机制。

第八十四条 经济特区所在地的省、市的人民代表大会及其常务委员会根据全国人民代表大会的授权决定,制定法规,在经济特区范围内实施。

上海市人民代表大会及其常务委员会根据全国人民代表大会常务委员会的授权决定,制定浦东新区法规,在浦东新区实施。

海南省人民代表大会及其常务委员会根据法律规定,制定海南自由贸易港法规,在海南自由贸易港范围内实施。

第八十五条 民族自治地方的人民代表大会有权依照当地民族的政治、经济和文化的特点,制定自治条例和单行条例。自治区的自治条例和单行条例,报全国人民代表大会常务委员会批准后生效。自治州、自治县的自治条例和单行条例,报省、自治区、直辖市的人民代表大会常务委员会批准后生效。

自治条例和单行条例可以依照当地民族的特点,对法律和行政法规的规定作出变通规定,但不得违背法律或者行政法规的基本原则,不得对宪法和民族区域自治法的规定以及其他有关法律、行政法规专门就民族自治地方所作的规定作出变通规定。

第八十六条 规定本行政区域特别重大事项的地方性法规,应当由人民代表大会通过。

第八十七条 地方性法规案、自治条例和单行条例案的提出、审议和表决程序,根据中华人民共和国地方各级人民代表大会和地方各级人民政府组织法,参照本法第二章第二节、第三节、第五节的规定,由本级人民代表大会规定。

地方性法规草案由负责统一审议的机构提出审议结果的报告和草案修改稿。

第八十八条 省、自治区、直辖市的人民代表大会制定的地方性法规由大会主席团发布公告予以公布。

省、自治区、直辖市的人民代表大会常务委员会制定的地方性法规由常务委员会发布公告予以公布。

设区的市、自治州的人民代表大会及其常务委员会制定的地方性法规报经批准后,由设区的市、自治州的人民代表大会常务委员会发布公告予以公布。

自治条例和单行条例报经批准后,分别由自治区、自治州、自治县的人民代表大会常务委员会发布公告予以公布。

第八十九条 地方性法规、自治条例和单行条例公布后,其文本以及草案的说明、审议结果报告等，应当及时在本级人民代表大会常务委员会公报和中国人大网、本地方人民代表大会网站以及在本行政区域范围内发行的报纸上刊载。

在常务委员会公报上刊登的地方性法规、自治条例和单行条例文本为标准文本。

第九十条　省、自治区、直辖市和设区的市、自治州的人民代表大会常务委员会根据实际需要设立基层立法联系点，深入听取基层群众和有关方面对地方性法规、自治条例和单行条例草案的意见。

第二节　规　　章

第九十一条　国务院各部、委员会、中国人民银行、审计署和具有行政管理职能的直属机构以及法律规定的机构，可以根据法律和国务院的行政法规、决定、命令，在本部门的权限范围内，制定规章。

部门规章规定的事项应当属于执行法律或者国务院的行政法规、决定、命令的事项。没有法律或者国务院的行政法规、决定、命令的依据，部门规章不得设定减损公民、法人和其他组织权利或者增加其义务的规范，不得增加本部门的权力或者减少本部门的法定职责。

第九十二条　涉及两个以上国务院部门职权范围的事项，应当提请国务院制定行政法规或者由国务院有关部门联合制定规章。

第九十三条　省、自治区、直辖市和设区的市、自治州的人民政府，可以根据法律、行政法规和本省、自治区、直辖市的地方性法规，制定规章。

地方政府规章可以就下列事项作出规定：

（一）为执行法律、行政法规、地方性法规的规定需要制定规章的事项；

（二）属于本行政区域的具体行政管理事项。

设区的市、自治州的人民政府根据本条第一款、第二款制定地方政府规章，限于城乡建设与管理、生态文明建设、历史文化保护、基层治理等方面的事项。已经制定的地方政府规章，涉及上述事项范围以外的，继续有效。

除省、自治区的人民政府所在地的市，经济特区所在地的市和国务院已经批准的较大的市以外，其他设区的市、自治州的人民政府开始制定规章的时间，与本省、自治区人民代表大会常务委员会确定的本市、自治州开始制定地方性法规的时间同步。

应当制定地方性法规但条件尚不成熟的，因行政管理迫切需要，可以先制定地方政府规章。规章实施满两年需要继续实施规章所规定的行政措施的，应当提请本级人民代表大会或者其常务委员会制定地方性法规。

没有法律、行政法规、地方性法规的依据，地方政府规章不得设定减损公民、法人和其他组织权利或者增加其义务的规范。

第九十四条 国务院部门规章和地方政府规章的制定程序，参照本法第三章的规定，由国务院规定。

第九十五条 部门规章应当经部务会议或者委员会会议决定。

地方政府规章应当经政府常务会议或者全体会议决定。

第九十六条 部门规章由部门首长签署命令予以公布。

地方政府规章由省长、自治区主席、市长或者自治州州长签署命令予以公布。

第九十七条 部门规章签署公布后，及时在国务院公报或者部门公报和中国政府法制信息网以及在全国范围内发行的报纸上刊载。

地方政府规章签署公布后，及时在本级人民政府公报和中国政府法制信息网以及在本行政区域范围内发行的报纸上刊载。

在国务院公报或者部门公报和地方人民政府公报上刊登的规章文本为标准文本。

第五章　适用与备案审查

第九十八条 宪法具有最高的法律效力，一切法律、行政法规、地方性法规、自治条例和单行条例、规章都不得同宪法相抵触。

第九十九条 法律的效力高于行政法规、地方性法规、规章。

行政法规的效力高于地方性法规、规章。

第一百条 地方性法规的效力高于本级和下级地方政府规章。

省、自治区的人民政府制定的规章的效力高于本行政区域内的设区的市、自治州的人民政府制定的规章。

第一百零一条 自治条例和单行条例依法对法律、行政法规、地方性法规作变通规定的，在本自治地方适用自治条例和单行条例的规定。

经济特区法规根据授权对法律、行政法规、地方性法规作变通规定的，在本经济特区适用经济特区法规的规定。

第一百零二条 部门规章之间、部门规章与地方政府规章之间具有同等效力,在各自的权限范围内施行。

第一百零三条 同一机关制定的法律、行政法规、地方性法规、自治条例和单行条例、规章,特别规定与一般规定不一致的,适用特别规定;新的规定与旧的规定不一致的,适用新的规定。

第一百零四条 法律、行政法规、地方性法规、自治条例和单行条例、规章不溯及既往,但为了更好地保护公民、法人和其他组织的权利和利益而作的特别规定除外。

第一百零五条 法律之间对同一事项的新的一般规定与旧的特别规定不一致,不能确定如何适用时,由全国人民代表大会常务委员会裁决。

行政法规之间对同一事项的新的一般规定与旧的特别规定不一致,不能确定如何适用时,由国务院裁决。

第一百零六条 地方性法规、规章之间不一致时,由有关机关依照下列规定的权限作出裁决:

(一)同一机关制定的新的一般规定与旧的特别规定不一致时,由制定机关裁决;

(二)地方性法规与部门规章之间对同一事项的规定不一致,不能确定如何适用时,由国务院提出意见,国务院认为应当适用地方性法规的,应当决定在该地方适用地方性法规的规定;认为应当适用部门规章的,应当提请全国人民代表大会常务委员会裁决;

(三)部门规章之间、部门规章与地方政府规章之间对同一事项的规定不一致时,由国务院裁决。

根据授权制定的法规与法律规定不一致,不能确定如何适用时,由全国人民代表大会常务委员会裁决。

第一百零七条 法律、行政法规、地方性法规、自治条例和单行条例、规章有下列情形之一的,由有关机关依照本法第一百零八条规定的权限予以改变或者撤销:

(一)超越权限的;

(二)下位法违反上位法规定的;

(三)规章之间对同一事项的规定不一致,经裁决应当改变或者撤销一方的规定的;

(四)规章的规定被认为不适当,应当予以改变或者撤销的;

(五)违背法定程序的。

第一百零八条 改变或者撤销法律、行政法规、地方性法规、自治条例和单行条例、规章的权限是：

（一）全国人民代表大会有权改变或者撤销它的常务委员会制定的不适当的法律，有权撤销全国人民代表大会常务委员会批准的违背宪法和本法第八十五条第二款规定的自治条例和单行条例；

（二）全国人民代表大会常务委员会有权撤销同宪法和法律相抵触的行政法规，有权撤销同宪法、法律和行政法规相抵触的地方性法规，有权撤销省、自治区、直辖市的人民代表大会常务委员会批准的违背宪法和本法第八十五条第二款规定的自治条例和单行条例；

（三）国务院有权改变或者撤销不适当的部门规章和地方政府规章；

（四）省、自治区、直辖市的人民代表大会有权改变或者撤销它的常务委员会制定的和批准的不适当的地方性法规；

（五）地方人民代表大会常务委员会有权撤销本级人民政府制定的不适当的规章；

（六）省、自治区的人民政府有权改变或者撤销下一级人民政府制定的不适当的规章；

（七）授权机关有权撤销被授权机关制定的超越授权范围或者违背授权目的的法规，必要时可以撤销授权。

第一百零九条 行政法规、地方性法规、自治条例和单行条例、规章应当在公布后的三十日内依照下列规定报有关机关备案：

（一）行政法规报全国人民代表大会常务委员会备案；

（二）省、自治区、直辖市的人民代表大会及其常务委员会制定的地方性法规，报全国人民代表大会常务委员会和国务院备案；设区的市、自治州的人民代表大会及其常务委员会制定的地方性法规，由省、自治区的人民代表大会常务委员会报全国人民代表大会常务委员会和国务院备案；

（三）自治州、自治县的人民代表大会制定的自治条例和单行条例，由省、自治区、直辖市的人民代表大会常务委员会报全国人民代表大会常务委员会和国务院备案；自治条例、单行条例报送备案时，应当说明对法律、行政法规、地方性法规作出变通的情况；

（四）部门规章和地方政府规章报国务院备案；地方政府规章应当同时报本级人民代表大会常务委员会备案；设区的市、自治州的人民政府制定的规章应当同时报省、自治区的人民代表大会常务委员会和人民政府备案；

（五）根据授权制定的法规应当报授权决定规定的机关备案；经济特区法规、浦东新区法规、海南自由贸易港法规报送备案时，应当说明变通的情况。

第一百一十条 国务院、中央军事委员会、国家监察委员会、最高人民法院、最高人民检察院和各省、自治区、直辖市的人民代表大会常务委员会认为行政法规、地方性法规、自治条例和单行条例同宪法或者法律相抵触，或者存在合宪性、合法性问题的，可以向全国人民代表大会常务委员会书面提出进行审查的要求，由全国人民代表大会有关的专门委员会和常务委员会工作机构进行审查、提出意见。

前款规定以外的其他国家机关和社会团体、企业事业组织以及公民认为行政法规、地方性法规、自治条例和单行条例同宪法或者法律相抵触的，可以向全国人民代表大会常务委员会书面提出进行审查的建议，由常务委员会工作机构进行审查；必要时，送有关的专门委员会进行审查、提出意见。

第一百一十一条 全国人民代表大会专门委员会、常务委员会工作机构可以对报送备案的行政法规、地方性法规、自治条例和单行条例等进行主动审查，并可以根据需要进行专项审查。

国务院备案审查工作机构可以对报送备案的地方性法规、自治条例和单行条例，部门规章和省、自治区、直辖市的人民政府制定的规章进行主动审查，并可以根据需要进行专项审查。

第一百一十二条 全国人民代表大会专门委员会、常务委员会工作机构在审查中认为行政法规、地方性法规、自治条例和单行条例同宪法或者法律相抵触，或者存在合宪性、合法性问题的，可以向制定机关提出书面审查意见；也可以由宪法和法律委员会与有关的专门委员会、常务委员会工作机构召开联合审查会议，要求制定机关到会说明情况，再向制定机关提出书面审查意见。制定机关应当在两个月内研究提出是否修改或者废止的意见，并向全国人民代表大会宪法和法律委员会、有关的专门委员会或者常务委员会工作机构反馈。

全国人民代表大会宪法和法律委员会、有关的专门委员会、常务委员会工作机构根据前款规定，向制定机关提出审查意见，制定机关按照所提意见对行政法规、地方性法规、自治条例和单行条例进行修改或者废止的,审查终止。

全国人民代表大会宪法和法律委员会、有关的专门委员会、常务委员会工作机构经审查认为行政法规、地方性法规、自治条例和单行条例同宪法或者法律相抵触,或者存在合宪性、合法性问题需要修改或者废止,而制定机关不予修改或者废止的,应当向委员长会议提出予以撤销的议案、建议,由委员长会议决定提请常务委员会会议审议决定。

第一百一十三条 全国人民代表大会有关的专门委员会、常务委员会工作机构应当按照规定要求,将审查情况向提出审查建议的国家机关、社会团体、企业事业组织以及公民反馈,并可以向社会公开。

第一百一十四条 其他接受备案的机关对报送备案的地方性法规、自治条例和单行条例、规章的审查程序,按照维护法制统一的原则,由接受备案的机关规定。

第一百一十五条 备案审查机关应当建立健全备案审查衔接联动机制,对应当由其他机关处理的审查要求或者审查建议,及时移送有关机关处理。

第一百一十六条 对法律、行政法规、地方性法规、自治条例和单行条例、规章和其他规范性文件,制定机关根据维护法制统一的原则和改革发展的需要进行清理。

第六章 附 则

第一百一十七条 中央军事委员会根据宪法和法律,制定军事法规。

中国人民解放军各战区、军兵种和中国人民武装警察部队,可以根据法律和中央军事委员会的军事法规、决定、命令,在其权限范围内,制定军事规章。

军事法规、军事规章在武装力量内部实施。

军事法规、军事规章的制定、修改和废止办法,由中央军事委员会依照本法规定的原则规定。

第一百一十八条 国家监察委员会根据宪法和法律、全国人民代表大会常务委员会的有关决定,制定监察法规,报全国人民代表大会常务委员会备案。

第一百一十九条 最高人民法院、最高人民检察院作出的属于审判、检察工作中具体应用法律的解释,应当主要针对具体的法律条文,并符合立法的目的、原则和原意。遇有本法第四十八条第二款规定情况的,应当向全国人民代表大会常务委员会提出法律解释的要求或者提出制定、修改有关法律的议案。

最高人民法院、最高人民检察院作出的属于审判、检察工作中具体应用法律的解释,应当自公布之日起三十日内报全国人民代表大会常务委员会备案。

最高人民法院、最高人民检察院以外的审判机关和检察机关,不得作出具体应用法律的解释。

第一百二十条 本法自2000年7月1日起施行。

行政法规制定程序条例

1. 2001年11月16日国务院令第321号公布

2. 根据2017年12月22日国务院令第694号《关于修改〈行政法规制定程序条例〉的决定》修订

第一章 总 则

第一条 为了规范行政法规制定程序,保证行政法规质量,根据宪法、立法法和国务院组织法的有关规定,制定本条例。

第二条 行政法规的立项、起草、审查、决定、公布、解释,适用本条例。

第三条 制定行政法规,应当贯彻落实党的路线方针政策和决策部署,符合宪法和法律的规定,遵循立法法确定的立法原则。

第四条 制定政治方面法律的配套行政法规,应当按照有关规定及时报告党中央。

制定经济、文化、社会、生态文明等方面重大体制和重大政策调整的重要行政法规,应当将行政法规草案或者行政法规草案涉及的重大问题按照有关规定及时报告党中央。

第五条 行政法规的名称一般称"条例",也可以称"规定"、"办法"等。国务院根据全国人民代表大会及其常务委员会的授权决定制定的行政法规,称"暂行条例"或者"暂行规定"。

国务院各部门和地方人民政府制定的规章不得称"条例"。

第六条 行政法规应当备而不繁,逻辑严密,条文明确、具体,用语准确、简洁,具有可操作性。

行政法规根据内容需要,可以分章、节、条、款、项、目。章、节、条的序号用中文数字依次表述,款不编序号,项的序号用中文数字加括号依次表述,目的序号用阿拉伯数字依次表述。

第二章　立　　项

第七条　国务院于每年年初编制本年度的立法工作计划。

第八条　国务院有关部门认为需要制定行政法规的,应当于国务院编制年度立法工作计划前,向国务院报请立项。

国务院有关部门报送的行政法规立项申请,应当说明立法项目所要解决的主要问题、依据的党的路线方针政策和决策部署,以及拟确立的主要制度。

国务院法制机构应当向社会公开征集行政法规制定项目建议。

第九条　国务院法制机构应当根据国家总体工作部署,对行政法规立项申请和公开征集的行政法规制定项目建议进行评估论证,突出重点,统筹兼顾,拟订国务院年度立法工作计划,报党中央、国务院批准后向社会公布。

列入国务院年度立法工作计划的行政法规项目应当符合下列要求:

(一)贯彻落实党的路线方针政策和决策部署,适应改革、发展、稳定的需要;

(二)有关的改革实践经验基本成熟;

(三)所要解决的问题属于国务院职权范围并需要国务院制定行政法规的事项。

第十条　对列入国务院年度立法工作计划的行政法规项目,承担起草任务的部门应当抓紧工作,按照要求上报国务院;上报国务院前,应当与国务院法制机构沟通。

国务院法制机构应当及时跟踪了解国务院各部门落实国务院年度立法工作计划的情况,加强组织协调和督促指导。

国务院年度立法工作计划在执行中可以根据实际情况予以调整。

第三章　起　　草

第十一条　行政法规由国务院组织起草。国务院年度立法工作计划确定行政法规由国务院的一个部门或者几个部门具体负责起草工作,也可以确定由国务院法制机构起草或者组织起草。

第十二条 起草行政法规，应当符合本条例第三条、第四条的规定，并符合下列要求：

（一）弘扬社会主义核心价值观；

（二）体现全面深化改革精神，科学规范行政行为，促进政府职能向宏观调控、市场监管、社会管理、公共服务、环境保护等方面转变；

（三）符合精简、统一、效能的原则，相同或者相近的职能规定由一个行政机关承担，简化行政管理手续；

（四）切实保障公民、法人和其他组织的合法权益，在规定其应当履行的义务的同时，应当规定其相应的权利和保障权利实现的途径；

（五）体现行政机关的职权与责任相统一的原则，在赋予有关行政机关必要的职权的同时，应当规定其行使职权的条件、程序和应承担的责任。

第十三条 起草行政法规，起草部门应当深入调查研究，总结实践经验，广泛听取有关机关、组织和公民的意见。涉及社会公众普遍关注的热点难点问题和经济社会发展遇到的突出矛盾，减损公民、法人和其他组织权利或者增加其义务，对社会公众有重要影响等重大利益调整事项的，应当进行论证咨询。听取意见可以采取召开座谈会、论证会、听证会等多种形式。

起草行政法规，起草部门应当将行政法规草案及其说明等向社会公布，征求意见，但是经国务院决定不公布的除外。向社会公布征求意见的期限一般不少于30日。

起草专业性较强的行政法规，起草部门可以吸收相关领域的专家参与起草工作，或者委托有关专家、教学科研单位、社会组织起草。

第十四条 起草行政法规，起草部门应当就涉及其他部门的职责或者与其他部门关系紧密的规定，与有关部门充分协商，涉及部门职责分工、行政许可、财政支持、税收优惠政策的，应当征得机构编制、财政、税务等相关部门同意。

第十五条 起草行政法规，起草部门应当对涉及有关管理体制、方针政策等需要国务院决策的重大问题提出解决方案，报国务院决定。

第十六条 起草部门向国务院报送的行政法规草案送审稿（以下简称行政法规送审稿），应当由起草部门主要负责人签署。

起草行政法规，涉及几个部门共同职责需要共同起草的，应当共同起草,达成一致意见后联合报送行政法规送审稿。几个部门共同起草的行政法规送审稿,应当由该几个部门主要负责人共同签署。

第十七条 起草部门将行政法规送审稿报送国务院审查时,应当一并报送行政法规送审稿的说明和有关材料。

行政法规送审稿的说明应当对立法的必要性,主要思路,确立的主要制度,征求有关机关、组织和公民意见的情况,各方面对送审稿主要问题的不同意见及其协调处理情况,拟设定、取消或者调整行政许可、行政强制的情况等作出说明。有关材料主要包括所规范领域的实际情况和相关数据、实践中存在的主要问题、国内外的有关立法资料、调研报告、考察报告等。

第四章 审 查

第十八条 报送国务院的行政法规送审稿,由国务院法制机构负责审查。

国务院法制机构主要从以下方面对行政法规送审稿进行审查:

(一)是否严格贯彻落实党的路线方针政策和决策部署,是否符合宪法和法律的规定,是否遵循立法法确定的立法原则;

(二)是否符合本条例第十二条的要求;

(三)是否与有关行政法规协调、衔接;

(四)是否正确处理有关机关、组织和公民对送审稿主要问题的意见;

(五)其他需要审查的内容。

第十九条 行政法规送审稿有下列情形之一的,国务院法制机构可以缓办或者退回起草部门:

(一)制定行政法规的基本条件尚不成熟或者发生重大变化的;

(二)有关部门对送审稿规定的主要制度存在较大争议,起草部门未征得机构编制、财政、税务等相关部门同意的;

(三)未按照本条例有关规定公开征求意见的;

(四)上报送审稿不符合本条例第十五条、第十六条、第十七条规定的。

第二十条 国务院法制机构应当将行政法规送审稿或者行政法规送审稿涉及的主要问题发送国务院有关部门、地方人民政府、有关组织和专家等各方面征求意见。国务院有关部门、地方人民政府应当在规定期限内反馈书面意见,并加盖本单位或者本单位办公厅(室)印章。

国务院法制机构可以将行政法规送审稿或者修改稿及其说明等向社会公布，征求意见。向社会公布征求意见的期限一般不少于30日。

第二十一条 国务院法制机构应当就行政法规送审稿涉及的主要问题，深入基层进行实地调查研究，听取基层有关机关、组织和公民的意见。

第二十二条 行政法规送审稿涉及重大利益调整的，国务院法制机构应当进行论证咨询，广泛听取有关方面的意见。论证咨询可以采取座谈会、论证会、听证会、委托研究等多种形式。

行政法规送审稿涉及重大利益调整或者存在重大意见分歧，对公民、法人或者其他组织的权利义务有较大影响，人民群众普遍关注的，国务院法制机构可以举行听证会，听取有关机关、组织和公民的意见。

第二十三条 国务院有关部门对行政法规送审稿涉及的主要制度、方针政策、管理体制、权限分工等有不同意见的，国务院法制机构应当进行协调，力求达成一致意见。对有较大争议的重要立法事项，国务院法制机构可以委托有关专家、教学科研单位、社会组织进行评估。

经过充分协调不能达成一致意见的，国务院法制机构、起草部门应当将争议的主要问题、有关部门的意见以及国务院法制机构的意见及时报国务院领导协调，或者报国务院决定。

第二十四条 国务院法制机构应当认真研究各方面的意见，与起草部门协商后，对行政法规送审稿进行修改，形成行政法规草案和对草案的说明。

第二十五条 行政法规草案由国务院法制机构主要负责人提出提请国务院常务会议审议的建议；对调整范围单一、各方面意见一致或者依据法律制定的配套行政法规草案，可以采取传批方式，由国务院法制机构直接提请国务院审批。

第五章 决定与公布

第二十六条 行政法规草案由国务院常务会议审议，或者由国务院审批。

国务院常务会议审议行政法规草案时，由国务院法制机构或者起草部门作说明。

第二十七条 国务院法制机构应当根据国务院对行政法规草案的审议意见，对行政法规草案进行修改，形成草案修改稿，报请总理签署国务院令公布施行。

签署公布行政法规的国务院令载明该行政法规的施行日期。

第二十八条 行政法规签署公布后，及时在国务院公报和中国政府法制信息网以及在全国范围内发行的报纸上刊载。国务院法制机构应当及时汇编出版行政法规的国家正式版本。

在国务院公报上刊登的行政法规文本为标准文本。

第二十九条 行政法规应当自公布之日起30日后施行;但是,涉及国家安全、外汇汇率、货币政策的确定以及公布后不立即施行将有碍行政法规施行的,可以自公布之日起施行。

第三十条 行政法规在公布后的30日内由国务院办公厅报全国人民代表大会常务委员会备案。

第六章 行政法规解释

第三十一条 行政法规有下列情形之一的,由国务院解释:

(一)行政法规的规定需要进一步明确具体含义的;

(二)行政法规制定后出现新的情况,需要明确适用行政法规依据的。

国务院法制机构研究拟订行政法规解释草案,报国务院同意后,由国务院公布或者由国务院授权国务院有关部门公布。

行政法规的解释与行政法规具有同等效力。

第三十二条 国务院各部门和省、自治区、直辖市人民政府可以向国务院提出行政法规解释要求。

第三十三条 对属于行政工作中具体应用行政法规的问题,省、自治区、直辖市人民政府法制机构以及国务院有关部门法制机构请求国务院法制机构解释的,国务院法制机构可以研究答复;其中涉及重大问题的,由国务院法制机构提出意见,报国务院同意后答复。

第七章 附 则

第三十四条 拟订国务院提请全国人民代表大会或者全国人民代表大会常务委员会审议的法律草案,参照本条例的有关规定办理。

第三十五条 国务院可以根据全面深化改革、经济社会发展需要,就行政管理等领域的特定事项,决定在一定期限内在部分地方暂时调整或者暂时停止适用行政法规的部分规定。

第三十六条 国务院法制机构或者国务院有关部门应当根据全面深化改革、经济社会发展需要以及上位法规定,及时组织开展行政法规清理工作。对不适应全面深化改革和经济社会发展要求、不符合上位法规定的行政法规,应当及时修改或者废止。

第三十七条　国务院法制机构或者国务院有关部门可以组织对有关行政法规或者行政法规中的有关规定进行立法后评估，并把评估结果作为修改、废止有关行政法规的重要参考。

第三十八条　行政法规的修改、废止程序适用本条例的有关规定。

行政法规修改、废止后，应当及时公布。

第三十九条　行政法规的外文正式译本和民族语言文本，由国务院法制机构审定。

第四十条　本条例自2002年1月1日起施行。1987年4月21日国务院批准、国务院办公厅发布的《行政法规制定程序暂行条例》同时废止。

规章制定程序条例

1. 2001年11月16日国务院令第322号公布

2. 根据2017年12月22日国务院令第695号《关于修改〈规章制定程序条例〉的决定》修订

第一章　总　　则

第一条　为了规范规章制定程序，保证规章质量，根据立法法的有关规定，制定本条例。

第二条　规章的立项、起草、审查、决定、公布、解释，适用本条例。

违反本条例规定制定的规章无效。

第三条　制定规章，应当贯彻落实党的路线方针政策和决策部署，遵循立法法确定的立法原则，符合宪法、法律、行政法规和其他上位法的规定。

没有法律或者国务院的行政法规、决定、命令的依据，部门规章不得设定减损公民、法人和其他组织权利或者增加其义务的规范，不得增加本部门的权力或者减少本部门的法定职责。没有法律、行政法规、地方性法规的依据，地方政府规章不得设定减损公民、法人和其他组织权利或者增加其义务的规范。

第四条　制定政治方面法律的配套规章，应当按照有关规定及时报告党中央或者同级党委（党组）。

制定重大经济社会方面的规章，应当按照有关规定及时报告同级党委(党组)。

第五条 制定规章,应当切实保障公民、法人和其他组织的合法权益,在规定其应当履行的义务的同时,应当规定其相应的权利和保障权利实现的途径。

制定规章,应当体现行政机关的职权与责任相统一的原则,在赋予有关行政机关必要的职权的同时,应当规定其行使职权的条件、程序和应承担的责任。

第六条 制定规章,应当体现全面深化改革精神,科学规范行政行为,促进政府职能向宏观调控、市场监管、社会管理、公共服务、环境保护等方面转变。

制定规章,应当符合精简、统一、效能的原则,相同或者相近的职能应当规定由一个行政机关承担,简化行政管理手续。

第七条 规章的名称一般称"规定"、"办法",但不得称"条例"。

第八条 规章用语应当准确、简洁,条文内容应当明确、具体,具有可操作性。

法律、法规已经明确规定的内容,规章原则上不作重复规定。

除内容复杂的外,规章一般不分章、节。

第九条 涉及国务院两个以上部门职权范围的事项,制定行政法规条件尚不成熟,需要制定规章的,国务院有关部门应当联合制定规章。

有前款规定情形的,国务院有关部门单独制定的规章无效。

第二章 立 项

第十条 国务院部门内设机构或者其他机构认为需要制定部门规章的,应当向该部门报请立项。

省、自治区、直辖市和设区的市、自治州的人民政府所属工作部门或者下级人民政府认为需要制定地方政府规章的,应当向该省、自治区、直辖市或者设区的市、自治州的人民政府报请立项。

国务院部门,省、自治区、直辖市和设区的市、自治州的人民政府,可以向社会公开征集规章制定项目建议。

第十一条 报送制定规章的立项申请,应当对制定规章的必要性、所要解决的主要问题、拟确立的主要制度等作出说明。

第十二条 国务院部门法制机构,省、自治区、直辖市和设区的市、自治州的人民政府法制机构(以下简称法制机构),应当对制定规章的立项申请和公开征集的规章制定项目建议进行评估论证，拟订本部门、本级人民政府年度规章制定工作计划，报本部门、本级人民政府批准后向社会公布。

年度规章制定工作计划应当明确规章的名称、起草单位、完成时间等。

第十三条 国务院部门，省、自治区、直辖市和设区的市、自治州的人民政府，应当加强对执行年度规章制定工作计划的领导。对列入年度规章制定工作计划的项目，承担起草工作的单位应当抓紧工作，按照要求上报本部门或者本级人民政府决定。

法制机构应当及时跟踪了解本部门、本级人民政府年度规章制定工作计划执行情况，加强组织协调和督促指导。

年度规章制定工作计划在执行中，可以根据实际情况予以调整，对拟增加的规章项目应当进行补充论证。

第三章 起 草

第十四条 部门规章由国务院部门组织起草，地方政府规章由省、自治区、直辖市和设区的市、自治州的人民政府组织起草。

国务院部门可以确定规章由其一个或者几个内设机构或者其他机构具体负责起草工作，也可以确定由其法制机构起草或者组织起草。

省、自治区、直辖市和设区的市、自治州的人民政府可以确定规章由其一个部门或者几个部门具体负责起草工作，也可以确定由其法制机构起草或者组织起草。

第十五条 起草规章，应当深入调查研究，总结实践经验，广泛听取有关机关、组织和公民的意见。听取意见可以采取书面征求意见、座谈会、论证会、听证会等多种形式。

起草规章，除依法需要保密的外，应当将规章草案及其说明等向社会公布，征求意见。向社会公布征求意见的期限一般不少于30日。

起草专业性较强的规章，可以吸收相关领域的专家参与起草工作，或者委托有关专家、教学科研单位、社会组织起草。

第十六条 起草规章，涉及社会公众普遍关注的热点难点问题和经济社会发展遇到的突出矛盾，减损公民、法人和其他组织权利或者增加其义务，对社会公众有重要影响等重大利益调整事项的，起草单位应当进行论证咨询，广泛听取有关方面的意见。

起草的规章涉及重大利益调整或者存在重大意见分歧，对公民、法人或者其他组织的权利义务有较大影响，人民群众普遍关注，需要进行听证的，起草单位应当举行听证会听取意见。听证会依照下列程序组织：

（一）听证会公开举行，起草单位应当在举行听证会的30日前公布听证会的时间、地点和内容；

（二）参加听证会的有关机关、组织和公民对起草的规章，有权提问和发表意见；

（三）听证会应当制作笔录，如实记录发言人的主要观点和理由；

（四）起草单位应当认真研究听证会反映的各种意见，起草的规章在报送审查时，应当说明对听证会意见的处理情况及其理由。

第十七条 起草部门规章，涉及国务院其他部门的职责或者与国务院其他部门关系紧密的，起草单位应当充分征求国务院其他部门的意见。

起草地方政府规章，涉及本级人民政府其他部门的职责或者与其他部门关系紧密的，起草单位应当充分征求其他部门的意见。起草单位与其他部门有不同意见的，应当充分协商；经过充分协商不能取得一致意见的，起草单位应当在上报规章草案送审稿（以下简称规章送审稿）时说明情况和理由。

第十八条 起草单位应当将规章送审稿及其说明、对规章送审稿主要问题的不同意见和其他有关材料按规定报送审查。

报送审查的规章送审稿，应当由起草单位主要负责人签署；几个起草单位共同起草的规章送审稿，应当由该几个起草单位主要负责人共同签署。

规章送审稿的说明应当对制定规章的必要性、规定的主要措施、有关方面的意见及其协调处理情况等作出说明。

有关材料主要包括所规范领域的实际情况和相关数据、实践中存在的主要问题、汇总的意见、听证会笔录、调研报告、国内外有关立法资料等。

第四章 审 查

第十九条 规章送审稿由法制机构负责统一审查。法制机构主要从以下方面对送审稿进行审查：

（一）是否符合本条例第三条、第四条、第五条、第六条的规定；

（二）是否符合社会主义核心价值观的要求；

（三）是否与有关规章协调、衔接；

（四）是否正确处理有关机关、组织和公民对规章送审稿主要问题的意见；

（五）是否符合立法技术要求；

（六）需要审查的其他内容。

第二十条 规章送审稿有下列情形之一的，法制机构可以缓办或者退回起草单位：

（一）制定规章的基本条件尚不成熟或者发生重大变化的；

（二）有关机构或者部门对规章送审稿规定的主要制度存在较大争议，起草单位未与有关机构或者部门充分协商的；

（三）未按照本条例有关规定公开征求意见的；

（四）上报送审稿不符合本条例第十八条规定的。

第二十一条 法制机构应当将规章送审稿或者规章送审稿涉及的主要问题发送有关机关、组织和专家征求意见。

法制机构可以将规章送审稿或者修改稿及其说明等向社会公布，征求意见。向社会公布征求意见的期限一般不少于30日。

第二十二条 法制机构应当就规章送审稿涉及的主要问题，深入基层进行实地调查研究，听取基层有关机关、组织和公民的意见。

第二十三条 规章送审稿涉及重大利益调整的，法制机构应当进行论证咨询，广泛听取有关方面的意见。论证咨询可以采取座谈会、论证会、听证会、委托研究等多种形式。

规章送审稿涉及重大利益调整或者存在重大意见分歧，对公民、法人或者其他组织的权利义务有较大影响，人民群众普遍关注，起草单位在起草过程中未举行听证会的，法制机构经本部门或者本级人民政府批准，可以举行听证会。举行听证会的，应当依照本条例第十六条规定的程序组织。

第二十四条 有关机构或者部门对规章送审稿涉及的主要措施、管理体制、权限分工等问题有不同意见的，法制机构应当进行协调，力求达成一致意见。对有较大争议的重要立法事项，法制机构可以委托有关专家、教学科研单位、社会组织进行评估。

经过充分协调不能达成一致意见的，法制机构应当将主要问题、有关机构或者部门的意见和法制机构的意见及时报本部门或者本级人民政府领导协调,或者报本部门或者本级人民政府决定。

第二十五条　法制机构应当认真研究各方面的意见,与起草单位协商后,对规章送审稿进行修改,形成规章草案和对草案的说明。说明应当包括制定规章拟解决的主要问题、确立的主要措施以及与有关部门的协调情况等。

规章草案和说明由法制机构主要负责人签署,提出提请本部门或者本级人民政府有关会议审议的建议。

第二十六条　法制机构起草或者组织起草的规章草案,由法制机构主要负责人签署,提出提请本部门或者本级人民政府有关会议审议的建议。

第五章　决定和公布

第二十七条　部门规章应当经部务会议或者委员会会议决定。

地方政府规章应当经政府常务会议或者全体会议决定。

第二十八条　审议规章草案时,由法制机构作说明,也可以由起草单位作说明。

第二十九条　法制机构应当根据有关会议审议意见对规章草案进行修改,形成草案修改稿,报请本部门首长或者省长、自治区主席、市长、自治州州长签署命令予以公布。

第三十条　公布规章的命令应当载明该规章的制定机关、序号、规章名称、通过日期、施行日期、部门首长或者省长、自治区主席、市长、自治州州长署名以及公布日期。

部门联合规章由联合制定的部门首长共同署名公布,使用主办机关的命令序号。

第三十一条　部门规章签署公布后,及时在国务院公报或者部门公报和中国政府法制信息网以及在全国范围内发行的报纸上刊载。

地方政府规章签署公布后,及时在本级人民政府公报和中国政府法制信息网以及在本行政区域范围内发行的报纸上刊载。

在国务院公报或者部门公报和地方人民政府公报上刊登的规章文本为标准文本。

第三十二条　规章应当自公布之日起30日后施行;但是,涉及国家安全、外汇汇率、货币政策的确定以及公布后不立即施行将有碍规章施行的,可以自公布之日起施行。

第六章 解释与备案

第三十三条 规章解释权属于规章制定机关。

规章有下列情形之一的,由制定机关解释:

(一)规章的规定需要进一步明确具体含义的;

(二)规章制定后出现新的情况,需要明确适用规章依据的。

规章解释由规章制定机关的法制机构参照规章送审稿审查程序提出意见,报请制定机关批准后公布。

规章的解释同规章具有同等效力。

第三十四条 规章应当自公布之日起 30 日内,由法制机构依照立法法和《法规规章备案条例》的规定向有关机关备案。

第三十五条 国家机关、社会团体、企业事业组织、公民认为规章同法律、行政法规相抵触的,可以向国务院书面提出审查的建议,由国务院法制机构研究并提出处理意见,按照规定程序处理。

国家机关、社会团体、企业事业组织、公民认为设区的市、自治州的人民政府规章同法律、行政法规相抵触或者违反其他上位法的规定的,也可以向本省、自治区人民政府书面提出审查的建议,由省、自治区人民政府法制机构研究并提出处理意见,按照规定程序处理。

第七章 附 则

第三十六条 依法不具有规章制定权的县级以上地方人民政府制定、发布具有普遍约束力的决定、命令,参照本条例规定的程序执行。

第三十七条 国务院部门,省、自治区、直辖市和设区的市、自治州的人民政府,应当根据全面深化改革、经济社会发展需要以及上位法规定,及时组织开展规章清理工作。对不适应全面深化改革和经济社会发展要求、不符合上位法规定的规章,应当及时修改或者废止。

第三十八条 国务院部门,省、自治区、直辖市和设区的市、自治州的人民政府,可以组织对有关规章或者规章中的有关规定进行立法后评估,并把评估结果作为修改、废止有关规章的重要参考。

第三十九条 规章的修改、废止程序适用本条例的有关规定。

规章修改、废止后,应当及时公布。

第四十条 编辑出版正式版本、民族文版、外文版本的规章汇编,由法制机构依照《法规汇编编辑出版管理规定》的有关规定执行。

第四十一条 本条例自 2002 年 1 月 1 日起施行。

法规规章备案条例

1. 2001年12月14日国务院令第337号公布
2. 自2002年1月1日起施行

第一条 为了维护社会主义法制的统一,加强对法规、规章的监督,根据立法法的有关规定,制定本条例。

第二条 本条例所称法规,是指省、自治区、直辖市和较大的市的人民代表大会及其常务委员会依照法定职权和程序制定的地方性法规,经济特区所在地的省、市的人民代表大会及其常务委员会依照法定职权和程序制定的经济特区法规,以及自治州、自治县的人民代表大会依照法定职权和程序制定的自治条例和单行条例。

本条例所称规章,包括部门规章和地方政府规章。部门规章,是指国务院各部、各委员会、中国人民银行、审计署和具有行政管理职能的直属机构(以下简称国务院部门)根据法律和国务院的行政法规、决定、命令,在本部门的职权范围内依照《规章制定程序条例》制定的规章。地方政府规章,是指省、自治区、直辖市和较大的市的人民政府根据法律、行政法规和本省、自治区、直辖市的地方性法规,依照《规章制定程序条例》制定的规章。

第三条 法规、规章公布后,应当自公布之日起30日内,依照下列规定报送备案:

(一)地方性法规、自治州和自治县的自治条例和单行条例由省、自治区、直辖市的人民代表大会常务委员会报国务院备案;

(二)部门规章由国务院部门报国务院备案,两个或者两个以上部门联合制定的规章,由主办的部门报国务院备案;

(三)省、自治区、直辖市人民政府规章由省、自治区、直辖市人民政府报国务院备案;

(四)较大的市的人民政府规章由较大的市的人民政府报国务院备案,同时报省、自治区人民政府备案;

(五)经济特区法规由经济特区所在地的省、市的人民代表大会常务委员会报国务院备案。

第四条　国务院部门,省、自治区、直辖市和较大的市的人民政府应当依法履行规章备案职责,加强对规章备案工作的组织领导。

国务院部门法制机构,省、自治区、直辖市人民政府和较大的市的人民政府法制机构,具体负责本部门、本地方的规章备案工作。

第五条　国务院法制机构依照本条例的规定负责国务院的法规、规章备案工作,履行备案审查监督职责。

第六条　依照本条例报送国务院备案的法规、规章,径送国务院法制机构。

报送法规备案,按照全国人民代表大会常务委员会关于法规备案的有关规定执行。

报送规章备案,应当提交备案报告、规章文本和说明,并按照规定的格式装订成册,一式十份。

报送法规、规章备案,具备条件的,应当同时报送法规、规章的电子文本。

第七条　报送法规、规章备案,符合本条例第二条和第六条第二款、第三款规定的,国务院法制机构予以备案登记;不符合第二条规定的,不予备案登记;符合第二条规定但不符合第六条第二款、第三款规定的,暂缓办理备案登记。

暂缓办理备案登记的,由国务院法制机构通知制定机关补充报送备案或者重新报送备案;补充或者重新报送备案符合规定的,予以备案登记。

第八条　经备案登记的法规、规章,由国务院法制机构按月公布目录。

编辑出版法规、规章汇编的范围,应当以公布的法规、规章目录为准。

第九条　国家机关、社会团体、企业事业组织、公民认为地方性法规同行政法规相抵触的,或者认为规章以及国务院各部门、省、自治区、直辖市和较大的市的人民政府发布的其他具有普遍约束力的行政决定、命令同法律、行政法规相抵触的,可以向国务院书面提出审查建议,由国务院法制机构研究并提出处理意见,按照规定程序处理。

第十条　国务院法制机构对报送国务院备案的法规、规章,就下列事项进行审查:

(一)是否超越权限;

(二)下位法是否违反上位法的规定;

（三）地方性法规与部门规章之间或者不同规章之间对同一事项的规定不一致，是否应当改变或者撤销一方的或者双方的规定；

（四）规章的规定是否适当；

（五）是否违背法定程序。

第十一条 国务院法制机构审查法规、规章时，认为需要有关的国务院部门或者地方人民政府提出意见的，有关的机关应当在规定期限内回复；认为需要法规、规章的制定机关说明有关情况的，有关的制定机关应当在规定期限内予以说明。

第十二条 经审查，地方性法规同行政法规相抵触的，由国务院提请全国人民代表大会常务委员会处理。

第十三条 地方性法规与部门规章之间对同一事项的规定不一致的，由国务院法制机构提出处理意见，报国务院依照立法法第八十六条第一款第（二）项的规定处理。

第十四条 经审查，规章超越权限，违反法律、行政法规的规定，或者其规定不适当的，由国务院法制机构建议制定机关自行纠正；或者由国务院法制机构提出处理意见报国务院决定，并通知制定机关。

第十五条 部门规章之间、部门规章与地方政府规章之间对同一事项的规定不一致的，由国务院法制机构进行协调；经协调不能取得一致意见的，由国务院法制机构提出处理意见报国务院决定，并通知制定机关。

第十六条 对《规章制定程序条例》第二条第二款、第八条第二款规定的无效规章，国务院法制机构不予备案，并通知制定机关。

规章在制定技术上存在问题的，国务院法制机构可以向制定机关提出处理意见，由制定机关自行处理。

第十七条 规章的制定机关应当自接到本条例第十四条、第十五条、第十六条规定的通知之日起 30 日内，将处理情况报国务院法制机构。

第十八条 根据本条例第十五条作出的处理结果，可以作为对最高人民法院依照行政诉讼法第五十三条送请国务院解释或者裁决的答复。

第十九条 法规、规章的制定机关应当于每年 1 月底前将上一年所制定的法规、规章目录报国务院法制机构。

第二十条 对于不报送规章备案或者不按时报送规章备案的，由国务院法制机构通知制定机关，限期报送；逾期仍不报送的，给予通报，并责令限期改正。

第二十一条 省、自治区、直辖市人民政府应当依法加强对下级行政机关发布的规章和其他具有普遍约束力的行政决定、命令的监督，依照本条例的有关规定，建立相关的备案审查制度，维护社会主义法制的统一，保证法律、法规的正确实施。

第二十二条 本条例自2002年1月1日起施行。1990年2月18日国务院发布的《法规、规章备案规定》同时废止。

3. 民族区域自治制度

中华人民共和国民族区域自治法

1. 1984年5月31日第六届全国人民代表大会第二次会议通过

2. 根据2001年2月28日第九届全国人民代表大会常务委员会第二十次会议《关于修改〈中华人民共和国民族区域自治法〉的决定》修正

目　　录

序　　言

中华人民共和国是全国各族人民共同缔造的统一的多民族国家。民族区域自治是中国共产党运用马克思列宁主义解决我国民族问题的基本政策，是国家的一项基本政治制度。

民族区域自治是在国家统一领导下，各少数民族聚居的地方实行区域自治，设立自治机关，行使自治权。实行民族区域自治，体现了国家充分尊重和保障各少数民族管理本民族内部事务权利的精神，体现了国家坚持实行各民族平等、团结和共同繁荣的原则。

实行民族区域自治，对发挥各族人民当家作主的积极性，发展平等、团结、互助的社会主义民族关系，巩固国家的统一，促进民族自治地方和全国社会主义建设事业的发展，都起了巨大的作用。今后，继续坚持和完善民族区域自治制度，使这一制度在国家的社会主义现代化建设进程中发挥更大的作用。

实践证明，坚持实行民族区域自治，必须切实保障民族自治地方根据本地实际情况贯彻执行国家的法律和政策；必须大量培养少数民族的各级干部、各种专业人才和技术工人；民族自治地方必须发扬自力更生、艰苦奋斗精神，努力发展本地方的社会主义建设事业，为国家建设作出贡献；国家根据国民经济和社会发展计划，努力帮助民族自治地方加速经济和文化的发展。在维护民族团结的斗争中，要反对大民族主义，主要是大汉族主义，也要反对地方民族主义。

民族自治地方的各族人民和全国人民一道，在中国共产党的领导下，在马克思列宁主义、毛泽东思想、邓小平理论的指引下，坚持人民民主专政，坚持改革开放，沿着建设有中国特色社会主义的道路，集中力量进行社会主义现代化建设，发展社会主义市场经济，加强社会主义民主与法制建设，加强社会主义精神文明建设，加速民族自治地方经济、文化的发展，建设团结、繁荣的民族自治地方，为各民族的共同繁荣，把祖国建设成为富强、民主、文明的社会主义国家而努力奋斗。

《中华人民共和国民族区域自治法》是实施宪法规定的民族区域自治制度的基本法律。

第一章　总　　则

第一条　中华人民共和国民族区域自治法，根据中华人民共和国宪法制定。

第二条　各少数民族聚居的地方实行区域自治。

民族自治地方分为自治区、自治州、自治县。

各民族自治地方都是中华人民共和国不可分离的部分。

第三条　民族自治地方设立自治机关，自治机关是国家的一级地方政权机关。

民族自治地方的自治机关实行民主集中制的原则。

第四条 民族自治地方的自治机关行使宪法第三章第五节规定的地方国家机关的职权,同时依照宪法和本法以及其他法律规定的权限行使自治权,根据本地方的实际情况贯彻执行国家的法律、政策。

自治州的自治机关行使下设区、县的市的地方国家机关的职权,同时行使自治权。

第五条 民族自治地方的自治机关必须维护国家的统一,保证宪法和法律在本地方的遵守和执行。

第六条 民族自治地方的自治机关领导各族人民集中力量进行社会主义现代化建设。

民族自治地方的自治机关根据本地方的情况,在不违背宪法和法律的原则下,有权采取特殊政策和灵活措施,加速民族自治地方经济、文化建设事业的发展。

民族自治地方的自治机关在国家计划的指导下,从实际出发,不断提高劳动生产率和经济效益,发展社会生产力,逐步提高各民族的物质生活水平。

民族自治地方的自治机关继承和发扬民族文化的优良传统,建设具有民族特点的社会主义精神文明,不断提高各民族人民的社会主义觉悟和科学文化水平。

第七条 民族自治地方的自治机关要把国家的整体利益放在首位,积极完成上级国家机关交给的各项任务。

第八条 上级国家机关保障民族自治地方的自治机关行使自治权,并且依据民族自治地方的特点和需要,努力帮助民族自治地方加速发展社会主义建设事业。

第九条 上级国家机关和民族自治地方的自治机关维护和发展各民族的平等、团结、互助的社会主义民族关系。禁止对任何民族的歧视和压迫,禁止破坏民族团结和制造民族分裂的行为。

第十条 民族自治地方的自治机关保障本地方各民族都有使用和发展自己的语言文字的自由,都有保持或者改革自己的风俗习惯的自由。

第十一条 民族自治地方的自治机关保障各民族公民有宗教信仰自由。

任何国家机关、社会团体和个人不得强制公民信仰宗教或者不信仰宗教,不得歧视信仰宗教的公民和不信仰宗教的公民。

国家保护正常的宗教活动。

任何人不得利用宗教进行破坏社会秩序、损害公民身体健康、妨碍国家教育制度的活动。

宗教团体和宗教事务不受外国势力的支配。

第二章 民族自治地方的建立和自治机关的组成

第十二条 少数民族聚居的地方,根据当地民族关系、经济发展等条件,并参酌历史情况,可以建立以一个或者几个少数民族聚居区为基础的自治地方。

民族自治地方内其他少数民族聚居的地方,建立相应的自治地方或者民族乡。

民族自治地方依据本地方的实际情况,可以包括一部分汉族或者其他民族的居民区和城镇。

第十三条 民族自治地方的名称,除特殊情况外,按照地方名称、民族名称、行政地位的顺序组成。

第十四条 民族自治地方的建立、区域界线的划分、名称的组成,由上级国家机关会同有关地方的国家机关,和有关民族的代表充分协商拟定,按照法律规定的程序报请批准。

民族自治地方一经建立,未经法定程序,不得撤销或者合并;民族自治地方的区域界线一经确定,未经法定程序,不得变动;确实需要撤销、合并或者变动的,由上级国家机关的有关部门和民族自治地方的自治机关充分协商拟定,按照法定程序报请批准。

第十五条 民族自治地方的自治机关是自治区、自治州、自治县的人民代表大会和人民政府。

民族自治地方的人民政府对本级人民代表大会和上一级国家行政机关负责并报告工作,在本级人民代表大会闭会期间,对本级人民代表大会常务委员会负责并报告工作。各民族自治地方的人民政府都是国务院统一领导下的国家行政机关,都服从国务院。

民族自治地方的自治机关的组织和工作,根据宪法和法律,由民族自治地方的自治条例或者单行条例规定。

第十六条 民族自治地方的人民代表大会中,除实行区域自治的民族的代表外,其他居住在本行政区域内的民族也应当有适当名额的代表。

民族自治地方的人民代表大会中,实行区域自治的民族和其他少数民族代表的名额和比例，根据法律规定的原则，由省、自治区、直辖市的人民代表大会常务委员会决定，并报全国人民代表大会常务委员会备案。

民族自治地方的人民代表大会常务委员会中应当有实行区域自治的民族的公民担任主任或者副主任。

第十七条 自治区主席、自治州州长、自治县县长由实行区域自治的民族的公民担任。自治区、自治州、自治县的人民政府的其他组成人员，应当合理配备实行区域自治的民族和其他少数民族的人员。

民族自治地方的人民政府实行自治区主席、自治州州长、自治县县长负责制。自治区主席、自治州州长、自治县县长，分别主持本级人民政府工作。

第十八条 民族自治地方的自治机关所属工作部门的干部中，应当合理配备实行区域自治的民族和其他少数民族的人员。

第三章 自治机关的自治权

第十九条 民族自治地方的人民代表大会有权依照当地民族的政治、经济和文化的特点，制定自治条例和单行条例。自治区的自治条例和单行条例，报全国人民代表大会常务委员会批准后生效。自治州、自治县的自治条例和单行条例报省、自治区、直辖市的人民代表大会常务委员会批准后生效，并报全国人民代表大会常务委员会和国务院备案。

第二十条 上级国家机关的决议、决定、命令和指示，如有不适合民族自治地方实际情况的，自治机关可以报经该上级国家机关批准，变通执行或者停止执行；该上级国家机关应当在收到报告之日起六十日内给予答复。

第二十一条 民族自治地方的自治机关在执行职务的时候，依照本民族自治地方自治条例的规定，使用当地通用的一种或者几种语言文字；同时使用几种通用的语言文字执行职务的，可以以实行区域自治的民族的语言文字为主。

第二十二条 民族自治地方的自治机关根据社会主义建设的需要，采取各种措施从当地民族中大量培养各级干部、各种科学技术、经营管理等专业人才和技术工人，充分发挥他们的作用，并且注意在少数民族妇女中培养各级干部和各种专业技术人才。

民族自治地方的自治机关录用工作人员的时候，对实行区域自治的民族和其他少数民族的人员应当给予适当的照顾。

民族自治地方的自治机关可以采取特殊措施，优待、鼓励各种专业人员参加自治地方各项建设工作。

第二十三条 民族自治地方的企业、事业单位依照国家规定招收人员时，优先招收少数民族人员，并且可以从农村和牧区少数民族人口中招收。

第二十四条 民族自治地方的自治机关依照国家的军事制度和当地的实际需要，经国务院批准，可以组织本地方维护社会治安的公安部队。

第二十五条 民族自治地方的自治机关在国家计划的指导下，根据本地方的特点和需要，制定经济建设的方针、政策和计划，自主地安排和管理地方性的经济建设事业。

第二十六条 民族自治地方的自治机关在坚持社会主义原则的前提下，根据法律规定和本地方经济发展的特点，合理调整生产关系和经济结构，努力发展社会主义市场经济。

民族自治地方的自治机关坚持公有制为主体、多种所有制经济共同发展的基本经济制度，鼓励发展非公有制经济。

第二十七条 民族自治地方的自治机关根据法律规定，确定本地方内草场和森林的所有权和使用权。

民族自治地方的自治机关保护、建设草原和森林，组织和鼓励植树种草。禁止任何组织或者个人利用任何手段破坏草原和森林。严禁在草原和森林毁草毁林开垦耕地。

第二十八条 民族自治地方的自治机关依照法律规定，管理和保护本地方的自然资源。

民族自治地方的自治机关根据法律规定和国家的统一规划，对可以由本地方开发的自然资源，优先合理开发利用。

第二十九条 民族自治地方的自治机关在国家计划的指导下，根据本地方的财力、物力和其他具体条件，自主地安排地方基本建设项目。

第三十条 民族自治地方的自治机关自主地管理隶属于本地方的企业、事业。

第三十一条 民族自治地方依照国家规定，可以开展对外经济贸易活动，经国务院批准，可以开辟对外贸易口岸。

与外国接壤的民族自治地方经国务院批准，开展边境贸易。

民族自治地方在对外经济贸易活动中，享受国家的优惠政策。

第三十二条 民族自治地方的财政是一级财政，是国家财政的组成部分。

民族自治地方的自治机关有管理地方财政的自治权。凡是依照国家财政体制属于民族自治地方的财政收入，都应当由民族自治地方的自治机关自主地安排使用。

民族自治地方在全国统一的财政体制下，通过国家实行的规范的财政转移支付制度，享受上级财政的照顾。

民族自治地方的财政预算支出，按照国家规定，设机动资金，预备费在预算中所占比例高于一般地区。

民族自治地方的自治机关在执行财政预算过程中，自行安排使用收入的超收和支出的节余资金。

第三十三条 民族自治地方的自治机关对本地方的各项开支标准、定员、定额，根据国家规定的原则，结合本地方的实际情况，可以制定补充规定和具体办法。自治区制定的补充规定和具体办法，报国务院备案；自治州、自治县制定的补充规定和具体办法，须报省、自治区、直辖市人民政府批准。

第三十四条 民族自治地方的自治机关在执行国家税法的时候，除应由国家统一审批的减免税收项目以外，对属于地方财政收入的某些需要从税收上加以照顾和鼓励的，可以实行减税或者免税。自治州、自治县决定减税或者免税，须报省、自治区、直辖市人民政府批准。

第三十五条 民族自治地方根据本地方经济和社会发展的需要，可以依照法律规定设立地方商业银行和城乡信用合作组织。

第三十六条 民族自治地方的自治机关根据国家的教育方针，依照法律规定，决定本地方的教育规划，各级各类学校的设置、学制、办学形式、教学内容、教学用语和招生办法。

第三十七条 民族自治地方的自治机关自主地发展民族教育，扫除文盲，举办各类学校，普及九年义务教育，采取多种形式发展普通高级中等教育和中等职业技术教育，根据条件和需要发展高等教育，培养各少数民族专业人才。

民族自治地方的自治机关为少数民族牧区和经济困难、居住分散的少数民族山区，设立以寄宿为主和助学金为主的公办民族小学和民族中学，保障就读学生完成义务教育阶段的学业。办学经费和助学金由当地财政解决，当地财政困难的，上级财政应当给予补助。

招收少数民族学生为主的学校(班级)和其他教育机构,有条件的应当采用少数民族文字的课本,并用少数民族语言讲课;根据情况从小学低年级或者高年级起开设汉语文课程,推广全国通用的普通话和规范汉字。

各级人民政府要在财政方面扶持少数民族文字的教材和出版物的编译和出版工作。

第三十八条 民族自治地方的自治机关自主地发展具有民族形式和民族特点的文学、艺术、新闻、出版、广播、电影、电视等民族文化事业,加大对文化事业的投入,加强文化设施建设,加快各项文化事业的发展。

民族自治地方的自治机关组织、支持有关单位和部门收集、整理、翻译和出版民族历史文化书籍,保护民族的名胜古迹、珍贵文物和其他重要历史文化遗产,继承和发展优秀的民族传统文化。

第三十九条 民族自治地方的自治机关自主地决定本地方的科学技术发展规划,普及科学技术知识。

第四十条 民族自治地方的自治机关,自主地决定本地方的医疗卫生事业的发展规划,发展现代医药和民族传统医药。

民族自治地方的自治机关加强对传染病、地方病的预防控制工作和妇幼卫生保健,改善医疗卫生条件。

第四十一条 民族自治地方的自治机关自主地发展体育事业,开展民族传统体育活动,增强各族人民的体质。

第四十二条 民族自治地方的自治机关积极开展和其他地方的教育、科学技术、文化艺术、卫生、体育等方面的交流和协作。

自治区、自治州的自治机关依照国家规定,可以和国外进行教育、科学技术、文化艺术、卫生、体育等方面的交流。

第四十三条 民族自治地方的自治机关根据法律规定,制定管理流动人口的办法。

第四十四条 民族自治地方实行计划生育和优生优育,提高各民族人口素质。

民族自治地方的自治机关根据法律规定,结合本地方的实际情况,制定实行计划生育的办法。

第四十五条 民族自治地方的自治机关保护和改善生活环境和生态环境,防治污染和其他公害,实现人口、资源和环境的协调发展。

第四章 民族自治地方的人民法院和人民检察院

第四十六条 民族自治地方的人民法院和人民检察院对本级人民代表大会及其常务委员会负责。民族自治地方的人民检察院并对上级人民检察院负责。

民族自治地方人民法院的审判工作,受最高人民法院和上级人民法院监督。民族自治地方的人民检察院的工作,受最高人民检察院和上级人民检察院领导。

民族自治地方的人民法院和人民检察院的领导成员和工作人员中,应当有实行区域自治的民族的人员。

第四十七条 民族自治地方的人民法院和人民检察院应当用当地通用的语言审理和检察案件,并合理配备通晓当地通用的少数民族语言文字的人员。对于不通晓当地通用的语言文字的诉讼参与人,应当为他们提供翻译。法律文书应当根据实际需要,使用当地通用的一种或者几种文字。保障各民族公民都有使用本民族语言文字进行诉讼的权利。

第五章 民族自治地方内的民族关系

第四十八条 民族自治地方的自治机关保障本地方内各民族都享有平等权利。

民族自治地方的自治机关团结各民族的干部和群众,充分调动他们的积极性,共同建设民族自治地方。

第四十九条 民族自治地方的自治机关教育和鼓励各民族的干部互相学习语言文字。汉族干部要学习当地少数民族的语言文字,少数民族干部在学习、使用本民族语言文字的同时,也要学习全国通用的普通话和规范汉字。

民族自治地方的国家工作人员,能够熟练使用两种以上当地通用的语言文字的,应当予以奖励。

第五十条 民族自治地方的自治机关帮助聚居在本地方的其他少数民族,建立相应的自治地方或者民族乡。

民族自治地方的自治机关帮助本地方各民族发展经济、教育、科学技术、文化、卫生、体育事业。

民族自治地方的自治机关照顾本地方散居民族的特点和需要。

第五十一条 民族自治地方的自治机关在处理涉及本地方各民族的特殊问题的时候,必须与他们的代表充分协商,尊重他们的意见。

第五十二条 民族自治地方的自治机关保障本地方内各民族公民都享有宪法规定的公民权利,并且教育他们履行公民应尽的义务。

第五十三条 民族自治地方的自治机关提倡爱祖国、爱人民、爱劳动、爱科学、爱社会主义的公德,对本地方内各民族公民进行爱国主义、共产主义和民族政策的教育。教育各民族的干部和群众互相信任,互相学习,互相帮助,互相尊重语言文字、风俗习惯和宗教信仰,共同维护国家的统一和各民族的团结。

第六章 上级国家机关的职责

第五十四条 上级国家机关有关民族自治地方的决议、决定、命令和指示,应当适合民族自治地方的实际情况。

第五十五条 上级国家机关应当帮助、指导民族自治地方经济发展战略的研究、制定和实施,从财政、金融、物资、技术和人才等方面,帮助各民族自治地方加速发展经济、教育、科学技术、文化、卫生、体育等事业。

国家制定优惠政策,引导和鼓励国内外资金投向民族自治地方。

上级国家机关在制定国民经济和社会发展计划的时候,应当照顾民族自治地方的特点和需要。

第五十六条 国家根据统一规划和市场需求,优先在民族自治地方合理安排资源开发项目和基础设施建设项目。国家在重大基础设施投资项目中适当增加投资比重和政策性银行贷款比重。

国家在民族自治地方安排基础设施建设,需要民族自治地方配套资金的,根据不同情况给予减少或者免除配套资金的照顾。

国家帮助民族自治地方加快实用科技开发和成果转化,大力推广实用技术和有条件发展的高新技术,积极引导科技人才向民族自治地方合理流动。国家向民族自治地方提供转移建设项目的时候,根据当地的条件,提供先进、适用的设备和工艺。

第五十七条 国家根据民族自治地方的经济发展特点和需要,综合运用货币市场和资本市场,加大对民族自治地方的金融扶持力度。金融机构对民族自治地方的固定资产投资项目和符合国家产业政策的企业,在开发资源、发展多种经济方面的合理资金需求,应当给予重点扶持。

国家鼓励商业银行加大对民族自治地方的信贷投入,积极支持当地企业的合理资金需求。

第五十八条 上级国家机关从财政、金融、人才等方面帮助民族自治地方的企业进行技术创新,促进产业结构升级。

上级国家机关应当组织和鼓励民族自治地方的企业管理人员和技术人员到经济发达地区学习,同时引导和鼓励经济发达地区的企业管理人员和技术人员到民族自治地方的企业工作。

第五十九条 国家设立各项专用资金,扶助民族自治地方发展经济文化建设事业。

国家设立的各项专用资金和临时性的民族补助专款,任何部门不得扣减、截留、挪用,不得用以顶替民族自治地方的正常的预算收入。

第六十条 上级国家机关根据国家的民族贸易政策和民族自治地方的需要,对民族自治地方的商业、供销和医药企业,从投资、金融、税收等方面给予扶持。

第六十一条 国家制定优惠政策,扶持民族自治地方发展对外经济贸易,扩大民族自治地方生产企业对外贸易经营自主权,鼓励发展地方优势产品出口,实行优惠的边境贸易政策。

第六十二条 随着国民经济的发展和财政收入的增长,上级财政逐步加大对民族自治地方财政转移支付力度。通过一般性财政转移支付、专项财政转移支付、民族优惠政策财政转移支付以及国家确定的其他方式,增加对民族自治地方的资金投入,用于加快民族自治地方经济发展和社会进步,逐步缩小与发达地区的差距。

第六十三条 上级国家机关在投资、金融、税收等方面扶持民族自治地方改善农业、牧业、林业等生产条件和水利、交通、能源、通信等基础设施;扶持民族自治地方合理利用本地资源发展地方工业、乡镇企业、中小企业以及少数民族特需商品和传统手工业品的生产。

第六十四条 上级国家机关应当组织、支持和鼓励经济发达地区与民族自治地方开展经济、技术协作和多层次、多方面的对口支援,帮助和促进民族自治地方经济、教育、科学技术、文化、卫生、体育事业的发展。

第六十五条 国家在民族自治地方开发资源、进行建设的时候,应当照顾民族自治地方的利益,作出有利于民族自治地方经济建设的安排,照顾当地少数民族的生产和生活。国家采取措施,对输出自然资源的民族自治地方给予一定的利益补偿。

国家引导和鼓励经济发达地区的企业按照互惠互利的原则,到民族自治地方投资,开展多种形式的经济合作。

第六十六条 上级国家机关应当把民族自治地方的重大生态平衡、环境保护的综合治理工程项目纳入国民经济和社会发展计划，统一部署。

民族自治地方为国家的生态平衡、环境保护作出贡献的，国家给予一定的利益补偿。

任何组织和个人在民族自治地方开发资源、进行建设的时候，要采取有效措施，保护和改善当地的生活环境和生态环境，防治污染和其他公害。

第六十七条 上级国家机关隶属的在民族自治地方的企业、事业单位依照国家规定招收人员时，优先招收当地少数民族人员。

在民族自治地方的企业、事业单位，应当尊重当地自治机关的自治权，遵守当地自治条例、单行条例和地方性法规、规章，接受当地自治机关的监督。

第六十八条 上级国家机关非经民族自治地方自治机关同意，不得改变民族自治地方所属企业的隶属关系。

第六十九条 国家和上级人民政府应当从财政、金融、物资、技术、人才等方面加大对民族自治地方的贫困地区的扶持力度，帮助贫困人口尽快摆脱贫困状况，实现小康。

第七十条 上级国家机关帮助民族自治地方从当地民族中大量培养各级干部、各种专业人才和技术工人；根据民族自治地方的需要，采取多种形式调派适当数量的教师、医生、科学技术和经营管理人员，参加民族自治地方的工作，对他们的生活待遇给予适当照顾。

第七十一条 国家加大对民族自治地方的教育投入，并采取特殊措施，帮助民族自治地方加速普及九年义务教育和发展其他教育事业，提高各民族人民的科学文化水平。

国家举办民族高等学校，在高等学校举办民族班、民族预科，专门或者主要招收少数民族学生，并且可以采取定向招生、定向分配的办法。高等学校和中等专业学校招收新生的时候，对少数民族考生适当放宽录取标准和条件，对人口特少的少数民族考生给予特殊照顾。各级人民政府和学校应当采取多种措施帮助家庭经济困难的少数民族学生完成学业。

国家在发达地区举办民族中学或者在普通中学开设民族班，招收少数民族学生实施中等教育。

国家帮助民族自治地方培养和培训各民族教师。国家组织和鼓励各民族教师和符合任职条件的各民族毕业生到民族自治地方从事教育教学工作，并给予他们相应的优惠待遇。

第七十二条　上级国家机关应当对各民族的干部和群众加强民族政策的教育，经常检查民族政策和有关法律的遵守和执行。

第七章　附　　则

第七十三条　国务院及其有关部门应当在职权范围内，为实施本法分别制定行政法规、规章、具体措施和办法。

自治区和辖有自治州、自治县的省、直辖市的人民代表大会及其常务委员会结合当地实际情况，制定实施本法的具体办法。

第七十四条　本法由全国人民代表大会通过，自 1984 年 10 月 1 日起施行。

国务院实施《中华人民共和国民族区域自治法》若干规定

1. 2005 年 5 月 19 日国务院令第 435 号公布
2. 自 2005 年 5 月 31 日起施行

第一条　为了帮助民族自治地方加快经济和社会的发展，增进民族团结，促进各民族共同繁荣，根据《中华人民共和国民族区域自治法》，制定本规定。

第二条　各级人民政府应当加强《中华人民共和国民族区域自治法》以及相关法律、法规和民族政策的宣传教育，依法制订具体措施，保护少数民族的合法权益，妥善处理影响民族团结的问题，巩固和发展平等、团结、互助的社会主义民族关系，禁止破坏民族团结和制造民族分裂的行为。

第三条　维护祖国统一和民族团结是公民的职责和义务。

民族自治地方人民政府应当切实保障宪法和法律在本地方的遵守和执行，积极维护国家的整体利益。

第四条　各级人民政府应当积极开展促进民族团结进步的各项活动，对为民族团结进步事业作出突出贡献的单位和个人，给予表彰和奖励。

第五条 上级人民政府及其职能部门在制订经济和社会发展中长期规划时，应当听取民族自治地方和民族工作部门的意见，根据民族自治地方的特点和需要，支持和帮助民族自治地方加强基础设施建设、人力资源开发，扩大对外开放，调整、优化经济结构，合理利用自然资源，加强生态建设和环境保护，加速发展经济、教育、科技、文化、卫生、体育等各项事业，实现全面、协调、可持续发展。

第六条 国家实施西部大开发战略，促进民族自治地方加快发展。未列入西部大开发范围的自治县，由其所在的省级人民政府在职权范围内比照西部大开发的有关政策予以扶持。

第七条 上级人民政府应当根据民族自治地方的实际，优先在民族自治地方安排基础设施建设项目。

中央财政性建设资金、其他专项建设资金和政策性银行贷款，适当增加用于民族自治地方基础设施建设的比重。

国家安排的基础设施建设项目，需要民族自治地方承担配套资金的，适当降低配套资金的比例。民族自治地方的国家扶贫重点县和财政困难县确实无力负担的，免除配套资金。其中，基础设施建设项目属于地方事务的，由中央和省级人民政府确定建设资金负担比例后，按比例全额安排；属于中央事务的，由中央财政全额安排。

第八条 国家根据经济和社会发展规划以及西部大开发战略，优先在民族自治地方安排资源开发和深加工项目。在民族自治地方开采石油、天然气等资源的，要在带动当地经济发展、发展相应的服务产业以及促进就业等方面，对当地给予支持。

国家征收的矿产资源补偿费在安排使用时，加大对民族自治地方的投入，并优先考虑原产地的民族自治地方。

国家加快建立生态补偿机制，根据开发者付费、受益者补偿、破坏者赔偿的原则，从国家、区域、产业三个层面，通过财政转移支付、项目支持等措施，对在野生动植物保护和自然保护区建设等生态环境保护方面作出贡献的民族自治地方，给予合理补偿。

第九条 国家通过一般性财政转移支付、专项财政转移支付、民族优惠政策财政转移支付以及其他方式，充分考虑民族自治地方的公共服务支出成本差异，逐步加大对民族自治地方财政转移支付力度。上级人民政府有关部门各种专项资金的分配，应当向民族自治地方倾斜。

上级财政支持民族自治地方财政保证民族自治地方的国家机关正常运转、财政供养人员工资按时足额发放、基础教育正常经费支出。

上级人民政府出台的税收减免政策造成民族自治地方财政减收部分,在测算转移支付时作为因素给予照顾。

国家规范省级以下财政转移支付制度,确保国家对民族自治地方的转移支付、税收返还等优惠政策落实到自治县。

第十条 国家设立各项专用资金,扶助民族自治地方发展经济和社会各项事业。

中央财政设立少数民族发展资金和民族工作经费。资金规模随着经济发展和中央财政收入的增长逐步增加。地方财政相应设立并安排少数民族发展资金和民族工作经费。

第十一条 国家帮助民族自治地方拓宽间接和直接融资渠道,加大对民族自治地方的金融扶持力度。

国家合理引导金融机构信贷投向,鼓励金融机构积极支持民族自治地方重点建设和农村发展。上级人民政府安排的国际组织和国外政府赠款以及优惠贷款,在条件许可的情况下,向民族自治地方倾斜。

第十二条 国家完善扶持民族贸易、少数民族特需商品和传统手工业品生产发展的优惠政策,在税收、金融和财政政策上,对民族贸易、少数民族特需商品和传统手工业品生产予以照顾,对少数民族特需商品实行定点生产并建立必要的国家储备制度。

第十三条 国家鼓励与外国接壤的民族自治地方依法与周边国家开展区域经济技术合作和边境贸易。

经国务院批准,可以在与外国接壤的民族自治地方边境地区设立边境贸易区。

国家对边境地区与接壤国家边境地区之间的贸易以及边民互市贸易,采取灵活措施,给予优惠和便利。

第十四条 国家将边境地区建设纳入经济和社会发展规划,帮助民族自治地方加快边境地区建设,推进兴边富民行动,促进边境地区与内地的协调发展。

国家对巩固边防、边境安全具有重大影响的边境地区居民,在居住、生活、文化、教育、医疗卫生、环境保护等方面采取特殊措施,加大扶持力度。

第十五条 上级人民政府将人口较少民族聚居的地区发展纳入经济和社会发展规划,加大扶持力度,在交通、能源、生态环境保护与建设、农业基础设施建设、广播影视、文化、教育、医疗卫生以及群众生产生活等方面,给予重点支持。

第十六条 国家加强民族自治地方的扶贫开发,重点支持民族自治地方贫困乡村以通水、通电、通路、通广播电视和茅草房危房改造、生态移民等为重点的基础设施建设和农田基本建设,动员和组织社会力量参与民族自治地方的扶贫开发。

第十七条 国家鼓励、支持和引导民族自治地方发展非公有制经济,鼓励社会资本参与民族自治地方的基础设施、公用事业以及其他领域的建设和国有、集体企业改制。

第十八条 国家组织和支持经济发达地区与民族自治地方的对口支援。通过劳动密集型和资源加工型产业的转移、技术转让、交流培训人才、加大资金投入、提供物资支持等多种方式,帮助民族自治地方加速经济、文化、教育、科技、卫生、体育事业的发展;鼓励和引导企业、高等院校和科研单位以及社会各方面力量加大对民族自治地方的支持力度。

民族自治地方各级人民政府引导和组织当地群众有序地外出经商务工。有关地方人民政府应当切实保障外来经商务工的少数民族群众的合法权益。

第十九条 国家帮助民族自治地方普及九年义务教育,扫除青壮年文盲,不断改善办学条件,大力支持民族自治地方有重点地办好寄宿制学校;在发达地区普通中学开设民族班或者开办民族中学,其办学条件、教学和管理水平要达到当地学校的办学标准和水平。

国家采取措施,扶持民族自治地方因地制宜发展职业教育和成人教育,发展普通高中教育和现代远程教育,促进农村基础教育、成人教育、职业教育统筹发展。

国家鼓励和支持社会力量以多种形式在民族自治地方办学,积极组织发达地区支援民族自治地方发展教育事业。

第二十条 各级人民政府应当将民族自治地方义务教育纳入公共财政的保障范围。中央财政设立少数民族教育专项补助资金,地方财政相应安排少数民族教育专项补助资金。

国家积极创造条件,对民族自治地方的边境地区、贫困地区和人口较少民族聚居地区的义务教育给予重点支持，并逐步在民族自治地方的农村实行免费义务教育。

第二十一条 国家帮助和支持民族自治地方发展高等教育，办好民族院校和全国普通高等学校民族预科班、民族班。对民族自治地方的高等学校以及民族院校的学科建设和研究生招生，给予特殊的政策扶持。

各类高等学校面向民族自治地方招生时，招生比例按规模同比增长并适当倾斜。对报考专科、本科和研究生的少数民族考生，在录取时应当根据情况采取加分或者降分的办法，适当放宽录取标准和条件，并对人口特少的少数民族考生给予特殊照顾。

第二十二条 国家保障各民族使用和发展本民族语言文字的自由，扶持少数民族语言文字的规范化、标准化和信息处理工作；推广使用全国通用的普通话和规范汉字；鼓励民族自治地方各民族公民互相学习语言文字。

国家鼓励民族自治地方逐步推行少数民族语文和汉语文授课的“双语教学”，扶持少数民族语文和汉语文教材的研究、开发、编译和出版，支持建立和健全少数民族教材的编译和审查机构，帮助培养通晓少数民族语文和汉语文的教师。

第二十三条 国家帮助民族自治地方建立健全科技服务体系和科学普及体系。中央财政通过国家科技计划、科学基金、专项资金等方式，加大对民族自治地方科技工作的支持力度，积极支持和促进民族自治地方科技事业的发展。

第二十四条 上级人民政府从政策和资金上支持民族自治地方少数民族文化事业发展，加强文化基础设施建设，重点扶持具有民族形式和民族特点的公益性文化事业，加强民族自治地方的公共文化服务体系建设，培育和发展民族文化产业。

国家支持少数民族新闻出版事业发展，做好少数民族语言广播、电影、电视节目的译制、制作和播映，扶持少数民族语言文字出版物的翻译、出版。

国家重视少数民族优秀传统文化的继承和发展，定期举办少数民族传统体育运动会、少数民族文艺会演，繁荣民族文艺创作，丰富各民族群众的文化生活。

第二十五条 上级人民政府支持对少数民族非物质文化遗产和名胜古迹、

文物等物质文化遗产的保护和抢救,支持对少数民族古籍的搜集、整理、出版。

第二十六条 上级人民政府加大对民族自治地方公共卫生体系建设的资金投入以及技术支持,采取有效措施预防控制传染病、地方病和寄生虫病,建立并完善农村卫生服务体系、新型农村合作医疗制度和医疗救助制度,减轻民族自治地方贫困群众医疗费的负担;各级人民政府加大对民族医药事业的投入,保护、扶持和发展民族医药学,提高各民族的健康水平。

上级人民政府制定优惠政策,鼓励民族自治地方实行计划生育和优生优育,提高各民族人口素质。

第二十七条 上级人民政府应当按照国家有关规定,帮助民族自治地方加快社会保障体系建设,建立和完善养老、失业、医疗、工伤、生育保险和城市居民最低生活保障等制度,形成与当地经济和社会发展水平相适应的社会保障体系。

第二十八条 上级人民政府及其工作部门领导人员中应当合理配备少数民族干部;民族自治地方人民政府及其工作部门应当依法配备实行区域自治的民族和其他民族领导干部,在公开选拔、竞争上岗配备领导干部时,可以划出相应的名额和岗位,定向选拔少数民族干部。

民族自治地方录用、聘用国家工作人员时,对实行区域自治的民族和其他少数民族予以照顾,具体办法由录用、聘用主管部门规定。

第二十九条 上级人民政府指导民族自治地方制订人才开发规划,采取各种有效措施,积极培养使用实行区域自治的民族和其他民族的各级各类人才。

国家积极采取措施,加大对少数民族和民族自治地方干部的培训力度,扩大干部培训机构和高等院校为民族自治地方培训干部与人才的规模,建立和完善民族自治地方与中央国家机关和经济相对发达地区干部交流制度。

国家鼓励和支持各级各类人才到民族自治地方发展、创业,当地人民政府应当为他们提供优惠便利的工作和生活条件;对到边远、高寒等条件比较艰苦的民族自治地方工作的汉族和其他民族人才的家属和子女,在就业、就学等方面给予适当照顾。

第三十条 各级人民政府民族工作部门对本规定的执行情况实施监督检

查,每年将监督检查的情况向同级人民政府报告,并提出意见和建议。

第三十一条 对违反国家财政制度、财务制度,挪用、克扣、截留国家财政用于民族自治地方经费的,责令限期归还被挪用、克扣、截留的经费,并依法对直接负责的主管人员和其他直接责任人员给予行政处分;构成犯罪的,依法追究刑事责任。

第三十二条 各级人民政府行政部门违反本规定,不依法履行职责,由其上级行政机关或者监察机关责令改正。

各级行政机关工作人员在执行本规定过程中,滥用职权、玩忽职守、徇私舞弊,构成犯罪的,依法追究刑事责任;尚不构成犯罪的,依法给予行政处分。

第三十三条 本规定所称上级人民政府,是指民族自治地方的上级人民政府。

第三十四条 国务院有关部门、自治区和辖有自治州、自治县的省、直辖市人民政府在职权范围内,根据本规定制订具体办法,并将执行情况向国务院报告。

第三十五条 本规定自2005年5月31日起施行。

4. 特别行政区制度

中华人民共和国香港特别行政区基本法

1. 1990年4月4日第七届全国人民代表大会第三次会议通过

2. 1990年4月4日中华人民共和国主席令第26号公布

3. 自1997年7月1日起施行

目　　录

序 言

香港自古以来就是中国的领土，一八四〇年鸦片战争以后被英国占领。一九八四年十二月十九日，中英两国政府签署了关于香港问题的联合声明，确认中华人民共和国政府于一九九七年七月一日恢复对香港行使主权，从而实现了长期以来中国人民收回香港的共同愿望。

为了维护国家的统一和领土完整，保持香港的繁荣和稳定，并考虑到香港的历史和现实情况，国家决定，在对香港恢复行使主权时，根据中华人民共和国宪法第三十一条的规定，设立香港特别行政区，并按照“一个国家，两种制度”的方针，不在香港实行社会主义的制度和政策。国家对香港的基本方针政策，已由中国政府在中英联合声明中予以阐明。

根据中华人民共和国宪法，全国人民代表大会特制定中华人民共和国香港特别行政区基本法，规定香港特别行政区实行的制度，以保障国家对香港的基本方针政策的实施。

第一章 总　　则

第一条 香港特别行政区是中华人民共和国不可分离的部分。

第二条 全国人民代表大会授权香港特别行政区依照本法的规定实行高度自治,享有行政管理权、立法权、独立的司法权和终审权。

第三条 香港特别行政区的行政机关和立法机关由香港永久性居民依照本法有关规定组成。

第四条 香港特别行政区依法保障香港特别行政区居民和其他人的权利和自由。

第五条 香港特别行政区不实行社会主义制度和政策,保持原有的资本主义制度和生活方式,五十年不变。

第六条 香港特别行政区依法保护私有财产权。

第七条 香港特别行政区境内的土地和自然资源属于国家所有,由香港特别行政区政府负责管理、使用、开发、出租或批给个人、法人或团体使用或开发,其收入全归香港特别行政区政府支配。

第八条 香港原有法律,即普通法、衡平法、条例、附属立法和习惯法,除同本法相抵触或经香港特别行政区的立法机关作出修改者外,予以保留。

第九条 香港特别行政区的行政机关、立法机关和司法机关,除使用中文外,还可使用英文,英文也是正式语文。

第十条 香港特别行政区除悬挂中华人民共和国国旗和国徽外,还可使用香港特别行政区区旗和区徽。

香港特别行政区的区旗是五星花蕊的紫荆花红旗。

香港特别行政区的区徽,中间是五星花蕊的紫荆花,周围写有"中华人民共和国香港特别行政区"和英文"香港"。

第十一条 根据中华人民共和国宪法第三十一条,香港特别行政区的制度和政策,包括社会、经济制度,有关保障居民的基本权利和自由的制度,行政管理、立法和司法方面的制度,以及有关政策,均以本法的规定为依据。

香港特别行政区立法机关制定的任何法律,均不得同本法相抵触。

第二章 中央和香港特别行政区的关系

第十二条 香港特别行政区是中华人民共和国的一个享有高度自治权的

地方行政区域,直辖于中央人民政府。

第十三条 中央人民政府负责管理与香港特别行政区有关的外交事务。

中华人民共和国外交部在香港设立机构处理外交事务。

中央人民政府授权香港特别行政区依照本法自行处理有关的对外事务。

第十四条 中央人民政府负责管理香港特别行政区的防务。

香港特别行政区政府负责维持香港特别行政区的社会治安。

中央人民政府派驻香港特别行政区负责防务的军队不干预香港特别行政区的地方事务。香港特别行政区政府在必要时,可向中央人民政府请求驻军协助维持社会治安和救助灾害。

驻军人员除须遵守全国性的法律外,还须遵守香港特别行政区的法律。

驻军费用由中央人民政府负担。

第十五条 中央人民政府依照本法第四章的规定任命香港特别行政区行政长官和行政机关的主要官员。

第十六条 香港特别行政区享有行政管理权,依照本法的有关规定自行处理香港特别行政区的行政事务。

第十七条 香港特别行政区享有立法权。

香港特别行政区的立法机关制定的法律须报全国人民代表大会常务委员会备案。备案不影响该法律的生效。

全国人民代表大会常务委员会在征询其所属的香港特别行政区基本法委员会后,如认为香港特别行政区立法机关制定的任何法律不符合本法关于中央管理的事务及中央和香港特别行政区的关系的条款,可将有关法律发回,但不作修改。经全国人民代表大会常务委员会发回的法律立即失效。该法律的失效,除香港特别行政区的法律另有规定外,无溯及力。

第十八条 在香港特别行政区实行的法律为本法以及本法第八条规定的香港原有法律和香港特别行政区立法机关制定的法律。

全国性法律除列于本法附件三者外,不在香港特别行政区实施。凡列于本法附件三之法律,由香港特别行政区在当地公布或立法实施。

全国人民代表大会常务委员会在征询其所属的香港特别行政区基本法委员会和香港特别行政区政府的意见后,可对列于本法附件三的法律作出增减,任何列入附件三的法律,限于有关国防、外交和其他按本法规定不属于香港特别行政区自治范围的法律。

全国人民代表大会常务委员会决定宣布战争状态或因香港特别行政区内发生香港特别行政区政府不能控制的危及国家统一或安全的动乱而决定香港特别行政区进入紧急状态,中央人民政府可发布命令将有关全国性法律在香港特别行政区实施。

第十九条 香港特别行政区享有独立的司法权和终审权。

香港特别行政区法院除继续保持香港原有法律制度和原则对法院审判权所作的限制外,对香港特别行政区所有的案件均有审判权。

香港特别行政区法院对国防、外交等国家行为无管辖权。香港特别行政区法院在审理案件中遇有涉及国防、外交等国家行为的事实问题,应取得行政长官就该等问题发出的证明文件,上述文件对法院有约束力。行政长官在发出证明文件前,须取得中央人民政府的证明书。

第二十条 香港特别行政区可享有全国人民代表大会和全国人民代表大会常务委员会及中央人民政府授予的其他权力。

第二十一条 香港特别行政区居民中的中国公民依法参与国家事务的管理。

根据全国人民代表大会确定的名额和代表产生办法,由香港特别行政区居民中的中国公民在香港选出香港特别行政区的全国人民代表大会代表,参加最高国家权力机关的工作。

第二十二条 中央人民政府所属各部门、各省、自治区、直辖市均不得干预香港特别行政区根据本法自行管理的事务。

中央各部门、各省、自治区、直辖市如需在香港特别行政区设立机构,须征得香港特别行政区政府同意并经中央人民政府批准。

中央各部门、各省、自治区、直辖市在香港特别行政区设立的一切机构及其人员均须遵守香港特别行政区的法律。

中国其他地区的人进入香港特别行政区须办理批准手续,其中进入香港特别行政区定居的人数由中央人民政府主管部门征求香港特别行政区政府的意见后确定。

香港特别行政区可在北京设立办事机构。

第二十三条 香港特别行政区应自行立法禁止任何叛国、分裂国家、煽动叛乱、颠覆中央人民政府及窃取国家机密的行为,禁止外国的政治性组织或团体在香港特别行政区进行政治活动,禁止香港特别行政区的政治性组织或团体与外国的政治性组织或团体建立联系。

第三章 居民的基本权利和义务

第二十四条 香港特别行政区居民,简称香港居民,包括永久性居民和非永久性居民。

香港特别行政区永久性居民为:

(一)在香港特别行政区成立以前或以后在香港出生的中国公民;

(二)在香港特别行政区成立以前或以后在香港通常居住连续七年以上的中国公民;

(三)第(一)、(二)两项所列居民在香港以外所生的中国籍子女;

(四)在香港特别行政区成立以前或以后持有效旅行证件进入香港、在香港通常居住连续七年以上并以香港为永久居住地的非中国籍的人;

(五)在香港特别行政区成立以前或以后第(四)项所列居民在香港所生的未满二十一周岁的子女;

(六)第(一)至(五)项所列居民以外在香港特别行政区成立以前只在香港有居留权的人。

以上居民在香港特别行政区享有居留权和有资格依照香港特别行政区法律取得载明其居留权的永久性居民身份证。

香港特别行政区非永久性居民为:有资格依照香港特别行政区法律取得香港居民身份证,但没有居留权的人。

第二十五条 香港居民在法律面前一律平等。

第二十六条 香港特别行政区永久性居民依法享有选举权和被选举权。

第二十七条 香港居民享有言论、新闻、出版的自由,结社、集会、游行、示威的自由,组织和参加工会、罢工的权利和自由。

第二十八条 香港居民的人身自由不受侵犯。

香港居民不受任意或非法逮捕、拘留、监禁。禁止任意或非法搜查居民的身体、剥夺或限制居民的人身自由。禁止对居民施行酷刑、任意或非法剥夺居民的生命。

第二十九条 香港居民的住宅和其他房屋不受侵犯。禁止任意或非法搜查、侵入居民的住宅和其他房屋。

第三十条 香港居民的通讯自由和通讯秘密受法律的保护。除因公共安全和追查刑事犯罪的需要,由有关机关依照法律程序对通讯进行检查外,任何部门或个人不得以任何理由侵犯居民的通讯自由和通讯秘密。

第三十一条 香港居民有在香港特别行政区境内迁徙的自由,有移居其他国家和地区的自由。香港居民有旅行和出入境的自由。有效旅行证件的持有人,除非受到法律制止,可自由离开香港特别行政区,无需特别批准。

第三十二条 香港居民有信仰的自由。

香港居民有宗教信仰的自由,有公开传教和举行、参加宗教活动的自由。

第三十三条 香港居民有选择职业的自由。

第三十四条 香港居民有进行学术研究、文学艺术创作和其他文化活动的自由。

第三十五条 香港居民有权得到秘密法律咨询、向法院提起诉讼、选择律师及时保护自己的合法权益或在法庭上为其代理和获得司法补救。

香港居民有权对行政部门和行政人员的行为向法院提起诉讼。

第三十六条 香港居民有依法享受社会福利的权利。劳工的福利待遇和退休保障受法律保护。

第三十七条 香港居民的婚姻自由和自愿生育的权利受法律保护。

第三十八条 香港居民享有香港特别行政区法律保障的其他权利和自由。

第三十九条 《公民权利和政治权利国际公约》、《经济、社会与文化权利的国际公约》和国际劳工公约适用于香港的有关规定继续有效,通过香港特别行政区的法律予以实施。

香港居民享有的权利和自由,除依法规定外不得限制,此种限制不得与本条第一款规定抵触。

第四十条 "新界"原居民的合法传统权益受香港特别行政区的保护。

第四十一条 在香港特别行政区境内的香港居民以外的其他人,依法享有本章规定的香港居民的权利和自由。

第四十二条 香港居民和在香港的其他人有遵守香港特别行政区实行的法律的义务。

第四章 政治体制

第一节 行政长官

第四十三条 香港特别行政区行政长官是香港特别行政区的首长,代表香港特别行政区。

香港特别行政区行政长官依照本法的规定对中央人民政府和香港特别行政区负责。

第四十四条 香港特别行政区行政长官由年满四十周岁，在香港通常居住连续满二十年并在外国无居留权的香港特别行政区永久性居民中的中国公民担任。

第四十五条 香港特别行政区行政长官在当地通过选举或协商产生，由中央人民政府任命。

行政长官的产生办法根据香港特别行政区的实际情况和循序渐进的原则而规定，最终达至由一个有广泛代表性的提名委员会按民主程序提名后普选产生的目标。

行政长官产生的具体办法由附件一《香港特别行政区行政长官的产生办法》规定。

第四十六条 香港特别行政区行政长官任期五年，可连任一次。

第四十七条 香港特别行政区行政长官必须廉洁奉公、尽忠职守。

行政长官就任时应向香港特别行政区终审法院首席法官申报财产，记录在案。

第四十八条 香港特别行政区行政长官行使下列职权：

（一）领导香港特别行政区政府；

（二）负责执行本法和依照本法适用于香港特别行政区的其他法律；

（三）签署立法会通过的法案，公布法律；

签署立法会通过的财政预算案，将财政预算、决算报中央人民政府备案；

（四）决定政府政策和发布行政命令；

（五）提名并报请中央人民政府任命下列主要官员：各司司长、副司长，各局局长，廉政专员，审计署署长，警务处处长，入境事务处处长，海关关长；建议中央人民政府免除上述官员职务；

（六）依照法定程序任免各级法院法官；

（七）依照法定程序任免公职人员；

（八）执行中央人民政府就本法规定的有关事务发出的指令；

（九）代表香港特别行政区政府处理中央授权的对外事务和其他事务；

（十）批准向立法会提出有关财政收入或支出的动议；

（十一）根据安全和重大公共利益的考虑，决定政府官员或其他负责政府公务的人员是否向立法会或其属下的委员会作证和提供证据；

（十二）赦免或减轻刑事罪犯的刑罚；

（十三）处理请愿、申诉事项。

第四十九条 香港特别行政区行政长官如认为立法会通过的法案不符合香港特别行政区的整体利益，可在三个月内将法案发回立法会重议，立法会如以不少于全体议员三分之二多数再次通过原案，行政长官必须在一个月内签署公布或按本法第五十条的规定处理。

第五十条 香港特别行政区行政长官如拒绝签署立法会再次通过的法案或立法会拒绝通过政府提出的财政预算案或其他重要法案，经协商仍不能取得一致意见，行政长官可解散立法会。

行政长官在解散立法会前，须征询行政会议的意见。行政长官在其一任任期内只能解散立法会一次。

第五十一条 香港特别行政区立法会如拒绝批准政府提出的财政预算案，行政长官可向立法会申请临时拨款。如果由于立法会已被解散而不能批准拨款，行政长官可在选出新的立法会前的一段时期内，按上一财政年度的开支标准，批准临时短期拨款。

第五十二条 香港特别行政区行政长官如有下列情况之一者必须辞职：

（一）因严重疾病或其他原因无力履行职务；

（二）因两次拒绝签署立法会通过的法案而解散立法会，重选的立法会仍以全体议员三分之二多数通过所争议的原案，而行政长官仍拒绝签署；

（三）因立法会拒绝通过财政预算案或其他重要法案而解散立法会，重选的立法会继续拒绝通过所争议的原案。

第五十三条 香港特别行政区行政长官短期不能履行职务时，由政务司长、财政司长、律政司长依次临时代理其职务。

行政长官缺位时，应在六个月内依本法第四十五条的规定产生新的行政长官。行政长官缺位期间的职务代理，依照上款规定办理。

第五十四条 香港特别行政区行政会议是协助行政长官决策的机构。

第五十五条 香港特别行政区行政会议的成员由行政长官从行政机关的主要官员、立法会议员和社会人士中委任，其任免由行政长官决定。行政会议成员的任期应不超过委任他的行政长官的任期。

香港特别行政区行政会议成员由在外国无居留权的香港特别行政区永久性居民中的中国公民担任。

行政长官认为必要时可邀请有关人士列席会议。

第五十六条 香港特别行政区行政会议由行政长官主持。

行政长官在作出重要决策、向立法会提交法案、制定附属法规和解散立法会前，须征询行政会议的意见，但人事任免、纪律制裁和紧急情况下采取的措施除外。

行政长官如不采纳行政会议多数成员的意见，应将具体理由记录在案。

第五十七条 香港特别行政区设立廉政公署，独立工作，对行政长官负责。

第五十八条 香港特别行政区设立审计署，独立工作，对行政长官负责。

第二节 行 政 机 关

第五十九条 香港特别行政区政府是香港特别行政区行政机关。

第六十条 香港特别行政区政府的首长是香港特别行政区行政长官。

香港特别行政区政府设政务司、财政司、律政司和各局、处、署。

第六十一条 香港特别行政区的主要官员由在香港通常居住连续满十五年并在外国无居留权的香港特别行政区永久性居民中的中国公民担任。

第六十二条 香港特别行政区政府行使下列职权：

（一）制定并执行政策；

（二）管理各项行政事务；

（三）办理本法规定的中央人民政府授权的对外事务；

（四）编制并提出财政预算、决算；

（五）拟定并提出法案、议案、附属法规；

（六）委派官员列席立法会并代表政府发言。

第六十三条 香港特别行政区律政司主管刑事检察工作，不受任何干涉。

第六十四条 香港特别行政区政府必须遵守法律，对香港特别行政区立法会负责：执行立法会通过并已生效的法律；定期向立法会作施政报告；答复立法会议员的质询；征税和公共开支须经立法会批准。

第六十五条 原由行政机关设立咨询组织的制度继续保留。

第三节 立 法 机 关

第六十六条 香港特别行政区立法会是香港特别行政区的立法机关。

第六十七条 香港特别行政区立法会由在外国无居留权的香港特别行政区永久性居民中的中国公民组成。但非中国籍的香港特别行政区永久性居民和在外国有居留权的香港特别行政区永久性居民也可以当选为香港特别行政区立法会议员，其所占比例不得超过立法会全体议员的百分之二十。

第六十八条 香港特别行政区立法会由选举产生。

立法会的产生办法根据香港特别行政区的实际情况和循序渐进的原则而规定，最终达至全部议员由普选产生的目标。

立法会产生的具体办法和法案、议案的表决程序由附件二《香港特别行政区立法会的产生办法和表决程序》规定。

第六十九条 香港特别行政区立法会除第一届任期为两年外，每届任期四年。

第七十条 香港特别行政区立法会如经行政长官依本法规定解散，须于三个月内依本法第六十八条的规定，重行选举产生。

第七十一条 香港特别行政区立法会主席由立法会议员互选产生。

香港特别行政区立法会主席由年满四十周岁，在香港通常居住连续满二十年并在外国无居留权的香港特别行政区永久性居民中的中国公民担任。

第七十二条 香港特别行政区立法会主席行使下列职权：

（一）主持会议；

（二）决定议程，政府提出的议案须优先列入议程；

（三）决定开会时间；

（四）在休会期间可召开特别会议；

（五）应行政长官的要求召开紧急会议；

（六）立法会议事规则所规定的其他职权。

第七十三条 香港特别行政区立法会行使下列职权：

（一）根据本法规定并依照法定程序制定、修改和废除法律；

（二）根据政府的提案，审核、通过财政预算；

（三）批准税收和公共开支；

（四）听取行政长官的施政报告并进行辩论；

（五）对政府的工作提出质询；

（六）就任何有关公共利益问题进行辩论；

（七）同意终审法院法官和高等法院首席法官的任免；

（八）接受香港居民申诉并作出处理；

（九）如立法会全体议员的四分之一联合动议，指控行政长官有严重违法或渎职行为而不辞职，经立法会通过进行调查，立法会可委托终审法院首席法官负责组成独立的调查委员会，并担任主席。调查委员会负责进行调查，并向立法会提出报告。如该调查委员会认为有足够证据构成上述指控，立法会以全体议员三分之二多数通过，可提出弹劾案，报请中央人民政府决定；

（十）在行使上述各项职权时，如有需要，可传召有关人士出席作证和提供证据。

第七十四条 香港特别行政区立法会议员根据本法规定并依照法定程序提出法律草案，凡不涉及公共开支或政治体制或政府运作者，可由立法会议员个别或联名提出。凡涉及政府政策者，在提出前必须得到行政长官的书面同意。

第七十五条 香港特别行政区立法会举行会议的法定人数为不少于全体议员的二分之一。

立法会议事规则由立法会自行制定，但不得与本法相抵触。

第七十六条 香港特别行政区立法会通过的法案，须经行政长官签署、公布，方能生效。

第七十七条 香港特别行政区立法会议员在立法会的会议上发言，不受法律追究。

第七十八条 香港特别行政区立法会议员在出席会议时和赴会途中不受逮捕。

第七十九条 香港特别行政区立法会议员如有下列情况之一，由立法会主席宣告其丧失立法会议员的资格：

（一）因严重疾病或其他情况无力履行职务；

（二）未得到立法会主席的同意，连续三个月不出席会议而无合理解释者；

（三）丧失或放弃香港特别行政区永久性居民的身份；

（四）接受政府的委任而出任公务人员；

（五）破产或经法庭裁定偿还债务而不履行；

（六）在香港特别行政区区内或区外被判犯有刑事罪行，判处监禁一

个月以上,并经立法会出席会议的议员三分之二通过解除其职务;

(七)行为不检或违反誓言而经立法会出席会议的议员三分之二通过谴责。

第四节 司法机关

第八十条 香港特别行政区各级法院是香港特别行政区的司法机关,行使香港特别行政区的审判权。

第八十一条 香港特别行政区设立终审法院、高等法院、区域法院、裁判署法庭和其他专门法庭。高等法院设上诉法庭和原讼法庭。

原在香港实行的司法体制,除因设立香港特别行政区终审法院而产生变化外,予以保留。

第八十二条 香港特别行政区的终审权属于香港特别行政区终审法院。终审法院可根据需要邀请其他普通法适用地区的法官参加审判。

第八十三条 香港特别行政区各级法院的组织和职权由法律规定。

第八十四条 香港特别行政区法院依照本法第十八条所规定的适用于香港特别行政区的法律审判案件,其他普通法适用地区的司法判例可作参考。

第八十五条 香港特别行政区法院独立进行审判,不受任何干涉,司法人员履行审判职责的行为不受法律追究。

第八十六条 原在香港实行的陪审制度的原则予以保留。

第八十七条 香港特别行政区的刑事诉讼和民事诉讼中保留原在香港适用的原则和当事人享有的权利。

任何人在被合法拘捕后,享有尽早接受司法机关公正审判的权利,未经司法机关判罪之前均假定无罪。

第八十八条 香港特别行政区法院的法官,根据当地法官和法律界及其他方面知名人士组成的独立委员会推荐,由行政长官任命。

第八十九条 香港特别行政区法院的法官只有在无力履行职责或行为不检的情况下,行政长官才可根据终审法院首席法官任命的不少于三名当地法官组成的审议庭的建议,予以免职。

香港特别行政区终审法院的首席法官只有在无力履行职责或行为不检的情况下,行政长官才可任命不少于五名当地法官组成的审议庭进行审议,并可根据其建议,依照本法规定的程序,予以免职。

第九十条 香港特别行政区终审法院和高等法院的首席法官,应由在外国无居留权的香港特别行政区永久性居民中的中国公民担任。

除本法第八十八条和第八十九条规定的程序外，香港特别行政区终审法院的法官和高等法院首席法官的任命或免职，还须由行政长官征得立法会同意，并报全国人民代表大会常务委员会备案。

第九十一条 香港特别行政区法官以外的其他司法人员原有的任免制度继续保持。

第九十二条 香港特别行政区的法官和其他司法人员，应根据其本人的司法和专业才能选用，并可从其他普通法适用地区聘用。

第九十三条 香港特别行政区成立前在香港任职的法官和其他司法人员均可留用，其年资予以保留，薪金、津贴、福利待遇和服务条件不低于原来的标准。

对退休或符合规定离职的法官和其他司法人员，包括香港特别行政区成立前已退休或离职者，不论其所属国籍或居住地点，香港特别行政区政府按不低于原来的标准，向他们或其家属支付应得的退休金、酬金、津贴和福利费。

第九十四条 香港特别行政区政府可参照原在香港实行的办法，作出有关当地和外来的律师在香港特别行政区工作和执业的规定。

第九十五条 香港特别行政区可与全国其他地区的司法机关通过协商依法进行司法方面的联系和相互提供协助。

第九十六条 在中央人民政府协助或授权下，香港特别行政区政府可与外国就司法互助关系作出适当安排。

第五节 区域组织

第九十七条 香港特别行政区可设立非政权性的区域组织，接受香港特别行政区政府就有关地区管理和其他事务的咨询，或负责提供文化、康乐、环境卫生等服务。

第九十八条 区域组织的职权和组成方法由法律规定。

第六节 公务人员

第九十九条 在香港特别行政区政府各部门任职的公务人员必须是香港特别行政区永久性居民。本法第一百零一条对外籍公务人员另有规定者或法律规定某一职级以下者不在此限。

公务人员必须尽忠职守，对香港特别行政区政府负责。

第一百条 香港特别行政区成立前在香港政府各部门，包括警察部门任职的公务人员均可留用，其年资予以保留，薪金、津贴、福利待遇和服务条件不低于原来的标准。

第一百零一条 香港特别行政区政府可任用原香港公务人员中的或持有香港特别行政区永久性居民身份证的英籍和其他外籍人士担任政府部门的各级公务人员，但下列各职级的官员必须由在外国无居留权的香港特别行政区永久性居民中的中国公民担任：各司司长、副司长，各局局长，廉政专员，审计署署长，警务处处长，入境事务处处长，海关关长。

香港特别行政区政府还可聘请英籍和其他外籍人士担任政府部门的顾问，必要时并可从香港特别行政区以外聘请合格人员担任政府部门的专门和技术职务。上述外籍人士只能以个人身份受聘，对香港特别行政区政府负责。

第一百零二条 对退休或符合规定离职的公务人员，包括香港特别行政区成立前退休或符合规定离职的公务人员，不论其所属国籍或居住地点，香港特别行政区政府按不低于原来的标准向他们或其家属支付应得的退休金、酬金、津贴和福利费。

第一百零三条 公务人员应根据其本人的资格、经验和才能予以任用和提升，香港原有关于公务人员的招聘、雇佣、考核、纪律、培训和管理的制度，包括负责公务人员的任用、薪金、服务条件的专门机构，除有关给予外籍人员特权待遇的规定外，予以保留。

第一百零四条 香港特别行政区行政长官、主要官员、行政会议成员、立法会议员、各级法院法官和其他司法人员在就职时必须依法宣誓拥护中华人民共和国香港特别行政区基本法，效忠中华人民共和国香港特别行政区。

第五章 经　　济

第一节 财政、金融、贸易和工商业

第一百零五条 香港特别行政区依法保护私人和法人财产的取得、使用、处置和继承的权利，以及依法征用私人和法人财产时被征用财产的所有人得到补偿的权利。

征用财产的补偿应相当于该财产当时的实际价值，可自由兑换，不得无故迟延支付。

企业所有权和外来投资均受法律保护。

第一百零六条 香港特别行政区保持财政独立。

香港特别行政区的财政收入全部用于自身需要，不上缴中央人民政府。

中央人民政府不在香港特别行政区征税。

第一百零七条 香港特别行政区的财政预算以量入为出为原则，力求收支平衡，避免赤字，并与本地生产总值的增长率相适应。

第一百零八条 香港特别行政区实行独立的税收制度。

香港特别行政区参照原在香港实行的低税政策，自行立法规定税种、税率、税收宽免和其他税务事项。

第一百零九条 香港特别行政区政府提供适当的经济和法律环境，以保持香港的国际金融中心地位。

第一百一十条 香港特别行政区的货币金融制度由法律规定。

香港特别行政区政府自行制定货币金融政策，保障金融企业和金融市场的经营自由，并依法进行管理和监督。

第一百一十一条 港元为香港特别行政区法定货币，继续流通。

港币的发行权属于香港特别行政区政府。港币的发行须有百分之百的准备金。港币的发行制度和准备金制度，由法律规定。

香港特别行政区政府，在确知港币的发行基础健全和发行安排符合保持港币稳定的目的的条件下，可授权指定银行根据法定权限发行或继续发行港币。

第一百一十二条 香港特别行政区不实行外汇管制政策。港币自由兑换。继续开放外汇、黄金、证券、期货等市场。

香港特别行政区政府保障资金的流动和进出自由。

第一百一十三条 香港特别行政区的外汇基金，由香港特别行政区政府管理和支配，主要用于调节港元汇价。

第一百一十四条 香港特别行政区保持自由港地位，除法律另有规定外，不征收关税。

第一百一十五条 香港特别行政区实行自由贸易政策，保障货物、无形财产和资本的流动自由。

第一百一十六条 香港特别行政区为单独的关税地区。

香港特别行政区可以“中国香港”的名义参加《关税和贸易总协定》、关于国际纺织品贸易安排等有关国际组织和国际贸易协定，包括优惠贸易安排。

香港特别行政区所取得的和以前取得仍继续有效的出口配额、关税优惠和达成的其他类似安排，全由香港特别行政区享有。

第一百一十七条 香港特别行政区根据当时的产地规则，可对产品签发产地来源证。

第一百一十八条 香港特别行政区政府提供经济和法律环境，鼓励各项投资、技术进步并开发新兴产业。

第一百一十九条 香港特别行政区政府制定适当政策，促进和协调制造业、商业、旅游业、房地产业、运输业、公用事业、服务性行业、渔农业等各行业的发展，并注意环境保护。

第二节 土地契约

第一百二十条 香港特别行政区成立以前已批出、决定、或续期的超越一九九七年六月三十日年期的所有土地契约和与土地契约有关的一切权利，均按香港特别行政区的法律继续予以承认和保护。

第一百二十一条 从一九八五年五月二十七日至一九九七年六月三十日期间批出的，或原没有续期权利而获得续期的，超出一九九七年六月三十日年期而不超过二〇四七年六月三十日的一切土地契约，承租人从一九九七年七月一日起不补地价，但需每年缴纳相当于当日该土地应课差饷租值百分之三的租金。此后，随应课差饷租值的改变而调整租金。

第一百二十二条 原旧批约地段、乡村屋地、丁屋地和类似的农村土地，如该土地在一九八四年六月三十日的承租人，或在该日以后批出的丁屋地承租人，其父系为一八九八年在香港的原有乡村居民，只要该土地的承租人仍为该人或其合法父系继承人，原定租金维持不变。

第一百二十三条 香港特别行政区成立以后满期而没有续期权利的土地契约，由香港特别行政区自行制定法律和政策处理。

第三节 航运

第一百二十四条 香港特别行政区保持原在香港实行的航运经营和管理体制，包括有关海员的管理制度。

香港特别行政区政府自行规定在航运方面的具体职能和责任。

第一百二十五条 香港特别行政区经中央人民政府授权继续进行船舶登记，并根据香港特别行政区的法律以“中国香港”的名义颁发有关证件。

第一百二十六条 除外国军用船只进入香港特别行政区须经中央人民政府特别许可外,其他船舶可根据香港特别行政区法律进出其港口。

第一百二十七条 香港特别行政区的私营航运及与航运有关的企业和私营集装箱码头,可继续自由经营。

第四节 民用航空

第一百二十八条 香港特别行政区政府应提供条件和采取措施,以保持香港的国际和区域航空中心的地位。

第一百二十九条 香港特别行政区继续实行原在香港实行的民用航空管理制度,并按中央人民政府关于飞机国籍标志和登记标志的规定,设置自己的飞机登记册。

外国国家航空器进入香港特别行政区须经中央人民政府特别许可。

第一百三十条 香港特别行政区自行负责民用航空的日常业务和技术管理,包括机场管理,在香港特别行政区飞行情报区内提供空中交通服务,和履行国际民用航空组织的区域性航行规划程序所规定的其他职责。

第一百三十一条 中央人民政府经同香港特别行政区政府磋商作出安排,为在香港特别行政区注册并以香港为主要营业地的航空公司和中华人民共和国的其他航空公司,提供香港特别行政区和中华人民共和国其他地区之间的往返航班。

第一百三十二条 凡涉及中华人民共和国其他地区同其他国家和地区的往返并经停香港特别行政区的航班,和涉及香港特别行政区同其他国家和地区的往返并经停中华人民共和国其他地区航班的民用航空运输协定,由中央人民政府签订。

中央人民政府在签订本条第一款所指民用航空运输协定时,应考虑香港特别行政区的特殊情况和经济利益,并同香港特别行政区政府磋商。

中央人民政府在同外国政府商谈有关本条第一款所指航班的安排时,香港特别行政区政府的代表可作为中华人民共和国政府代表团的成员参加。

第一百三十三条 香港特别行政区政府经中央人民政府具体授权可:

(一)续签或修改原有的民用航空运输协定和协议;

(二)谈判签订新的民用航空运输协定,为在香港特别行政区注册并以香港为主要营业地的航空公司提供航线,以及过境和技术停降权利;

（三）同没有签订民用航空运输协定的外国或地区谈判签订临时协议。

不涉及往返、经停中国内地而只往返、经停香港的定期航班，均由本条所指的民用航空运输协定或临时协议予以规定。

第一百三十四条 中央人民政府授权香港特别行政区政府：

（一）同其他当局商谈并签订有关执行本法第一百三十三条所指民用航空运输协定和临时协议的各项安排；

（二）对在香港特别行政区注册并以香港为主要营业地的航空公司签发执照；

（三）依照本法第一百三十三条所指民用航空运输协定和临时协议指定航空公司；

（四）对外国航空公司除往返、经停中国内地的航班以外的其他航班签发许可证。

第一百三十五条 香港特别行政区成立前在香港注册并以香港为主要营业地的航空公司和与民用航空有关的行业，可继续经营。

第六章 教育、科学、文化、体育、宗教、劳工和社会服务

第一百三十六条 香港特别行政区政府在原有教育制度的基础上，自行制定有关教育的发展和改进的政策，包括教育体制和管理、教学语言、经费分配、考试制度、学位制度和承认学历等政策。

社会团体和私人可依法在香港特别行政区兴办各种教育事业。

第一百三十七条 各类院校均可保留其自主性并享有学术自由，可继续从香港特别行政区以外招聘教职员和选用教材。宗教组织所办的学校可继续提供宗教教育，包括开设宗教课程。

学生享有选择院校和在香港特别行政区以外求学的自由。

第一百三十八条 香港特别行政区政府自行制定发展中西医药和促进医疗卫生服务的政策。社会团体和私人可依法提供各种医疗卫生服务。

第一百三十九条 香港特别行政区政府自行制定科学技术政策，以法律保护科学技术的研究成果、专利和发明创造。

香港特别行政区政府自行确定适用于香港的各类科学、技术标准和规格。

第一百四十条 香港特别行政区政府自行制定文化政策，以法律保护作者在文学艺术创作中所获得的成果和合法权益。

第一百四十一条 香港特别行政区政府不限制宗教信仰自由，不干预宗教组织的内部事务，不限制与香港特别行政区法律没有抵触的宗教活动。

宗教组织依法享有财产的取得、使用、处置、继承以及接受资助的权利。财产方面的原有权益仍予保持和保护。

宗教组织可按原有办法继续兴办宗教院校、其他学校、医院和福利机构以及提供其他社会服务。

香港特别行政区的宗教组织和教徒可与其他地方的宗教组织和教徒保持和发展关系。

第一百四十二条 香港特别行政区政府在保留原有的专业制度的基础上，自行制定有关评审各种专业的执业资格的办法。

在香港特别行政区成立前已取得专业和执业资格者，可依据有关规定和专业守则保留原有的资格。

香港特别行政区政府继续承认在特别行政区成立前已承认的专业和专业团体，所承认的专业团体可自行审核和颁授专业资格。

香港特别行政区政府可根据社会发展需要并咨询有关方面的意见，承认新的专业和专业团体。

第一百四十三条 香港特别行政区政府自行制定体育政策。民间体育团体可依法继续存在和发展。

第一百四十四条 香港特别行政区政府保持原在香港实行的对教育、医疗卫生、文化、艺术、康乐、体育、社会福利、社会工作等方面的民间团体机构的资助政策。原在香港各资助机构任职的人员均可根据原有制度继续受聘。

第一百四十五条 香港特别行政区政府在原有社会福利制度的基础上，根据经济条件和社会需要，自行制定其发展、改进的政策。

第一百四十六条 香港特别行政区从事社会服务的志愿团体在不抵触法律的情况下可自行决定其服务方式。

第一百四十七条 香港特别行政区自行制定有关劳工的法律和政策。

第一百四十八条 香港特别行政区的教育、科学、技术、文化、艺术、体育、专业、医疗卫生、劳工、社会福利、社会工作等方面的民间团体和宗教组织同内地相应的团体和组织的关系，应以互不隶属、互不干涉和互相尊重的原则为基础。

第一百四十九条 香港特别行政区的教育、科学、技术、文化、艺术、体育、专业、医疗卫生、劳工、社会福利、社会工作等方面的民间团体和宗教组织可同世界各国、各地区及国际的有关团体和组织保持和发展关系,各该团体和组织可根据需要冠用“中国香港”的名义,参与有关活动。

第七章 对外事务

第一百五十条 香港特别行政区政府的代表,可作为中华人民共和国政府代表团的成员,参加由中央人民政府进行的同香港特别行政区直接有关的外交谈判。

第一百五十一条 香港特别行政区可在经济、贸易、金融、航运、通讯、旅游、文化、体育等领域以“中国香港”的名义,单独地同世界各国、各地区及有关国际组织保持和发展关系,签订和履行有关协议。

第一百五十二条 对以国家为单位参加的、同香港特别行政区有关的、适当领域的国际组织和国际会议,香港特别行政区政府可派遣代表作为中华人民共和国代表团的成员或以中央人民政府和上述有关国际组织或国际会议允许的身份参加,并以“中国香港”的名义发表意见。

香港特别行政区可以“中国香港”的名义参加不以国家为单位参加的国际组织和国际会议。

对中华人民共和国已参加而香港也以某种形式参加了的国际组织,中央人民政府将采取必要措施使香港特别行政区以适当形式继续保持在这些组织中的地位。

对中华人民共和国尚未参加而香港已以某种形式参加的国际组织,中央人民政府将根据需要使香港特别行政区以适当形式继续参加这些组织。

第一百五十三条 中华人民共和国缔结的国际协议,中央人民政府可根据香港特别行政区的情况和需要,在征询香港特别行政区政府的意见后,决定是否适用于香港特别行政区。

中华人民共和国尚未参加但已适用于香港的国际协议仍可继续适用。中央人民政府根据需要授权或协助香港特别行政区政府作出适当安排,使其他有关国际协议适用于香港特别行政区。

第一百五十四条 中央人民政府授权香港特别行政区政府依照法律给持有香港特别行政区永久性居民身份证的中国公民签发中华人民共和国香港特别行政区护照,给在香港特别行政区的其他合法居留者签发中华人民共和国香港特别行政区的其他旅行证件。上述护照和证件,前往各国和各地区有效,并载明持有人有返回香港特别行政区的权利。

对世界各国或各地区的人入境、逗留和离境,香港特别行政区政府可实行出入境管制。

第一百五十五条 中央人民政府协助或授权香港特别行政区政府与各国或各地区缔结互免签证协议。

第一百五十六条 香港特别行政区可根据需要在外国设立官方或半官方的经济和贸易机构,报中央人民政府备案。

第一百五十七条 外国在香港特别行政区设立领事机构或其他官方、半官方机构,须经中央人民政府批准。

已同中华人民共和国建立正式外交关系的国家在香港设立的领事机构和其他官方机构,可予保留。

尚未同中华人民共和国建立正式外交关系的国家在香港设立的领事机构和其他官方机构,可根据情况允许保留或改为半官方机构。

尚未为中华人民共和国承认的国家,只能在香港特别行政区设立民间机构。

第八章 本法的解释和修改

第一百五十八条 本法的解释权属于全国人民代表大会常务委员会。

全国人民代表大会常务委员会授权香港特别行政区法院在审理案件时对本法关于香港特别行政区自治范围内的条款自行解释。

香港特别行政区法院在审理案件时对本法的其他条款也可解释。但如香港特别行政区法院在审理案件时需要对本法关于中央人民政府管理的事务或中央和香港特别行政区关系的条款进行解释,而该条款的解释又影响到案件的判决,在对该案件作出不可上诉的终局判决前,应由香港特别行政区终审法院请全国人民代表大会常务委员会对有关条款作出解释。如全国人民代表大会常务委员会作出解释,香港特别行政区法院在引用该条款时,应以全国人民代表大会常务委员会的解释为准。但在此以前作出的判决不受影响。

全国人民代表大会常务委员会在对本法进行解释前,征询其所属的香港特别行政区基本法委员会的意见。

第一百五十九条 本法的修改权属于全国人民代表大会。

本法的修改提案权属于全国人民代表大会常务委员会、国务院和香港特别行政区。香港特别行政区的修改议案,须经香港特别行政区的全国人民代表大会代表三分之二多数、香港特别行政区立法会全体议员三分之二多数和香港特别行政区行政长官同意后，交由香港特别行政区出席全国人民代表大会的代表团向全国人民代表大会提出。

本法的修改议案在列入全国人民代表大会的议程前，先由香港特别行政区基本法委员会研究并提出意见。

本法的任何修改，均不得同中华人民共和国对香港既定的基本方针政策相抵触。

第九章　附　　则

第一百六十条　香港特别行政区成立时，香港原有法律除由全国人民代表大会常务委员会宣布为同本法抵触者外，采用为香港特别行政区法律，如以后发现有的法律与本法抵触，可依照本法规定的程序修改或停止生效。

在香港原有法律下有效的文件、证件、契约和权利义务，在不抵触本法的前提下继续有效，受香港特别行政区的承认和保护。

附件一：

香港特别行政区行政长官的产生办法[①]

一、行政长官由一个具有广泛代表性、符合香港特别行政区实际情况、体现社会整体利益的选举委员会根据本法选出，由中央人民政府任命。

二、选举委员会委员共1500人，由下列各界人士组成：

第一界别：工商、金融界	300人
第二界别：专业界	300人
第三界别：基层、劳工和宗教等界	300人
第四界别：立法会议员、地区组织代表等界	300人
第五界别：香港特别行政区全国人大代表、香港特别行政区全国政协委员和有关全国性团体香港成员的代表界	300人

① 1990年4月4日第七届全国人民代表大会第三次会议通过，2010年8月28日第十一届全国人民代表大会常务委员会第十六次会议批准修正，2021年3月30日第十三届全国人民代表大会常务委员会第二十七次会议修订。——编者注

选举委员会委员必须由香港特别行政区永久性居民担任。

选举委员会每届任期五年。

三、选举委员会各个界别的划分及名额如下：

第一界别设十八个界别分组：工业界（第一）（17席）、工业界（第二）（17席）、纺织及制衣界（17席）、商界（第一）（17席）、商界（第二）（17席）、商界（第三）（17席）、金融界（17席）、金融服务界（17席）、保险界（17席）、地产及建造界（17席）、航运交通界（17席）、进出口界（17席）、旅游界（17席）、酒店界（16席）、饮食界（16席）、批发及零售界（17席）、香港雇主联合会（15席）、中小企业界（15席）。

第二界别设十个界别分组：科技创新界（30席）、工程界（30席）、建筑测量都市规划及园境界（30席）、会计界（30席）、法律界（30席）、教育界（30席）、体育演艺文化及出版界（30席）、医学及卫生服务界（30席）、中医界（30席）、社会福利界（30席）。

第三界别设五个界别分组：渔农界（60席）、劳工界（60席）、基层社团（60席）、同乡社团（60席）、宗教界（60席）。

第四界别设五个界别分组：立法会议员（90席）、乡议局（27席）、港九分区委员会及地区扑灭罪行委员会、地区防火委员会委员的代表（76席）、"新界"分区委员会及地区扑灭罪行委员会、地区防火委员会委员的代表（80席）、内地港人团体的代表（27席）。

第五界别设两个界别分组：香港特别行政区全国人大代表和香港特别行政区全国政协委员（190席）、有关全国性团体香港成员的代表（110席）。

四、选举委员会以下列方式产生：

（一）香港特别行政区全国人大代表、香港特别行政区全国政协委员、全国人民代表大会常务委员会香港特别行政区基本法委员会香港委员、立法会议员、大学校长或者学校董事会或者校务委员会主席，以及工程界（15席）、建筑测量都市规划及园境界（15席）、教育界（5席）、医学及卫生服务界（15席）、社会福利界（15席）等界别分组的法定机构、咨询组织及相关团体负责人，是相应界别分组的选举委员会委员。

除第五界别外，香港特别行政区全国人大代表和香港特别行政区全国政协委员也可以在其有密切联系的选举委员会其他界别分组登记为委员。如果香港特别行政区全国人大代表或者香港特别行政区全国政协委员登记为选举委员会其他界别分组的委员，则其计入相应界别分组的名额，该界别分组按照本款第三项规定产生的选举委员会委员的名额相应减少。香港特别行政区全国人大代表和香港特别行政区全国政协委员登记为选举委员会有关界别分组的委员后，在该届选举委员会任期内，根据上述规定确定的选举委员会各界别分组按照本款第一、二、三项规定产生的委员的名额维持不变。

（二）宗教界界别分组的选举委员会委员由提名产生；科技创新界界别分组的部分委员（15 席）在中国科学院、中国工程院香港院士中提名产生；会计界界别分组的部分委员（15 席）在国家财政部聘任的香港会计咨询专家中提名产生；法律界界别分组的部分委员（9 席）在中国法学会香港理事中提名产生；体育演艺文化及出版界界别分组的部分委员（15 席）由中国香港体育协会暨奥林匹克委员会、中国文学艺术界联合会香港会员总会和香港出版总会分别提名产生；中医界界别分组的部分委员（15 席）在世界中医药学会联合会香港理事中提名产生；内地港人团体的代表界别分组的委员（27 席）由各内地港人团体提名产生。

（三）除本款第一、二项规定的选举委员会委员外，其他委员由相应界别分组的合资格团体选民选出。各界别分组的合资格团体选民由法律规定的具有代表性的机构、组织、团体或企业构成。除香港特别行政区选举法列明者外，有关团体和企业须获得其所在界别分组相应资格后持续运作三年以上方可成为该界别分组选民。第四界别的乡议局、港九分区委员会及地区扑灭罪行委员会、地区防火委员会委员的代表、“新界”分区委员会及地区扑灭罪行委员会、地区防火委员会委员的代表和第五界别的有关全国性团体香港成员的代表等界别分组的选举委员会委员，可由个人选民选出。选举委员会委员候选人须获得其所在界别分组 5 个选民的提名。每个选民可提名不超过其所在界别分组选举委员会委员名额的候选人。选举委员会各界别分组选民根据提名的名单，以无记名投票选举产生该界别分组的选举委员会委员。

上款规定涉及的选举委员会委员的具体产生办法，包括有关界别分组的法定机构、咨询组织、相关团体和合资格团体选民的界定、候选人提名办法、投票办法等，由香港特别行政区以选举法规定。

五、选举委员会设召集人制度，负责必要时召集选举委员会会议，办理有关事宜。总召集人由担任国家领导职务的选举委员会委员担任，总召集人在选举委员会每个界别各指定若干名召集人。

六、行政长官候选人须获得不少于 188 名选举委员会委员的提名，且上述五个界别中每个界别参与提名的委员须不少于 15 名。每名选举委员会委员只可提出一名候选人。

七、选举委员会根据提名的名单，经一人一票无记名投票选出行政长官候任人，行政长官候任人须获得超过 750 票。具体选举办法由香港特别行政区以选举法规定。

八、香港特别行政区候选人资格审查委员会负责审查并确认选举委员会委员候选人和行政长官候选人的资格。香港特别行政区维护国家安全委员会根据香港特别行政区政府警务处维护国家安全部门的审查情况，就选举委员会委员候选人和行政长官候选人是否符合拥护中华人民共和国香港特别行政区基本法、效忠中华人民共和国香港特别行政区的法定要求和条件作出判断，并就不符合上述法定要求和条件者向香港特别行政区候选人资格审查委员会出具审查意见书。

对香港特别行政区候选人资格审查委员会根据香港特别行政区维护国家安全委员会的审查意见书作出的选举委员会委员候选人和行政长官候选人资格确认的决定，不得提起诉讼。

九、香港特别行政区应当采取措施，依法规管操纵、破坏选举的行为。

十、全国人民代表大会常务委员会依法行使本办法的修改权。全国人民代表大会常务委员会作出修改前，以适当形式听取香港社会各界意见。

十一、依据本办法产生的选举委员会任期开始时，依据原办法产生的选举委员会任期即告终止。

十二、本办法自 2021 年 3 月 31 日起施行。原附件一及有关修正案不再施行。

附件二：

香港特别行政区立法会的产生办法和表决程序[①]

一、香港特别行政区立法会议员每届 90 人，组成如下：

选举委员会选举的议员　　40 人

① 1990 年 4 月 4 日第七届全国人民代表大会第三次会议通过，2010 年 8 月 28 日第十一届全国人民代表大会常务委员会第十六次会议备案修正，2021 年 3 月 30 日第十三届全国人民代表大会常务委员会第二十七次会议修订。——编者注

功能团体选举的议员　30人
分区直接选举的议员　20人

上述选举委员会即本法附件一规定的选举委员会。

二、选举委员会选举的议员候选人须获得不少于10名、不多于20名选举委员会委员的提名,且每个界别参与提名的委员不少于2名、不多于4名。任何合资格选民均可被提名为候选人。每名选举委员会委员只可提出一名候选人。

选举委员会根据提名的名单进行无记名投票,每一选票所选的人数等于应选议员名额的有效,得票多的40名候选人当选。

三、功能团体选举设以下二十八个界别:渔农界、乡议局、工业界(第一)、工业界(第二)、纺织及制衣界、商界(第一)、商界(第二)、商界(第三)、金融界、金融服务界、保险界、地产及建造界、航运交通界、进出口界、旅游界、饮食界、批发及零售界、科技创新界、工程界、建筑测量都市规划及园境界、会计界、法律界、教育界、体育演艺文化及出版界、医疗卫生界、社会福利界、劳工界、香港特别行政区全国人大代表香港特别行政区全国政协委员及有关全国性团体代表界。其中,劳工界选举产生三名议员,其他界别各选举产生一名议员。

乡议局、工程界、建筑测量都市规划及园境界、会计界、法律界、教育界、医疗卫生界、社会福利界、香港特别行政区全国人大代表香港特别行政区全国政协委员及有关全国性团体代表界等界别的议员,由个人选民选出。其他界别的议员由合资格团体选民选举产生,各界别的合资格团体选民由法律规定的具有代表性的机构、组织、团体或企业构成。除香港特别行政区选举法列明者外,有关团体和企业须获得其所在界别相应资格后持续运作三年以上方可成为该界别选民。

候选人须获得所在界别不少于10个、不多于20个选民和选举委员会每个界别不少于2名、不多于4名委员的提名。每名选举委员会委员在功能团体选举中只可提出一名候选人。

各界别选民根据提名的名单,以无记名投票选举产生该界别立法会议员。

各界别有关法定团体的划分、合资格团体选民的界定、选举办法由香港特别行政区以选举法规定。

四、分区直接选举设立十个选区,每个选区选举产生两名议员。

候选人须获得所在选区不少于100个、不多于200个选民和选举委员会每个界别不少于2名、不多于4名委员的提名。每名选举委员会委员在分区直接选举中只可提出一名候选人。

选民根据提名的名单以无记名投票选择一名候选人,得票多的两名候选人当选。

选区划分、投票办法由香港特别行政区以选举法规定。

五、香港特别行政区候选人资格审查委员会负责审查并确认立法会议员候选人的资格。香港特别行政区维护国家安全委员会根据香港特别行政区政府警务处维护国家安全部门的审查情况,就立法会议员候选人是否符合拥护中华人民共和国香港特别行政区基本法、效忠中华人民共和国香港特别行政区的法定要求和条件作出判断,并就不符合上述法定要求和条件者向香港特别行政区候选人资格审查委员会出具审查意见书。

对香港特别行政区候选人资格审查委员会根据香港特别行政区维护国家安全委员会的审查意见书作出的立法会议员候选人资格确认的决定,不得提起诉讼。

六、香港特别行政区应当采取措施,依法规管操纵、破坏选举的行为。

七、除本法另有规定外,香港特别行政区立法会对法案和议案的表决采取下列程序:

政府提出的法案,如获得出席会议的全体议员的过半数票,即为通过。

立法会议员个人提出的议案、法案和对政府法案的修正案均须分别经选举委员会选举产生的议员和功能团体选举、分区直接选举产生的议员两部分出席会议议员各过半数通过。

八、全国人民代表大会常务委员会依法行使本办法和法案、议案的表决程序的修改权。全国人民代表大会常务委员会作出修改前,以适当形式听取香港社会各界意见。

九、本办法和法案、议案的表决程序自2021年3月31日起施行。原附件二及有关修正案不再施行。

附件三：

在香港特别行政区实施的全国性法律[①]

下列全国性法律，自一九九七年七月一日起由香港特别行政区在当地公布或立法实施。

一、《关于中华人民共和国国都、纪年、国歌、国旗的决议》

二、《关于中华人民共和国国庆日的决议》

三、《中华人民共和国政府关于领海的声明》

四、《中华人民共和国国籍法》

五、《中华人民共和国外交特权与豁免条例》

六、《中华人民共和国国旗法》

七、《中华人民共和国领事特权与豁免条例》

八、《中华人民共和国国徽法》

九、《中华人民共和国领海及毗连区法》

十、《中华人民共和国香港特别行政区驻军法》

十一、《中华人民共和国专属经济区和大陆架法》

十二、《中华人民共和国外国中央银行财产司法强制措施豁免法》

十三、《中华人民共和国国歌法》

十四、《中华人民共和国香港特别行政区维护国家安全法》

香港特别行政区区旗、区徽图案（略）

① 根据 1997 年 7 月 1 日《全国人民代表大会常务委员会关于〈中华人民共和国香港特别行政区基本法〉附件三所列全国性法律增减的决定》、1998 年 11 月 4 日《全国人民代表大会常务委员会关于增加〈中华人民共和国香港特别行政区基本法〉附件三所列全国性法律的决定》、2005 年 10 月 27 日《全国人民代表大会常务委员会关于增加〈中华人民共和国香港特别行政区基本法〉附件三所列全国性法律的决定》、2017 年 11 月 4 日《全国人民代表大会常务委员会关于增加〈中华人民共和国香港特别行政区基本法〉附件三所列全国性法律的决定》、2020 年 6 月 30 日《全国人民代表大会常务委员会关于增加〈中华人民共和国香港特别行政区基本法〉附件三所列全国性法律的决定》修正。所列法律的排列顺序以历次增减的时间顺序为准。——编者注

中华人民共和国香港特别行政区驻军法

1. 1996 年 12 月 30 日第八届全国人民代表大会常务委员会第二十三次会议通过
2. 1996 年 12 月 30 日中华人民共和国主席令第 80 号公布
3. 自 1997 年 7 月 1 日起施行

目　　录

第一章　总　　则

第一条　为了保障中央人民政府派驻香港特别行政区负责防务的军队依法履行职责，维护国家的主权、统一、领土完整和香港的安全，根据宪法和香港特别行政区基本法，制定本法。

第二条　中央人民政府派驻香港特别行政区负责防务的军队，由中国人民解放军陆军、海军、空军部队组成，称中国人民解放军驻香港部队（以下称香港驻军）。

第三条　香港驻军由中华人民共和国中央军事委员会领导，其员额根据香港特别行政区防务的需要确定。

香港驻军实行人员轮换制度。

第四条　香港驻军费用由中央人民政府负担。

第二章　香港驻军的职责

第五条　香港驻军履行下列防务职责：

（一）防备和抵抗侵略，保卫香港特别行政区的安全；

（二）担负防卫勤务；

（三）管理军事设施；

（四）承办有关的涉外军事事宜。

第六条 全国人民代表大会常务委员会决定宣布战争状态或者因香港特别行政区内发生香港特别行政区政府不能控制的危及国家统一或者安全的动乱而决定香港特别行政区进入紧急状态时，香港驻军根据中央人民政府决定在香港特别行政区实施的全国性法律的规定履行职责。

第七条 香港驻军的飞行器、舰船等武器装备和物资以及持有香港驻军制发的证件或者证明文件的执行职务的人员和车辆，不受香港特别行政区执法人员检查、搜查和扣押。

香港驻军和香港驻军人员并享有在香港特别行政区实施的法律规定的其他权利和豁免。

第八条 香港驻军人员对妨碍其执行职务的行为，可以依照在香港特别行政区实施的法律的规定采取措施予以制止。

第三章 香港驻军与香港特别行政区政府的关系

第九条 香港驻军不干预香港特别行政区的地方事务。

第十条 香港特别行政区政府应当支持香港驻军履行防务职责，保障香港驻军和香港驻军人员的合法权益。

香港特别行政区制定政策和拟定法案，涉及香港驻军的，应当征求香港驻军的意见。

第十一条 香港驻军进行训练、演习等军事活动，涉及香港特别行政区公共利益的，应当事先通报香港特别行政区政府。

第十二条 香港驻军和香港特别行政区政府共同保护香港特别行政区内的军事设施。

香港驻军会同香港特别行政区政府划定军事禁区。军事禁区的位置、范围由香港特别行政区政府宣布。

香港特别行政区政府应当协助香港驻军维护军事禁区的安全。

香港驻军以外的人员、车辆、船舶和飞行器未经香港驻军最高指挥官或者其授权的军官批准，不得进入军事禁区。军事禁区的警卫人员有权依法制止擅自进入军事禁区和破坏、危害军事设施的行为。

香港驻军对军事禁区内的自然资源、文物古迹以及非军事权益，应当依照香港特别行政区的法律予以保护。

第十三条 香港驻军的军事用地，经中央人民政府批准不再用于防务目的的,无偿交由香港特别行政区政府处理。

香港特别行政区政府如需将香港驻军的部分军事用地用于公共用途,必须经中央人民政府批准;经批准的,香港特别行政区政府应当在中央人民政府同意的地点,为香港驻军重新提供军事用地和军事设施,并负担所有费用。

第十四条 香港特别行政区政府根据香港特别行政区基本法的规定,在必要时可以向中央人民政府请求香港驻军协助维持社会治安和救助灾害。

香港特别行政区政府的请求经中央人民政府批准后,香港驻军根据中央军事委员会的命令派出部队执行协助维持社会治安和救助灾害的任务,任务完成后即返回驻地。

香港驻军协助维持社会治安和救助灾害时,在香港特别行政区政府的安排下,由香港驻军最高指挥官或者其授权的军官实施指挥。

香港驻军人员在协助维持社会治安和救助灾害时,行使香港特别行政区法律规定的权力。

第十五条 香港驻军和香港特别行政区政府应当建立必要的联系,协商处理与驻军有关的事宜。

第四章 香港驻军人员的义务与纪律

第十六条 香港驻军人员应当履行下列义务:

(一)忠于祖国,履行职责,维护祖国的安全、荣誉和利益,维护香港的安全;

(二)遵守全国性的法律和香港特别行政区的法律,遵守军队的纪律;

(三)尊重香港特别行政区政权机构,尊重香港特别行政区的社会制度和生活方式;

(四)爱护香港特别行政区的公共财产和香港居民及其他人的私有财产;

(五)遵守社会公德,讲究文明礼貌。

第十七条 香港驻军人员不得参加香港的政治组织、宗教组织和社会团体。

第十八条 香港驻军和香港驻军人员不得以任何形式从事营利性经营活动。香港驻军人员并不得从事与军人职责不相称的其他任何活动。

第十九条 香港驻军人员违反全国性的法律和香港特别行政区的法律的,

依法追究法律责任。

香港驻军人员违反军队纪律的,给予纪律处分。

第五章 香港驻军人员的司法管辖

第二十条 香港驻军人员犯罪的案件由军事司法机关管辖;但是,香港驻军人员非执行职务的行为,侵犯香港居民、香港驻军以外的其他人的人身权、财产权以及其他违反香港特别行政区法律构成犯罪的案件,由香港特别行政区法院以及有关的执法机关管辖。

军事司法机关和香港特别行政区法院以及有关的执法机关对各自管辖的香港驻军人员犯罪的案件,如果认为由对方管辖更为适宜,经双方协商一致后,可以移交对方管辖。

军事司法机关管辖的香港驻军人员犯罪的案件中,涉及的被告人中的香港居民、香港驻军人员以外的其他人,由香港特别行政区法院审判。

第二十一条 香港特别行政区执法人员依法拘捕的涉嫌犯罪的人员,查明是香港驻军人员的,应当移交香港驻军羁押。被羁押的人员所涉及的案件,依照本法第二十条的规定确定管辖。

第二十二条 香港驻军人员被香港特别行政区法院判处剥夺或者限制人身自由的刑罚的,依照香港特别行政区的法律规定送交执行;但是,香港特别行政区有关执法机关与军事司法机关对执行的地点另行协商确定的除外。

第二十三条 香港驻军人员违反香港特别行政区的法律,侵害香港居民、香港驻军以外的其他人的民事权利的,当事人可以通过协商、调解解决;不愿通过协商、调解解决或者协商、调解不成的,被侵权人可以向法院提起诉讼。香港驻军人员非执行职务的行为引起的民事侵权案件,由香港特别行政区法院管辖;执行职务的行为引起的民事侵权案件,由中华人民共和国最高人民法院管辖,侵权行为的损害赔偿适用香港特别行政区法律。

第二十四条 香港驻军的机关或者单位在香港特别行政区与香港居民、香港驻军以外的其他人发生合同纠纷时,当事人可以通过协商、调解解决。当事人不愿通过协商、调解解决或者协商、调解不成的,可以依据合同中的仲裁条款或者事后达成的书面仲裁协议,向仲裁机构申请仲裁。当事人没有在合同中订立仲裁条款,事后又没有达成书面仲裁协议的,可以向香港特别行政区法院提起诉讼;但是,当事人对提起诉讼的法院另有约定的除外。

第二十五条 在香港特别行政区法院的诉讼活动中,香港驻军对香港驻军人员身份、执行职务的行为等事实发出的证明文件为有效证据。但是,相反证据成立的除外。

第二十六条 香港驻军的国防等国家行为不受香港特别行政区法院管辖。

第二十七条 香港特别行政区法院作出的判决、裁定涉及香港驻军的机关或者单位的财产执行的,香港驻军的机关或者单位必须履行;但是,香港特别行政区法院不得对香港驻军的武器装备、物资和其他财产实施强制执行。

第二十八条 军事司法机关可以与香港特别行政区法院和有关执法机关通过协商进行司法方面的联系和相互提供协助。

第六章 附 则

第二十九条 本法的解释权属于全国人民代表大会常务委员会。

第三十条 本法自 1997 年 7 月 1 日起施行。

中华人民共和国
香港特别行政区维护国家安全法

1. 2020 年 6 月 30 日第十三届全国人民代表大会常务委员会第二十次会议通过
2. 2020 年 6 月 30 日中华人民共和国主席令第 49 号公布施行

目 录

第一章 总 则

第一条 为坚定不移并全面准确贯彻“一国两制”、“港人治港”、高度自治的方针，维护国家安全，防范、制止和惩治与香港特别行政区有关的分裂国家、颠覆国家政权、组织实施恐怖活动和勾结外国或者境外势力危害国家安全等犯罪，保持香港特别行政区的繁荣和稳定，保障香港特别行政区居民的合法权益，根据中华人民共和国宪法、中华人民共和国香港特别行政区基本法和全国人民代表大会关于建立健全香港特别行政区维护国家安全的法律制度和执行机制的决定，制定本法。

第二条 关于香港特别行政区法律地位的香港特别行政区基本法第一条和第十二条规定是香港特别行政区基本法的根本性条款。香港特别行政区任何机构、组织和个人行使权利和自由，不得违背香港特别行政区基本法第一条和第十二条的规定。

第三条 中央人民政府对香港特别行政区有关的国家安全事务负有根本责任。

香港特别行政区负有维护国家安全的宪制责任，应当履行维护国家安全的职责。

香港特别行政区行政机关、立法机关、司法机关应当依据本法和其他有关法律规定有效防范、制止和惩治危害国家安全的行为和活动。

第四条 香港特别行政区维护国家安全应当尊重和保障人权，依法保护香港特别行政区居民根据香港特别行政区基本法和《公民权利和政治权利国际公约》、《经济、社会与文化权利的国际公约》适用于香港的有关规定享有的包括言论、新闻、出版的自由，结社、集会、游行、示威的自由在内的权利和自由。

第五条 防范、制止和惩治危害国家安全犯罪，应当坚持法治原则。法律规定为犯罪行为的，依照法律定罪处刑；法律没有规定为犯罪行为的，不得定罪处刑。

任何人未经司法机关判罪之前均假定无罪。保障犯罪嫌疑人、被告人和其他诉讼参与人依法享有的辩护权和其他诉讼权利。任何人已经司法程序被最终确定有罪或者宣告无罪的,不得就同一行为再予审判或者惩罚。

第六条 维护国家主权、统一和领土完整是包括香港同胞在内的全中国人民的共同义务。

在香港特别行政区的任何机构、组织和个人都应当遵守本法和香港特别行政区有关维护国家安全的其他法律,不得从事危害国家安全的行为和活动。

香港特别行政区居民在参选或者就任公职时应当依法签署文件确认或者宣誓拥护中华人民共和国香港特别行政区基本法,效忠中华人民共和国香港特别行政区。

第二章 香港特别行政区维护国家安全的职责和机构

第一节 职 责

第七条 香港特别行政区应当尽早完成香港特别行政区基本法规定的维护国家安全立法,完善相关法律。

第八条 香港特别行政区执法、司法机关应当切实执行本法和香港特别行政区现行法律有关防范、制止和惩治危害国家安全行为和活动的规定,有效维护国家安全。

第九条 香港特别行政区应当加强维护国家安全和防范恐怖活动的工作。对学校、社会团体、媒体、网络等涉及国家安全的事宜,香港特别行政区政府应当采取必要措施,加强宣传、指导、监督和管理。

第十条 香港特别行政区应当通过学校、社会团体、媒体、网络等开展国家安全教育,提高香港特别行政区居民的国家安全意识和守法意识。

第十一条 香港特别行政区行政长官应当就香港特别行政区维护国家安全事务向中央人民政府负责,并就香港特别行政区履行维护国家安全职责的情况提交年度报告。

如中央人民政府提出要求,行政长官应当就维护国家安全特定事项及时提交报告。

第二节 机 构

第十二条 香港特别行政区设立维护国家安全委员会,负责香港特别行政区维护国家安全事务,承担维护国家安全的主要责任,并接受中央人民政府的监督和问责。

第十三条 香港特别行政区维护国家安全委员会由行政长官担任主席，成员包括政务司长、财政司长、律政司长、保安局局长、警务处处长、本法第十六条规定的警务处维护国家安全部门的负责人、入境事务处处长、海关关长和行政长官办公室主任。

香港特别行政区维护国家安全委员会下设秘书处，由秘书长领导。秘书长由行政长官提名，报中央人民政府任命。

第十四条 香港特别行政区维护国家安全委员会的职责为：

（一）分析研判香港特别行政区维护国家安全形势，规划有关工作，制定香港特别行政区维护国家安全政策；

（二）推进香港特别行政区维护国家安全的法律制度和执行机制建设；

（三）协调香港特别行政区维护国家安全的重点工作和重大行动。

香港特别行政区维护国家安全委员会的工作不受香港特别行政区任何其他机构、组织和个人的干涉，工作信息不予公开。香港特别行政区维护国家安全委员会作出的决定不受司法复核。

第十五条 香港特别行政区维护国家安全委员会设立国家安全事务顾问，由中央人民政府指派，就香港特别行政区维护国家安全委员会履行职责相关事务提供意见。国家安全事务顾问列席香港特别行政区维护国家安全委员会会议。

第十六条 香港特别行政区政府警务处设立维护国家安全的部门，配备执法力量。

警务处维护国家安全部门负责人由行政长官任命，行政长官任命前须书面征求本法第四十八条规定的机构的意见。警务处维护国家安全部门负责人在就职时应当宣誓拥护中华人民共和国香港特别行政区基本法，效忠中华人民共和国香港特别行政区，遵守法律，保守秘密。

警务处维护国家安全部门可以从香港特别行政区以外聘请合格的专门人员和技术人员，协助执行维护国家安全相关任务。

第十七条 警务处维护国家安全部门的职责为：

（一）收集分析涉及国家安全的情报信息；

（二）部署、协调、推进维护国家安全的措施和行动；

（三）调查危害国家安全犯罪案件；

（四）进行反干预调查和开展国家安全审查；

（五）承办香港特别行政区维护国家安全委员会交办的维护国家安全工作；

（六）执行本法所需的其他职责。

第十八条 香港特别行政区律政司设立专门的国家安全犯罪案件检控部门，负责危害国家安全犯罪案件的检控工作和其他相关法律事务。该部门检控官由律政司长征得香港特别行政区维护国家安全委员会同意后任命。

律政司国家安全犯罪案件检控部门负责人由行政长官任命，行政长官任命前须书面征求本法第四十八条规定的机构的意见。律政司国家安全犯罪案件检控部门负责人在就职时应当宣誓拥护中华人民共和国香港特别行政区基本法，效忠中华人民共和国香港特别行政区，遵守法律，保守秘密。

第十九条 经行政长官批准，香港特别行政区政府财政司长应当从政府一般收入中拨出专门款项支付关于维护国家安全的开支并核准所涉及的人员编制，不受香港特别行政区现行有关法律规定的限制。财政司长须每年就该款项的控制和管理向立法会提交报告。

第三章 罪行和处罚

第一节 分裂国家罪

第二十条 任何人组织、策划、实施或者参与实施以下旨在分裂国家、破坏国家统一行为之一的，不论是否使用武力或者以武力相威胁，即属犯罪：

（一）将香港特别行政区或者中华人民共和国其他任何部分从中华人民共和国分离出去；

（二）非法改变香港特别行政区或者中华人民共和国其他任何部分的法律地位；

（三）将香港特别行政区或者中华人民共和国其他任何部分转归外国统治。

犯前款罪，对首要分子或者罪行重大的，处无期徒刑或者十年以上有期徒刑；对积极参加的，处三年以上十年以下有期徒刑；对其他参加的，处三年以下有期徒刑、拘役或者管制。

第二十一条 任何人煽动、协助、教唆、以金钱或者其他财物资助他人实施本法第二十条规定的犯罪的，即属犯罪。情节严重的，处五年以上十年以下有期徒刑；情节较轻的，处五年以下有期徒刑、拘役或者管制。

第二节　颠覆国家政权罪

第二十二条　任何人组织、策划、实施或者参与实施以下以武力、威胁使用武力或者其他非法手段旨在颠覆国家政权行为之一的，即属犯罪：

（一）推翻、破坏中华人民共和国宪法所确立的中华人民共和国根本制度；

（二）推翻中华人民共和国中央政权机关或者香港特别行政区政权机关；

（三）严重干扰、阻挠、破坏中华人民共和国中央政权机关或者香港特别行政区政权机关依法履行职能；

（四）攻击、破坏香港特别行政区政权机关履职场所及其设施，致使其无法正常履行职能。

犯前款罪，对首要分子或者罪行重大的，处无期徒刑或者十年以上有期徒刑；对积极参加的，处三年以上十年以下有期徒刑；对其他参加的，处三年以下有期徒刑、拘役或者管制。

第二十三条　任何人煽动、协助、教唆、以金钱或者其他财物资助他人实施本法第二十二条规定的犯罪的，即属犯罪。情节严重的，处五年以上十年以下有期徒刑；情节较轻的，处五年以下有期徒刑、拘役或者管制。

第三节　恐怖活动罪

第二十四条　为胁迫中央人民政府、香港特别行政区政府或者国际组织或者威吓公众以图实现政治主张，组织、策划、实施、参与实施或者威胁实施以下造成或者意图造成严重社会危害的恐怖活动之一的，即属犯罪：

（一）针对人的严重暴力；

（二）爆炸、纵火或者投放毒害性、放射性、传染病病原体等物质；

（三）破坏交通工具、交通设施、电力设备、燃气设备或者其他易燃易爆设备；

（四）严重干扰、破坏水、电、燃气、交通、通讯、网络等公共服务和管理的电子控制系统；

（五）以其他危险方法严重危害公众健康或者安全。

犯前款罪，致人重伤、死亡或者使公私财产遭受重大损失的，处无期徒刑或者十年以上有期徒刑；其他情形，处三年以上十年以下有期徒刑。

第二十五条 组织、领导恐怖活动组织的，即属犯罪，处无期徒刑或者十年以上有期徒刑，并处没收财产；积极参加的，处三年以上十年以下有期徒刑，并处罚金；其他参加的，处三年以下有期徒刑、拘役或者管制，可以并处罚金。

本法所指的恐怖活动组织，是指实施或者意图实施本法第二十四条规定的恐怖活动罪行或者参与或者协助实施本法第二十四条规定的恐怖活动罪行的组织。

第二十六条 为恐怖活动组织、恐怖活动人员、恐怖活动实施提供培训、武器、信息、资金、物资、劳务、运输、技术或者场所等支持、协助、便利，或者制造、非法管有爆炸性、毒害性、放射性、传染病病原体等物质以及以其他形式准备实施恐怖活动的，即属犯罪。情节严重的，处五年以上十年以下有期徒刑，并处罚金或者没收财产；其他情形，处五年以下有期徒刑、拘役或者管制，并处罚金。

有前款行为，同时构成其他犯罪的，依照处罚较重的规定定罪处罚。

第二十七条 宣扬恐怖主义、煽动实施恐怖活动的，即属犯罪。情节严重的，处五年以上十年以下有期徒刑，并处罚金或者没收财产；其他情形，处五年以下有期徒刑、拘役或者管制，并处罚金。

第二十八条 本节规定不影响依据香港特别行政区法律对其他形式的恐怖活动犯罪追究刑事责任并采取冻结财产等措施。

第四节 勾结外国或者境外势力危害国家安全罪

第二十九条 为外国或者境外机构、组织、人员窃取、刺探、收买、非法提供涉及国家安全的国家秘密或者情报的；请求外国或者境外机构、组织、人员实施，与外国或者境外机构、组织、人员串谋实施，或者直接或者间接接受外国或者境外机构、组织、人员的指使、控制、资助或者其他形式的支援实施以下行为之一的，均属犯罪：

（一）对中华人民共和国发动战争，或者以武力或者武力相威胁，对中华人民共和国主权、统一和领土完整造成严重危害；

（二）对香港特别行政区政府或者中央人民政府制定和执行法律、政策进行严重阻挠并可能造成严重后果；

（三）对香港特别行政区选举进行操控、破坏并可能造成严重后果；

（四）对香港特别行政区或者中华人民共和国进行制裁、封锁或者采取其他敌对行动；

（五）通过各种非法方式引发香港特别行政区居民对中央人民政府或者香港特别行政区政府的憎恨并可能造成严重后果。

犯前款罪，处三年以上十年以下有期徒刑；罪行重大的，处无期徒刑或者十年以上有期徒刑。

本条第一款规定涉及的境外机构、组织、人员，按共同犯罪定罪处刑。

第三十条　为实施本法第二十条、第二十二条规定的犯罪，与外国或者境外机构、组织、人员串谋，或者直接或者间接接受外国或者境外机构、组织、人员的指使、控制、资助或者其他形式的支援的，依照本法第二十条、第二十二条的规定从重处罚。

第五节　其他处罚规定

第三十一条　公司、团体等法人或者非法人组织实施本法规定的犯罪的，对该组织判处罚金。

公司、团体等法人或者非法人组织因犯本法规定的罪行受到刑事处罚的，应责令其暂停运作或者吊销其执照或者营业许可证。

第三十二条　因实施本法规定的犯罪而获得的资助、收益、报酬等违法所得以及用于或者意图用于犯罪的资金和工具，应当予以追缴、没收。

第三十三条　有以下情形的，对有关犯罪行为人、犯罪嫌疑人、被告人可以从轻、减轻处罚；犯罪较轻的，可以免除处罚：

（一）在犯罪过程中，自动放弃犯罪或者自动有效地防止犯罪结果发生的；

（二）自动投案，如实供述自己的罪行的；

（三）揭发他人犯罪行为，查证属实，或者提供重要线索得以侦破其他案件的。

被采取强制措施的犯罪嫌疑人、被告人如实供述执法、司法机关未掌握的本人犯有本法规定的其他罪行的，按前款第二项规定处理。

第三十四条　不具有香港特别行政区永久性居民身份的人实施本法规定的犯罪的，可以独立适用或者附加适用驱逐出境。

不具有香港特别行政区永久性居民身份的人违反本法规定，因任何原因不对其追究刑事责任的，也可以驱逐出境。

第三十五条　任何人经法院判决犯危害国家安全罪行的，即丧失作为候选人参加香港特别行政区举行的立法会、区议会选举或者出任香港特别行政区任何公职或者行政长官选举委员会委员的资格；曾经宣誓或者声明拥护中华人民共和国香港特别行政区基本法、效忠中华人民共和国香港特别行政区的立法会议员、政府官员及公务人员、行政会议成员、法官及其他司法人员、区议员，即时丧失该等职务，并丧失参选或者出任上述职务的资格。

前款规定资格或者职务的丧失，由负责组织、管理有关选举或者公职任免的机构宣布。

第六节 效力范围

第三十六条 任何人在香港特别行政区内实施本法规定的犯罪的，适用本法。犯罪的行为或者结果有一项发生在香港特别行政区内的，就认为是在香港特别行政区内犯罪。

在香港特别行政区注册的船舶或者航空器内实施本法规定的犯罪的，也适用本法。

第三十七条 香港特别行政区永久性居民或者在香港特别行政区成立的公司、团体等法人或者非法人组织在香港特别行政区以外实施本法规定的犯罪的，适用本法。

第三十八条 不具有香港特别行政区永久性居民身份的人在香港特别行政区以外针对香港特别行政区实施本法规定的犯罪的，适用本法。

第三十九条 本法施行以后的行为，适用本法定罪处刑。

第四章 案件管辖、法律适用和程序

第四十条 香港特别行政区对本法规定的犯罪案件行使管辖权，但本法第五十五条规定的情形除外。

第四十一条 香港特别行政区管辖危害国家安全犯罪案件的立案侦查、检控、审判和刑罚的执行等诉讼程序事宜，适用本法和香港特别行政区本地法律。

未经律政司长书面同意，任何人不得就危害国家安全犯罪案件提出检控。但该规定不影响就有关犯罪依法逮捕犯罪嫌疑人并将其羁押，也不影响该等犯罪嫌疑人申请保释。

香港特别行政区管辖的危害国家安全犯罪案件的审判循公诉程序进行。

审判应当公开进行。因为涉及国家秘密、公共秩序等情形不宜公开审理的,禁止新闻界和公众旁听全部或者一部分审理程序,但判决结果应当一律公开宣布。

第四十二条 香港特别行政区执法、司法机关在适用香港特别行政区现行法律有关羁押、审理期限等方面的规定时,应当确保危害国家安全犯罪案件公正、及时办理,有效防范、制止和惩治危害国家安全犯罪。

对犯罪嫌疑人、被告人,除非法官有充足理由相信其不会继续实施危害国家安全行为的,不得准予保释。

第四十三条 香港特别行政区政府警务处维护国家安全部门办理危害国家安全犯罪案件时,可以采取香港特别行政区现行法律准予警方等执法部门在调查严重犯罪案件时采取的各种措施,并可以采取以下措施:

(一)搜查可能存有犯罪证据的处所、车辆、船只、航空器以及其他有关地方和电子设备;

(二)要求涉嫌实施危害国家安全犯罪行为的人员交出旅行证件或者限制其离境;

(三)对用于或者意图用于犯罪的财产、因犯罪所得的收益等与犯罪相关的财产,予以冻结,申请限制令、押记令、没收令以及充公;

(四)要求信息发布人或者有关服务商移除信息或者提供协助;

(五)要求外国及境外政治性组织,外国及境外当局或者政治性组织的代理人提供资料;

(六)经行政长官批准,对有合理理由怀疑涉及实施危害国家安全犯罪的人员进行截取通讯和秘密监察;

(七)对有合理理由怀疑拥有与侦查有关的资料或者管有有关物料的人员,要求其回答问题和提交资料或者物料。

香港特别行政区维护国家安全委员会对警务处维护国家安全部门等执法机构采取本条第一款规定措施负有监督责任。

授权香港特别行政区行政长官会同香港特别行政区维护国家安全委员会为采取本条第一款规定措施制定相关实施细则。

第四十四条 香港特别行政区行政长官应当从裁判官、区域法院法官、高等法院原讼法庭法官、上诉法庭法官以及终审法院法官中指定若干名法官,也可从暂委或者特委法官中指定若干名法官,负责处理危害国家安全犯罪案件。行政长官在指定法官前可征询香港特别行政区维护国家安全委员会和终审法院首席法官的意见。上述指定法官任期一年。

凡有危害国家安全言行的，不得被指定为审理危害国家安全犯罪案件的法官。在获任指定法官期间，如有危害国家安全言行的，终止其指定法官资格。

在裁判法院、区域法院、高等法院和终审法院就危害国家安全犯罪案件提起的刑事检控程序应当分别由各该法院的指定法官处理。

第四十五条 除本法另有规定外，裁判法院、区域法院、高等法院和终审法院应当按照香港特别行政区的其他法律处理就危害国家安全犯罪案件提起的刑事检控程序。

第四十六条 对高等法院原讼法庭进行的就危害国家安全犯罪案件提起的刑事检控程序，律政司长可基于保护国家秘密、案件具有涉外因素或者保障陪审员及其家人的人身安全等理由，发出证书指示相关诉讼毋须在有陪审团的情况下进行审理。凡律政司长发出上述证书，高等法院原讼法庭应当在没有陪审团的情况下进行审理，并由三名法官组成审判庭。

凡律政司长发出前款规定的证书，适用于相关诉讼的香港特别行政区任何法律条文关于“陪审团”或者“陪审团的裁决”，均应当理解为指法官或者法官作为事实裁断者的职能。

第四十七条 香港特别行政区法院在审理案件中遇有涉及有关行为是否涉及国家安全或者有关证据材料是否涉及国家秘密的认定问题，应取得行政长官就该等问题发出的证明书，上述证明书对法院有约束力。

第五章 中央人民政府驻香港特别行政区维护国家安全机构

第四十八条 中央人民政府在香港特别行政区设立维护国家安全公署。中央人民政府驻香港特别行政区维护国家安全公署依法履行维护国家安全职责，行使相关权力。

驻香港特别行政区维护国家安全公署人员由中央人民政府维护国家安全的有关机关联合派出。

第四十九条 驻香港特别行政区维护国家安全公署的职责为：

（一）分析研判香港特别行政区维护国家安全形势，就维护国家安全重大战略和重要政策提出意见和建议；

（二）监督、指导、协调、支持香港特别行政区履行维护国家安全的职责；

（三）收集分析国家安全情报信息；

（四）依法办理危害国家安全犯罪案件。

第五十条 驻香港特别行政区维护国家安全公署应当严格依法履行职责，依法接受监督，不得侵害任何个人和组织的合法权益。

驻香港特别行政区维护国家安全公署人员除须遵守全国性法律外，还应当遵守香港特别行政区法律。

驻香港特别行政区维护国家安全公署人员依法接受国家监察机关的监督。

第五十一条 驻香港特别行政区维护国家安全公署的经费由中央财政保障。

第五十二条 驻香港特别行政区维护国家安全公署应当加强与中央人民政府驻香港特别行政区联络办公室、外交部驻香港特别行政区特派员公署、中国人民解放军驻香港部队的工作联系和工作协同。

第五十三条 驻香港特别行政区维护国家安全公署应当与香港特别行政区维护国家安全委员会建立协调机制，监督、指导香港特别行政区维护国家安全工作。

驻香港特别行政区维护国家安全公署的工作部门应当与香港特别行政区维护国家安全的有关机关建立协作机制，加强信息共享和行动配合。

第五十四条 驻香港特别行政区维护国家安全公署、外交部驻香港特别行政区特派员公署会同香港特别行政区政府采取必要措施，加强对外国和国际组织驻香港特别行政区机构、在香港特别行政区的外国和境外非政府组织和新闻机构的管理和服务。

第五十五条 有以下情形之一的，经香港特别行政区政府或者驻香港特别行政区维护国家安全公署提出，并报中央人民政府批准，由驻香港特别行政区维护国家安全公署对本法规定的危害国家安全犯罪案件行使管辖权：

（一）案件涉及外国或者境外势力介入的复杂情况，香港特别行政区管辖确有困难的；

（二）出现香港特别行政区政府无法有效执行本法的严重情况的；

（三）出现国家安全面临重大现实威胁的情况的。

第五十六条 根据本法第五十五条规定管辖有关危害国家安全犯罪案件

时，由驻香港特别行政区维护国家安全公署负责立案侦查，最高人民检察院指定有关检察机关行使检察权，最高人民法院指定有关法院行使审判权。

第五十七条 根据本法第五十五条规定管辖案件的立案侦查、审查起诉、审判和刑罚的执行等诉讼程序事宜，适用《中华人民共和国刑事诉讼法》等相关法律的规定。

根据本法第五十五条规定管辖案件时，本法第五十六条规定的执法、司法机关依法行使相关权力，其为决定采取强制措施、侦查措施和司法裁判而签发的法律文书在香港特别行政区具有法律效力。对于驻香港特别行政区维护国家安全公署依法采取的措施，有关机构、组织和个人必须遵从。

第五十八条 根据本法第五十五条规定管辖案件时，犯罪嫌疑人自被驻香港特别行政区维护国家安全公署第一次讯问或者采取强制措施之日起，有权委托律师作为辩护人。辩护律师可以依法为犯罪嫌疑人、被告人提供法律帮助。

犯罪嫌疑人、被告人被合法拘捕后，享有尽早接受司法机关公正审判的权利。

第五十九条 根据本法第五十五条规定管辖案件时，任何人如果知道本法规定的危害国家安全犯罪案件情况，都有如实作证的义务。

第六十条 驻香港特别行政区维护国家安全公署及其人员依据本法执行职务的行为，不受香港特别行政区管辖。

持有驻香港特别行政区维护国家安全公署制发的证件或者证明文件的人员和车辆等在执行职务时不受香港特别行政区执法人员检查、搜查和扣押。

驻香港特别行政区维护国家安全公署及其人员享有香港特别行政区法律规定的其他权利和豁免。

第六十一条 驻香港特别行政区维护国家安全公署依据本法规定履行职责时，香港特别行政区政府有关部门须提供必要的便利和配合，对妨碍有关执行职务的行为依法予以制止并追究责任。

第六章 附 则

第六十二条 香港特别行政区本地法律规定与本法不一致的，适用本法规定。

第六十三条 办理本法规定的危害国家安全犯罪案件的有关执法、司法机关及其人员或者办理其他危害国家安全犯罪案件的香港特别行政区执法、司法机关及其人员,应当对办案过程中知悉的国家秘密、商业秘密和个人隐私予以保密。

担任辩护人或者诉讼代理人的律师应当保守在执业活动中知悉的国家秘密、商业秘密和个人隐私。

配合办案的有关机构、组织和个人应当对案件有关情况予以保密。

第六十四条 香港特别行政区适用本法时,本法规定的“有期徒刑”“无期徒刑”“没收财产”和“罚金”分别指“监禁”“终身监禁”“充公犯罪所得”和“罚款”,“拘役”参照适用香港特别行政区相关法律规定的“监禁”“入劳役中心”“入教导所”,“管制”参照适用香港特别行政区相关法律规定的“社会服务令”“入感化院”,“吊销执照或者营业许可证”指香港特别行政区相关法律规定的“取消注册或者注册豁免,或者取消牌照”。

第六十五条 本法的解释权属于全国人民代表大会常务委员会。

第六十六条 本法自公布之日起施行。

中华人民共和国澳门特别行政区基本法

1. 1993年3月31日第八届全国人民代表大会第一次会议通过

2. 1993年3月31日中华人民共和国主席令第3号公布

3. 自1999年12月20日起施行

目　　录

序 言

澳门,包括澳门半岛、氹仔岛和路环岛,自古以来就是中国的领土,十六世纪中叶以后被葡萄牙逐步占领。一九八七年四月十三日,中葡两国政府签署了关于澳门问题的联合声明,确认中华人民共和国政府于一九九九年十二月二十日恢复对澳门行使主权,从而实现了长期以来中国人民收回澳门的共同愿望。

为了维护国家的统一和领土完整,有利于澳门的社会稳定和经济发展,考虑到澳门的历史和现实情况,国家决定,在对澳门恢复行使主权时,根据中华人民共和国宪法第三十一条的规定,设立澳门特别行政区,并按照"一个国家,两种制度"的方针,不在澳门实行社会主义的制度和政策。国家对澳门的基本方针政策,已由中国政府在中葡联合声明中予以阐明。

根据中华人民共和国宪法,全国人民代表大会特制定中华人民共和国澳门特别行政区基本法,规定澳门特别行政区实行的制度,以保障国家对澳门的基本方针政策的实施。

第一章 总 则

第一条 澳门特别行政区是中华人民共和国不可分离的部分。

第二条 中华人民共和国全国人民代表大会授权澳门特别行政区依照本

法的规定实行高度自治，享有行政管理权、立法权、独立的司法权和终审权。

第三条 澳门特别行政区的行政机关和立法机关由澳门特别行政区永久性居民依照本法有关规定组成。

第四条 澳门特别行政区依法保障澳门特别行政区居民和其他人的权利和自由。

第五条 澳门特别行政区不实行社会主义的制度和政策，保持原有的资本主义制度和生活方式，五十年不变。

第六条 澳门特别行政区以法律保护私有财产权。

第七条 澳门特别行政区境内的土地和自然资源，除在澳门特别行政区成立前已依法确认的私有土地外，属于国家所有，由澳门特别行政区政府负责管理、使用、开发、出租或批给个人、法人使用或开发，其收入全部归澳门特别行政区政府支配。

第八条 澳门原有的法律、法令、行政法规和其他规范性文件，除同本法相抵触或经澳门特别行政区的立法机关或其他有关机关依照法定程序作出修改者外，予以保留。

第九条 澳门特别行政区的行政机关、立法机关和司法机关，除使用中文外，还可使用葡文，葡文也是正式语文。

第十条 澳门特别行政区除悬挂和使用中华人民共和国国旗和国徽外，还可悬挂和使用澳门特别行政区区旗和区徽。

澳门特别行政区的区旗是绘有五星、莲花、大桥、海水图案的绿色旗帜。

澳门特别行政区的区徽，中间是五星、莲花、大桥、海水，周围写有“中华人民共和国澳门特别行政区”和葡文“澳门”。

第十一条 根据中华人民共和国宪法第三十一条，澳门特别行政区的制度和政策，包括社会、经济制度，有关保障居民的基本权利和自由的制度，行政管理、立法和司法方面的制度，以及有关政策，均以本法的规定为依据。

澳门特别行政区的任何法律、法令、行政法规和其他规范性文件均不得同本法相抵触。

第二章 中央和澳门特别行政区的关系

第十二条 澳门特别行政区是中华人民共和国的一个享有高度自治权的

地方行政区域，直辖于中央人民政府。

第十三条 中央人民政府负责管理与澳门特别行政区有关的外交事务。

中华人民共和国外交部在澳门设立机构处理外交事务。

中央人民政府授权澳门特别行政区依照本法自行处理有关的对外事务。

第十四条 中央人民政府负责管理澳门特别行政区的防务。

澳门特别行政区政府负责维持澳门特别行政区的社会治安。

第十五条 中央人民政府依照本法有关规定任免澳门特别行政区行政长官、政府主要官员和检察长。

第十六条 澳门特别行政区享有行政管理权，依照本法有关规定自行处理澳门特别行政区的行政事务。

第十七条 澳门特别行政区享有立法权。

澳门特别行政区的立法机关制定的法律须报全国人民代表大会常务委员会备案。备案不影响该法律的生效。

全国人民代表大会常务委员会在征询其所属的澳门特别行政区基本法委员会的意见后，如认为澳门特别行政区立法机关制定的任何法律不符合本法关于中央管理的事务及中央和澳门特别行政区关系的条款，可将有关法律发回，但不作修改。经全国人民代表大会常务委员会发回的法律立即失效。该法律的失效，除澳门特别行政区的法律另有规定外，无溯及力。

第十八条 在澳门特别行政区实行的法律为本法以及本法第八条规定的澳门原有法律和澳门特别行政区立法机关制定的法律。

全国性法律除列于本法附件三者外，不在澳门特别行政区实施。凡列于本法附件三的法律，由澳门特别行政区在当地公布或立法实施。

全国人民代表大会常务委员会在征询其所属的澳门特别行政区基本法委员会和澳门特别行政区政府的意见后，可对列于本法附件三的法律作出增减。列入附件三的法律应限于有关国防、外交和其他依照本法规定不属于澳门特别行政区自治范围的法律。

在全国人民代表大会常务委员会决定宣布战争状态或因澳门特别行政区内发生澳门特别行政区政府不能控制的危及国家统一或安全的动乱而决定澳门特别行政区进入紧急状态时，中央人民政府可发布命令将有关全国性法律在澳门特别行政区实施。

第十九条 澳门特别行政区享有独立的司法权和终审权。

澳门特别行政区法院除继续保持澳门原有法律制度和原则对法院审判权所作的限制外,对澳门特别行政区所有的案件均有审判权。

澳门特别行政区法院对国防、外交等国家行为无管辖权。澳门特别行政区法院在审理案件中遇有涉及国防、外交等国家行为的事实问题,应取得行政长官就该等问题发出的证明文件,上述文件对法院有约束力。行政长官在发出证明文件前,须取得中央人民政府的证明书。

第二十条 澳门特别行政区可享有全国人民代表大会、全国人民代表大会常务委员会或中央人民政府授予的其他权力。

第二十一条 澳门特别行政区居民中的中国公民依法参与国家事务的管理。

根据全国人民代表大会确定的代表名额和代表产生办法,由澳门特别行政区居民中的中国公民在澳门选出澳门特别行政区的全国人民代表大会代表,参加最高国家权力机关的工作。

第二十二条 中央人民政府所属各部门、各省、自治区、直辖市均不得干预澳门特别行政区依照本法自行管理的事务。

中央各部门、各省、自治区、直辖市如需在澳门特别行政区设立机构,须征得澳门特别行政区政府同意并经中央人民政府批准。

中央各部门、各省、自治区、直辖市在澳门特别行政区设立的一切机构及其人员均须遵守澳门特别行政区的法律。

各省、自治区、直辖市的人进入澳门特别行政区须办理批准手续,其中进入澳门特别行政区定居的人数由中央人民政府主管部门征求澳门特别行政区政府的意见后确定。

澳门特别行政区可在北京设立办事机构。

第二十三条 澳门特别行政区应自行立法禁止任何叛国、分裂国家、煽动叛乱、颠覆中央人民政府及窃取国家机密的行为,禁止外国的政治性组织或团体在澳门特别行政区进行政治活动,禁止澳门特别行政区的政治性组织或团体与外国的政治性组织或团体建立联系。

第三章 居民的基本权利和义务

第二十四条 澳门特别行政区居民,简称澳门居民,包括永久性居民和非永久性居民。

澳门特别行政区永久性居民为:

（一）在澳门特别行政区成立以前或以后在澳门出生的中国公民及其在澳门以外所生的中国籍子女；

（二）在澳门特别行政区成立以前或以后在澳门通常居住连续七年以上的中国公民及在其成为永久性居民后在澳门以外所生的中国籍子女；

（三）在澳门特别行政区成立以前或以后在澳门出生并以澳门为永久居住地的葡萄牙人；

（四）在澳门特别行政区成立以前或以后在澳门通常居住连续七年以上并以澳门为永久居住地的葡萄牙人；

（五）在澳门特别行政区成立以前或以后在澳门通常居住连续七年以上并以澳门为永久居住地的其他人；

（六）第（五）项所列永久性居民在澳门特别行政区成立以前或以后在澳门出生的未满十八周岁的子女。

以上居民在澳门特别行政区享有居留权并有资格领取澳门特别行政区永久性居民身份证。

澳门特别行政区非永久性居民为：有资格依照澳门特别行政区法律领取澳门居民身份证，但没有居留权的人。

第二十五条 澳门居民在法律面前一律平等，不因国籍、血统、种族、性别、语言、宗教、政治或思想信仰、文化程度、经济状况或社会条件而受到歧视。

第二十六条 澳门特别行政区永久性居民依法享有选举权和被选举权。

第二十七条 澳门居民享有言论、新闻、出版的自由，结社、集会、游行、示威的自由，组织和参加工会、罢工的权利和自由。

第二十八条 澳门居民的人身自由不受侵犯。

澳门居民不受任意或非法的逮捕、拘留、监禁。对任意或非法的拘留、监禁，居民有权向法院申请颁发人身保护令。

禁止非法搜查居民的身体、剥夺或者限制居民的人身自由。

禁止对居民施行酷刑或予以非人道的对待。

第二十九条 澳门居民除其行为依照当时法律明文规定为犯罪和应受惩处外，不受刑罚处罚。

澳门居民在被指控犯罪时，享有尽早接受法院审判的权利，在法院判罪之前均假定无罪。

第三十条　澳门居民的人格尊严不受侵犯。禁止用任何方法对居民进行侮辱、诽谤和诬告陷害。

澳门居民享有个人的名誉权、私人生活和家庭生活的隐私权。

第三十一条　澳门居民的住宅和其他房屋不受侵犯。禁止任意或非法搜查、侵入居民的住宅和其他房屋。

第三十二条　澳门居民的通讯自由和通讯秘密受法律保护。除因公共安全和追查刑事犯罪的需要，由有关机关依照法律规定对通讯进行检查外，任何部门或个人不得以任何理由侵犯居民的通讯自由和通讯秘密。

第三十三条　澳门居民有在澳门特别行政区境内迁徙的自由，有移居其他国家和地区的自由。澳门居民有旅行和出入境的自由，有依照法律取得各种旅行证件的权利。有效旅行证件持有人，除非受到法律制止，可自由离开澳门特别行政区，无需特别批准。

第三十四条　澳门居民有信仰的自由。

澳门居民有宗教信仰的自由，有公开传教和举行、参加宗教活动的自由。

第三十五条　澳门居民有选择职业和工作的自由。

第三十六条　澳门居民有权诉诸法律，向法院提起诉讼，得到律师的帮助以保护自己的合法权益，以及获得司法补救。

澳门居民有权对行政部门和行政人员的行为向法院提起诉讼。

第三十七条　澳门居民有从事教育、学术研究、文学艺术创作和其他文化活动的自由。

第三十八条　澳门居民的婚姻自由、成立家庭和自愿生育的权利受法律保护。

妇女的合法权益受澳门特别行政区的保护。

未成年人、老年人和残疾人受澳门特别行政区的关怀和保护。

第三十九条　澳门居民有依法享受社会福利的权利。劳工的福利待遇和退休保障受法律保护。

第四十条　《公民权利和政治权利国际公约》、《经济、社会与文化权利的国际公约》和国际劳工公约适用于澳门的有关规定继续有效，通过澳门特别行政区的法律予以实施。

澳门居民享有的权利和自由，除依法规定外不得限制，此种限制不得与本条第一款规定抵触。

第四十一条 澳门居民享有澳门特别行政区法律保障的其他权利和自由。

第四十二条 在澳门的葡萄牙后裔居民的利益依法受澳门特别行政区的保护,他们的习俗和文化传统应受尊重。

第四十三条 在澳门特别行政区境内的澳门居民以外的其他人,依法享有本章规定的澳门居民的权利和自由。

第四十四条 澳门居民和在澳门的其他人有遵守澳门特别行政区实行的法律的义务。

第四章 政治体制

第一节 行政长官

第四十五条 澳门特别行政区行政长官是澳门特别行政区的首长,代表澳门特别行政区。

澳门特别行政区行政长官依照本法规定对中央人民政府和澳门特别行政区负责。

第四十六条 澳门特别行政区行政长官由年满四十周岁,在澳门通常居住连续满二十年的澳门特别行政区永久性居民中的中国公民担任。

第四十七条 澳门特别行政区行政长官在当地通过选举或协商产生,由中央人民政府任命。

行政长官的产生办法由附件一《澳门特别行政区行政长官的产生办法》规定。

第四十八条 澳门特别行政区行政长官任期五年,可连任一次。

第四十九条 澳门特别行政区行政长官在任职期内不得具有外国居留权,不得从事私人赢利活动。行政长官就任时应向澳门特别行政区终审法院院长申报财产,记录在案。

第五十条 澳门特别行政区行政长官行使下列职权:

(一)领导澳门特别行政区政府;

(二)负责执行本法和依照本法适用于澳门特别行政区的其他法律;

(三)签署立法会通过的法案,公布法律;

签署立法会通过的财政预算案,将财政预算、决算报中央人民政府备案;

(四)决定政府政策,发布行政命令;

(五)制定行政法规并颁布执行;

(六)提名并报请中央人民政府任命下列主要官员:各司司长、廉政专员、审计长、警察部门主要负责人和海关主要负责人；建议中央人民政府免除上述官员职务；

（七）委任部分立法会议员；

（八）任免行政会委员；

（九）依照法定程序任免各级法院院长和法官，任免检察官；

（十）依照法定程序提名并报请中央人民政府任命检察长，建议中央人民政府免除检察长的职务；

（十一）依照法定程序任免公职人员；

（十二）执行中央人民政府就本法规定的有关事务发出的指令；

（十三）代表澳门特别行政区政府处理中央授权的对外事务和其他事务；

（十四）批准向立法会提出有关财政收入或支出的动议；

（十五）根据国家和澳门特别行政区的安全或重大公共利益的需要，决定政府官员或其他负责政府公务的人员是否向立法会或其所属的委员会作证和提供证据；

（十六）依法颁授澳门特别行政区奖章和荣誉称号；

（十七）依法赦免或减轻刑事罪犯的刑罚；

（十八）处理请愿、申诉事项。

第五十一条 澳门特别行政区行政长官如认为立法会通过的法案不符合澳门特别行政区的整体利益，可在九十日内提出书面理由并将法案发回立法会重议。立法会如以不少于全体议员三分之二多数再次通过原案，行政长官必须在三十日内签署公布或依照本法第五十二条的规定处理。

第五十二条 澳门特别行政区行政长官遇有下列情况之一时，可解散立法会：

（一）行政长官拒绝签署立法会再次通过的法案；

（二）立法会拒绝通过政府提出的财政预算案或行政长官认为关系到澳门特别行政区整体利益的法案，经协商仍不能取得一致意见。

行政长官在解散立法会前，须征询行政会的意见，解散时应向公众说明理由。

行政长官在其一任任期内只能解散立法会一次。

第五十三条 澳门特别行政区行政长官在立法会未通过政府提出的财政预算案时，可按上一财政年度的开支标准批准临时短期拨款。

第五十四条 澳门特别行政区行政长官如有下列情况之一者必须辞职：

（一）因严重疾病或其他原因无力履行职务；

（二）因两次拒绝签署立法会通过的法案而解散立法会，重选的立法会仍以全体议员三分之二多数通过所争议的原案，而行政长官在三十日内拒绝签署；

（三）因立法会拒绝通过财政预算案或关系到澳门特别行政区整体利益的法案而解散立法会，重选的立法会仍拒绝通过所争议的原案。

第五十五条 澳门特别行政区行政长官短期不能履行职务时，由各司司长按各司的排列顺序临时代理其职务。各司的排列顺序由法律规定。

行政长官出缺时，应在一百二十日内依照本法第四十七条的规定产生新的行政长官。行政长官出缺期间的职务代理，依照本条第一款规定办理，并报中央人民政府批准。代理行政长官应遵守本法第四十九条的规定。

第五十六条 澳门特别行政区行政会是协助行政长官决策的机构。

第五十七条 澳门特别行政区行政会的委员由行政长官从政府主要官员、立法会议员和社会人士中委任，其任免由行政长官决定。行政会委员的任期不超过委任他的行政长官的任期，但在新的行政长官就任前，原行政会委员暂时留任。

澳门特别行政区行政会委员由澳门特别行政区永久性居民中的中国公民担任。

行政会委员的人数为七至十一人，行政长官认为必要时可邀请有关人士列席行政会会议。

第五十八条 澳门特别行政区行政会由行政长官主持。行政会的会议每月至少举行一次。行政长官在作出重要决策、向立法会提交法案、制定行政法规和解散立法会前，须征询行政会的意见，但人事任免、纪律制裁和紧急情况下采取的措施除外。

行政长官如不采纳行政会多数委员的意见，应将具体理由记录在案。

第五十九条 澳门特别行政区设立廉政公署，独立工作。廉政专员对行政长官负责。

第六十条 澳门特别行政区设立审计署，独立工作。审计长对行政长官负责。

第二节 行政机关

第六十一条 澳门特别行政区政府是澳门特别行政区的行政机关。

第六十二条 澳门特别行政区政府的首长是澳门特别行政区行政长官。

澳门特别行政区政府设司、局、厅、处。

第六十三条 澳门特别行政区政府的主要官员由在澳门通常居住连续满十五年的澳门特别行政区永久性居民中的中国公民担任。

澳门特别行政区主要官员就任时应向澳门特别行政区终审法院院长申报财产,记录在案。

第六十四条 澳门特别行政区政府行使下列职权:

(一)制定并执行政策;

(二)管理各项行政事务;

(三)办理本法规定的中央人民政府授权的对外事务;

(四)编制并提出财政预算、决算;

(五)提出法案、议案,草拟行政法规;

(六)委派官员列席立法会会议听取意见或代表政府发言。

第六十五条 澳门特别行政区政府必须遵守法律,对澳门特别行政区立法会负责:执行立法会通过并已生效的法律;定期向立法会作施政报告;答复立法会议员的质询。

第六十六条 澳门特别行政区行政机关可根据需要设立咨询组织。

第三节 立法机关

第六十七条 澳门特别行政区立法会是澳门特别行政区的立法机关。

第六十八条 澳门特别行政区立法会议员由澳门特别行政区永久性居民担任。

立法会多数议员由选举产生。

立法会的产生办法由附件二《澳门特别行政区立法会的产生办法》规定。

立法会议员就任时应依法申报经济状况。

第六十九条 澳门特别行政区立法会除第一届另有规定外,每届任期四年。

第七十条 澳门特别行政区立法会如经行政长官依照本法规定解散,须于九十日内依照本法第六十八条的规定重新产生。

第七十一条 澳门特别行政区立法会行使下列职权:

（一）依照本法规定和法定程序制定、修改、暂停实施和废除法律；

（二）审核、通过政府提出的财政预算案；审议政府提出的预算执行情况报告；

（三）根据政府提案决定税收，批准由政府承担的债务；

（四）听取行政长官的施政报告并进行辩论；

（五）就公共利益问题进行辩论；

（六）接受澳门居民申诉并作出处理；

（七）如立法会全体议员三分之一联合动议，指控行政长官有严重违法或渎职行为而不辞职，经立法会通过决议，可委托终审法院院长负责组成独立的调查委员会进行调查。调查委员会如认为有足够证据构成上述指控，立法会以全体议员三分之二多数通过，可提出弹劾案，报请中央人民政府决定；

（八）在行使上述各项职权时，如有需要，可传召和要求有关人士作证和提供证据。

第七十二条　澳门特别行政区立法会设主席、副主席各一人。主席、副主席由立法会议员互选产生。

澳门特别行政区立法会主席、副主席由在澳门通常居住连续满十五年的澳门特别行政区永久性居民中的中国公民担任。

第七十三条　澳门特别行政区立法会主席缺席时由副主席代理。

澳门特别行政区立法会主席或副主席出缺时，另行选举。

第七十四条　澳门特别行政区立法会主席行使下列职权：

（一）主持会议；

（二）决定议程，应行政长官的要求将政府提出的议案优先列入议程；

（三）决定开会日期；

（四）在休会期间可召开特别会议；

（五）召开紧急会议或应行政长官的要求召开紧急会议；

（六）立法会议事规则所规定的其他职权。

第七十五条　澳门特别行政区立法会议员依照本法规定和法定程序提出议案。凡不涉及公共收支、政治体制或政府运作的议案，可由立法会议员个别或联名提出。凡涉及政府政策的议案，在提出前必须得到行政长官的书面同意。

第七十六条 澳门特别行政区立法会议员有权依照法定程序对政府的工作提出质询。

第七十七条 澳门特别行政区立法会举行会议的法定人数为不少于全体议员的二分之一。除本法另有规定外,立法会的法案、议案由全体议员过半数通过。

立法会议事规则由立法会自行制定,但不得与本法相抵触。

第七十八条 澳门特别行政区立法会通过的法案,须经行政长官签署、公布,方能生效。

第七十九条 澳门特别行政区立法会议员在立法会会议上的发言和表决,不受法律追究。

第八十条 澳门特别行政区立法会议员非经立法会许可不受逮捕,但现行犯不在此限。

第八十一条 澳门特别行政区立法会议员如有下列情况之一,经立法会决定,即丧失其立法会议员的资格:

(一)因严重疾病或其他原因无力履行职务;

(二)担任法律规定不得兼任的职务;

(三)未得到立法会主席同意,连续五次或间断十五次缺席会议而无合理解释;

(四)违反立法会议员誓言;

(五)在澳门特别行政区区内或区外犯有刑事罪行,被判处监禁三十日以上。

第四节 司法机关

第八十二条 澳门特别行政区法院行使审判权。

第八十三条 澳门特别行政区法院独立进行审判,只服从法律,不受任何干涉。

第八十四条 澳门特别行政区设立初级法院、中级法院和终审法院。

澳门特别行政区终审权属于澳门特别行政区终审法院。

澳门特别行政区法院的组织、职权和运作由法律规定。

第八十五条 澳门特别行政区初级法院可根据需要设立若干专门法庭。

原刑事起诉法庭的制度继续保留。

第八十六条 澳门特别行政区设立行政法院。行政法院是管辖行政诉讼和税务诉讼的法院。不服行政法院裁决者,可向中级法院上诉。

第八十七条 澳门特别行政区各级法院的法官,根据当地法官、律师和知名人士组成的独立委员会的推荐,由行政长官任命。法官的选用以其专业资格为标准,符合标准的外籍法官也可聘用。

法官只有在无力履行其职责或行为与其所任职务不相称的情况下,行政长官才可根据终审法院院长任命的不少于三名当地法官组成的审议庭的建议,予以免职。

终审法院法官的免职由行政长官根据澳门特别行政区立法会议员组成的审议委员会的建议决定。

终审法院法官的任命和免职须报全国人民代表大会常务委员会备案。

第八十八条 澳门特别行政区各级法院的院长由行政长官从法官中选任。

终审法院院长由澳门特别行政区永久性居民中的中国公民担任。

终审法院院长的任命和免职须报全国人民代表大会常务委员会备案。

第八十九条 澳门特别行政区法官依法进行审判,不听从任何命令或指示,但本法第十九条第三款规定的情况除外。

法官履行审判职责的行为不受法律追究。

法官在任职期间,不得兼任其他公职或任何私人职务,也不得在政治性团体中担任任何职务。

第九十条 澳门特别行政区检察院独立行使法律赋予的检察职能,不受任何干涉。

澳门特别行政区检察长由澳门特别行政区永久性居民中的中国公民担任,由行政长官提名,报中央人民政府任命。

检察官经检察长提名,由行政长官任命。

检察院的组织、职权和运作由法律规定。

第九十一条 原在澳门实行的司法辅助人员的任免制度予以保留。

第九十二条 澳门特别行政区政府可参照原在澳门实行的办法,作出有关当地和外来的律师在澳门特别行政区执业的规定。

第九十三条 澳门特别行政区可与全国其他地区的司法机关通过协商依法进行司法方面的联系和相互提供协助。

第九十四条 在中央人民政府协助和授权下,澳门特别行政区可与外国就司法互助关系作出适当安排。

第五节 市政机构

第九十五条 澳门特别行政区可设立非政权性的市政机构。市政机构受政府委托为居民提供文化、康乐、环境卫生等方面的服务，并就有关上述事务向澳门特别行政区政府提供咨询意见。

第九十六条 市政机构的职权和组成由法律规定。

第六节 公务人员

第九十七条 澳门特别行政区的公务人员必须是澳门特别行政区永久性居民。本法第九十八条和九十九条规定的公务人员，以及澳门特别行政区聘用的某些专业技术人员和初级公务人员除外。

第九十八条 澳门特别行政区成立时，原在澳门任职的公务人员，包括警务人员和司法辅助人员，均可留用，继续工作，其薪金、津贴、福利待遇不低于原来的标准，原来享有的年资予以保留。

依照澳门原有法律享有退休金和赡养费待遇的留用公务人员，在澳门特别行政区成立后退休的，不论其所属国籍或居住地点，澳门特别行政区向他们或其家属支付不低于原来标准的应得的退休金和赡养费。

第九十九条 澳门特别行政区可任用原澳门公务人员中的或持有澳门特别行政区永久性居民身份证的葡籍和其他外籍人士担任各级公务人员，但本法另有规定者除外。

澳门特别行政区有关部门还可聘请葡籍和其他外籍人士担任顾问和专业技术职务。

上述人员只能以个人身份受聘，并对澳门特别行政区负责。

第一百条 公务人员应根据其本人的资格、经验和才能予以任用和提升。澳门原有关于公务人员的录用、纪律、提升和正常晋级制度基本不变，但得根据澳门社会的发展加以改进。

第七节 宣誓效忠

第一百零一条 澳门特别行政区行政长官、主要官员、行政会委员、立法会议员、法官和检察官，必须拥护中华人民共和国澳门特别行政区基本法，尽忠职守，廉洁奉公，效忠中华人民共和国澳门特别行政区，并依法宣誓。

第一百零二条 澳门特别行政区行政长官、主要官员、立法会主席、终审法院院长、检察长在就职时，除按本法第一百零一条的规定宣誓外，还必须宣誓效忠中华人民共和国。

第五章 经 济

第一百零三条 澳门特别行政区依法保护私人和法人财产的取得、使用、处置和继承的权利，以及依法征用私人和法人财产时被征用财产的所有人得到补偿的权利。

征用财产的补偿应相当于该财产当时的实际价值，可自由兑换，不得无故迟延支付。

企业所有权和外来投资均受法律保护。

第一百零四条 澳门特别行政区保持财政独立。

澳门特别行政区财政收入全部由澳门特别行政区自行支配，不上缴中央人民政府。

中央人民政府不在澳门特别行政区征税。

第一百零五条 澳门特别行政区的财政预算以量入为出为原则，力求收支平衡，避免赤字，并与本地生产总值的增长率相适应。

第一百零六条 澳门特别行政区实行独立的税收制度。

澳门特别行政区参照原在澳门实行的低税政策，自行立法规定税种、税率、税收宽免和其他税务事项。专营税制由法律另作规定。

第一百零七条 澳门特别行政区的货币金融制度由法律规定。

澳门特别行政区政府自行制定货币金融政策，保障金融市场和各种金融机构的经营自由，并依法进行管理和监督。

第一百零八条 澳门元为澳门特别行政区的法定货币，继续流通。

澳门货币发行权属于澳门特别行政区政府。澳门货币的发行须有百分之百的准备金。澳门货币的发行制度和准备金制度，由法律规定。

澳门特别行政区政府可授权指定银行行使或继续行使发行澳门货币的代理职能。

第一百零九条 澳门特别行政区不实行外汇管制政策。澳门元自由兑换。

澳门特别行政区的外汇储备由澳门特别行政区政府依法管理和支配。

澳门特别行政区政府保障资金的流动和进出自由。

第一百一十条 澳门特别行政区保持自由港地位，除法律另有规定外，不征收关税。

第一百一十一条 澳门特别行政区实行自由贸易政策，保障货物、无形财产和资本的流动自由。

第一百一十二条 澳门特别行政区为单独的关税地区。

澳门特别行政区可以“中国澳门”的名义参加《关税和贸易总协定》、关于国际纺织品贸易安排等有关国际组织和国际贸易协定,包括优惠贸易安排。

澳门特别行政区取得的和以前取得仍继续有效的出口配额、关税优惠和其他类似安排,全由澳门特别行政区享有。

第一百一十三条 澳门特别行政区根据当时的产地规则,可对产品签发产地来源证。

第一百一十四条 澳门特别行政区依法保护工商企业的自由经营,自行制定工商业的发展政策。

澳门特别行政区改善经济环境和提供法律保障,以促进工商业的发展,鼓励投资和技术进步,并开发新产业和新市场。

第一百一十五条 澳门特别行政区根据经济发展的情况,自行制定劳工政策,完善劳工法律。

澳门特别行政区设立由政府、雇主团体、雇员团体的代表组成的咨询性的协调组织。

第一百一十六条 澳门特别行政区保持和完善原在澳门实行的航运经营和管理体制,自行制定航运政策。

澳门特别行政区经中央人民政府授权可进行船舶登记,并依照澳门特别行政区的法律以“中国澳门”的名义颁发有关证件。

除外国军用船只进入澳门特别行政区须经中央人民政府特别许可外,其他船舶可依照澳门特别行政区的法律进出其港口。

澳门特别行政区的私营的航运及与航运有关的企业和码头可继续自由经营。

第一百一十七条 澳门特别行政区政府经中央人民政府具体授权可自行制定民用航空的各项管理制度。

第一百一十八条 澳门特别行政区根据本地整体利益自行制定旅游娱乐业的政策。

第一百一十九条 澳门特别行政区政府依法实行环境保护。

第一百二十条 澳门特别行政区依法承认和保护澳门特别行政区成立前已批出或决定的年期超过一九九九年十二月十九日的合法土地契约和

与土地契约有关的一切权利。

澳门特别行政区成立后新批或续批土地，按照澳门特别行政区有关的土地法律及政策处理。

第六章 文化和社会事务

第一百二十一条 澳门特别行政区政府自行制定教育政策，包括教育体制和管理、教学语言、经费分配、考试制度、承认学历和学位等政策，推动教育的发展。

澳门特别行政区政府依法推行义务教育。

社会团体和私人可依法举办各种教育事业。

第一百二十二条 澳门原有各类学校均可继续开办。澳门特别行政区各类学校均有办学的自主性，依法享有教学自由和学术自由。

各类学校可以继续从澳门特别行政区以外招聘教职员和选用教材。学生享有选择院校和在澳门特别行政区以外求学的自由。

第一百二十三条 澳门特别行政区政府自行制定促进医疗卫生服务和发展中西医药的政策。社会团体和私人可依法提供各种医疗卫生服务。

第一百二十四条 澳门特别行政区政府自行制定科学技术政策，依法保护科学技术的研究成果、专利和发明创造。

澳门特别行政区政府自行确定适用于澳门的各类科学技术标准和规格。

第一百二十五条 澳门特别行政区政府自行制定文化政策，包括文学艺术、广播、电影、电视等政策。

澳门特别行政区政府依法保护作者的文学艺术及其他的创作成果和合法权益。

澳门特别行政区政府依法保护名胜、古迹和其他历史文物，并保护文物所有者的合法权益。

第一百二十六条 澳门特别行政区政府自行制定新闻、出版政策。

第一百二十七条 澳门特别行政区政府自行制定体育政策。民间体育团体可依法继续存在和发展。

第一百二十八条 澳门特别行政区政府根据宗教信仰自由的原则，不干预宗教组织的内部事务，不干预宗教组织和教徒同澳门以外地区的宗教组织和教徒保持及发展关系，不限制与澳门特别行政区法律没有抵触的宗教活动。

宗教组织可依法开办宗教院校和其他学校、医院和福利机构以及提供其他社会服务。宗教组织开办的学校可以继续提供宗教教育,包括开设宗教课程。

宗教组织依法享有财产的取得、使用、处置、继承以及接受捐献的权利。宗教组织在财产方面的原有权益依法受到保护。

第一百二十九条　澳门特别行政区政府自行确定专业制度,根据公平合理的原则,制定有关评审和颁授各种专业和执业资格的办法。

在澳门特别行政区成立以前已经取得专业资格和执业资格者,根据澳门特别行政区的有关规定可保留原有的资格。

澳门特别行政区政府根据有关规定承认在澳门特别行政区成立以前已被承认的专业和专业团体,并可根据社会发展需要,经咨询有关方面的意见,承认新的专业和专业团体。

第一百三十条　澳门特别行政区政府在原有社会福利制度的基础上,根据经济条件和社会需要自行制定有关社会福利的发展和改进的政策。

第一百三十一条　澳门特别行政区的社会服务团体,在不抵触法律的情况下,可以自行决定其服务方式。

第一百三十二条　澳门特别行政区政府根据需要和可能逐步改善原在澳门实行的对教育、科学、技术、文化、体育、康乐、医疗卫生、社会福利、社会工作等方面的民间组织的资助政策。

第一百三十三条　澳门特别行政区的教育、科学、技术、文化、新闻、出版、体育、康乐、专业、医疗卫生、劳工、妇女、青年、归侨、社会福利、社会工作等方面的民间团体和宗教组织同全国其他地区相应的团体和组织的关系,以互不隶属、互不干涉、互相尊重的原则为基础。

第一百三十四条　澳门特别行政区的教育、科学、技术、文化、新闻、出版、体育、康乐、专业、医疗卫生、劳工、妇女、青年、归侨、社会福利、社会工作等方面的民间团体和宗教组织可同世界各国、各地区及国际的有关团体和组织保持和发展关系,各该团体和组织可根据需要冠用"中国澳门"的名义,参与有关活动。

第七章　对 外 事 务

第一百三十五条　澳门特别行政区政府的代表,可作为中华人民共和国政府代表团的成员,参加由中央人民政府进行的同澳门特别行政区直接有关的外交谈判。

第一百三十六条 澳门特别行政区可在经济、贸易、金融、航运、通讯、旅游、文化、科技、体育等适当领域以“中国澳门”的名义,单独地同世界各国、各地区及有关国际组织保持和发展关系,签订和履行有关协议。

第一百三十七条 对以国家为单位参加的、同澳门特别行政区有关的、适当领域的国际组织和国际会议,澳门特别行政区政府可派遣代表作为中华人民共和国代表团的成员或以中央人民政府和上述有关国际组织或国际会议允许的身份参加,并以“中国澳门”的名义发表意见。

澳门特别行政区可以“中国澳门”的名义参加不以国家为单位参加的国际组织和国际会议。

对中华人民共和国已参加而澳门也以某种形式参加的国际组织,中央人民政府将根据情况和澳门特别行政区的需要采取措施,使澳门特别行政区以适当形式继续保持在这些组织中的地位。

对中华人民共和国尚未参加而澳门已以某种形式参加的国际组织,中央人民政府将根据情况和需要使澳门特别行政区以适当形式继续参加这些组织。

第一百三十八条 中华人民共和国缔结的国际协议,中央人民政府可根据情况和澳门特别行政区的需要,在征询澳门特别行政区政府的意见后,决定是否适用于澳门特别行政区。

中华人民共和国尚未参加但已适用于澳门的国际协议仍可继续适用。中央人民政府根据情况和需要授权或协助澳门特别行政区政府作出适当安排,使其他与其有关的国际协议适用于澳门特别行政区。

第一百三十九条 中央人民政府授权澳门特别行政区政府依照法律给持有澳门特别行政区永久性居民身份证的中国公民签发中华人民共和国澳门特别行政区护照,给在澳门特别行政区的其他合法居留者签发中华人民共和国澳门特别行政区的其他旅行证件。上述护照和旅行证件,前往各国和各地区有效,并载明持有人有返回澳门特别行政区的权利。

对世界各国或各地区的人入境、逗留和离境,澳门特别行政区政府可实行出入境管制。

第一百四十条 中央人民政府协助或授权澳门特别行政区政府同有关国家和地区谈判和签订互免签证协议。

第一百四十一条 澳门特别行政区可根据需要在外国设立官方或半官方的经济和贸易机构,报中央人民政府备案。

第一百四十二条 外国在澳门特别行政区设立领事机构或其他官方、半官方机构,须经中央人民政府批准。

已同中华人民共和国建立正式外交关系的国家在澳门设立的领事机构和其他官方机构,可予保留。

尚未同中华人民共和国建立正式外交关系的国家在澳门设立的领事机构和其他官方机构,可根据情况予以保留或改为半官方机构。

尚未为中华人民共和国承认的国家,只能在澳门特别行政区设立民间机构。

第八章 本法的解释和修改

第一百四十三条 本法的解释权属于全国人民代表大会常务委员会。

全国人民代表大会常务委员会授权澳门特别行政区法院在审理案件时对本法关于澳门特别行政区自治范围内的条款自行解释。

澳门特别行政区法院在审理案件时对本法的其他条款也可解释。但如澳门特别行政区法院在审理案件时需要对本法关于中央人民政府管理的事务或中央和澳门特别行政区关系的条款进行解释,而该条款的解释又影响到案件的判决,在对该案件作出不可上诉的终局判决前,应由澳门特别行政区终审法院提请全国人民代表大会常务委员会对有关条款作出解释。如全国人民代表大会常务委员会作出解释,澳门特别行政区法院在引用该条款时,应以全国人民代表大会常务委员会的解释为准。但在此以前作出的判决不受影响。

全国人民代表大会常务委员会在对本法进行解释前,征询其所属的澳门特别行政区基本法委员会的意见。

第一百四十四条 本法的修改权属于全国人民代表大会。

本法的修改提案权属于全国人民代表大会常务委员会、国务院和澳门特别行政区。澳门特别行政区的修改议案,须经澳门特别行政区的全国人民代表大会代表三分之二多数、澳门特别行政区立法会全体议员三分之二多数和澳门特别行政区行政长官同意后,交由澳门特别行政区出席全国人民代表大会的代表团向全国人民代表大会提出。

本法的修改议案在列入全国人民代表大会的议程前,先由澳门特别行政区基本法委员会研究并提出意见。

本法的任何修改,均不得同中华人民共和国对澳门既定的基本方针政策相抵触。

第九章 附 则

第一百四十五条 澳门特别行政区成立时,澳门原有法律除由全国人民代表大会常务委员会宣布为同本法抵触者外,采用为澳门特别行政区法律,如以后发现有的法律与本法抵触,可依照本法规定和法定程序修改或停止生效。

根据澳门原有法律取得效力的文件、证件、契约及其所包含的权利和义务,在不抵触本法的前提下继续有效,受澳门特别行政区的承认和保护。

原澳门政府所签订的有效期超过一九九九年十二月十九日的契约,除中央人民政府授权的机构已公开宣布为不符合中葡联合声明关于过渡时期安排的规定,须经澳门特别行政区政府重新审查者外,继续有效。

附件一:

澳门特别行政区行政长官的产生办法①

一、行政长官由一个具有广泛代表性的选举委员会依照本法选出,由中央人民政府任命。

二、选举委员会委员共400人,由下列各界人士组成:

工商、金融界	120人
文化、教育、专业等界	115人
劳工、社会服务、宗教等界	115人
立法会议员的代表、市政机构成员的代表、澳门地区全国人大代表、澳门地区全国政协委员的代表	50人

选举委员会每届任期五年。

三、各个界别的划分,以及每个界别中何种组织可以产生选举委员会

① 根据2012年6月30日第十一届全国人民代表大会常务委员会第二十七次会议批准的《中华人民共和国澳门特别行政区基本法附件一澳门特别行政区行政长官的产生办法修正案》修正。——编者注

委员的名额,由澳门特别行政区根据民主、开放的原则制定选举法加以规定。

各界别法定团体根据选举法规定的分配名额和选举办法自行选出选举委员会委员。

选举委员会委员以个人身份投票。

四、不少于66名的选举委员会委员可联合提名行政长官候选人。每名委员只可提出一名候选人。

五、选举委员会根据提名的名单,经一人一票无记名投票选出行政长官候任人。具体选举办法由选举法规定。

六、第一任行政长官按照《全国人民代表大会关于澳门特别行政区第一届政府、立法会和司法机关产生办法的决定》产生。

七、二○○九年及以后行政长官的产生办法如需修改,须经立法会全体议员三分之二多数通过,行政长官同意,并报全国人民代表大会常务委员会批准。

(第五任及以后各任行政长官产生办法,在依照法定程序作出进一步修改前,按《中华人民共和国澳门特别行政区基本法附件一澳门特别行政区行政长官的产生办法修正案》的规定执行。)

附件二:

澳门特别行政区立法会的产生办法[①]

一、澳门特别行政区第一届立法会按照《全国人民代表大会关于澳门特别行政区第一届政府、立法会和司法机关产生办法的决定》产生。

第二届立法会由27人组成,其中:

直接选举的议员	10人
间接选举的议员	10人
委任的议员	7人

第三届及以后各届立法会由29人组成,其中:

---

① 根据2012年6月30日第十一届全国人民代表大会常务委员会第二十七次会议备案的《中华人民共和国澳门特别行政区基本法附件二澳门特别行政区立法会的产生办法修正案》修正。——编者注

直接选举的议员	12 人
间接选举的议员	10 人
委任的议员	7 人

2013 年第五届立法会由 33 人组成,其中:

直接选举的议员	14 人
间接选举的议员	12 人
委任的议员	7 人

二、议员的具体选举办法,由澳门特别行政区政府提出并经立法会通过的选举法加以规定。

三、二〇〇九年及以后澳门特别行政区立法会的产生办法如需修改,须经立法会全体议员三分之二多数通过,行政长官同意,并报全国人民代表大会常务委员会备案。

(第六届及以后各届立法会的产生办法,在依照法定程序作出进一步修改前,按《中华人民共和国澳门特别行政区基本法附件二澳门特别行政区立法会的产生办法修正案》的规定执行。)

附件三:

在澳门特别行政区实施的全国性法律[①]

下列全国性法律,自一九九九年十二月二十日起由澳门特别行政区在当地公布或立法实施。

一、《关于中华人民共和国国都、纪年、国歌、国旗的决议》

二、《关于中华人民共和国国庆日的决议》

三、《中华人民共和国国籍法》

四、《中华人民共和国外交特权与豁免条例》

五、《中华人民共和国领事特权与豁免条例》

---

① 根据 1999 年 12 月 20 日《全国人民代表大会常务委员会关于增加〈中华人民共和国澳门特别行政区基本法〉附件三所列全国性法律的决定》、2005 年 10 月 27 日《全国人民代表大会常务委员会关于增加〈中华人民共和国澳门特别行政区基本法〉附件三所列全国性法律的决定》、2017 年 11 月 4 日《全国人民代表大会常务委员会关于增加〈中华人民共和国澳门特别行政区基本法〉附件三所列全国性法律的决定》修正。所列法律的排列顺序以历次增减的时间顺序为准。——编者注

六、《中华人民共和国国旗法》
七、《中华人民共和国国徽法》
八、《中华人民共和国领海及毗连区法》
九、《中华人民共和国专属经济区和大陆架法》
十、《中华人民共和国澳门特别行政区驻军法》
十一、《中华人民共和国外国中央银行财产司法强制措施豁免法》
十二、《中华人民共和国国歌法》

澳门特别行政区区旗、区徽图案(略)

中华人民共和国澳门特别行政区驻军法

1. 1999 年 6 月 28 日第九届全国人民代表大会常务委员会第十次会议通过
2. 1999 年 6 月 28 日中华人民共和国主席令第 18 号公布
3. 自 1999 年 12 月 20 日起施行

目　　录

第一章　总　　则

第一条　为了保障中央人民政府派驻澳门特别行政区负责防务的军队依法履行职责,维护国家的主权、统一、领土完整和澳门的安全,根据宪法和澳门特别行政区基本法,制定本法。

第二条　中央人民政府派驻澳门特别行政区负责防务的军队,称中国人民解放军驻澳门部队(以下称澳门驻军)。

澳门驻军由中华人民共和国中央军事委员会领导,其部队组成、员额根据澳门特别行政区防务的需要确定。

澳门驻军实行人员轮换制度。

第三条 澳门驻军不干预澳门特别行政区的地方事务。澳门特别行政区政府在必要时,可以向中央人民政府请求澳门驻军协助维持社会治安和救助灾害。

第四条 澳门驻军人员除须遵守全国性的法律外,还须遵守澳门特别行政区的法律。

第五条 澳门驻军费用由中央人民政府负担。

第二章 澳门驻军的职责

第六条 澳门驻军履行下列防务职责:

(一)防备和抵抗侵略,保卫澳门特别行政区的安全;

(二)担负防卫勤务;

(三)管理军事设施;

(四)承办有关的涉外军事事宜。

第七条 在全国人民代表大会常务委员会决定宣布战争状态或者因澳门特别行政区内发生澳门特别行政区政府不能控制的危及国家统一或者安全的动乱而决定澳门特别行政区进入紧急状态时,澳门驻军根据中央人民政府决定在澳门特别行政区实施的全国性法律的规定履行职责。

第八条 澳门驻军的飞行器、舰船等武器装备和物资以及持有澳门驻军制发的证件或者证明文件的执行职务的人员和车辆,不受澳门特别行政区执法人员检查、搜查和扣押。

澳门驻军和澳门驻军人员并享有在澳门特别行政区实施的法律规定的其他权利和豁免。

第九条 澳门驻军人员对妨碍其执行职务的行为,可以依照在澳门特别行政区实施的法律的规定采取措施予以制止。

第三章 澳门驻军与澳门特别行政区政府的关系

第十条 澳门特别行政区政府应当支持澳门驻军履行防务职责,保障澳门驻军和澳门驻军人员的合法权益。

澳门特别行政区以法律保障澳门驻军和澳门驻军人员履行职责时应当享有的权利和豁免。

澳门特别行政区制定政策、拟定法案、草拟行政法规,涉及澳门驻军的,应当征求澳门驻军的意见。

第十一条 澳门驻军进行训练、演习等军事活动,涉及澳门特别行政区公共利益的,应当事先通报澳门特别行政区政府。

第十二条 澳门驻军和澳门特别行政区政府共同保护澳门特别行政区内的军事设施。

澳门驻军会同澳门特别行政区政府划定军事禁区。军事禁区的位置、范围由澳门特别行政区政府宣布。

澳门特别行政区政府应当协助澳门驻军维护军事禁区的安全,禁止任何组织或者个人破坏、危害军事设施。

澳门驻军以外的人员、车辆、船舶和飞行器未经澳门驻军最高指挥官或者其授权的军官批准,不得进入军事禁区。军事禁区的警卫人员有权依法制止擅自进入军事禁区和破坏、危害军事设施的行为。

澳门驻军对军事禁区内的自然资源、文物古迹以及非军事权益,应当依照澳门特别行政区的法律予以保护。

第十三条 澳门驻军的军事用地由澳门特别行政区政府无偿提供。

澳门驻军的军事用地,经中央人民政府批准不再用于防务目的的,无偿移交澳门特别行政区政府。

澳门特别行政区政府如需将澳门驻军的部分军事用地用于公共用途,必须经中央人民政府批准;经批准的,澳门特别行政区政府应当在中央人民政府同意的地点,为澳门驻军重新提供军事用地和军事设施,并负担所有费用。

第十四条 澳门特别行政区政府向中央人民政府请求澳门驻军协助维持社会治安和救助灾害并经中央人民政府批准后,澳门驻军根据中央军事委员会的命令派出部队执行协助维持社会治安和救助灾害的任务,任务完成后即返回驻地。

澳门驻军协助维持社会治安和救助灾害时,在澳门特别行政区政府的安排下,由澳门驻军最高指挥官或者其授权的军官实施指挥。

澳门驻军人员在协助维持社会治安和救助灾害时,行使与其执行任务相适应的澳门特别行政区法律规定的相关执法人员的权力。

第十五条 澳门驻军和澳门特别行政区政府应当建立必要的联系,协商处理与驻军有关的事宜。

第四章 澳门驻军人员的义务与纪律

第十六条 澳门驻军人员应当履行下列义务：

（一）忠于祖国，履行职责，维护祖国的安全、荣誉和利益，维护澳门的安全；

（二）遵守全国性的法律和澳门特别行政区的法律，遵守军队的纪律；

（三）尊重澳门特别行政区政权机构，尊重澳门特别行政区的社会制度和生活方式；

（四）爱护澳门特别行政区的公共财产和澳门居民及其他人的私有财产；

（五）遵守社会公德，讲究文明礼貌。

第十七条 澳门驻军人员不得参加澳门的政治组织、宗教组织和社会团体。

第十八条 澳门驻军和澳门驻军人员不得以任何形式从事营利性经营活动。澳门驻军人员并不得从事与军人职责不相称的其他任何活动。

第十九条 澳门驻军人员违反全国性的法律和澳门特别行政区的法律的，依法追究法律责任。

澳门驻军人员违反军队纪律的，给予纪律处分。

第五章 澳门驻军人员的司法管辖

第二十条 澳门驻军人员犯罪的案件由军事司法机关管辖；但是，澳门驻军人员非执行职务的行为，侵犯澳门居民、澳门驻军以外的其他人的人身权、财产权以及其他违反澳门特别行政区法律构成犯罪的案件，由澳门特别行政区司法机关管辖。

军事司法机关和澳门特别行政区司法机关对各自管辖的澳门驻军人员犯罪的案件，如果认为由对方管辖更为适宜，经双方协商一致后，可以移交对方管辖。

军事司法机关管辖的澳门驻军人员犯罪的案件中，涉及的被告人中的澳门居民、澳门驻军以外的其他人，由澳门特别行政区法院审判。

第二十一条 澳门特别行政区执法人员依法拘捕的涉嫌犯罪的人员，查明是澳门驻军人员的，应当移交澳门驻军羁押。被羁押的人员所涉及的案件，依照本法第二十条的规定确定管辖。

第二十二条 澳门驻军人员被澳门特别行政区法院判处剥夺或者限制人

身自由的刑罚或者保安处分的，依照澳门特别行政区的法律规定送交执行；但是，澳门特别行政区有关执法机关与军事司法机关对执行的地点另行协商确定的除外。

第二十三条　澳门驻军人员违反澳门特别行政区的法律，侵害澳门居民、澳门驻军以外的其他人的民事权利的，当事人可以通过协商、调解解决；不愿通过协商、调解解决或者协商、调解不成的，被侵权人可以向法院提起诉讼。澳门驻军人员非执行职务的行为引起的民事侵权案件，由澳门特别行政区法院管辖；执行职务的行为引起的民事侵权案件，由中华人民共和国最高人民法院管辖，侵权行为的损害赔偿适用澳门特别行政区法律。

第二十四条　澳门驻军的机关或者单位在澳门特别行政区与澳门居民、澳门驻军以外的其他人发生合同纠纷时，当事人可以通过协商、调解解决。当事人不愿通过协商、调解解决或者协商、调解不成的，可以依据合同中的仲裁条款或者事后达成的书面仲裁协议，向仲裁机构申请仲裁。当事人没有在合同中订立仲裁条款，事后又没有达成书面仲裁协议的，可以向澳门特别行政区法院提起诉讼；但是，当事人对提起诉讼的法院另有约定的除外。

第二十五条　在澳门特别行政区法院的诉讼活动中，澳门驻军对澳门驻军人员身份、执行职务的行为等事实发出的证明文件为有效证据。但是，相反证据成立的除外。

第二十六条　澳门驻军的国防等国家行为不受澳门特别行政区法院管辖。

第二十七条　澳门特别行政区法院作出的判决、裁定涉及澳门驻军的机关或者单位的财产执行的，澳门驻军的机关或者单位必须履行；但是，澳门特别行政区法院不得对澳门驻军的武器装备、物资和其他财产实施强制执行。

第二十八条　军事司法机关可以与澳门特别行政区司法机关和有关执法机关通过协商进行司法方面的联系和相互提供协助。

第六章　附　　则

第二十九条　本法的解释权属于全国人民代表大会常务委员会。

第三十条　本法自1999年12月20日起施行。

三、公民基本权利和义务

中华人民共和国国籍法

1. 1980年9月10日第五届全国人民代表大会第三次会议通过
2. 1980年9月10日全国人民代表大会常务委员会委员长令第8号公布施行

第一条 中华人民共和国国籍的取得、丧失和恢复,都适用本法。

第二条 中华人民共和国是统一的多民族的国家,各民族的人都具有中国国籍。

第三条 中华人民共和国不承认中国公民具有双重国籍。

第四条 父母双方或一方为中国公民,本人出生在中国,具有中国国籍。

第五条 父母双方或一方为中国公民,本人出生在外国,具有中国国籍;但父母双方或一方为中国公民并定居在外国,本人出生时即具有外国国籍的,不具有中国国籍。

第六条 父母无国籍或国籍不明,定居在中国,本人出生在中国,具有中国国籍。

第七条 外国人或无国籍人,愿意遵守中国宪法和法律,并具有下列条件之一的,可以经申请批准加入中国国籍:

一、中国人的近亲属;

二、定居在中国的;

三、有其他正当理由。

第八条 申请加入中国国籍获得批准的,即取得中国国籍;被批准加入中国国籍的,不得再保留外国国籍。

第九条 定居外国的中国公民,自愿加入或取得外国国籍的,即自动丧失中国国籍。

第十条 中国公民具有下列条件之一的,可以经申请批准退出中国国籍:

一、外国人的近亲属;

二、定居在外国的;

三、有其他正当理由。

第十一条　申请退出中国国籍获得批准的,即丧失中国国籍。

第十二条　国家工作人员和现役军人,不得退出中国国籍。

第十三条　曾有过中国国籍的外国人,具有正当理由,可以申请恢复中国国籍;被批准恢复中国国籍的,不得再保留外国国籍。

第十四条　中国国籍的取得、丧失和恢复,除第九条规定的以外,必须办理申请手续。未满十八周岁的人,可由其父母或其他法定代理人代为办理申请。

第十五条　受理国籍申请的机关,在国内为当地市、县公安局,在国外为中国外交代表机关和领事机关。

第十六条　加入、退出和恢复中国国籍的申请,由中华人民共和国公安部审批。经批准的,由公安部发给证书。

第十七条　本法公布前,已经取得中国国籍的或已经丧失中国国籍的,继续有效。

第十八条　本法自公布之日起施行。

中华人民共和国居民身份证法

1. 2003年6月28日第十届全国人民代表大会常务委员会第三次会议通过

2. 根据2011年10月29日第十一届全国人民代表大会常务委员会第二十三次会议《关于修改〈中华人民共和国居民身份证法〉的决定》修正

目　　录

第一章　总　　则

第一条　为了证明居住在中华人民共和国境内的公民的身份,保障公民的合法权益,便利公民进行社会活动,维护社会秩序,制定本法。

第二条 居住在中华人民共和国境内的年满十六周岁的中国公民,应当依照本法的规定申请领取居民身份证;未满十六周岁的中国公民,可以依照本法的规定申请领取居民身份证。

第三条 居民身份证登记的项目包括:姓名、性别、民族、出生日期、常住户口所在地住址、公民身份号码、本人相片、指纹信息、证件的有效期和签发机关。

公民身份号码是每个公民唯一的、终身不变的身份代码,由公安机关按照公民身份号码国家标准编制。

公民申请领取、换领、补领居民身份证,应当登记指纹信息。

第四条 居民身份证使用规范汉字和符合国家标准的数字符号填写。

民族自治地方的自治机关根据本地区的实际情况,对居民身份证用汉字登记的内容,可以决定同时使用实行区域自治的民族的文字或者选用一种当地通用的文字。

第五条 十六周岁以上公民的居民身份证的有效期为十年、二十年、长期。十六周岁至二十五周岁的,发给有效期十年的居民身份证;二十六周岁至四十五周岁的,发给有效期二十年的居民身份证;四十六周岁以上的,发给长期有效的居民身份证。

未满十六周岁的公民,自愿申请领取居民身份证的,发给有效期五年的居民身份证。

第六条 居民身份证式样由国务院公安部门制定。居民身份证由公安机关统一制作、发放。

居民身份证具备视读与机读两种功能,视读、机读的内容限于本法第三条第一款规定的项目。

公安机关及其人民警察对因制作、发放、查验、扣押居民身份证而知悉的公民的个人信息,应当予以保密。

第二章 申领和发放

第七条 公民应当自年满十六周岁之日起三个月内,向常住户口所在地的公安机关申请领取居民身份证。

未满十六周岁的公民,由监护人代为申请领取居民身份证。

第八条 居民身份证由居民常住户口所在地的县级人民政府公安机关签发。

第九条 香港同胞、澳门同胞、台湾同胞迁入内地定居的,华侨回国定居的,以及外国人、无国籍人在中华人民共和国境内定居并被批准加入或者恢复中华人民共和国国籍的,在办理常住户口登记时,应当依照本法规定申请领取居民身份证。

第十条 申请领取居民身份证,应当填写《居民身份证申领登记表》,交验居民户口簿。

第十一条 国家决定换发新一代居民身份证、居民身份证有效期满、公民姓名变更或者证件严重损坏不能辨认的,公民应当换领新证;居民身份证登记项目出现错误的,公安机关应当及时更正,换发新证;领取新证时,必须交回原证。居民身份证丢失的,应当申请补领。

未满十六周岁公民的居民身份证有前款情形的,可以申请换领、换发或者补领新证。

公民办理常住户口迁移手续时,公安机关应当在居民身份证的机读项目中记载公民常住户口所在地住址变动的情况,并告知本人。

第十二条 公民申请领取、换领、补领居民身份证,公安机关应当按照规定及时予以办理。公安机关应当自公民提交《居民身份证申领登记表》之日起六十日内发放居民身份证;交通不便的地区,办理时间可以适当延长,但延长的时间不得超过三十日。

公民在申请领取、换领、补领居民身份证期间,急需使用居民身份证的,可以申请领取临时居民身份证,公安机关应当按照规定及时予以办理。具体办法由国务院公安部门规定。

第三章 使用和查验

第十三条 公民从事有关活动,需要证明身份的,有权使用居民身份证证明身份,有关单位及其工作人员不得拒绝。

有关单位及其工作人员对履行职责或者提供服务过程中获得的居民身份证记载的公民个人信息,应当予以保密。

第十四条 有下列情形之一的,公民应当出示居民身份证证明身份:

(一)常住户口登记项目变更;

(二)兵役登记;

(三)婚姻登记、收养登记;

(四)申请办理出境手续;

(五)法律、行政法规规定需要用居民身份证证明身份的其他情形。

依照本法规定未取得居民身份证的公民，从事前款规定的有关活动，可以使用符合国家规定的其他证明方式证明身份。

第十五条 人民警察依法执行职务，遇有下列情形之一的，经出示执法证件，可以查验居民身份证：

（一）对有违法犯罪嫌疑的人员，需要查明身份的；

（二）依法实施现场管制时，需要查明有关人员身份的；

（三）发生严重危害社会治安突发事件时，需要查明现场有关人员身份的；

（四）在火车站、长途汽车站、港口、码头、机场或者在重大活动期间设区的市级人民政府规定的场所，需要查明有关人员身份的；

（五）法律规定需要查明身份的其他情形。

有前款所列情形之一，拒绝人民警察查验居民身份证的，依照有关法律规定，分别不同情形，采取措施予以处理。

任何组织或者个人不得扣押居民身份证。但是，公安机关依照《中华人民共和国刑事诉讼法》执行监视居住强制措施的情形除外。

第四章 法律责任

第十六条 有下列行为之一的，由公安机关给予警告，并处二百元以下罚款，有违法所得的，没收违法所得：

（一）使用虚假证明材料骗领居民身份证的；

（二）出租、出借、转让居民身份证的；

（三）非法扣押他人居民身份证的。

第十七条 有下列行为之一的，由公安机关处二百元以上一千元以下罚款，或者处十日以下拘留，有违法所得的，没收违法所得：

（一）冒用他人居民身份证或者使用骗领的居民身份证的；

（二）购买、出售、使用伪造、变造的居民身份证的。

伪造、变造的居民身份证和骗领的居民身份证，由公安机关予以收缴。

第十八条 伪造、变造居民身份证的，依法追究刑事责任。

有本法第十六条、第十七条所列行为之一，从事犯罪活动的，依法追究刑事责任。

第十九条 国家机关或者金融、电信、交通、教育、医疗等单位的工作人员泄露在履行职责或者提供服务过程中获得的居民身份证记载的公民个人信息,构成犯罪的,依法追究刑事责任;尚不构成犯罪的,由公安机关处十日以上十五日以下拘留,并处五千元罚款,有违法所得的,没收违法所得。

单位有前款行为,构成犯罪的,依法追究刑事责任;尚不构成犯罪的,由公安机关对其直接负责的主管人员和其他直接责任人员,处十日以上十五日以下拘留,并处十万元以上五十万元以下罚款,有违法所得的,没收违法所得。

有前两款行为,对他人造成损害的,依法承担民事责任。

第二十条 人民警察有下列行为之一的,根据情节轻重,依法给予行政处分;构成犯罪的,依法追究刑事责任:

(一)利用制作、发放、查验居民身份证的便利,收受他人财物或者谋取其他利益的;

(二)非法变更公民身份号码,或者在居民身份证上登载本法第三条第一款规定项目以外的信息或者故意登载虚假信息的;

(三)无正当理由不在法定期限内发放居民身份证的;

(四)违反规定查验、扣押居民身份证,侵害公民合法权益的;

(五)泄露因制作、发放、查验、扣押居民身份证而知悉的公民个人信息,侵害公民合法权益的。

第五章 附 则

第二十一条 公民申请领取、换领、补领居民身份证,应当缴纳证件工本费。居民身份证工本费标准,由国务院价格主管部门会同国务院财政部门核定。

对城市中领取最低生活保障金的居民、农村中有特殊生活困难的居民,在其初次申请领取和换领居民身份证时,免收工本费。对其他生活确有困难的居民,在其初次申请领取和换领居民身份证时,可以减收工本费。免收和减收工本费的具体办法,由国务院财政部门会同国务院价格主管部门规定。

公安机关收取的居民身份证工本费,全部上缴国库。

第二十二条 现役的人民解放军军人、人民武装警察申请领取和发放居民身份证的具体办法,由国务院和中央军事委员会另行规定。

第二十三条 本法自2004年1月1日起施行,《中华人民共和国居民身份证条例》同时废止。

依照《中华人民共和国居民身份证条例》领取的居民身份证，自 2013 年 1 月 1 日起停止使用。依照本法在 2012 年 1 月 1 日以前领取的居民身份证，在其有效期内，继续有效。

国家决定换发新一代居民身份证后，原居民身份证的停止使用日期由国务院决定。

中华人民共和国集会游行示威法

1. 1989 年 10 月 31 日第七届全国人民代表大会常务委员会第十次会议通过
2. 根据 2009 年 8 月 27 日第十一届全国人民代表大会常务委员会第十次会议《关于修改部分法律的决定》修正

目　　录

第一章　总　　则

第一条　为了保障公民依法行使集会、游行、示威的权利，维护社会安定和公共秩序，根据宪法，制定本法。

第二条　在中华人民共和国境内举行集会、游行、示威，均适用本法。

本法所称集会，是指聚集于露天公共场所，发表意见、表达意愿的活动。

本法所称游行，是指在公共道路、露天公共场所列队行进、表达共同意愿的活动。

本法所称示威，是指在露天公共场所或者公共道路上以集会、游行、静坐等方式，表达要求、抗议或者支持、声援等共同意愿的活动。

文娱、体育活动，正常的宗教活动，传统的民间习俗活动，不适用本法。

第三条　公民行使集会、游行、示威的权利，各级人民政府应当依照本法规定，予以保障。

第四条　公民在行使集会、游行、示威的权利的时候，必须遵守宪法和法律，不得反对宪法所确定的基本原则，不得损害国家的、社会的、集体的利益和其他公民的合法的自由和权利。

第五条　集会、游行、示威应当和平地进行，不得携带武器、管制刀具和爆炸物，不得使用暴力或者煽动使用暴力。

第六条　集会、游行、示威的主管机关，是集会、游行、示威举行地的市、县公安局、城市公安分局；游行、示威路线经过两个以上区、县的，主管机关为所经过区、县的公安机关的共同上一级公安机关。

第二章　集会游行示威的申请和许可

第七条　举行集会、游行、示威，必须依照本法规定向主管机关提出申请并获得许可。

下列活动不需申请：

（一）国家举行或者根据国家决定举行的庆祝、纪念等活动；

（二）国家机关、政党、社会团体、企业事业组织依照法律、组织章程举行的集会。

第八条　举行集会、游行、示威，必须有负责人。

依照本法规定需要申请的集会、游行、示威，其负责人必须在举行日期的五日前向主管机关递交书面申请。申请书中应当载明集会、游行、示威的目的、方式、标语、口号、人数、车辆数、使用音响设备的种类与数量、起止时间、地点（包括集合地和解散地）、路线和负责人的姓名、职业、住址。

第九条　主管机关接到集会、游行、示威申请书后，应当在申请举行日期的二日前，将许可或者不许可的决定书面通知其负责人。不许可的，应当说明理由。逾期不通知的，视为许可。

确因突然发生的事件临时要求举行集会、游行、示威的，必须立即报告主管机关；主管机关接到报告后，应当立即审查决定许可或者不许可。

第十条　申请举行集会、游行、示威要求解决具体问题的，主管机关接到申请书后，可以通知有关机关或者单位同集会、游行、示威的负责人协商解决问题，并可以将申请举行的时间推迟五日。

第十一条　主管机关认为按照申请的时间、地点、路线举行集会、游行、示威,将对交通秩序和社会秩序造成严重影响的,在决定许可时或者决定许可后,可以变更举行集会、游行、示威的时间、地点、路线,并及时通知其负责人。

第十二条 申请举行的集会、游行、示威,有下列情形之一的,不予许可:

(一)反对宪法所确定的基本原则的;

(二)危害国家统一、主权和领土完整的;

(三)煽动民族分裂的;

(四)有充分根据认定申请举行的集会、游行、示威将直接危害公共安全或者严重破坏社会秩序的。

第十三条 集会、游行、示威的负责人对主管机关不许可的决定不服的,可以自接到决定通知之日起三日内,向同级人民政府申请复议,人民政府应当自接到申请复议书之日起三日内作出决定。

第十四条 集会、游行、示威的负责人在提出申请后接到主管机关通知前,可以撤回申请;接到主管机关许可的通知后,决定不举行集会、游行、示威的,应当及时告知主管机关,参加人已经集合的,应当负责解散。

第十五条 公民不得在其居住地以外的城市发动、组织、参加当地公民的集会、游行、示威。

第十六条 国家机关工作人员不得组织或者参加违背有关法律、法规规定的国家机关工作人员职责、义务的集会、游行、示威。

第十七条 以国家机关、社会团体、企业事业组织的名义组织或者参加集会、游行、示威,必须经本单位负责人批准。

第三章 集会游行示威的举行

第十八条 对于依法举行的集会、游行、示威,主管机关应当派出人民警察维持交通秩序和社会秩序,保障集会、游行、示威的顺利进行。

第十九条 依法举行的集会、游行、示威,任何人不得以暴力、胁迫或者其他非法手段进行扰乱、冲击和破坏。

第二十条 为了保障依法举行的游行的行进,负责维持交通秩序的人民警察可以临时变通执行交通规则的有关规定。

第二十一条 游行在行进中遇有不可预料的情况,不能按照许可的路线行进时,人民警察现场负责人有权改变游行队伍的行进路线。

第二十二条 集会、游行、示威在国家机关、军事机关、广播电台、电视台、外国驻华使馆领馆等单位所在地举行或者经过的,主管机关为了维持秩序,可以在附近设置临时警戒线,未经人民警察许可,不得逾越。

第二十三条 在下列场所周边距离十米至三百米内,不得举行集会、游行、示威,经国务院或者省、自治区、直辖市的人民政府批准的除外:

(一)全国人民代表大会常务委员会、国务院、中央军事委员会、最高人民法院、最高人民检察院的所在地;

(二)国宾下榻处;

(三)重要军事设施;

(四)航空港、火车站和港口。

前款所列场所的具体周边距离,由省、自治区、直辖市的人民政府规定。

第二十四条 举行集会、游行、示威的时间限于早六时至晚十时,经当地人民政府决定或者批准的除外。

第二十五条 集会、游行、示威应当按照许可的目的、方式、标语、口号、起止时间、地点、路线及其他事项进行。

集会、游行、示威的负责人必须负责维持集会、游行、示威的秩序,并严格防止其他人加入。

集会、游行、示威的负责人在必要时,应当指定专人协助人民警察维持秩序。负责维持秩序的人员应当佩戴标志。

第二十六条 举行集会、游行、示威,不得违反治安管理法规,不得进行犯罪活动或者煽动犯罪。

第二十七条 举行集会、游行、示威,有下列情形之一的,人民警察应当予以制止:

(一)未依照本法规定申请或者申请未获许可的;

(二)未按照主管机关许可的目的、方式、标语、口号、起止时间、地点、路线进行的;

(三)在进行中出现危害公共安全或者严重破坏社会秩序情况的。

有前款所列情形之一,不听制止的,人民警察现场负责人有权命令解散;拒不解散的,人民警察现场负责人有权依照国家有关规定决定采取必要手段强行驱散,并对拒不服从的人员强行带离现场或者立即予以拘留。

参加集会、游行、示威的人员越过依照本法第二十二条规定设置的临时警戒线、进入本法第二十三条所列不得举行集会、游行、示威的特定场所周边一定范围或者有其他违法犯罪行为的，人民警察可以将其强行带离现场或者立即予以拘留。

第四章 法律责任

第二十八条 举行集会、游行、示威，有违反治安管理行为的，依照治安管理处罚法有关规定予以处罚。

举行集会、游行、示威，有下列情形之一的，公安机关可以对其负责人和直接责任人员处以警告或者十五日以下拘留：

（一）未依照本法规定申请或者申请未获许可的；

（二）未按照主管机关许可的目的、方式、标语、口号、起止时间、地点、路线进行，不听制止的。

第二十九条 举行集会、游行、示威，有犯罪行为的，依照刑法有关规定追究刑事责任。

携带武器、管制刀具或者爆炸物的，依照刑法有关规定追究刑事责任。

未依照本法规定申请或者申请未获许可，或者未按照主管机关许可的起止时间、地点、路线进行，又拒不服从解散命令，严重破坏社会秩序的，对集会、游行、示威的负责人和直接责任人员依照刑法有关规定追究刑事责任。

包围、冲击国家机关，致使国家机关的公务活动或者国事活动不能正常进行的，对集会、游行、示威的负责人和直接责任人员依照刑法有关规定追究刑事责任。

占领公共场所，拦截车辆行人或者聚众堵塞交通，严重破坏公共场所秩序、交通秩序的，对集会、游行、示威的负责人和直接责任人员依照刑法有关规定追究刑事责任。

第三十条 扰乱、冲击或者以其他方法破坏依法举行的集会、游行、示威的，公安机关可以处以警告或者十五日以下拘留；情节严重，构成犯罪的，依照刑法有关规定追究刑事责任。

第三十一条 当事人对公安机关依照本法第二十八条第二款或者第三十条的规定给予的拘留处罚决定不服的，可以自接到处罚决定通知之日起五日内，向上一级公安机关提出申诉，上一级公安机关应当自接到申诉之日起五日内作出裁决；对上一级公安机关裁决不服的，可以自接到裁决通知之日起五日内，向人民法院提起诉讼。

第三十二条　在举行集会、游行、示威过程中，破坏公私财物或者侵害他人身体造成伤亡的，除依照刑法或者治安管理处罚法的有关规定可以予以处罚外，还应当依法承担赔偿责任。

第三十三条　公民在本人居住地以外的城市发动、组织当地公民的集会、游行、示威的，公安机关有权予以拘留或者强行遣回原地。

第五章　附　　则

第三十四条　外国人在中国境内举行集会、游行、示威，适用本法规定。

外国人在中国境内未经主管机关批准不得参加中国公民举行的集会、游行、示威。

第三十五条　国务院公安部门可以根据本法制定实施条例，报国务院批准施行。

省、自治区、直辖市的人民代表大会常务委员会可以根据本法制定实施办法。

第三十六条　本法自公布之日起施行。

中华人民共和国集会游行示威法实施条例

1. 1992年6月16日公安部令第8号发布

2. 根据2011年1月8日国务院令第588号《关于废止和修改部分行政法规的决定》修订

第一章　总　　则

第一条　根据《中华人民共和国集会游行示威法》（以下简称《集会游行示威法》），制定本条例。

第二条　各级人民政府应当依法保障公民行使集会、游行、示威的权利，维护社会安定和公共秩序，保障依法举行的集会、游行、示威不受任何人以暴力、胁迫或者其他非法手段进行扰乱、冲击和破坏。

第三条　《集会游行示威法》第二条所称露天公共场所是指公众可以自由出入的或者凭票可以进入的室外公共场所，不包括机关、团体、企业事业组织管理的内部露天场所；公共道路是指除机关、团体、企业事业组织内部的专用道路以外的道路和水路。

第四条 文娱、体育活动，正常的宗教活动，传统的民间习俗活动，由各级人民政府或者有关主管部门依照有关的法律、法规和国家其他有关规定进行管理。

第五条 《集会游行示威法》第五条所称武器是指各种枪支、弹药以及其他可用于伤害人身的器械；管制刀具是指匕首、三棱刀、弹簧刀以及其他依法管制的刀具；爆炸物是指具有爆发力和破坏性能，瞬间可以造成人员伤亡、物品毁损的一切爆炸物品。

前款所列武器、管制刀具、爆炸物，在集会、游行、示威中不得携带，也不得运往集会、游行、示威的举行地。

第六条 依照《集会游行示威法》第七条第二款的规定，举行不需要申请的活动，应当维护交通秩序和社会秩序。

第七条 集会、游行、示威由举行地的市、县公安局、城市公安分局主管。

游行、示威路线在同一直辖市、省辖市、自治区辖市或者省、自治区人民政府派出机关所在地区经过两个以上区、县的，由该市公安局或者省、自治区人民政府派出机关的公安处主管；在同一省、自治区行政区域内经过两个以上省辖市、自治区辖市或者省、自治区人民政府派出机关所在地区的，由所在省、自治区公安厅主管；经过两个以上省、自治区、直辖市的，由公安部主管，或者由公安部授权的省、自治区、直辖市公安机关主管。

第二章 集会游行示威的申请和许可

第八条 举行集会、游行、示威，必须有负责人。

下列人员不得担任集会、游行、示威的负责人：

（一）无行为能力人或者限制行为能力人；

（二）被判处刑罚尚未执行完毕的；

（三）正在被劳动教养的；

（四）正在被依法采取刑事强制措施或者法律规定的其他限制人身自由措施的。

第九条 举行集会、游行、示威，必须由其负责人向本条例第七条规定的主管公安机关亲自递交书面申请；不是由负责人亲自递交书面申请的，主管公安机关不予受理。

集会、游行、示威的负责人在递交书面申请时，应当出示本人的居民身份证或者其他有效证件，并如实填写申请登记表。

第十条 主管公安机关接到集会、游行、示威的申请书后，应当及时审查，在法定期限内作出许可或者不许可的书面决定；决定书应当载明许可的内容，或者不许可的理由。

决定书应当在申请举行集会、游行、示威日的二日前送达其负责人，由负责人在送达通知书上签字。负责人拒绝签收的，送达人应当邀请其所在地基层组织的代表或者其他人作为见证人到场说明情况，在送达通知书上写明拒收的事由和日期，由见证人、送达人签名，将决定书留在负责人的住处，即视为已经送达。

事前约定送达的具体时间、地点，集会、游行、示威的负责人不在约定的时间、地点等候而无法送达的，视为自行撤销申请；主管公安机关未按约定的时间、地点送达的，视为许可。

第十一条 申请举行集会、游行、示威要求解决具体问题的，主管公安机关应当自接到申请书之日起二日内将《协商解决具体问题通知书》分别送交集会、游行、示威的负责人和有关机关或者单位，必要时可以同时送交有关机关或者单位的上级主管部门。有关机关或者单位和申请集会、游行、示威的负责人，应当自接到公安机关的《协商解决具体问题通知书》的次日起二日内进行协商。达成协议的，协议书经双方负责人签字后，由有关机关或者单位及时送交主管公安机关；未达成协议或者自接到《协商解决具体问题通知书》的次日起二日内未进行协商，申请人坚持举行集会、游行、示威的，有关机关或者单位应当及时通知主管公安机关，主管公安机关应当依照本条例第十条规定的程序及时作出许可或者不许可的决定。

主管公安机关通知协商解决具体问题的一方或者双方在外地的，《协商解决具体问题通知书》、双方协商达成的协议书或者未达成协议的通知，送交的开始日和在路途上的时间不计算在法定期间内。

第十二条 依照《集会游行示威法》第十五条的规定，公民不得在其居住地以外的城市发动、组织、参加当地公民的集会、游行、示威。本条所称居住地，是指公民常住户口所在地或者向暂住地户口登记机关办理了暂住登记并持续居住半年以上的地方。

第十三条 主管公安机关接到举行集会、游行、示威的申请书后，在决定许可时，有下列情形之一的，可以变更举行集会、游行、示威的时间、地点、路线，并及时通知其负责人：

（一）举行时间在交通高峰期，可能造成交通较长时间严重堵塞的；

（二）举行地或者行经路线正在施工，不能通行的；

（三）举行地为渡口、铁路道口或者是毗邻国（边）境的；

（四）所使用的机动车辆不符合道路养护规定的；

（五）在申请举行集会、游行、示威的同一时间、地点有重大国事活动的；

（六）在申请举行集会、游行、示威的同一时间、地点、路线已经许可他人举行集会、游行、示威的。

主管公安机关在决定许可时，认为需要变更举行集会、游行、示威的时间、地点、路线的，应当在许可决定书中写明。

在决定许可后，申请举行集会、游行、示威的地点、经过的路段发生自然灾害事故、治安灾害事故，尚在进行抢险救灾，举行日前不能恢复正常秩序的，主管公安机关可以变更举行集会、游行、示威的时间、地点、路线，但是应当将《集会游行示威事项变更决定书》于申请举行之日前送达集会、游行、示威的负责人。

第十四条 集会、游行、示威的负责人对主管公安机关不许可的决定不服的，可以自接到不许可决定书之日起三日内向同级人民政府申请复议。人民政府应当自接到复议申请书之日起三日内作出维持或者撤销主管公安机关原决定的复议决定，并将《集会游行示威复议决定书》送达集会、游行、示威的负责人，同时将副本送作出原决定的主管公安机关。人民政府作出的复议决定，主管公安机关和集会、游行、示威的负责人必须执行。

第十五条 集会、游行、示威的负责人在提出申请后接到主管公安机关的通知前，撤回申请的，应当及时到受理申请的主管公安机关办理撤回手续。

集会、游行、示威的负责人接到主管公安机关许可的通知或者人民政府许可的复议决定后，决定不举行集会、游行、示威的，应当在原定举行集会、游行、示威的时间前到原受理的主管公安机关或者人民政府交回许可决定书或者复议决定书。

第十六条 以国家机关、社会团体、企业事业组织的名义组织或者参加集会、游行、示威的，其负责人在递交申请书时，必须同时递交该国家机关、社会团体、企业事业组织负责人签署并加盖公章的证明文件。

第三章　集会游行示威的举行

第十七条　对依法举行的集会，公安机关应当根据实际需要，派出人民警察维持秩序，保障集会的顺利举行。

对依法举行的游行、示威，负责维持秩序的人民警察应当在主管公安机关许可举行游行、示威的路线或者地点疏导交通，防止他人扰乱、破坏游行、示威秩序，必要时还可以临时变通执行交通规则的有关规定，保障游行、示威的顺利进行。

第十八条　负责维持交通秩序和社会秩序的人民警察，由主管公安机关指派的现场负责人统一指挥。人民警察现场负责人应当同集会、游行、示威的负责人保持联系。

第十九条　游行队伍在行进中遇有前方路段临时发生自然灾害事故、交通事故及其他治安灾害事故，或者游行队伍之间、游行队伍与围观群众之间发生严重冲突和混乱，以及突然发生其他不可预料的情况，致使游行队伍不能按照许可的路线行进时，人民警察现场负责人有权临时决定改变游行队伍的行进路线。

第二十条　主管公安机关临时设置的警戒线，应当有明显的标志，必要时还可以设置障碍物。

第二十一条　《集会游行示威法》第二十三条所列不得举行集会、游行、示威的场所的周边距离，是指自上述场所的建筑物周边向外扩展的距离；有围墙或者栅栏的，从围墙或者栅栏的周边开始计算。不得举行集会、游行、示威的场所具体周边距离，由省、自治区、直辖市人民政府规定并予以公布。

省、自治区、直辖市人民政府规定不得举行集会、游行、示威的场所具体周边距离，应当有利于保护上述场所的安全和秩序，同时便于合法的集会、游行、示威的举行。

第二十二条　集会、游行、示威的负责人必须负责维持集会、游行、示威的秩序，遇有其他人加入集会、游行、示威队伍的，应当进行劝阻；对不听劝阻的，应当立即报告现场维持秩序的人民警察。人民警察接到报告后，应当予以制止。

集会、游行、示威的负责人指定协助人民警察维持秩序的人员所佩戴的标志，应当在举行日前将式样报主管公安机关备案。

第二十三条　依照《集会游行示威法》第二十七条的规定，对非法举行集会、游行、示威或者在集会、游行、示威进行中出现危害公共安全或者严重破坏社会秩序情况的，人民警察有权立即予以制止。对不听制止，需要命令解散的，应当通过广播、喊话等明确方式告知在场人员在限定时间内按照指定通道离开现场。对在限定时间内拒不离去的，人民警察现场负责人有权依照国家有关规定，命令使用警械或者采用其他警用手段强行驱散；对继续滞留现场的人员，可以强行带离现场或者立即予以拘留。

第四章　法 律 责 任

第二十四条　拒绝、阻碍人民警察依法执行维持交通秩序和社会秩序职务，应当给予治安管理处罚的，依照治安管理处罚法的规定予以处罚；构成犯罪的，依法追究刑事责任。

违反本条例第五条的规定，尚不构成犯罪的，依照治安管理处罚法的规定予以处罚。

第二十五条　依照《集会游行示威法》第二十九条、第三十条的规定，需要依法追究刑事责任的，由举行地主管公安机关依照刑事诉讼法规定的程序办理。

第二十六条　依照《集会游行示威法》第三十三条的规定予以拘留的，公安机关应当在二十四小时内进行讯问；需要强行遣回原地的，由行为地的主管公安机关制作《强行遣送决定书》，并派人民警察执行。负责执行的人民警察应当将被遣送人送回其居住地，连同《强行遣送决定书》交给被遣送人居住地公安机关，由居住地公安机关依法处理。

第二十七条　依照《集会游行示威法》第二十八条、第三十条以及本条例第二十四条的规定，对当事人给予治安管理处罚的，依照治安管理处罚法规定的程序，由行为地公安机关决定和执行。被处罚人对处罚决定不服的，可以申请复议；对上一级公安机关的复议决定不服的，可以依照法律规定向人民法院提起诉讼。

第二十八条　对于依照《集会游行示威法》第二十七条的规定被强行带离现场或者立即予以拘留的，公安机关应当在二十四小时以内进行讯问。不需要追究法律责任的，可以令其具结悔过后释放；需要追究法律责任的，依照有关法律规定办理。

第二十九条　在举行集会、游行、示威的过程中，破坏公私财物或者侵害他人身体造成伤亡的，应当依法承担赔偿责任。

第五章　附　　则

第三十条　外国人在中国境内举行集会、游行、示威,适用本条例的规定。

外国人在中国境内要求参加中国公民举行的集会、游行、示威的,集会、游行、示威的负责人在申请书中应当载明;未经主管公安机关批准,不得参加。

第三十一条　省、自治区、直辖市的人民代表大会常务委员会根据《集会游行示威法》制定的实施办法适用于本行政区域;与本条例相抵触的,以本条例为准。

第三十二条　本条例具体应用中的问题由公安部负责解释。

第三十三条　本条例自发布之日起施行。

中华人民共和国戒严法

1. 1996年3月1日第八届全国人民代表大会常务委员会第十八次会议通过

2. 1996年3月1日中华人民共和国主席令第61号公布施行

目　　录

第一章　总　　则

第一条　根据中华人民共和国宪法,制定本法。

第二条　在发生严重危及国家的统一、安全或者社会公共安全的动乱、暴乱或者严重骚乱,不采取非常措施不足以维护社会秩序、保护人民的生命和财产安全的紧急状态时,国家可以决定实行戒严。

第三条　全国或者个别省、自治区、直辖市的戒严,由国务院提请全国人民代表大会常务委员会决定;中华人民共和国主席根据全国人民代表大会常务委员会的决定，发布戒严令。

省、自治区、直辖市的范围内部分地区的戒严，由国务院决定，国务院总理发布戒严令。

第四条 戒严期间，为保证戒严的实施和维护社会治安秩序，国家可以依照本法在戒严地区内，对宪法、法律规定的公民权利和自由的行使作出特别规定。

第五条 戒严地区内的人民政府应当依照本法采取必要的措施，尽快恢复正常社会秩序，保障人民的生命和财产安全以及基本生活必需品的供应。

第六条 戒严地区内的一切组织和个人，必须严格遵守戒严令和实施戒严令的规定，积极协助人民政府恢复正常社会秩序。

第七条 国家对遵守戒严令和实施戒严令的规定的组织和个人，采取有效措施保护其合法权益不受侵犯。

第八条 戒严任务由人民警察、人民武装警察执行；必要时，国务院可以向中央军事委员会提出，由中央军事委员会决定派出人民解放军协助执行戒严任务。

第二章 戒严的实施

第九条 全国或者个别省、自治区、直辖市的戒严，由国务院组织实施。

省、自治区、直辖市的范围内部分地区的戒严，由省、自治区、直辖市人民政府组织实施；必要时，国务院可以直接组织实施。

组织实施戒严的机关称为戒严实施机关。

第十条 戒严实施机关建立戒严指挥机构，由戒严指挥机构协调执行戒严任务的有关方面的行动，统一部署和实施戒严措施。

执行戒严任务的人民解放军，在戒严指挥机构的统一部署下，由中央军事委员会指定的军事机关实施指挥。

第十一条 戒严令应当规定戒严的地域范围、起始时间、实施机关等事项。

第十二条 根据本法第二条规定实行戒严的紧急状态消除后，应当及时解除戒严。

解除戒严的程序与决定戒严的程序相同。

第三章 实施戒严的措施

第十三条 戒严期间，戒严实施机关可以决定在戒严地区采取下列措施，并可以制定具体实施办法：

（一）禁止或者限制集会、游行、示威、街头讲演以及其他聚众活动；

（二）禁止罢工、罢市、罢课；

（三）实行新闻管制；

（四）实行通讯、邮政、电信管制；

（五）实行出境入境管制；

（六）禁止任何反对戒严的活动。

第十四条　戒严期间，戒严实施机关可以决定在戒严地区采取交通管制措施，限制人员进出交通管制区域，并对进出交通管制区域人员的证件、车辆、物品进行检查。

第十五条　戒严期间，戒严实施机关可以决定在戒严地区采取宵禁措施。宵禁期间，在实行宵禁地区的街道或者其他公共场所通行，必须持有本人身份证件和戒严实施机关制发的特别通行证。

第十六条　戒严期间，戒严实施机关或者戒严指挥机构可以在戒严地区对下列物品采取特别管理措施：

（一）武器、弹药；

（二）管制刀具；

（三）易燃易爆物品；

（四）化学危险物品、放射性物品、剧毒物品等。

第十七条　根据执行戒严任务的需要，戒严地区的县级以上人民政府可以临时征用国家机关、企业事业组织、社会团体以及公民个人的房屋、场所、设施、运输工具、工程机械等。在非常紧急的情况下，执行戒严任务的人民警察、人民武装警察、人民解放军的现场指挥员可以直接决定临时征用，地方人民政府应当给予协助。实施征用应当开具征用单据。

前款规定的临时征用物，在使用完毕或者戒严解除后应当及时归还；因征用造成损坏的，由县级以上人民政府按照国家有关规定给予相应补偿。

第十八条　戒严期间，对戒严地区的下列单位、场所，采取措施，加强警卫：

（一）首脑机关；

（二）军事机关和重要军事设施；

（二）外国驻华使领馆、国际组织驻华代表机构和国宾下榻处；

（四）广播电台、电视台、国家通讯社等重要新闻单位及其重要设施；

（五）与国计民生有重大关系的公用企业和公共设施；

（六）机场、火车站和港口；

（七）监狱、劳教场所、看守所；

（八）其他需要加强警卫的单位和场所。

第十九条 为保障戒严地区内的人民基本生活必需品的供应，戒严实施机关可以对基本生活必需品的生产、运输、供应、价格，采取特别管理措施。

第二十条 戒严实施机关依照本法采取的实施戒严令的措施和办法，需要公众遵守的，应当公布；在实施过程中，根据情况，对于不需要继续实施的措施和办法，应当及时公布停止实施。

第四章 戒严执勤人员的职责

第二十一条 执行戒严任务的人民警察、人民武装警察和人民解放军是戒严执勤人员。

戒严执勤人员执行戒严任务时，应当佩带由戒严实施机关统一规定的标志。

第二十二条 戒严执勤人员依照戒严实施机关的规定，有权对戒严地区公共道路上或者其他公共场所内的人员的证件、车辆、物品进行检查。

第二十三条 戒严执勤人员依照戒严实施机关的规定，有权对违反宵禁规定的人予以扣留，直至清晨宵禁结束；并有权对被扣留者的人身进行搜查，对其携带的物品进行检查。

第二十四条 戒严执勤人员依照戒严实施机关的规定，有权对下列人员立即予以拘留：

（一）正在实施危害国家安全、破坏社会秩序的犯罪或者有重大嫌疑的；

（二）阻挠或者抗拒戒严执勤人员执行戒严任务的；

（三）抗拒交通管制或者宵禁规定的；

（四）从事其他抗拒戒严令的活动的。

第二十五条 戒严执勤人员依照戒严实施机关的规定，有权对被拘留的人员的人身进行搜查，有权对犯罪嫌疑分子的住所和涉嫌藏匿犯罪分子、犯罪嫌疑分子或者武器、弹药等危险物品的场所进行搜查。

第二十六条 在戒严地区有下列聚众情形之一、阻止无效的，戒严执勤人员根据有关规定，可以使用警械强行制止或者驱散，并将其组织者和拒不服从的人员强行带离现场或者立即予以拘留：

（一）非法进行集会、游行、示威以及其他聚众活动的；

（二）非法占据公共场所或者在公共场所煽动进行破坏活动的；

（三）冲击国家机关或者其他重要单位、场所的；

（四）扰乱交通秩序或者故意堵塞交通的；

（五）哄抢或者破坏机关、团体、企业事业组织和公民个人的财产的。

第二十七条 戒严执勤人员对于依照本法规定予以拘留的人员，应当及时登记和讯问，发现不需要继续拘留的，应当立即释放。

戒严期间拘留、逮捕的程序和期限可以不受中华人民共和国刑事诉讼法有关规定的限制，但逮捕须经人民检察院批准或者决定。

第二十八条 在戒严地区遇有下列特别紧急情形之一，使用警械无法制止时，戒严执勤人员可以使用枪支等武器：

（一）公民或者戒严执勤人员的生命安全受到暴力危害时；

（二）拘留、逮捕、押解人犯，遇有暴力抗拒、行凶或者脱逃时；

（三）遇暴力抢夺武器、弹药时；

（四）警卫的重要对象、目标受到暴力袭击，或者有受到暴力袭击的紧迫危险时；

（五）在执行消防、抢险、救护作业以及其他重大紧急任务中，受到严重暴力阻挠时；

（六）法律、行政法规规定可以使用枪支等武器的其他情形。

戒严执勤人员必须严格遵守使用枪支等武器的规定。

第二十九条 戒严执勤人员应当遵守法律、法规和执勤规则，服从命令，履行职责，尊重当地民族风俗习惯，不得侵犯和损害公民的合法权益。

第三十条 戒严执勤人员依法执行任务的行为受法律保护。

戒严执勤人员违反本法规定，滥用职权，侵犯和损害公民合法权益的，依法追究法律责任。

第五章 附 则

第三十一条 在个别县、市的局部范围内突然发生严重骚乱，严重危及国家安全、社会公共安全和人民的生命财产安全，国家没有作出戒严决定时，当地省级人民政府报经国务院批准，可以决定并组织人民警察、人民武装警察实施交通管制和现场管制，限制人员进出管制区域，对进出管制区域人员的证件、车辆、物品进行检查，对参与骚乱的人可以强行予以驱散、强行带离现场、搜查，对组织者和拒不服从的人员可以立即予以拘留;在人民警察、人民武装警察力量还不足以维护社会秩序时,可以报请国务院向中央军事委员会提出,由中央军事委员会决定派出人民解放军协助当地人民政府恢复和维持正常社会秩序。

第三十二条 本法自公布之日起施行。

中华人民共和国保守国家秘密法

1. 1988 年 9 月 5 日第七届全国人民代表大会常务委员会第三次会议通过
2. 2010 年 4 月 29 日第十一届全国人民代表大会常务委员会第十四次会议修订

目　　录

第一章　总　　则

第一条 为了保守国家秘密,维护国家安全和利益,保障改革开放和社会主义建设事业的顺利进行,制定本法。

第二条 国家秘密是关系国家安全和利益,依照法定程序确定,在一定时间内只限一定范围的人员知悉的事项。

第三条 国家秘密受法律保护。

一切国家机关、武装力量、政党、社会团体、企业事业单位和公民都有保守国家秘密的义务。

任何危害国家秘密安全的行为,都必须受到法律追究。

第四条 保守国家秘密的工作(以下简称保密工作),实行积极防范、突出重点、依法管理的方针,既确保国家秘密安全,又便利信息资源合理利用。

法律、行政法规规定公开的事项,应当依法公开。

第五条 国家保密行政管理部门主管全国的保密工作。县级以上地方各级保密行政管理部门主管本行政区域的保密工作。

第六条 国家机关和涉及国家秘密的单位(以下简称机关、单位)管理本机关和本单位的保密工作。

中央国家机关在其职权范围内,管理或者指导本系统的保密工作。

第七条 机关、单位应当实行保密工作责任制,健全保密管理制度,完善保密防护措施,开展保密宣传教育,加强保密检查。

第八条 国家对在保守、保护国家秘密以及改进保密技术、措施等方面成绩显著的单位或者个人给予奖励。

第二章 国家秘密的范围和密级

第九条 下列涉及国家安全和利益的事项,泄露后可能损害国家在政治、经济、国防、外交等领域的安全和利益的,应当确定为国家秘密:

(一)国家事务重大决策中的秘密事项;

(二)国防建设和武装力量活动中的秘密事项;

(三)外交和外事活动中的秘密事项以及对外承担保密义务的秘密事项;

(四)国民经济和社会发展中的秘密事项;

(五)科学技术中的秘密事项;

(六)维护国家安全活动和追查刑事犯罪中的秘密事项;

(七)经国家保密行政管理部门确定的其他秘密事项。

政党的秘密事项中符合前款规定的,属于国家秘密。

第十条 国家秘密的密级分为绝密、机密、秘密三级。

绝密级国家秘密是最重要的国家秘密,泄露会使国家安全和利益遭受特别严重的损害;机密级国家秘密是重要的国家秘密,泄露会使国家安全和利益遭受严重的损害;秘密级国家秘密是一般的国家秘密,泄露会使国家安全和利益遭受损害。

第十一条 国家秘密及其密级的具体范围,由国家保密行政管理部门分别会同外交、公安、国家安全和其他中央有关机关规定。

军事方面的国家秘密及其密级的具体范围,由中央军事委员会规定。

国家秘密及其密级的具体范围的规定,应当在有关范围内公布,并根据情况变化及时调整。

第十二条 机关、单位负责人及其指定的人员为定密责任人,负责本机关、本单位的国家秘密确定、变更和解除工作。

机关、单位确定、变更和解除本机关、本单位的国家秘密,应当由承办人提出具体意见,经定密责任人审核批准。

第十三条 确定国家秘密的密级,应当遵守定密权限。

中央国家机关、省级机关及其授权的机关、单位可以确定绝密级、机密级和秘密级国家秘密;设区的市、自治州一级的机关及其授权的机关、单位可以确定机密级和秘密级国家秘密。具体的定密权限、授权范围由国家保密行政管理部门规定。

机关、单位执行上级确定的国家秘密事项,需要定密的,根据所执行的国家秘密事项的密级确定。下级机关、单位认为本机关、本单位产生的有关定密事项属于上级机关、单位的定密权限,应当先行采取保密措施,并立即报请上级机关、单位确定;没有上级机关、单位的,应当立即提请有相应定密权限的业务主管部门或者保密行政管理部门确定。

公安、国家安全机关在其工作范围内按照规定的权限确定国家秘密的密级。

第十四条 机关、单位对所产生的国家秘密事项,应当按照国家秘密及其密级的具体范围的规定确定密级,同时确定保密期限和知悉范围。

第十五条 国家秘密的保密期限,应当根据事项的性质和特点,按照维护国家安全和利益的需要,限定在必要的期限内;不能确定期限的,应当确定解密的条件。

国家秘密的保密期限,除另有规定外,绝密级不超过三十年,机密级不超过二十年,秘密级不超过十年。

机关、单位应当根据工作需要,确定具体的保密期限、解密时间或者解密条件。

机关、单位对在决定和处理有关事项工作过程中确定需要保密的事项,根据工作需要决定公开的,正式公布时即视为解密。

第十六条 国家秘密的知悉范围,应当根据工作需要限定在最小范围。

国家秘密的知悉范围能够限定到具体人员的,限定到具体人员;不能限定到具体人员的,限定到机关、单位,由机关、单位限定到具体人员。

国家秘密的知悉范围以外的人员,因工作需要知悉国家秘密的,应当经过机关、单位负责人批准。

第十七条 机关、单位对承载国家秘密的纸介质、光介质、电磁介质等载体（以下简称国家秘密载体）以及属于国家秘密的设备、产品，应当做出国家秘密标志。

不属于国家秘密的，不应当做出国家秘密标志。

第十八条 国家秘密的密级、保密期限和知悉范围，应当根据情况变化及时变更。国家秘密的密级、保密期限和知悉范围的变更，由原定密机关、单位决定，也可以由其上级机关决定。

国家秘密的密级、保密期限和知悉范围变更的，应当及时书面通知知悉范围内的机关、单位或者人员。

第十九条 国家秘密的保密期限已满的，自行解密。

机关、单位应当定期审核所确定的国家秘密。对在保密期限内因保密事项范围调整不再作为国家秘密事项，或者公开后不会损害国家安全和利益，不需要继续保密的，应当及时解密；对需要延长保密期限的，应当在原保密期限届满前重新确定保密期限。提前解密或者延长保密期限的，由原定密机关、单位决定，也可以由其上级机关决定。

第二十条 机关、单位对是否属于国家秘密或者属于何种密级不明确或者有争议的，由国家保密行政管理部门或者省、自治区、直辖市保密行政管理部门确定。

第三章 保密制度

第二十一条 国家秘密载体的制作、收发、传递、使用、复制、保存、维修和销毁，应当符合国家保密规定。

绝密级国家秘密载体应当在符合国家保密标准的设施、设备中保存，并指定专人管理；未经原定密机关、单位或者其上级机关批准，不得复制和摘抄；收发、传递和外出携带，应当指定人员负责，并采取必要的安全措施。

第二十二条 属于国家秘密的设备、产品的研制、生产、运输、使用、保存、维修和销毁，应当符合国家保密规定。

第二十三条 存储、处理国家秘密的计算机信息系统（以下简称涉密信息系统）按照涉密程度实行分级保护。

涉密信息系统应当按照国家保密标准配备保密设施、设备。保密设施、设备应当与涉密信息系统同步规划，同步建设，同步运行。

涉密信息系统应当按照规定，经检查合格后，方可投入使用。

第二十四条 机关、单位应当加强对涉密信息系统的管理,任何组织和个人不得有下列行为:

（一）将涉密计算机、涉密存储设备接入互联网及其他公共信息网络;

（二）在未采取防护措施的情况下,在涉密信息系统与互联网及其他公共信息网络之间进行信息交换;

（三）使用非涉密计算机、非涉密存储设备存储、处理国家秘密信息;

（四）擅自卸载、修改涉密信息系统的安全技术程序、管理程序;

（五）将未经安全技术处理的退出使用的涉密计算机、涉密存储设备赠送、出售、丢弃或者改作其他用途。

第二十五条 机关、单位应当加强对国家秘密载体的管理,任何组织和个人不得有下列行为:

（一）非法获取、持有国家秘密载体;

（二）买卖、转送或者私自销毁国家秘密载体;

（三）通过普通邮政、快递等无保密措施的渠道传递国家秘密载体;

（四）邮寄、托运国家秘密载体出境;

（五）未经有关主管部门批准,携带、传递国家秘密载体出境。

第二十六条 禁止非法复制、记录、存储国家秘密。

禁止在互联网及其他公共信息网络或者未采取保密措施的有线和无线通信中传递国家秘密。

禁止在私人交往和通信中涉及国家秘密。

第二十七条 报刊、图书、音像制品、电子出版物的编辑、出版、印制、发行,广播节目、电视节目、电影的制作和播放,互联网、移动通信网等公共信息网络及其他传媒的信息编辑、发布,应当遵守有关保密规定。

第二十八条 互联网及其他公共信息网络运营商、服务商应当配合公安机关、国家安全机关、检察机关对泄密案件进行调查;发现利用互联网及其他公共信息网络发布的信息涉及泄露国家秘密的,应当立即停止传输,保存有关记录,向公安机关、国家安全机关或者保密行政管理部门报告;应当根据公安机关、国家安全机关或者保密行政管理部门的要求,删除涉及泄露国家秘密的信息。

第二十九条 机关、单位公开发布信息以及对涉及国家秘密的工程、货物、服务进行采购时,应当遵守保密规定。

第三十条 机关、单位对外交往与合作中需要提供国家秘密事项，或者任用、聘用的境外人员因工作需要知悉国家秘密的，应当报国务院有关主管部门或者省、自治区、直辖市人民政府有关主管部门批准，并与对方签订保密协议。

第三十一条 举办会议或者其他活动涉及国家秘密的，主办单位应当采取保密措施，并对参加人员进行保密教育，提出具体保密要求。

第三十二条 机关、单位应当将涉及绝密级或者较多机密级、秘密级国家秘密的机构确定为保密要害部门，将集中制作、存放、保管国家秘密载体的专门场所确定为保密要害部位，按照国家保密规定和标准配备、使用必要的技术防护设施、设备。

第三十三条 军事禁区和属于国家秘密不对外开放的其他场所、部位，应当采取保密措施，未经有关部门批准，不得擅自决定对外开放或者扩大开放范围。

第三十四条 从事国家秘密载体制作、复制、维修、销毁，涉密信息系统集成，或者武器装备科研生产等涉及国家秘密业务的企业事业单位，应当经过保密审查，具体办法由国务院规定。

机关、单位委托企业事业单位从事前款规定的业务，应当与其签订保密协议，提出保密要求，采取保密措施。

第三十五条 在涉密岗位工作的人员(以下简称涉密人员)，按照涉密程度分为核心涉密人员、重要涉密人员和一般涉密人员，实行分类管理。

任用、聘用涉密人员应当按照有关规定进行审查。

涉密人员应当具有良好的政治素质和品行，具有胜任涉密岗位所要求的工作能力。

涉密人员的合法权益受法律保护。

第三十六条 涉密人员上岗应当经过保密教育培训，掌握保密知识技能，签订保密承诺书，严格遵守保密规章制度，不得以任何方式泄露国家秘密。

第三十七条 涉密人员出境应当经有关部门批准，有关机关认为涉密人员出境将对国家安全造成危害或者对国家利益造成重大损失的，不得批准出境。

第三十八条 涉密人员离岗离职实行脱密期管理。涉密人员在脱密期内，应当按照规定履行保密义务，不得违反规定就业，不得以任何方式泄露国家秘密。

第三十九条 机关、单位应当建立健全涉密人员管理制度，明确涉密人员的权利、岗位责任和要求，对涉密人员履行职责情况开展经常性的监督检查。

第四十条 国家工作人员或者其他公民发现国家秘密已经泄露或者可能泄露时，应当立即采取补救措施并及时报告有关机关、单位。机关、单位接到报告后，应当立即作出处理，并及时向保密行政管理部门报告。

第四章 监督管理

第四十一条 国家保密行政管理部门依照法律、行政法规的规定，制定保密规章和国家保密标准。

第四十二条 保密行政管理部门依法组织开展保密宣传教育、保密检查、保密技术防护和泄密案件查处工作，对机关、单位的保密工作进行指导和监督。

第四十三条 保密行政管理部门发现国家秘密确定、变更或者解除不当的，应当及时通知有关机关、单位予以纠正。

第四十四条 保密行政管理部门对机关、单位遵守保密制度的情况进行检查，有关机关、单位应当配合。保密行政管理部门发现机关、单位存在泄密隐患的，应当要求其采取措施，限期整改；对存在泄密隐患的设施、设备、场所，应当责令停止使用；对严重违反保密规定的涉密人员，应当建议有关机关、单位给予处分并调离涉密岗位；发现涉嫌泄露国家秘密的，应当督促、指导有关机关、单位进行调查处理。涉嫌犯罪的，移送司法机关处理。

第四十五条 保密行政管理部门对保密检查中发现的非法获取、持有的国家秘密载体，应当予以收缴。

第四十六条 办理涉嫌泄露国家秘密案件的机关，需要对有关事项是否属于国家秘密以及属于何种密级进行鉴定的，由国家保密行政管理部门或者省、自治区、直辖市保密行政管理部门鉴定。

第四十七条 机关、单位对违反保密规定的人员不依法给予处分的，保密行政管理部门应当建议纠正，对拒不纠正的，提请其上一级机关或者监察机关对该机关、单位负有责任的领导人员和直接责任人员依法予以处理。

第五章　法律责任

第四十八条　违反本法规定，有下列行为之一的，依法给予处分；构成犯罪的，依法追究刑事责任：

（一）非法获取、持有国家秘密载体的；

（二）买卖、转送或者私自销毁国家秘密载体的；

（三）通过普通邮政、快递等无保密措施的渠道传递国家秘密载体的；

（四）邮寄、托运国家秘密载体出境，或者未经有关主管部门批准，携带、传递国家秘密载体出境的；

（五）非法复制、记录、存储国家秘密的；

（六）在私人交往和通信中涉及国家秘密的；

（七）在互联网及其他公共信息网络或者未采取保密措施的有线和无线通信中传递国家秘密的；

（八）将涉密计算机、涉密存储设备接入互联网及其他公共信息网络的；

（九）在未采取防护措施的情况下，在涉密信息系统与互联网及其他公共信息网络之间进行信息交换的；

（十）使用非涉密计算机、非涉密存储设备存储、处理国家秘密信息的；

（十一）擅自卸载、修改涉密信息系统的安全技术程序、管理程序的；

（十二）将未经安全技术处理的退出使用的涉密计算机、涉密存储设备赠送、出售、丢弃或者改作其他用途的。

有前款行为尚不构成犯罪，且不适用处分的人员，由保密行政管理部门督促其所在机关、单位予以处理。

第四十九条　机关、单位违反本法规定，发生重大泄密案件的，由有关机关、单位依法对直接负责的主管人员和其他直接责任人员给予处分；不适用处分的人员，由保密行政管理部门督促其主管部门予以处理。

机关、单位违反本法规定，对应当定密的事项不定密，或者对不应当定密的事项定密，造成严重后果的，由有关机关、单位依法对直接负责的主管人员和其他直接责任人员给予处分。

第五十条　互联网及其他公共信息网络运营商、服务商违反本法第二十八条规定的，由公安机关或者国家安全机关、信息产业主管部门按照各自职责分工依法予以处罚。

第五十一条　保密行政管理部门的工作人员在履行保密管理职责中滥用职权、玩忽职守、徇私舞弊的,依法给予处分;构成犯罪的,依法追究刑事责任。

第六章　附　　则

第五十二条　中央军事委员会根据本法制定中国人民解放军保密条例。

第五十三条　本法自 2010 年 10 月 1 日起施行。

中华人民共和国保守国家秘密法实施条例

1. 2014 年 1 月 17 日国务院令第 646 号公布
2. 自 2014 年 3 月 1 日起施行

第一章　总　　则

第一条　根据《中华人民共和国保守国家秘密法》(以下简称保密法)的规定,制定本条例。

第二条　国家保密行政管理部门主管全国的保密工作。县级以上地方各级保密行政管理部门在上级保密行政管理部门指导下,主管本行政区域的保密工作。

第三条　中央国家机关在其职权范围内管理或者指导本系统的保密工作,监督执行保密法律法规,可以根据实际情况制定或者会同有关部门制定主管业务方面的保密规定。

第四条　县级以上人民政府应当加强保密基础设施建设和关键保密科技产品的配备。

　　省级以上保密行政管理部门应当加强关键保密科技产品的研发工作。

　　保密行政管理部门履行职责所需的经费,应当列入本级人民政府财政预算。机关、单位开展保密工作所需经费应当列入本机关、本单位的年度财政预算或者年度收支计划。

第五条　机关、单位不得将依法应当公开的事项确定为国家秘密,不得将涉及国家秘密的信息公开。

第六条　机关、单位实行保密工作责任制。机关、单位负责人对本机关、本单位的保密工作负责，工作人员对本岗位的保密工作负责。

机关、单位应当根据保密工作需要设立保密工作机构或者指定人员专门负责保密工作。

机关、单位及其工作人员履行保密工作责任制情况应当纳入年度考评和考核内容。

第七条　各级保密行政管理部门应当组织开展经常性的保密宣传教育。机关、单位应当定期对本机关、本单位工作人员进行保密形势、保密法律法规、保密技术防范等方面的教育培训。

第二章　国家秘密的范围和密级

第八条　国家秘密及其密级的具体范围（以下称保密事项范围）应当明确规定国家秘密具体事项的名称、密级、保密期限、知悉范围。

保密事项范围应当根据情况变化及时调整。制定、修订保密事项范围应当充分论证，听取有关机关、单位和相关领域专家的意见。

第九条　机关、单位负责人为本机关、本单位的定密责任人，根据工作需要，可以指定其他人员为定密责任人。

专门负责定密的工作人员应当接受定密培训，熟悉定密职责和保密事项范围，掌握定密程序和方法。

第十条　定密责任人在职责范围内承担有关国家秘密确定、变更和解除工作。具体职责是：

（一）审核批准本机关、本单位产生的国家秘密的密级、保密期限和知悉范围；

（二）对本机关、本单位产生的尚在保密期限内的国家秘密进行审核，作出是否变更或者解除的决定；

（三）对是否属于国家秘密和属于何种密级不明确的事项先行拟定密级，并按照规定的程序报保密行政管理部门确定。

第十一条　中央国家机关、省级机关以及设区的市、自治州级机关可以根据保密工作需要或者有关机关、单位的申请，在国家保密行政管理部门规定的定密权限、授权范围内作出定密授权。

定密授权应当以书面形式作出。授权机关应当对被授权机关、单位履行定密授权的情况进行监督。

中央国家机关、省级机关作出的授权，报国家保密行政管理部门备案；设区的市、自治州级机关作出的授权，报省、自治区、直辖市保密行政管理部门备案。

第十二条 机关、单位应当在国家秘密产生的同时，由承办人依据有关保密事项范围拟定密级、保密期限和知悉范围，报定密责任人审核批准，并采取相应保密措施。

第十三条 机关、单位对所产生的国家秘密，应当按照保密事项范围的规定确定具体的保密期限；保密事项范围没有规定具体保密期限的，可以根据工作需要，在保密法规定的保密期限内确定；不能确定保密期限的，应当确定解密条件。

国家秘密的保密期限，自标明的制发日起计算；不能标明制发日的，确定该国家秘密的机关、单位应当书面通知知悉范围内的机关、单位和人员，保密期限自通知之日起计算。

第十四条 机关、单位应当按照保密法的规定，严格限定国家秘密的知悉范围，对知悉机密级以上国家秘密的人员，应当作出书面记录。

第十五条 国家秘密载体以及属于国家秘密的设备、产品的明显部位应当标注国家秘密标志。国家秘密标志应当标注密级和保密期限。国家秘密的密级和保密期限发生变更的，应当及时对原国家秘密标志作出变更。

无法标注国家秘密标志的，确定该国家秘密的机关、单位应当书面通知知悉范围内的机关、单位和人员。

第十六条 机关、单位对所产生的国家秘密，认为符合保密法有关解密或者延长保密期限规定的，应当及时解密或者延长保密期限。

机关、单位对不属于本机关、本单位产生的国家秘密，认为符合保密法有关解密或者延长保密期限规定的，可以向原定密机关、单位或者其上级机关、单位提出建议。

已经依法移交各级国家档案馆的属于国家秘密的档案，由原定密机关、单位按照国家有关规定进行解密审核。

第十七条 机关、单位被撤销或者合并的，该机关、单位所确定国家秘密的变更和解除，由承担其职能的机关、单位负责，也可以由其上级机关、单位或者保密行政管理部门指定的机关、单位负责。

第十八条 机关、单位发现本机关、本单位国家秘密的确定、变更和解除不当的，应当及时纠正；上级机关、单位发现下级机关、单位国家秘密的确定、变更和解除不当的，应当及时通知其纠正，也可以直接纠正。

第十九条 机关、单位对符合保密法的规定,但保密事项范围没有规定的不明确事项,应当先行拟定密级、保密期限和知悉范围,采取相应的保密措施,并自拟定之日起 10 日内报有关部门确定。拟定为绝密级的事项和中央国家机关拟定的机密级、秘密级的事项,报国家保密行政管理部门确定;其他机关、单位拟定的机密级、秘密级的事项,报省、自治区、直辖市保密行政管理部门确定。

保密行政管理部门接到报告后,应当在 10 日内作出决定。省、自治区、直辖市保密行政管理部门还应当将所作决定及时报国家保密行政管理部门备案。

第二十条 机关、单位对已定密事项是否属于国家秘密或者属于何种密级有不同意见的,可以向原定密机关、单位提出异议,由原定密机关、单位作出决定。

机关、单位对原定密机关、单位未予处理或者对作出的决定仍有异议的,按照下列规定办理:

(一)确定为绝密级的事项和中央国家机关确定的机密级、秘密级的事项,报国家保密行政管理部门确定。

(二)其他机关、单位确定的机密级、秘密级的事项,报省、自治区、直辖市保密行政管理部门确定;对省、自治区、直辖市保密行政管理部门作出的决定有异议的,可以报国家保密行政管理部门确定。

在原定密机关、单位或者保密行政管理部门作出决定前,对有关事项应当按照主张密级中的最高密级采取相应的保密措施。

第三章 保密制度

第二十一条 国家秘密载体管理应当遵守下列规定:

(一)制作国家秘密载体,应当由机关、单位或者经保密行政管理部门保密审查合格的单位承担,制作场所应当符合保密要求。

(二)收发国家秘密载体,应当履行清点、编号、登记、签收手续。

(三)传递国家秘密载体,应当通过机要交通、机要通信或者其他符合保密要求的方式进行。

(四)复制国家秘密载体或者摘录、引用、汇编属于国家秘密的内容,应当按照规定报批,不得擅自改变原件的密级、保密期限和知悉范围,复制件应当加盖复制机关、单位戳记,并视同原件进行管理。

(五)保存国家秘密载体的场所、设施、设备,应当符合国家保密要求。

（六）维修国家秘密载体，应当由本机关、本单位专门技术人员负责。确需外单位人员维修的，应当由本机关、本单位的人员现场监督；确需在本机关、本单位以外维修的，应当符合国家保密规定。

（七）携带国家秘密载体外出，应当符合国家保密规定，并采取可靠的保密措施；携带国家秘密载体出境的，应当按照国家保密规定办理批准和携带手续。

第二十二条 销毁国家秘密载体应当符合国家保密规定和标准，确保销毁的国家秘密信息无法还原。

销毁国家秘密载体应当履行清点、登记、审批手续，并送交保密行政管理部门设立的销毁工作机构或者保密行政管理部门指定的单位销毁。机关、单位确因工作需要，自行销毁少量国家秘密载体的，应当使用符合国家保密标准的销毁设备和方法。

第二十三条 涉密信息系统按照涉密程度分为绝密级、机密级、秘密级。机关、单位应当根据涉密信息系统存储、处理信息的最高密级确定系统的密级，按照分级保护要求采取相应的安全保密防护措施。

第二十四条 涉密信息系统应当由国家保密行政管理部门设立或者授权的保密测评机构进行检测评估，并经设区的市、自治州级以上保密行政管理部门审查合格，方可投入使用。

公安、国家安全机关的涉密信息系统投入使用的管理办法，由国家保密行政管理部门会同国务院公安、国家安全部门另行规定。

第二十五条 机关、单位应当加强涉密信息系统的运行使用管理，指定专门机构或者人员负责运行维护、安全保密管理和安全审计，定期开展安全保密检查和风险评估。

涉密信息系统的密级、主要业务应用、使用范围和使用环境等发生变化或者涉密信息系统不再使用的，应当按照国家保密规定及时向保密行政管理部门报告，并采取相应措施。

第二十六条 机关、单位采购涉及国家秘密的工程、货物和服务的，应当根据国家保密规定确定密级，并符合国家保密规定和标准。机关、单位应当对提供工程、货物和服务的单位提出保密管理要求，并与其签订保密协议。

政府采购监督管理部门、保密行政管理部门应当依法加强对涉及国家秘密的工程、货物和服务采购的监督管理。

第二十七条 举办会议或者其他活动涉及国家秘密的，主办单位应当采取下列保密措施：

（一）根据会议、活动的内容确定密级，制定保密方案，限定参加人员范围；

（二）使用符合国家保密规定和标准的场所、设施、设备；

（三）按照国家保密规定管理国家秘密载体；

（四）对参加人员提出具体保密要求。

第二十八条 企业事业单位从事国家秘密载体制作、复制、维修、销毁，涉密信息系统集成或者武器装备科研生产等涉及国家秘密的业务（以下简称涉密业务），应当由保密行政管理部门或者保密行政管理部门会同有关部门进行保密审查。保密审查不合格的，不得从事涉密业务。

第二十九条 从事涉密业务的企业事业单位应当具备下列条件：

（一）在中华人民共和国境内依法成立 3 年以上的法人，无违法犯罪记录；

（二）从事涉密业务的人员具有中华人民共和国国籍；

（三）保密制度完善，有专门的机构或者人员负责保密工作；

（四）用于涉密业务的场所、设施、设备符合国家保密规定和标准；

（五）具有从事涉密业务的专业能力；

（六）法律、行政法规和国家保密行政管理部门规定的其他条件。

第三十条 涉密人员的分类管理、任（聘）用审查、脱密期管理、权益保障等具体办法，由国家保密行政管理部门会同国务院有关主管部门制定。

第四章 监督管理

第三十一条 机关、单位应当向同级保密行政管理部门报送本机关、本单位年度保密工作情况。下级保密行政管理部门应当向上级保密行政管理部门报送本行政区域年度保密工作情况。

第三十二条 保密行政管理部门依法对机关、单位执行保密法律法规的下列情况进行检查：

（一）保密工作责任制落实情况；

（二）保密制度建设情况；

（三）保密宣传教育培训情况；

（四）涉密人员管理情况；

（五）国家秘密确定、变更和解除情况；

（六）国家秘密载体管理情况；

（七）信息系统和信息设备保密管理情况；

（八）互联网使用保密管理情况；

（九）保密技术防护设施设备配备使用情况；

（十）涉密场所及保密要害部门、部位管理情况；

（十一）涉密会议、活动管理情况；

（十二）信息公开保密审查情况。

第三十三条 保密行政管理部门在保密检查过程中，发现有泄密隐患的，可以查阅有关材料、询问人员、记录情况；对有关设施、设备、文件资料等可以依法先行登记保存，必要时进行保密技术检测。有关机关、单位及其工作人员对保密检查应当予以配合。

保密行政管理部门实施检查后，应当出具检查意见，对需要整改的，应当明确整改内容和期限。

第三十四条 机关、单位发现国家秘密已经泄露或者可能泄露的，应当立即采取补救措施，并在24小时内向同级保密行政管理部门和上级主管部门报告。

地方各级保密行政管理部门接到泄密报告的，应当在24小时内逐级报至国家保密行政管理部门。

第三十五条 保密行政管理部门对公民举报、机关和单位报告、保密检查发现、有关部门移送的涉嫌泄露国家秘密的线索和案件，应当依法及时调查或者组织、督促有关机关、单位调查处理。调查工作结束后，认为有违反保密法律法规的事实，需要追究责任的，保密行政管理部门可以向有关机关、单位提出处理建议。有关机关、单位应当及时将处理结果书面告知同级保密行政管理部门。

第三十六条 保密行政管理部门收缴非法获取、持有的国家秘密载体，应当进行登记并出具清单，查清密级、数量、来源、扩散范围等，并采取相应的保密措施。

保密行政管理部门可以提请公安、工商行政管理等有关部门协助收缴非法获取、持有的国家秘密载体，有关部门应当予以配合。

第三十七条 国家保密行政管理部门或者省、自治区、直辖市保密行政管理部门应当依据保密法律法规和保密事项范围，对办理涉嫌泄露国家秘密案件的机关提出鉴定的事项是否属于国家秘密、属于何种密级作出鉴定。

保密行政管理部门受理鉴定申请后,应当自受理之日起 30 日内出具鉴定结论;不能按期出具鉴定结论的,经保密行政管理部门负责人批准,可以延长 30 日。

第三十八条 保密行政管理部门及其工作人员应当按照法定的职权和程序开展保密审查、保密检查和泄露国家秘密案件查处工作,做到科学、公正、严格、高效,不得利用职权谋取利益。

第五章 法律责任

第三十九条 机关、单位发生泄露国家秘密案件不按照规定报告或者未采取补救措施的,对直接负责的主管人员和其他直接责任人员依法给予处分。

第四十条 在保密检查或者泄露国家秘密案件查处中,有关机关、单位及其工作人员拒不配合,弄虚作假,隐匿、销毁证据,或者以其他方式逃避、妨碍保密检查或者泄露国家秘密案件查处的,对直接负责的主管人员和其他直接责任人员依法给予处分。

企业事业单位及其工作人员协助机关、单位逃避、妨碍保密检查或者泄露国家秘密案件查处的,由有关主管部门依法予以处罚。

第四十一条 经保密审查合格的企业事业单位违反保密管理规定的,由保密行政管理部门责令限期整改,逾期不改或者整改后仍不符合要求的,暂停涉密业务;情节严重的,停止涉密业务。

第四十二条 涉密信息系统未按照规定进行检测评估和审查而投入使用的,由保密行政管理部门责令改正,并建议有关机关、单位对直接负责的主管人员和其他直接责任人员依法给予处分。

第四十三条 机关、单位委托未经保密审查的单位从事涉密业务的,由有关机关、单位对直接负责的主管人员和其他直接责任人员依法给予处分。

未经保密审查的单位从事涉密业务的,由保密行政管理部门责令停止违法行为;有违法所得的,由工商行政管理部门没收违法所得。

第四十四条 保密行政管理部门未依法履行职责,或者滥用职权、玩忽职守、徇私舞弊的,对直接负责的主管人员和其他直接责任人员依法给予处分;构成犯罪的,依法追究刑事责任。

第六章 附 则

第四十五条 本条例自2014年3月1日起施行。1990年4月25日国务院批准、1990年5月25日国家保密局发布的《中华人民共和国保守国家秘密法实施办法》同时废止。

四、国家机构

1. 人民代表大会

中华人民共和国全国人民代表大会组织法

1. 1982年12月10日第五届全国人民代表大会第五次会议通过
2. 1982年12月10日全国人民代表大会公告公布施行
3. 根据2021年3月11日第十三届全国人民代表大会第四次会议《关于修改〈中华人民共和国全国人民代表大会组织法〉的决定》修正

目　　录

第一章　总　　则

第一条　为了健全全国人民代表大会及其常务委员会的组织和工作制度，保障和规范其行使职权，坚持和完善人民代表大会制度，保证人民当家作主，根据宪法，制定本法。

第二条　全国人民代表大会是最高国家权力机关，其常设机关是全国人民代表大会常务委员会。

第三条　全国人民代表大会及其常务委员会坚持中国共产党的领导，坚持以马克思列宁主义、毛泽东思想、邓小平理论、“三个代表”重要思想、科学发展观、习近平新时代中国特色社会主义思想为指导，依照宪法和法律规定行使职权。

第四条 全国人民代表大会由民主选举产生,对人民负责,受人民监督。

全国人民代表大会及其常务委员会坚持全过程民主,始终同人民保持密切联系,倾听人民的意见和建议,体现人民意志,保障人民权益。

第五条 全国人民代表大会及其常务委员会行使国家立法权,决定重大事项,监督宪法和法律的实施,维护社会主义法制的统一、尊严、权威,建设社会主义法治国家。

第六条 全国人民代表大会及其常务委员会实行民主集中制原则,充分发扬民主,集体行使职权。

第七条 全国人民代表大会及其常务委员会积极开展对外交往,加强同各国议会、国际和地区议会组织的交流与合作。

第二章 全国人民代表大会会议

第八条 全国人民代表大会每届任期五年。

全国人民代表大会会议每年举行一次,由全国人民代表大会常务委员会召集。全国人民代表大会常务委员会认为必要,或者有五分之一以上的全国人民代表大会代表提议,可以临时召集全国人民代表大会会议。

第九条 全国人民代表大会代表选出后,由全国人民代表大会常务委员会代表资格审查委员会进行审查。

全国人民代表大会常务委员会根据代表资格审查委员会提出的报告,确认代表的资格或者确定个别代表的当选无效,在每届全国人民代表大会第一次会议前公布代表名单。

对补选的全国人民代表大会代表,依照前款规定进行代表资格审查。

第十条 全国人民代表大会代表按照选举单位组成代表团。各代表团分别推选代表团团长、副团长。

代表团在每次全国人民代表大会会议举行前,讨论全国人民代表大会常务委员会提出的关于会议的准备事项;在会议期间,对全国人民代表大会的各项议案进行审议,并可以由代表团团长或者由代表团推派的代表,在主席团会议上或者大会全体会议上,代表代表团对审议的议案发表意见。

第十一条 全国人民代表大会每次会议举行预备会议，选举本次会议的主席团和秘书长，通过本次会议的议程和其他准备事项的决定。

主席团和秘书长的名单草案，由全国人民代表大会常务委员会委员长会议提出，经常务委员会会议审议通过后，提交预备会议。

第十二条 主席团主持全国人民代表大会会议。

主席团推选常务主席若干人，召集并主持主席团会议。

主席团推选主席团成员若干人分别担任每次大会全体会议的执行主席，并指定其中一人担任全体会议主持人。

第十三条 全国人民代表大会会议设立秘书处。秘书处由秘书长和副秘书长若干人组成。副秘书长的人选由主席团决定。

秘书处在秘书长领导下，办理主席团交付的事项，处理会议日常事务工作。副秘书长协助秘书长工作。

第十四条 主席团处理下列事项：

（一）根据会议议程决定会议日程；

（二）决定会议期间代表提出议案的截止时间；

（三）听取和审议关于议案处理意见的报告，决定会议期间提出的议案是否列入会议议程；

（四）听取和审议秘书处和有关专门委员会关于各项议案和报告审议、审查情况的报告，决定是否将议案和决定草案、决议草案提请会议表决；

（五）听取主席团常务主席关于国家机构组成人员人选名单的说明，提名由会议选举的国家机构组成人员的人选，依照法定程序确定正式候选人名单；

（六）提出会议选举和决定任命的办法草案；

（七）组织由会议选举或者决定任命的国家机构组成人员的宪法宣誓；

（八）其他应当由主席团处理的事项。

第十五条 主席团常务主席就拟提请主席团审议事项，听取秘书处和有关专门委员会的报告，向主席团提出建议。

主席团常务主席可以对会议日程作必要的调整。

第十六条 全国人民代表大会主席团，全国人民代表大会常务委员会，全国人民代表大会各专门委员会，国务院，中央军事委员会，国家监察委员会，最高人民法院，最高人民检察院，可以向全国人民代表大会提出属于全国人民代表大会职权范围内的议案。

第十七条 一个代表团或者三十名以上的代表联名，可以向全国人民代表大会提出属于全国人民代表大会职权范围内的议案。

第十八条 全国人民代表大会常务委员会委员长、副委员长、秘书长、委员的人选，中华人民共和国主席、副主席的人选，中央军事委员会主席的人选，国家监察委员会主任的人选，最高人民法院院长和最高人民检察院检察长的人选，由主席团提名，经各代表团酝酿协商后，再由主席团根据多数代表的意见确定正式候选人名单。

第十九条 国务院总理和国务院其他组成人员的人选、中央军事委员会除主席以外的其他组成人员的人选，依照宪法的有关规定提名。

第二十条 全国人民代表大会主席团、三个以上的代表团或者十分之一以上的代表，可以提出对全国人民代表大会常务委员会的组成人员，中华人民共和国主席、副主席，国务院和中央军事委员会的组成人员，国家监察委员会主任，最高人民法院院长和最高人民检察院检察长的罢免案，由主席团提请大会审议。

第二十一条 全国人民代表大会会议期间，一个代表团或者三十名以上的代表联名，可以书面提出对国务院以及国务院各部门、国家监察委员会、最高人民法院、最高人民检察院的质询案。

第三章 全国人民代表大会常务委员会

第二十二条 全国人民代表大会常务委员会对全国人民代表大会负责并报告工作。

全国人民代表大会常务委员会每届任期同全国人民代表大会每届任期相同，行使职权到下届全国人民代表大会选出新的常务委员会为止。

第二十三条 全国人民代表大会常务委员会由下列人员组成：

委员长，

副委员长若干人，

秘书长，

委员若干人。

常务委员会的组成人员由全国人民代表大会从代表中选出。

常务委员会的组成人员不得担任国家行政机关、监察机关、审判机关和检察机关的职务；如果担任上述职务，应当向常务委员会辞去常务委员会的职务。

第二十四条 常务委员会委员长主持常务委员会会议和常务委员会的工作。副委员长、秘书长协助委员长工作。副委员长受委员长的委托，可以代行委员长的部分职权。

委员长因为健康情况不能工作或者缺位的时候，由常务委员会在副委员长中推选一人代理委员长的职务，直到委员长恢复健康或者全国人民代表大会选出新的委员长为止。

第二十五条 常务委员会的委员长、副委员长、秘书长组成委员长会议，处理常务委员会的重要日常工作：

（一）决定常务委员会每次会议的会期，拟订会议议程草案，必要时提出调整会议议程的建议；

（二）对向常务委员会提出的议案和质询案，决定交由有关的专门委员会审议或者提请常务委员会全体会议审议；

（三）决定是否将议案和决定草案、决议草案提请常务委员会全体会议表决，对暂不交付表决的，提出下一步处理意见；

（四）通过常务委员会年度工作要点、立法工作计划、监督工作计划、代表工作计划、专项工作规划和工作规范性文件等；

（五）指导和协调各专门委员会的日常工作；

（六）处理常务委员会其他重要日常工作。

第二十六条 常务委员会设立代表资格审查委员会。

代表资格审查委员会的主任委员、副主任委员和委员的人选，由委员长会议在常务委员会组成人员中提名，常务委员会任免。

第二十七条 常务委员会设立办公厅，在秘书长领导下工作。

常务委员会设副秘书长若干人，由委员长提请常务委员会任免。

第二十八条 常务委员会设立法制工作委员会、预算工作委员会和其他需要设立的工作委员会。

工作委员会的主任、副主任和委员由委员长提请常务委员会任免。

香港特别行政区基本法委员会、澳门特别行政区基本法委员会的设立、职责和组成人员任免,依照有关法律和全国人民代表大会有关决定的规定。

第二十九条　委员长会议,全国人民代表大会各专门委员会,国务院,中央军事委员会,国家监察委员会,最高人民法院,最高人民检察院,常务委员会组成人员十人以上联名,可以向常务委员会提出属于常务委员会职权范围内的议案。

第三十条　常务委员会会议期间,常务委员会组成人员十人以上联名,可以向常务委员会书面提出对国务院以及国务院各部门、国家监察委员会、最高人民法院、最高人民检察院的质询案。

第三十一条　常务委员会在全国人民代表大会闭会期间,根据国务院总理的提名,可以决定国务院其他组成人员的任免;根据中央军事委员会主席的提名,可以决定中央军事委员会其他组成人员的任免。

第三十二条　常务委员会在全国人民代表大会闭会期间,根据委员长会议、国务院总理的提请,可以决定撤销国务院其他个别组成人员的职务;根据中央军事委员会主席的提请,可以决定撤销中央军事委员会其他个别组成人员的职务。

第三十三条　常务委员会在全国人民代表大会每次会议举行的时候,必须向全国人民代表大会提出工作报告。

第四章　全国人民代表大会各委员会

第三十四条　全国人民代表大会设立民族委员会、宪法和法律委员会、监察和司法委员会、财政经济委员会、教育科学文化卫生委员会、外事委员会、华侨委员会、环境与资源保护委员会、农业与农村委员会、社会建设委员会和全国人民代表大会认为需要设立的其他专门委员会。各专门委员会受全国人民代表大会领导;在全国人民代表大会闭会期间,受全国人民代表大会常务委员会领导。

各专门委员会由主任委员、副主任委员若干人和委员若干人组成。

各专门委员会的主任委员、副主任委员和委员的人选由主席团在代表中提名,全国人民代表大会会议表决通过。在大会闭会期间,全国人民代表大会常务委员会可以任免专门委员会的副主任委员和委员,由委员长会议提名,常务委员会会议表决通过。

第三十五条　各专门委员会每届任期同全国人民代表大会每届任期相同,

履行职责到下届全国人民代表大会产生新的专门委员会为止。

第三十六条 各专门委员会主任委员主持委员会会议和委员会的工作。副主任委员协助主任委员工作。

各专门委员会可以根据工作需要，任命专家若干人为顾问；顾问可以列席专门委员会会议，发表意见。

顾问由全国人民代表大会常务委员会任免。

第三十七条 各专门委员会的工作如下：

（一）审议全国人民代表大会主席团或者全国人民代表大会常务委员会交付的议案；

（二）向全国人民代表大会主席团或者全国人民代表大会常务委员会提出属于全国人民代表大会或者全国人民代表大会常务委员会职权范围内同本委员会有关的议案，组织起草法律草案和其他议案草案；

（三）承担全国人民代表大会常务委员会听取和审议专项工作报告有关具体工作；

（四）承担全国人民代表大会常务委员会执法检查的具体组织实施工作；

（五）承担全国人民代表大会常务委员会专题询问有关具体工作；

（六）按照全国人民代表大会常务委员会工作安排，听取国务院有关部门和国家监察委员会、最高人民法院、最高人民检察院的专题汇报，提出建议；

（七）对属于全国人民代表大会或者全国人民代表大会常务委员会职权范围内同本委员会有关的问题，进行调查研究，提出建议；

（八）审议全国人民代表大会常务委员会交付的被认为同宪法、法律相抵触的国务院的行政法规、决定和命令，国务院各部门的命令、指示和规章，国家监察委员会的监察法规，省、自治区、直辖市和设区的市、自治州的人民代表大会及其常务委员会的地方性法规和决定、决议，省、自治区、直辖市和设区的市、自治州的人民政府的决定、命令和规章，民族自治地方的自治条例和单行条例，经济特区法规，以及最高人民法院、最高人民检察院具体应用法律问题的解释，提出意见；

（九）审议全国人民代表大会主席团或者全国人民代表大会常务委员会交付的质询案，听取受质询机关对质询案的答复，必要的时候向全国人民代表大会主席团或者全国人民代表大会常务委员会提出报告；

（十）研究办理代表建议、批评和意见，负责有关建议、批评和意见的督促办理工作；

（十一）按照全国人民代表大会常务委员会的安排开展对外交往；

（十二）全国人民代表大会及其常务委员会交办的其他工作。

第三十八条 民族委员会可以对加强民族团结问题进行调查研究，提出建议；审议自治区报请全国人民代表大会常务委员会批准的自治区的自治条例和单行条例，向全国人民代表大会常务委员会提出报告。

第三十九条 宪法和法律委员会承担推动宪法实施、开展宪法解释、推进合宪性审查、加强宪法监督、配合宪法宣传等工作职责。

宪法和法律委员会统一审议向全国人民代表大会或者全国人民代表大会常务委员会提出的法律草案和有关法律问题的决定草案；其他专门委员会就有关草案向宪法和法律委员会提出意见。

第四十条 财政经济委员会对国务院提出的国民经济和社会发展计划草案、规划纲要草案、中央和地方预算草案、中央决算草案以及相关报告和调整方案进行审查，提出初步审查意见、审查结果报告；其他专门委员会可以就有关草案和报告向财政经济委员会提出意见。

第四十一条 全国人民代表大会或者全国人民代表大会常务委员会可以组织对于特定问题的调查委员会。调查委员会的组织和工作，由全国人民代表大会或者全国人民代表大会常务委员会决定。

第五章 全国人民代表大会代表

第四十二条 全国人民代表大会代表每届任期五年，从每届全国人民代表大会举行第一次会议开始，到下届全国人民代表大会举行第一次会议为止。

第四十三条 全国人民代表大会代表必须模范地遵守宪法和法律，保守国家秘密，并且在自己参加的生产、工作和社会活动中，协助宪法和法律的实施。

第四十四条 全国人民代表大会代表应当同原选举单位和人民保持密切联系，可以列席原选举单位的人民代表大会会议，通过多种方式听取和反映人民的意见和要求，努力为人民服务，充分发挥在全过程民主中的作用。

第四十五条　全国人民代表大会常务委员会和各专门委员会、工作委员会应当同代表保持密切联系，听取代表的意见和建议，支持和保障代表依法履职，扩大代表对各项工作的参与，充分发挥代表作用。

全国人民代表大会常务委员会建立健全常务委员会组成人员和各专门委员会、工作委员会联系代表的工作机制。

全国人民代表大会常务委员会办事机构和工作机构为代表履行职责提供服务保障。

第四十六条　全国人民代表大会代表向全国人民代表大会或者全国人民代表大会常务委员会提出的对各方面工作的建议、批评和意见，由全国人民代表大会常务委员会办事机构交由有关机关、组织研究办理并负责答复。

对全国人民代表大会代表提出的建议、批评和意见，有关机关、组织应当与代表联系沟通，充分听取意见，介绍有关情况，认真研究办理，及时予以答复。

全国人民代表大会有关专门委员会和常务委员会办事机构应当加强对办理工作的督促检查。常务委员会办事机构每年向常务委员会报告代表建议、批评和意见的办理情况，并予以公开。

第四十七条　全国人民代表大会代表在出席全国人民代表大会会议和执行其他属于代表的职务的时候，国家根据实际需要给予适当的补贴和物质上的便利。

第四十八条　全国人民代表大会代表、全国人民代表大会常务委员会的组成人员，在全国人民代表大会和全国人民代表大会常务委员会各种会议上的发言和表决，不受法律追究。

第四十九条　全国人民代表大会代表非经全国人民代表大会主席团许可，在全国人民代表大会闭会期间非经全国人民代表大会常务委员会许可，不受逮捕或者刑事审判。

全国人民代表大会代表如果因为是现行犯被拘留，执行拘留的公安机关应当立即向全国人民代表大会主席团或者全国人民代表大会常务委员会报告。

中华人民共和国地方各级人民代表大会和地方各级人民政府组织法

1. 1979年7月1日第五届全国人民代表大会第二次会议通过
2. 根据1982年12月10日第五届全国人民代表大会第五次会议《关于修改〈中华人民共和国地方各级人民代表大会和地方各级人民政府组织法〉的若干规定的决议》第一次修正
3. 根据1986年12月2日第六届全国人民代表大会常务委员会第十八次会议《关于修改〈中华人民共和国地方各级人民代表大会和地方各级人民政府组织法〉的决定》第二次修正
4. 根据1995年2月28日第八届全国人民代表大会常务委员会第十二次会议《关于修改〈中华人民共和国地方各级人民代表大会和地方各级人民政府组织法〉的决定》第三次修正
5. 根据2004年10月27日第十届全国人民代表大会常务委员会第十二次会议《关于修改〈中华人民共和国地方各级人民代表大会和地方各级人民政府组织法〉的决定》第四次修正
6. 根据2015年8月29日第十二届全国人民代表大会常务委员会第十六次会议《关于修改〈中华人民共和国地方各级人民代表大会和地方各级人民政府组织法〉、〈中华人民共和国全国人民代表大会和地方各级人民代表大会选举法〉、〈中华人民共和国全国人民代表大会和地方各级人民代表大会代表法〉的决定》第五次修正
7. 根据2022年3月11日第十三届全国人民代表大会第五次会议《关于修改〈中华人民共和国地方各级人民代表大会和地方各级人民政府组织法〉的决定》第六次修正

目　　录

第一章 总 则

第一条 为了健全地方各级人民代表大会和地方各级人民政府的组织和工作制度,保障和规范其行使职权,坚持和完善人民代表大会制度,保证人民当家作主,根据宪法,制定本法。

第二条 地方各级人民代表大会是地方国家权力机关。

县级以上的地方各级人民代表大会常务委员会是本级人民代表大会的常设机关。

地方各级人民政府是地方各级国家权力机关的执行机关,是地方各级国家行政机关。

第三条 地方各级人民代表大会、县级以上的地方各级人民代表大会常务委员会和地方各级人民政府坚持中国共产党的领导,坚持以马克思列宁主义、毛泽东思想、邓小平理论、“三个代表”重要思想、科学发展观、习近平新时代中国特色社会主义思想为指导,依照宪法和法律规定行使职权。

第四条 地方各级人民代表大会、县级以上的地方各级人民代表大会常务委员会和地方各级人民政府坚持以人民为中心,坚持和发展全过程人民民主,始终同人民保持密切联系,倾听人民的意见和建议,为人民服务,对人民负责,受人民监督。

第五条 地方各级人民代表大会、县级以上的地方各级人民代表大会常务委员会和地方各级人民政府遵循在中央的统一领导下、充分发挥地方的主动性积极性的原则,保证宪法、法律和行政法规在本行政区域的实施。

第六条 地方各级人民代表大会、县级以上的地方各级人民代表大会常务委员会和地方各级人民政府实行民主集中制原则。

地方各级人民代表大会和县级以上的地方各级人民代表大会常务委员会应当充分发扬民主,集体行使职权。

地方各级人民政府实行首长负责制。政府工作中的重大事项应当经集体讨论决定。

第二章 地方各级人民代表大会

第一节 地方各级人民代表大会的组成和任期

第七条 省、自治区、直辖市、自治州、县、自治县、市、市辖区、乡、民族乡、镇设立人民代表大会。

第八条 省、自治区、直辖市、自治州、设区的市的人民代表大会代表由下一级的人民代表大会选举;县、自治县、不设区的市、市辖区、乡、民族乡、镇的人民代表大会代表由选民直接选举。

地方各级人民代表大会代表名额和代表产生办法由选举法规定。各行政区域内的少数民族应当有适当的代表名额。

第九条 地方各级人民代表大会每届任期五年。

第二节 地方各级人民代表大会的职权

第十条 省、自治区、直辖市的人民代表大会根据本行政区域的具体情况和实际需要,在不同宪法、法律、行政法规相抵触的前提下,可以制定和颁布地方性法规,报全国人民代表大会常务委员会和国务院备案。

设区的市、自治州的人民代表大会根据本行政区域的具体情况和实际需要,在不同宪法、法律、行政法规和本省、自治区的地方性法规相抵触的前提下,可以依照法律规定的权限制定地方性法规,报省、自治区的人民代表大会常务委员会批准后施行,并由省、自治区的人民代表大会常务委员会报全国人民代表大会常务委员会和国务院备案。

省、自治区、直辖市以及设区的市、自治州的人民代表大会根据区域协调发展的需要,可以开展协同立法。

第十一条 县级以上的地方各级人民代表大会行使下列职权:

(一)在本行政区域内,保证宪法、法律、行政法规和上级人民代表大会及其常务委员会决议的遵守和执行,保证国家计划和国家预算的执行;

（二）审查和批准本行政区域内的国民经济和社会发展规划纲要、计划和预算及其执行情况的报告，审查监督政府债务，监督本级人民政府对国有资产的管理；

（三）讨论、决定本行政区域内的政治、经济、教育、科学、文化、卫生、生态环境保护、自然资源、城乡建设、民政、社会保障、民族等工作的重大事项和项目；

（四）选举本级人民代表大会常务委员会的组成人员；

（五）选举省长、副省长，自治区主席、副主席，市长、副市长，州长、副州长，县长、副县长，区长、副区长；

（六）选举本级监察委员会主任、人民法院院长和人民检察院检察长；选出的人民检察院检察长，须报经上一级人民检察院检察长提请该级人民代表大会常务委员会批准；

（七）选举上一级人民代表大会代表；

（八）听取和审议本级人民代表大会常务委员会的工作报告；

（九）听取和审议本级人民政府和人民法院、人民检察院的工作报告；

（十）改变或者撤销本级人民代表大会常务委员会的不适当的决议；

（十一）撤销本级人民政府的不适当的决定和命令；

（十二）保护社会主义的全民所有的财产和劳动群众集体所有的财产，保护公民私人所有的合法财产，维护社会秩序，保障公民的人身权利、民主权利和其他权利；

（十三）保护各种经济组织的合法权益；

（十四）铸牢中华民族共同体意识，促进各民族广泛交往交流交融，保障少数民族的合法权利和利益；

（十五）保障宪法和法律赋予妇女的男女平等、同工同酬和婚姻自由等各项权利。

第十二条 乡、民族乡、镇的人民代表大会行使下列职权：

（一）在本行政区域内，保证宪法、法律、行政法规和上级人民代表大会及其常务委员会决议的遵守和执行；

（二）在职权范围内通过和发布决议；

（三）根据国家计划，决定本行政区域内的经济、文化事业和公共事业的建设计划和项目；

（四）审查和批准本行政区域内的预算和预算执行情况的报告，监督本级预算的执行，审查和批准本级预算的调整方案，审查和批准本级决算；

（五）决定本行政区域内的民政工作的实施计划；

（六）选举本级人民代表大会主席、副主席；

（七）选举乡长、副乡长，镇长、副镇长；

（八）听取和审议乡、民族乡、镇的人民政府的工作报告；

（九）听取和审议乡、民族乡、镇的人民代表大会主席团的工作报告；

（十）撤销乡、民族乡、镇的人民政府的不适当的决定和命令；

（十一）保护社会主义的全民所有的财产和劳动群众集体所有的财产，保护公民私人所有的合法财产，维护社会秩序，保障公民的人身权利、民主权利和其他权利；

（十二）保护各种经济组织的合法权益；

（十三）铸牢中华民族共同体意识，促进各民族广泛交往交流交融，保障少数民族的合法权利和利益；

（十四）保障宪法和法律赋予妇女的男女平等、同工同酬和婚姻自由等各项权利。

少数民族聚居的乡、民族乡、镇的人民代表大会在行使职权的时候，可以依照法律规定的权限采取适合民族特点的具体措施。

第十三条 地方各级人民代表大会有权罢免本级人民政府的组成人员。县级以上的地方各级人民代表大会有权罢免本级人民代表大会常务委员会的组成人员和由它选出的监察委员会主任、人民法院院长、人民检察院检察长。罢免人民检察院检察长，须报经上一级人民检察院检察长提请该级人民代表大会常务委员会批准。

第三节 地方各级人民代表大会会议的举行

第十四条 地方各级人民代表大会会议每年至少举行一次。乡、民族乡、镇的人民代表大会会议一般每年举行两次。会议召开的日期由本级人民代表大会常务委员会或者乡、民族乡、镇的人民代表大会主席团决定，并予以公布。

遇有特殊情况，县级以上的地方各级人民代表大会常务委员会或者乡、民族乡、镇的人民代表大会主席团可以决定适当提前或者推迟召开会议。提前或者推迟召开会议的日期未能在当次会议上决定的，常务委员会或者其授权的主任会议，乡、民族乡、镇的人民代表大会主席团可以另行决定，并予以公布。

县级以上的地方各级人民代表大会常务委员会或者乡、民族乡、镇的人民代表大会主席团认为必要，或者经过五分之一以上代表提议，可以临时召集本级人民代表大会会议。

地方各级人民代表大会会议有三分之二以上的代表出席，始得举行。

第十五条 县级以上的地方各级人民代表大会会议由本级人民代表大会常务委员会召集。

第十六条 地方各级人民代表大会举行会议，应当合理安排会期和会议日程，提高议事质量和效率。

第十七条 县级以上的地方各级人民代表大会每次会议举行预备会议，选举本次会议的主席团和秘书长，通过本次会议的议程和其他准备事项的决定。

预备会议由本级人民代表大会常务委员会主持。每届人民代表大会第一次会议的预备会议，由上届本级人民代表大会常务委员会主持。

县级以上的地方各级人民代表大会举行会议的时候，由主席团主持会议。

县级以上的地方各级人民代表大会会议设副秘书长若干人；副秘书长的人选由主席团决定。

第十八条 乡、民族乡、镇的人民代表大会设主席，并可以设副主席一人至二人。主席、副主席由本级人民代表大会从代表中选出，任期同本级人民代表大会每届任期相同。

乡、民族乡、镇的人民代表大会主席、副主席不得担任国家行政机关的职务；如果担任国家行政机关的职务，必须向本级人民代表大会辞去主席、副主席的职务。

乡、民族乡、镇的人民代表大会主席、副主席在本级人民代表大会闭会期间负责联系本级人民代表大会代表，根据主席团的安排组织代表开展活动，反映代表和群众对本级人民政府工作的建议、批评和意见，并负责处理主席团的日常工作。

第十九条 乡、民族乡、镇的人民代表大会举行会议的时候，选举主席团。由主席团主持会议，并负责召集下一次的本级人民代表大会会议。乡、民族乡、镇的人民代表大会主席、副主席为主席团的成员。

主席团在本级人民代表大会闭会期间，每年选择若干关系本地区群众切身利益和社会普遍关注的问题，有计划地安排代表听取和讨论本级人民政府的专项工作报告，对法律、法规实施情况进行检查，开展视察、调研等活动；听取和反映代表和群众对本级人民政府工作的建议、批评和意见。主席团在闭会期间的工作，向本级人民代表大会报告。

第二十条 地方各级人民代表大会每届第一次会议，在本届人民代表大会代表选举完成后的两个月内，由上届本级人民代表大会常务委员会或者乡、民族乡、镇的上次人民代表大会主席团召集。

第二十一条 县级以上的地方各级人民政府组成人员和监察委员会主任、人民法院院长、人民检察院检察长，乡级的人民政府领导人员，列席本级人民代表大会会议；县级以上的其他有关机关、团体负责人，经本级人民代表大会常务委员会决定，可以列席本级人民代表大会会议。

第二十二条 地方各级人民代表大会举行会议的时候，主席团、常务委员会、各专门委员会、本级人民政府，可以向本级人民代表大会提出属于本级人民代表大会职权范围内的议案，由主席团决定提交人民代表大会会议审议，或者并交有关的专门委员会审议、提出报告，再由主席团审议决定提交大会表决。

县级以上的地方各级人民代表大会代表十人以上联名，乡、民族乡、镇的人民代表大会代表五人以上联名，可以向本级人民代表大会提出属于本级人民代表大会职权范围内的议案，由主席团决定是否列入大会议程，或者先交有关的专门委员会审议，提出是否列入大会议程的意见，再由主席团决定是否列入大会议程。

列入会议议程的议案，在交付大会表决前，提案人要求撤回的，经主席团同意，会议对该项议案的审议即行终止。

第二十三条 在地方各级人民代表大会审议议案的时候，代表可以向有关地方国家机关提出询问，由有关机关派人说明。

第二十四条 地方各级人民代表大会举行会议的时候，代表十人以上联名可以书面提出对本级人民政府和它所属各工作部门以及监察委员会、人民法院、人民检察院的质询案。质询案必须写明质询对象、质询的问题和内容。

质询案由主席团决定交由受质询机关在主席团会议、大会全体会议或者有关的专门委员会会议上口头答复，或者由受质询机关书面答复。在主席团会议或者专门委员会会议上答复的，提质询案的代表有权列席会议，发表意见；主席团认为必要的时候，可以将答复质询案的情况报告印发会议。

质询案以口头答复的，应当由受质询机关的负责人到会答复；质询案以书面答复的，应当由受质询机关的负责人签署，由主席团印发会议或者印发提质询案的代表。

第二十五条 地方各级人民代表大会进行选举和通过决议，以全体代表的过半数通过。

第四节 地方国家机关组成人员的选举、罢免和辞职

第二十六条 县级以上的地方各级人民代表大会常务委员会的组成人员，乡、民族乡、镇的人民代表大会主席、副主席，省长、副省长，自治区主席、副主席，市长、副市长，州长、副州长，县长、副县长，区长、副区长，乡长、副乡长，镇长、副镇长，监察委员会主任，人民法院院长，人民检察院检察长的人选，由本级人民代表大会主席团或者代表依照本法规定联合提名。

省、自治区、直辖市的人民代表大会代表三十人以上书面联名，设区的市和自治州的人民代表大会代表二十人以上书面联名，县级的人民代表大会代表十人以上书面联名，可以提出本级人民代表大会常务委员会组成人员，人民政府领导人员，监察委员会主任，人民法院院长，人民检察院检察长的候选人。乡、民族乡、镇的人民代表大会代表十人以上书面联名，可以提出本级人民代表大会主席、副主席，人民政府领导人员的候选人。不同选区或者选举单位选出的代表可以酝酿、联合提出候选人。

主席团提名的候选人人数，每一代表与其他代表联合提名的候选人人数，均不得超过应选名额。

提名人应当如实介绍所提名的候选人的情况。

第二十七条 人民代表大会常务委员会主任、秘书长，乡、民族乡、镇的人民代表大会主席，人民政府正职领导人员，监察委员会主任，人民法院院长，人民检察院检察长的候选人数可以多一人，进行差额选举；如果提名的候选人只有一人，也可以等额选举。人民代表大会常务委员会副主任，乡、民族乡、镇的人民代表大会副主席，人民政府副职领导人员的候

选人数应比应选人数多一人至三人,人民代表大会常务委员会委员的候选人数应比应选人数多十分之一至五分之一,由本级人民代表大会根据应选人数在选举办法中规定具体差额数,进行差额选举。如果提名的候选人数符合选举办法规定的差额数,由主席团提交代表酝酿、讨论后,进行选举。如果提名的候选人数超过选举办法规定的差额数,由主席团提交代表酝酿、讨论后,进行预选,根据在预选中得票多少的顺序,按照选举办法规定的差额数,确定正式候选人名单,进行选举。

县级以上的地方各级人民代表大会换届选举本级国家机关领导人员时,提名、酝酿候选人的时间不得少于两天。

第二十八条 选举采用无记名投票方式。代表对于确定的候选人,可以投赞成票,可以投反对票,可以另选其他任何代表或者选民,也可以弃权。

第二十九条 地方各级人民代表大会选举本级国家机关领导人员,获得过半数选票的候选人人数超过应选名额时,以得票多的当选。如遇票数相等不能确定当选人时,应当就票数相等的人再次投票,以得票多的当选。

获得过半数选票的当选人数少于应选名额时,不足的名额另行选举。另行选举时,可以根据在第一次投票时得票多少的顺序确定候选人,也可以依照本法规定的程序另行提名、确定候选人。经本级人民代表大会决定,不足的名额的另行选举可以在本次人民代表大会会议上进行,也可以在下一次人民代表大会会议上进行。

另行选举人民代表大会常务委员会副主任、委员,乡、民族乡、镇的人民代表大会副主席,人民政府副职领导人员时,依照本法第二十七条第一款的规定,确定差额数,进行差额选举。

第三十条 地方各级人民代表大会补选常务委员会主任、副主任、秘书长、委员,乡、民族乡、镇的人民代表大会主席、副主席,省长、副省长,自治区主席、副主席,市长、副市长,州长、副州长,县长、副县长,区长、副区长,乡长、副乡长,镇长、副镇长,监察委员会主任,人民法院院长,人民检察院检察长时,候选人数可以多于应选人数,也可以同应选人数相等。选举办法由本级人民代表大会决定。

第三十一条 县级以上的地方各级人民代表大会举行会议的时候,主席团、常务委员会或者十分之一以上代表联名,可以提出对本级人民代表大会常务委员会组成人员、人民政府组成人员、监察委员会主任、人民法院院长、人民检察院检察长的罢免案,由主席团提请大会审议。

乡、民族乡、镇的人民代表大会举行会议的时候，主席团或者五分之一以上代表联名，可以提出对人民代表大会主席、副主席，乡长、副乡长，镇长、副镇长的罢免案，由主席团提请大会审议。

罢免案应当写明罢免理由。

被提出罢免的人员有权在主席团会议或者大会全体会议上提出申辩意见，或者书面提出申辩意见。在主席团会议上提出的申辩意见或者书面提出的申辩意见，由主席团印发会议。

向县级以上的地方各级人民代表大会提出的罢免案，由主席团交会议审议后，提请全体会议表决；或者由主席团提议，经全体会议决定，组织调查委员会，由本级人民代表大会下次会议根据调查委员会的报告审议决定。

第三十二条 县级以上的地方各级人民代表大会常务委员会组成人员、专门委员会组成人员和人民政府领导人员，监察委员会主任，人民法院院长，人民检察院检察长，可以向本级人民代表大会提出辞职，由大会决定是否接受辞职；大会闭会期间，可以向本级人民代表大会常务委员会提出辞职，由常务委员会决定是否接受辞职。常务委员会决定接受辞职后，报本级人民代表大会备案。人民检察院检察长的辞职，须报经上一级人民检察院检察长提请该级人民代表大会常务委员会批准。

乡、民族乡、镇的人民代表大会主席、副主席，乡长、副乡长，镇长、副镇长，可以向本级人民代表大会提出辞职，由大会决定是否接受辞职。

第五节 地方各级人民代表大会各委员会

第三十三条 省、自治区、直辖市、自治州、设区的市的人民代表大会根据需要，可以设法制委员会、财政经济委员会、教育科学文化卫生委员会、环境与资源保护委员会、社会建设委员会和其他需要设立的专门委员会；县、自治县、不设区的市、市辖区的人民代表大会根据需要，可以设法制委员会、财政经济委员会等专门委员会。

各专门委员会受本级人民代表大会领导；在大会闭会期间，受本级人民代表大会常务委员会领导。

第三十四条 各专门委员会的主任委员、副主任委员和委员的人选，由主席团在代表中提名，大会通过。在大会闭会期间，常务委员会可以任免专门委员会的个别副主任委员和部分委员，由主任会议提名，常务委员会会议通过。

各专门委员会每届任期同本级人民代表大会每届任期相同，履行职责到下届人民代表大会产生新的专门委员会为止。

第三十五条 各专门委员会在本级人民代表大会及其常务委员会领导下，开展下列工作：

（一）审议本级人民代表大会主席团或者常务委员会交付的议案；

（二）向本级人民代表大会主席团或者常务委员会提出属于本级人民代表大会或者常务委员会职权范围内同本委员会有关的议案，组织起草有关议案草案；

（三）承担本级人民代表大会常务委员会听取和审议专项工作报告、执法检查、专题询问等的具体组织实施工作；

（四）按照本级人民代表大会常务委员会工作安排，听取本级人民政府工作部门和监察委员会、人民法院、人民检察院的专题汇报，提出建议；

（五）对属于本级人民代表大会及其常务委员会职权范围内同本委员会有关的问题，进行调查研究，提出建议；

（六）研究办理代表建议、批评和意见，负责有关建议、批评和意见的督促办理工作；

（七）办理本级人民代表大会及其常务委员会交办的其他工作。

第三十六条 县级以上的地方各级人民代表大会可以组织关于特定问题的调查委员会。

主席团或者十分之一以上代表书面联名，可以向本级人民代表大会提议组织关于特定问题的调查委员会，由主席团提请全体会议决定。

调查委员会由主任委员、副主任委员和委员组成，由主席团在代表中提名，提请全体会议通过。

调查委员会应当向本级人民代表大会提出调查报告。人民代表大会根据调查委员会的报告，可以作出相应的决议。人民代表大会可以授权它的常务委员会听取调查委员会的调查报告，常务委员会可以作出相应的决议，报人民代表大会下次会议备案。

第三十七条 乡、民族乡、镇的每届人民代表大会第一次会议通过的代表资格审查委员会，行使职权至本届人民代表大会任期届满为止。

第六节 地方各级人民代表大会代表

第三十八条 地方各级人民代表大会代表任期，从每届本级人民代表大会举行第一次会议开始，到下届本级人民代表大会举行第一次会议为止。

第三十九条 地方各级人民代表大会代表、常务委员会组成人员，在人民代表大会和常务委员会会议上的发言和表决，不受法律追究。

第四十条 县级以上的地方各级人民代表大会代表，非经本级人民代表大会主席团许可，在大会闭会期间，非经本级人民代表大会常务委员会许可，不受逮捕或者刑事审判。如果因为是现行犯被拘留，执行拘留的公安机关应当立即向该级人民代表大会主席团或者常务委员会报告。

第四十一条 地方各级人民代表大会代表在出席人民代表大会会议和执行代表职务的时候，国家根据需要给予往返的旅费和必要的物质上的便利或者补贴。

第四十二条 县级以上的地方各级人民代表大会代表向本级人民代表大会及其常务委员会提出的对各方面工作的建议、批评和意见，由本级人民代表大会常务委员会的办事机构交有关机关和组织研究办理并负责答复。

乡、民族乡、镇的人民代表大会代表向本级人民代表大会提出的对各方面工作的建议、批评和意见，由本级人民代表大会主席团交有关机关和组织研究办理并负责答复。

地方各级人民代表大会代表的建议、批评和意见的办理情况，由县级以上的地方各级人民代表大会常务委员会办事机构或者乡、民族乡、镇的人民代表大会主席团向本级人民代表大会常务委员会或者乡、民族乡、镇的人民代表大会报告，并予以公开。

第四十三条 地方各级人民代表大会代表应当与原选区选民或者原选举单位和人民群众保持密切联系，听取和反映他们的意见和要求，充分发挥在发展全过程人民民主中的作用。

省、自治区、直辖市、自治州、设区的市的人民代表大会代表可以列席原选举单位的人民代表大会会议。

县、自治县、不设区的市、市辖区、乡、民族乡、镇的人民代表大会代表分工联系选民，有代表三人以上的居民地区或者生产单位可以组织代表小组。

地方各级人民代表大会代表应当向原选区选民或者原选举单位报告履职情况。

第四十四条 省、自治区、直辖市、自治州、设区的市的人民代表大会代表受原选举单位的监督；县、自治县、不设区的市、市辖区、乡、民族乡、镇的人民代表大会代表受选民的监督。

地方各级人民代表大会代表的选举单位和选民有权随时罢免自己选出的代表。代表的罢免必须由原选举单位以全体代表的过半数通过，或者由原选区以选民的过半数通过。

第四十五条 地方各级人民代表大会代表因故不能担任代表职务的时候，由原选举单位或者由原选区选民补选。

第三章 县级以上的地方各级人民代表大会常务委员会

第一节 常务委员会的组成和任期

第四十六条 省、自治区、直辖市、自治州、县、自治县、市、市辖区的人民代表大会设立常务委员会，对本级人民代表大会负责并报告工作。

第四十七条 省、自治区、直辖市、自治州、设区的市的人民代表大会常务委员会由本级人民代表大会在代表中选举主任、副主任若干人、秘书长、委员若干人组成。

县、自治县、不设区的市、市辖区的人民代表大会常务委员会由本级人民代表大会在代表中选举主任、副主任若干人和委员若干人组成。

常务委员会的组成人员不得担任国家行政机关、监察机关、审判机关和检察机关的职务；如果担任上述职务，必须向常务委员会辞去常务委员会的职务。

常务委员会组成人员的名额：

（一）省、自治区、直辖市四十五人至七十五人，人口超过八千万的省不超过九十五人；

（二）设区的市、自治州二十九人至五十一人，人口超过八百万的设区的市不超过六十一人；

（三）县、自治县、不设区的市、市辖区十五人至三十五人，人口超过一百万的县、自治县、不设区的市、市辖区不超过四十五人。

省、自治区、直辖市每届人民代表大会常务委员会组成人员的名额，由省、自治区、直辖市的人民代表大会依照前款规定，按人口多少并结合常务委员会组成人员结构的需要确定。自治州、县、自治县、市、市辖区每届人民代表大会常务委员会组成人员的名额，由省、自治区、直辖市的人民代表大会常务委员会依照前款规定，按人口多少并结合常务委员会组成人员结构的需要确定。每届人民代表大会常务委员会组成人员的名额经确定后，在本届人民代表大会的任期内不再变动。

第四十八条 县级以上的地方各级人民代表大会常务委员会每届任期同本级人民代表大会每届任期相同，它行使职权到下届本级人民代表大会选出新的常务委员会为止。

第二节 常务委员会的职权

第四十九条 省、自治区、直辖市的人民代表大会常务委员会在本级人民代表大会闭会期间，根据本行政区域的具体情况和实际需要，在不同宪法、法律、行政法规相抵触的前提下，可以制定和颁布地方性法规，报全国人民代表大会常务委员会和国务院备案。

设区的市、自治州的人民代表大会常务委员会在本级人民代表大会闭会期间，根据本行政区域的具体情况和实际需要，在不同宪法、法律、行政法规和本省、自治区的地方性法规相抵触的前提下，可以依照法律规定的权限制定地方性法规，报省、自治区的人民代表大会常务委员会批准后施行，并由省、自治区的人民代表大会常务委员会报全国人民代表大会常务委员会和国务院备案。

省、自治区、直辖市以及设区的市、自治州的人民代表大会常务委员会根据区域协调发展的需要，可以开展协同立法。

第五十条 县级以上的地方各级人民代表大会常务委员会行使下列职权：

（一）在本行政区域内，保证宪法、法律、行政法规和上级人民代表大会及其常务委员会决议的遵守和执行；

（二）领导或者主持本级人民代表大会代表的选举；

（三）召集本级人民代表大会会议；

（四）讨论、决定本行政区域内的政治、经济、教育、科学、文化、卫生、生态环境保护、自然资源、城乡建设、民政、社会保障、民族等工作的重大事项和项目；

（五）根据本级人民政府的建议，审查和批准本行政区域内的国民经济和社会发展规划纲要、计划和本级预算的调整方案；

（六）监督本行政区域内的国民经济和社会发展规划纲要、计划和预算的执行，审查和批准本级决算，监督审计查出问题整改情况，审查监督政府债务；

（七）监督本级人民政府、监察委员会、人民法院和人民检察院的工作，听取和审议有关专项工作报告，组织执法检查，开展专题询问等；联

系本级人民代表大会代表,受理人民群众对上述机关和国家工作人员的申诉和意见;

(八)监督本级人民政府对国有资产的管理,听取和审议本级人民政府关于国有资产管理情况的报告;

(九)听取和审议本级人民政府关于年度环境状况和环境保护目标完成情况的报告;

(十)听取和审议备案审查工作情况报告;

(十一)撤销下一级人民代表大会及其常务委员会的不适当的决议;

(十二)撤销本级人民政府的不适当的决定和命令;

(十三)在本级人民代表大会闭会期间,决定副省长、自治区副主席、副市长、副州长、副县长、副区长的个别任免;在省长、自治区主席、市长、州长、县长、区长和监察委员会主任、人民法院院长、人民检察院检察长因故不能担任职务的时候,根据主任会议的提名,从本级人民政府、监察委员会、人民法院、人民检察院副职领导人员中决定代理的人选;决定代理检察长,须报上一级人民检察院和人民代表大会常务委员会备案;

(十四)根据省长、自治区主席、市长、州长、县长、区长的提名,决定本级人民政府秘书长、厅长、局长、委员会主任、科长的任免,报上一级人民政府备案;

(十五)根据监察委员会主任的提名,任免监察委员会副主任、委员;

(十六)按照人民法院组织法和人民检察院组织法的规定,任免人民法院副院长、庭长、副庭长、审判委员会委员、审判员,任免人民检察院副检察长、检察委员会委员、检察员,批准任免下一级人民检察院检察长;省、自治区、直辖市的人民代表大会常务委员会根据主任会议的提名,决定在省、自治区内按地区设立的和在直辖市内设立的中级人民法院院长的任免,根据省、自治区、直辖市的人民检察院检察长的提名,决定人民检察院分院检察长的任免;

(十七)在本级人民代表大会闭会期间,决定撤销个别副省长、自治区副主席、副市长、副州长、副县长、副区长的职务;决定撤销由它任命的本级人民政府其他组成人员和监察委员会副主任、委员,人民法院副院长、庭长、副庭长、审判委员会委员、审判员,人民检察院副检察长、检察委员会委员、检察员,中级人民法院院长,人民检察院分院检察长的职务;

(十八)在本级人民代表大会闭会期间,补选上一级人民代表大会出缺的代表和罢免个别代表。

常务委员会讨论前款第四项规定的本行政区域内的重大事项和项目，可以作出决定或者决议，也可以将有关意见、建议送有关地方国家机关或者单位研究办理。有关办理情况应当及时向常务委员会报告。

第三节 常务委员会会议的举行

第五十一条 常务委员会会议由主任召集并主持，每两个月至少举行一次。遇有特殊需要时，可以临时召集常务委员会会议。主任可以委托副主任主持会议。

县级以上的地方各级人民政府、监察委员会、人民法院、人民检察院的负责人，列席本级人民代表大会常务委员会会议。

常务委员会会议有常务委员会全体组成人员过半数出席，始得举行。

常务委员会的决议，由常务委员会以全体组成人员的过半数通过。

第五十二条 县级以上的地方各级人民代表大会常务委员会主任会议可以向本级人民代表大会常务委员会提出属于常务委员会职权范围内的议案，由常务委员会会议审议。

县级以上的地方各级人民政府、人民代表大会各专门委员会，可以向本级人民代表大会常务委员会提出属于常务委员会职权范围内的议案，由主任会议决定提请常务委员会会议审议，或者先交有关的专门委员会审议、提出报告，再提请常务委员会会议审议。

省、自治区、直辖市、自治州、设区的市的人民代表大会常务委员会组成人员五人以上联名，县级的人民代表大会常务委员会组成人员三人以上联名，可以向本级常务委员会提出属于常务委员会职权范围内的议案，由主任会议决定是否提请常务委员会会议审议，或者先交有关的专门委员会审议、提出报告，再决定是否提请常务委员会会议审议。

第五十三条 在常务委员会会议期间，省、自治区、直辖市、自治州、设区的市的人民代表大会常务委员会组成人员五人以上联名，县级的人民代表大会常务委员会组成人员三人以上联名，可以向常务委员会书面提出对本级人民政府及其工作部门、监察委员会、人民法院、人民检察院的质询案。质询案必须写明质询对象、质询的问题和内容。

质询案由主任会议决定交由受质询机关在常务委员会全体会议上或者有关的专门委员会会议上口头答复，或者由受质询机关书面答复。在专门委员会会议上答复的，提质询案的常务委员会组成人员有权列席会议,发表意见;主任会议认为必要的时候,可以将答复质询案的情况报告印发会议。

质询案以口头答复的,应当由受质询机关的负责人到会答复;质询案以书面答复的,应当由受质询机关的负责人签署,由主任会议印发会议或者印发提质询案的常务委员会组成人员。

第五十四条 省、自治区、直辖市、自治州、设区的市的人民代表大会常务委员会主任、副主任和秘书长组成主任会议;县、自治县、不设区的市、市辖区的人民代表大会常务委员会主任、副主任组成主任会议。

主任会议处理常务委员会的重要日常工作:

(一)决定常务委员会每次会议的会期,拟订会议议程草案,必要时提出调整会议议程的建议;

(二)对向常务委员会提出的议案和质询案,决定交由有关的专门委员会审议或者提请常务委员会全体会议审议;

(三)决定是否将议案和决定草案、决议草案提请常务委员会全体会议表决,对暂不交付表决的,提出下一步处理意见;

(四)通过常务委员会年度工作计划等;

(五)指导和协调专门委员会的日常工作;

(六)其他重要日常工作。

第五十五条 常务委员会主任因为健康情况不能工作或者缺位的时候,由常务委员会在副主任中推选一人代理主任的职务,直到主任恢复健康或者人民代表大会选出新的主任为止。

第四节 常务委员会各委员会和工作机构

第五十六条 县级以上的地方各级人民代表大会常务委员会设立代表资格审查委员会。

代表资格审查委员会的主任委员、副主任委员和委员的人选,由常务委员会主任会议在常务委员会组成人员中提名,常务委员会任免。

第五十七条 代表资格审查委员会审查代表的选举是否符合法律规定。

第五十八条 主任会议或者五分之一以上的常务委员会组成人员书面联名,可以向本级人民代表大会常务委员会提议组织关于特定问题的调查委员会,由全体会议决定。

调查委员会由主任委员、副主任委员和委员组成,由主任会议在常务委员会组成人员和其他代表中提名,提请全体会议通过。

调查委员会应当向本级人民代表大会常务委员会提出调查报告。常务委员会根据调查委员会的报告,可以作出相应的决议。

第五十九条　常务委员会根据工作需要,设立办事机构和法制工作委员会、预算工作委员会、代表工作委员会等工作机构。

省、自治区的人民代表大会常务委员会可以在地区设立工作机构。

市辖区、不设区的市的人民代表大会常务委员会可以在街道设立工作机构。工作机构负责联系街道辖区内的人民代表大会代表,组织代表开展活动,反映代表和群众的建议、批评和意见,办理常务委员会交办的监督、选举以及其他工作,并向常务委员会报告工作。

县、自治县的人民代表大会常务委员会可以比照前款规定,在街道设立工作机构。

第六十条　县级以上的地方各级人民代表大会常务委员会和各专门委员会、工作机构应当建立健全常务委员会组成人员和各专门委员会、工作机构联系代表的工作机制,支持和保障代表依法履职,扩大代表对各项工作的参与,充分发挥代表作用。

县级以上的地方各级人民代表大会常务委员会通过建立基层联系点、代表联络站等方式,密切同人民群众的联系,听取对立法、监督等工作的意见和建议。

第四章　地方各级人民政府

第一节　一般规定

第六十一条　省、自治区、直辖市、自治州、县、自治县、市、市辖区、乡、民族乡、镇设立人民政府。

第六十二条　地方各级人民政府应当维护宪法和法律权威,坚持依法行政,建设职能科学、权责法定、执法严明、公开公正、智能高效、廉洁诚信、人民满意的法治政府。

第六十三条　地方各级人民政府应当坚持以人民为中心,全心全意为人民服务,提高行政效能,建设服务型政府。

第六十四条　地方各级人民政府应当严格执行廉洁从政各项规定,加强廉政建设,建设廉洁政府。

第六十五条　地方各级人民政府应当坚持诚信原则,加强政务诚信建设,建设诚信政府。

第六十六条　地方各级人民政府应当坚持政务公开,全面推进决策、执行、管理、服务、结果公开,依法、及时、准确公开政府信息,推进政务数据有序共享,提高政府工作的透明度。

第六十七条 地方各级人民政府应当坚持科学决策、民主决策、依法决策,提高决策的质量。

第六十八条 地方各级人民政府应当依法接受监督,确保行政权力依法正确行使。

第六十九条 地方各级人民政府对本级人民代表大会和上一级国家行政机关负责并报告工作。县级以上的地方各级人民政府在本级人民代表大会闭会期间,对本级人民代表大会常务委员会负责并报告工作。

全国地方各级人民政府都是国务院统一领导下的国家行政机关,都服从国务院。

地方各级人民政府实行重大事项请示报告制度。

第二节 地方各级人民政府的组成和任期

第七十条 省、自治区、直辖市、自治州、设区的市的人民政府分别由省长、副省长,自治区主席、副主席,市长、副市长,州长、副州长和秘书长、厅长、局长、委员会主任等组成。

县、自治县、不设区的市、市辖区的人民政府分别由县长、副县长,市长、副市长,区长、副区长和局长、科长等组成。

乡、民族乡的人民政府设乡长、副乡长。民族乡的乡长由建立民族乡的少数民族公民担任。镇人民政府设镇长、副镇长。

第七十一条 新的一届人民政府领导人员依法选举产生后,应当在两个月内提请本级人民代表大会常务委员会任命人民政府秘书长、厅长、局长、委员会主任、科长。

第七十二条 地方各级人民政府每届任期五年。

第三节 地方各级人民政府的职权

第七十三条 县级以上的地方各级人民政府行使下列职权:

(一)执行本级人民代表大会及其常务委员会的决议,以及上级国家行政机关的决定和命令,规定行政措施,发布决定和命令;

(二)领导所属各工作部门和下级人民政府的工作;

(三)改变或者撤销所属各工作部门的不适当的命令、指示和下级人民政府的不适当的决定、命令;

（四）依照法律的规定任免、培训、考核和奖惩国家行政机关工作人员；

（五）编制和执行国民经济和社会发展规划纲要、计划和预算，管理本行政区域内的经济、教育、科学、文化、卫生、体育、城乡建设等事业和生态环境保护、自然资源、财政、民政、社会保障、公安、民族事务、司法行政、人口与计划生育等行政工作；

（六）保护社会主义的全民所有的财产和劳动群众集体所有的财产，保护公民私人所有的合法财产，维护社会秩序，保障公民的人身权利、民主权利和其他权利；

（七）履行国有资产管理职责；

（八）保护各种经济组织的合法权益；

（九）铸牢中华民族共同体意识，促进各民族广泛交往交流交融，保障少数民族的合法权利和利益，保障少数民族保持或者改革自己的风俗习惯的自由，帮助本行政区域内的民族自治地方依照宪法和法律实行区域自治，帮助各少数民族发展政治、经济和文化的建设事业；

（十）保障宪法和法律赋予妇女的男女平等、同工同酬和婚姻自由等各项权利；

（十一）办理上级国家行政机关交办的其他事项。

第七十四条 省、自治区、直辖市的人民政府可以根据法律、行政法规和本省、自治区、直辖市的地方性法规，制定规章，报国务院和本级人民代表大会常务委员会备案。设区的市、自治州的人民政府可以根据法律、行政法规和本省、自治区的地方性法规，依照法律规定的权限制定规章，报国务院和省、自治区的人民代表大会常务委员会、人民政府以及本级人民代表大会常务委员会备案。

依照前款规定制定规章，须经各该级政府常务会议或者全体会议讨论决定。

第七十五条 县级以上的地方各级人民政府制定涉及个人、组织权利义务的规范性文件，应当依照法定权限和程序，进行评估论证、公开征求意见、合法性审查、集体讨论决定，并予以公布和备案。

第七十六条 乡、民族乡、镇的人民政府行使下列职权：

（一）执行本级人民代表大会的决议和上级国家行政机关的决定和命令，发布决定和命令；

（二）执行本行政区域内的经济和社会发展计划、预算，管理本行政区域内的经济、教育、科学、文化、卫生、体育等事业和生态环境保护、财政、民政、社会保障、公安、司法行政、人口与计划生育等行政工作；

（三）保护社会主义的全民所有的财产和劳动群众集体所有的财产，保护公民私人所有的合法财产，维护社会秩序，保障公民的人身权利、民主权利和其他权利；

（四）保护各种经济组织的合法权益；

（五）铸牢中华民族共同体意识，促进各民族广泛交往交流交融，保障少数民族的合法权利和利益，保障少数民族保持或者改革自己的风俗习惯的自由；

（六）保障宪法和法律赋予妇女的男女平等、同工同酬和婚姻自由等各项权利；

（七）办理上级人民政府交办的其他事项。

第七十七条 地方各级人民政府分别实行省长、自治区主席、市长、州长、县长、区长、乡长、镇长负责制。

省长、自治区主席、市长、州长、县长、区长、乡长、镇长分别主持地方各级人民政府的工作。

第七十八条 县级以上的地方各级人民政府会议分为全体会议和常务会议。全体会议由本级人民政府全体成员组成。省、自治区、直辖市、自治州、设区的市的人民政府常务会议，分别由省长、副省长，自治区主席、副主席，市长、副市长，州长、副州长和秘书长组成。县、自治县、不设区的市、市辖区的人民政府常务会议，分别由县长、副县长，市长、副市长，区长、副区长组成。省长、自治区主席、市长、州长、县长、区长召集和主持本级人民政府全体会议和常务会议。政府工作中的重大问题，须经政府常务会议或者全体会议讨论决定。

第四节 地方各级人民政府的机构设置

第七十九条 地方各级人民政府根据工作需要和优化协同高效以及精干的原则，设立必要的工作部门。

县级以上的地方各级人民政府设立审计机关。地方各级审计机关依照法律规定独立行使审计监督权，对本级人民政府和上一级审计机关负责。

省、自治区、直辖市的人民政府的厅、局、委员会等工作部门和自治州、县、自治县、市、市辖区的人民政府的局、科等工作部门的设立、增加、减少或者合并，按照规定程序报请批准，并报本级人民代表大会常务委员会备案。

第八十条 县级以上的地方各级人民政府根据国家区域发展战略，结合地方实际需要，可以共同建立跨行政区划的区域协同发展工作机制，加强区域合作。

上级人民政府应当对下级人民政府的区域合作工作进行指导、协调和监督。

第八十一条 县级以上的地方各级人民政府根据应对重大突发事件的需要，可以建立跨部门指挥协调机制。

第八十二条 各厅、局、委员会、科分别设厅长、局长、主任、科长，在必要的时候可以设副职。

办公厅、办公室设主任，在必要的时候可以设副主任。

省、自治区、直辖市、自治州、设区的市的人民政府设秘书长一人，副秘书长若干人。

第八十三条 省、自治区、直辖市的人民政府的各工作部门受人民政府统一领导，并且依照法律或者行政法规的规定受国务院主管部门的业务指导或者领导。

自治州、县、自治县、市、市辖区的人民政府的各工作部门受人民政府统一领导，并且依照法律或者行政法规的规定受上级人民政府主管部门的业务指导或者领导。

第八十四条 省、自治区、直辖市、自治州、县、自治县、市、市辖区的人民政府应当协助设立在本行政区域内不属于自己管理的国家机关、企业、事业单位进行工作，并且监督它们遵守和执行法律和政策。

第八十五条 省、自治区的人民政府在必要的时候，经国务院批准，可以设立若干派出机关。

县、自治县的人民政府在必要的时候，经省、自治区、直辖市的人民政府批准，可以设立若干区公所，作为它的派出机关。

市辖区、不设区的市的人民政府，经上一级人民政府批准，可以设立若干街道办事处，作为它的派出机关。

第八十六条 街道办事处在本辖区内办理派出它的人民政府交办的公共服务、公共管理、公共安全等工作，依法履行综合管理、统筹协调、应急处置和行政执法等职责,反映居民的意见和要求。

第八十七条 乡、民族乡、镇的人民政府和市辖区、不设区的市的人民政府或者街道办事处对基层群众性自治组织的工作给予指导、支持和帮助。基层群众性自治组织协助乡、民族乡、镇的人民政府和市辖区、不设区的市的人民政府或者街道办事处开展工作。

第八十八条 乡、民族乡、镇的人民政府和街道办事处可以根据实际情况建立居民列席有关会议的制度。

第五章 附 则

第八十九条 自治区、自治州、自治县的自治机关除行使本法规定的职权外,同时依照宪法、民族区域自治法和其他法律规定的权限行使自治权。

第九十条 省、自治区、直辖市的人民代表大会及其常务委员会可以根据本法和实际情况,对执行中的问题作具体规定。

中华人民共和国各级人民代表大会常务委员会监督法

1. 2006年8月27日第十届全国人民代表大会常务委员会第二十三次会议通过

2. 2006年8月27日中华人民共和国主席令第53号公布

3. 自2007年1月1日起施行

目 录

第九章 附 则

第一章 总 则

第一条 为保障全国人民代表大会常务委员会和县级以上地方各级人民代表大会常务委员会依法行使监督职权，发展社会主义民主，推进依法治国，根据宪法，制定本法。

第二条 各级人民代表大会常务委员会依据宪法和有关法律的规定，行使监督职权。

各级人民代表大会常务委员会行使监督职权的程序，适用本法；本法没有规定的，适用有关法律的规定。

第三条 各级人民代表大会常务委员会行使监督职权，应当围绕国家工作大局，以经济建设为中心，坚持中国共产党的领导，坚持马克思列宁主义、毛泽东思想、邓小平理论和"三个代表"重要思想，坚持人民民主专政，坚持社会主义道路，坚持改革开放。

第四条 各级人民代表大会常务委员会按照民主集中制的原则，集体行使监督职权。

第五条 各级人民代表大会常务委员会对本级人民政府、人民法院和人民检察院的工作实施监督，促进依法行政、公正司法。

第六条 各级人民代表大会常务委员会行使监督职权的情况，应当向本级人民代表大会报告，接受监督。

第七条 各级人民代表大会常务委员会行使监督职权的情况，向社会公开。

第二章 听取和审议人民政府、人民法院和人民检察院的专项工作报告

第八条 各级人民代表大会常务委员会每年选择若干关系改革发展稳定大局和群众切身利益、社会普遍关注的重大问题，有计划地安排听取和审议本级人民政府、人民法院和人民检察院的专项工作报告。

常务委员会听取和审议专项工作报告的年度计划，经委员长会议或者主任会议通过，印发常务委员会组成人员并向社会公布。

第九条 常务委员会听取和审议本级人民政府、人民法院和人民检察院的专项工作报告的议题，根据下列途径反映的问题确定：

（一）本级人民代表大会常务委员会在执法检查中发现的突出问题；

（二）本级人民代表大会代表对人民政府、人民法院和人民检察院工

作提出的建议、批评和意见集中反映的问题；

（三）本级人民代表大会常务委员会组成人员提出的比较集中的问题；

（四）本级人民代表大会专门委员会、常务委员会工作机构在调查研究中发现的突出问题；

（五）人民来信来访集中反映的问题；

（六）社会普遍关注的其他问题。

人民政府、人民法院和人民检察院可以向本级人民代表大会常务委员会要求报告专项工作。

第十条 常务委员会听取和审议专项工作报告前，委员长会议或者主任会议可以组织本级人民代表大会常务委员会组成人员和本级人民代表大会代表，对有关工作进行视察或者专题调查研究。

常务委员会可以安排参加视察或者专题调查研究的代表列席常务委员会会议，听取专项工作报告，提出意见。

第十一条 常务委员会听取和审议专项工作报告前，常务委员会办事机构应当将各方面对该项工作的意见汇总，交由本级人民政府、人民法院或者人民检察院研究并在专项工作报告中作出回应。

第十二条 人民政府、人民法院或者人民检察院应当在常务委员会举行会议的二十日前，由其办事机构将专项工作报告送交本级人民代表大会有关专门委员会或者常务委员会有关工作机构征求意见；人民政府、人民法院或者人民检察院对报告修改后，在常务委员会举行会议的十日前送交常务委员会。

常务委员会办事机构应当在常务委员会举行会议的七日前，将专项工作报告发给常务委员会组成人员。

第十三条 专项工作报告由人民政府、人民法院或者人民检察院的负责人向本级人民代表大会常务委员会报告，人民政府也可以委托有关部门负责人向本级人民代表大会常务委员会报告。

第十四条 常务委员会组成人员对专项工作报告的审议意见交由本级人民政府、人民法院或者人民检察院研究处理。人民政府、人民法院或者人民检察院应当将研究处理情况由其办事机构送交本级人民代表大会有关专门委员会或者常务委员会有关工作机构征求意见后，向常务委员会提出书面报告。常务委员会认为必要时，可以对专项工作报告作出决议;本级人民政府、人民法院或者人民检察院应当在决议规定的期限内,将执行决议的情况向常务委员会报告。

常务委员会听取的专项工作报告及审议意见,人民政府、人民法院或者人民检察院对审议意见研究处理情况或者执行决议情况的报告,向本级人民代表大会代表通报并向社会公布。

第三章 审查和批准决算,听取和审议国民经济和社会发展计划、预算的执行情况报告,听取和审议审计工作报告

第十五条 国务院应当在每年六月,将上一年度的中央决算草案提请全国人民代表大会常务委员会审查和批准。

县级以上地方各级人民政府应当在每年六月至九月期间,将上一年度的本级决算草案提请本级人民代表大会常务委员会审查和批准。

决算草案应当按照本级人民代表大会批准的预算所列科目编制,按预算数、调整数或者变更数以及实际执行数分别列出,并作出说明。

第十六条 国务院和县级以上地方各级人民政府应当在每年六月至九月期间,向本级人民代表大会常务委员会报告本年度上一阶段国民经济和社会发展计划、预算的执行情况。

第十七条 国民经济和社会发展计划、预算经人民代表大会批准后,在执行过程中需要作部分调整的,国务院和县级以上地方各级人民政府应当将调整方案提请本级人民代表大会常务委员会审查和批准。

严格控制不同预算科目之间的资金调整。预算安排的农业、教育、科技、文化、卫生、社会保障等资金需要调减的,国务院和县级以上地方各级人民政府应当提请本级人民代表大会常务委员会审查和批准。

国务院和县级以上地方各级人民政府有关主管部门应当在本级人民代表大会常务委员会举行会议审查和批准预算调整方案的一个月前,将预算调整初步方案送交本级人民代表大会财政经济委员会进行初步审查,或者送交常务委员会有关工作机构征求意见。

第十八条 常务委员会对决算草案和预算执行情况报告,重点审查下列内容:

(一)预算收支平衡情况;

(二)重点支出的安排和资金到位情况;

（三）预算超收收入的安排和使用情况；

（四）部门预算制度建立和执行情况；

（五）向下级财政转移支付情况；

（六）本级人民代表大会关于批准预算的决议的执行情况。

除前款规定外，全国人民代表大会常务委员会还应当重点审查国债余额情况；县级以上地方各级人民代表大会常务委员会还应当重点审查上级财政补助资金的安排和使用情况。

第十九条 常务委员会每年审查和批准决算的同时，听取和审议本级人民政府提出的审计机关关于上一年度预算执行和其他财政收支的审计工作报告。

第二十条 常务委员会组成人员对国民经济和社会发展计划执行情况报告、预算执行情况报告和审计工作报告的审议意见交由本级人民政府研究处理。人民政府应当将研究处理情况向常务委员会提出书面报告。常务委员会认为必要时，可以对审计工作报告作出决议；本级人民政府应当在决议规定的期限内，将执行决议的情况向常务委员会报告。

常务委员会听取的国民经济和社会发展计划执行情况报告、预算执行情况报告和审计工作报告及审议意见，人民政府对审议意见研究处理情况或者执行决议情况的报告，向本级人民代表大会代表通报并向社会公布。

第二十一条 国民经济和社会发展五年规划经人民代表大会批准后，在实施的中期阶段，人民政府应当将规划实施情况的中期评估报告提请本级人民代表大会常务委员会审议。规划经中期评估需要调整的，人民政府应当将调整方案提请本级人民代表大会常务委员会审查和批准。

第四章 法律法规实施情况的检查

第二十二条 各级人民代表大会常务委员会参照本法第九条规定的途径，每年选择若干关系改革发展稳定大局和群众切身利益、社会普遍关注的重大问题，有计划地对有关法律、法规实施情况组织执法检查。

第二十三条 常务委员会年度执法检查计划，经委员长会议或者主任会议通过，印发常务委员会组成人员并向社会公布。

常务委员会执法检查工作由本级人民代表大会有关专门委员会或者常务委员会有关工作机构具体组织实施。

第二十四条 常务委员会根据年度执法检查计划，按照精干、效能的原则，组织执法检查组。

执法检查组的组成人员，从本级人民代表大会常务委员会组成人员以及本级人民代表大会有关专门委员会组成人员中确定，并可以邀请本级人民代表大会代表参加。

第二十五条 全国人民代表大会常务委员会和省、自治区、直辖市的人民代表大会常务委员会根据需要，可以委托下一级人民代表大会常务委员会对有关法律、法规在本行政区域内的实施情况进行检查。受委托的人民代表大会常务委员会应当将检查情况书面报送上一级人民代表大会常务委员会。

第二十六条 执法检查结束后，执法检查组应当及时提出执法检查报告，由委员长会议或者主任会议决定提请常务委员会审议。

执法检查报告包括下列内容：

（一）对所检查的法律、法规实施情况进行评价，提出执法中存在的问题和改进执法工作的建议；

（二）对有关法律、法规提出修改完善的建议。

第二十七条 常务委员会组成人员对执法检查报告的审议意见连同执法检查报告，一并交由本级人民政府、人民法院或者人民检察院研究处理。人民政府、人民法院或者人民检察院应当将研究处理情况由其办事机构送交本级人民代表大会有关专门委员会或者常务委员会有关工作机构征求意见后，向常务委员会提出报告。必要时，由委员长会议或者主任会议决定提请常务委员会审议，或者由常务委员会组织跟踪检查；常务委员会也可以委托本级人民代表大会有关专门委员会或者常务委员会有关工作机构组织跟踪检查。

常务委员会的执法检查报告及审议意见，人民政府、人民法院或者人民检察院对其研究处理情况的报告，向本级人民代表大会代表通报并向社会公布。

第五章　规范性文件的备案审查

第二十八条 行政法规、地方性法规、自治条例和单行条例、规章的备案、审查和撤销，依照立法法的有关规定办理。

第二十九条 县级以上地方各级人民代表大会常务委员会审查、撤销下一级人民代表大会及其常务委员会作出的不适当的决议、决定和本级人民政府发布的不适当的决定、命令的程序，由省、自治区、直辖市的人民代表大会常务委员会参照立法法的有关规定，作出具体规定。

第三十条　县级以上地方各级人民代表大会常务委员会对下一级人民代表大会及其常务委员会作出的决议、决定和本级人民政府发布的决定、命令，经审查，认为有下列不适当的情形之一的，有权予以撤销：

（一）超越法定权限，限制或者剥夺公民、法人和其他组织的合法权利，或者增加公民、法人和其他组织的义务的；

（二）同法律、法规规定相抵触的；

（三）有其他不适当的情形，应当予以撤销的。

第三十一条　最高人民法院、最高人民检察院作出的属于审判、检察工作中具体应用法律的解释，应当自公布之日起三十日内报全国人民代表大会常务委员会备案。

第三十二条　国务院、中央军事委员会和省、自治区、直辖市的人民代表大会常务委员会认为最高人民法院、最高人民检察院作出的具体应用法律的解释同法律规定相抵触的，最高人民法院、最高人民检察院之间认为对方作出的具体应用法律的解释同法律规定相抵触的，可以向全国人民代表大会常务委员会书面提出进行审查的要求，由常务委员会工作机构送有关专门委员会进行审查、提出意见。

前款规定以外的其他国家机关和社会团体、企业事业组织以及公民认为最高人民法院、最高人民检察院作出的具体应用法律的解释同法律规定相抵触的，可以向全国人民代表大会常务委员会书面提出进行审查的建议，由常务委员会工作机构进行研究，必要时，送有关专门委员会进行审查、提出意见。

第三十三条　全国人民代表大会法律委员会和有关专门委员会经审查认为最高人民法院或者最高人民检察院作出的具体应用法律的解释同法律规定相抵触，而最高人民法院或者最高人民检察院不予修改或者废止的，可以提出要求最高人民法院或者最高人民检察院予以修改、废止的议案，或者提出由全国人民代表大会常务委员会作出法律解释的议案，由委员长会议决定提请常务委员会审议。

第六章　询问和质询

第三十四条　各级人民代表大会常务委员会会议审议议案和有关报告时，本级人民政府或者有关部门、人民法院或者人民检察院应当派有关负责人员到会，听取意见，回答询问。

第三十五条　全国人民代表大会常务委员会组成人员十人以上联名，省、自治区、直辖市、自治州、设区的市人民代表大会常务委员会组成人员五人以上联名，县级人民代表大会常务委员会组成人员三人以上联名，可以向常务委员会书面提出对本级人民政府及其部门和人民法院、人民检察院的质询案。

质询案应当写明质询对象、质询的问题和内容。

第三十六条 质询案由委员长会议或者主任会议决定交由受质询的机关答复。委员长会议或者主任会议可以决定由受质询机关在常务委员会会议上或者有关专门委员会会议上口头答复，或者由受质询机关书面答复。在专门委员会会议上答复的，提质询案的常务委员会组成人员有权列席会议，发表意见。委员长会议或者主任会议认为必要时，可以将答复质询案的情况报告印发常务委员会会议。

第三十七条 提质询案的常务委员会组成人员的过半数对受质询机关的答复不满意的，可以提出要求，经委员长会议或者主任会议决定，由受质询机关再作答复。

第三十八条 质询案以口头答复的，由受质询机关的负责人到会答复。质询案以书面答复的，由受质询机关的负责人签署。

第七章 特定问题调查

第三十九条 各级人民代表大会常务委员会对属于其职权范围内的事项，需要作出决议、决定，但有关重大事实不清的，可以组织关于特定问题的调查委员会。

第四十条 委员长会议或者主任会议可以向本级人民代表大会常务委员会提议组织关于特定问题的调查委员会，提请常务委员会审议。

五分之一以上常务委员会组成人员书面联名，可以向本级人民代表大会常务委员会提议组织关于特定问题的调查委员会，由委员长会议或者主任会议决定提请常务委员会审议，或者先交有关的专门委员会审议、提出报告，再决定提请常务委员会审议。

第四十一条 调查委员会由主任委员、副主任委员和委员组成，由委员长会议或者主任会议在本级人民代表大会常务委员会组成人员和本级人民代表大会代表中提名，提请常务委员会审议通过。调查委员会可以聘请有关专家参加调查工作。

与调查的问题有利害关系的常务委员会组成人员和其他人员不得参加调查委员会。

第四十二条 调查委员会进行调查时,有关的国家机关、社会团体、企业事业组织和公民都有义务向其提供必要的材料。

提供材料的公民要求对材料来源保密的,调查委员会应当予以保密。

调查委员会在调查过程中,可以不公布调查的情况和材料。

第四十三条 调查委员会应当向产生它的常务委员会提出调查报告。常务委员会根据报告,可以作出相应的决议、决定。

第八章 撤职案的审议和决定

第四十四条 县级以上地方各级人民代表大会常务委员会在本级人民代表大会闭会期间,可以决定撤销本级人民政府个别副省长、自治区副主席、副市长、副州长、副县长、副区长的职务;可以撤销由它任命的本级人民政府其他组成人员和人民法院副院长、庭长、副庭长、审判委员会委员、审判员,人民检察院副检察长、检察委员会委员、检察员,中级人民法院院长,人民检察院分院检察长的职务。

第四十五条 县级以上地方各级人民政府、人民法院和人民检察院,可以向本级人民代表大会常务委员会提出对本法第四十四条所列国家机关工作人员的撤职案。

县级以上地方各级人民代表大会常务委员会主任会议,可以向常务委员会提出对本法第四十四条所列国家机关工作人员的撤职案。

县级以上地方各级人民代表大会常务委员会五分之一以上的组成人员书面联名,可以向常务委员会提出对本法第四十四条所列国家机关工作人员的撤职案,由主任会议决定是否提请常务委员会会议审议;或者由主任会议提议,经全体会议决定,组织调查委员会,由以后的常务委员会会议根据调查委员会的报告审议决定。

第四十六条 撤职案应当写明撤职的对象和理由,并提供有关的材料。

撤职案在提请表决前,被提出撤职的人员有权在常务委员会会议上提出申辩意见,或者书面提出申辩意见,由主任会议决定印发常务委员会会议。

撤职案的表决采用无记名投票的方式,由常务委员会全体组成人员的过半数通过。

第九章 附　　则

第四十七条 省、自治区、直辖市的人民代表大会常务委员会可以根据本法和有关法律，结合本地实际情况，制定实施办法。

第四十八条　本法自2007年1月1日起施行。

中华人民共和国
全国人民代表大会常务委员会议事规则

1. 1987年11月24日第六届全国人民代表大会常务委员会第二十三次会议通过
2. 根据2009年4月24日第十一届全国人民代表大会常务委员会第八次会议《关于修改〈中华人民共和国全国人民代表大会常务委员会议事规则〉的决定》第一次修正
3. 根据2022年6月24日第十三届全国人民代表大会常务委员会第三十五次会议《关于修改〈中华人民共和国全国人民代表大会常务委员会议事规则〉的决定》第二次修正

目　　录

第一章　总　　则

第一条　为了健全全国人民代表大会常务委员会的议事程序，保障和规范其行使职权，根据宪法、全国人民代表大会组织法，总结全国人民代表大会常务委员会工作的实践经验，制定本规则。

第二条　全国人民代表大会常务委员会坚持中国共产党的领导，依照法定职权和法定程序举行会议、开展工作。

第三条　全国人民代表大会常务委员会坚持和发展全过程人民民主，始终同人民保持密切联系，倾听人民的意见和建议，体现人民意志，保障人民权益。

第四条 全国人民代表大会常务委员会审议议案、决定问题，实行民主集中制的原则，充分发扬民主，集体行使职权。

第五条 全国人民代表大会常务委员会举行会议，应当合理安排会期、议程和日程，提高议事质量和效率。

第二章 会议的召开

第六条 全国人民代表大会常务委员会会议一般每两个月举行一次，必要时可以加开会议；有特殊需要的时候，可以临时召集会议。

常务委员会会议召开的日期由委员长会议决定。

常务委员会会议由委员长召集并主持。委员长可以委托副委员长主持会议。

第七条 常务委员会会议有常务委员会全体组成人员的过半数出席，始得举行。

遇有特殊情况，经委员长会议决定，常务委员会组成人员可以通过网络视频方式出席会议。

第八条 委员长会议拟订常务委员会会议议程草案，提请常务委员会全体会议决定。

常务委员会举行会议期间，需要调整议程的，由委员长会议提出，经常务委员会全体会议同意。

会议日程由委员长会议决定。

第九条 常务委员会举行会议，应当在会议举行七日以前，将开会日期、建议会议讨论的主要事项，通知常务委员会组成人员和列席会议的人员；临时召集的会议，可以临时通知。

第十条 常务委员会举行会议的时候，国务院、中央军事委员会、国家监察委员会、最高人民法院、最高人民检察院的负责人列席会议。

不是常务委员会组成人员的全国人民代表大会专门委员会主任委员、副主任委员、委员，常务委员会副秘书长，工作委员会主任、副主任，香港特别行政区基本法委员会主任、副主任，澳门特别行政区基本法委员会主任、副主任，有关部门负责人，列席会议。

第十一条 常务委员会举行会议的时候，各省、自治区、直辖市和其他有关地方的人民代表大会常务委员会主任或者副主任一人列席会议，并可以邀请有关的全国人民代表大会代表列席会议。

遇有特殊情况，经委员长会议决定，可以调整列席人员的范围。

第十二条 常务委员会举行会议的时候，召开全体会议和分组会议，根据需要召开联组会议。

第十三条 常务委员会分组会议由委员长会议确定若干名召集人，轮流主持会议。

分组会议审议过程中有重大意见分歧或者其他重要情况的，召集人应当及时向秘书长报告。

分组名单由常务委员会办事机构拟订，报秘书长审定，并定期调整。

第十四条 常务委员会举行联组会议，由委员长主持。委员长可以委托副委员长主持会议。

联组会议可以由各组联合召开，也可以分别由两个以上的组联合召开。

第十五条 常务委员会举行会议的时候，常务委员会组成人员应当出席会议；因病或者其他特殊原因不能出席的，应当通过常务委员会办事机构向委员长书面请假。

常务委员会办事机构应当向委员长报告常务委员会组成人员出席会议的情况和缺席的原因。

常务委员会组成人员应当勤勉尽责，认真审议各项议案和报告，严格遵守会议纪律。

第十六条 常务委员会会议公开举行。常务委员会会议会期、议程、日程和会议情况予以公开。必要时，经委员长会议决定，可以暂不公开有关议程。

第十七条 常务委员会会议运用现代信息技术，推进会议文件资料电子化，采用网络视频等方式为常务委员会组成人员和列席人员履职提供便利和服务。

第三章 议案的提出和审议

第十八条 委员长会议可以向常务委员会提出属于常务委员会职权范围内的议案，由常务委员会会议审议。

国务院，中央军事委员会，国家监察委员会，最高人民法院，最高人民检察院，全国人民代表大会各专门委员会，可以向常务委员会提出属于常务委员会职权范围内的议案，由委员长会议决定列入常务委员会会议议程，或者先交有关的专门委员会审议、提出报告，再决定列入常务委员会会议议程。

常务委员会组成人员十人以上联名,可以向常务委员会提出属于常务委员会职权范围内的议案,由委员长会议决定是否列入常务委员会会议议程,或者先交有关的专门委员会审议、提出是否列入会议议程的意见,再决定是否列入常务委员会会议议程;不列入常务委员会会议议程的,应当向常务委员会会议报告或者向提案人说明。

第十九条　提请常务委员会会议审议的议案,应当在会议召开十日前提交常务委员会。

临时召集的常务委员会会议不适用前款规定。

向常务委员会提出议案,应当同时提出议案文本和说明。

第二十条　委员长会议根据工作需要,可以委托常务委员会的工作委员会、办公厅起草议案草案,并向常务委员会会议作说明。

第二十一条　对列入常务委员会会议议程的议案,提议案的机关、有关的专门委员会、常务委员会有关工作部门应当提供有关的资料。

任免案、撤职案应当附有拟任免、撤职人员的基本情况和任免、撤职理由;必要的时候,有关负责人应当到会回答询问。

第二十二条　常务委员会全体会议听取关于议案的说明。内容相关联的议案可以合并说明。

常务委员会全体会议听取议案说明后,由分组会议、联组会议进行审议,并由有关的专门委员会进行审议、提出报告。

第二十三条　列入会议议程的法律案,常务委员会听取说明并初次审议后,由宪法和法律委员会进行统一审议,向下次或者以后的常务委员会会议提出审议结果的报告。

有关法律问题的决定的议案和修改法律的议案,宪法和法律委员会统一审议后,可以向本次常务委员会会议提出审议结果的报告,也可以向下次或者以后的常务委员会会议提出审议结果的报告。

专门委员会对有关法律案进行审议并提出审议意见,印发常务委员会会议。

向全国人民代表大会提出的法律案,在全国人民代表大会闭会期间,可以先向常务委员会提出;常务委员会会议审议后,作出提请全国人民代表大会审议的决定。

第二十四条　提请批准国民经济和社会发展规划纲要、计划、预算的调整方案和决算的议案,交财政经济委员会审查,也可以同时交其他有关专门委员会审查，由财政经济委员会向常务委员会会议提出审查结果的报告。有关专门委员会的审查意见印发常务委员会会议。

国民经济和社会发展规划纲要、计划的调整方案应当在常务委员会举行全体会议审查的四十五日前，交财政经济委员会进行初步审查。

预算调整方案、决算草案应当在常务委员会举行全体会议审查的三十日前，交财政经济委员会进行初步审查。

第二十五条 提请批准或者加入条约和重要协定的议案，交外事委员会审议，可以同时交其他有关专门委员会审议，由外事委员会向本次常务委员会会议提出审议结果的报告，也可以向下次或者以后的常务委员会会议提出审议结果的报告。有关专门委员会的审议意见印发常务委员会会议。

第二十六条 依法需要报经常务委员会批准的法规和自治条例、单行条例等，由制定机关报送常务委员会，由委员长会议决定列入常务委员会会议议程，由有关的专门委员会进行审议并提出报告。

第二十七条 列于《中华人民共和国香港特别行政区基本法》附件三、《中华人民共和国澳门特别行政区基本法》附件三的法律需要作出增减的，在征询香港特别行政区基本法委员会和香港特别行政区政府、澳门特别行政区基本法委员会和澳门特别行政区政府的意见后，由委员长会议提出议案，提请常务委员会会议审议。

第二十八条 常务委员会联组会议可以听取和审议专门委员会对议案审议意见的汇报，对会议议题进行讨论。

第二十九条 提议案的机关的负责人可以在常务委员会全体会议、联组会议上对议案作补充说明。

第三十条 列入常务委员会会议议程的议案，在交付表决前，提案人要求撤回的，经委员长会议同意，对该议案的审议即行终止。

第三十一条 拟提请常务委员会全体会议表决的议案，在审议中有重大问题需要进一步研究的，经委员长或者委员长会议提出，联组会议或者全体会议同意，可以暂不付表决，交有关专门委员会进一步审议，提出审议报告。

第三十二条 常务委员会认为必要的时候，可以组织关于特定问题的调查委员会，并且根据调查委员会的报告，作出相应的决议。

第四章 听取和审议报告

第三十三条 常务委员会根据年度工作计划和需要听取国务院、国家监察委员会、最高人民法院、最高人民检察院的专项工作报告。

常务委员会召开全体会议,定期听取下列报告:

(一)关于国民经济和社会发展计划、预算执行情况的报告,关于国民经济和社会发展五年规划纲要实施情况的中期评估报告;

(二)决算报告、审计工作报告、审计查出问题整改情况的报告;

(三)国务院关于年度环境状况和环境保护目标完成情况的报告;

(四)国务院关于国有资产管理情况的报告;

(五)国务院关于金融工作有关情况的报告;

(六)常务委员会执法检查组提出的执法检查报告;

(七)专门委员会关于全国人民代表大会会议主席团交付审议的代表提出的议案审议结果的报告;

(八)常务委员会办公厅和有关部门关于全国人民代表大会会议代表建议、批评和意见办理情况的报告;

(九)常务委员会法制工作委员会关于备案审查工作情况的报告;

(十)其他报告。

第三十四条 常务委员会全体会议听取报告后,可以由分组会议和联组会议进行审议。

委员长会议可以决定将报告交有关的专门委员会审议,提出意见。

第三十五条 常务委员会组成人员对各项报告的审议意见交由有关机关研究处理。有关机关应当将研究处理情况向常务委员会提出书面报告。

常务委员会认为必要的时候,可以对有关报告作出决议。有关机关应当在决议规定的期限内,将执行决议的情况向常务委员会报告。

委员长会议可以根据工作报告中的建议、常务委员会组成人员的审议意见,提出有关法律问题或者重大问题的决定的议案,提请常务委员会审议,必要时由常务委员会提请全国人民代表大会审议。

第五章 询问和质询

第三十六条 常务委员会分组会议对议案或者有关的报告进行审议的时候,应当通知有关部门派人到会,听取意见,回答询问。

常务委员会联组会议对议案或者有关的报告进行审议的时候,应当通知有关负责人到会,听取意见,回答询问。

第三十七条 常务委员会围绕关系改革发展稳定大局和人民切身利益、社会普遍关注的重大问题,可以召开联组会议、分组会议,进行专题询问。

根据专题询问的议题，国务院及国务院有关部门和国家监察委员会、最高人民法院、最高人民检察院的负责人应当到会，听取意见，回答询问。

专题询问中提出的意见交由有关机关研究处理，有关机关应当及时向常务委员会提交研究处理情况报告。必要时，可以由委员长会议将研究处理情况报告提请常务委员会审议，由常务委员会作出决议。

第三十八条 根据常务委员会工作安排或者受委员长会议委托，专门委员会可以就有关问题开展调研询问，并提出开展调研询问情况的报告。

第三十九条 在常务委员会会议期间，常务委员会组成人员十人以上联名，可以向常务委员会书面提出对国务院及国务院各部门和国家监察委员会、最高人民法院、最高人民检察院的质询案。

第四十条 质询案必须写明质询对象、质询的问题和内容。

第四十一条 质询案由委员长会议决定交由有关的专门委员会审议或者提请常务委员会会议审议。

第四十二条 质询案由委员长会议决定，由受质询机关的负责人在常务委员会会议上或者有关的专门委员会会议上口头答复，或者由受质询机关书面答复。在专门委员会会议上答复的，专门委员会应当向常务委员会或者委员长会议提出报告。

质询案以书面答复的，应当由被质询机关负责人签署，并印发常务委员会组成人员和有关的专门委员会。

专门委员会审议质询案的时候，提质询案的常务委员会组成人员可以出席会议，发表意见。

第六章 发言和表决

第四十三条 常务委员会组成人员在全体会议、联组会议和分组会议上发言，应当围绕会议确定的议题进行。

常务委员会全体会议或者联组会议安排对有关议题进行审议的时候，常务委员会组成人员要求发言的，应当在会前由本人向常务委员会办事机构提出，由会议主持人安排，按顺序发言。在全体会议和联组会议上临时要求发言的，经会议主持人同意，始得发言。在分组会议上要求发言的，经会议主持人同意，即可发言。

列席会议的人员的发言，适用本章有关规定。

第四十四条 在全体会议和联组会议上的发言，不超过十分钟；在分组会议上,第一次发言不超过十五分钟,第二次对同一问题的发言不超过十分钟。事先提出要求,经会议主持人同意的,可以延长发言时间。

在常务委员会会议上的发言,由常务委员会办事机构工作人员记录,经发言人核对签字后,编印会议简报和存档。会议简报可以为纸质版,也可以为电子版。

第四十五条 表决议案由常务委员会全体组成人员的过半数通过。

表决结果由会议主持人当场宣布。

出席会议的常务委员会组成人员应当参加表决。表决时,常务委员会组成人员可以表示赞成,可以表示反对,也可以表示弃权。

第四十六条 交付表决的议案,有修正案的,先表决修正案。

第四十七条 任免案、撤职案逐人表决,根据情况也可以合并表决。

第四十八条 常务委员会表决议案,采用无记名按表决器方式。常务委员会组成人员应当按表决器。如表决器系统在使用中发生故障,采用举手方式或者其他方式。

常务委员会组成人员通过网络视频方式出席会议的,采用举手方式或者其他方式表决。

第七章 公 布

第四十九条 常务委员会通过的法律,由中华人民共和国主席签署主席令予以公布。

常务委员会通过的其他决议、决定,由常务委员会公布。

常务委员会通过的法律解释,关于全国人民代表大会代表选举、补选、辞职、罢免等事项,由常务委员会发布公告予以公布。

第五十条 常务委员会决定任免的国务院副总理、国务委员以及各部部长、各委员会主任、中国人民银行行长、审计长、秘书长,由中华人民共和国主席根据常务委员会的决定,签署主席令任免并予以公布。

第五十一条 常务委员会通过的法律、决议、决定及其说明、修改情况的汇报、审议结果的报告,发布的公告,决定批准或者加入的条约和重要协定,常务委员会、专门委员会的声明等,应当及时在常务委员会公报和中国人大网上刊载。

第八章 附 则

第五十二条 本规则自公布之日起施行。

2. 人民政府及基层自治组织

中华人民共和国国务院组织法

1. 1982年12月10日第五届全国人民代表大会第五次会议通过
2. 1982年12月10日全国人民代表大会常务委员会委员长令第14号公布施行

第一条　根据中华人民共和国宪法有关国务院的规定,制定本组织法。

第二条　国务院由总理、副总理、国务委员、各部部长、各委员会主任、审计长、秘书长组成。

国务院实行总理负责制。总理领导国务院的工作。副总理、国务委员协助总理工作。

第三条　国务院行使宪法第八十九条规定的职权。

第四条　国务院会议分为国务院全体会议和国务院常务会议。国务院全体会议由国务院全体成员组成。国务院常务会议由总理、副总理、国务委员、秘书长组成。总理召集和主持国务院全体会议和国务院常务会议。国务院工作中的重大问题,必须经国务院常务会议或者国务院全体会议讨论决定。

第五条　国务院发布的决定、命令和行政法规,向全国人民代表大会或者全国人民代表大会常务委员会提出的议案,任免人员,由总理签署。

第六条　国务委员受总理委托,负责某些方面的工作或者专项任务,并且可以代表国务院进行外事活动。

第七条　国务院秘书长在总理领导下,负责处理国务院的日常工作。

国务院设副秘书长若干人,协助秘书长工作。

国务院设立办公厅,由秘书长领导。

第八条　国务院各部、各委员会的设立、撤销或者合并,经总理提出,由全国人民代表大会决定;在全国人民代表大会闭会期间,由全国人民代表大会常务委员会决定。

第九条　各部设部长一人,副部长二至四人。各委员会设主任一人,副主任二至四人,委员五至十人。

各部、各委员会实行部长、主任负责制。各部部长、各委员会主任领导本部门的工作,召集和主持部务会议或者委员会会议、委务会议,签署上报国务院的重要请示、报告和下达的命令、指示。副部长、副主任协助部长、主任工作。

第十条 各部、各委员会工作中的方针、政策、计划和重大行政措施,应向国务院请示报告,由国务院决定。根据法律和国务院的决定,主管部、委员会可以在本部门的权限内发布命令、指示和规章。

第十一条 国务院可以根据工作需要和精简的原则,设立若干直属机构主管各项专门业务,设立若干办事机构协助总理办理专门事项。每个机构设负责人二至五人。

国务院行政机构设置和编制管理条例

1997年8月3日国务院令第227号发布施行

第一章 总 则

第一条 为了规范国务院行政机构的设置,加强编制管理,提高行政效率,根据宪法和国务院组织法,制定本条例。

第二条 国务院行政机构设置和编制管理应当适应国家政治、经济、社会发展的需要。遵循精简、统一、高效的原则。

第三条 国务院根据宪法和国务院组织法的规定,行使国务院行政机构设置和编制管理职权。

国务院机构编制管理机关在国务院领导下,负责国务院行政机构设置和编制管理的具体工作。

第二章 机构设置管理

第四条 国务院行政机构的设置以职能的科学配置为基础,做到职能明确、分工合理、机构精简,有利于提高行政效能。

国务院根据国民经济和社会发展的需要,适应社会主义市场经济体制的要求,适时调整国务院行政机构;但是,在一届政府任期内,国务院组成部门应当保持相对稳定。

第五条　国务院行政机构的设立、撤销或者合并，由国务院机构编制管理机关事先组织有关部门和专家进行评估和论证。

第六条　国务院行政机构根据职能分为国务院办公厅、国务院组成部门、国务院直属机构、国务院办事机构、国务院组成部门管理的国家行政机构和国务院议事协调机构。

国务院办公厅协助国务院领导处理国务院日常工作。

国务院组成部门依法分别履行国务院基本的行政管理职能。国务院组成部门包括各部、各委员会、中国人民银行和审计署。

国务院直属机构主管国务院的某项专门业务，具有独立的行政管理职能。

国务院办事机构协助国务院总理办理专门事项，不具有独立的行政管理职能。

国务院组成部门管理的国家行政机构由国务院组成部门管理，主管特定业务，行使行政管理职能。

国务院议事协调机构承担跨国务院行政机构的重要业务工作的组织协调任务。国务院议事协调机构议定的事项，经国务院同意，由有关的行政机构按照各自的职责负责办理。在特殊或者紧急的情况下，经国务院同意，国务院议事协调机构可以规定临时性的行政管理措施。

第七条　依照国务院组织法的规定，国务院设立办公厅。

国务院组成部门的设立、撤销或者合并由国务院机构编制管理机关提出方案，经国务院常务会议讨论通过后，由国务院总理提请全国人民代表大会决定；在全国人民代表大会闭会期间，提请全国人民代表大会常务委员会决定。

第八条　国务院直属机构、国务院办事机构和国务院组成部门管理的国家行政机构的设立、撤销或者合并由国务院机构编制管理机关提出方案，报国务院决定。

第九条　设立国务院组成部门、国务院直属机构、国务院办事机构和国务院组成部门管理的国家行政机构的方案，应当包括下列事项：

（一）设立机构的必要性和可行性；

（二）机构的类型、名称和职能；

（三）司级内设机构的名称和职能；

（四）与业务相近的国务院行政机构职能的划分；

（五）机构的编制。

撤销或者合并前款所列机构的方案，应当包括下列事项：

（一）撤销或者合并的理由；

（二）撤销或者合并机构后职能的消失、转移情况；

（三）撤销或者合并机构后编制的调整和人员的分流。

第十条 设立国务院议事协调机构，应当严格控制；可以交由现有机构承担职能的或者由现有机构进行协调可以解决问题的，不另设立议事协调机构。

设立国务院议事协调机构，应当明确规定承担办事职能的具体工作部门；为处理一定时期内某项特定工作设立的议事协调机构，还应当明确规定其撤销的条件或者撤销的期限。

第十一条 国务院议事协调机构的设立、撤销或者合并，由国务院机构编制管理机关提出方案，报国务院决定。

第十二条 国务院行政机构设立后，需要对职能进行调整的，由国务院机构编制管理机关提出方案，报国务院决定。

第十三条 国务院办公厅、国务院组成部门、国务院直属机构、国务院办事机构在职能分解的基础上设立司、处两级内设机构；国务院组成部门管理的国家行政机构根据工作需要可以设立司、处两级内设机构，也可以只设立处级内设机构。

第十四条 国务院行政机构的司级内设机构的增设、撤销或者合并，经国务院机构编制管理机关审核方案，报国务院批准。

国务院行政机构的处级内设机构的设立、撤销或者合并，由国务院行政机构根据国家有关规定决定，按年度报国务院机构编制管理机关备案。

第十五条 增设国务院行政机构的司级内设机构的方案，应当包括下列事项：

（一）增设机构的必要性；

（二）增设机构的名称和职能；

（三）与业务相近的司级内设机构职能的划分。

撤销或者合并前款所列机构的方案，应当包括下列事项：

（一）撤销或者合并机构的理由；

（二）撤销或者合并机构后职能的消失、转移情况；

（三）撤销或者合并机构后编制的调整。

第十六条 国务院行政机构及其司级内设机构的名称应当规范、明确，并与该机构的类型和职能相称。

国务院行政机构及其司级内设机构不得擅自变更名称。

第三章 编制管理

第十七条 国务院行政机构的编制依据职能配置和职位分类，按照精简的原则确定。

前款所称编制，包括人员的数量定额和领导职数。

第十八条 国务院行政机构的编制在国务院行政机构设立时确定。

国务院行政机构的编制方案，应当包括下列事项：

（一）机构人员定额和人员结构比例；

（二）机构领导职数和司级内设机构领导职数。

第十九条 国务院行政机构增加或者减少编制，由国务院机构编制管理机关审核方案，报国务院批准。

第二十条 国务院议事协调机构不单独确定编制，所需要的编制由承担具体工作的国务院行政机构解决。

第二十一条 国务院办公厅、国务院组成部门、国务院直属机构和国务院办事机构的领导职数，按照国务院组织法的规定确定。国务院组成部门管理的国家行政机构的领导职数，参照国务院组织法关于国务院直属机构领导职数的规定确定。

国务院办公厅、国务院组成部门、国务院直属机构、国务院办事机构的司级内设机构的领导职数为一正二副；国务院组成部门管理的国家行政机构的司级内设机构的领导职数根据工作需要为一正二副或者一正一副。

国务院行政机构的处级内设机构的领导职数，按照国家有关规定确定。

第四章 监督检查

第二十二条 国务院机构编制管理机关应当对国务院行政机构的机构设置和编制执行情况进行监督检查。

国务院行政机构应当每年向国务院机构编制管理机关提供其机构设置和编制管理情况的报告。

第二十三条 国务院行政机构违反本条例规定，有下列行为之一的，由国务院机构编制管理机关责令限期纠正；逾期不纠正的，由国务院机构编制管理机关建议国务院或者国务院有关部门对负有直接责任的主管人员和其他直接责任人员依法给予行政处分：

（一）擅自设立司级内设机构的；

（二）擅自扩大职能的；

（三）擅自变更机构名称的；

（四）擅自超过核定的编制使用工作人员的；

（五）有违反机构设置和编制管理法律、行政法规的其他行为的。

第五章 附 则

第二十四条 地方各级人民政府行政机构的设置和编制管理办法另行制定。

国务院行政机构不得干预地方各级人民政府的行政机构设置和编制管理工作，不得要求地方各级人民政府设立与其业务对口的行政机构。

第二十五条 本条例自发布之日起施行。

中华人民共和国村民委员会组织法

1. 1998年11月4日第九届全国人民代表大会常务委员会第五次会议通过

2. 2010年10月28日第十一届全国人民代表大会常务委员会第十七次会议修订

3. 根据2018年12月29日第十三届全国人民代表大会常务委员会第七次会议《关于修改〈中华人民共和国村民委员会组织法〉〈中华人民共和国城市居民委员会组织法〉的决定》修正

目 录

第一章 总 则

第一条 为了保障农村村民实行自治,由村民依法办理自己的事情,发展农村基层民主,维护村民的合法权益,促进社会主义新农村建设,根据宪法,制定本法。

第二条 村民委员会是村民自我管理、自我教育、自我服务的基层群众性自治组织,实行民主选举、民主决策、民主管理、民主监督。

村民委员会办理本村的公共事务和公益事业,调解民间纠纷,协助维护社会治安,向人民政府反映村民的意见、要求和提出建议。

村民委员会向村民会议、村民代表会议负责并报告工作。

第三条 村民委员会根据村民居住状况、人口多少,按照便于群众自治,有利于经济发展和社会管理的原则设立。

村民委员会的设立、撤销、范围调整,由乡、民族乡、镇的人民政府提出,经村民会议讨论同意,报县级人民政府批准。

村民委员会可以根据村民居住状况、集体土地所有权关系等分设若干村民小组。

第四条 中国共产党在农村的基层组织,按照中国共产党章程进行工作,发挥领导核心作用,领导和支持村民委员会行使职权;依照宪法和法律,支持和保障村民开展自治活动、直接行使民主权利。

第五条 乡、民族乡、镇的人民政府对村民委员会的工作给予指导、支持和帮助,但是不得干预依法属于村民自治范围内的事项。

村民委员会协助乡、民族乡、镇的人民政府开展工作。

第二章 村民委员会的组成和职责

第六条 村民委员会由主任、副主任和委员共三至七人组成。

村民委员会成员中,应当有妇女成员,多民族村民居住的村应当有人数较少的民族的成员。

对村民委员会成员,根据工作情况,给予适当补贴。

第七条 村民委员会根据需要设人民调解、治安保卫、公共卫生与计划生育等委员会。村民委员会成员可以兼任下属委员会的成员。人口少的村的村民委员会可以不设下属委员会,由村民委员会成员分工负责人民调解、治安保卫、公共卫生与计划生育等工作。

第八条 村民委员会应当支持和组织村民依法发展各种形式的合作经济和其他经济，承担本村生产的服务和协调工作，促进农村生产建设和经济发展。

村民委员会依照法律规定，管理本村属于村农民集体所有的土地和其他财产，引导村民合理利用自然资源，保护和改善生态环境。

村民委员会应当尊重并支持集体经济组织依法独立进行经济活动的自主权，维护以家庭承包经营为基础、统分结合的双层经营体制，保障集体经济组织和村民、承包经营户、联户或者合伙的合法财产权和其他合法权益。

第九条 村民委员会应当宣传宪法、法律、法规和国家的政策，教育和推动村民履行法律规定的义务、爱护公共财产，维护村民的合法权益，发展文化教育，普及科技知识，促进男女平等，做好计划生育工作，促进村与村之间的团结、互助，开展多种形式的社会主义精神文明建设活动。

村民委员会应当支持服务性、公益性、互助性社会组织依法开展活动，推动农村社区建设。

多民族村民居住的村，村民委员会应当教育和引导各民族村民增进团结、互相尊重、互相帮助。

第十条 村民委员会及其成员应当遵守宪法、法律、法规和国家的政策，遵守并组织实施村民自治章程、村规民约，执行村民会议、村民代表会议的决定、决议，办事公道，廉洁奉公，热心为村民服务，接受村民监督。

第三章　村民委员会的选举

第十一条 村民委员会主任、副主任和委员，由村民直接选举产生。任何组织或者个人不得指定、委派或者撤换村民委员会成员。

村民委员会每届任期五年，届满应当及时举行换届选举。村民委员会成员可以连选连任。

第十二条 村民委员会的选举，由村民选举委员会主持。

村民选举委员会由主任和委员组成，由村民会议、村民代表会议或者各村民小组会议推选产生。

村民选举委员会成员被提名为村民委员会成员候选人，应当退出村民选举委员会。

村民选举委员会成员退出村民选举委员会或者因其他原因出缺的，

按照原推选结果依次递补,也可以另行推选。

第十三条 年满十八周岁的村民,不分民族、种族、性别、职业、家庭出身、宗教信仰、教育程度、财产状况、居住期限,都有选举权和被选举权;但是,依照法律被剥夺政治权利的人除外。

村民委员会选举前,应当对下列人员进行登记,列入参加选举的村民名单:

(一)户籍在本村并且在本村居住的村民;

(二)户籍在本村,不在本村居住,本人表示参加选举的村民;

(三)户籍不在本村,在本村居住一年以上,本人申请参加选举,并且经村民会议或者村民代表会议同意参加选举的公民。

已在户籍所在村或者居住村登记参加选举的村民,不得再参加其他地方村民委员会的选举。

第十四条 登记参加选举的村民名单应当在选举日的二十日前由村民选举委员会公布。

对登记参加选举的村民名单有异议的,应当自名单公布之日起五日内向村民选举委员会申诉,村民选举委员会应当自收到申诉之日起三日内作出处理决定,并公布处理结果。

第十五条 选举村民委员会,由登记参加选举的村民直接提名候选人。村民提名候选人,应当从全体村民利益出发,推荐奉公守法、品行良好、公道正派、热心公益、具有一定文化水平和工作能力的村民为候选人。候选人的名额应当多于应选名额。村民选举委员会应当组织候选人与村民见面,由候选人介绍履行职责的设想,回答村民提出的问题。

选举村民委员会,有登记参加选举的村民过半数投票,选举有效;候选人获得参加投票的村民过半数的选票,始得当选。当选人数不足应选名额的,不足的名额另行选举。另行选举的,第一次投票未当选的人员得票多的为候选人,候选人以得票多的当选,但是所得票数不得少于已投选票总数的三分之一。

选举实行无记名投票、公开计票的方法,选举结果应当当场公布。选举时,应当设立秘密写票处。

登记参加选举的村民,选举期间外出不能参加投票的,可以书面委托本村有选举权的近亲属代为投票。村民选举委员会应当公布委托人和受委托人的名单。

具体选举办法由省、自治区、直辖市的人民代表大会常务委员会规定。

第十六条 本村五分之一以上有选举权的村民或者三分之一以上的村民代表联名，可以提出罢免村民委员会成员的要求，并说明要求罢免的理由。被提出罢免的村民委员会成员有权提出申辩意见。

罢免村民委员会成员，须有登记参加选举的村民过半数投票，并须经投票的村民过半数通过。

第十七条 以暴力、威胁、欺骗、贿赂、伪造选票、虚报选举票数等不正当手段当选村民委员会成员的，当选无效。

对以暴力、威胁、欺骗、贿赂、伪造选票、虚报选举票数等不正当手段，妨害村民行使选举权、被选举权，破坏村民委员会选举的行为，村民有权向乡、民族乡、镇的人民代表大会和人民政府或者县级人民代表大会常务委员会和人民政府及其有关主管部门举报，由乡级或者县级人民政府负责调查并依法处理。

第十八条 村民委员会成员丧失行为能力或者被判处刑罚的，其职务自行终止。

第十九条 村民委员会成员出缺，可以由村民会议或者村民代表会议进行补选。补选程序参照本法第十五条的规定办理。补选的村民委员会成员的任期到本届村民委员会任期届满时止。

第二十条 村民委员会应当自新一届村民委员会产生之日起十日内完成工作移交。工作移交由村民选举委员会主持，由乡、民族乡、镇的人民政府监督。

第四章 村民会议和村民代表会议

第二十一条 村民会议由本村十八周岁以上的村民组成。

村民会议由村民委员会召集。有十分之一以上的村民或者三分之一以上的村民代表提议，应当召集村民会议。召集村民会议，应当提前十天通知村民。

第二十二条 召开村民会议，应当有本村十八周岁以上村民的过半数，或者本村三分之二以上的户的代表参加，村民会议所作决定应当经到会人员的过半数通过。法律对召开村民会议及作出决定另有规定的，依照其规定。

召开村民会议，根据需要可以邀请驻本村的企业、事业单位和群众组织派代表列席。

第二十三条 村民会议审议村民委员会的年度工作报告,评议村民委员会成员的工作;有权撤销或者变更村民委员会不适当的决定;有权撤销或者变更村民代表会议不适当的决定。

村民会议可以授权村民代表会议审议村民委员会的年度工作报告,评议村民委员会成员的工作,撤销或者变更村民委员会不适当的决定。

第二十四条 涉及村民利益的下列事项,经村民会议讨论决定方可办理:

(一)本村享受误工补贴的人员及补贴标准;

(二)从村集体经济所得收益的使用;

(三)本村公益事业的兴办和筹资筹劳方案及建设承包方案;

(四)土地承包经营方案;

(五)村集体经济项目的立项、承包方案;

(六)宅基地的使用方案;

(七)征地补偿费的使用、分配方案;

(八)以借贷、租赁或者其他方式处分村集体财产;

(九)村民会议认为应当由村民会议讨论决定的涉及村民利益的其他事项。

村民会议可以授权村民代表会议讨论决定前款规定的事项。

法律对讨论决定村集体经济组织财产和成员权益的事项另有规定的,依照其规定。

第二十五条 人数较多或者居住分散的村,可以设立村民代表会议,讨论决定村民会议授权的事项。村民代表会议由村民委员会成员和村民代表组成,村民代表应当占村民代表会议组成人员的五分之四以上,妇女村民代表应当占村民代表会议组成人员的三分之一以上。

村民代表由村民按每五户至十五户推选一人,或者由各村民小组推选若干人。村民代表的任期与村民委员会的任期相同。村民代表可以连选连任。

村民代表应当向其推选户或者村民小组负责,接受村民监督。

第二十六条 村民代表会议由村民委员会召集。村民代表会议每季度召开一次。有五分之一以上的村民代表提议,应当召集村民代表会议。

村民代表会议有三分之二以上的组成人员参加方可召开,所作决定应当经到会人员的过半数同意。

第二十七条 村民会议可以制定和修改村民自治章程、村规民约,并报乡、民族乡、镇的人民政府备案。

村民自治章程、村规民约以及村民会议或者村民代表会议的决定不得与宪法、法律、法规和国家的政策相抵触,不得有侵犯村民的人身权利、民主权利和合法财产权利的内容。

村民自治章程、村规民约以及村民会议或者村民代表会议的决定违反前款规定的,由乡、民族乡、镇的人民政府责令改正。

第二十八条 召开村民小组会议,应当有本村民小组十八周岁以上的村民三分之二以上,或者本村民小组三分之二以上的户的代表参加,所作决定应当经到会人员的过半数同意。

村民小组组长由村民小组会议推选。村民小组组长任期与村民委员会的任期相同,可以连选连任。

属于村民小组的集体所有的土地、企业和其他财产的经营管理以及公益事项的办理,由村民小组会议依照有关法律的规定讨论决定,所作决定及实施情况应当及时向本村民小组的村民公布。

第五章　民主管理和民主监督

第二十九条 村民委员会应当实行少数服从多数的民主决策机制和公开透明的工作原则,建立健全各种工作制度。

第三十条 村民委员会实行村务公开制度。

村民委员会应当及时公布下列事项,接受村民的监督:

(一)本法第二十三条、第二十四条规定的由村民会议、村民代表会议讨论决定的事项及其实施情况;

(二)国家计划生育政策的落实方案;

(三)政府拨付和接受社会捐赠的救灾救助、补贴补助等资金、物资的管理使用情况;

(四)村民委员会协助人民政府开展工作的情况;

(五)涉及本村村民利益,村民普遍关心的其他事项。

前款规定事项中,一般事项至少每季度公布一次;集体财务往来较多的,财务收支情况应当每月公布一次;涉及村民利益的重大事项应当随时公布。

村民委员会应当保证所公布事项的真实性,并接受村民的查询。

第三十一条 村民委员会不及时公布应当公布的事项或者公布的事项不真实的,村民有权向乡、民族乡、镇的人民政府或者县级人民政府及其有关主管部门反映,有关人民政府或者主管部门应当负责调查核实,责令依法公布;经查证确有违法行为的,有关人员应当依法承担责任。

第三十二条 村应当建立村务监督委员会或者其他形式的村务监督机构,负责村民民主理财,监督村务公开等制度的落实,其成员由村民会议或者村民代表会议在村民中推选产生,其中应有具备财会、管理知识的人员。村民委员会成员及其近亲属不得担任村务监督机构成员。村务监督机构成员向村民会议和村民代表会议负责,可以列席村民委员会会议。

第三十三条 村民委员会成员以及由村民或者村集体承担误工补贴的聘用人员,应当接受村民会议或者村民代表会议对其履行职责情况的民主评议。民主评议每年至少进行一次,由村务监督机构主持。

村民委员会成员连续两次被评议不称职的,其职务终止。

第三十四条 村民委员会和村务监督机构应当建立村务档案。村务档案包括:选举文件和选票,会议记录,土地发包方案和承包合同,经济合同,集体财务账目,集体资产登记文件,公益设施基本资料,基本建设资料,宅基地使用方案,征地补偿费使用及分配方案等。村务档案应当真实、准确、完整、规范。

第三十五条 村民委员会成员实行任期和离任经济责任审计,审计包括下列事项:

(一)本村财务收支情况;

(二)本村债权债务情况;

(三)政府拨付和接受社会捐赠的资金、物资管理使用情况;

(四)本村生产经营和建设项目的发包管理以及公益事业建设项目招标投标情况;

(五)本村资金管理使用以及本村集体资产、资源的承包、租赁、担保、出让情况,征地补偿费的使用、分配情况;

(六)本村五分之一以上的村民要求审计的其他事项。

村民委员会成员的任期和离任经济责任审计,由县级人民政府农业部门、财政部门或者乡、民族乡、镇的人民政府负责组织,审计结果应当公布，其中离任经济责任审计结果应当在下一届村民委员会选举之前公布。

第三十六条 村民委员会或者村民委员会成员作出的决定侵害村民合法权益的，受侵害的村民可以申请人民法院予以撤销，责任人依法承担法律责任。

村民委员会不依照法律、法规的规定履行法定义务的，由乡、民族乡、镇的人民政府责令改正。

乡、民族乡、镇的人民政府干预依法属于村民自治范围事项的，由上一级人民政府责令改正。

第六章　附　　则

第三十七条 人民政府对村民委员会协助政府开展工作应当提供必要的条件；人民政府有关部门委托村民委员会开展工作需要经费的，由委托部门承担。

村民委员会办理本村公益事业所需的经费，由村民会议通过筹资筹劳解决；经费确有困难的，由地方人民政府给予适当支持。

第三十八条 驻在农村的机关、团体、部队、国有及国有控股企业、事业单位及其人员不参加村民委员会组织，但应当通过多种形式参与农村社区建设，并遵守有关村规民约。

村民委员会、村民会议或者村民代表会议讨论决定与前款规定的单位有关的事项，应当与其协商。

第三十九条 地方各级人民代表大会和县级以上地方各级人民代表大会常务委员会在本行政区域内保证本法的实施，保障村民依法行使自治权利。

第四十条 省、自治区、直辖市的人民代表大会常务委员会根据本法，结合本行政区域的实际情况，制定实施办法。

第四十一条 本法自公布之日起施行。

中华人民共和国城市居民委员会组织法

1. 1989年12月26日第七届全国人民代表大会常务委员会第十一次会议通过

2. 根据2018年12月29日第十三届全国人民代表大会常务委员会第七次会议《关于修改〈中华人民共和国村民委员会组织法〉〈中华人民共和国城市居民委员会组织法〉的决定》修正

第一条 为了加强城市居民委员会的建设，由城市居民群众依法办理群众自己的事情，促进城市基层社会主义民主和城市社会主义物质文明、精神文明建设的发展，根据宪法，制定本法。

第二条 居民委员会是居民自我管理、自我教育、自我服务的基层群众性自治组织。

不设区的市、市辖区的人民政府或者它的派出机关对居民委员会的工作给予指导、支持和帮助。居民委员会协助不设区的市、市辖区的人民政府或者它的派出机关开展工作。

第三条 居民委员会的任务：

（一）宣传宪法、法律、法规和国家的政策，维护居民的合法权益，教育居民履行依法应尽的义务，爱护公共财产，开展多种形式的社会主义精神文明建设活动；

（二）办理本居住地区居民的公共事务和公益事业；

（三）调解民间纠纷；

（四）协助维护社会治安；

（五）协助人民政府或者它的派出机关做好与居民利益有关的公共卫生、计划生育、优抚救济、青少年教育等项工作；

（六）向人民政府或者它的派出机关反映居民的意见、要求和提出建议。

第四条 居民委员会应当开展便民利民的社区服务活动，可以兴办有关的服务事业。

居民委员会管理本居民委员会的财产，任何部门和单位不得侵犯居民委员会的财产所有权。

第五条 多民族居住地区的居民委员会，应当教育居民互相帮助，互相尊重，加强民族团结。

第六条 居民委员会根据居民居住状况，按照便于居民自治的原则，一般在一百户至七百户的范围内设立。

居民委员会的设立、撤销、规模调整，由不设区的市、市辖区的人民政府决定。

第七条 居民委员会由主任、副主任和委员共五至九人组成。多民族居住地区，居民委员会中应当有人数较少的民族的成员。

第八条 居民委员会主任、副主任和委员，由本居住地区全体有选举权的居民或者由每户派代表选举产生；根据居民意见，也可以由每个居民小组选举代表二至三人选举产生。居民委员会每届任期五年，其成员可以连选连任。

年满十八周岁的本居住地区居民，不分民族、种族、性别、职业、家庭出身、宗教信仰、教育程度、财产状况、居住期限，都有选举权和被选举权；但是，依照法律被剥夺政治权利的人除外。

第九条 居民会议由十八周岁以上的居民组成。

居民会议可以由全体十八周岁以上的居民或者每户派代表参加，也可以由每个居民小组选举代表二至三人参加。

居民会议必须有全体十八周岁以上的居民、户的代表或者居民小组选举的代表的过半数出席，才能举行。会议的决定，由出席人的过半数通过。

第十条 居民委员会向居民会议负责并报告工作。

居民会议由居民委员会召集和主持。有五分之一以上的十八周岁以上的居民、五分之一以上的户或者三分之一以上的居民小组提议，应当召集居民会议。涉及全体居民利益的重要问题，居民委员会必须提请居民会议讨论决定。

居民会议有权撤换和补选居民委员会成员。

第十一条 居民委员会决定问题，采取少数服从多数的原则。

居民委员会进行工作，应当采取民主的方法，不得强迫命令。

第十二条 居民委员会成员应当遵守宪法、法律、法规和国家的政策，办事公道，热心为居民服务。

第十三条 居民委员会根据需要设人民调解、治安保卫、公共卫生等委员会。居民委员会成员可以兼任下属的委员会的成员。居民较少的居民委员会可以不设下属的委员会,由居民委员会的成员分工负责有关工作。

第十四条 居民委员会可以分设若干居民小组,小组长由居民小组推选。

第十五条 居民公约由居民会议讨论制定,报不设区的市、市辖区的人民政府或者它的派出机关备案,由居民委员会监督执行。居民应当遵守居民会议的决议和居民公约。

居民公约的内容不得与宪法、法律、法规和国家的政策相抵触。

第十六条 居民委员会办理本居住地区公益事业所需的费用,经居民会议讨论决定,可以根据自愿原则向居民筹集,也可以向本居住地区的受益单位筹集,但是必须经受益单位同意;收支帐目应当及时公布,接受居民监督。

第十七条 居民委员会的工作经费和来源,居民委员会成员的生活补贴费的范围、标准和来源,由不设区的市、市辖区的人民政府或者上级人民政府规定并拨付;经居民会议同意,可以从居民委员会的经济收入中给予适当补助。

居民委员会的办公用房,由当地人民政府统筹解决。

第十八条 依照法律被剥夺政治权利的人编入居民小组,居民委员会应当对他们进行监督和教育。

第十九条 机关、团体、部队、企业事业组织,不参加所在地的居民委员会,但是应当支持所在地的居民委员会的工作。所在地的居民委员会讨论同这些单位有关的问题,需要他们参加会议时,他们应当派代表参加,并且遵守居民委员会的有关决定和居民公约。

前款所列单位的职工及家属、军人及随军家属,参加居住地区的居民委员会;其家属聚居区可以单独成立家属委员会,承担居民委员会的工作,在不设区的市、市辖区的人民政府或者它的派出机关和本单位的指导下进行工作。家属委员会的工作经费和家属委员会成员的生活补贴费、办公用房,由所属单位解决。

第二十条 市、市辖区的人民政府有关部门,需要居民委员会或者它的下属委员会协助进行的工作,应当经市、市辖区的人民政府或者它的派出机关同意并统一安排。市、市辖区的人民政府的有关部门,可以对居民委员会有关的下属委员会进行业务指导。

第二十一条 本法适用于乡、民族乡、镇的人民政府所在地设立的居民委员会。

第二十二条 省、自治区、直辖市的人民代表大会常务委员会可以根据本法制定实施办法。

第二十三条 本法自1990年1月1日起施行。1954年12月31日全国人民代表大会常务委员会通过的《城市居民委员会组织条例》同时废止。

3. 监察委员会

中华人民共和国监察法

1. 2018年3月20日第十三届全国人民代表大会第一次会议通过

2. 2018年3月20日中华人民共和国主席令第3号公布施行

目　　录

第一章　总　　则

第一条 为了深化国家监察体制改革，加强对所有行使公权力的公职人员的监督，实现国家监察全面覆盖，深入开展反腐败工作，推进国家治理体系和治理能力现代化，根据宪法，制定本法。

第二条 坚持中国共产党对国家监察工作的领导，以马克思列宁主义、毛泽东思想、邓小平理论、“三个代表”重要思想、科学发展观、习近平新时代中国特色社会主义思想为指导,构建集中统一、权威高效的中国特色国家监察体制。

第三条 各级监察委员会是行使国家监察职能的专责机关,依照本法对所有行使公权力的公职人员(以下称公职人员)进行监察,调查职务违法和职务犯罪,开展廉政建设和反腐败工作,维护宪法和法律的尊严。

第四条 监察委员会依照法律规定独立行使监察权,不受行政机关、社会团体和个人的干涉。

监察机关办理职务违法和职务犯罪案件,应当与审判机关、检察机关、执法部门互相配合,互相制约。

监察机关在工作中需要协助的,有关机关和单位应当根据监察机关的要求依法予以协助。

第五条 国家监察工作严格遵照宪法和法律,以事实为根据,以法律为准绳;在适用法律上一律平等,保障当事人的合法权益;权责对等,严格监督;惩戒与教育相结合,宽严相济。

第六条 国家监察工作坚持标本兼治、综合治理,强化监督问责,严厉惩治腐败;深化改革、健全法治,有效制约和监督权力;加强法治教育和道德教育,弘扬中华优秀传统文化,构建不敢腐、不能腐、不想腐的长效机制。

第二章 监察机关及其职责

第七条 中华人民共和国国家监察委员会是最高监察机关。

省、自治区、直辖市、自治州、县、自治县、市、市辖区设立监察委员会。

第八条 国家监察委员会由全国人民代表大会产生,负责全国监察工作。

国家监察委员会由主任、副主任若干人、委员若干人组成,主任由全国人民代表大会选举,副主任、委员由国家监察委员会主任提请全国人民代表大会常务委员会任免。

国家监察委员会主任每届任期同全国人民代表大会每届任期相同,连续任职不得超过两届。

国家监察委员会对全国人民代表大会及其常务委员会负责,并接受其监督。

第九条 地方各级监察委员会由本级人民代表大会产生,负责本行政区域内的监察工作。

地方各级监察委员会由主任、副主任若干人、委员若干人组成，主任由本级人民代表大会选举，副主任、委员由监察委员会主任提请本级人民代表大会常务委员会任免。

地方各级监察委员会主任每届任期同本级人民代表大会每届任期相同。

地方各级监察委员会对本级人民代表大会及其常务委员会和上一级监察委员会负责，并接受其监督。

第十条 国家监察委员会领导地方各级监察委员会的工作，上级监察委员会领导下级监察委员会的工作。

第十一条 监察委员会依照本法和有关法律规定履行监督、调查、处置职责：

（一）对公职人员开展廉政教育，对其依法履职、秉公用权、廉洁从政从业以及道德操守情况进行监督检查；

（二）对涉嫌贪污贿赂、滥用职权、玩忽职守、权力寻租、利益输送、徇私舞弊以及浪费国家资财等职务违法和职务犯罪进行调查；

（三）对违法的公职人员依法作出政务处分决定；对履行职责不力、失职失责的领导人员进行问责；对涉嫌职务犯罪的，将调查结果移送人民检察院依法审查、提起公诉；向监察对象所在单位提出监察建议。

第十二条 各级监察委员会可以向本级中国共产党机关、国家机关、法律法规授权或者委托管理公共事务的组织和单位以及所管辖的行政区域、国有企业等派驻或者派出监察机构、监察专员。

监察机构、监察专员对派驻或者派出它的监察委员会负责。

第十三条 派驻或者派出的监察机构、监察专员根据授权，按照管理权限依法对公职人员进行监督，提出监察建议，依法对公职人员进行调查、处置。

第十四条 国家实行监察官制度，依法确定监察官的等级设置、任免、考评和晋升等制度。

第三章 监察范围和管辖

第十五条 监察机关对下列公职人员和有关人员进行监察：

（一）中国共产党机关、人民代表大会及其常务委员会机关、人民政府、监察委员会、人民法院、人民检察院、中国人民政治协商会议各级委员会机关、民主党派机关和工商业联合会机关的公务员，以及参照《中华人民共和国公务员法》管理的人员；

（二）法律、法规授权或者受国家机关依法委托管理公共事务的组织中从事公务的人员；

（三）国有企业管理人员；

（四）公办的教育、科研、文化、医疗卫生、体育等单位中从事管理的人员；

（五）基层群众性自治组织中从事管理的人员；

（六）其他依法履行公职的人员。

第十六条 各级监察机关按照管理权限管辖本辖区内本法第十五条规定的人员所涉监察事项。

上级监察机关可以办理下一级监察机关管辖范围内的监察事项，必要时也可以办理所辖各级监察机关管辖范围内的监察事项。

监察机关之间对监察事项的管辖有争议的，由其共同的上级监察机关确定。

第十七条 上级监察机关可以将其所管辖的监察事项指定下级监察机关管辖，也可以将下级监察机关有管辖权的监察事项指定给其他监察机关管辖。

监察机关认为所管辖的监察事项重大、复杂，需要由上级监察机关管辖的，可以报请上级监察机关管辖。

第四章 监察权限

第十八条 监察机关行使监督、调查职权，有权依法向有关单位和个人了解情况，收集、调取证据。有关单位和个人应当如实提供。

监察机关及其工作人员对监督、调查过程中知悉的国家秘密、商业秘密、个人隐私，应当保密。

任何单位和个人不得伪造、隐匿或者毁灭证据。

第十九条 对可能发生职务违法的监察对象，监察机关按照管理权限，可以直接或者委托有关机关、人员进行谈话或者要求说明情况。

第二十条 在调查过程中，对涉嫌职务违法的被调查人，监察机关可以要求其就涉嫌违法行为作出陈述，必要时向被调查人出具书面通知。

对涉嫌贪污贿赂、失职渎职等职务犯罪的被调查人，监察机关可以进行讯问，要求其如实供述涉嫌犯罪的情况。

第二十一条 在调查过程中，监察机关可以询问证人等人员。

第二十二条 被调查人涉嫌贪污贿赂、失职渎职等严重职务违法或者职务犯罪，监察机关已经掌握其部分违法犯罪事实及证据，仍有重要问题需要进一步调查，并有下列情形之一的，经监察机关依法审批，可以将其留置在特定场所：

（一）涉及案情重大、复杂的；

（二）可能逃跑、自杀的；

（三）可能串供或者伪造、隐匿、毁灭证据的；

（四）可能有其他妨碍调查行为的。

对涉嫌行贿犯罪或者共同职务犯罪的涉案人员，监察机关可以依照前款规定采取留置措施。

留置场所的设置、管理和监督依照国家有关规定执行。

第二十三条 监察机关调查涉嫌贪污贿赂、失职渎职等严重职务违法或者职务犯罪，根据工作需要，可以依照规定查询、冻结涉案单位和个人的存款、汇款、债券、股票、基金份额等财产。有关单位和个人应当配合。

冻结的财产经查明与案件无关的，应当在查明后三日内解除冻结，予以退还。

第二十四条 监察机关可以对涉嫌职务犯罪的被调查人以及可能隐藏被调查人或者犯罪证据的人的身体、物品、住处和其他有关地方进行搜查。在搜查时，应当出示搜查证，并有被搜查人或者其家属等见证人在场。

搜查女性身体，应当由女性工作人员进行。

监察机关进行搜查时，可以根据工作需要提请公安机关配合。公安机关应当依法予以协助。

第二十五条 监察机关在调查过程中，可以调取、查封、扣押用以证明被调查人涉嫌违法犯罪的财物、文件和电子数据等信息。采取调取、查封、扣押措施，应当收集原物原件，会同持有人或者保管人、见证人，当面逐一拍照、登记、编号，开列清单，由在场人员当场核对、签名，并将清单副本交财物、文件的持有人或者保管人。

对调取、查封、扣押的财物、文件，监察机关应当设立专用账户、专门场所，确定专门人员妥善保管，严格履行交接、调取手续，定期对账核实，不得毁损或者用于其他目的。对价值不明物品应当及时鉴定，专门封存保管。

查封、扣押的财物、文件经查明与案件无关的，应当在查明后三日内解除查封、扣押，予以退还。

第二十六条 监察机关在调查过程中，可以直接或者指派、聘请具有专门知识、资格的人员在调查人员主持下进行勘验检查。勘验检查情况应当制作笔录，由参加勘验检查的人员和见证人签名或者盖章。

第二十七条 监察机关在调查过程中，对于案件中的专门性问题，可以指派、聘请有专门知识的人进行鉴定。鉴定人进行鉴定后，应当出具鉴定意见，并且签名。

第二十八条 监察机关调查涉嫌重大贪污贿赂等职务犯罪，根据需要，经过严格的批准手续，可以采取技术调查措施，按照规定交有关机关执行。

批准决定应当明确采取技术调查措施的种类和适用对象，自签发之日起三个月以内有效；对于复杂、疑难案件，期限届满仍有必要继续采取技术调查措施的，经过批准，有效期可以延长，每次不得超过三个月。对于不需要继续采取技术调查措施的，应当及时解除。

第二十九条 依法应当留置的被调查人如果在逃，监察机关可以决定在本行政区域内通缉，由公安机关发布通缉令，追捕归案。通缉范围超出本行政区域的，应当报请有权决定的上级监察机关决定。

第三十条 监察机关为防止被调查人及相关人员逃匿境外，经省级以上监察机关批准，可以对被调查人及相关人员采取限制出境措施，由公安机关依法执行。对于不需要继续采取限制出境措施的，应当及时解除。

第三十一条 涉嫌职务犯罪的被调查人主动认罪认罚，有下列情形之一的，监察机关经领导人员集体研究，并报上一级监察机关批准，可以在移送人民检察院时提出从宽处罚的建议：

（一）自动投案，真诚悔罪悔过的；

（二）积极配合调查工作，如实供述监察机关还未掌握的违法犯罪行为的；

（三）积极退赃，减少损失的；

（四）具有重大立功表现或者案件涉及国家重大利益等情形的。

第三十二条 职务违法犯罪的涉案人员揭发有关被调查人职务违法犯罪行为，查证属实的，或者提供重要线索，有助于调查其他案件的，监察机关经领导人员集体研究，并报上一级监察机关批准，可以在移送人民检察院时提出从宽处罚的建议。

第三十三条 监察机关依照本法规定收集的物证、书证、证人证言、被调查人供述和辩解、视听资料、电子数据等证据材料,在刑事诉讼中可以作为证据使用。

监察机关在收集、固定、审查、运用证据时,应当与刑事审判关于证据的要求和标准相一致。

以非法方法收集的证据应当依法予以排除,不得作为案件处置的依据。

第三十四条 人民法院、人民检察院、公安机关、审计机关等国家机关在工作中发现公职人员涉嫌贪污贿赂、失职渎职等职务违法或者职务犯罪的问题线索,应当移送监察机关,由监察机关依法调查处置。

被调查人既涉嫌严重职务违法或者职务犯罪,又涉嫌其他违法犯罪的,一般应当由监察机关为主调查,其他机关予以协助。

第五章 监察程序

第三十五条 监察机关对于报案或者举报,应当接受并按照有关规定处理。对于不属于本机关管辖的,应当移送主管机关处理。

第三十六条 监察机关应当严格按照程序开展工作,建立问题线索处置、调查、审理各部门相互协调、相互制约的工作机制。

监察机关应当加强对调查、处置工作全过程的监督管理,设立相应的工作部门履行线索管理、监督检查、督促办理、统计分析等管理协调职能。

第三十七条 监察机关对监察对象的问题线索,应当按照有关规定提出处置意见,履行审批手续,进行分类办理。线索处置情况应当定期汇总、通报,定期检查、抽查。

第三十八条 需要采取初步核实方式处置问题线索的,监察机关应当依法履行审批程序,成立核查组。初步核实工作结束后,核查组应当撰写初步核实情况报告,提出处理建议。承办部门应当提出分类处理意见。初步核实情况报告和分类处理意见报监察机关主要负责人审批。

第三十九条 经过初步核实,对监察对象涉嫌职务违法犯罪,需要追究法律责任的,监察机关应当按照规定的权限和程序办理立案手续。

监察机关主要负责人依法批准立案后,应当主持召开专题会议,研究确定调查方案,决定需要采取的调查措施。

立案调查决定应当向被调查人宣布,并通报相关组织。涉嫌严重职务违法或者职务犯罪的,应当通知被调查人家属,并向社会公开发布。

第四十条 监察机关对职务违法和职务犯罪案件,应当进行调查,收集被调查人有无违法犯罪以及情节轻重的证据,查明违法犯罪事实,形成相互印证、完整稳定的证据链。

严禁以威胁、引诱、欺骗及其他非法方式收集证据,严禁侮辱、打骂、虐待、体罚或者变相体罚被调查人和涉案人员。

第四十一条 调查人员采取讯问、询问、留置、搜查、调取、查封、扣押、勘验检查等调查措施,均应当依照规定出示证件,出具书面通知,由二人以上进行,形成笔录、报告等书面材料,并由相关人员签名、盖章。

调查人员进行讯问以及搜查、查封、扣押等重要取证工作,应当对全过程进行录音录像,留存备查。

第四十二条 调查人员应当严格执行调查方案,不得随意扩大调查范围、变更调查对象和事项。

对调查过程中的重要事项,应当集体研究后按程序请示报告。

第四十三条 监察机关采取留置措施,应当由监察机关领导人员集体研究决定。设区的市级以下监察机关采取留置措施,应当报上一级监察机关批准。省级监察机关采取留置措施,应当报国家监察委员会备案。

留置时间不得超过三个月。在特殊情况下,可以延长一次,延长时间不得超过三个月。省级以下监察机关采取留置措施的,延长留置时间应当报上一级监察机关批准。监察机关发现采取留置措施不当的,应当及时解除。

监察机关采取留置措施,可以根据工作需要提请公安机关配合。公安机关应当依法予以协助。

第四十四条 对被调查人采取留置措施后,应当在二十四小时以内,通知被留置人员所在单位和家属,但有可能毁灭、伪造证据,干扰证人作证或者串供等有碍调查情形的除外。有碍调查的情形消失后,应当立即通知被留置人员所在单位和家属。

监察机关应当保障被留置人员的饮食、休息和安全,提供医疗服务。讯问被留置人员应当合理安排讯问时间和时长,讯问笔录由被讯问人阅看后签名。

被留置人员涉嫌犯罪移送司法机关后,被依法判处管制、拘役和有期徒刑的,留置一日折抵管制二日,折抵拘役、有期徒刑一日。

第四十五条 监察机关根据监督、调查结果,依法作出如下处置:

（一）对有职务违法行为但情节较轻的公职人员，按照管理权限，直接或者委托有关机关、人员，进行谈话提醒、批评教育、责令检查，或者予以诫勉；

（二）对违法的公职人员依照法定程序作出警告、记过、记大过、降级、撤职、开除等政务处分决定；

（三）对不履行或者不正确履行职责负有责任的领导人员，按照管理权限对其直接作出问责决定，或者向有权作出问责决定的机关提出问责建议；

（四）对涉嫌职务犯罪的，监察机关经调查认为犯罪事实清楚，证据确实、充分的，制作起诉意见书，连同案卷材料、证据一并移送人民检察院依法审查、提起公诉；

（五）对监察对象所在单位廉政建设和履行职责存在的问题等提出监察建议。

监察机关经调查，对没有证据证明被调查人存在违法犯罪行为的，应当撤销案件，并通知被调查人所在单位。

第四十六条 监察机关经调查，对违法取得的财物，依法予以没收、追缴或者责令退赔；对涉嫌犯罪取得的财物，应当随案移送人民检察院。

第四十七条 对监察机关移送的案件，人民检察院依照《中华人民共和国刑事诉讼法》对被调查人采取强制措施。

人民检察院经审查，认为犯罪事实已经查清，证据确实、充分，依法应当追究刑事责任的，应当作出起诉决定。

人民检察院经审查，认为需要补充核实的，应当退回监察机关补充调查，必要时可以自行补充侦查。对于补充调查的案件，应当在一个月内补充调查完毕。补充调查以二次为限。

人民检察院对于有《中华人民共和国刑事诉讼法》规定的不起诉的情形的，经上一级人民检察院批准，依法作出不起诉的决定。监察机关认为不起诉的决定有错误的，可以向上一级人民检察院提请复议。

第四十八条 监察机关在调查贪污贿赂、失职渎职等职务犯罪案件过程中，被调查人逃匿或者死亡，有必要继续调查的，经省级以上监察机关批准，应当继续调查并作出结论。被调查人逃匿，在通缉一年后不能到案，或者死亡的，由监察机关提请人民检察院依照法定程序，向人民法院提出没收违法所得的申请。

第四十九条 监察对象对监察机关作出的涉及本人的处理决定不服的，可以在收到处理决定之日起一个月内，向作出决定的监察机关申请复审，复审机关应当在一个月内作出复审决定；监察对象对复审决定仍不服的，可以在收到复审决定之日起一个月内，向上一级监察机关申请复核，复核机关应当在二个月内作出复核决定。复审、复核期间，不停止原处理决定的执行。复核机关经审查，认定处理决定有错误的，原处理机关应当及时予以纠正。

第六章 反腐败国际合作

第五十条 国家监察委员会统筹协调与其他国家、地区、国际组织开展的反腐败国际交流、合作，组织反腐败国际条约实施工作。

第五十一条 国家监察委员会组织协调有关方面加强与有关国家、地区、国际组织在反腐败执法、引渡、司法协助、被判刑人的移管、资产追回和信息交流等领域的合作。

第五十二条 国家监察委员会加强对反腐败国际追逃追赃和防逃工作的组织协调，督促有关单位做好相关工作：

（一）对于重大贪污贿赂、失职渎职等职务犯罪案件，被调查人逃匿到国（境）外，掌握证据比较确凿的，通过开展境外追逃合作，追捕归案；

（二）向赃款赃物所在国请求查询、冻结、扣押、没收、追缴、返还涉案资产；

（三）查询、监控涉嫌职务犯罪的公职人员及其相关人员进出国（境）和跨境资金流动情况，在调查案件过程中设置防逃程序。

第七章 对监察机关和监察人员的监督

第五十三条 各级监察委员会应当接受本级人民代表大会及其常务委员会的监督。

各级人民代表大会常务委员会听取和审议本级监察委员会的专项工作报告，组织执法检查。

县级以上各级人民代表大会及其常务委员会举行会议时，人民代表大会代表或者常务委员会组成人员可以依照法律规定的程序，就监察工作中的有关问题提出询问或者质询。

第五十四条 监察机关应当依法公开监察工作信息，接受民主监督、社会监督、舆论监督。

第五十五条 监察机关通过设立内部专门的监督机构等方式，加强对监察人员执行职务和遵守法律情况的监督，建设忠诚、干净、担当的监察队伍。

第五十六条 监察人员必须模范遵守宪法和法律，忠于职守、秉公执法，清正廉洁、保守秘密；必须具有良好的政治素质，熟悉监察业务，具备运用法律、法规、政策和调查取证等能力，自觉接受监督。

第五十七条 对于监察人员打听案情、过问案件、说情干预的，办理监察事项的监察人员应当及时报告。有关情况应当登记备案。

发现办理监察事项的监察人员未经批准接触被调查人、涉案人员及其特定关系人，或者存在交往情形的，知情人应当及时报告。有关情况应当登记备案。

第五十八条 办理监察事项的监察人员有下列情形之一的，应当自行回避，监察对象、检举人及其他有关人员也有权要求其回避：

（一）是监察对象或者检举人的近亲属的；

（二）担任过本案的证人的；

（三）本人或者其近亲属与办理的监察事项有利害关系的；

（四）有可能影响监察事项公正处理的其他情形的。

第五十九条 监察机关涉密人员离岗离职后，应当遵守脱密期管理规定，严格履行保密义务，不得泄露相关秘密。

监察人员辞职、退休三年内，不得从事与监察和司法工作相关联且可能发生利益冲突的职业。

第六十条 监察机关及其工作人员有下列行为之一的，被调查人及其近亲属有权向该机关申诉：

（一）留置法定期限届满，不予以解除的；

（二）查封、扣押、冻结与案件无关的财物的；

（三）应当解除查封、扣押、冻结措施而不解除的；

（四）贪污、挪用、私分、调换以及违反规定使用查封、扣押、冻结的财物的；

（五）其他违反法律法规、侵害被调查人合法权益的行为。

受理申诉的监察机关应当在受理申诉之日起一个月内作出处理决定。申诉人对处理决定不服的，可以在收到处理决定之日起一个月内向上一级监察机关申请复查，上一级监察机关应当在收到复查申请之日起二个月内作出处理决定，情况属实的，及时予以纠正。

第六十一条 对调查工作结束后发现立案依据不充分或者失实，案件处置出现重大失误，监察人员严重违法的，应当追究负有责任的领导人员和直接责任人员的责任。

第八章 法律责任

第六十二条 有关单位拒不执行监察机关作出的处理决定，或者无正当理由拒不采纳监察建议的，由其主管部门、上级机关责令改正，对单位给予通报批评；对负有责任的领导人员和直接责任人员依法给予处理。

第六十三条 有关人员违反本法规定，有下列行为之一的，由其所在单位、主管部门、上级机关或者监察机关责令改正，依法给予处理：

（一）不按要求提供有关材料，拒绝、阻碍调查措施实施等拒不配合监察机关调查的；

（二）提供虚假情况，掩盖事实真相的；

（三）串供或者伪造、隐匿、毁灭证据的；

（四）阻止他人揭发检举、提供证据的；

（五）其他违反本法规定的行为，情节严重的。

第六十四条 监察对象对控告人、检举人、证人或者监察人员进行报复陷害的；控告人、检举人、证人捏造事实诬告陷害监察对象的，依法给予处理。

第六十五条 监察机关及其工作人员有下列行为之一的，对负有责任的领导人员和直接责任人员依法给予处理：

（一）未经批准、授权处置问题线索，发现重大案情隐瞒不报，或者私自留存、处理涉案材料的；

（二）利用职权或者职务上的影响干预调查工作、以案谋私的；

（三）违法窃取、泄露调查工作信息，或者泄露举报事项、举报受理情况以及举报人信息的；

（四）对被调查人或者涉案人员逼供、诱供，或者侮辱、打骂、虐待、体罚或者变相体罚的；

（五）违反规定处置查封、扣押、冻结的财物的；

（六）违反规定发生办案安全事故，或者发生安全事故后隐瞒不报、报告失实、处置不当的；

（七）违反规定采取留置措施的；

（八）违反规定限制他人出境，或者不按规定解除出境限制的；

（九）其他滥用职权、玩忽职守、徇私舞弊的行为。

第六十六条 违反本法规定，构成犯罪的，依法追究刑事责任。

第六十七条 监察机关及其工作人员行使职权，侵犯公民、法人和其他组织的合法权益造成损害的，依法给予国家赔偿。

第九章 附 则

第六十八条 中国人民解放军和中国人民武装警察部队开展监察工作，由中央军事委员会根据本法制定具体规定。

第六十九条 本法自公布之日起施行。《中华人民共和国行政监察法》同时废止。

中华人民共和国监察法实施条例

2021 年 9 月 20 日国家监察委员会公告第 1 号公布施行

目 录

第一章 总 则

第一条 为了推动监察工作法治化、规范化，根据《中华人民共和国监察法》（以下简称监察法），结合工作实际，制定本条例。

第二条 坚持中国共产党对监察工作的全面领导，增强政治意识、大局意识、核心意识、看齐意识,坚定中国特色社会主义道路自信、理论自信、制度自信、文化自信,坚决维护习近平总书记党中央的核心、全党的核心地位,坚决维护党中央权威和集中统一领导,把党的领导贯彻到监察工作各方面和全过程。

第三条　监察机关与党的纪律检查机关合署办公,坚持法治思维和法治方式,促进执纪执法贯通、有效衔接司法,实现依纪监督和依法监察、适用纪律和适用法律有机融合。

第四条　监察机关应当依法履行监督、调查、处置职责,坚持实事求是,坚持惩前毖后、治病救人,坚持惩戒与教育相结合,实现政治效果、法律效果和社会效果相统一。

第五条　监察机关应当坚定不移惩治腐败,推动深化改革、完善制度,规范权力运行,加强思想道德教育、法治教育、廉洁教育,引导公职人员提高觉悟、担当作为、依法履职,一体推进不敢腐、不能腐、不想腐体制机制建设。

第六条　监察机关坚持民主集中制,对于线索处置、立案调查、案件审理、处置执行、复审复核中的重要事项应当集体研究,严格按照权限履行请示报告程序。

第七条　监察机关应当在适用法律上一律平等,充分保障监察对象以及相关人员的人身权、知情权、财产权、申辩权、申诉权以及申请复审复核权等合法权益。

第八条　监察机关办理职务犯罪案件,应当与人民法院、人民检察院互相配合、互相制约,在案件管辖、证据审查、案件移送、涉案财物处置等方面加强沟通协调,对于人民法院、人民检察院提出的退回补充调查、排除非法证据、调取同步录音录像、要求调查人员出庭等意见依法办理。

第九条　监察机关开展监察工作,可以依法提请组织人事、公安、国家安全、审计、统计、市场监管、金融监管、财政、税务、自然资源、银行、证券、保险等有关部门、单位予以协助配合。

有关部门、单位应当根据监察机关的要求,依法协助采取有关措施、共享相关信息、提供相关资料和专业技术支持,配合开展监察工作。

第二章　监察机关及其职责

第一节　领导体制

第十条　国家监察委员会在党中央领导下开展工作。地方各级监察委员会在同级党委和上级监察委员会双重领导下工作,监督执法调查工作以上级监察委员会领导为主,线索处置和案件查办在向同级党委报告的同时应当一并向上一级监察委员会报告。

上级监察委员会应当加强对下级监察委员会的领导。下级监察委员会对上级监察委员会的决定必须执行,认为决定不当的,应当在执行的同时向上级监察委员会反映。上级监察委员会对下级监察委员会作出的错误决定,应当按程序予以纠正,或者要求下级监察委员会予以纠正。

第十一条 上级监察委员会可以依法统一调用所辖各级监察机关的监察人员办理监察事项。调用决定应当以书面形式作出。

监察机关办理监察事项应当加强互相协作和配合,对于重要、复杂事项可以提请上级监察机关予以协调。

第十二条 各级监察委员会依法向本级中国共产党机关、国家机关、法律法规授权或者受委托管理公共事务的组织和单位以及所管辖的国有企业事业单位等派驻或者派出监察机构、监察专员。

省级和设区的市级监察委员会依法向地区、盟、开发区等不设置人民代表大会的区域派出监察机构或者监察专员。县级监察委员会和直辖市所辖区(县)监察委员会可以向街道、乡镇等区域派出监察机构或者监察专员。

监察机构、监察专员开展监察工作,受派出机关领导。

第十三条 派驻或者派出的监察机构、监察专员根据派出机关授权,按照管理权限依法对派驻或者派出监督单位、区域等的公职人员开展监督,对职务违法和职务犯罪进行调查、处置。监察机构、监察专员可以按规定与地方监察委员会联合调查严重职务违法、职务犯罪,或者移交地方监察委员会调查。

未被授予职务犯罪调查权的监察机构、监察专员发现监察对象涉嫌职务犯罪线索的,应当及时向派出机关报告,由派出机关调查或者依法移交有关地方监察委员会调查。

第二节 监察监督

第十四条 监察机关依法履行监察监督职责,对公职人员政治品行、行使公权力和道德操守情况进行监督检查,督促有关机关、单位加强对所属公职人员的教育、管理、监督。

第十五条 监察机关应当坚决维护宪法确立的国家指导思想,加强对公职人员特别是领导人员坚持党的领导、坚持中国特色社会主义制度,贯彻落实党和国家路线方针政策、重大决策部署,履行从严管理监督职责,依法行使公权力等情况的监督。

第十六条 监察机关应当加强对公职人员理想教育、为人民服务教育、宪法法律法规教育、优秀传统文化教育,弘扬社会主义核心价值观,深入开展警示教育,教育引导公职人员树立正确的权力观、责任观、利益观,保持为民务实清廉本色。

第十七条 监察机关应当结合公职人员的职责加强日常监督,通过收集群众反映、座谈走访、查阅资料、召集或者列席会议、听取工作汇报和述责述廉、开展监督检查等方式,促进公职人员依法用权、秉公用权、廉洁用权。

第十八条 监察机关可以与公职人员进行谈心谈话,发现政治品行、行使公权力和道德操守方面有苗头性、倾向性问题的,及时进行教育提醒。

第十九条 监察机关对于发现的系统性、行业性的突出问题,以及群众反映强烈的问题,可以通过专项检查进行深入了解,督促有关机关、单位强化治理,促进公职人员履职尽责。

第二十条 监察机关应当以办案促进整改、以监督促进治理,在查清问题、依法处置的同时,剖析问题发生的原因,发现制度建设、权力配置、监督机制等方面存在的问题,向有关机关、单位提出改进工作的意见或者监察建议,促进完善制度,提高治理效能。

第二十一条 监察机关开展监察监督,应当与纪律监督、派驻监督、巡视监督统筹衔接,与人大监督、民主监督、行政监督、司法监督、审计监督、财会监督、统计监督、群众监督和舆论监督等贯通协调,健全信息、资源、成果共享等机制,形成监督合力。

第三节 监察调查

第二十二条 监察机关依法履行监察调查职责,依据监察法、《中华人民共和国公职人员政务处分法》(以下简称政务处分法)和《中华人民共和国刑法》(以下简称刑法)等规定对职务违法和职务犯罪进行调查。

第二十三条 监察机关负责调查的职务违法是指公职人员实施的与其职务相关联,虽不构成犯罪但依法应当承担法律责任的下列违法行为:

(一)利用职权实施的违法行为;

（二）利用职务上的影响实施的违法行为；

（三）履行职责不力、失职失责的违法行为；

（四）其他违反与公职人员职务相关的特定义务的违法行为。

第二十四条 监察机关发现公职人员存在其他违法行为，具有下列情形之一的，可以依法进行调查、处置：

（一）超过行政违法追究时效，或者超过犯罪追诉时效、未追究刑事责任，但需要依法给予政务处分的；

（二）被追究行政法律责任，需要依法给予政务处分的；

（三）监察机关调查职务违法或者职务犯罪时，对被调查人实施的事实简单、清楚，需要依法给予政务处分的其他违法行为一并查核的。

监察机关发现公职人员成为监察对象前有前款规定的违法行为的，依照前款规定办理。

第二十五条 监察机关依法对监察法第十一条第二项规定的职务犯罪进行调查。

第二十六条 监察机关依法调查涉嫌贪污贿赂犯罪，包括贪污罪，挪用公款罪，受贿罪，单位受贿罪，利用影响力受贿罪，行贿罪，对有影响力的人行贿罪，对单位行贿罪，介绍贿赂罪，单位行贿罪，巨额财产来源不明罪，隐瞒境外存款罪，私分国有资产罪，私分罚没财物罪，以及公职人员在行使公权力过程中实施的职务侵占罪，挪用资金罪，对外国公职人员、国际公共组织官员行贿罪，非国家工作人员受贿罪和相关联的对非国家工作人员行贿罪。

第二十七条 监察机关依法调查公职人员涉嫌滥用职权犯罪，包括滥用职权罪，国有公司、企业、事业单位人员滥用职权罪，滥用管理公司、证券职权罪，食品、药品监管渎职罪，故意泄露国家秘密罪，报复陷害罪，阻碍解救被拐卖、绑架妇女、儿童罪，帮助犯罪分子逃避处罚罪，违法发放林木采伐许可证罪，办理偷越国（边）境人员出入境证件罪，放行偷越国（边）境人员罪，挪用特定款物罪，非法剥夺公民宗教信仰自由罪，侵犯少数民族风俗习惯罪，打击报复会计、统计人员罪，以及司法工作人员以外的公职人员利用职权实施的非法拘禁罪、虐待被监管人罪、非法搜查罪。

第二十八条 监察机关依法调查公职人员涉嫌玩忽职守犯罪，包括玩忽职守罪，国有公司、企业、事业单位人员失职罪，签订、履行合同失职被骗罪，国家机关工作人员签订、履行合同失职被骗罪，环境监管失职罪，传染病防治失职罪，商检失职罪，动植物检疫失职罪，不解救被拐卖、绑架妇女、儿童罪，失职造成珍贵文物损毁、流失罪，过失泄露国家秘密罪。

第二十九条　监察机关依法调查公职人员涉嫌徇私舞弊犯罪，包括徇私舞弊低价折股、出售国有资产罪，非法批准征收、征用、占用土地罪，非法低价出让国有土地使用权罪，非法经营同类营业罪，为亲友非法牟利罪，枉法仲裁罪，徇私舞弊发售发票、抵扣税款、出口退税罪，商检徇私舞弊罪，动植物检疫徇私舞弊罪，放纵走私罪，放纵制售伪劣商品犯罪行为罪，招收公务员、学生徇私舞弊罪，徇私舞弊不移交刑事案件罪，违法提供出口退税凭证罪，徇私舞弊不征、少征税款罪。

第三十条　监察机关依法调查公职人员在行使公权力过程中涉及的重大责任事故犯罪，包括重大责任事故罪，教育设施重大安全事故罪，消防责任事故罪，重大劳动安全事故罪，强令、组织他人违章冒险作业罪，危险作业罪，不报、谎报安全事故罪，铁路运营安全事故罪，重大飞行事故罪，大型群众性活动重大安全事故罪，危险物品肇事罪，工程重大安全事故罪。

第三十一条　监察机关依法调查公职人员在行使公权力过程中涉及的其他犯罪，包括破坏选举罪，背信损害上市公司利益罪，金融工作人员购买假币、以假币换取货币罪，利用未公开信息交易罪，诱骗投资者买卖证券、期货合约罪，背信运用受托财产罪，违法运用资金罪，违法发放贷款罪，吸收客户资金不入账罪，违规出具金融票证罪，对违法票据承兑、付款、保证罪，非法转让、倒卖土地使用权罪，私自开拆、隐匿、毁弃邮件、电报罪，故意延误投递邮件罪，泄露不应公开的案件信息罪，披露、报道不应公开的案件信息罪，接送不合格兵员罪。

第三十二条　监察机关发现依法由其他机关管辖的违法犯罪线索，应当及时移送有管辖权的机关。

监察机关调查结束后，对于应当给予被调查人或者涉案人员行政处罚等其他处理的，依法移送有关机关。

第四节　监察处置

第三十三条　监察机关对违法的公职人员，依据监察法、政务处分法等规定作出政务处分决定。

第三十四条　监察机关在追究违法的公职人员直接责任的同时，依法对履行职责不力、失职失责，造成严重后果或者恶劣影响的领导人员予以问责。

监察机关应当组成调查组依法开展问责调查。调查结束后经集体讨论形成调查报告,需要进行问责的按照管理权限作出问责决定,或者向有权作出问责决定的机关、单位书面提出问责建议。

第三十五条 监察机关对涉嫌职务犯罪的人员,经调查认为犯罪事实清楚,证据确实、充分,需要追究刑事责任的,依法移送人民检察院审查起诉。

第三十六条 监察机关根据监督、调查结果,发现监察对象所在单位在廉政建设、权力制约、监督管理、制度执行以及履行职责等方面存在问题需要整改纠正的,依法提出监察建议。

监察机关应当跟踪了解监察建议的采纳情况,指导、督促有关单位限期整改,推动监察建议落实到位。

第三章 监察范围和管辖

第一节 监察对象

第三十七条 监察机关依法对所有行使公权力的公职人员进行监察,实现国家监察全面覆盖。

第三十八条 监察法第十五条第一项所称公务员范围,依据《中华人民共和国公务员法》(以下简称公务员法)确定。

监察法第十五条第一项所称参照公务员法管理的人员,是指有关单位中经批准参照公务员法进行管理的工作人员。

第三十九条 监察法第十五条第二项所称法律、法规授权或者受国家机关依法委托管理公共事务的组织中从事公务的人员,是指在上述组织中,除参照公务员法管理的人员外,对公共事务履行组织、领导、管理、监督等职责的人员,包括具有公共事务管理职能的行业协会等组织中从事公务的人员,以及法定检验检测、检疫等机构中从事公务的人员。

第四十条 监察法第十五条第三项所称国有企业管理人员,是指国家出资企业中的下列人员:

(一)在国有独资、全资公司、企业中履行组织、领导、管理、监督等职责的人员;

(二)经党组织或者国家机关,国有独资、全资公司、企业,事业单位提名、推荐、任命、批准等,在国有控股、参股公司及其分支机构中履行组织、领导、管理、监督等职责的人员;

（三）经国家出资企业中负有管理、监督国有资产职责的组织批准或者研究决定，代表其在国有控股、参股公司及其分支机构中从事组织、领导、管理、监督等工作的人员。

第四十一条 监察法第十五条第四项所称公办的教育、科研、文化、医疗卫生、体育等单位中从事管理的人员，是指国家为了社会公益目的，由国家机关举办或者其他组织利用国有资产举办的教育、科研、文化、医疗卫生、体育等事业单位中，从事组织、领导、管理、监督等工作的人员。

第四十二条 监察法第十五条第五项所称基层群众性自治组织中从事管理的人员，是指该组织中的下列人员：

（一）从事集体事务和公益事业管理的人员；

（二）从事集体资金、资产、资源管理的人员；

（三）协助人民政府从事行政管理工作的人员，包括从事救灾、防疫、抢险、防汛、优抚、帮扶、移民、救济款物的管理，社会捐助公益事业款物的管理，国有土地的经营和管理，土地征收、征用补偿费用的管理，代征、代缴税款，有关计划生育、户籍、征兵工作，协助人民政府等国家机关在基层群众性自治组织中从事的其他管理工作。

第四十三条 下列人员属于监察法第十五条第六项所称其他依法履行公职的人员：

（一）履行人民代表大会职责的各级人民代表大会代表，履行公职的中国人民政治协商会议各级委员会委员、人民陪审员、人民监督员；

（二）虽未列入党政机关人员编制，但在党政机关中从事公务的人员；

（三）在集体经济组织等单位、组织中，由党组织或者国家机关，国有独资、全资公司、企业，国家出资企业中负有管理监督国有和集体资产职责的组织，事业单位提名、推荐、任命、批准等，从事组织、领导、管理、监督等工作的人员；

（四）在依法组建的评标、谈判、询价等组织中代表国家机关，国有独资、全资公司、企业，事业单位，人民团体临时履行公共事务组织、领导、管理、监督等职责的人员；

（五）其他依法行使公权力的人员。

第四十四条 有关机关、单位、组织集体作出的决定违法或者实施违法行为的，监察机关应当对负有责任的领导人员和直接责任人员中的公职人员依法追究法律责任。

第二节 管 辖

第四十五条 监察机关开展监督、调查、处置，按照管理权限与属地管辖相结合的原则，实行分级负责制。

第四十六条 设区的市级以上监察委员会按照管理权限，依法管辖同级党委管理的公职人员涉嫌职务违法和职务犯罪案件。

县级监察委员会和直辖市所辖区（县）监察委员会按照管理权限，依法管辖本辖区内公职人员涉嫌职务违法和职务犯罪案件。

地方各级监察委员会按照本条例第十三条、第四十九条规定，可以依法管辖工作单位在本辖区内的有关公职人员涉嫌职务违法和职务犯罪案件。

监察机关调查公职人员涉嫌职务犯罪案件，可以依法对涉嫌行贿犯罪、介绍贿赂犯罪或者共同职务犯罪的涉案人员中的非公职人员一并管辖。非公职人员涉嫌利用影响力受贿罪的，按照其所利用的公职人员的管理权限确定管辖。

第四十七条 上级监察机关对于下一级监察机关管辖范围内的职务违法和职务犯罪案件，具有下列情形之一的，可以依法提级管辖：

（一）在本辖区有重大影响的；

（二）涉及多个下级监察机关管辖的监察对象，调查难度大的；

（三）其他需要提级管辖的重大、复杂案件。

上级监察机关对于所辖各级监察机关管辖范围内有重大影响的案件，必要时可以依法直接调查或者组织、指挥、参与调查。

地方各级监察机关所管辖的职务违法和职务犯罪案件，具有第一款规定情形的，可以依法报请上一级监察机关管辖。

第四十八条 上级监察机关可以依法将其所管辖的案件指定下级监察机关管辖。

设区的市级监察委员会将同级党委管理的公职人员涉嫌职务违法或者职务犯罪案件指定下级监察委员会管辖的，应当报省级监察委员会批准；省级监察委员会将同级党委管理的公职人员涉嫌职务违法或者职务犯罪案件指定下级监察委员会管辖的，应当报国家监察委员会相关监督检查部门备案。

上级监察机关对于下级监察机关管辖的职务违法和职务犯罪案件，

具有下列情形之一，认为由其他下级监察机关管辖更为适宜的，可以依法指定给其他下级监察机关管辖：

（一）管辖有争议的；

（二）指定管辖有利于案件公正处理的；

（三）下级监察机关报请指定管辖的；

（四）其他有必要指定管辖的。

被指定的下级监察机关未经指定管辖的监察机关批准，不得将案件再行指定管辖。发现新的职务违法或者职务犯罪线索，以及其他重要情况、重大问题，应当及时向指定管辖的监察机关请示报告。

第四十九条 工作单位在地方、管理权限在主管部门的公职人员涉嫌职务违法和职务犯罪，一般由驻在主管部门、有管辖权的监察机构、监察专员管辖；经协商，监察机构、监察专员可以按规定移交公职人员工作单位所在地的地方监察委员会调查，或者与地方监察委员会联合调查。地方监察委员会在工作中发现上述公职人员有关问题线索，应当向驻在主管部门、有管辖权的监察机构、监察专员通报，并协商确定管辖。

前款规定单位的其他公职人员涉嫌职务违法和职务犯罪，可以由地方监察委员会管辖；驻在主管部门的监察机构、监察专员自行立案调查的，应当及时通报地方监察委员会。

地方监察委员会调查前两款规定案件，应当将立案、留置、移送审查起诉、撤销案件等重要情况向驻在主管部门的监察机构、监察专员通报。

第五十条 监察机关办理案件中涉及无隶属关系的其他监察机关的监察对象，认为需要立案调查的，应当商请有管理权限的监察机关依法立案调查。商请立案时，应当提供涉案人员基本情况、已经查明的涉嫌违法犯罪事实以及相关证据材料。

承办案件的监察机关认为由其一并调查更为适宜的，可以报请有权决定的上级监察机关指定管辖。

第五十一条 公职人员既涉嫌贪污贿赂、失职渎职等严重职务违法和职务犯罪，又涉嫌公安机关、人民检察院等机关管辖的犯罪，依法由监察机关为主调查的，应当由监察机关和其他机关分别依职权立案，监察机关承担组织协调职责，协调调查和侦查工作进度、重要调查和侦查措施使用等重要事项。

第五十二条 监察机关必要时可以依法调查司法工作人员利用职权实施

的涉嫌非法拘禁、刑讯逼供、非法搜查等侵犯公民权利、损害司法公正的犯罪,并在立案后及时通报同级人民检察院。

监察机关在调查司法工作人员涉嫌贪污贿赂等职务犯罪中,可以对其涉嫌的前款规定的犯罪一并调查,并及时通报同级人民检察院。人民检察院在办理直接受理侦查的案件中,发现犯罪嫌疑人同时涉嫌监察机关管辖的其他职务犯罪,经沟通全案移送监察机关管辖的,监察机关应当依法进行调查。

第五十三条 监察机关对于退休公职人员在退休前或者退休后,或者离职、死亡的公职人员在履职期间实施的涉嫌职务违法或者职务犯罪行为,可以依法进行调查。

对前款规定人员,按照其原任职务的管辖规定确定管辖的监察机关;由其他监察机关管辖更为适宜的,可以依法指定或者交由其他监察机关管辖。

第四章 监察权限

第一节 一般要求

第五十四条 监察机关应当加强监督执法调查工作规范化建设,严格按规定对监察措施进行审批和监管,依照法定的范围、程序和期限采取相关措施,出具、送达法律文书。

第五十五条 监察机关在初步核实中,可以依法采取谈话、询问、查询、调取、勘验检查、鉴定措施;立案后可以采取讯问、留置、冻结、搜查、查封、扣押、通缉措施。需要采取技术调查、限制出境措施的,应当按照规定交有关机关依法执行。设区的市级以下监察机关在初步核实中不得采取技术调查措施。

开展问责调查,根据具体情况可以依法采取相关监察措施。

第五十六条 开展讯问、搜查、查封、扣押以及重要的谈话、询问等调查取证工作,应当全程同步录音录像,并保持录音录像资料的完整性。录音录像资料应当妥善保管、及时归档,留存备查。

人民检察院、人民法院需要调取同步录音录像的,监察机关应当予以配合,经审批依法予以提供。

第五十七条 需要商请其他监察机关协助收集证据材料的,应当依法出具《委托调查函》;商请其他监察机关对采取措施提供一般性协助的,应当依法出具《商请协助采取措施函》。商请协助事项涉及协助地监察机关管辖的监察对象的，应当由协助地监察机关按照所涉人员的管理权限报批。协助地监察机关对于协助请求，应当依法予以协助配合。

第五十八条 采取监察措施需要告知、通知相关人员的，应当依法办理。告知包括口头、书面两种方式，通知应当采取书面方式。采取口头方式告知的，应当将相关情况制作工作记录；采取书面方式告知、通知的，可以通过直接送交、邮寄、转交等途径送达，将有关回执或者凭证附卷。

无法告知、通知，或者相关人员拒绝接收的，调查人员应当在工作记录或者有关文书上记明。

第二节 证 据

第五十九条 可以用于证明案件事实的材料都是证据，包括：

（一）物证；

（二）书证；

（三）证人证言；

（四）被害人陈述；

（五）被调查人陈述、供述和辩解；

（六）鉴定意见；

（七）勘验检查、辨认、调查实验等笔录；

（八）视听资料、电子数据。

监察机关向有关单位和个人收集、调取证据时，应当告知其必须依法如实提供证据。对于不按要求提供有关材料，泄露相关信息，伪造、隐匿、毁灭证据，提供虚假情况或者阻止他人提供证据的，依法追究法律责任。

监察机关依照监察法和本条例规定收集的证据材料，经审查符合法定要求的，在刑事诉讼中可以作为证据使用。

第六十条 监察机关认定案件事实应当以证据为根据，全面、客观地收集、固定被调查人有无违法犯罪以及情节轻重的各种证据，形成相互印证、完整稳定的证据链。

只有被调查人陈述或者供述，没有其他证据的，不能认定案件事实；没有被调查人陈述或者供述，证据符合法定标准的，可以认定案件事实。

第六十一条 证据必须经过查证属实，才能作为定案的根据。审查认定证据，应当结合案件的具体情况，从证据与待证事实的关联程度、各证据之间的联系、是否依照法定程序收集等方面进行综合判断。

第六十二条 监察机关调查终结的职务违法案件,应当事实清楚、证据确凿。证据确凿,应当符合下列条件:

(一)定性处置的事实都有证据证实;

(二)定案证据真实、合法;

(三)据以定案的证据之间不存在无法排除的矛盾;

(四)综合全案证据,所认定事实清晰且令人信服。

第六十三条 监察机关调查终结的职务犯罪案件,应当事实清楚,证据确实、充分。证据确实、充分,应当符合下列条件:

(一)定罪量刑的事实都有证据证明;

(二)据以定案的证据均经法定程序查证属实;

(三)综合全案证据,对所认定事实已排除合理怀疑。

证据不足的,不得移送人民检察院审查起诉。

第六十四条 严禁以暴力、威胁、引诱、欺骗以及非法限制人身自由等非法方法收集证据,严禁侮辱、打骂、虐待、体罚或者变相体罚被调查人、涉案人员和证人。

第六十五条 对于调查人员采用暴力、威胁以及非法限制人身自由等非法方法收集的被调查人供述、证人证言、被害人陈述,应当依法予以排除。

前款所称暴力的方法,是指采用殴打、违法使用戒具等方法或者变相肉刑的恶劣手段,使人遭受难以忍受的痛苦而违背意愿作出供述、证言、陈述;威胁的方法,是指采用以暴力或者严重损害本人及其近亲属合法权益等进行威胁的方法,使人遭受难以忍受的痛苦而违背意愿作出供述、证言、陈述。

收集物证、书证不符合法定程序,可能严重影响案件公正处理的,应当予以补正或者作出合理解释;不能补正或者作出合理解释的,对该证据应当予以排除。

第六十六条 监察机关监督检查、调查、案件审理、案件监督管理等部门发现监察人员在办理案件中,可能存在以非法方法收集证据情形的,应当依据职责进行调查核实。对于被调查人控告、举报调查人员采用非法方法收集证据,并提供涉嫌非法取证的人员、时间、地点、方式和内容等材料或者线索的,应当受理并进行审核。根据现有材料无法证明证据收集合法性的,应当进行调查核实。

经调查核实,确认或者不能排除以非法方法收集证据的,对有关证据依法予以排除,不得作为案件定性处置、移送审查起诉的依据。认定调查人员非法取证的,应当依法处理,另行指派调查人员重新调查取证。

监察机关接到对下级监察机关调查人员采用非法方法收集证据的控告、举报,可以直接进行调查核实,也可以交由下级监察机关调查核实。交由下级监察机关调查核实的,下级监察机关应当及时将调查结果报告上级监察机关。

第六十七条 对收集的证据材料及扣押的财物应当妥善保管,严格履行交接、调用手续,定期对账核实,不得违规使用、调换、损毁或者自行处理。

第六十八条 监察机关对行政机关在行政执法和查办案件中收集的物证、书证、视听资料、电子数据,勘验、检查等笔录,以及鉴定意见等证据材料,经审查符合法定要求的,可以作为证据使用。

根据法律、行政法规规定行使国家行政管理职权的组织在行政执法和查办案件中收集的证据材料,视为行政机关收集的证据材料。

第六十九条 监察机关对人民法院、人民检察院、公安机关、国家安全机关等在刑事诉讼中收集的物证、书证、视听资料、电子数据,勘验、检查、辨认、侦查实验等笔录,以及鉴定意见等证据材料,经审查符合法定要求的,可以作为证据使用。

监察机关办理职务违法案件,对于人民法院生效刑事判决、裁定和人民检察院不起诉决定采信的证据材料,可以直接作为证据使用。

第三节 谈　　话

第七十条 监察机关在问题线索处置、初步核实和立案调查中,可以依法对涉嫌职务违法的监察对象进行谈话,要求其如实说明情况或者作出陈述。

谈话应当个别进行。负责谈话的人员不得少于二人。

第七十一条 对一般性问题线索的处置,可以采取谈话方式进行,对监察对象给予警示、批评、教育。谈话应当在工作地点等场所进行,明确告知谈话事项,注重谈清问题、取得教育效果。

第七十二条 采取谈话方式处置问题线索的,经审批可以由监察人员或者委托被谈话人所在单位主要负责人等进行谈话。

监察机关谈话应当形成谈话笔录或者记录。谈话结束后,可以根据需要要求被谈话人在十五个工作日以内作出书面说明。被谈话人应当在书面说明每页签名,修改的地方也应当签名。

委托谈话的,受委托人应当在收到委托函后的十五个工作日以内进行谈话。谈话结束后及时形成谈话情况材料报送监察机关,必要时附被谈话人的书面说明。

第七十三条 监察机关开展初步核实工作,一般不与被核查人接触;确有需要与被核查人谈话的,应当按规定报批。

第七十四条 监察机关对涉嫌职务违法的被调查人立案后,可以依法进行谈话。

与被调查人首次谈话时,应当出示《被调查人权利义务告知书》,由其签名、捺指印。被调查人拒绝签名、捺指印的,调查人员应当在文书上记明。对于被调查人未被限制人身自由的,应当在首次谈话时出具《谈话通知书》。

与涉嫌严重职务违法的被调查人进行谈话的,应当全程同步录音录像,并告知被调查人。告知情况应当在录音录像中予以反映,并在笔录中记明。

第七十五条 立案后,与未被限制人身自由的被调查人谈话的,应当在具备安全保障条件的场所进行。

调查人员按规定通知被调查人所在单位派员或者被调查人家属陪同被调查人到指定场所的,应当与陪同人员办理交接手续,填写《陪送交接单》。

第七十六条 调查人员与被留置的被调查人谈话的,按照法定程序在留置场所进行。

与在押的犯罪嫌疑人、被告人谈话的,应当持以监察机关名义出具的介绍信、工作证件,商请有关案件主管机关依法协助办理。

与在看守所、监狱服刑的人员谈话的,应当持以监察机关名义出具的介绍信、工作证件办理。

第七十七条 与被调查人进行谈话,应当合理安排时间、控制时长,保证其饮食和必要的休息时间。

第七十八条 谈话笔录应当在谈话现场制作。笔录应当详细具体,如实反映谈话情况。笔录制作完成后,应当交给被调查人核对。被调查人没有阅读能力的,应当向其宣读。

笔录记载有遗漏或者差错的,应当补充或者更正,由被调查人在补充或者更正处捺指印。被调查人核对无误后,应当在笔录中逐页签名、捺指印。被调查人拒绝签名、捺指印的，调查人员应当在笔录中记明。调查人员也应当在笔录中签名。

第七十九条 被调查人请求自行书写说明材料的，应当准许。必要时，调查人员可以要求被调查人自行书写说明材料。

被调查人应当在说明材料上逐页签名、捺指印，在末页写明日期。对说明材料有修改的，在修改之处应当捺指印。说明材料应当由二名调查人员接收，在首页记明接收的日期并签名。

第八十条 本条例第七十四条至第七十九条的规定，也适用于在初步核实中开展的谈话。

第四节 讯 问

第八十一条 监察机关对涉嫌职务犯罪的被调查人，可以依法进行讯问，要求其如实供述涉嫌犯罪的情况。

第八十二条 讯问被留置的被调查人，应当在留置场所进行。

第八十三条 讯问应当个别进行，调查人员不得少于二人。

首次讯问时，应当向被讯问人出示《被调查人权利义务告知书》，由其签名、捺指印。被讯问人拒绝签名、捺指印的，调查人员应当在文书上记明。被讯问人未被限制人身自由的，应当在首次讯问时向其出具《讯问通知书》。

讯问一般按照下列顺序进行：

（一）核实被讯问人的基本情况，包括姓名、曾用名、出生年月日、户籍地、身份证件号码、民族、职业、政治面貌、文化程度、工作单位及职务、住所、家庭情况、社会经历，是否属于党代表大会代表、人大代表、政协委员，是否受到过党纪政务处分，是否受到过刑事处罚等；

（二）告知被讯问人如实供述自己罪行可以依法从宽处理和认罪认罚的法律规定；

（三）讯问被讯问人是否有犯罪行为，让其陈述有罪的事实或者无罪的辩解，应当允许其连贯陈述。

调查人员的提问应当与调查的案件相关。被讯问人对调查人员的提问应当如实回答。调查人员对被讯问人的辩解，应当如实记录，认真查核。

讯问时，应当告知被讯问人将进行全程同步录音录像。告知情况应当在录音录像中予以反映，并在笔录中记明。

第八十四条 本条例第七十五条至第七十九条的要求,也适用于讯问。

第五节 询 问

第八十五条 监察机关按规定报批后,可以依法对证人、被害人等人员进行询问,了解核实有关问题或者案件情况。

第八十六条 证人未被限制人身自由的,可以在其工作地点、住所或者其提出的地点进行询问,也可以通知其到指定地点接受询问。到证人提出的地点或者调查人员指定的地点进行询问的,应当在笔录中记明。

调查人员认为有必要或者证人提出需要由所在单位派员或者其家属陪同到询问地点的,应当办理交接手续并填写《陪送交接单》。

第八十七条 询问应当个别进行。负责询问的调查人员不得少于二人。

首次询问时,应当向证人出示《证人权利义务告知书》,由其签名、捺指印。证人拒绝签名、捺指印的,调查人员应当在文书上记明。证人未被限制人身自由的,应当在首次询问时向其出具《询问通知书》。

询问时,应当核实证人身份,问明证人的基本情况,告知证人应当如实提供证据、证言,以及作伪证或者隐匿证据应当承担的法律责任。不得向证人泄露案情,不得采用非法方法获取证言。

询问重大或者有社会影响案件的重要证人,应当对询问过程全程同步录音录像,并告知证人。告知情况应当在录音录像中予以反映,并在笔录中记明。

第八十八条 询问未成年人,应当通知其法定代理人到场。无法通知或者法定代理人不能到场的,应当通知未成年人的其他成年亲属或者所在学校、居住地基层组织的代表等有关人员到场。询问结束后,由法定代理人或者有关人员在笔录中签名。调查人员应当将到场情况记录在案。

询问聋、哑人,应当有通晓聋、哑手势的人员参加。调查人员应当在笔录中记明证人的聋、哑情况,以及翻译人员的姓名、工作单位和职业。询问不通晓当地通用语言、文字的证人,应当有翻译人员。询问结束后,由翻译人员在笔录中签名。

第八十九条 凡是知道案件情况的人,都有如实作证的义务。对故意提供虚假证言的证人,应当依法追究法律责任。

证人或者其他任何人不得帮助被调查人隐匿、毁灭、伪造证据或者串供,不得实施其他干扰调查活动的行为。

第九十条 证人、鉴定人、被害人因作证,本人或者近亲属人身安全面临危险,向监察机关请求保护的,监察机关应当受理并及时进行审查;对于确实存在人身安全危险的,监察机关应当采取必要的保护措施。监察机关发现存在上述情形的,应当主动采取保护措施。

监察机关可以采取下列一项或者多项保护措施:

(一)不公开真实姓名、住址和工作单位等个人信息;

(二)禁止特定的人员接触证人、鉴定人、被害人及其近亲属;

(三)对人身和住宅采取专门性保护措施;

(四)其他必要的保护措施。

依法决定不公开证人、鉴定人、被害人的真实姓名、住址和工作单位等个人信息的,可以在询问笔录等法律文书、证据材料中使用化名。但是应当另行书面说明使用化名的情况并标明密级,单独成卷。

监察机关采取保护措施需要协助的,可以提请公安机关等有关单位和要求有关个人依法予以协助。

第九十一条 本条例第七十六条至第七十九条的要求,也适用于询问。询问重要涉案人员,根据情况适用本条例第七十五条的规定。

询问被害人,适用询问证人的规定。

第六节 留 置

第九十二条 监察机关调查严重职务违法或者职务犯罪,对于符合监察法第二十二条第一款规定的,经依法审批,可以对被调查人采取留置措施。

监察法第二十二条第一款规定的严重职务违法,是指根据监察机关已经掌握的事实及证据,被调查人涉嫌的职务违法行为情节严重,可能被给予撤职以上政务处分;重要问题,是指对被调查人涉嫌的职务违法或者职务犯罪,在定性处置、定罪量刑等方面有重要影响的事实、情节及证据。

监察法第二十二条第一款规定的已经掌握其部分违法犯罪事实及证据,是指同时具备下列情形:

(一)有证据证明发生了违法犯罪事实;

(二)有证据证明该违法犯罪事实是被调查人实施;

(三)证明被调查人实施违法犯罪行为的证据已经查证属实。

部分违法犯罪事实,既可以是单一违法犯罪行为的事实,也可以是数个违法犯罪行为中任何一个违法犯罪行为的事实。

第九十三条 被调查人具有下列情形之一的,可以认定为监察法第二十二条第一款第二项所规定的可能逃跑、自杀：

（一）着手准备自杀、自残或者逃跑的；

（二）曾经有自杀、自残或者逃跑行为的；

（三）有自杀、自残或者逃跑意图的；

（四）其他可能逃跑、自杀的情形。

第九十四条 被调查人具有下列情形之一的，可以认定为监察法第二十二条第一款第三项所规定的可能串供或者伪造、隐匿、毁灭证据：

（一）曾经或者企图串供，伪造、隐匿、毁灭、转移证据的；

（二）曾经或者企图威逼、恐吓、利诱、收买证人，干扰证人作证的；

（三）有同案人或者与被调查人存在密切关联违法犯罪的涉案人员在逃，重要证据尚未收集完成的；

（四）其他可能串供或者伪造、隐匿、毁灭证据的情形。

第九十五条 被调查人具有下列情形之一的，可以认定为监察法第二十二条第一款第四项所规定的可能有其他妨碍调查行为：

（一）可能继续实施违法犯罪行为的；

（二）有危害国家安全、公共安全等现实危险的；

（三）可能对举报人、控告人、被害人、证人、鉴定人等相关人员实施打击报复的；

（四）无正当理由拒不到案，严重影响调查的；

（五）其他可能妨碍调查的行为。

第九十六条 对下列人员不得采取留置措施：

（一）患有严重疾病、生活不能自理的；

（二）怀孕或者正在哺乳自己婴儿的妇女；

（三）系生活不能自理的人的唯一扶养人。

上述情形消除后，根据调查需要可以对相关人员采取留置措施。

第九十七条 采取留置措施时，调查人员不得少于二人，应当向被留置人员宣布《留置决定书》，告知被留置人员权利义务，要求其在《留置决定书》上签名、捺指印。被留置人员拒绝签名、捺指印的，调查人员应当在文书上记明。

第九十八条 采取留置措施后，应当在二十四小时以内通知被留置人员所在单位和家属。当面通知的，由有关人员在《留置通知书》上签名。无法当面通知的，可以先以电话等方式通知，并通过邮寄、转交等方式送达

《留置通知书》，要求有关人员在《留置通知书》上签名。

因可能毁灭、伪造证据，干扰证人作证或者串供等有碍调查情形而不宜通知的，应当按规定报批，记录在案。有碍调查的情形消失后，应当立即通知被留置人员所在单位和家属。

第九十九条　县级以上监察机关需要提请公安机关协助采取留置措施的，应当按规定报批，请同级公安机关依法予以协助。提请协助时，应当出具《提请协助采取留置措施函》，列明提请协助的具体事项和建议，协助采取措施的时间、地点等内容，附《留置决定书》复印件。

因保密需要，不适合在采取留置措施前向公安机关告知留置对象姓名的，可以作出说明，进行保密处理。

需要提请异地公安机关协助采取留置措施的，应当按规定报批，向协作地同级监察机关出具协作函件和相关文书，由协作地监察机关提请当地公安机关依法予以协助。

第一百条　留置过程中，应当保障被留置人员的合法权益，尊重其人格和民族习俗，保障饮食、休息和安全，提供医疗服务。

第一百零一条　留置时间不得超过三个月，自向被留置人员宣布之日起算。具有下列情形之一的，经审批可以延长一次，延长时间不得超过三个月：

（一）案情重大，严重危害国家利益或者公共利益的；

（二）案情复杂，涉案人员多、金额巨大，涉及范围广的；

（三）重要证据尚未收集完成，或者重要涉案人员尚未到案，导致违法犯罪的主要事实仍须继续调查的；

（四）其他需要延长留置时间的情形。

省级以下监察机关采取留置措施的，延长留置时间应当报上一级监察机关批准。

延长留置时间的，应当在留置期满前向被留置人员宣布延长留置时间的决定，要求其在《延长留置时间决定书》上签名、捺指印。被留置人员拒绝签名、捺指印的，调查人员应当在文书上记明。

延长留置时间的，应当通知被留置人员家属。

第一百零二条　对被留置人员不需要继续采取留置措施的，应当按规定报批，及时解除留置。

调查人员应当向被留置人员宣布解除留置措施的决定，由其在《解除留置决定书》上签名、捺指印。被留置人员拒绝签名、捺指印的，调查人员应当在文书上记明。

解除留置措施的，应当及时通知被留置人员所在单位或者家属。调查人员应当与交接人办理交接手续，并由其在《解除留置通知书》上签名。无法通知或者有关人员拒绝签名的，调查人员应当在文书上记明。

案件依法移送人民检察院审查起诉的，留置措施自犯罪嫌疑人被执行拘留时自动解除，不再办理解除法律手续。

第一百零三条 留置场所应当建立健全保密、消防、医疗、餐饮及安保等安全工作责任制，制定紧急突发事件处置预案，采取安全防范措施。

留置期间发生被留置人员死亡、伤残、脱逃等办案安全事故、事件的，应当及时做好处置工作。相关情况应当立即报告监察机关主要负责人，并在二十四小时以内逐级上报至国家监察委员会。

第七节 查询、冻结

第一百零四条 监察机关调查严重职务违法或者职务犯罪，根据工作需要，按规定报批后，可以依法查询、冻结涉案单位和个人的存款、汇款、债券、股票、基金份额等财产。

第一百零五条 查询、冻结财产时，调查人员不得少于二人。调查人员应当出具《协助查询财产通知书》或者《协助冻结财产通知书》，送交银行或者其他金融机构、邮政部门等单位执行。有关单位和个人应当予以配合，并严格保密。

查询财产应当在《协助查询财产通知书》中填写查询账号、查询内容等信息。没有具体账号的，应当填写足以确定账户或者权利人的自然人姓名、身份证件号码或者企业法人名称、统一社会信用代码等信息。

冻结财产应当在《协助冻结财产通知书》中填写冻结账户名称、冻结账号、冻结数额、冻结期限起止时间等信息。冻结数额应当具体、明确，暂时无法确定具体数额的，应当在《协助冻结财产通知书》上明确写明“只收不付”。冻结证券和交易结算资金时，应当明确冻结的范围是否及于孳息。

冻结财产，应当为被调查人及其所扶养的亲属保留必需的生活费用。

第一百零六条 调查人员可以根据需要对查询结果进行打印、抄录、复制、拍照，要求相关单位在有关材料上加盖证明印章。对查询结果有疑问的，可以要求相关单位进行书面解释并加盖印章。

第一百零七条　监察机关对查询信息应当加强管理，规范信息交接、调阅、使用程序和手续，防止滥用和泄露。

调查人员不得查询与案件调查工作无关的信息。

第一百零八条　冻结财产的期限不得超过六个月。冻结期限到期未办理续冻手续的，冻结自动解除。

有特殊原因需要延长冻结期限的，应当在到期前按原程序报批，办理续冻手续。每次续冻期限不得超过六个月。

第一百零九条　已被冻结的财产可以轮候冻结，不得重复冻结。轮候冻结的，监察机关应当要求有关银行或者其他金融机构等单位在解除冻结或者作出处理前予以通知。

监察机关接受司法机关、其他监察机关等国家机关移送的涉案财物后，该国家机关采取的冻结期限届满，监察机关续行冻结的顺位与该国家机关冻结的顺位相同。

第一百一十条　冻结财产应当通知权利人或者其法定代理人、委托代理人，要求其在《冻结财产告知书》上签名。冻结股票、债券、基金份额等财产，应当告知权利人或者其法定代理人、委托代理人有权申请出售。

对于被冻结的股票、债券、基金份额等财产，权利人或者其法定代理人、委托代理人申请出售，不损害国家利益、被害人利益，不影响调查正常进行的，经审批可以在案件办结前由相关机构依法出售或者变现。对于被冻结的汇票、本票、支票即将到期的，经审批可以在案件办结前由相关机构依法出售或者变现。出售上述财产的，应当出具《许可出售冻结财产通知书》。

出售或者变现所得价款应当继续冻结在其对应的银行账户中；没有对应的银行账户的，应当存入监察机关指定的专用账户保管，并将存款凭证送监察机关登记。监察机关应当及时向权利人或者其法定代理人、委托代理人出具《出售冻结财产通知书》，并要求其签名。拒绝签名的，调查人员应当在文书上记明。

第一百一十一条　对于冻结的财产，应当及时核查。经查明与案件无关的，经审批，应当在查明后三日以内将《解除冻结财产通知书》送交有关单位执行。解除情况应当告知被冻结财产的权利人或者其法定代理人、委托代理人。

第八节 搜　　查

第一百一十二条 监察机关调查职务犯罪案件，为了收集犯罪证据、查获被调查人，按规定报批后，可以依法对被调查人以及可能隐藏被调查人或者犯罪证据的人的身体、物品、住处、工作地点和其他有关地方进行搜查。

第一百一十三条 搜查应当在调查人员主持下进行，调查人员不得少于二人。搜查女性的身体，由女性工作人员进行。

搜查时，应当有被搜查人或者其家属、其所在单位工作人员或者其他见证人在场。监察人员不得作为见证人。调查人员应当向被搜查人或者其家属、见证人出示《搜查证》，要求其签名。被搜查人或者其家属不在场，或者拒绝签名的，调查人员应当在文书上记明。

第一百一十四条 搜查时，应当要求在场人员予以配合，不得进行阻碍。对以暴力、威胁等方法阻碍搜查的，应当依法制止。对阻碍搜查构成违法犯罪的，依法追究法律责任。

第一百一十五条 县级以上监察机关需要提请公安机关依法协助采取搜查措施的，应当按规定报批，请同级公安机关予以协助。提请协助时，应当出具《提请协助采取搜查措施函》，列明提请协助的具体事项和建议，搜查时间、地点、目的等内容，附《搜查证》复印件。

需要提请异地公安机关协助采取搜查措施的，应当按规定报批，向协作地同级监察机关出具协作函件和相关文书，由协作地监察机关提请当地公安机关予以协助。

第一百一十六条 对搜查取证工作，应当全程同步录音录像。

对搜查情况应当制作《搜查笔录》，由调查人员和被搜查人或者其家属、见证人签名。被搜查人或者其家属不在场，或者拒绝签名的，调查人员应当在笔录中记明。

对于查获的重要物证、书证、视听资料、电子数据及其放置、存储位置应当拍照，并在《搜查笔录》中作出文字说明。

第一百一十七条 搜查时，应当避免未成年人或者其他不适宜在搜查现场的人在场。

搜查人员应当服从指挥、文明执法，不得擅自变更搜查对象和扩大搜查范围。搜查的具体时间、方法，在实施前应当严格保密。

第一百一十八条 在搜查过程中查封、扣押财物和文件的，按照查封、扣押的有关规定办理。

第九节 调　　取

第一百一十九条 监察机关按规定报批后，可以依法向有关单位和个人调取用以证明案件事实的证据材料。

第一百二十条 调取证据材料时，调查人员不得少于二人。调查人员应当依法出具《调取证据通知书》，必要时附《调取证据清单》。

有关单位和个人配合监察机关调取证据，应当严格保密。

第一百二十一条 调取物证应当调取原物。原物不便搬运、保存，或者依法应当返还，或者因保密工作需要不能调取原物的，可以将原物封存，并拍照、录像。对原物拍照或者录像时，应当足以反映原物的外形、内容。

调取书证、视听资料应当调取原件。取得原件确有困难或者因保密工作需要不能调取原件的，可以调取副本或者复制件。

调取物证的照片、录像和书证、视听资料的副本、复制件的，应当书面记明不能调取原物、原件的原因，原物、原件存放地点，制作过程，是否与原物、原件相符，并由调查人员和物证、书证、视听资料原持有人签名或者盖章。持有人无法签名、盖章或者拒绝签名、盖章的，应当在笔录中记明，由见证人签名。

第一百二十二条 调取外文材料作为证据使用的，应当交由具有资质的机构和人员出具中文译本。中文译本应当加盖翻译机构公章。

第一百二十三条 收集、提取电子数据，能够扣押原始存储介质的，应当予以扣押、封存并在笔录中记录封存状态。无法扣押原始存储介质的，可以提取电子数据，但应当在笔录中记明不能扣押的原因、原始存储介质的存放地点或者电子数据的来源等情况。

由于客观原因无法或者不宜采取前款规定方式收集、提取电子数据的，可以采取打印、拍照或者录像等方式固定相关证据，并在笔录中说明原因。

收集、提取的电子数据，足以保证完整性，无删除、修改、增加等情形的，可以作为证据使用。

收集、提取电子数据，应当制作笔录，记录案由、对象、内容，收集、提取电子数据的时间、地点、方法、过程，并附电子数据清单，注明类别、文件格式、完整性校验值等，由调查人员、电子数据持有人（提供人）签名或者盖章；电子数据持有人（提供人）无法签名或者拒绝签名的，应当在笔录中记明，由见证人签名或者盖章。有条件的，应当对相关活动进行录像。

第一百二十四条 调取的物证、书证、视听资料等原件，经查明与案件无关的，经审批，应当在查明后三日以内退还，并办理交接手续。

第十节 查封、扣押

第一百二十五条 监察机关按规定报批后，可以依法查封、扣押用以证明被调查人涉嫌违法犯罪以及情节轻重的财物、文件、电子数据等证据材料。

对于被调查人到案时随身携带的物品，以及被调查人或者其他相关人员主动上交的财物和文件，依法需要扣押的，依照前款规定办理。对于被调查人随身携带的与案件无关的个人用品，应当逐件登记，随案移交或者退还。

第一百二十六条 查封、扣押时，应当出具《查封/扣押通知书》，调查人员不得少于二人。持有人拒绝交出应当查封、扣押的财物和文件的，可以依法强制查封、扣押。

调查人员对于查封、扣押的财物和文件，应当会同在场见证人和被查封、扣押财物持有人进行清点核对，开列《查封/扣押财物、文件清单》，由调查人员、见证人和持有人签名或者盖章。持有人不在场或者拒绝签名、盖章的，调查人员应当在清单上记明。

查封、扣押财物，应当为被调查人及其所扶养的亲属保留必需的生活费用和物品。

第一百二十七条 查封、扣押不动产和置于该不动产上不宜移动的设施、家具和其他相关财物，以及车辆、船舶、航空器和大型机械、设备等财物，必要时可以依法扣押其权利证书，经拍照或者录像后原地封存。调查人员应当在查封清单上记明相关财物的所在地址和特征，已经拍照或者录像及其权利证书被扣押的情况，由调查人员、见证人和持有人签名或者盖章。持有人不在场或者拒绝签名、盖章的，调查人员应当在清单上记明。

查封、扣押前款规定财物的，必要时可以将被查封财物交给持有人或者其近亲属保管。调查人员应当告知保管人妥善保管，不得对被查封财物进行转移、变卖、毁损、抵押、赠予等处理。

调查人员应当将《查封/扣押通知书》送达不动产、生产设备或者车辆、船舶、航空器等财物的登记、管理部门，告知其在查封期间禁止办理抵押、转让、出售等权属关系变更、转移登记手续。相关情况应当在查封清单上记明。被查封、扣押的财物已经办理抵押登记的，监察机关在执行没收、追缴、责令退赔等决定时应当及时通知抵押权人。

第一百二十八条 查封、扣押下列物品，应当依法进行相应的处理：

（一）查封、扣押外币、金银珠宝、文物、名贵字画以及其他不易辨别真伪的贵重物品，具备当场密封条件的，应当当场密封，由二名以上调查人员在密封材料上签名并记明密封时间。不具备当场密封条件的，应当在笔录中记明，以拍照、录像等方法加以保全后进行封存。查封、扣押的贵重物品需要鉴定的，应当及时鉴定。

（二）查封、扣押存折、银行卡、有价证券等支付凭证和具有一定特征能够证明案情的现金，应当记明特征、编号、种类、面值、张数、金额等，当场密封，由二名以上调查人员在密封材料上签名并记明密封时间。

（三）查封、扣押易损毁、灭失、变质等不宜长期保存的物品以及有消费期限的卡、券，应当在笔录中记明，以拍照、录像等方法加以保全后进行封存，或者经审批委托有关机构变卖、拍卖。变卖、拍卖的价款存入专用账户保管，待调查终结后一并处理。

（四）对于可以作为证据使用的录音录像、电子数据存储介质，应当记明案由、对象、内容，录制、复制的时间、地点、规格、类别、应用长度、文件格式及长度等，制作清单。具备查封、扣押条件的电子设备、存储介质应当密封保存。必要时，可以请有关机关协助。

（五）对被调查人使用违法犯罪所得与合法收入共同购置的不可分割的财产，可以先行查封、扣押。对无法分割退还的财产，涉及违法的，可以在结案后委托有关单位拍卖、变卖，退还不属于违法所得的部分及孳息；涉及职务犯罪的，依法移送司法机关处置。

（六）查封、扣押危险品、违禁品，应当及时送交有关部门，或者根据工作需要严格封存保管。

第一百二十九条 对于需要启封的财物和文件，应当由二名以上调查人员共同办理。重新密封时，由二名以上调查人员在密封材料上签名、记明时间。

第一百三十条 查封、扣押涉案财物，应当按规定将涉案财物详细信息、《查封/扣押财物、文件清单》录入并上传监察机关涉案财物信息管理系统。

对于涉案款项,应当在采取措施后十五日以内存入监察机关指定的专用账户。对于涉案物品,应当在采取措施后三十日以内移交涉案财物保管部门保管。因特殊原因不能按时存入专用账户或者移交保管的,应当按规定报批,将保管情况录入涉案财物信息管理系统,在原因消除后及时存入或者移交。

第一百三十一条 对于已移交涉案财物保管部门保管的涉案财物,根据调查工作需要,经审批可以临时调用,并应当确保完好。调用结束后,应当及时归还。调用和归还时,调查人员、保管人员应当当面清点查验。保管部门应当对调用和归还情况进行登记,全程录像并上传涉案财物信息管理系统。

第一百三十二条 对于被扣押的股票、债券、基金份额等财产,以及即将到期的汇票、本票、支票,依法需要出售或者变现的,按照本条例关于出售冻结财产的规定办理。

第一百三十三条 监察机关接受司法机关、其他监察机关等国家机关移送的涉案财物后,该国家机关采取的查封、扣押期限届满,监察机关续行查封、扣押的顺位与该国家机关查封、扣押的顺位相同。

第一百三十四条 对查封、扣押的财物和文件,应当及时进行核查。经查明与案件无关的,经审批,应当在查明后三日以内解除查封、扣押,予以退还。解除查封、扣押的,应当向有关单位、原持有人或者近亲属送达《解除查封/扣押通知书》,附《解除查封/扣押财物、文件清单》,要求其签名或者盖章。

第一百三十五条 在立案调查之前,对监察对象及相关人员主动上交的涉案财物,经审批可以接收。

接收时,应当由二名以上调查人员,会同持有人和见证人进行清点核对,当场填写《主动上交财物登记表》。调查人员、持有人和见证人应当在登记表上签名或者盖章。

对于主动上交的财物,应当根据立案及调查情况及时决定是否依法查封、扣押。

第十一节 勘验检查

第一百三十六条 监察机关按规定报批后,可以依法对与违法犯罪有关的场所、物品、人身、尸体、电子数据等进行勘验检查。

第一百三十七条 依法需要勘验检查的,应当制作《勘验检查证》;需要委托勘验检查的，应当出具《委托勘验检查书》，送具有专门知识、勘验检查资格的单位（人员）办理。

第一百三十八条 勘验检查应当由二名以上调查人员主持，邀请与案件无关的见证人在场。勘验检查情况应当制作笔录，并由参加勘验检查人员和见证人签名。

勘验检查现场、拆封电子数据存储介质应当全程同步录音录像。对现场情况应当拍摄现场照片、制作现场图，并由勘验检查人员签名。

第一百三十九条 为了确定被调查人或者相关人员的某些特征、伤害情况或者生理状态，可以依法对其人身进行检查。必要时可以聘请法医或者医师进行人身检查。检查女性身体，应当由女性工作人员或者医师进行。被调查人拒绝检查的，可以依法强制检查。

人身检查不得采用损害被检查人生命、健康或者贬低其名誉、人格的方法。对人身检查过程中知悉的个人隐私，应当严格保密。

对人身检查的情况应当制作笔录，由参加检查的调查人员、检查人员、被检查人员和见证人签名。被检查人员拒绝签名的，调查人员应当在笔录中记明。

第一百四十条 为查明案情，在必要的时候，经审批可以依法进行调查实验。调查实验，可以聘请有关专业人员参加，也可以要求被调查人、被害人、证人参加。

进行调查实验，应当全程同步录音录像，制作调查实验笔录，由参加实验的人签名。进行调查实验，禁止一切足以造成危险、侮辱人格的行为。

第一百四十一条 调查人员在必要时，可以依法让被害人、证人和被调查人对与违法犯罪有关的物品、文件、尸体或者场所进行辨认；也可以让被害人、证人对被调查人进行辨认，或者让被调查人对涉案人员进行辨认。

辨认工作应当由二名以上调查人员主持进行。在辨认前，应当向辨认人详细询问辨认对象的具体特征，避免辨认人见到辨认对象，并告知辨认人作虚假辨认应当承担的法律责任。几名辨认人对同一辨认对象进行辨认时，应当由辨认人个别进行。辨认应当形成笔录，并由调查人员、辨认人签名。

第一百四十二条 辨认人员时，被辨认的人数不得少于七人，照片不得少于十张。

辨认人不愿公开进行辨认时，应当在不暴露辨认人的情况下进行辨认，并为其保守秘密。

第一百四十三条 组织辨认物品时一般应当辨认实物。被辨认的物品系名贵字画等贵重物品或者存在不便搬运等情况的，可以对实物照片进行辨认。辨认人进行辨认时，应当在辨认出的实物照片与附纸骑缝上捺指印予以确认，在附纸上写明该实物涉案情况并签名、捺指印。

辨认物品时，同类物品不得少于五件，照片不得少于五张。

对于难以找到相似物品的特定物，可以将该物品照片交由辨认人进行确认后，在照片与附纸骑缝上捺指印，在附纸上写明该物品涉案情况并签名、捺指印。在辨认人确认前，应当向其详细询问物品的具体特征，并对确认过程和结果形成笔录。

第一百四十四条 辨认笔录具有下列情形之一的，不得作为认定案件的依据：

（一）辨认开始前使辨认人见到辨认对象的；

（二）辨认活动没有个别进行的；

（三）辨认对象没有混杂在具有类似特征的其他对象中，或者供辨认的对象数量不符合规定的，但特定辨认对象除外；

（四）辨认中给辨认人明显暗示或者明显有指认嫌疑的；

（五）辨认不是在调查人员主持下进行的；

（六）违反有关规定，不能确定辨认笔录真实性的其他情形。

辨认笔录存在其他瑕疵的，应当结合全案证据审查其真实性和关联性，作出综合判断。

第十二节 鉴 定

第一百四十五条 监察机关为解决案件中的专门性问题，按规定报批后，可以依法进行鉴定。

鉴定时应当出具《委托鉴定书》，由二名以上调查人员送交具有鉴定资格的鉴定机构、鉴定人进行鉴定。

第一百四十六条 监察机关可以依法开展下列鉴定：

（一）对笔迹、印刷文件、污损文件、制成时间不明的文件和以其他形式表现的文件等进行鉴定；

（二）对案件中涉及的财务会计资料及相关财物进行会计鉴定；

（三）对被调查人、证人的行为能力进行精神病鉴定；

（四）对人体造成的损害或者死因进行人身伤亡医学鉴定；

（五）对录音录像资料进行鉴定；

（六）对因电子信息技术应用而出现的材料及其派生物进行电子证据鉴定；

（七）其他可以依法进行的专业鉴定。

第一百四十七条 监察机关应当为鉴定提供必要条件，向鉴定人送交有关检材和对比样本等原始材料，介绍与鉴定有关的情况。调查人员应当明确提出要求鉴定事项，但不得暗示或者强迫鉴定人作出某种鉴定意见。

监察机关应当做好检材的保管和送检工作，记明检材送检环节的责任人，确保检材在流转环节的同一性和不被污染。

第一百四十八条 鉴定人应当在出具的鉴定意见上签名，并附鉴定机构和鉴定人的资质证明或者其他证明文件。多个鉴定人的鉴定意见不一致的，应当在鉴定意见上记明分歧的内容和理由，并且分别签名。

监察机关对于法庭审理中依法决定鉴定人出庭作证的，应当予以协调。

鉴定人故意作虚假鉴定的，应当依法追究法律责任。

第一百四十九条 调查人员应当对鉴定意见进行审查。对经审查作为证据使用的鉴定意见，应当告知被调查人及相关单位、人员，送达《鉴定意见告知书》。

被调查人或者相关单位、人员提出补充鉴定或者重新鉴定申请，经审查符合法定要求的，应当按规定报批，进行补充鉴定或者重新鉴定。

对鉴定意见告知情况可以制作笔录，载明告知内容和被告知人的意见等。

第一百五十条 经审查具有下列情形之一的，应当补充鉴定：

（一）鉴定内容有明显遗漏的；

（二）发现新的有鉴定意义的证物的；

（三）对鉴定证物有新的鉴定要求的；

（四）鉴定意见不完整，委托事项无法确定的；

（五）其他需要补充鉴定的情形。

第一百五十一条 经审查具有下列情形之一的，应当重新鉴定：

（一）鉴定程序违法或者违反相关专业技术要求的；

（二）鉴定机构、鉴定人不具备鉴定资质和条件的；

（三）鉴定人故意作出虚假鉴定或者违反回避规定的；

（四）鉴定意见依据明显不足的；

（五）检材虚假或者被损坏的；

（六）其他应当重新鉴定的情形。

决定重新鉴定的，应当另行确定鉴定机构和鉴定人。

第一百五十二条 因无鉴定机构，或者根据法律法规等规定，监察机关可以指派、聘请具有专门知识的人就案件的专门性问题出具报告。

第十三节 技术调查

第一百五十三条 监察机关根据调查涉嫌重大贪污贿赂等职务犯罪需要，依照规定的权限和程序报经批准，可以依法采取技术调查措施，按照规定交公安机关或者国家有关执法机关依法执行。

前款所称重大贪污贿赂等职务犯罪，是指具有下列情形之一：

（一）案情重大复杂，涉及国家利益或者重大公共利益的；

（二）被调查人可能被判处十年以上有期徒刑、无期徒刑或者死刑的；

（三）案件在全国或者本省、自治区、直辖市范围内有较大影响的。

第一百五十四条 依法采取技术调查措施的，监察机关应当出具《采取技术调查措施委托函》《采取技术调查措施决定书》和《采取技术调查措施适用对象情况表》，送交有关机关执行。其中，设区的市级以下监察机关委托有关执行机关采取技术调查措施，还应当提供《立案决定书》。

第一百五十五条 技术调查措施的期限按照监察法的规定执行，期限届满前未办理延期手续的，到期自动解除。

对于不需要继续采取技术调查措施的，监察机关应当按规定及时报批，将《解除技术调查措施决定书》送交有关机关执行。

需要依法变更技术调查措施种类或者增加适用对象的，监察机关应当重新办理报批和委托手续，依法送交有关机关执行。

第一百五十六条 对于采取技术调查措施收集的信息和材料，依法需要作为刑事诉讼证据使用的，监察机关应当按规定报批，出具《调取技术调查证据材料通知书》向有关执行机关调取。

对于采取技术调查措施收集的物证、书证及其他证据材料，监察机关应当制作书面说明，写明获取证据的时间、地点、数量、特征以及采取技术调查措施的批准机关、种类等。调查人员应当在书面说明上签名。

对于采取技术调查措施获取的证据材料，如果使用该证据材料可能危及有关人员的人身安全，或者可能产生其他严重后果的，应当采取不暴露有关人员身份、技术方法等保护措施。必要时，可以建议由审判人员在庭外进行核实。

第一百五十七条 调查人员对采取技术调查措施过程中知悉的国家秘密、商业秘密、个人隐私，应当严格保密。

采取技术调查措施获取的证据、线索及其他有关材料，只能用于对违法犯罪的调查、起诉和审判，不得用于其他用途。

对采取技术调查措施获取的与案件无关的材料，应当经审批及时销毁。对销毁情况应当制作记录，由调查人员签名。

第十四节 通 缉

第一百五十八条 县级以上监察机关对在逃的应当被留置人员，依法决定在本行政区域内通缉的，应当按规定报批，送交同级公安机关执行。送交执行时，应当出具《通缉决定书》，附《留置决定书》等法律文书和被通缉人员信息，以及承办单位、承办人员等有关情况。

通缉范围超出本行政区域的，应当报有决定权的上级监察机关出具《通缉决定书》，并附《留置决定书》及相关材料，送交同级公安机关执行。

第一百五十九条 国家监察委员会依法需要提请公安部对在逃人员发布公安部通缉令的，应当先提请公安部采取网上追逃措施。如情况紧急，可以向公安部同时出具《通缉决定书》和《提请采取网上追逃措施函》。

省级以下监察机关报请国家监察委员会提请公安部发布公安部通缉令的，应当先提请本地公安机关采取网上追逃措施。

第一百六十条 监察机关接到公安机关抓获被通缉人员的通知后，应当立即核实被抓获人员身份，并在接到通知后二十四小时以内派员办理交接手续。边远或者交通不便地区，至迟不得超过三日。

公安机关在移交前，将被抓获人员送往当地监察机关留置场所临时看管的，当地监察机关应当接收，并保障临时看管期间的安全，对工作信息严格保密。

监察机关需要提请公安机关协助将被抓获人员带回的，应当按规定报批，请本地同级公安机关依法予以协助。提请协助时，应当出具《提请协助采取留置措施函》，附《留置决定书》复印件及相关材料。

第一百六十一条 监察机关对于被通缉人员已经归案、死亡，或者依法撤销留置决定以及发现有其他不需要继续采取通缉措施情形的，应当经审批出具《撤销通缉通知书》，送交协助采取原措施的公安机关执行。

第十五节 限制出境

第一百六十二条 监察机关为防止被调查人及相关人员逃匿境外，按规定报批后，可以依法决定采取限制出境措施，交由移民管理机构依法执行。

第一百六十三条 监察机关采取限制出境措施应当出具有关函件，与《采取限制出境措施决定书》一并送交移民管理机构执行。其中，采取边控措施的，应当附《边控对象通知书》；采取法定不批准出境措施的，应当附《法定不准出境人员报备表》。

第一百六十四条 限制出境措施有效期不超过三个月，到期自动解除。

到期后仍有必要继续采取措施的，应当按原程序报批。承办部门应当出具有关函件，在到期前与《延长限制出境措施期限决定书》一并送交移民管理机构执行。延长期限每次不得超过三个月。

第一百六十五条 监察机关接到口岸移民管理机构查获被决定采取留置措施的边控对象的通知后，应当于二十四小时以内到达口岸办理移交手续。无法及时到达的，应当委托当地监察机关及时前往口岸办理移交手续。当地监察机关应当予以协助。

第一百六十六条 对于不需要继续采取限制出境措施的，应当按规定报批，及时予以解除。承办部门应当出具有关函件，与《解除限制出境措施决定书》一并送交移民管理机构执行。

第一百六十七条 县级以上监察机关在重要紧急情况下，经审批可以依法直接向口岸所在地口岸移民管理机构提请办理临时限制出境措施。

第五章 监察程序

第一节 线索处置

第一百六十八条 监察机关应当对问题线索归口受理、集中管理、分类处置、定期清理。

第一百六十九条 监察机关对于报案或者举报应当依法接受。属于本级监察机关管辖的，依法予以受理；属于其他监察机关管辖的，应当在五个工作日以内予以转送。

监察机关可以向下级监察机关发函交办检举控告，并进行督办，下级监察机关应当按期回复办理结果。

第一百七十条 对于涉嫌职务违法或者职务犯罪的公职人员主动投案的，应当依法接待和办理。

第一百七十一条 监察机关对于执法机关、司法机关等其他机关移送的问题线索，应当及时审核，并按照下列方式办理：

（一）本单位有管辖权的，及时研究提出处置意见；

（二）本单位没有管辖权但其他监察机关有管辖权的，在五个工作日以内转送有管辖权的监察机关；

（三）本单位对部分问题线索有管辖权的，对有管辖权的部分提出处置意见，并及时将其他问题线索转送有管辖权的机关；

（四）监察机关没有管辖权的，及时退回移送机关。

第一百七十二条 信访举报部门归口受理本机关管辖监察对象涉嫌职务违法和职务犯罪问题的检举控告，统一接收有关监察机关以及其他单位移送的相关检举控告，移交本机关监督检查部门或者相关部门，并将移交情况通报案件监督管理部门。

案件监督管理部门统一接收巡视巡察机构和审计机关、执法机关、司法机关等其他机关移送的职务违法和职务犯罪问题线索，按程序移交本机关监督检查部门或者相关部门办理。

监督检查部门、调查部门在工作中发现的相关问题线索，属于本部门受理范围的，应当报送案件监督管理部门备案；属于本机关其他部门受理范围的，经审批后移交案件监督管理部门分办。

第一百七十三条 案件监督管理部门应当对问题线索实行集中管理、动态更新，定期汇总、核对问题线索及处置情况，向监察机关主要负责人报告，并向相关部门通报。

问题线索承办部门应当指定专人负责管理线索，逐件编号登记、建立管理台账。线索管理处置各环节应当由经手人员签名，全程登记备查，及时与案件监督管理部门核对。

第一百七十四条 监督检查部门应当结合问题线索所涉及地区、部门、单位总体情况进行综合分析，提出处置意见并制定处置方案，经审批按照谈话、函询、初步核实、暂存待查、予以了结等方式进行处置，或者按照职责移送调查部门处置。

函询应当以监察机关办公厅（室）名义发函给被反映人，并抄送其所在单位和派驻监察机构主要负责人。被函询人应当在收到函件后十五个工作日以内写出说明材料，由其所在单位主要负责人签署意见后发函回复。被函询人为所在单位主要负责人的，或者被函询人所作说明涉及所在单位主要负责人的，应当直接发函回复监察机关。

被函询人已经退休的，按照第二款规定程序办理。

监察机关根据工作需要，经审批可以对谈话、函询情况进行核实。

第一百七十五条 检举控告人使用本人真实姓名或者本单位名称，有电话等具体联系方式的，属于实名检举控告。监察机关对实名检举控告应当优先办理、优先处置，依法给予答复。虽有署名但不是检举控告人真实姓名（单位名称）或者无法验证的检举控告，按照匿名检举控告处理。

信访举报部门对属于本机关受理的实名检举控告，应当在收到检举控告之日起十五个工作日以内按规定告知实名检举控告人受理情况，并做好记录。

调查人员应当将实名检举控告的处理结果在办结之日起十五个工作日以内向检举控告人反馈，并记录反馈情况。对检举控告人提出异议的应当如实记录，并向其进行说明；对提供新证据材料的，应当依法核查处理。

第二节　初步核实

第一百七十六条 监察机关对具有可查性的职务违法和职务犯罪问题线索，应当按规定报批后，依法开展初步核实工作。

第一百七十七条 采取初步核实方式处置问题线索，应当确定初步核实对象，制定工作方案，明确需要核实的问题和采取的措施，成立核查组。

在初步核实中应当注重收集客观性证据，确保真实性和准确性。

第一百七十八条 在初步核实中发现或者受理被核查人新的具有可查性的问题线索的，应当经审批纳入原初核方案开展核查。

第一百七十九条 核查组在初步核实工作结束后应当撰写初步核实情况报告，列明被核查人基本情况、反映的主要问题、办理依据、初步核实结果、存在疑点、处理建议，由全体人员签名。

承办部门应当综合分析初步核实情况，按照拟立案调查、予以了结、谈话提醒、暂存待查，或者移送有关部门、机关处理等方式提出处置建议，按照批准初步核实的程序报批。

第三节 立 案

第一百八十条 监察机关经过初步核实,对于已经掌握监察对象涉嫌职务违法或者职务犯罪的部分事实和证据,认为需要追究其法律责任的,应当按规定报批后,依法立案调查。

第一百八十一条 监察机关立案调查职务违法或者职务犯罪案件,需要对涉嫌行贿犯罪、介绍贿赂犯罪或者共同职务犯罪的涉案人员立案调查的,应当一并办理立案手续。需要交由下级监察机关立案的,经审批交由下级监察机关办理立案手续。

对单位涉嫌受贿、行贿等职务犯罪,需要追究法律责任的,依法对该单位办理立案调查手续。对事故(事件)中存在职务违法或者职务犯罪问题,需要追究法律责任,但相关责任人员尚不明确的,可以以事立案。对单位立案或者以事立案后,经调查确定相关责任人员的,按照管理权限报批确定被调查人。

监察机关根据人民法院生效刑事判决、裁定和人民检察院不起诉决定认定的事实,需要对监察对象给予政务处分的,可以由相关监督检查部门依据司法机关的生效判决、裁定、决定及其认定的事实、性质和情节,提出给予政务处分的意见,按程序移送审理。对依法被追究行政法律责任的监察对象,需要给予政务处分的,应当依法办理立案手续。

第一百八十二条 对案情简单、经过初步核实已查清主要职务违法事实,应当追究监察对象法律责任,不再需要开展调查的,立案和移送审理可以一并报批,履行立案程序后再移送审理。

第一百八十三条 上级监察机关需要指定下级监察机关立案调查的,应当按规定报批,向被指定管辖的监察机关出具《指定管辖决定书》,由其办理立案手续。

第一百八十四条 批准立案后,应当由二名以上调查人员出示证件,向被调查人宣布立案决定。宣布立案决定后,应当及时向被调查人所在单位等相关组织送达《立案通知书》,并向被调查人所在单位主要负责人通报。

对涉嫌严重职务违法或者职务犯罪的公职人员立案调查并采取留置措施的,应当按规定通知被调查人家属,并向社会公开发布。

第四节 调 查

第一百八十五条 监察机关对已经立案的职务违法或者职务犯罪案件应

当依法进行调查，收集证据查明违法犯罪事实。

调查职务违法或者职务犯罪案件，对被调查人没有采取留置措施的，应当在立案后一年以内作出处理决定；对被调查人解除留置措施的，应当在解除留置措施后一年以内作出处理决定。案情重大复杂的案件，经上一级监察机关批准，可以适当延长，但延长期限不得超过六个月。

被调查人在监察机关立案调查以后逃匿的，调查期限自被调查人到案之日起重新计算。

第一百八十六条 案件立案后，监察机关主要负责人应当依照法定程序批准确定调查方案。

监察机关应当组成调查组依法开展调查。调查工作应当严格按照批准的方案执行，不得随意扩大调查范围、变更调查对象和事项，对重要事项应当及时请示报告。调查人员在调查工作期间，未经批准不得单独接触任何涉案人员及其特定关系人，不得擅自采取调查措施。

第一百八十七条 调查组应当将调查认定的涉嫌违法犯罪事实形成书面材料，交给被调查人核对，听取其意见。被调查人应当在书面材料上签署意见。对被调查人签署不同意见或者拒不签署意见的，调查组应当作出说明或者注明情况。对被调查人提出申辩的事实、理由和证据应当进行核实，成立的予以采纳。

调查组对于立案调查的涉嫌行贿犯罪、介绍贿赂犯罪或者共同职务犯罪的涉案人员，在查明其涉嫌犯罪问题后，依照前款规定办理。

对于按照本条例规定，对立案和移送审理一并报批的案件，应当在报批前履行本条第一款规定的程序。

第一百八十八条 调查组在调查工作结束后应当集体讨论，形成调查报告。调查报告应当列明被调查人基本情况、问题线索来源及调查依据、调查过程，涉嫌的主要职务违法或者职务犯罪事实，被调查人的态度和认识，处置建议及法律依据，并由调查组组长以及有关人员签名。

对调查过程中发现的重要问题和形成的意见建议，应当形成专题报告。

第一百八十九条 调查组对被调查人涉嫌职务犯罪拟依法移送人民检察院审查起诉的，应当起草《起诉建议书》。《起诉建议书》应当载明被调查人基本情况，调查简况，认罪认罚情况，采取留置措施的时间，涉嫌职务犯罪事实以及证据，对被调查人从重、从轻、减轻或者免除处罚等情节，提出对被调查人移送起诉的理由和法律依据，采取强制措施的建议，并注明移送案卷数及涉案财物等内容。

调查组应当形成被调查人到案经过及量刑情节方面的材料，包括案件来源、到案经过，自动投案、如实供述、立功等量刑情节，认罪悔罪态度、退赃、避免和减少损害结果发生等方面的情况说明及相关材料。被检举揭发的问题已被立案、查破，被检举揭发人已被采取调查措施或者刑事强制措施、起诉或者审判的，还应当附有关法律文书。

第一百九十条　经调查认为被调查人构成职务违法或者职务犯罪的，应当区分不同情况提出相应处理意见，经审批将调查报告、职务违法或者职务犯罪事实材料、涉案财物报告、涉案人员处理意见等材料，连同全部证据和文书手续移送审理。

对涉嫌职务犯罪的案件材料应当按照刑事诉讼要求单独立卷，与《起诉建议书》、涉案财物报告、同步录音录像资料及其自查报告等材料一并移送审理。

调查全过程形成的材料应当案结卷成、事毕归档。

第五节　审　　理

第一百九十一条　案件审理部门收到移送审理的案件后，应当审核材料是否齐全、手续是否完备。对被调查人涉嫌职务犯罪的，还应当审核相关案卷材料是否符合职务犯罪案件立卷要求，是否在调查报告中单独表述已查明的涉嫌犯罪问题，是否形成《起诉建议书》。

经审核符合移送条件的，应当予以受理；不符合移送条件的，经审批可以暂缓受理或者不予受理，并要求调查部门补充完善材料。

第一百九十二条　案件审理部门受理案件后，应当成立由二人以上组成的审理组，全面审理案卷材料。

案件审理部门对于受理的案件，应当以监察法、政务处分法、刑法、《中华人民共和国刑事诉讼法》等法律法规为准绳，对案件事实证据、性质认定、程序手续、涉案财物等进行全面审理。

案件审理部门应当强化监督制约职能，对案件严格审核把关，坚持实事求是、独立审理，依法提出审理意见。坚持调查与审理相分离的原则，案件调查人员不得参与审理。

第一百九十三条　审理工作应当坚持民主集中制原则，经集体审议形成审理意见。

第一百九十四条 审理工作应当在受理之日起一个月以内完成,重大复杂案件经批准可以适当延长。

第一百九十五条 案件审理部门根据案件审理情况,经审批可以与被调查人谈话,告知其在审理阶段的权利义务,核对涉嫌违法犯罪事实,听取其辩解意见,了解有关情况。与被调查人谈话时,案件审理人员不得少于二人。

具有下列情形之一的,一般应当与被调查人谈话:

(一)对被调查人采取留置措施,拟移送起诉的;

(二)可能存在以非法方法收集证据情形的;

(三)被调查人对涉嫌违法犯罪事实材料签署不同意见或者拒不签署意见的;

(四)被调查人要求向案件审理人员当面陈述的;

(五)其他有必要与被调查人进行谈话的情形。

第一百九十六条 经审理认为主要违法犯罪事实不清、证据不足的,应当经审批将案件退回承办部门重新调查。

有下列情形之一,需要补充完善证据的,经审批可以退回补充调查:

(一)部分事实不清、证据不足的;

(二)遗漏违法犯罪事实的;

(三)其他需要进一步查清案件事实的情形。

案件审理部门将案件退回重新调查或者补充调查的,应当出具审核意见,写明调查事项、理由、调查方向、需要补充收集的证据及其证明作用等,连同案卷材料一并送交承办部门。

承办部门补充调查结束后,应当经审批将补证情况报告及相关证据材料,连同案卷材料一并移送案件审理部门;对确实无法查明的事项或者无法补充的证据,应当作出书面说明。重新调查终结后,应当重新形成调查报告,依法移送审理。

重新调查完毕移送审理的,审理期限重新计算。补充调查期间不计入审理期限。

第一百九十七条 审理工作结束后应当形成审理报告,载明被调查人基本情况、调查简况、涉嫌违法或者犯罪事实、被调查人态度和认识、涉案财物处置、承办部门意见、审理意见等内容,提请监察机关集体审议。

对被调查人涉嫌职务犯罪需要追究刑事责任的,应当形成《起诉意见书》,作为审理报告附件。《起诉意见书》应当忠实于事实真象,载明被调查人基本情况,调查简况,采取留置措施的时间,依法查明的犯罪事实和证据,从重、从轻、减轻或者免除处罚等情节,涉案财物情况,涉嫌罪名和法律依据,采取强制措施的建议,以及其他需要说明的情况。

案件审理部门经审理认为现有证据不足以证明被调查人存在违法犯罪行为,且通过退回补充调查仍无法达到证明标准的,应当提出撤销案件的建议。

第一百九十八条 上级监察机关办理下级监察机关管辖案件的,可以经审理后按程序直接进行处置,也可以经审理形成处置意见后,交由下级监察机关办理。

第一百九十九条 被指定管辖的监察机关在调查结束后应当将案件移送审理,提请监察机关集体审议。

上级监察机关将其所管辖的案件指定管辖的,被指定管辖的下级监察机关应当按照前款规定办理后,将案件报上级监察机关依法作出政务处分决定。上级监察机关在作出决定前,应当进行审理。

上级监察机关将下级监察机关管辖的案件指定其他下级监察机关管辖的,被指定管辖的监察机关应当按照第一款规定办理后,将案件送交有管理权限的监察机关依法作出政务处分决定。有管理权限的监察机关应当进行审理,审理意见与被指定管辖的监察机关意见不一致的,双方应当进行沟通;经沟通不能取得一致意见的,报请有权决定的上级监察机关决定。经协商,有管理权限的监察机关在被指定管辖的监察机关审理阶段可以提前阅卷,沟通了解情况。

对于前款规定的重大、复杂案件,被指定管辖的监察机关经集体审议后将处理意见报有权决定的上级监察机关审核同意的,有管理权限的监察机关可以经集体审议后依法处置。

第六节 处　　置

第二百条 监察机关根据监督、调查结果,依据监察法、政务处分法等规定进行处置。

第二百零一条 监察机关对于公职人员有职务违法行为但情节较轻的,可以依法进行谈话提醒、批评教育、责令检查,或者予以诫勉。上述方式可以单独使用,也可以依据规定合并使用。

谈话提醒、批评教育应当由监察机关相关负责人或者承办部门负责人进行，可以由被谈话提醒、批评教育人所在单位有关负责人陪同；经批准也可以委托其所在单位主要负责人进行。对谈话提醒、批评教育情况应当制作记录。

被责令检查的公职人员应当作出书面检查并进行整改。整改情况在一定范围内通报。

诫勉由监察机关以谈话或者书面方式进行。以谈话方式进行的，应当制作记录。

第二百零二条 对违法的公职人员依法需要给予政务处分的，应当根据情节轻重作出警告、记过、记大过、降级、撤职、开除的政务处分决定，制作政务处分决定书。

第二百零三条 监察机关应当将政务处分决定书在作出后一个月以内送达被处分人和被处分人所在机关、单位，并依法履行宣布、书面告知程序。

政务处分决定自作出之日起生效。有关机关、单位、组织应当依法及时执行处分决定，并将执行情况向监察机关报告。处分决定应当在作出之日起一个月以内执行完毕，特殊情况下经监察机关批准可以适当延长办理期限，最迟不得超过六个月。

第二百零四条 监察机关对不履行或者不正确履行职责造成严重后果或者恶劣影响的领导人员，可以按照管理权限采取通报、诫勉、政务处分等方式进行问责；提出组织处理的建议。

第二百零五条 监察机关依法向监察对象所在单位提出监察建议的，应当经审批制作监察建议书。

监察建议书一般应当包括下列内容：

（一）监督调查情况；

（二）调查中发现的主要问题及其产生的原因；

（三）整改建议、要求和期限；

（四）向监察机关反馈整改情况的要求。

第二百零六条 监察机关经调查，对没有证据证明或者现有证据不足以证明被调查人存在违法犯罪行为的，应当依法撤销案件。省级以下监察机关撤销案件后，应当在七个工作日以内向上一级监察机关报送备案报告。上一级监察机关监督检查部门负责备案工作。

省级以下监察机关拟撤销上级监察机关指定管辖或者交办案件的，

应当将《撤销案件意见书》连同案卷材料，在法定调查期限到期七个工作日前报指定管辖或者交办案件的监察机关审查。对于重大、复杂案件，在法定调查期限到期十个工作日前报指定管辖或者交办案件的监察机关审查。

指定管辖或者交办案件的监察机关由监督检查部门负责审查工作。指定管辖或者交办案件的监察机关同意撤销案件的，下级监察机关应当作出撤销案件决定，制作《撤销案件决定书》；指定管辖或者交办案件的监察机关不同意撤销案件的，下级监察机关应当执行该决定。

监察机关对于撤销案件的决定应当向被调查人宣布，由其在《撤销案件决定书》上签名、捺指印，立即解除留置措施，并通知其所在机关、单位。

撤销案件后又发现重要事实或者有充分证据，认为被调查人有违法犯罪事实需要追究法律责任的，应当重新立案调查。

第二百零七条 对于涉嫌行贿等犯罪的非监察对象，案件调查终结后依法移送起诉。综合考虑行为性质、手段、后果、时间节点、认罪悔罪态度等具体情况，对于情节较轻，经审批不予移送起诉的，应当采取批评教育、责令具结悔过等方式处置；应当给予行政处罚的，依法移送有关行政执法部门。

对于有行贿行为的涉案单位和人员，按规定记入相关信息记录，可以作为信用评价的依据。

对于涉案单位和人员通过行贿等非法手段取得的财物及孳息，应当依法予以没收、追缴或者责令退赔。对于违法取得的其他不正当利益，依照法律法规及有关规定予以纠正处理。

第二百零八条 对查封、扣押、冻结的涉嫌职务犯罪所得财物及孳息应当妥善保管，并制作《移送司法机关涉案财物清单》随案移送人民检察院。对作为证据使用的实物应当随案移送；对不宜移送的，应当将清单、照片和其他证明文件随案移送。

对于移送人民检察院的涉案财物，价值不明的，应当在移送起诉前委托进行价格认定。在价格认定过程中，需要对涉案财物先行作出真伪鉴定或者出具技术、质量检测报告的，应当委托有关鉴定机构或者检测机构进行真伪鉴定或者技术、质量检测。

对不属于犯罪所得但属于违法取得的财物及孳息，应当依法予以没收、追缴或者责令退赔,并出具有关法律文书。

对经认定不属于违法所得的财物及孳息,应当及时予以返还,并办理签收手续。

第二百零九条 监察机关经调查,对违法取得的财物及孳息决定追缴或者责令退赔的,可以依法要求公安、自然资源、住房城乡建设、市场监管、金融监管等部门以及银行等机构、单位予以协助。

追缴涉案财物以追缴原物为原则,原物已经转化为其他财物的,应当追缴转化后的财物;有证据证明依法应当追缴、没收的涉案财物无法找到、被他人善意取得、价值灭失减损或者与其他合法财产混合且不可分割的,可以依法追缴、没收其他等值财产。

追缴或者责令退赔应当自处置决定作出之日起一个月以内执行完毕。因被调查人的原因逾期执行的除外。

人民检察院、人民法院依法将不认定为犯罪所得的相关涉案财物退回监察机关的,监察机关应当依法处理。

第二百一十条 监察对象对监察机关作出的涉及本人的处理决定不服的,可以在收到处理决定之日起一个月以内,向作出决定的监察机关申请复审。复审机关应当依法受理,并在受理后一个月以内作出复审决定。监察对象对复审决定仍不服的,可以在收到复审决定之日起一个月以内,向上一级监察机关申请复核。复核机关应当依法受理,并在受理后二个月以内作出复核决定。

上一级监察机关的复核决定和国家监察委员会的复审、复核决定为最终决定。

第二百一十一条 复审、复核机关承办部门应当成立工作组,调阅原案卷宗,必要时可以进行调查取证。承办部门应当集体研究,提出办理意见,经审批作出复审、复核决定。决定应当送达申请人,抄送相关单位,并在一定范围内宣布。

复审、复核期间,不停止原处理决定的执行。复审、复核机关经审查认定处理决定有错误或者不当的,应当依法撤销、变更原处理决定,或者责令原处理机关及时予以纠正。复审、复核机关经审查认定处理决定事实清楚、适用法律正确的,应当予以维持。

坚持复审复核与调查审理分离,原案调查、审理人员不得参与复审复核。

第七节　移送审查起诉

第二百一十二条　监察机关决定对涉嫌职务犯罪的被调查人移送起诉的，应当出具《起诉意见书》，连同案卷材料、证据等，一并移送同级人民检察院。

监察机关案件审理部门负责与人民检察院审查起诉的衔接工作，调查、案件监督管理等部门应当予以协助。

国家监察委员会派驻或者派出的监察机构、监察专员调查的职务犯罪案件，应当依法移送省级人民检察院审查起诉。

第二百一十三条　涉嫌职务犯罪的被调查人和涉案人员符合监察法第三十一条、第三十二条规定情形的，结合其案发前的一贯表现、违法犯罪行为的情节、后果和影响等因素，监察机关经综合研判和集体审议，报上一级监察机关批准，可以在移送人民检察院时依法提出从轻、减轻或者免除处罚等从宽处罚建议。报请批准时，应当一并提供主要证据材料、忏悔反思材料。

上级监察机关相关监督检查部门负责审查工作，重点审核拟认定的从宽处罚情形、提出的从宽处罚建议，经审批在十五个工作日以内作出批复。

第二百一十四条　涉嫌职务犯罪的被调查人有下列情形之一，如实交代自己主要犯罪事实的，可以认定为监察法第三十一条第一项规定的自动投案，真诚悔罪悔过：

（一）职务犯罪问题未被监察机关掌握，向监察机关投案的；

（二）在监察机关谈话、函询过程中，如实交代监察机关未掌握的涉嫌职务犯罪问题的；

（三）在初步核实阶段，尚未受到监察机关谈话时投案的；

（四）职务犯罪问题虽被监察机关立案，但尚未受到讯问或者采取留置措施，向监察机关投案的；

（五）因伤病等客观原因无法前往投案，先委托他人代为表达投案意愿，或者以书信、网络、电话、传真等方式表达投案意愿，后到监察机关接受处理的；

（六）涉嫌职务犯罪潜逃后又投案，包括在被通缉、抓捕过程中投案的；

（七）经查实确已准备去投案，或者正在投案途中被有关机关抓获的；

（八）经他人规劝或者在他人陪同下投案的；

（九）虽未向监察机关投案，但向其所在党组织、单位或者有关负责人员投案，向有关巡视巡察机构投案，以及向公安机关、人民检察院、人民法院投案的；

（十）具有其他应当视为自动投案的情形的。

被调查人自动投案后不能如实交代自己的主要犯罪事实，或者自动投案并如实供述自己的罪行后又翻供的，不能适用前款规定。

第二百一十五条 涉嫌职务犯罪的被调查人有下列情形之一的，可以认定为监察法第三十一条第二项规定的积极配合调查工作，如实供述监察机关还未掌握的违法犯罪行为：

（一）监察机关所掌握线索针对的犯罪事实不成立，在此范围外被调查人主动交代其他罪行的；

（二）主动交代监察机关尚未掌握的犯罪事实，与监察机关已掌握的犯罪事实属不同种罪行的；

（三）主动交代监察机关尚未掌握的犯罪事实，与监察机关已掌握的犯罪事实属同种罪行的；

（四）监察机关掌握的证据不充分，被调查人如实交代有助于收集定案证据的。

前款所称同种罪行和不同种罪行，一般以罪名区分。被调查人如实供述其他罪行的罪名与监察机关已掌握犯罪的罪名不同，但属选择性罪名或者在法律、事实上密切关联的，应当认定为同种罪行。

第二百一十六条 涉嫌职务犯罪的被调查人有下列情形之一的，可以认定为监察法第三十一条第三项规定的积极退赃，减少损失：

（一）全额退赃的；

（二）退赃能力不足，但被调查人及其亲友在监察机关追缴赃款赃物过程中积极配合，且大部分已追缴到位的；

（三）犯罪后主动采取措施避免损失发生，或者积极采取有效措施减少、挽回大部分损失的。

第二百一十七条 涉嫌职务犯罪的被调查人有下列情形之一的，可以认定为监察法第三十一条第四项规定的具有重大立功表现：

（一）检举揭发他人重大犯罪行为且经查证属实的；

（二）提供其他重大案件的重要线索且经查证属实的；

（三）阻止他人重大犯罪活动的；

（四）协助抓捕其他重大职务犯罪案件被调查人、重大犯罪嫌疑人（包括同案犯）的；

（五）为国家挽回重大损失等对国家和社会有其他重大贡献的。

前款所称重大犯罪一般是指依法可能被判处无期徒刑以上刑罚的犯罪行为；重大案件一般是指在本省、自治区、直辖市或者全国范围内有较大影响的案件；查证属实一般是指有关案件已被监察机关或者司法机关立案调查、侦查，被调查人、犯罪嫌疑人被监察机关采取留置措施或者被司法机关采取强制措施，或者被告人被人民法院作出有罪判决，并结合案件事实、证据进行判断。

监察法第三十一条第四项规定的案件涉及国家重大利益，是指案件涉及国家主权和领土完整、国家安全、外交、社会稳定、经济发展等情形。

第二百一十八条 涉嫌行贿等犯罪的涉案人员有下列情形之一的，可以认定为监察法第三十二条规定的揭发有关被调查人职务违法犯罪行为，查证属实或者提供重要线索，有助于调查其他案件：

（一）揭发所涉案件以外的被调查人职务犯罪行为，经查证属实的；

（二）提供的重要线索指向具体的职务犯罪事实，对调查其他案件起到实质性推动作用的；

（三）提供的重要线索有助于加快其他案件办理进度，或者对其他案件固定关键证据、挽回损失、追逃追赃等起到积极作用的。

第二百一十九条 从宽处罚建议一般应当在移送起诉时作为《起诉意见书》内容一并提出，特殊情况下也可以在案件移送后、人民检察院提起公诉前，单独形成从宽处罚建议书移送人民检察院。对于从宽处罚建议所依据的证据材料，应当一并移送人民检察院。

监察机关对于被调查人在调查阶段认罪认罚，但不符合监察法规定的提出从宽处罚建议条件，在移送起诉时没有提出从宽处罚建议的，应当在《起诉意见书》中写明其自愿认罪认罚的情况。

第二百二十条 监察机关一般应当在正式移送起诉十日前，向拟移送的人民检察院采取书面通知等方式预告移送事宜。对于已采取留置措施的案件，发现被调查人因身体等原因存在不适宜羁押等可能影响刑事强制措施执行情形的，应当通报人民检察院。对于未采取留置措施的案件，可以根据案件具体情况，向人民检察院提出对被调查人采取刑事强制措施的建议。

第二百二十一条 监察机关办理的职务犯罪案件移送起诉,需要指定起诉、审判管辖的,应当与同级人民检察院协商有关程序事宜。需要由同级人民检察院的上级人民检察院指定管辖的,应当商请同级人民检察院办理指定管辖事宜。

监察机关一般应当在移送起诉二十日前,将商请指定管辖函送交同级人民检察院。商请指定管辖函应当附案件基本情况,对于被调查人已被其他机关立案侦查的犯罪认为需要并案审查起诉的,一并进行说明。

派驻或者派出的监察机构、监察专员调查的职务犯罪案件需要指定起诉、审判管辖的,应当报派出机关办理指定管辖手续。

第二百二十二条 上级监察机关指定下级监察机关进行调查,移送起诉时需要人民检察院依法指定管辖的,应当在移送起诉前由上级监察机关与同级人民检察院协商有关程序事宜。

第二百二十三条 监察机关对已经移送起诉的职务犯罪案件,发现遗漏被调查人罪行需要补充移送起诉的,应当经审批出具《补充起诉意见书》,连同相关案卷材料、证据等一并移送同级人民检察院。

对于经人民检察院指定管辖的案件需要补充移送起诉的,可以直接移送原受理移送起诉的人民检察院;需要追加犯罪嫌疑人、被告人的,应当再次商请人民检察院办理指定管辖手续。

第二百二十四条 对于涉嫌行贿犯罪、介绍贿赂犯罪或者共同职务犯罪等关联案件的涉案人员,移送起诉时一般应当随主案确定管辖。

主案与关联案件由不同监察机关立案调查的,调查关联案件的监察机关在移送起诉前,应当报告或者通报调查主案的监察机关,由其统一协调案件管辖事宜。因特殊原因,关联案件不宜随主案确定管辖的,调查主案的监察机关应当及时通报和协调有关事项。

第二百二十五条 监察机关对于人民检察院在审查起诉中书面提出的下列要求应当予以配合:

(一)认为可能存在以非法方法收集证据情形,要求监察机关对证据收集的合法性作出说明或者提供相关证明材料的;

(二)排除非法证据后,要求监察机关另行指派调查人员重新取证的;

(三)对物证、书证、视听资料、电子数据及勘验检查、辨认、调查实验

等笔录存在疑问,要求调查人员提供获取、制作的有关情况的;

（四）要求监察机关对案件中某些专门性问题进行鉴定,或者对勘验检查进行复验、复查的;

（五）认为主要犯罪事实已经查清,仍有部分证据需要补充完善,要求监察机关补充提供证据的;

（六）人民检察院依法提出的其他工作要求。

第二百二十六条　监察机关对于人民检察院依法退回补充调查的案件,应当向主要负责人报告,并积极开展补充调查工作。

第二百二十七条　对人民检察院退回补充调查的案件,经审批分别作出下列处理:

（一）认定犯罪事实的证据不够充分的,应当在补充证据后,制作补充调查报告书,连同相关材料一并移送人民检察院审查,对无法补充完善的证据,应当作出书面情况说明,并加盖监察机关或者承办部门公章;

（二）在补充调查中发现新的同案犯或者增加、变更犯罪事实,需要追究刑事责任的,应当重新提出处理意见,移送人民检察院审查;

（三）犯罪事实的认定出现重大变化,认为不应当追究被调查人刑事责任的,应当重新提出处理意见,将处理结果书面通知人民检察院并说明理由;

（四）认为移送起诉的犯罪事实清楚,证据确实、充分的,应当说明理由,移送人民检察院依法审查。

第二百二十八条　人民检察院在审查起诉过程中发现新的职务违法或者职务犯罪问题线索并移送监察机关的,监察机关应当依法处置。

第二百二十九条　在案件审判过程中,人民检察院书面要求监察机关补充提供证据,对证据进行补正、解释,或者协助人民检察院补充侦查的,监察机关应当予以配合。监察机关不能提供有关证据材料的,应当书面说明情况。

人民法院在审判过程中就证据收集合法性问题要求有关调查人员出庭说明情况时,监察机关应当依法予以配合。

第二百三十条　监察机关认为人民检察院不起诉决定有错误的,应当在收到不起诉决定书后三十日以内,依法向其上一级人民检察院提请复议。监察机关应当将上述情况及时向上一级监察机关书面报告。

第二百三十一条　对于监察机关移送起诉的案件,人民检察院作出不起诉决定,人民法院作出无罪判决,或者监察机关经人民检察院退回补充调查后不再移送起诉,涉及对被调查人已生效政务处分事实认定的,监察机关应当依法对政务处分决定进行审核。认为原政务处分决定认定事实清楚、适用法律正确的,不再改变;认为原政务处分决定确有错误或者不当的,依法予以撤销或者变更。

第二百三十二条 对于贪污贿赂、失职渎职等职务犯罪案件,被调查人逃匿,在通缉一年后不能到案,或者被调查人死亡,依法应当追缴其违法所得及其他涉案财产的,承办部门在调查终结后应当依法移送审理。

监察机关应当经集体审议,出具《没收违法所得意见书》,连同案卷材料、证据等,一并移送人民检察院依法提出没收违法所得的申请。

监察机关将《没收违法所得意见书》移送人民检察院后,在逃的被调查人自动投案或者被抓获的,监察机关应当及时通知人民检察院。

第二百三十三条 监察机关立案调查拟适用缺席审判程序的贪污贿赂犯罪案件,应当逐级报送国家监察委员会同意。

监察机关承办部门认为在境外的被调查人犯罪事实已经查清,证据确实、充分,依法应当追究刑事责任的,应当依法移送审理。

监察机关应当经集体审议,出具《起诉意见书》,连同案卷材料、证据等,一并移送人民检察院审查起诉。

在审查起诉或者缺席审判过程中,犯罪嫌疑人、被告人向监察机关自动投案或者被抓获的,监察机关应当立即通知人民检察院、人民法院。

第六章　反腐败国际合作

第一节　工作职责和领导体制

第二百三十四条 国家监察委员会统筹协调与其他国家、地区、国际组织开展反腐败国际交流、合作。

国家监察委员会组织《联合国反腐败公约》等反腐败国际条约的实施以及履约审议等工作,承担《联合国反腐败公约》司法协助中央机关有关工作。

国家监察委员会组织协调有关单位建立集中统一、高效顺畅的反腐败国际追逃追赃和防逃协调机制,统筹协调、督促指导各级监察机关反腐败国际追逃追赃等涉外案件办理工作,具体履行下列职责:

(一)制定反腐败国际追逃追赃和防逃工作计划,研究工作中的重要问题;

（二）组织协调反腐败国际追逃追赃等重大涉外案件办理工作；
（三）办理由国家监察委员会管辖的涉外案件；
（四）指导地方各级监察机关依法开展涉外案件办理工作；
（五）汇总和通报全国职务犯罪外逃案件信息和追逃追赃工作信息；
（六）建立健全反腐败国际追逃追赃和防逃合作网络；
（七）承担监察机关开展国际刑事司法协助的主管机关职责；
（八）承担其他与反腐败国际追逃追赃等涉外案件办理工作相关的职责。

第二百三十五条 地方各级监察机关在国家监察委员会领导下，统筹协调、督促指导本地区反腐败国际追逃追赃等涉外案件办理工作，具体履行下列职责：

（一）落实上级监察机关关于反腐败国际追逃追赃和防逃工作部署，制定工作计划；
（二）按照管辖权限或者上级监察机关指定管辖，办理涉外案件；
（三）按照上级监察机关要求，协助配合其他监察机关开展涉外案件办理工作；
（四）汇总和通报本地区职务犯罪外逃案件信息和追逃追赃工作信息；
（五）承担本地区其他与反腐败国际追逃追赃等涉外案件办理工作相关的职责。

省级监察委员会应当会同有关单位，建立健全本地区反腐败国际追逃追赃和防逃协调机制。

国家监察委员会派驻或者派出的监察机构、监察专员统筹协调、督促指导本部门反腐败国际追逃追赃等涉外案件办理工作，参照第一款规定执行。

第二百三十六条 国家监察委员会国际合作局归口管理监察机关反腐败国际追逃追赃等涉外案件办理工作。地方各级监察委员会应当明确专责部门，归口管理本地区涉外案件办理工作。

国家监察委员会派驻或者派出的监察机构、监察专员和地方各级监察机关办理涉外案件中有关执法司法国际合作事项，应当逐级报送国家监察委员会审批。由国家监察委员会依法直接或者协调有关单位与有关国家（地区）相关机构沟通，以双方认可的方式实施。

第二百三十七条 监察机关应当建立追逃追赃和防逃工作内部联络机制。承办部门在调查过程中，发现被调查人或者重要涉案人员外逃、违法所得及其他涉案财产被转移到境外的，可以请追逃追赃部门提供工作协助。监察机关将案件移送人民检察院审查起诉后，仍有重要涉案人员外逃或者未追缴的违法所得及其他涉案财产的，应当由追逃追赃部门继续办理，或者由追逃追赃部门指定协调有关单位办理。

第二节 国(境)内工作

第二百三十八条 监察机关应当将防逃工作纳入日常监督内容，督促相关机关、单位建立健全防逃责任机制。

监察机关在监督、调查工作中，应当根据情况制定对监察对象、重要涉案人员的防逃方案，防范人员外逃和资金外流风险。监察机关应当会同同级组织人事、外事、公安、移民管理等单位健全防逃预警机制，对存在外逃风险的监察对象早发现、早报告、早处置。

第二百三十九条 监察机关应当加强与同级人民银行、公安等单位的沟通协作，推动预防、打击利用离岸公司和地下钱庄等向境外转移违法所得及其他涉案财产，对涉及职务违法和职务犯罪的行为依法进行调查。

第二百四十条 国家监察委员会派驻或者派出的监察机构、监察专员和地方各级监察委员会发现监察对象出逃、失踪、出走，或者违法所得及其他涉案财产被转移至境外的，应当在二十四小时以内将有关信息逐级报送至国家监察委员会国际合作局，并迅速开展相关工作。

第二百四十一条 监察机关追逃追赃部门统一接收巡视巡察机构、审计机关、行政执法部门、司法机关等单位移交的外逃信息。

监察机关对涉嫌职务违法和职务犯罪的外逃人员，应当明确承办部门，建立案件档案。

第二百四十二条 监察机关应当依法全面收集外逃人员涉嫌职务违法和职务犯罪证据。

第二百四十三条 开展反腐败国际追逃追赃等涉外案件办理工作，应当把思想教育贯穿始终，落实宽严相济刑事政策，依法适用认罪认罚从宽制度，促使外逃人员回国投案或者配合调查、主动退赃。开展相关工作，应当尊重所在国家(地区)的法律规定。

第二百四十四条 外逃人员归案、违法所得及其他涉案财产被追缴后，承办案件的监察机关应当将情况逐级报送国家监察委员会国际合作局。

监察机关应当依法对涉案人员和违法所得及其他涉案财产作出处置，或者请有关单位依法处置。对不需要继续采取相关措施的，应当及时解除或者撤销。

第三节　对外合作

第二百四十五条　监察机关对依法应当留置或者已经决定留置的外逃人员，需要申请发布国际刑警组织红色通报的，应当逐级报送国家监察委员会审核。国家监察委员会审核后，依法通过公安部向国际刑警组织提出申请。

需要延期、暂停、撤销红色通报的，申请发布红色通报的监察机关应当逐级报送国家监察委员会审核，由国家监察委员会依法通过公安部联系国际刑警组织办理。

第二百四十六条　地方各级监察机关通过引渡方式办理相关涉外案件的，应当按照引渡法、相关双边及多边国际条约等规定准备引渡请求书及相关材料，逐级报送国家监察委员会审核。由国家监察委员会依法通过外交等渠道向外国提出引渡请求。

第二百四十七条　地方各级监察机关通过刑事司法协助方式办理相关涉外案件的，应当按照国际刑事司法协助法、相关双边及多边国际条约等规定准备刑事司法协助请求书及相关材料，逐级报送国家监察委员会审核。由国家监察委员会依法直接或者通过对外联系机关等渠道，向外国提出刑事司法协助请求。

国家监察委员会收到外国提出的刑事司法协助请求书及所附材料，经审查认为符合有关规定的，作出决定并交由省级监察机关执行，或者转交其他有关主管机关。省级监察机关应当立即执行，或者交由下级监察机关执行，并将执行结果或者妨碍执行的情形及时报送国家监察委员会。在执行过程中，需要依法采取查询、调取、查封、扣押、冻结等措施或者需要返还涉案财物的，根据我国法律规定和国家监察委员会的执行决定办理有关法律手续。

第二百四十八条　地方各级监察机关通过执法合作方式办理相关涉外案件的，应当将合作事项及相关材料逐级报送国家监察委员会审核。由国家监察委员会依法直接或者协调有关单位，向有关国家（地区）相关机构提交并开展合作。

第二百四十九条　地方各级监察机关通过境外追诉方式办理相关涉外案

件的，应当提供外逃人员相关违法线索和证据，逐级报送国家监察委员会审核。由国家监察委员会依法直接或者协调有关单位向有关国家（地区）相关机构提交，请其依法对外逃人员调查、起诉和审判，并商有关国家（地区）遣返外逃人员。

第二百五十条 监察机关对依法应当追缴的境外违法所得及其他涉案财产，应当责令涉案人员以合法方式退赔。涉案人员拒不退赔的，可以依法通过下列方式追缴：

（一）在开展引渡等追逃合作时，随附请求有关国家（地区）移交相关违法所得及其他涉案财产；

（二）依法启动违法所得没收程序，由人民法院对相关违法所得及其他涉案财产作出冻结、没收裁定，请有关国家（地区）承认和执行，并予以返还；

（三）请有关国家（地区）依法追缴相关违法所得及其他涉案财产，并予以返还；

（四）通过其他合法方式追缴。

第七章 对监察机关和监察人员的监督

第二百五十一条 监察机关和监察人员必须自觉坚持党的领导，在党组织的管理、监督下开展工作，依法接受本级人民代表大会及其常务委员会的监督，接受民主监督、司法监督、社会监督、舆论监督，加强内部监督制约机制建设，确保权力受到严格的约束和监督。

第二百五十二条 各级监察委员会应当按照监察法第五十三条第二款规定，由主任在本级人民代表大会常务委员会全体会议上报告专项工作。

在报告专项工作前，应当与本级人民代表大会有关专门委员会沟通协商，并配合开展调查研究等工作。各级人民代表大会常务委员会审议专项工作报告时，本级监察委员会应当根据要求派出领导成员列席相关会议，听取意见。

各级监察委员会应当认真研究办理本级人民代表大会常务委员会反馈的审议意见，并按照要求书面报告办理情况。

第二百五十三条 各级监察委员会应当积极接受、配合本级人民代表大会常务委员会组织的执法检查。对本级人民代表大会常务委员会的执法检查报告，应当认真研究处理，并向其报告处理情况。

第二百五十四条 各级监察委员会在本级人民代表大会常务委员会会议

审议与监察工作有关的议案和报告时，应当派相关负责人到会听取意见，回答询问。

监察机关对依法交由监察机关答复的质询案应当按照要求进行答复。口头答复的，由监察机关主要负责人或者委派相关负责人到会答复。书面答复的，由监察机关主要负责人签署。

第二百五十五条 各级监察机关应当通过互联网政务媒体、报刊、广播、电视等途径，向社会及时准确公开下列监察工作信息：

（一）监察法规；

（二）依法应当向社会公开的案件调查信息；

（三）检举控告地址、电话、网站等信息；

（四）其他依法应当公开的信息。

第二百五十六条 各级监察机关可以根据工作需要，按程序选聘特约监察员履行监督、咨询等职责。特约监察员名单应当向社会公布。

监察机关应当为特约监察员依法开展工作提供必要条件和便利。

第二百五十七条 监察机关实行严格的人员准入制度，严把政治关、品行关、能力关、作风关、廉洁关。监察人员必须忠诚坚定、担当尽责、遵纪守法、清正廉洁。

第二百五十八条 监察机关应当建立监督检查、调查、案件监督管理、案件审理等部门相互协调制约的工作机制。

监督检查和调查部门实行分工协作、相互制约。监督检查部门主要负责联系地区、部门、单位的日常监督检查和对涉嫌一般违法问题线索处置。调查部门主要负责对涉嫌严重职务违法和职务犯罪问题线索进行初步核实和立案调查。

案件监督管理部门负责对监督检查、调查工作全过程进行监督管理，做好线索管理、组织协调、监督检查、督促办理、统计分析等工作。案件监督管理部门发现监察人员在监督检查、调查中有违规办案行为的，及时督促整改；涉嫌违纪违法的，根据管理权限移交相关部门处理。

第二百五十九条 监察机关应当对监察权运行关键环节进行经常性监督检查，适时开展专项督查。案件监督管理、案件审理等部门应当按照各自职责，对问题线索处置、调查措施使用、涉案财物管理等进行监督检查，建立常态化、全覆盖的案件质量评查机制。

第二百六十条 监察机关应当加强对监察人员执行职务和遵纪守法情况

的监督,按照管理权限依法对监察人员涉嫌违法犯罪问题进行调查处置。

第二百六十一条 监察机关及其监督检查、调查部门负责人应当定期检查调查期间的录音录像、谈话笔录、涉案财物登记资料,加强对调查全过程的监督,发现问题及时纠正并报告。

第二百六十二条 对监察人员打听案情、过问案件、说情干预的,办理监察事项的监察人员应当及时向上级负责人报告。有关情况应当登记备案。

发现办理监察事项的监察人员未经批准接触被调查人、涉案人员及其特定关系人,或者存在交往情形的,知情的监察人员应当及时向上级负责人报告。有关情况应当登记备案。

第二百六十三条 办理监察事项的监察人员有监察法第五十八条所列情形之一的,应当自行提出回避;没有自行提出回避的,监察机关应当依法决定其回避,监察对象、检举人及其他有关人员也有权要求其回避。

选用借调人员、看护人员、调查场所,应当严格执行回避制度。

第二百六十四条 监察人员自行提出回避,或者监察对象、检举人及其他有关人员要求监察人员回避的,应当书面或者口头提出,并说明理由。口头提出的,应当形成记录。

监察机关主要负责人的回避,由上级监察机关主要负责人决定;其他监察人员的回避,由本级监察机关主要负责人决定。

第二百六十五条 上级监察机关应当通过专项检查、业务考评、开展复查等方式,强化对下级监察机关及监察人员执行职务和遵纪守法情况的监督。

第二百六十六条 监察机关应当对监察人员有计划地进行政治、理论和业务培训。培训应当坚持理论联系实际、按需施教、讲求实效,突出政治机关特色,建设高素质专业化监察队伍。

第二百六十七条 监察机关应当严格执行保密制度,控制监察事项知悉范围和时间。监察人员不准私自留存、隐匿、查阅、摘抄、复制、携带问题线索和涉案资料,严禁泄露监察工作秘密。

监察机关应当建立健全检举控告保密制度,对检举控告人的姓名(单位名称)、工作单位、住址、电话和邮箱等有关情况以及检举控告内容必须严格保密。

第二百六十八条 监察机关涉密人员离岗离职后,应当遵守脱密期管理规定，严格履行保密义务，不得泄露相关秘密。

第二百六十九条 监察人员离任三年以内，不得从事与监察和司法工作相关联且可能发生利益冲突的职业。

监察人员离任后，不得担任原任职监察机关办理案件的诉讼代理人或者辩护人，但是作为当事人的监护人或者近亲属代理诉讼或者进行辩护的除外。

第二百七十条 监察人员应当严格遵守有关规范领导干部配偶、子女及其配偶经商办企业行为的规定。

第二百七十一条 监察机关在履行职责过程中应当依法保护企业产权和自主经营权，严禁利用职权非法干扰企业生产经营。需要企业经营者协助调查的，应当依法保障其合法的人身、财产等权益，避免或者减少对涉案企业正常生产、经营活动的影响。

查封企业厂房、机器设备等生产资料，企业继续使用对该财产价值无重大影响的，可以允许其使用。对于正在运营或者正在用于科技创新、产品研发的设备和技术资料等，一般不予查封、扣押，确需调取违法犯罪证据的，可以采取拍照、复制等方式。

第二百七十二条 被调查人及其近亲属认为监察机关及监察人员存在监察法第六十条第一款规定的有关情形，向监察机关提出申诉的，由监察机关案件监督管理部门依法受理，并按照法定的程序和时限办理。

第二百七十三条 监察机关在维护监督执法调查工作纪律方面失职失责的，依法追究责任。监察人员涉嫌严重职务违法、职务犯罪或者对案件处置出现重大失误的，既应当追究直接责任，还应当严肃追究负有责任的领导人员责任。

监察机关应当建立办案质量责任制，对滥用职权、失职失责造成严重后果的，实行终身责任追究。

第八章 法律责任

第二百七十四条 有关单位拒不执行监察机关依法作出的下列处理决定的，应当由其主管部门、上级机关责令改正，对单位给予通报批评，对负有责任的领导人员和直接责任人员依法给予处理：

（一）政务处分决定；

（二）问责决定；

（三）谈话提醒、批评教育、责令检查，或者予以诫勉的决定；

（四）采取调查措施的决定；

（五）复审、复核决定；

（六）监察机关依法作出的其他处理决定。

第二百七十五条 监察对象对控告人、申诉人、批评人、检举人、证人、监察人员进行打击、压制等报复陷害的，监察机关应当依法给予政务处分。构成犯罪的，依法追究刑事责任。

第二百七十六条 控告人、检举人、证人采取捏造事实、伪造材料等方式诬告陷害的，监察机关应当依法给予政务处分，或者移送有关机关处理。构成犯罪的，依法追究刑事责任。

监察人员因依法履行职责遭受不实举报、诬告陷害、侮辱诽谤，致使名誉受到损害的，监察机关应当会同有关部门及时澄清事实，消除不良影响，并依法追究相关单位或者个人的责任。

第二百七十七条 监察机关应当建立健全办案安全责任制。承办部门主要负责人和调查组组长是调查安全第一责任人。调查组应当指定专人担任安全员。

地方各级监察机关履行管理、监督职责不力发生严重办案安全事故的，或者办案中存在严重违规违纪违法行为的，省级监察机关主要负责人应当向国家监察委员会作出检讨，并予以通报、严肃追责问责。

案件监督管理部门应当对办案安全责任制落实情况组织经常性检查和不定期抽查，发现问题及时报告并督促整改。

第二百七十八条 监察人员在履行职责中有下列行为之一的，依法严肃处理；构成犯罪的，依法追究刑事责任：

（一）贪污贿赂、徇私舞弊的；

（二）不履行或者不正确履行监督职责，应当发现的问题没有发现，或者发现问题不报告、不处置，造成严重影响的；

（三）未经批准、授权处置问题线索，发现重大案情隐瞒不报，或者私自留存、处理涉案材料的；

（四）利用职权或者职务上的影响干预调查工作的；

（五）违法窃取、泄露调查工作信息，或者泄露举报事项、举报受理情况以及举报人信息的；

（六）对被调查人或者涉案人员逼供、诱供，或者侮辱、打骂、虐待、体罚或者变相体罚的；

（七）违反规定处置查封、扣押、冻结的财物的；

（八）违反规定导致发生办案安全事故，或者发生安全事故后隐瞒不报、报告失实、处置不当的；

（九）违反规定采取留置措施的；

（十）违反规定限制他人出境，或者不按规定解除出境限制的；

（十一）其他职务违法和职务犯罪行为。

第二百七十九条　对监察人员在履行职责中存在违法行为的，可以根据情节轻重，依法进行谈话提醒、批评教育、责令检查、诫勉，或者给予政务处分。构成犯罪的，依法追究刑事责任。

第二百八十条　监察机关及其工作人员在行使职权时，有下列情形之一的，受害人可以申请国家赔偿：

（一）采取留置措施后，决定撤销案件的；

（二）违法没收、追缴或者违法查封、扣押、冻结财物造成损害的；

（三）违法行使职权，造成被调查人、涉案人员或者证人身体伤害或者死亡的；

（四）非法剥夺他人人身自由的；

（五）其他侵犯公民、法人和其他组织合法权益造成损害的。

受害人死亡的，其继承人和其他有扶养关系的亲属有权要求赔偿；受害的法人或者其他组织终止的，其权利承受人有权要求赔偿。

第二百八十一条　监察机关及其工作人员违法行使职权侵犯公民、法人和其他组织的合法权益造成损害的，该机关为赔偿义务机关。申请赔偿应当向赔偿义务机关提出，由该机关负责复审复核工作的部门受理。

赔偿以支付赔偿金为主要方式。能够返还财产或者恢复原状的，予以返还财产或者恢复原状。

第九章　附　　则

第二百八十二条　本条例所称监察机关，包括各级监察委员会及其派驻或者派出监察机构、监察专员。

第二百八十三条　本条例所称“近亲属”，是指夫、妻、父、母、子、女、同胞兄弟姊妹。

第二百八十四条　本条例所称以上、以下、以内，包括本级、本数。

第二百八十五条　期间以时、日、月、年计算，期间开始的时和日不算在期间以内。本条例另有规定的除外。

按照年、月计算期间的，到期月的对应日为期间的最后一日；没有对应日的，月末日为期间的最后一日。

期间的最后一日是法定休假日的，以法定休假日结束的次日为期间的最后一日。但被调查人留置期间应当至到期之日为止，不得因法定休假日而延长。

第二百八十六条 本条例由国家监察委员会负责解释。

第二百八十七条 本条例自发布之日起施行。

中华人民共和国监察官法

1. 2021年8月20日第十三届全国人民代表大会常务委员会第三十次会议通过

2. 2021年8月20日中华人民共和国主席令第92号公布

3. 自2022年1月1日起施行

目　　录

第一章　总　　则

第一条 为了加强对监察官的管理和监督，保障监察官依法履行职责，维护监察官合法权益，推进高素质专业化监察官队伍建设，推进监察工作规范化、法治化，根据宪法和《中华人民共和国监察法》，制定本法。

第二条 监察官的管理和监督坚持中国共产党领导，坚持以马克思列宁主义、毛泽东思想、邓小平理论、“三个代表”重要思想、科学发展观、习近平新时代中国特色社会主义思想为指导，坚持党管干部原则，增强监察官的使命感、责任感、荣誉感，建设忠诚干净担当的监察官队伍。

第三条　监察官包括下列人员：

（一）各级监察委员会的主任、副主任、委员；

（二）各级监察委员会机关中的监察人员；

（三）各级监察委员会派驻或者派出到中国共产党机关、国家机关、法律法规授权或者委托管理公共事务的组织和单位以及所管辖的行政区域等的监察机构中的监察人员、监察专员；

（四）其他依法行使监察权的监察机构中的监察人员。

对各级监察委员会派驻到国有企业的监察机构工作人员、监察专员，以及国有企业中其他依法行使监察权的监察机构工作人员的监督管理，参照执行本法有关规定。

第四条　监察官应当忠诚坚定、担当尽责、清正廉洁，做严格自律、作风优良、拒腐防变的表率。

第五条　监察官应当维护宪法和法律的尊严和权威，以事实为根据，以法律为准绳，客观公正地履行职责，保障当事人的合法权益。

第六条　监察官应当严格按照规定的权限和程序履行职责，坚持民主集中制，重大事项集体研究。

第七条　监察机关应当建立健全对监察官的监督制度和机制，确保权力受到严格约束。

监察官应当自觉接受组织监督和民主监督、社会监督、舆论监督。

第八条　监察官依法履行职责受法律保护，不受行政机关、社会团体和个人的干涉。

第二章　监察官的职责、义务和权利

第九条　监察官依法履行下列职责：

（一）对公职人员开展廉政教育；

（二）对公职人员依法履职、秉公用权、廉洁从政从业以及道德操守情况进行监督检查；

（三）对法律规定由监察机关管辖的职务违法和职务犯罪进行调查；

（四）根据监督、调查的结果，对办理的监察事项提出处置意见；

（五）开展反腐败国际合作方面的工作；

（六）法律规定的其他职责。

监察官在职权范围内对所办理的监察事项负责。

第十条 监察官应当履行下列义务：

（一）自觉坚持中国共产党领导，严格执行中国共产党和国家的路线方针政策、重大决策部署；

（二）模范遵守宪法和法律；

（三）维护国家和人民利益，秉公执法，勇于担当、敢于监督，坚决同腐败现象作斗争；

（四）依法保障监察对象及有关人员的合法权益；

（五）忠于职守，勤勉尽责，努力提高工作质量和效率；

（六）保守国家秘密和监察工作秘密，对履行职责中知悉的商业秘密和个人隐私、个人信息予以保密；

（七）严守纪律，恪守职业道德，模范遵守社会公德、家庭美德；

（八）自觉接受监督；

（九）法律规定的其他义务。

第十一条 监察官享有下列权利：

（一）履行监察官职责应当具有的职权和工作条件；

（二）履行监察官职责应当享有的职业保障和福利待遇；

（三）人身、财产和住所安全受法律保护；

（四）提出申诉或者控告；

（五）《中华人民共和国公务员法》等法律规定的其他权利。

第三章 监察官的条件和选用

第十二条 担任监察官应当具备下列条件：

（一）具有中华人民共和国国籍；

（二）忠于宪法，坚持中国共产党领导和社会主义制度；

（三）具有良好的政治素质、道德品行和廉洁作风；

（四）熟悉法律、法规、政策，具有履行监督、调查、处置等职责的专业知识和能力；

（五）具有正常履行职责的身体条件和心理素质；

（六）具备高等学校本科及以上学历；

（七）法律规定的其他条件。

本法施行前的监察人员不具备前款第六项规定的学历条件的，应当接受培训和考核，具体办法由国家监察委员会制定。

第十三条 有下列情形之一的,不得担任监察官:

(一)因犯罪受过刑事处罚,以及因犯罪情节轻微被人民检察院依法作出不起诉决定或者被人民法院依法免予刑事处罚的;

(二)被撤销中国共产党党内职务、留党察看、开除党籍的;

(三)被撤职或者开除公职的;

(四)被依法列为失信联合惩戒对象的;

(五)配偶已移居国(境)外,或者没有配偶但是子女均已移居国(境)外的;

(六)法律规定的其他情形。

第十四条 监察官的选用,坚持德才兼备、以德为先,坚持五湖四海、任人唯贤,坚持事业为上、公道正派,突出政治标准,注重工作实绩。

第十五条 监察官采用考试、考核的办法,从符合监察官条件的人员中择优选用。

第十六条 录用监察官,应当依照法律和国家有关规定采取公开考试、严格考察、平等竞争、择优录取的办法。

第十七条 监察委员会可以根据监察工作需要,依照法律和国家有关规定从中国共产党机关、国家机关、事业单位、国有企业等机关、单位从事公务的人员中选择符合任职条件的人员担任监察官。

第十八条 监察委员会可以根据监察工作需要,依照法律和国家有关规定在从事与监察机关职能职责相关的职业或者教学、研究的人员中选拔或者聘任符合任职条件的人员担任监察官。

第四章 监察官的任免

第十九条 国家监察委员会主任由全国人民代表大会选举和罢免,副主任、委员由国家监察委员会主任提请全国人民代表大会常务委员会任免。

地方各级监察委员会主任由本级人民代表大会选举和罢免,副主任、委员由监察委员会主任提请本级人民代表大会常务委员会任免。

新疆生产建设兵团各级监察委员会主任、副主任、委员,由新疆维吾尔自治区监察委员会主任提请自治区人民代表大会常务委员会任免。

其他监察官的任免,按照管理权限和规定的程序办理。

第二十条 监察官就职时应当依照法律规定进行宪法宣誓。

第二十一条 监察官有下列情形之一的,应当免去其监察官职务:

(一)丧失中华人民共和国国籍的;
(二)职务变动不需要保留监察官职务的;
(三)退休的;
(四)辞职或者依法应当予以辞退的;
(五)因违纪违法被调离或者开除的;
(六)法律规定的其他情形。

第二十二条 监察官不得兼任人民代表大会常务委员会的组成人员,不得兼任行政机关、审判机关、检察机关的职务,不得兼任企业或者其他营利性组织、事业单位的职务,不得兼任人民陪审员、人民监督员、执业律师、仲裁员和公证员。

监察官因工作需要兼职的,应当按照管理权限批准,但是不得领取兼职报酬。

第二十三条 监察官担任县级、设区的市级监察委员会主任的,应当按照有关规定实行地域回避。

第二十四条 监察官之间有夫妻关系、直系血亲关系、三代以内旁系血亲以及近姻亲关系的,不得同时担任下列职务:

(一)同一监察委员会的主任、副主任、委员,上述人员和其他监察官;
(二)监察委员会机关同一部门的监察官;
(三)同一派驻机构、派出机构或者其他监察机构的监察官;
(四)上下相邻两级监察委员会的主任、副主任、委员。

第五章 监察官的管理

第二十五条 监察官等级分为十三级,依次为总监察官、一级副总监察官、二级副总监察官,一级高级监察官、二级高级监察官、三级高级监察官、四级高级监察官,一级监察官、二级监察官、三级监察官、四级监察官、五级监察官、六级监察官。

第二十六条 国家监察委员会主任为总监察官。

第二十七条 监察官等级的确定,以监察官担任的职务职级、德才表现、业务水平、工作实绩和工作年限等为依据。

监察官等级晋升采取按期晋升和择优选升相结合的方式,特别优秀或者作出特别贡献的,可以提前选升。

第二十八条 监察官的等级设置、确定和晋升的具体办法,由国家另行规定。

第二十九条　初任监察官实行职前培训制度。

第三十条　对监察官应当有计划地进行政治、理论和业务培训。

培训应当突出政治机关特色，坚持理论联系实际、按需施教、讲求实效，提高专业能力。

监察官培训情况，作为监察官考核的内容和任职、等级晋升的依据之一。

第三十一条　监察官培训机构按照有关规定承担培训监察官的任务。

第三十二条　国家加强监察学科建设，鼓励具备条件的普通高等学校设置监察专业或者开设监察课程，培养德才兼备的高素质监察官后备人才，提高监察官的专业能力。

第三十三条　监察官依照法律和国家有关规定实行任职交流。

第三十四条　监察官申请辞职，应当由本人书面提出，按照管理权限批准后，依照规定的程序免去其职务。

第三十五条　监察官有依法应当予以辞退情形的，依照规定的程序免去其职务。

辞退监察官应当按照管理权限决定。辞退决定应当以书面形式通知被辞退的监察官，并列明作出决定的理由和依据。

第六章　监察官的考核和奖励

第三十六条　对监察官的考核，应当全面、客观、公正，实行平时考核、专项考核和年度考核相结合。

第三十七条　监察官的考核应当按照管理权限，全面考核监察官的德、能、勤、绩、廉，重点考核政治素质、工作实绩和廉洁自律情况。

第三十八条　年度考核结果分为优秀、称职、基本称职和不称职四个等次。

考核结果作为调整监察官等级、工资以及监察官奖惩、免职、降职、辞退的依据。

第三十九条　年度考核结果以书面形式通知监察官本人。监察官对考核结果如果有异议，可以申请复核。

第四十条　对在监察工作中有显著成绩和贡献，或者有其他突出事迹的监察官、监察官集体，给予奖励。

第四十一条　监察官有下列表现之一的，给予奖励：

（一）履行监督职责，成效显著的；

（二）在调查、处置职务违法和职务犯罪工作中，做出显著成绩和贡献的；

（三）提出有价值的监察建议，对防止和消除重大风险隐患效果显著的；

（四）研究监察理论、总结监察实践经验成果突出，对监察工作有指导作用的；

（五）有其他功绩的。

监察官的奖励按照有关规定办理。

第七章　监察官的监督和惩戒

第四十二条　监察机关应当规范工作流程，加强内部监督制约机制建设，强化对监察官执行职务和遵守法律情况的监督。

第四十三条　任何单位和个人对监察官的违纪违法行为，有权检举、控告。受理检举、控告的机关应当及时调查处理，并将结果告知检举人、控告人。

对依法检举、控告的单位和个人，任何人不得压制和打击报复。

第四十四条　对于审判机关、检察机关、执法部门等移送的监察官违纪违法履行职责的问题线索，监察机关应当及时调查处理。

第四十五条　监察委员会根据工作需要，按照规定从各方面代表中聘请特约监察员等监督人员，对监察官履行职责情况进行监督，提出加强和改进监察工作的意见、建议。

第四十六条　监察官不得打听案情、过问案件、说情干预。对于上述行为，办理监察事项的监察官应当及时向上级报告。有关情况应当登记备案。

办理监察事项的监察官未经批准不得接触被调查人、涉案人员及其特定关系人，或者与其进行交往。对于上述行为，知悉情况的监察官应当及时向上级报告。有关情况应当登记备案。

第四十七条　办理监察事项的监察官有下列情形之一的，应当自行回避，监察对象、检举人、控告人及其他有关人员也有权要求其回避；没有主动申请回避的，监察机关应当依法决定其回避：

（一）是监察对象或者检举人、控告人的近亲属的；

（二）担任过本案的证人的；

（三）本人或者其近亲属与办理的监察事项有利害关系的；

（四）有可能影响监察事项公正处理的其他情形的。

第四十八条 监察官应当严格执行保密制度，控制监察事项知悉范围和时间，不得私自留存、隐匿、查阅、摘抄、复制、携带问题线索和涉案资料，严禁泄露监察工作秘密。

监察官离岗离职后，应当遵守脱密期管理规定，严格履行保密义务，不得泄露相关秘密。

第四十九条 监察官离任三年内，不得从事与监察和司法工作相关联且可能发生利益冲突的职业。

监察官离任后，不得担任原任职监察机关办理案件的诉讼代理人或者辩护人，但是作为当事人的监护人或者近亲属代理诉讼、进行辩护的除外。

监察官被开除后，不得担任诉讼代理人或者辩护人，但是作为当事人的监护人或者近亲属代理诉讼、进行辩护的除外。

第五十条 监察官应当遵守有关规范领导干部配偶、子女及其配偶经商办企业行为的规定。违反规定的，予以处理。

第五十一条 监察官的配偶、父母、子女及其配偶不得以律师身份担任该监察官所任职监察机关办理案件的诉讼代理人、辩护人，或者提供其他有偿法律服务。

第五十二条 监察官有下列行为之一的，依法给予处理；构成犯罪的，依法追究刑事责任：

（一）贪污贿赂的；

（二）不履行或者不正确履行监督职责，应当发现的问题没有发现，或者发现问题不报告、不处置，造成恶劣影响的；

（三）未经批准、授权处置问题线索，发现重大案情隐瞒不报，或者私自留存、处理涉案材料的；

（四）利用职权或者职务上的影响干预调查工作、以案谋私的；

（五）窃取、泄露调查工作信息，或者泄露举报事项、举报受理情况以及举报人信息的；

（六）隐瞒、伪造、变造、故意损毁证据、案件材料的；

（七）对被调查人或者涉案人员逼供、诱供，或者侮辱、打骂、虐待、体罚、变相体罚的；

（八）违反规定采取调查措施或者处置涉案财物的；

（九）违反规定发生办案安全事故，或者发生安全事故后隐瞒不报、报告失实、处置不当的；

（十）其他职务违法犯罪行为。

监察官有其他违纪违法行为，影响监察官队伍形象，损害国家和人民利益的，依法追究相应责任。

第五十三条 监察官涉嫌违纪违法，已经被立案审查、调查、侦查，不宜继续履行职责的，按照管理权限和规定的程序暂时停止其履行职务。

第五十四条 实行监察官责任追究制度，对滥用职权、失职失责造成严重后果的，终身追究责任或者进行问责。

监察官涉嫌严重职务违法、职务犯罪或者对案件处置出现重大失误的，应当追究负有责任的领导人员和直接责任人员的责任。

第八章 监察官的职业保障

第五十五条 除下列情形外，不得将监察官调离：

（一）按规定需要任职回避的；

（二）按规定实行任职交流的；

（三）因机构、编制调整需要调整工作的；

（四）因违纪违法不适合继续从事监察工作的；

（五）法律规定的其他情形。

第五十六条 任何单位或者个人不得要求监察官从事超出法定职责范围的事务。

对任何干涉监察官依法履职的行为，监察官有权拒绝并予以全面如实记录和报告；有违纪违法情形的，由有关机关根据情节轻重追究有关人员的责任。

第五十七条 监察官的职业尊严和人身安全受法律保护。

任何单位和个人不得对监察官及其近亲属打击报复。

对监察官及其近亲属实施报复陷害、侮辱诽谤、暴力侵害、威胁恐吓、滋事骚扰等违法犯罪行为的，应当依法从严惩治。

第五十八条 监察官因依法履行职责遭受不实举报、诬告陷害、侮辱诽谤，致使名誉受到损害的，监察机关应当会同有关部门及时澄清事实，消除不良影响,并依法追究相关单位或者个人的责任。

第五十九条 监察官因依法履行职责,本人及其近亲属人身安全面临危险的,监察机关、公安机关应当对监察官及其近亲属采取人身保护、禁止特定人员接触等必要保护措施。

第六十条 监察官实行国家规定的工资制度,享受监察官等级津贴和其他津贴、补贴、奖金、保险、福利待遇。监察官的工资及等级津贴制度,由国家另行规定。

第六十一条 监察官因公致残的,享受国家规定的伤残待遇。监察官因公牺牲或者病故的,其亲属享受国家规定的抚恤和优待。

第六十二条 监察官退休后,享受国家规定的养老金和其他待遇。

第六十三条 对于国家机关及其工作人员侵犯监察官权利的行为,监察官有权提出控告。

受理控告的机关应当依法调查处理,并将调查处理结果及时告知本人。

第六十四条 监察官对涉及本人的政务处分、处分和人事处理不服的,可以依照规定的程序申请复审、复核,提出申诉。

第六十五条 对监察官的政务处分、处分或者人事处理错误的,应当及时予以纠正;造成名誉损害的,应当恢复名誉、消除影响、赔礼道歉;造成经济损失的,应当赔偿。对打击报复的直接责任人员,应当依法追究其责任。

第九章　附　　则

第六十六条 有关监察官的权利、义务和管理制度,本法已有规定的,适用本法的规定;本法未作规定的,适用《中华人民共和国公务员法》等法律法规的规定。

第六十七条 中国人民解放军和中国人民武装警察部队的监察官制度,按照国家和军队有关规定执行。

第六十八条 本法自 2022 年 1 月 1 日起施行。

4. 人 民 法 院

中华人民共和国人民法院组织法

1. 1979 年 7 月 1 日第五届全国人民代表大会第二次会议通过
2. 根据 1983 年 9 月 2 日第六届全国人民代表大会常务委员会第二次会议《关于修改〈中华人民共和国人民法院组织法〉的决定》第一次修正
3. 根据 1986 年 12 月 2 日第六届全国人民代表大会常务委员会第十八次会议《关于修改〈中华人民共和国地方各级人民代表大会和地方各级人民政府组织法〉的决定》第二次修正
4. 根据 2006 年 10 月 31 日第十届全国人民代表大会常务委员会第二十四次会议《关于修改〈中华人民共和国人民法院组织法〉的决定》第三次修正
5. 2018 年 10 月 26 日第十三届全国人民代表大会常务委员会第六次会议修订

目　　录

第一章　总　　则

第一条　为了规范人民法院的设置、组织和职权，保障人民法院依法履行职责，根据宪法，制定本法。

第二条　人民法院是国家的审判机关。

人民法院通过审判刑事案件、民事案件、行政案件以及法律规定的其他案件，惩罚犯罪，保障无罪的人不受刑事追究，解决民事、行政纠纷，保护个人和组织的合法权益，监督行政机关依法行使职权，维护国家安全和社会秩序，维护社会公平正义，维护国家法制统一、尊严和权威，保障中国特色社会主义建设的顺利进行。

第三条 人民法院依照宪法、法律和全国人民代表大会常务委员会的决定设置。

第四条 人民法院依照法律规定独立行使审判权，不受行政机关、社会团体和个人的干涉。

第五条 人民法院审判案件在适用法律上一律平等，不允许任何组织和个人有超越法律的特权，禁止任何形式的歧视。

第六条 人民法院坚持司法公正，以事实为根据，以法律为准绳，遵守法定程序，依法保护个人和组织的诉讼权利和其他合法权益，尊重和保障人权。

第七条 人民法院实行司法公开，法律另有规定的除外。

第八条 人民法院实行司法责任制，建立健全权责统一的司法权力运行机制。

第九条 最高人民法院对全国人民代表大会及其常务委员会负责并报告工作。地方各级人民法院对本级人民代表大会及其常务委员会负责并报告工作。

各级人民代表大会及其常务委员会对本级人民法院的工作实施监督。

第十条 最高人民法院是最高审判机关。

最高人民法院监督地方各级人民法院和专门人民法院的审判工作，上级人民法院监督下级人民法院的审判工作。

第十一条 人民法院应当接受人民群众监督，保障人民群众对人民法院工作依法享有知情权、参与权和监督权。

第二章　人民法院的设置和职权

第十二条 人民法院分为：

（一）最高人民法院；

（二）地方各级人民法院；

（三）专门人民法院。

第十三条 地方各级人民法院分为高级人民法院、中级人民法院和基层人民法院。

第十四条 在新疆生产建设兵团设立的人民法院的组织、案件管辖范围和法官任免,依照全国人民代表大会常务委员会的有关规定。

第十五条 专门人民法院包括军事法院和海事法院、知识产权法院、金融法院等。

专门人民法院的设置、组织、职权和法官任免,由全国人民代表大会常务委员会规定。

第十六条 最高人民法院审理下列案件:

(一)法律规定由其管辖的和其认为应当由自己管辖的第一审案件;

(二)对高级人民法院判决和裁定的上诉、抗诉案件;

(三)按照全国人民代表大会常务委员会的规定提起的上诉、抗诉案件;

(四)按照审判监督程序提起的再审案件;

(五)高级人民法院报请核准的死刑案件。

第十七条 死刑除依法由最高人民法院判决的以外,应当报请最高人民法院核准。

第十八条 最高人民法院可以对属于审判工作中具体应用法律的问题进行解释。

最高人民法院可以发布指导性案例。

第十九条 最高人民法院可以设巡回法庭,审理最高人民法院依法确定的案件。

巡回法庭是最高人民法院的组成部分。巡回法庭的判决和裁定即最高人民法院的判决和裁定。

第二十条 高级人民法院包括:

(一)省高级人民法院;

(二)自治区高级人民法院;

(三)直辖市高级人民法院。

第二十一条 高级人民法院审理下列案件:

(一)法律规定由其管辖的第一审案件;

(二)下级人民法院报请审理的第一审案件;

(三)最高人民法院指定管辖的第一审案件;

(四)对中级人民法院判决和裁定的上诉、抗诉案件;

(五)按照审判监督程序提起的再审案件;

(六)中级人民法院报请复核的死刑案件。

第二十二条 中级人民法院包括：

（一）省、自治区辖市的中级人民法院；

（二）在直辖市内设立的中级人民法院；

（三）自治州中级人民法院；

（四）在省、自治区内按地区设立的中级人民法院。

第二十三条 中级人民法院审理下列案件：

（一）法律规定由其管辖的第一审案件；

（二）基层人民法院报请审理的第一审案件；

（三）上级人民法院指定管辖的第一审案件；

（四）对基层人民法院判决和裁定的上诉、抗诉案件；

（五）按照审判监督程序提起的再审案件。

第二十四条 基层人民法院包括：

（一）县、自治县人民法院；

（二）不设区的市人民法院；

（三）市辖区人民法院。

第二十五条 基层人民法院审理第一审案件，法律另有规定的除外。

基层人民法院对人民调解委员会的调解工作进行业务指导。

第二十六条 基层人民法院根据地区、人口和案件情况，可以设立若干人民法庭。

人民法庭是基层人民法院的组成部分。人民法庭的判决和裁定即基层人民法院的判决和裁定。

第二十七条 人民法院根据审判工作需要，可以设必要的专业审判庭。法官员额较少的中级人民法院和基层人民法院，可以设综合审判庭或者不设审判庭。

人民法院根据审判工作需要，可以设综合业务机构。法官员额较少的中级人民法院和基层人民法院，可以不设综合业务机构。

第二十八条 人民法院根据工作需要，可以设必要的审判辅助机构和行政管理机构。

第三章 人民法院的审判组织

第二十九条 人民法院审理案件，由合议庭或者法官一人独任审理。

合议庭和法官独任审理的案件范围由法律规定。

第三十条 合议庭由法官组成，或者由法官和人民陪审员组成，成员为三人以上单数。

合议庭由一名法官担任审判长。院长或者庭长参加审理案件时，由自己担任审判长。

审判长主持庭审、组织评议案件，评议案件时与合议庭其他成员权利平等。

第三十一条 合议庭评议案件应当按照多数人的意见作出决定，少数人的意见应当记入笔录。评议案件笔录由合议庭全体组成人员签名。

第三十二条 合议庭或者法官独任审理案件形成的裁判文书，经合议庭组成人员或者独任法官签署，由人民法院发布。

第三十三条 合议庭审理案件，法官对案件的事实认定和法律适用负责；法官独任审理案件，独任法官对案件的事实认定和法律适用负责。

人民法院应当加强内部监督，审判活动有违法情形的，应当及时调查核实，并根据违法情形依法处理。

第三十四条 人民陪审员依照法律规定参加合议庭审理案件。

第三十五条 中级以上人民法院设赔偿委员会，依法审理国家赔偿案件。

赔偿委员会由三名以上法官组成，成员应当为单数，按照多数人的意见作出决定。

第三十六条 各级人民法院设审判委员会。审判委员会由院长、副院长和若干资深法官组成，成员应当为单数。

审判委员会会议分为全体会议和专业委员会会议。

中级以上人民法院根据审判工作需要，可以按照审判委员会委员专业和工作分工，召开刑事审判、民事行政审判等专业委员会会议。

第三十七条 审判委员会履行下列职能：

（一）总结审判工作经验；

（二）讨论决定重大、疑难、复杂案件的法律适用；

（三）讨论决定本院已经发生法律效力的判决、裁定、调解书是否应当再审；

（四）讨论决定其他有关审判工作的重大问题。

最高人民法院对属于审判工作中具体应用法律的问题进行解释，应当由审判委员会全体会议讨论通过；发布指导性案例，可以由审判委员会专业委员会会议讨论通过。

第三十八条 审判委员会召开全体会议和专业委员会会议，应当有其组成人员的过半数出席。

审判委员会会议由院长或者院长委托的副院长主持。审判委员会实行民主集中制。

审判委员会举行会议时,同级人民检察院检察长或者检察长委托的副检察长可以列席。

第三十九条 合议庭认为案件需要提交审判委员会讨论决定的,由审判长提出申请,院长批准。

审判委员会讨论案件,合议庭对其汇报的事实负责,审判委员会委员对本人发表的意见和表决负责。审判委员会的决定,合议庭应当执行。

审判委员会讨论案件的决定及其理由应当在裁判文书中公开,法律规定不公开的除外。

第四章 人民法院的人员组成

第四十条 人民法院的审判人员由院长、副院长、审判委员会委员和审判员等人员组成。

第四十一条 人民法院院长负责本院全面工作,监督本院审判工作,管理本院行政事务。人民法院副院长协助院长工作。

第四十二条 最高人民法院院长由全国人民代表大会选举,副院长、审判委员会委员、庭长、副庭长和审判员由院长提请全国人民代表大会常务委员会任免。

最高人民法院巡回法庭庭长、副庭长,由最高人民法院院长提请全国人民代表大会常务委员会任免。

第四十三条 地方各级人民法院院长由本级人民代表大会选举,副院长、审判委员会委员、庭长、副庭长和审判员由院长提请本级人民代表大会常务委员会任免。

在省、自治区内按地区设立的和在直辖市内设立的中级人民法院院长,由省、自治区、直辖市人民代表大会常务委员会根据主任会议的提名决定任免,副院长、审判委员会委员、庭长、副庭长和审判员由高级人民法院院长提请省、自治区、直辖市人民代表大会常务委员会任免。

第四十四条 人民法院院长任期与产生它的人民代表大会每届任期相同。

各级人民代表大会有权罢免由其选出的人民法院院长。在地方人民代表大会闭会期间,本级人民代表大会常务委员会认为人民法院院长需要撤换的，应当报请上级人民代表大会常务委员会批准。

第四十五条 人民法院的法官、审判辅助人员和司法行政人员实行分类管理。

第四十六条 法官实行员额制。法官员额根据案件数量、经济社会发展情况、人口数量和人民法院审级等因素确定。

最高人民法院法官员额由最高人民法院商有关部门确定。地方各级人民法院法官员额，在省、自治区、直辖市内实行总量控制、动态管理。

第四十七条 法官从取得法律职业资格并且具备法律规定的其他条件的人员中选任。初任法官应当由法官遴选委员会进行专业能力审核。上级人民法院的法官一般从下级人民法院的法官中择优遴选。

院长应当具有法学专业知识和法律职业经历。副院长、审判委员会委员应当从法官、检察官或者其他具备法官、检察官条件的人员中产生。

法官的职责、管理和保障，依照《中华人民共和国法官法》的规定。

第四十八条 人民法院的法官助理在法官指导下负责审查案件材料、草拟法律文书等审判辅助事务。

符合法官任职条件的法官助理，经遴选后可以按照法官任免程序任命为法官。

第四十九条 人民法院的书记员负责法庭审理记录等审判辅助事务。

第五十条 人民法院的司法警察负责法庭警戒、人员押解和看管等警务事项。

司法警察依照《中华人民共和国人民警察法》管理。

第五十一条 人民法院根据审判工作需要，可以设司法技术人员，负责与审判工作有关的事项。

第五章 人民法院行使职权的保障

第五十二条 任何单位或者个人不得要求法官从事超出法定职责范围的事务。

对于领导干部等干预司法活动、插手具体案件处理，或者人民法院内部人员过问案件情况的，办案人员应当全面如实记录并报告；有违法违纪情形的，由有关机关根据情节轻重追究行为人的责任。

第五十三条 人民法院作出的判决、裁定等生效法律文书，义务人应当依法履行；拒不履行的，依法追究法律责任。

第五十四条 人民法院采取必要措施,维护法庭秩序和审判权威。对妨碍人民法院依法行使职权的违法犯罪行为,依法追究法律责任。

第五十五条 人民法院实行培训制度,法官、审判辅助人员和司法行政人员应当接受理论和业务培训。

第五十六条 人民法院人员编制实行专项管理。

第五十七条 人民法院的经费按照事权划分的原则列入财政预算,保障审判工作需要。

第五十八条 人民法院应当加强信息化建设,运用现代信息技术,促进司法公开,提高工作效率。

第六章 附 则

第五十九条 本法自2019年1月1日起施行。

中华人民共和国法官法

1. 1995年2月28日第八届全国人民代表大会常务委员会第十二次会议通过

2. 根据2001年6月30日第九届全国人民代表大会常务委员会第二十二次会议《关于修改〈中华人民共和国法官法〉的决定》第一次修正

3. 根据2017年9月1日第十二届全国人民代表大会常务委员会第二十九次会议《关于修改〈中华人民共和国法官法〉等八部法律的决定》第二次修正

4. 2019年4月23日第十三届全国人民代表大会常务委员会第十次会议修订

目 录

第一章 总 则

第一条 为了全面推进高素质法官队伍建设，加强对法官的管理和监督，维护法官合法权益，保障人民法院依法独立行使审判权，保障法官依法履行职责，保障司法公正，根据宪法，制定本法。

第二条 法官是依法行使国家审判权的审判人员，包括最高人民法院、地方各级人民法院和军事法院等专门人民法院的院长、副院长、审判委员会委员、庭长、副庭长和审判员。

第三条 法官必须忠实执行宪法和法律，维护社会公平正义，全心全意为人民服务。

第四条 法官应当公正对待当事人和其他诉讼参与人，对一切个人和组织在适用法律上一律平等。

第五条 法官应当勤勉尽责，清正廉明，恪守职业道德。

第六条 法官审判案件，应当以事实为根据，以法律为准绳，秉持客观公正的立场。

第七条 法官依法履行职责，受法律保护，不受行政机关、社会团体和个人的干涉。

第二章 法官的职责、义务和权利

第八条 法官的职责：

（一）依法参加合议庭审判或者独任审判刑事、民事、行政诉讼以及国家赔偿等案件；

（二）依法办理引渡、司法协助等案件；

（三）法律规定的其他职责。

法官在职权范围内对所办理的案件负责。

第九条 人民法院院长、副院长、审判委员会委员、庭长、副庭长除履行审判职责外，还应当履行与其职务相适应的职责。

第十条 法官应当履行下列义务：

（一）严格遵守宪法和法律；

（二）秉公办案，不得徇私枉法；

（三）依法保障当事人和其他诉讼参与人的诉讼权利；

（四）维护国家利益、社会公共利益，维护个人和组织的合法权益；

（五）保守国家秘密和审判工作秘密，对履行职责中知悉的商业秘密和个人隐私予以保密；

（六）依法接受法律监督和人民群众监督；

（七）通过依法办理案件以案释法，增强全民法治观念，推进法治社会建设；

（八）法律规定的其他义务。

第十一条 法官享有下列权利：

（一）履行法官职责应当具有的职权和工作条件；

（二）非因法定事由、非经法定程序，不被调离、免职、降职、辞退或者处分；

（三）履行法官职责应当享有的职业保障和福利待遇；

（四）人身、财产和住所安全受法律保护；

（五）提出申诉或者控告；

（六）法律规定的其他权利。

第三章 法官的条件和遴选

第十二条 担任法官必须具备下列条件：

（一）具有中华人民共和国国籍；

（二）拥护中华人民共和国宪法，拥护中国共产党领导和社会主义制度；

（三）具有良好的政治、业务素质和道德品行；

（四）具有正常履行职责的身体条件；

（五）具备普通高等学校法学类本科学历并获得学士及以上学位；或者普通高等学校非法学类本科及以上学历并获得法律硕士、法学硕士及以上学位；或者普通高等学校非法学类本科及以上学历，获得其他相应学位，并具有法律专业知识；

（六）从事法律工作满五年。其中获得法律硕士、法学硕士学位，或者获得法学博士学位的，从事法律工作的年限可以分别放宽至四年、三年；

（七）初任法官应当通过国家统一法律职业资格考试取得法律职业资格。

适用前款第五项规定的学历条件确有困难的地方，经最高人民法院审核确定，在一定期限内，可以将担任法官的学历条件放宽为高等学校本科毕业。

第十三条 下列人员不得担任法官：

（一）因犯罪受过刑事处罚的；

（二）被开除公职的；

（三）被吊销律师、公证员执业证书或者被仲裁委员会除名的；

（四）有法律规定的其他情形的。

第十四条 初任法官采用考试、考核的办法，按照德才兼备的标准，从具备法官条件的人员中择优提出人选。

人民法院的院长应当具有法学专业知识和法律职业经历。副院长、审判委员会委员应当从法官、检察官或者其他具备法官条件的人员中产生。

第十五条 人民法院可以根据审判工作需要，从律师或者法学教学、研究人员等从事法律职业的人员中公开选拔法官。

除应当具备法官任职条件外，参加公开选拔的律师应当实际执业不少于五年，执业经验丰富，从业声誉良好，参加公开选拔的法学教学、研究人员应当具有中级以上职称，从事教学、研究工作五年以上，有突出研究能力和相应研究成果。

第十六条 省、自治区、直辖市设立法官遴选委员会，负责初任法官人选专业能力的审核。

省级法官遴选委员会的组成人员应当包括地方各级人民法院法官代表、其他从事法律职业的人员和有关方面代表，其中法官代表不少于三分之一。

省级法官遴选委员会的日常工作由高级人民法院的内设职能部门承担。

遴选最高人民法院法官应当设立最高人民法院法官遴选委员会，负责法官人选专业能力的审核。

第十七条 初任法官一般到基层人民法院任职。上级人民法院法官一般逐级遴选；最高人民法院和高级人民法院法官可以从下两级人民法院遴选。参加上级人民法院遴选的法官应当在下级人民法院担任法官一定年限，并具有遴选职位相关工作经历。

第四章 法官的任免

第十八条 法官的任免，依照宪法和法律规定的任免权限和程序办理。

最高人民法院院长由全国人民代表大会选举和罢免，副院长、审判委员会委员、庭长、副庭长和审判员，由院长提请全国人民代表大会常务委员会任免。

最高人民法院巡回法庭庭长、副庭长，由院长提请全国人民代表大会常务委员会任免。

地方各级人民法院院长由本级人民代表大会选举和罢免，副院长、审判委员会委员、庭长、副庭长和审判员，由院长提请本级人民代表大会常务委员会任免。

在省、自治区内按地区设立的和在直辖市内设立的中级人民法院的院长，由省、自治区、直辖市人民代表大会常务委员会根据主任会议的提名决定任免，副院长、审判委员会委员、庭长、副庭长和审判员，由高级人民法院院长提请省、自治区、直辖市人民代表大会常务委员会任免。

新疆生产建设兵团各级人民法院、专门人民法院的院长、副院长、审判委员会委员、庭长、副庭长和审判员，依照全国人民代表大会常务委员会的有关规定任免。

第十九条 法官在依照法定程序产生后，在就职时应当公开进行宪法宣誓。

第二十条 法官有下列情形之一的，应当依法提请免除其法官职务：

（一）丧失中华人民共和国国籍的；

（二）调出所任职人民法院的；

（三）职务变动不需要保留法官职务的，或者本人申请免除法官职务经批准的；

（四）经考核不能胜任法官职务的；

（五）因健康原因长期不能履行职务的；

（六）退休的；

（七）辞职或者依法应当予以辞退的；

（八）因违纪违法不宜继续任职的。

第二十一条 发现违反本法规定的条件任命法官的，任命机关应当撤销该项任命；上级人民法院发现下级人民法院法官的任命违反本法规定的条件的，应当建议下级人民法院依法提请任命机关撤销该项任命。

第二十二条 法官不得兼任人民代表大会常务委员会的组成人员，不得兼任行政机关、监察机关、检察机关的职务，不得兼任企业或者其他营利性组织、事业单位的职务,不得兼任律师、仲裁员和公证员。

第二十三条 法官之间有夫妻关系、直系血亲关系、三代以内旁系血亲以及近姻亲关系的,不得同时担任下列职务:

(一)同一人民法院的院长、副院长、审判委员会委员、庭长、副庭长;

(二)同一人民法院的院长、副院长和审判员;

(三)同一审判庭的庭长、副庭长、审判员;

(四)上下相邻两级人民法院的院长、副院长。

第二十四条 法官的配偶、父母、子女有下列情形之一的,法官应当实行任职回避:

(一)担任该法官所任职人民法院辖区内律师事务所的合伙人或者设立人的;

(二)在该法官所任职人民法院辖区内以律师身份担任诉讼代理人、辩护人,或者为诉讼案件当事人提供其他有偿法律服务的。

第五章 法官的管理

第二十五条 法官实行员额制管理。法官员额根据案件数量、经济社会发展情况、人口数量和人民法院审级等因素确定,在省、自治区、直辖市内实行总量控制、动态管理,优先考虑基层人民法院和案件数量多的人民法院办案需要。

法官员额出现空缺的,应当按照程序及时补充。

最高人民法院法官员额由最高人民法院商有关部门确定。

第二十六条 法官实行单独职务序列管理。

法官等级分为十二级,依次为首席大法官、一级大法官、二级大法官、一级高级法官、二级高级法官、三级高级法官、四级高级法官、一级法官、二级法官、三级法官、四级法官、五级法官。

第二十七条 最高人民法院院长为首席大法官。

第二十八条 法官等级的确定,以法官德才表现、业务水平、审判工作实绩和工作年限等为依据。

法官等级晋升采取按期晋升和择优选升相结合的方式,特别优秀或者工作特殊需要的一线办案岗位法官可以特别选升。

第二十九条 法官的等级设置、确定和晋升的具体办法,由国家另行规定。

第三十条 初任法官实行统一职前培训制度。

第三十一条 对法官应当有计划地进行政治、理论和业务培训。

法官的培训应当理论联系实际、按需施教、讲求实效。

第三十二条 法官培训情况,作为法官任职、等级晋升的依据之一。

第三十三条 法官培训机构按照有关规定承担培训法官的任务。

第三十四条 法官申请辞职,应当由本人书面提出,经批准后,依照法律规定的程序免除其职务。

第三十五条 辞退法官应当依照法律规定的程序免除其职务。

辞退法官应当按照管理权限决定。辞退决定应当以书面形式通知被辞退的法官,并列明作出决定的理由和依据。

第三十六条 法官从人民法院离任后两年内,不得以律师身份担任诉讼代理人或者辩护人。

法官从人民法院离任后,不得担任原任职法院办理案件的诉讼代理人或者辩护人,但是作为当事人的监护人或者近亲属代理诉讼或者进行辩护的除外。

法官被开除后,不得担任诉讼代理人或者辩护人,但是作为当事人的监护人或者近亲属代理诉讼或者进行辩护的除外。

第三十七条 法官因工作需要,经单位选派或者批准,可以在高等学校、科研院所协助开展实践性教学、研究工作,并遵守国家有关规定。

第六章 法官的考核、奖励和惩戒

第三十八条 人民法院设立法官考评委员会,负责对本院法官的考核工作。

第三十九条 法官考评委员会的组成人员为五至九人。

法官考评委员会主任由本院院长担任。

第四十条 对法官的考核,应当全面、客观、公正,实行平时考核和年度考核相结合。

第四十一条 对法官的考核内容包括:审判工作实绩、职业道德、专业水平、工作能力、审判作风。重点考核审判工作实绩。

第四十二条 年度考核结果分为优秀、称职、基本称职和不称职四个等次。

考核结果作为调整法官等级、工资以及法官奖惩、免职、降职、辞退的依据。

第四十三条 考核结果以书面形式通知法官本人。法官对考核结果如果有异议,可以申请复核。

第四十四条 法官在审判工作中有显著成绩和贡献的,或者有其他突出事迹的,应当给予奖励。

第四十五条 法官有下列表现之一的,应当给予奖励:

(一)公正司法,成绩显著的;

(二)总结审判实践经验成果突出,对审判工作有指导作用的;

(三)在办理重大案件、处理突发事件和承担专项重要工作中,做出显著成绩和贡献的;

(四)对审判工作提出改革建议被采纳,效果显著的;

(五)提出司法建议被采纳或者开展法治宣传、指导调解组织调解各类纠纷,效果显著的;

(六)有其他功绩的。

法官的奖励按照有关规定办理。

第四十六条 法官有下列行为之一的,应当给予处分;构成犯罪的,依法追究刑事责任:

(一)贪污受贿、徇私舞弊、枉法裁判的;

(二)隐瞒、伪造、变造、故意损毁证据、案件材料的;

(三)泄露国家秘密、审判工作秘密、商业秘密或者个人隐私的;

(四)故意违反法律法规办理案件的;

(五)因重大过失导致裁判结果错误并造成严重后果的;

(六)拖延办案,贻误工作的;

(七)利用职权为自己或者他人谋取私利的;

(八)接受当事人及其代理人利益输送,或者违反有关规定会见当事人及其代理人的;

(九)违反有关规定从事或者参与营利性活动,在企业或者其他营利性组织中兼任职务的;

(十)有其他违纪违法行为的。

法官的处分按照有关规定办理。

第四十七条 法官涉嫌违纪违法,已经被立案调查、侦查,不宜继续履行职责的,按照管理权限和规定的程序暂时停止其履行职务。

第四十八条 最高人民法院和省、自治区、直辖市设立法官惩戒委员会,负责从专业角度审查认定法官是否存在本法第四十六条第四项、第五项规定的违反审判职责的行为,提出构成故意违反职责、存在重大过失、存在一般过失或者没有违反职责等审查意见。法官惩戒委员会提出审查意见后，人民法院依照有关规定作出是否予以惩戒的决定，并给予相应处理。

法官惩戒委员会由法官代表、其他从事法律职业的人员和有关方面代表组成，其中法官代表不少于半数。

最高人民法院法官惩戒委员会、省级法官惩戒委员会的日常工作，由相关人民法院的内设职能部门承担。

第四十九条　法官惩戒委员会审议惩戒事项时，当事法官有权申请有关人员回避，有权进行陈述、举证、辩解。

第五十条　法官惩戒委员会作出的审查意见应当送达当事法官。当事法官对审查意见有异议的，可以向惩戒委员会提出，惩戒委员会应当对异议及其理由进行审查，作出决定。

第五十一条　法官惩戒委员会审议惩戒事项的具体程序，由最高人民法院商有关部门确定。

第七章　法官的职业保障

第五十二条　人民法院设立法官权益保障委员会，维护法官合法权益，保障法官依法履行职责。

第五十三条　除下列情形外，不得将法官调离审判岗位：

（一）按规定需要任职回避的；

（二）按规定实行任职交流的；

（三）因机构调整、撤销、合并或者缩减编制员额需要调整工作的；

（四）因违纪违法不适合在审判岗位工作的；

（五）法律规定的其他情形。

第五十四条　任何单位或者个人不得要求法官从事超出法定职责范围的事务。

对任何干涉法官办理案件的行为，法官有权拒绝并予以全面如实记录和报告；有违纪违法情形的，由有关机关根据情节轻重追究有关责任人员、行为人的责任。

第五十五条　法官的职业尊严和人身安全受法律保护。

任何单位和个人不得对法官及其近亲属打击报复。

对法官及其近亲属实施报复陷害、侮辱诽谤、暴力侵害、威胁恐吓、滋事骚扰等违法犯罪行为的，应当依法从严惩治。

第五十六条　法官因依法履行职责遭受不实举报、诬告陷害、侮辱诽谤，致使名誉受到损害的，人民法院应当会同有关部门及时澄清事实，消除不良影响，并依法追究相关单位或者个人的责任。

第五十七条 法官因依法履行职责，本人及其近亲属人身安全面临危险的，人民法院、公安机关应当对法官及其近亲属采取人身保护、禁止特定人员接触等必要保护措施。

第五十八条 法官实行与其职责相适应的工资制度，按照法官等级享有国家规定的工资待遇，并建立与公务员工资同步调整机制。

法官的工资制度，根据审判工作特点，由国家另行规定。

第五十九条 法官实行定期增资制度。

经年度考核确定为优秀、称职的，可以按照规定晋升工资档次。

第六十条 法官享受国家规定的津贴、补贴、奖金、保险和福利待遇。

第六十一条 法官因公致残的，享受国家规定的伤残待遇。法官因公牺牲、因公死亡或者病故的，其亲属享受国家规定的抚恤和优待。

第六十二条 法官的退休制度，根据审判工作特点，由国家另行规定。

第六十三条 法官退休后，享受国家规定的养老金和其他待遇。

第六十四条 对于国家机关及其工作人员侵犯本法第十一条规定的法官权利的行为，法官有权提出控告。

第六十五条 对法官处分或者人事处理错误的，应当及时予以纠正；造成名誉损害的，应当恢复名誉、消除影响、赔礼道歉；造成经济损失的，应当赔偿。对打击报复的直接责任人员，应当依法追究其责任。

第八章 附 则

第六十六条 国家对初任法官实行统一法律职业资格考试制度，由国务院司法行政部门商最高人民法院等有关部门组织实施。

第六十七条 人民法院的法官助理在法官指导下负责审查案件材料、草拟法律文书等审判辅助事务。

人民法院应当加强法官助理队伍建设，为法官遴选储备人才。

第六十八条 有关法官的权利、义务和管理制度，本法已有规定的，适用本法的规定；本法未作规定的，适用公务员管理的相关法律法规。

第六十九条 本法自 2019 年 10 月 1 日起施行。

5. 人民检察院

中华人民共和国人民检察院组织法

1. 1979年7月1日第五届全国人民代表大会第二次会议通过
2. 根据1983年9月2日第六届全国人民代表大会常务委员会第二次会议《关于修改〈中华人民共和国人民检察院组织法〉的决定》第一次修正
3. 根据1986年12月2日第六届全国人民代表大会常务委员会第十八次会议《关于修改〈中华人民共和国地方各级人民代表大会和地方各级人民政府组织法〉的决定》第二次修正
4. 2018年10月26日第十三届全国人民代表大会常务委员会第六次会议修订

目　　录

第一章　总　　则

第一条　为了规范人民检察院的设置、组织和职权，保障人民检察院依法履行职责，根据宪法，制定本法。

第二条　人民检察院是国家的法律监督机关。

人民检察院通过行使检察权，追诉犯罪，维护国家安全和社会秩序，维护个人和组织的合法权益，维护国家利益和社会公共利益，保障法律正确实施，维护社会公平正义，维护国家法制统一、尊严和权威，保障中国特色社会主义建设的顺利进行。

第三条　人民检察院依照宪法、法律和全国人民代表大会常务委员会的决定设置。

第四条 人民检察院依照法律规定独立行使检察权,不受行政机关、社会团体和个人的干涉。

第五条 人民检察院行使检察权在适用法律上一律平等,不允许任何组织和个人有超越法律的特权,禁止任何形式的歧视。

第六条 人民检察院坚持司法公正,以事实为根据,以法律为准绳,遵守法定程序,尊重和保障人权。

第七条 人民检察院实行司法公开,法律另有规定的除外。

第八条 人民检察院实行司法责任制,建立健全权责统一的司法权力运行机制。

第九条 最高人民检察院对全国人民代表大会及其常务委员会负责并报告工作。地方各级人民检察院对本级人民代表大会及其常务委员会负责并报告工作。

各级人民代表大会及其常务委员会对本级人民检察院的工作实施监督。

第十条 最高人民检察院是最高检察机关。

最高人民检察院领导地方各级人民检察院和专门人民检察院的工作,上级人民检察院领导下级人民检察院的工作。

第十一条 人民检察院应当接受人民群众监督,保障人民群众对人民检察院工作依法享有知情权、参与权和监督权。

第二章 人民检察院的设置和职权

第十二条 人民检察院分为:

(一)最高人民检察院;

(二)地方各级人民检察院;

(三)军事检察院等专门人民检察院。

第十三条 地方各级人民检察院分为:

(一)省级人民检察院,包括省、自治区、直辖市人民检察院;

(二)设区的市级人民检察院,包括省、自治区辖市人民检察院,自治州人民检察院,省、自治区、直辖市人民检察院分院;

(三)基层人民检察院,包括县、自治县、不设区的市、市辖区人民检察院。

第十四条 在新疆生产建设兵团设立的人民检察院的组织、案件管辖范围和检察官任免，依照全国人民代表大会常务委员会的有关规定。

第十五条 专门人民检察院的设置、组织、职权和检察官任免，由全国人民代表大会常务委员会规定。

第十六条 省级人民检察院和设区的市级人民检察院根据检察工作需要，经最高人民检察院和省级有关部门同意，并提请本级人民代表大会常务委员会批准，可以在辖区内特定区域设立人民检察院，作为派出机构。

第十七条 人民检察院根据检察工作需要，可以在监狱、看守所等场所设立检察室，行使派出它的人民检察院的部分职权，也可以对上述场所进行巡回检察。

省级人民检察院设立检察室，应当经最高人民检察院和省级有关部门同意。设区的市级人民检察院、基层人民检察院设立检察室，应当经省级人民检察院和省级有关部门同意。

第十八条 人民检察院根据检察工作需要，设必要的业务机构。检察官员额较少的设区的市级人民检察院和基层人民检察院，可以设综合业务机构。

第十九条 人民检察院根据工作需要，可以设必要的检察辅助机构和行政管理机构。

第二十条 人民检察院行使下列职权：

（一）依照法律规定对有关刑事案件行使侦查权；

（二）对刑事案件进行审查，批准或者决定是否逮捕犯罪嫌疑人；

（三）对刑事案件进行审查，决定是否提起公诉，对决定提起公诉的案件支持公诉；

（四）依照法律规定提起公益诉讼；

（五）对诉讼活动实行法律监督；

（六）对判决、裁定等生效法律文书的执行工作实行法律监督；

（七）对监狱、看守所的执法活动实行法律监督；

（八）法律规定的其他职权。

第二十一条 人民检察院行使本法第二十条规定的法律监督职权，可以进行调查核实，并依法提出抗诉、纠正意见、检察建议。有关单位应当予以配合，并及时将采纳纠正意见、检察建议的情况书面回复人民检察院。

抗诉、纠正意见、检察建议的适用范围及其程序,依照法律有关规定。

第二十二条 最高人民检察院对最高人民法院的死刑复核活动实行监督;对报请核准追诉的案件进行审查,决定是否追诉。

第二十三条 最高人民检察院可以对属于检察工作中具体应用法律的问题进行解释。

最高人民检察院可以发布指导性案例。

第二十四条 上级人民检察院对下级人民检察院行使下列职权:

(一)认为下级人民检察院的决定错误的,指令下级人民检察院纠正,或者依法撤销、变更;

(二)可以对下级人民检察院管辖的案件指定管辖;

(三)可以办理下级人民检察院管辖的案件;

(四)可以统一调用辖区的检察人员办理案件。

上级人民检察院的决定,应当以书面形式作出。

第二十五条 下级人民检察院应当执行上级人民检察院的决定;有不同意见的,可以在执行的同时向上级人民检察院报告。

第二十六条 人民检察院检察长或者检察长委托的副检察长,可以列席同级人民法院审判委员会会议。

第二十七条 人民监督员依照规定对人民检察院的办案活动实行监督。

第三章 人民检察院的办案组织

第二十八条 人民检察院办理案件,根据案件情况可以由一名检察官独任办理,也可以由两名以上检察官组成办案组办理。

由检察官办案组办理的,检察长应当指定一名检察官担任主办检察官,组织、指挥办案组办理案件。

第二十九条 检察官在检察长领导下开展工作,重大办案事项由检察长决定。检察长可以将部分职权委托检察官行使,可以授权检察官签发法律文书。

第三十条 各级人民检察院设检察委员会。检察委员会由检察长、副检察长和若干资深检察官组成,成员应当为单数。

第三十一条 检察委员会履行下列职能:

(一)总结检察工作经验;

(二)讨论决定重大、疑难、复杂案件;

（三）讨论决定其他有关检察工作的重大问题。

最高人民检察院对属于检察工作中具体应用法律的问题进行解释、发布指导性案例，应当由检察委员会讨论通过。

第三十二条 检察委员会召开会议，应当有其组成人员的过半数出席。

检察委员会会议由检察长或者检察长委托的副检察长主持。检察委员会实行民主集中制。

地方各级人民检察院的检察长不同意本院检察委员会多数人的意见，属于办理案件的，可以报请上一级人民检察院决定；属于重大事项的，可以报请上一级人民检察院或者本级人民代表大会常务委员会决定。

第三十三条 检察官可以就重大案件和其他重大问题，提请检察长决定。检察长可以根据案件情况，提交检察委员会讨论决定。

检察委员会讨论案件，检察官对其汇报的事实负责，检察委员会委员对本人发表的意见和表决负责。检察委员会的决定，检察官应当执行。

第三十四条 人民检察院实行检察官办案责任制。检察官对其职权范围内就案件作出的决定负责。检察长、检察委员会对案件作出决定的，承担相应责任。

第四章　人民检察院的人员组成

第三十五条 人民检察院的检察人员由检察长、副检察长、检察委员会委员和检察员等人员组成。

第三十六条 人民检察院检察长领导本院检察工作，管理本院行政事务。人民检察院副检察长协助检察长工作。

第三十七条 最高人民检察院检察长由全国人民代表大会选举和罢免，副检察长、检察委员会委员和检察员由检察长提请全国人民代表大会常务委员会任免。

第三十八条 地方各级人民检察院检察长由本级人民代表大会选举和罢免，副检察长、检察委员会委员和检察员由检察长提请本级人民代表大会常务委员会任免。

地方各级人民检察院检察长的任免，须报上一级人民检察院检察长提请本级人民代表大会常务委员会批准。

省、自治区、直辖市人民检察院分院检察长、副检察长、检察委员会委员和检察员，由省、自治区、直辖市人民检察院检察长提请本级人民代表大会常务委员会任免。

第三十九条 人民检察院检察长任期与产生它的人民代表大会每届任期相同。

全国人民代表大会常务委员会和省、自治区、直辖市人民代表大会常务委员会根据本级人民检察院检察长的建议，可以撤换下级人民检察院检察长、副检察长和检察委员会委员。

第四十条 人民检察院的检察官、检察辅助人员和司法行政人员实行分类管理。

第四十一条 检察官实行员额制。检察官员额根据案件数量、经济社会发展情况、人口数量和人民检察院层级等因素确定。

最高人民检察院检察官员额由最高人民检察院商有关部门确定。地方各级人民检察院检察官员额，在省、自治区、直辖市内实行总量控制、动态管理。

第四十二条 检察官从取得法律职业资格并且具备法律规定的其他条件的人员中选任。初任检察官应当由检察官遴选委员会进行专业能力审核。上级人民检察院的检察官一般从下级人民检察院的检察官中择优遴选。

检察长应当具有法学专业知识和法律职业经历。副检察长、检察委员会委员应当从检察官、法官或者其他具备检察官、法官条件的人员中产生。

检察官的职责、管理和保障，依照《中华人民共和国检察官法》的规定。

第四十三条 人民检察院的检察官助理在检察官指导下负责审查案件材料、草拟法律文书等检察辅助事务。

符合检察官任职条件的检察官助理，经遴选后可以按照检察官任免程序任命为检察官。

第四十四条 人民检察院的书记员负责案件记录等检察辅助事务。

第四十五条 人民检察院的司法警察负责办案场所警戒、人员押解和看管等警务事项。

司法警察依照《中华人民共和国人民警察法》管理。

第四十六条 人民检察院根据检察工作需要，可以设检察技术人员，负责与检察工作有关的事项。

第五章 人民检察院行使职权的保障

第四十七条 任何单位或者个人不得要求检察官从事超出法定职责范围的事务。

对于领导干部等干预司法活动、插手具体案件处理，或者人民检察院内部人员过问案件情况的，办案人员应当全面如实记录并报告；有违法违纪情形的，由有关机关根据情节轻重追究行为人的责任。

第四十八条 人民检察院采取必要措施，维护办案安全。对妨碍人民检察院依法行使职权的违法犯罪行为，依法追究法律责任。

第四十九条 人民检察院实行培训制度，检察官、检察辅助人员和司法行政人员应当接受理论和业务培训。

第五十条 人民检察院人员编制实行专项管理。

第五十一条 人民检察院的经费按照事权划分的原则列入财政预算，保障检察工作需要。

第五十二条 人民检察院应当加强信息化建设，运用现代信息技术，促进司法公开，提高工作效率。

第六章 附 则

第五十三条 本法自 2019 年 1 月 1 日起施行。

中华人民共和国检察官法

1. 1995 年 2 月 28 日第八届全国人民代表大会常务委员会第十二次会议通过

2. 根据 2001 年 6 月 30 日第九届全国人民代表大会常务委员会第二十二次会议《关于修改〈中华人民共和国检察官法〉的决定》第一次修正

3. 根据 2017 年 9 月 1 日第十二届全国人民代表大会常务委员会第二十九次会议《关于修改〈中华人民共和国法官法〉等八部法律的决定》第二次修正

4. 2019 年 4 月 23 日第十三届全国人民代表大会常务委员会第十次会议修订

目 录

第一章　总　　则

第一条　为了全面推进高素质检察官队伍建设，加强对检察官的管理和监督，维护检察官合法权益，保障人民检察院依法独立行使检察权，保障检察官依法履行职责，保障司法公正，根据宪法，制定本法。

第二条　检察官是依法行使国家检察权的检察人员，包括最高人民检察院、地方各级人民检察院和军事检察院等专门人民检察院的检察长、副检察长、检察委员会委员和检察员。

第三条　检察官必须忠实执行宪法和法律，维护社会公平正义，全心全意为人民服务。

第四条　检察官应当勤勉尽责，清正廉明，恪守职业道德。

第五条　检察官履行职责，应当以事实为根据，以法律为准绳，秉持客观公正的立场。

检察官办理刑事案件，应当严格坚持罪刑法定原则，尊重和保障人权，既要追诉犯罪，也要保障无罪的人不受刑事追究。

第六条　检察官依法履行职责，受法律保护，不受行政机关、社会团体和个人的干涉。

第二章　检察官的职责、义务和权利

第七条　检察官的职责：

（一）对法律规定由人民检察院直接受理的刑事案件进行侦查；

（二）对刑事案件进行审查逮捕、审查起诉，代表国家进行公诉；

（三）开展公益诉讼工作；

（四）开展对刑事、民事、行政诉讼活动的监督工作；

（五）法律规定的其他职责。

检察官对其职权范围内就案件作出的决定负责。

第八条　人民检察院检察长、副检察长、检察委员会委员除履行检察职责外,还应当履行与其职务相适应的职责。

第九条 检察官在检察长领导下开展工作,重大办案事项由检察长决定。检察长可以将部分职权委托检察官行使,可以授权检察官签发法律文书。

第十条 检察官应当履行下列义务:

(一)严格遵守宪法和法律;

(二)秉公办案,不得徇私枉法;

(三)依法保障当事人和其他诉讼参与人的诉讼权利;

(四)维护国家利益、社会公共利益,维护个人和组织的合法权益;

(五)保守国家秘密和检察工作秘密,对履行职责中知悉的商业秘密和个人隐私予以保密;

(六)依法接受法律监督和人民群众监督;

(七)通过依法办理案件以案释法,增强全民法治观念,推进法治社会建设;

(八)法律规定的其他义务。

第十一条 检察官享有下列权利:

(一)履行检察官职责应当具有的职权和工作条件;

(二)非因法定事由、非经法定程序,不被调离、免职、降职、辞退或者处分;

(三)履行检察官职责应当享有的职业保障和福利待遇;

(四)人身、财产和住所安全受法律保护;

(五)提出申诉或者控告;

(六)法律规定的其他权利。

第三章 检察官的条件和遴选

第十二条 担任检察官必须具备下列条件:

(一)具有中华人民共和国国籍;

(二)拥护中华人民共和国宪法,拥护中国共产党领导和社会主义制度;

(三)具有良好的政治、业务素质和道德品行;

(四)具有正常履行职责的身体条件;

(五)具备普通高等学校法学类本科学历并获得学士及以上学位;或者普通高等学校非法学类本科及以上学历并获得法律硕士、法学硕士及

以上学位;或者普通高等学校非法学类本科及以上学历,获得其他相应学位,并具有法律专业知识;

(六)从事法律工作满五年。其中获得法律硕士、法学硕士学位,或者获得法学博士学位的,从事法律工作的年限可以分别放宽至四年、三年;

(七)初任检察官应当通过国家统一法律职业资格考试取得法律职业资格。

适用前款第五项规定的学历条件确有困难的地方,经最高人民检察院审核确定,在一定期限内,可以将担任检察官的学历条件放宽为高等学校本科毕业。

第十三条 下列人员不得担任检察官:

(一)因犯罪受过刑事处罚的;

(二)被开除公职的;

(三)被吊销律师、公证员执业证书或者被仲裁委员会除名的;

(四)有法律规定的其他情形的。

第十四条 初任检察官采用考试、考核的办法,按照德才兼备的标准,从具备检察官条件的人员中择优提出人选。

人民检察院的检察长应当具有法学专业知识和法律职业经历。副检察长、检察委员会委员应当从检察官、法官或者其他具备检察官条件的人员中产生。

第十五条 人民检察院可以根据检察工作需要,从律师或者法学教学、研究人员等从事法律职业的人员中公开选拔检察官。

除应当具备检察官任职条件外,参加公开选拔的律师应当实际执业不少于五年,执业经验丰富,从业声誉良好,参加公开选拔的法学教学、研究人员应当具有中级以上职称,从事教学、研究工作五年以上,有突出研究能力和相应研究成果。

第十六条 省、自治区、直辖市设立检察官遴选委员会,负责初任检察官人选专业能力的审核。

省级检察官遴选委员会的组成人员应当包括地方各级人民检察院检察官代表、其他从事法律职业的人员和有关方面代表,其中检察官代表不少于三分之一。

省级检察官遴选委员会的日常工作由省级人民检察院的内设职能

部门承担。

遴选最高人民检察院检察官应当设立最高人民检察院检察官遴选委员会,负责检察官人选专业能力的审核。

第十七条 初任检察官一般到基层人民检察院任职。上级人民检察院检察官一般逐级遴选;最高人民检察院和省级人民检察院检察官可以从下两级人民检察院遴选。参加上级人民检察院遴选的检察官应当在下级人民检察院担任检察官一定年限,并具有遴选职位相关工作经历。

第四章 检察官的任免

第十八条 检察官的任免,依照宪法和法律规定的任免权限和程序办理。

最高人民检察院检察长由全国人民代表大会选举和罢免,副检察长、检察委员会委员和检察员,由检察长提请全国人民代表大会常务委员会任免。

地方各级人民检察院检察长由本级人民代表大会选举和罢免,副检察长、检察委员会委员和检察员,由检察长提请本级人民代表大会常务委员会任免。

地方各级人民检察院检察长的任免,须报上一级人民检察院检察长提请本级人民代表大会常务委员会批准。

省、自治区、直辖市人民检察院分院检察长、副检察长、检察委员会委员和检察员,由省、自治区、直辖市人民检察院检察长提请本级人民代表大会常务委员会任免。

省级人民检察院和设区的市级人民检察院依法设立作为派出机构的人民检察院的检察长、副检察长、检察委员会委员和检察员,由派出的人民检察院检察长提请本级人民代表大会常务委员会任免。

新疆生产建设兵团各级人民检察院、专门人民检察院的检察长、副检察长、检察委员会委员和检察员,依照全国人民代表大会常务委员会的有关规定任免。

第十九条 检察官在依照法定程序产生后,在就职时应当公开进行宪法宣誓。

第二十条 检察官有下列情形之一的,应当依法提请免除其检察官职务:

(一)丧失中华人民共和国国籍的;

(二)调出所任职人民检察院的;

（三）职务变动不需要保留检察官职务的，或者本人申请免除检察官职务经批准的；

（四）经考核不能胜任检察官职务的；

（五）因健康原因长期不能履行职务的；

（六）退休的；

（七）辞职或者依法应当予以辞退的；

（八）因违纪违法不宜继续任职的。

第二十一条 对于不具备本法规定条件或者违反法定程序被选举为人民检察院检察长的，上一级人民检察院检察长有权提请本级人民代表大会常务委员会不批准。

第二十二条 发现违反本法规定的条件任命检察官的，任命机关应当撤销该项任命；上级人民检察院发现下级人民检察院检察官的任命违反本法规定的条件的，应当要求下级人民检察院依法提请任命机关撤销该项任命。

第二十三条 检察官不得兼任人民代表大会常务委员会的组成人员，不得兼任行政机关、监察机关、审判机关的职务，不得兼任企业或者其他营利性组织、事业单位的职务，不得兼任律师、仲裁员和公证员。

第二十四条 检察官之间有夫妻关系、直系血亲关系、三代以内旁系血亲以及近姻亲关系的，不得同时担任下列职务：

（一）同一人民检察院的检察长、副检察长、检察委员会委员；

（二）同一人民检察院的检察长、副检察长和检察员；

（三）同一业务部门的检察员；

（四）上下相邻两级人民检察院的检察长、副检察长。

第二十五条 检察官的配偶、父母、子女有下列情形之一的，检察官应当实行任职回避：

（一）担任该检察官所任职人民检察院辖区内律师事务所的合伙人或者设立人的；

（二）在该检察官所任职人民检察院辖区内以律师身份担任诉讼代理人、辩护人，或者为诉讼案件当事人提供其他有偿法律服务的。

第五章 检察官的管理

第二十六条 检察官实行员额制管理。检察官员额根据案件数量、经济社会发展情况、人口数量和人民检察院层级等因素确定，在省、自治区、直辖市内实行总量控制、动态管理，优先考虑基层人民检察院和案件数量多的人民检察院办案需要。

检察官员额出现空缺的，应当按照程序及时补充。

最高人民检察院检察官员额由最高人民检察院商有关部门确定。

第二十七条 检察官实行单独职务序列管理。

检察官等级分为十二级，依次为首席大检察官、一级大检察官、二级大检察官、一级高级检察官、二级高级检察官、三级高级检察官、四级高级检察官、一级检察官、二级检察官、三级检察官、四级检察官、五级检察官。

第二十八条 最高人民检察院检察长为首席大检察官。

第二十九条 检察官等级的确定，以检察官德才表现、业务水平、检察工作实绩和工作年限等为依据。

检察官等级晋升采取按期晋升和择优选升相结合的方式，特别优秀或者工作特殊需要的一线办案岗位检察官可以特别选升。

第三十条 检察官的等级设置、确定和晋升的具体办法，由国家另行规定。

第三十一条 初任检察官实行统一职前培训制度。

第三十二条 对检察官应当有计划地进行政治、理论和业务培训。

检察官的培训应当理论联系实际、按需施教、讲求实效。

第三十三条 检察官培训情况，作为检察官任职、等级晋升的依据之一。

第三十四条 检察官培训机构按照有关规定承担培训检察官的任务。

第三十五条 检察官申请辞职，应当由本人书面提出，经批准后，依照法律规定的程序免除其职务。

第三十六条 辞退检察官应当依照法律规定的程序免除其职务。

辞退检察官应当按照管理权限决定。辞退决定应当以书面形式通知被辞退的检察官，并列明作出决定的理由和依据。

第三十七条 检察官从人民检察院离任后两年内，不得以律师身份担任诉讼代理人或者辩护人。

检察官从人民检察院离任后，不得担任原任职检察院办理案件的诉讼代理人或者辩护人，但是作为当事人的监护人或者近亲属代理诉讼或者进行辩护的除外。

检察官被开除后，不得担任诉讼代理人或者辩护人，但是作为当事人的监护人或者近亲属代理诉讼或者进行辩护的除外。

第三十八条　检察官因工作需要，经单位选派或者批准，可以在高等学校、科研院所协助开展实践性教学、研究工作，并遵守国家有关规定。

第六章　检察官的考核、奖励和惩戒

第三十九条　人民检察院设立检察官考评委员会，负责对本院检察官的考核工作。

第四十条　检察官考评委员会的组成人员为五至九人。

检察官考评委员会主任由本院检察长担任。

第四十一条　对检察官的考核，应当全面、客观、公正，实行平时考核和年度考核相结合。

第四十二条　对检察官的考核内容包括：检察工作实绩、职业道德、专业水平、工作能力、工作作风。重点考核检察工作实绩。

第四十三条　年度考核结果分为优秀、称职、基本称职和不称职四个等次。

考核结果作为调整检察官等级、工资以及检察官奖惩、免职、降职、辞退的依据。

第四十四条　考核结果以书面形式通知检察官本人。检察官对考核结果如果有异议，可以申请复核。

第四十五条　检察官在检察工作中有显著成绩和贡献的，或者有其他突出事迹的，应当给予奖励。

第四十六条　检察官有下列表现之一的，应当给予奖励：

（一）公正司法，成绩显著的；

（二）总结检察实践经验成果突出，对检察工作有指导作用的；

（三）在办理重大案件、处理突发事件和承担专项重要工作中，做出显著成绩和贡献的；

（四）对检察工作提出改革建议被采纳，效果显著的；

（五）提出检察建议被采纳或者开展法治宣传、解决各类纠纷，效果显著的；

（六）有其他功绩的。

检察官的奖励按照有关规定办理。

第四十七条　检察官有下列行为之一的，应当给予处分；构成犯罪的，依法追究刑事责任：

（一）贪污受贿、徇私枉法、刑讯逼供的；

（二）隐瞒、伪造、变造、故意损毁证据、案件材料的；

（三）泄露国家秘密、检察工作秘密、商业秘密或者个人隐私的；

（四）故意违反法律法规办理案件的；

（五）因重大过失导致案件错误并造成严重后果的；

（六）拖延办案，贻误工作的；

（七）利用职权为自己或者他人谋取私利的；

（八）接受当事人及其代理人利益输送，或者违反有关规定会见当事人及其代理人的；

（九）违反有关规定从事或者参与营利性活动，在企业或者其他营利性组织中兼任职务的；

（十）有其他违纪违法行为的。

检察官的处分按照有关规定办理。

第四十八条 检察官涉嫌违纪违法，已经被立案调查、侦查，不宜继续履行职责的，按照管理权限和规定的程序暂时停止其履行职务。

第四十九条 最高人民检察院和省、自治区、直辖市设立检察官惩戒委员会，负责从专业角度审查认定检察官是否存在本法第四十七条第四项、第五项规定的违反检察职责的行为，提出构成故意违反职责、存在重大过失、存在一般过失或者没有违反职责等审查意见。检察官惩戒委员会提出审查意见后，人民检察院依照有关规定作出是否予以惩戒的决定，并给予相应处理。

检察官惩戒委员会由检察官代表、其他从事法律职业的人员和有关方面代表组成，其中检察官代表不少于半数。

最高人民检察院检察官惩戒委员会、省级检察官惩戒委员会的日常工作，由相关人民检察院的内设职能部门承担。

第五十条 检察官惩戒委员会审议惩戒事项时，当事检察官有权申请有关人员回避，有权进行陈述、举证、辩解。

第五十一条 检察官惩戒委员会作出的审查意见应当送达当事检察官。当事检察官对审查意见有异议的，可以向惩戒委员会提出，惩戒委员会应当对异议及其理由进行审查，作出决定。

第五十二条 检察官惩戒委员会审议惩戒事项的具体程序，由最高人民检察院商有关部门确定。

第七章 检察官的职业保障

第五十三条 人民检察院设立检察官权益保障委员会，维护检察官合法权益,保障检察官依法履行职责。

第五十四条 除下列情形外,不得将检察官调离检察业务岗位:

(一)按规定需要任职回避的;

(二)按规定实行任职交流的;

(三)因机构调整、撤销、合并或者缩减编制员额需要调整工作的;

(四)因违纪违法不适合在检察业务岗位工作的;

(五)法律规定的其他情形。

第五十五条 任何单位或者个人不得要求检察官从事超出法定职责范围的事务。

对任何干涉检察官办理案件的行为,检察官有权拒绝并予以全面如实记录和报告;有违纪违法情形的,由有关机关根据情节轻重追究有关责任人员、行为人的责任。

第五十六条 检察官的职业尊严和人身安全受法律保护。

任何单位和个人不得对检察官及其近亲属打击报复。

对检察官及其近亲属实施报复陷害、侮辱诽谤、暴力侵害、威胁恐吓、滋事骚扰等违法犯罪行为的,应当依法从严惩治。

第五十七条 检察官因依法履行职责遭受不实举报、诬告陷害、侮辱诽谤,致使名誉受到损害的,人民检察院应当会同有关部门及时澄清事实,消除不良影响,并依法追究相关单位或者个人的责任。

第五十八条 检察官因依法履行职责,本人及其近亲属人身安全面临危险的,人民检察院、公安机关应当对检察官及其近亲属采取人身保护、禁止特定人员接触等必要保护措施。

第五十九条 检察官实行与其职责相适应的工资制度,按照检察官等级享有国家规定的工资待遇,并建立与公务员工资同步调整机制。

检察官的工资制度,根据检察工作特点,由国家另行规定。

第六十条 检察官实行定期增资制度。

经年度考核确定为优秀、称职的,可以按照规定晋升工资档次。

第六十一条 检察官享受国家规定的津贴、补贴、奖金、保险和福利待遇。

第六十二条 检察官因公致残的,享受国家规定的伤残待遇。检察官因公牺牲、因公死亡或者病故的,其亲属享受国家规定的抚恤和优待。

第六十三条 检察官的退休制度,根据检察工作特点,由国家另行规定。

第六十四条 检察官退休后,享受国家规定的养老金和其他待遇。

第六十五条 对于国家机关及其工作人员侵犯本法第十一条规定的检察官权利的行为，检察官有权提出控告。

第六十六条 对检察官处分或者人事处理错误的，应当及时予以纠正；造成名誉损害的，应当恢复名誉、消除影响、赔礼道歉；造成经济损失的，应当赔偿。对打击报复的直接责任人员，应当依法追究其责任。

第八章 附 则

第六十七条 国家对初任检察官实行统一法律职业资格考试制度，由国务院司法行政部门商最高人民检察院等有关部门组织实施。

第六十八条 人民检察院的检察官助理在检察官指导下负责审查案件材料、草拟法律文书等检察辅助事务。

人民检察院应当加强检察官助理队伍建设，为检察官遴选储备人才。

第六十九条 有关检察官的权利、义务和管理制度，本法已有规定的，适用本法的规定；本法未作规定的，适用公务员管理的相关法律法规。

第七十条 本法自2019年10月1日起施行。

五、国旗、国徽、国歌

中华人民共和国国旗法

1. 1990年6月28日第七届全国人民代表大会常务委员会第十四次会议通过
2. 根据2009年8月27日第十一届全国人民代表大会常务委员会第十次会议《关于修改部分法律的决定》第一次修正
3. 根据2020年10月17日第十三届全国人民代表大会常务委员会第二十二次会议《关于修改〈中华人民共和国国旗法〉的决定》第二次修正

第一条 为了维护国旗的尊严,规范国旗的使用,增强公民的国家观念,弘扬爱国主义精神,培育和践行社会主义核心价值观,根据宪法,制定本法。

第二条 中华人民共和国国旗是五星红旗。

中华人民共和国国旗按照中国人民政治协商会议第一届全体会议主席团公布的国旗制法说明制作。

第三条 国旗的通用尺度为国旗制法说明中所列明的五种尺度。特殊情况使用其他尺度的国旗,应当按照通用尺度成比例适当放大或者缩小。

国旗、旗杆的尺度比例应当适当,并与使用目的、周围建筑、周边环境相适应。

第四条 中华人民共和国国旗是中华人民共和国的象征和标志。

每个公民和组织,都应当尊重和爱护国旗。

第五条 下列场所或者机构所在地,应当每日升挂国旗:

(一)北京天安门广场、新华门;

(二)中国共产党中央委员会,全国人民代表大会常务委员会,国务院,中央军事委员会,中国共产党中央纪律检查委员会、国家监察委员会,最高人民法院,最高人民检察院;

中国人民政治协商会议全国委员会;

(三)外交部;

（四）出境入境的机场、港口、火车站和其他边境口岸，边防海防哨所。

第六条 下列机构所在地应当在工作日升挂国旗：

（一）中国共产党中央各部门和地方各级委员会；

（二）国务院各部门；

（三）地方各级人民代表大会常务委员会；

（四）地方各级人民政府；

（五）中国共产党地方各级纪律检查委员会、地方各级监察委员会；

（六）地方各级人民法院和专门人民法院；

（七）地方各级人民检察院和专门人民检察院；

（八）中国人民政治协商会议地方各级委员会；

（九）各民主党派、各人民团体；

（十）中央人民政府驻香港特别行政区有关机构、中央人民政府驻澳门特别行政区有关机构。

学校除寒假、暑假和休息日外，应当每日升挂国旗。有条件的幼儿园参照学校的规定升挂国旗。

图书馆、博物馆、文化馆、美术馆、科技馆、纪念馆、展览馆、体育馆、青少年宫等公共文化体育设施应当在开放日升挂、悬挂国旗。

第七条 国庆节、国际劳动节、元旦、春节和国家宪法日等重要节日、纪念日，各级国家机关、各人民团体以及大型广场、公园等公共活动场所应当升挂国旗；企业事业组织，村民委员会、居民委员会，居民院（楼、小区）有条件的应当升挂国旗。

民族自治地方在民族自治地方成立纪念日和主要传统民族节日应当升挂国旗。

举行宪法宣誓仪式时，应当在宣誓场所悬挂国旗。

第八条 举行重大庆祝、纪念活动，大型文化、体育活动，大型展览会，可以升挂国旗。

第九条 国家倡导公民和组织在适宜的场合使用国旗及其图案，表达爱国情感。

公民和组织在网络中使用国旗图案，应当遵守相关网络管理规定，不得损害国旗尊严。

网络使用的国旗图案标准版本在中国人大网和中国政府网上发布。

第十条　外交活动以及国家驻外使馆领馆和其他外交代表机构升挂、使用国旗的办法，由外交部规定。

第十一条　中国人民解放军和中国人民武装警察部队升挂、使用国旗的办法，由中央军事委员会规定。

第十二条　民用船舶和进入中国领水的外国船舶升挂国旗的办法，由国务院交通主管部门规定。

执行出入境边防检查、边境管理、治安任务的船舶升挂国旗的办法，由国务院公安部门规定。

国家综合性消防救援队伍的船舶升挂国旗的办法，由国务院应急管理部门规定。

第十三条　依照本法第五条、第六条、第七条的规定升挂国旗的，应当早晨升起，傍晚降下。

依照本法规定应当升挂国旗的，遇有恶劣天气，可以不升挂。

第十四条　升挂国旗时，可以举行升旗仪式。

举行升旗仪式时，应当奏唱国歌。在国旗升起的过程中，在场人员应当面向国旗肃立，行注目礼或者按照规定要求敬礼，不得有损害国旗尊严的行为。

北京天安门广场每日举行升旗仪式。

学校除假期外，每周举行一次升旗仪式。

第十五条　下列人士逝世，下半旗志哀：

（一）中华人民共和国主席、全国人民代表大会常务委员会委员长、国务院总理、中央军事委员会主席；

（二）中国人民政治协商会议全国委员会主席；

（三）对中华人民共和国作出杰出贡献的人；

（四）对世界和平或者人类进步事业作出杰出贡献的人。

举行国家公祭仪式或者发生严重自然灾害、突发公共卫生事件以及其他不幸事件造成特别重大伤亡的，可以在全国范围内下半旗志哀，也可以在部分地区或者特定场所下半旗志哀。

依照本条第一款第三项、第四项和第二款的规定下半旗，由国务院有关部门或者省、自治区、直辖市人民政府报国务院决定。

依照本条规定下半旗的日期和场所，由国家成立的治丧机构或者国务院决定。

第十六条 下列人士逝世，举行哀悼仪式时，其遗体、灵柩或者骨灰盒可以覆盖国旗：

（一）本法第十五条第一款第一项至第三项规定的人士；

（二）烈士；

（三）国家规定的其他人士。

覆盖国旗时，国旗不得触及地面，仪式结束后应当将国旗收回保存。

第十七条 升挂国旗，应当将国旗置于显著的位置。

列队举持国旗和其他旗帜行进时，国旗应当在其他旗帜之前。

国旗与其他旗帜同时升挂时，应当将国旗置于中心、较高或者突出的位置。

在外事活动中同时升挂两个以上国家的国旗时，应当按照外交部的规定或者国际惯例升挂。

第十八条 在直立的旗杆上升降国旗，应当徐徐升降。升起时，必须将国旗升至杆顶；降下时，不得使国旗落地。

下半旗时，应当先将国旗升至杆顶，然后降至旗顶与杆顶之间的距离为旗杆全长的三分之一处；降下时，应当先将国旗升至杆顶，然后再降下。

第十九条 不得升挂或者使用破损、污损、褪色或者不合规格的国旗，不得倒挂、倒插或者以其他有损国旗尊严的方式升挂、使用国旗。

不得随意丢弃国旗。破损、污损、褪色或者不合规格的国旗应当按照国家有关规定收回、处置。大型群众性活动结束后，活动主办方应当收回或者妥善处置活动现场使用的国旗。

第二十条 国旗及其图案不得用作商标、授予专利权的外观设计和商业广告，不得用于私人丧事活动等不适宜的情形。

第二十一条 国旗应当作为爱国主义教育的重要内容。

中小学应当教育学生了解国旗的历史和精神内涵、遵守国旗升挂使用规范和升旗仪式礼仪。

新闻媒体应当积极宣传国旗知识，引导公民和组织正确使用国旗及其图案。

第二十二条 国务院办公厅统筹协调全国范围内国旗管理有关工作。地方各级人民政府统筹协调本行政区域内国旗管理有关工作。

各级人民政府市场监督管理部门对国旗的制作和销售实施监督管理。

县级人民政府确定的部门对本行政区域内国旗的升挂、使用和收回实施监督管理。

外交部、国务院交通主管部门、中央军事委员会有关部门对各自管辖范围内国旗的升挂、使用和收回实施监督管理。

第二十三条　在公共场合故意以焚烧、毁损、涂划、玷污、践踏等方式侮辱中华人民共和国国旗的，依法追究刑事责任；情节较轻的，由公安机关处以十五日以下拘留。

第二十四条　本法自1990年10月1日起施行。

附：

国旗制法说明

（1949年9月28日中国人民政治协商会议
第一届全体会议主席团公布）

国旗的形状、颜色两面相同，旗上五星两面相对。为便利计，本件仅以旗杆在左之一面为说明之标准。对于旗杆在右之一面，凡本件所称左均应改右，所称右均应改左。

（一）旗面为红色，长方形，其长与高为三与二之比，旗面左上方缀黄色五角星五颗。一星较大，其外接圆直径为旗高十分之三，居左；四星较小，其外接圆直径为旗高十分之一，环拱于大星之右。旗杆套为白色。

（二）五星之位置与画法如下：

甲、为便于确定五星之位置，先将旗面对分为四个相等的长方形，将左上方之长方形上下划为十等分，左右划为十五等分。

乙、大五角星的中心点，在该长方形上五下五、左五右十之处。其画法为：以此点为圆心，以三等分为半径作一圆。在此圆周上，定出五个等距离的点，其一点须位于圆之正上方。然后将此五点中各相隔的两点相联，使各成一直线。此五直线所构成之外轮廓线，即为所需之大五角星。五角星之一个角尖正向上方。

丙、四颗小五角星的中心点，第一点在该长方形上二下八、左十右五之处，第二点在上四下六、左十二右三之处，第三点在上七下三、左十二右三之处,第四点在上九下一、左十右五之处。其画法为:以以上四点为圆心,各以一等分为半径,分别作四个圆。在每个圆上各定出五个等距离的点,其中均须各有一点位于大五角星中心点与以上四个圆心的各联结线上。然后用构成大五角星的同样方法,构成小五角星。此四颗小五角星均各有一个角尖正对大五角星的中心点。

(三)国旗之通用尺度定为如下五种,各界酌情选用:

甲、长288公分,高192公分。

乙、长240公分,高160公分。

丙、长192公分,高128公分。

丁、长144公分,高96公分。

戊、长96公分,高64公分。

国旗制法图案(略)

中华人民共和国国徽法

1. 1991年3月2日第七届全国人民代表大会常务委员会第十八次会议通过

2. 根据2009年8月27日第十一届全国人民代表大会常务委员会第十次会议《关于修改部分法律的决定》第一次修正

3. 根据2020年10月17日第十三届全国人民代表大会常务委员会第二十二次会议《关于修改〈中华人民共和国国徽法〉的决定》第二次修正

第一条 为了维护国徽的尊严,正确使用国徽,增强公民的国家观念,弘扬爱国主义精神,培育和践行社会主义核心价值观,根据宪法,制定本法。

第二条 中华人民共和国国徽,中间是五星照耀下的天安门,周围是谷穗和齿轮。

中华人民共和国国徽按照1950年中央人民政府委员会通过的《中华人民共和国国徽图案》和中央人民政府委员会办公厅公布的《中华人民共和国国徽图案制作说明》制作。

第三条 中华人民共和国国徽是中华人民共和国的象征和标志。

一切组织和公民,都应当尊重和爱护国徽。

第四条 下列机构应当悬挂国徽:

(一)各级人民代表大会常务委员会;

(二)各级人民政府;

(三)中央军事委员会;

(四)各级监察委员会;

(五)各级人民法院和专门人民法院;

(六)各级人民检察院和专门人民检察院;

(七)外交部;

(八)国家驻外使馆、领馆和其他外交代表机构;

(九)中央人民政府驻香港特别行政区有关机构、中央人民政府驻澳门特别行政区有关机构。

国徽应当悬挂在机关正门上方正中处。

第五条 下列场所应当悬挂国徽:

(一)北京天安门城楼、人民大会堂;

(二)县级以上各级人民代表大会及其常务委员会会议厅,乡、民族乡、镇的人民代表大会会场;

(三)各级人民法院和专门人民法院的审判庭;

(四)宪法宣誓场所;

(五)出境入境口岸的适当场所。

第六条 下列机构的印章应当刻有国徽图案:

(一)全国人民代表大会常务委员会,国务院,中央军事委员会,国家监察委员会,最高人民法院,最高人民检察院;

(二)全国人民代表大会各专门委员会和全国人民代表大会常务委员会办公厅、工作委员会,国务院各部、各委员会、各直属机构、国务院办公厅以及国务院规定应当使用刻有国徽图案印章的办事机构,中央军事委员会办公厅以及中央军事委员会规定应当使用刻有国徽图案印章的其他机构;

(三)县级以上地方各级人民代表大会常务委员会、人民政府、监察委员会、人民法院、人民检察院,专门人民法院,专门人民检察院;

(四)国家驻外使馆、领馆和其他外交代表机构。

第七条 本法第六条规定的机构应当在其网站首页显著位置使用国徽

图案。

网站使用的国徽图案标准版本在中国人大网和中国政府网上发布。

第八条 下列文书、出版物等应当印有国徽图案：

（一）全国人民代表大会常务委员会、中华人民共和国主席和国务院颁发的荣誉证书、任命书、外交文书；

（二）中华人民共和国主席、副主席，全国人民代表大会常务委员会委员长、副委员长，国务院总理、副总理、国务委员，中央军事委员会主席、副主席，国家监察委员会主任，最高人民法院院长和最高人民检察院检察长以职务名义对外使用的信封、信笺、请柬等；

（三）全国人民代表大会常务委员会公报、国务院公报、最高人民法院公报和最高人民检察院公报的封面；

（四）国家出版的法律、法规正式版本的封面。

第九条 标示国界线的界桩、界碑和标示领海基点方位的标志碑以及其他用于显示国家主权的标志物可以使用国徽图案。

中国人民银行发行的法定货币可以使用国徽图案。

第十条 下列证件、证照可以使用国徽图案：

（一）国家机关工作人员的工作证件、执法证件等；

（二）国家机关颁发的营业执照、许可证书、批准证书、资格证书、权利证书等；

（三）居民身份证，中华人民共和国护照等法定出入境证件。

国家机关和武装力量的徽章可以将国徽图案作为核心图案。

公民在庄重的场合可以佩戴国徽徽章，表达爱国情感。

第十一条 外事活动和国家驻外使馆、领馆以及其他外交代表机构对外使用国徽图案的办法，由外交部规定，报国务院批准后施行。

第十二条 在本法规定的范围以外需要悬挂国徽或者使用国徽图案的，由全国人民代表大会常务委员会办公厅或者国务院办公厅会同有关主管部门规定。

第十三条 国徽及其图案不得用于：

（一）商标、授予专利权的外观设计、商业广告；

（二）日常用品、日常生活的陈设布置；

（三）私人庆吊活动；

（四）国务院办公厅规定不得使用国徽及其图案的其他场合。

第十四条 不得悬挂破损、污损或者不合规格的国徽。

第十五条 国徽应当作为爱国主义教育的重要内容。

中小学应当教育学生了解国徽的历史和精神内涵。

新闻媒体应当积极宣传国徽知识,引导公民和组织正确使用国徽及其图案。

第十六条 悬挂的国徽由国家指定的企业统一制作,其直径的通用尺度为下列三种:

(一)一百厘米;

(二)八十厘米;

(三)六十厘米。

需要悬挂非通用尺度国徽的,应当按照通用尺度成比例适当放大或者缩小,并与使用目的、所在建筑物、周边环境相适应。

第十七条 国务院办公厅统筹协调全国范围内国徽管理有关工作。地方各级人民政府统筹协调本行政区域内国徽管理有关工作。

各级人民政府市场监督管理部门对国徽的制作和销售实施监督管理。

县级人民政府确定的部门对本行政区域内国徽的悬挂、使用和收回实施监督管理。

第十八条 在公共场合故意以焚烧、毁损、涂划、玷污、践踏等方式侮辱中华人民共和国国徽的,依法追究刑事责任;情节较轻的,由公安机关处以十五日以下拘留。

第十九条 本法自 1991 年 10 月 1 日起施行。

附件:

中华人民共和国国徽图案(略)

说明:国徽的内容为国旗、天安门、齿轮和麦稻穗,象征中国人民自"五四"运动以来的新民主主义革命斗争和工人阶级领导的以工农联盟为基础的人民民主专政的新中国的诞生。

中华人民共和国国徽图案制作说明

(1950年9月20日中央人民政府委员会办公厅公布)

一、两把麦稻组成正圆形的环。齿轮安在下方麦稻杆的交叉点上。齿轮的中心交结着红绶。红绶向左右绾住麦稻而下垂,把齿轮分成上下两部。

二、从图案正中垂直画一直线,其左右两部分,完全对称。

三、图案各部分之地位、尺寸,可根据方格墨线图之比例,放大或缩小。

四、如制作浮雕,其各部位之高低,可根据断面图之比例放大或缩小。

五、国徽之涂色为金红二色:麦稻、五星、天安门、齿轮为金色,圆环内之底子及垂绶为红色;红为正红(同于国旗),金为大赤金(淡色而有光泽之金)。

中华人民共和国国徽方格墨线图(略)
中华人民共和国国徽纵断面图(略)

中华人民共和国国歌法

1. 2017年9月1日第十二届全国人民代表大会常务委员会第二十九次会议通过
2. 2017年9月1日中华人民共和国主席令第75号公布
3. 自2017年10月1日起施行

第一条 为了维护国歌的尊严,规范国歌的奏唱、播放和使用,增强公民的国家观念,弘扬爱国主义精神,培育和践行社会主义核心价值观,根据宪法,制定本法。

第二条 中华人民共和国国歌是《义勇军进行曲》。

第三条 中华人民共和国国歌是中华人民共和国的象征和标志。

一切公民和组织都应当尊重国歌,维护国歌的尊严。

第四条 在下列场合,应当奏唱国歌:

（一）全国人民代表大会会议和地方各级人民代表大会会议的开幕、闭幕；

中国人民政治协商会议全国委员会会议和地方各级委员会会议的开幕、闭幕；

（二）各政党、各人民团体的各级代表大会等；

（三）宪法宣誓仪式；

（四）升国旗仪式；

（五）各级机关举行或者组织的重大庆典、表彰、纪念仪式等；

（六）国家公祭仪式；

（七）重大外交活动；

（八）重大体育赛事；

（九）其他应当奏唱国歌的场合。

第五条 国家倡导公民和组织在适宜的场合奏唱国歌，表达爱国情感。

第六条 奏唱国歌，应当按照本法附件所载国歌的歌词和曲谱，不得采取有损国歌尊严的奏唱形式。

第七条 奏唱国歌时，在场人员应当肃立，举止庄重，不得有不尊重国歌的行为。

第八条 国歌不得用于或者变相用于商标、商业广告，不得在私人丧事活动等不适宜的场合使用，不得作为公共场所的背景音乐等。

第九条 外交活动中奏唱国歌的场合和礼仪，由外交部规定。

军队奏唱国歌的场合和礼仪，由中央军事委员会规定。

第十条 在本法第四条规定的场合奏唱国歌，应当使用国歌标准演奏曲谱或者国歌官方录音版本。

外交部及驻外外交机构应当向有关国家外交部门和有关国际组织提供国歌标准演奏曲谱和国歌官方录音版本，供外交活动中使用。

国务院体育行政部门应当向有关国际体育组织和赛会主办方提供国歌标准演奏曲谱和国歌官方录音版本，供国际体育赛会使用。

国歌标准演奏曲谱、国歌官方录音版本由国务院确定的部门组织审定、录制，并在中国人大网和中国政府网上发布。

第十一条 国歌纳入中小学教育。

中小学应当将国歌作为爱国主义教育的重要内容，组织学生学唱国歌，教育学生了解国歌的历史和精神内涵、遵守国歌奏唱礼仪。

第十二条 新闻媒体应当积极开展对国歌的宣传，普及国歌奏唱礼仪知识。

第十三条 国庆节、国际劳动节等重要的国家法定节日、纪念日，中央和省、自治区、直辖市的广播电台、电视台应当按照国务院广播电视主管部门规定的时点播放国歌。

第十四条 县级以上各级人民政府及其有关部门在各自职责范围内，对国歌的奏唱、播放和使用进行监督管理。

第十五条 在公共场合，故意篡改国歌歌词、曲谱，以歪曲、贬损方式奏唱国歌，或者以其他方式侮辱国歌的，由公安机关处以警告或者十五日以下拘留；构成犯罪的，依法追究刑事责任。

第十六条 本法自2017年10月1日起施行。

附件：

中华人民共和国国歌（五线谱版、简谱版）（略）

六、国家主权和领土完整

中华人民共和国陆地国界法

1. 2021年10月23日第十三届全国人民代表大会常务委员会第三十一次会议通过
2. 2021年10月23日中华人民共和国主席令第99号公布
3. 自2022年1月1日起施行

目　　录

第一章　总　　则

第一条　为了规范和加强陆地国界工作,保障陆地国界及边境的安全稳定,促进我国与陆地邻国睦邻友好和交流合作,维护国家主权、安全和领土完整,根据宪法,制定本法。

第二条　中华人民共和国陆地国界的划定和勘定,陆地国界及边境的防卫、管理和建设,陆地国界事务的国际合作等,适用本法。

第三条　陆地国界是指划分中华人民共和国与陆地邻国接壤的领陆和内水的界限。陆地国界垂直划分中华人民共和国与陆地邻国的领空和底土。

中华人民共和国陆地国界内侧一定范围内的区域为边境。

第四条 中华人民共和国的主权和领土完整神圣不可侵犯。

国家采取有效措施,坚决维护领土主权和陆地国界安全,防范和打击任何损害领土主权和破坏陆地国界的行为。

第五条 国家对陆地国界工作实行统一的领导。

第六条 外交部负责陆地国界涉外事务,参与陆地国界管理相关工作,牵头开展对外谈判、缔约、履约及国际合作,处理需要通过外交途径解决的问题,组织开展国界线和界标维护管理。

国务院公安部门负责边境地区公安工作,指导、监督边境公安机关加强社会治安管理,防范和打击边境违法犯罪活动。

海关总署负责边境口岸等的进出境相关监督管理工作,依法组织实施进出境交通运输工具、货物、物品和人员的海关监管、检疫。

国家移民管理部门负责边境地区移民管理工作,依法组织实施出入境边防检查、边民往来管理和边境地区边防管理。

国务院其他有关部门按照各自职责分工,依法行使职权,开展相关工作。

第七条 在中央军事委员会领导下,有关军事机关组织、指导、协调陆地国界及边境的防卫管控、维护社会稳定、处置突发事件、边防合作及相关工作。

中国人民解放军、中国人民武装警察部队按照各自任务分工,警戒守卫陆地国界,抵御武装侵略,处置陆地国界及边境重大突发事件和恐怖活动,会同或者协助地方有关部门防范、制止和打击非法越界,保卫陆地国界及边境的安全稳定。

第八条 边境省、自治区的各级人民代表大会及其常务委员会在本行政区域内,保证有关陆地国界及边境的法律法规的遵守和执行。

边境省、自治区的各级人民政府依照法律法规规定管理本行政区域内的陆地国界及边境相关工作。

第九条 军地有关部门、单位依托有关统筹协调机构,合力推进强边固防,组织开展边防防卫管控、边防基础设施建设与维护管理等工作,共同维护陆地国界及边境的安全稳定与正常秩序。

第十条 国家采取有效措施,加强边防建设,支持边境经济社会发展和对外开放,推进固边兴边富民行动,提高边境公共服务和基础设施建设水平,改善边境生产生活条件,鼓励和支持边民在边境生产生活,促进边防建设与边境经济社会协调发展。

第十一条 国家加强陆地国界宣传教育，铸牢中华民族共同体意识，弘扬中华民族捍卫祖国统一和领土完整的精神，增强公民的国家观念和国土安全意识，构筑中华民族共有精神家园。

各级人民政府和有关教育科研机构应当加强对陆地国界及边境相关史料的收集、保护和研究。

公民和组织发现陆地国界及边境相关史料、史迹和实物，应当依法及时上报或者上交国家有关部门。

第十二条 国家保障陆地国界工作经费。

国务院和边境省、自治区的县级以上各级人民政府，应当将陆地国界及边境相关工作纳入国民经济和社会发展规划。

第十三条 公民和组织应当维护陆地国界及边境安全稳定，保护界标和边防基础设施，配合、协助开展陆地国界相关工作。

国家对配合、协助开展陆地国界相关工作的公民和组织给予鼓励和支持，对作出突出贡献的公民和组织按照有关规定给予表彰、奖励。

第十四条 中华人民共和国遵守同外国缔结或者共同参加的有关陆地国界事务的条约。

第十五条 国家坚持平等互信、友好协商的原则，通过谈判与陆地邻国处理陆地国界及相关事务，妥善解决争端和历史遗留的边界问题。

第二章 陆地国界的划定和勘定

第十六条 国家与陆地邻国通过谈判缔结划定陆地国界的条约，规定陆地国界的走向和位置。

划定陆地国界的条约应当依照法律规定由国务院提请全国人民代表大会常务委员会决定批准，由中华人民共和国主席根据全国人民代表大会常务委员会的决定予以批准。

第十七条 国家与陆地邻国根据划界条约，实地勘定陆地国界并缔结勘界条约。

勘界条约应当依照法律规定由国务院核准。

第十八条 为保持国界线清晰稳定，国家与有关陆地邻国开展陆地国界联合检查，缔结联合检查条约。

第十九条 勘定陆地国界依据的自然地理环境发生无法恢复原状的重大变化时，国家可与陆地邻国协商，重新勘定陆地国界。

第二十条 国家设置界标在实地标示陆地国界。

界标的位置、种类、规格、材质及设置方式等，由外交部与陆地邻国相关部门协商确定。

第二十一条 陆地国界的划定、勘定、联合检查和设置界标等具体工作，由外交部会同国务院有关部门、有关军事机关和有关边境省、自治区依法组织实施。

第三章 陆地国界及边境的防卫

第二十二条 中国人民解放军、中国人民武装警察部队应当在边境开展边防执勤、管控，组织演训和勘察等活动，坚决防范、制止和打击入侵、蚕食、渗透、挑衅等行为，守卫陆地国界，维护边境安全稳定。

第二十三条 边境省、自治区的各级人民政府统筹资源配置，加强维护国界安全的群防队伍建设，支持和配合边防执勤、管控工作。

边境省、自治区的各级人民政府建设基础设施，应当统筹兼顾陆地国界及边境防卫需求。

公民和组织应当支持边防执勤、管控活动，为其提供便利条件或者其他协助。

第二十四条 国家根据边防管控需要，可以在靠近陆地国界的特定区域划定边境禁区并设置警示标志，禁止无关人员进入。

划定边境禁区应当兼顾经济社会发展、自然资源和生态环境保护、居民生产生活，由有关军事机关会同边境省、自治区人民政府提出方案，经征求国务院有关部门意见后，报国务院和中央军事委员会批准。

边境禁区的变更或者撤销，依照前款规定程序办理。

第二十五条 国家根据陆地国界及边境防卫需要，可以在陆地国界内侧建设拦阻、交通、通信、监控、警戒、防卫及辅助设施等边防基础设施，也可以与陆地邻国协商后在陆地国界线上建设拦阻设施。

边防基础设施的建设和维护在保证国家主权、安全和领土完整的前提下，兼顾经济社会发展、自然资源和生态环境保护、野生动物迁徙、居民生产生活的需要，并且不得损害陆地国界与边防基础设施之间领土的有效管控。

边防基础设施的建设规划由国务院和中央军事委员会批准。

第四章 陆地国界及边境的管理

第一节 一般规定

第二十六条 国家对陆地国界及边境的管理和相关建设实行统筹协调、分工负责、依法管理。

第二十七条 陆地国界及边境管理应当保障陆地国界清晰和安全稳定。

第二十八条 依照本法规定在边境地区设立经济、贸易、旅游等跨境合作区域或者开展跨境合作活动，应当符合边防管控要求，不得危害边防安全。

第二十九条 在陆地国界及边境管理中遇有重要情况和重大问题，有关地方人民政府、军事机关应当立即按照规定向上级机关报告。

第三十条 边境省、自治区可以根据本行政区域的具体情况和实际需要制定地方性法规、地方政府规章，对陆地国界及边境管理执行中的问题作出规定。

第三十一条 国家可以与有关陆地邻国缔结条约，就陆地国界及边境管理制度作出规定。条约对陆地国界及边境管理制度另有规定的，按照条约的规定执行。

第二节 陆地国界管理

第三十二条 界标和边防基础设施受法律保护。

任何组织或者个人不得擅自移动、损毁界标和边防基础设施。

界标被移动、损毁、遗失的，由外交部与陆地邻国相关部门协商后组织恢复、修缮或者重建。

第三十三条 为保持陆地国界清晰可视，国家可以在陆地国界内侧开辟和清理通视道。

第三十四条 国务院有关部门和边境省、自治区的各级人民政府应当采取措施维护界河（江、湖）走向稳定，并依照有关条约保护和合理利用边界水。

船舶和人员需要进入界河（江、湖）活动的，应当由有关主管部门批准或者备案，向公安机关报告，并接受查验。

第三十五条 国家经与陆地邻国协商，可以在靠近陆地国界的适当地点设立边境口岸。

边境口岸的设立、关闭、管理等，应当依照法律法规和有关条约确定，并通过外交途径通知陆地邻国。

第三十六条 国务院有关部门经与陆地邻国相关部门协商或者根据照顾边民往来、维护边境安全稳定的需要，可以设立边民通道并予以规范管理。

第三十七条 人员、交通运输工具、货物、物品等应当依照相关法律法规通过陆地国界出境入境，并接受有关主管部门的检查、检疫和监管。

特殊情况下，通过缔结条约或者经外交途径、主管部门协商后，有关人员、交通运输工具、货物、物品等应当从国务院、中央军事委员会或者其授权的部门批准的地点出境入境。

第三十八条 禁止任何个人非法越界。

非法越界人员被控制后，由公安机关等主管部门处理；非法越界人员为武装部队人员的，由有关军事机关处理。

非法越界人员行凶、拒捕或者实施其他暴力行为，危及他人人身和财产安全的，执法执勤人员可以依法使用警械和武器。

第三十九条 航空器飞越陆地国界，应当经有关主管机关批准并且遵守我国法律法规规定。未经批准飞越陆地国界的，有关主管机关应当采取必要措施进行处置。

任何组织或者个人未经有关主管机关批准不得在陆地国界附近操控无人驾驶航空器飞行。模型航空器、三角翼、无人驾驶自由气球等的飞行活动，参照无人驾驶航空器管理。

第四十条 任何组织或者个人未经有关主管部门批准不得在陆地国界附近修建永久性建筑物。

第四十一条 任何组织或者个人不得在陆地国界附近通过声音、光照、展示标示物、投掷或者传递物品、放置漂流物或者空飘物等方式从事危害国家安全或者影响我国与邻国友好关系的活动。

个人在陆地国界及其附近打捞或者捡拾的漂流物、空飘物等可疑物品，应当及时交当地人民政府或者有关军事机关，不得擅自处理。

第三节 边境管理

第四十二条 国家根据边防管理需要可以划定边境管理区。边境管理区人员通行、居住依照国家有关规定实行专门管理措施。

边境管理区的划定、变更、撤销由边境省、自治区人民政府提出方案，经征求国务院有关部门和有关军事机关意见后，报国务院批准并公告。

第四十三条 国家支持沿边城镇建设，健全沿边城镇体系，完善边境城镇功能，强化支撑能力建设。

第四十四条 国务院有关部门和边境省、自治区人民政府依照有关规定，可以建设或者批准设立边民互市贸易区(点)、边境经济合作区等区域。

第四十五条 国务院有关部门和边境省、自治区的各级人民政府应当采取措施保护边境生态环境,防止生态破坏,防治大气、水、土壤和其他污染。

第四十六条 国务院有关部门和边境省、自治区的各级人民政府应当采取措施预防传染病、动植物疫情、外来物种入侵以及洪涝、火灾等从陆地国界传入或者在边境传播、蔓延。

第四十七条 有下列情形之一的,国家可以封控边境、关闭口岸,并依照有关法律法规采取其他紧急措施:

(一)周边发生战争或者武装冲突可能影响国家边防安全稳定;

(二)发生使国家安全或者边境居民的人身财产安全受到严重威胁的重大事件;

(三)边境受到自然灾害、事故灾难、公共卫生事件或者核生化污染的严重威胁;

(四)其他严重影响陆地国界及边境安全稳定的情形。

前款规定的措施由国务院有关部门、有关军事机关和地方人民政府依照相关法律和规定组织实施。

第五章 陆地国界事务的国际合作

第四十八条 国家按照平等互利原则与陆地邻国开展国际合作,处理陆地国界事务,推进安全合作,深化互利共赢。

第四十九条 国家可以与有关陆地邻国协商建立边界联合委员会机制,指导和协调有关国际合作,执行有关条约,协商并处理与陆地国界管理有关的重要事项。

第五十条 有关军事机关可以与陆地邻国相关部门建立边防合作机制,沟通协商边防交往合作中的重大事项与问题,通过与陆地邻国相关边防机构建立边防会谈会晤机制,交涉处理边防有关事务,巩固和发展睦邻友好关系,共同维护陆地国界的安全稳定。

第五十一条 国家可以与有关陆地邻国在相应国界地段协商建立边界(边防)代表机制,由代表、副代表和相关工作人员组成,通过会谈、会晤和联合调查等方式处理边界事件、日常纠纷等问题。

边界(边防)代表的具体工作在国务院有关部门、中央军事委员会机关有关部门指导下,由中国人民解放军会同外事、公安、移民等相关部门组织实施。

第五十二条　公安、海关、移民等部门可以与陆地邻国相关部门建立合作机制，交流信息，开展执法合作，共同防范和打击跨界违法犯罪活动。

第五十三条　国家有关主管机关和有关军事机关可以与陆地邻国相关部门开展合作，共同打击恐怖主义、分裂主义和极端主义活动。

第五十四条　国家提升沿边对外开放便利化水平，优化边境地区营商环境；经与陆地邻国协商，可以在双方接壤区域设立跨境经济合作区、跨境旅游合作区、生态保护区等区域。

国家与陆地邻国共同建设并维护跨界设施，可以在陆地国界内侧设立临时的封闭建设区。

第五十五条　边境省、自治区的县级以上各级人民政府依照国家有关规定，可以与陆地邻国相应行政区域地方政府开展经济、旅游、文化、体育、抢险救灾和生态环境等领域合作。

第五十六条　国务院有关部门可以与陆地邻国相关部门在口岸建设和管理、自然资源利用、生态环境保护、疫情防控、应急管理等领域开展合作，建立相互通报、信息共享、技术与人才交流等合作机制。

边境省、自治区的县级以上各级人民政府可以在国家有关主管部门指导下，参与相关合作机制，承担具体合作工作。

第六章　法 律 责 任

第五十七条　有违反本法第三十二条第二款行为的，由公安机关依照《中华人民共和国治安管理处罚法》、《中华人民共和国军事设施保护法》有关规定处罚。损毁界标、边防基础设施的，应当责令行为人赔偿损失。

有违反本法第三十四条第二款或者第四十一条规定行为之一的，由公安机关处警告或者两千元以下罚款；情节严重的，处五日以下拘留或者两千元以上一万元以下罚款。

第五十八条　有违反本法第三十七条、第三十八条第一款或者第三十九条规定行为的，由有关部门依照相关法律法规，按照职责分工处罚。

有违反本法第四十条规定行为的，由有关主管部门责令停止违法行为、恢复原状，处五千元以上两万元以下罚款；情节严重的，处两万元以上五万元以下罚款。单位有违反该条规定行为的，处五万元以上二十万元以下罚款。

有违反本法第三十四条第二款、第三十九条第二款或者第四十一条规定行为之一的，还可以收缴用于实施违反陆地国界及边境管理行为的工具。

第五十九条 国家机关及其工作人员在陆地国界工作中不履行法定职责，泄露国家秘密或者滥用职权、玩忽职守、徇私舞弊的，对直接负责的主管人员和其他直接责任人员，依法给予处分。

第六十条 违反本法规定，构成犯罪的，依法追究刑事责任。

第七章 附 则

第六十一条 界标是指竖立在陆地国界上或者陆地国界两侧，在实地标示陆地国界走向，且其地理坐标已测定并记载于勘界条约或者联合检查条约中的标志，包括基本界标、辅助界标、导标和浮标等。

通视道是指为使陆地国界保持通视，在陆地国界两侧一定宽度范围内开辟的通道。

第六十二条 本法自2022年1月1日起施行。

中华人民共和国缔结条约程序法

1．1990年12月28日第七届全国人民代表大会常务委员会第十七次会议通过
2．1990年12月28日中华人民共和国主席令第37号公布施行

第一条 根据中华人民共和国宪法，制定本法。

第二条 本法适用于中华人民共和国同外国缔结的双边和多边条约、协定和其他具有条约、协定性质的文件。

第三条 中华人民共和国国务院，即中央人民政府，同外国缔结条约和协定。

中华人民共和国全国人民代表大会常务委员会决定同外国缔结的条约和重要协定的批准和废除。

中华人民共和国主席根据全国人民代表大会常务委员会的决定，批准和废除同外国缔结的条约和重要协定。

中华人民共和国外交部在国务院领导下管理同外国缔结条约和协定的具体事务。

第四条 中华人民共和国以下列名义同外国缔结条约和协定：

（一）中华人民共和国；

（二）中华人民共和国政府；

（三）中华人民共和国政府部门。

第五条 谈判和签署条约、协定的决定程序如下：

（一）以中华人民共和国名义谈判和签署条约、协定，由外交部或者国务院有关部门会同外交部提出建议并拟订条约、协定的中方草案，报请国务院审核决定；

（二）以中华人民共和国政府名义谈判和签署条约、协定，由外交部提出建议并拟订条约、协定的中方草案，或者由国务院有关部门提出建议并拟订条约、协定的中方草案，同外交部会商后，报请国务院审核决定。属于具体业务事项的协定，经国务院同意，协定的中方草案由国务院有关部门审核决定，必要时同外交部会商；

（三）以中华人民共和国政府部门名义谈判和签署属于本部门职权范围内事项的协定，由本部门决定或者本部门同外交部会商后决定；涉及重大问题或者涉及国务院其他有关部门职权范围的，由本部门或者本部门同国务院其他有关部门会商后，报请国务院决定。协定的中方草案由本部门审核决定，必要时同外交部会商。

经国务院审核决定的条约、协定的中方草案，经谈判需要作重要改动的，重新报请国务院审核决定。

第六条 谈判和签署条约、协定的代表按照下列程序委派：

（一）以中华人民共和国名义或者中华人民共和国政府名义缔结条约、协定，由外交部或者国务院有关部门报请国务院委派代表。代表的全权证书由国务院总理签署，也可以由外交部长签署；

（二）以中华人民共和国政府部门名义缔结协定，由部门首长委派代表。代表的授权证书由部门首长签署。部门首长签署以本部门名义缔结的协定，各方约定出具全权证书的，全权证书由国务院总理签署，也可以由外交部长签署。

下列人员谈判、签署条约、协定，无须出具全权证书：

（一）国务院总理、外交部长；

（二）谈判、签署与驻在国缔结条约、协定的中华人民共和国驻该国使馆馆长，但是各方另有约定的除外；

（三）谈判、签署以本部门名义缔结协定的中华人民共和国政府部门首长，但是各方另有约定的除外；

（四）中华人民共和国派往国际会议或者派驻国际组织，并在该会议或者该组织内参加条约、协定谈判的代表，但是该会议另有约定或者该组织章程另有规定的除外。

第七条 条约和重要协定的批准由全国人民代表大会常务委员会决定。

前款规定的条约和重要协定是指：

（一）友好合作条约、和平条约等政治性条约；

（二）有关领土和划定边界的条约、协定；

（三）有关司法协助、引渡的条约、协定；

（四）同中华人民共和国法律有不同规定的条约、协定；

（五）缔约各方议定须经批准的条约、协定；

（六）其他须经批准的条约、协定。

条约和重要协定签署后，由外交部或者国务院有关部门会同外交部，报请国务院审核；由国务院提请全国人民代表大会常务委员会决定批准；中华人民共和国主席根据全国人民代表大会常务委员会的决定予以批准。

双边条约和重要协定经批准后，由外交部办理与缔约另一方互换批准书的手续；多边条约和重要协定经批准后，由外交部办理向条约、协定的保存国或者国际组织交存批准书的手续。批准书由中华人民共和国主席签署，外交部长副署。

第八条 本法第七条第二款所列范围以外的国务院规定须经核准或者缔约各方议定须经核准的协定和其他具有条约性质的文件签署后，由外交部或者国务院有关部门会同外交部，报请国务院核准。

协定和其他具有条约性质的文件经核准后，属于双边的，由外交部办理与缔约另一方互换核准书或者以外交照会方式相互通知业已核准的手续；属于多边的，由外交部办理向有关保存国或者国际组织交存核准书的手续。核准书由国务院总理签署，也可以由外交部长签署。

第九条 无须全国人民代表大会常务委员会决定批准或者国务院核准的协定签署后，除以中华人民共和国政府部门名义缔结的协定由本部门送外交部登记外，其他协定由国务院有关部门报国务院备案。

第十条 缔约双方为使同一条约、协定生效需要履行的国内法律程序不同的，该条约、协定于缔约双方完成各自法律程序并以外交照会方式相互通知后生效。

前款所列条约、协定签署后，应当区别情况依照本法第七条、第八条、第九条的规定办理批准、核准、备案或者登记手续。通知照会的手续由外交部办理。

第十一条 加入多边条约和协定，分别由全国人民代表大会常务委员会或者国务院决定。

加入多边条约和协定的程序如下：

（一）加入属于本法第七条第二款所列范围的多边条约和重要协定，由外交部或者国务院有关部门会同外交部审查后，提出建议，报请国务院审核；由国务院提请全国人民代表大会常务委员会作出加入的决定。加入书由外交部长签署，具体手续由外交部办理；

（二）加入不属于本法第七条第二款所列范围的多边条约、协定，由外交部或者国务院有关部门会同外交部审查后，提出建议，报请国务院作出加入的决定。加入书由外交部长签署，具体手续由外交部办理。

第十二条 接受多边条约和协定，由国务院决定。

经中国代表签署的或者无须签署的载有接受条款的多边条约、协定，由外交部或者国务院有关部门会同外交部审查后，提出建议，报请国务院作出接受的决定。接受书由外交部长签署，具体手续由外交部办理。

第十三条 中华人民共和国同外国缔结的双边条约、协定，以中文和缔约另一方的官方文字写成，两种文本同等作准；必要时，可以附加使用缔约双方同意的一种第三国文字，作为同等作准的第三种正式文本或者作为起参考作用的非正式文本；经缔约双方同意，也可以规定对条约、协定的解释发生分歧时，以该第三种文本为准。

某些属于具体业务事项的协定，以及同国际组织缔结的条约、协定，经缔约双方同意或者依照有关国际组织章程的规定，也可以只使用国际上较通用的一种文字。

第十四条 以中华人民共和国或者中华人民共和国政府名义缔结的双边条约、协定的签字正本，以及经条约、协定的保存国或者国际组织核证无误的多边条约、协定的副本，由外交部保存；以中华人民共和国政府部门名义缔结的双边协定的签字正本，由本部门保存。

第十五条 经全国人民代表大会常务委员会决定批准或者加入的条约和重要协定，由全国人民代表大会常务委员会公报公布。其他条约、协定的公布办法由国务院规定。

第十六条 中华人民共和国缔结的条约和协定由外交部编入《中华人民共和国条约集》。

第十七条 中华人民共和国缔结的条约和协定由外交部按照联合国宪章的有关规定向联合国秘书处登记。

中华人民共和国缔结的条约和协定需要向其他国际组织登记的,由外交部或者国务院有关部门按照各该国际组织章程的规定办理。

第十八条 中华人民共和国同国际组织缔结条约和协定的程序,依照本法及有关国际组织章程的规定办理。

第十九条 中华人民共和国缔结的条约和协定的修改、废除或者退出的程序,比照各该条约、协定的缔结的程序办理。

第二十条 国务院可以根据本法制定实施条例。

第二十一条 本法自公布之日起施行。

中华人民共和国外交特权与豁免条例

1. 1986年9月5日第六届全国人民代表大会常务委员会第十七次会议通过
2. 1986年9月5日中华人民共和国主席令第44号公布施行

第一条 为确定外国驻中国使馆和使馆人员的外交特权与豁免,便于外国驻中国使馆代表其国家有效地执行职务,特制定本条例。

第二条 使馆外交人员原则上应当是具有派遣国国籍的人。如果委派中国或者第三国国籍的人为使馆外交人员,必须征得中国主管机关的同意。中国主管机关可以随时撤销此项同意。

第三条 使馆及其馆长有权在使馆馆舍和使馆馆长交通工具上,使用派遣国的国旗或者国徽。

第四条 使馆馆舍不受侵犯。中国国家工作人员进入使馆馆舍,须经使馆馆长或者其授权人员的同意。中国有关机关应当采取适当措施,保护使馆馆舍免受侵犯或者损害。

使馆的馆舍、设备及馆舍内其他财产和使馆交通工具免受搜查、征用、扣押或者强制执行。

第五条 使馆馆舍免纳捐税,但为其提供特定服务所收的费用不在此限。

使馆办理公务所收规费和手续费免纳捐税。

第六条 使馆的档案和文件不受侵犯。

第七条 使馆人员在中国境内有行动和旅行的自由,中国政府规定禁止或者限制进入的区域除外。

第八条 使馆为公务目的可以与派遣国政府以及派遣国其他使馆和领事馆自由通讯。通讯可以采用一切适当方法,包括外交信使、外交邮袋和明码、密码电信在内。

第九条 使馆设置和使用供通讯用的无线电收发信机,必须经中国政府同意。使馆运进上述设备,按中国政府的有关规定办理。

第十条 使馆来往的公文不受侵犯。

外交邮袋不得开拆或者扣留。

外交邮袋以装载外交文件或者公务用品为限,应予加封并附有可资识别的外部标记。

第十一条 外交信使必须持有派遣国主管机关出具的信使证明书。外交信使人身不受侵犯,不受逮捕或者拘留。

临时外交信使必须持有派遣国主管机关出具的临时信使证明书,在其负责携带外交邮袋期间,享有与外交信使同等的豁免。

商业飞机机长受委托可以转递外交邮袋,但机长必须持有委托国官方证明文件,注明所携带的外交邮袋件数。机长不得视为外交信使。使馆应当派使馆人员向机长接交外交邮袋。

第十二条 外交代表人身不受侵犯,不受逮捕或者拘留。中国有关机关应当采取适当措施,防止外交代表的人身自由和尊严受到侵犯。

第十三条 外交代表的寓所不受侵犯,并受保护。

外交代表的文书和信件不受侵犯。外交代表的财产不受侵犯,但第十四条另有规定的除外。

第十四条 外交代表享有刑事管辖豁免。

外交代表享有民事管辖豁免和行政管辖豁免,但下列各项除外:

(一)外交代表以私人身份进行的遗产继承的诉讼;

(二)外交代表违反第二十五条第三项规定在中国境内从事公务范围以外的职业或者商业活动的诉讼。

外交代表免受强制执行,但对前款所列情况,强制执行对其人身和寓所不构成侵犯的,不在此限。

外交代表没有以证人身份作证的义务。

第十五条 外交代表和第二十条规定享有豁免的人员的管辖豁免可以由派遣国政府明确表示放弃。

外交代表和第二十条规定享有豁免的人员如果主动提起诉讼,对与本诉直接有关的反诉,不得援用管辖豁免。

放弃民事管辖豁免或者行政管辖豁免,不包括对判决的执行也放弃豁免。放弃对判决执行的豁免须另作明确表示。

第十六条 外交代表免纳捐税,但下列各项除外:

(一)通常计入商品价格或者服务价格内的捐税;

(二)有关遗产的各种捐税,但外交代表亡故,其在中国境内的动产不在此限;

(三)对来源于中国境内的私人收入所征的捐税;

(四)为其提供特定服务所收的费用。

第十七条 外交代表免除一切个人和公共劳务以及军事义务。

第十八条 使馆运进的公务用品、外交代表运进的自用物品,按照中国政府的有关规定免纳关税和其他捐税。

外交代表的私人行李免受查验,但中国有关机关有重大理由推定其中装有不属于前款规定免税的物品或者中国法律和政府规定禁止运进、运出或者检疫法规规定管制的物品的,可以查验。查验时,须有外交代表或者其授权人员在场。

第十九条 使馆和使馆人员携运自用的枪支、子弹入境,必须经中国政府批准,并且按中国政府的有关规定办理。

第二十条 与外交代表共同生活的配偶及未成年子女,如果不是中国公民,享有第十二条至第十八条所规定的特权与豁免。

使馆行政技术人员和与其共同生活的配偶及未成年子女,如果不是中国公民并且不是在中国永久居留的,享有第十二条至第十七条所规定的特权与豁免,但民事管辖豁免和行政管辖豁免,仅限于执行公务的行为。使馆行政技术人员到任后半年内运进的安家物品享有第十八条第一款所规定的免税的特权。

使馆服务人员如果不是中国公民并且不是在中国永久居留的,其执行公务的行为享有豁免,其受雇所得报酬免纳所得税。其到任后半年内运进的安家物品享有第十八条第一款所规定的免税的特权。

使馆人员的私人服务员如果不是中国公民并且不是在中国永久居留的,其受雇所得的报酬免纳所得税。

第二十一条 外交代表如果是中国公民或者获得在中国永久居留资格的外国人,仅就其执行公务的行为,享有管辖豁免和不受侵犯。

第二十二条 下列人员享有在中国过境或者逗留期间所必需的豁免和不受侵犯:

(一)途经中国的外国驻第三国的外交代表和与其共同生活的配偶及未成年子女;

(二)持有中国外交签证或者持有外交护照(仅限互免签证的国家)来中国的外国官员;

(三)经中国政府同意给予本条所规定的特权与豁免的其他来中国访问的外国人士。

对途经中国的第三国外交信使及其所携带的外交邮袋,参照第十条、第十一条的规定办理。

第二十三条 来中国访问的外国国家元首、政府首脑、外交部长及其他具有同等身份的官员,享有本条例所规定的特权与豁免。

第二十四条 来中国参加联合国及其专门机构召开的国际会议的外国代表、临时来中国的联合国及其专门机构的官员和专家、联合国及其专门机构驻中国的代表机构和人员的待遇,按中国已加入的有关国际公约和中国与有关国际组织签订的协议办理。

第二十五条 享有外交特权与豁免的人员:

(一)应当尊重中国的法律、法规;

(二)不得干涉中国的内政;

(三)不得在中国境内为私人利益从事任何职业或者商业活动;

(四)不得将使馆馆舍和使馆工作人员寓所充作与使馆职务不相符合的用途。

第二十六条 如果外国给予中国驻该国使馆、使馆人员以及临时去该国的有关人员的外交特权与豁免,低于中国按本条例给予该国驻中国使馆、使馆人员以及临时来中国的有关人员的外交特权与豁免,中国政府根据对等原则,可以给予该国驻中国使馆、使馆人员以及临时来中国的有关人员以相应的外交特权与豁免。

第二十七条 中国缔结或者参加的国际条约另有规定的,按照国际条约的规定办理,但中国声明保留的条款除外。

中国与外国签订的外交特权与豁免协议另有规定的,按照协议的规定执行。

第二十八条 本条例中下列用语的含义是:

(一)“使馆馆长”是指派遣国委派担任此项职位的大使、公使、代办以及其他同等级别的人;

(二)“使馆人员”是指使馆馆长和使馆工作人员;

(三)“使馆工作人员”是指使馆外交人员、行政技术人员和服务人员;

(四)“使馆外交人员”是指具有外交官衔的使馆工作人员;

(五)“外交代表”是指使馆馆长或者使馆外交人员;

(六)“使馆行政技术人员”是指从事行政和技术工作的使馆工作人员;

(七)“使馆服务人员”是指从事服务工作的使馆工作人员;

(八)“私人服务员”是指使馆人员私人雇用的人员;

(九)“使馆馆舍”是指使馆使用和使馆馆长官邸的建筑物及其附属的土地。

第二十九条 本条例自公布之日起施行。

中华人民共和国领事特权与豁免条例

1. 1990年10月30日第七届全国人民代表大会常务委员会第十六次会议通过
2. 1990年10月30日中华人民共和国主席令第35号公布施行

第一条 为确定外国驻中国领馆和领馆成员的领事特权与豁免,便于外国驻中国领馆在领区内代表其国家有效地执行职务,制定本条例。

第二条 领事官员应当是具有派遣国国籍的人。如果委派具有中国或者第二国国籍的人或者派遣国在中国永久居留的人为领事官员,必须征得中国主管机关的同意。中国主管机关可以随时撤销此项同意。

第三条 领馆及其馆长有权在领馆馆舍、馆长寓所和馆长执行职务所乘用的交通工具上,使用派遣国国旗或者国徽。

第四条 领馆馆舍不受侵犯。中国国家工作人员进入领馆馆舍,须经领馆馆长或者派遣国使馆馆长或者他们两人中一人授权的人员同意。遇有火灾或者其他灾害须迅速采取保护行动时,可以推定领馆馆长已经同意。中国有关机关应当采取适当措施保护领馆馆舍免受侵犯或者损害。

第五条 领馆馆舍和馆长寓所免纳捐税,但为其提供特定服务所收的费用不在此限。

领馆办理公务所收规费和手续费免纳捐税。

第六条 领馆的档案和文件不受侵犯。

第七条 领馆成员在中国境内有行动和旅行的自由,但中国政府规定禁止或者限制进入的区域除外。

第八条 领馆为公务目的可以同派遣国政府以及派遣国使馆和其他领馆自由通讯。通讯可以采用一切适当方法,包括外交信使或者领事信使、外交邮袋或者领事邮袋和明码、密码电信在内。

第九条 领馆设置和使用无线电收发信机,必须经中国政府同意。领馆运进上述设备,按照中国政府的有关规定办理。

第十条 领事邮袋不得开拆或者扣留。

领事邮袋以装载来往公文、公务文件及公务用品为限,应予加封并附有可资识别的外部标记。如中国有关机关有重大理由认为领事邮袋装有上述物品以外的物品时,可要求领事官员或者其授权的人员在中国有关机关人员在场的情况下开拆;如领事官员拒绝此项要求,领事邮袋应予退回至原发送地点。

第十一条 领事信使必须是具有派遣国国籍的人,并且不得是在中国永久居留的。领事信使必须持有派遣国主管机关出具的信使证明书。领事信使人身不受侵犯,不受逮捕或者拘留。

临时领事信使必须持有派遣国主管机关出具的临时信使证明书,在其负责携带领事邮袋期间享有与领事信使同等的豁免。

商业飞机机长或者商业船舶船长受委托可以转递领事邮袋,但机长或者船长必须持有委托国官方证明文件,注明所携带的领事邮袋件数。机长或者船长不得视为领事信使。经与中国地方人民政府主管机关商定,领馆可以派领馆成员与机长或者船长接交领事邮袋。

第十二条 领事官员人身不受侵犯。中国有关机关应当采取适当措施,防止领事官员的人身自由和尊严受到侵犯。

领事官员不受逮捕或者拘留,但有严重犯罪情形,依照法定程序予以逮捕或者拘留的不在此限。

领事官员不受监禁,但为执行已经发生法律效力的判决的不在此限。

第十三条 领事官员的寓所不受侵犯。

领事官员的文书和信件不受侵犯。

领事官员的财产不受侵犯,但本条例第十四条另有规定的除外。

第十四条 领事官员和领馆行政技术人员执行职务的行为享有司法和行政管辖豁免。领事官员执行职务以外的行为的管辖豁免,按照中国与外国签订的双边条约、协定或者根据对等原则办理。

领事官员和领馆行政技术人员享有的司法管辖豁免不适用于下列各项民事诉讼:

(一)涉及未明示以派遣国代表身份所订的契约的诉讼;

(二)涉及在中国境内的私有不动产的诉讼,但以派遣国代表身份所拥有的为领馆使用的不动产不在此限;

(三)以私人身份进行的遗产继承的诉讼;

(四)因车辆、船舶或者航空器在中国境内造成的事故涉及损害赔偿的诉讼。

第十五条 领馆成员可以被要求在司法或者行政程序中到场作证,但没有义务就其执行职务所涉及事项作证。领馆成员有权拒绝以鉴定人身分就派遣国的法律提出证词。

领事官员拒绝作证,不得对其采取强制措施或者给予处罚。

领馆行政技术人员和领馆服务人员除执行职务所涉及事项外,不得拒绝作证。

第十六条 本条例规定的有关人员所享有的管辖豁免可以由派遣国政府明确表示放弃。

依照本条例规定享有管辖豁免的人员如果主动提起诉讼,对与本诉直接有关的反诉,不得援用管辖豁免。

放弃民事管辖豁免或者行政管辖豁免,不包括对判决的执行也放弃豁免。放弃对判决执行的豁免须由派遣国政府另作明确表示。

第十七条 领事官员和领馆行政技术人员免纳捐税,但下列各项除外:

(一)通常计入商品价格或者服务价格内的捐税;

（二）对在中国境内私有不动产所征的捐税，但用作领馆馆舍的不在此限；

（三）有关遗产的各种捐税，但领事官员亡故，其在中国境内的动产的有关遗产的各种捐税免纳；

（四）对来源于中国境内的私人收入所征的捐税；

（五）为其提供特定服务所收的费用。

领馆服务人员在领馆服务所得工资，免纳捐税。

第十八条 领馆成员免除一切个人和公共劳务以及军事义务。

领事官员和领馆行政技术人员免除中国法律、法规关于外国人登记和居留许可所规定的义务。

第十九条 领馆运进的公务用品，领事官员运进的自用物品和领馆行政技术人员到任后半年内运进的自用物品包括安家物品，按照中国政府的有关规定免纳关税和其他捐税，但保管、运输及类似服务费用除外。

领事官员和领馆行政技术人员运进的前款所述自用物品，不得超过直接需要的数量。

领事官员的私人行李免受查验，但中国有关机关有重大理由认为其中装有不属于本条第一款规定的自用物品或者中国法律和政府规定禁止运进、运出或者管制的物品，可以查验。查验时，须有领事官员或者其授权的人员到场。

第二十条 领馆和领馆成员携带自用的枪支、子弹入出境，必须经中国政府批准，并且按照中国政府的有关规定办理。

第二十一条 与领事官员、领馆行政技术人员、领馆服务人员共同生活的配偶及未成年子女，分别享有领事官员、领馆行政技术人员、领馆服务人员根据本条例第七条、第十七条、第十八条、第十九条的规定所享有的特权与豁免，但身为中国公民或者在中国永久居留的外国人除外。

第二十二条 领事官员如果是中国公民或者在中国永久居留的外国人，仅就其执行职务的行为，享有本条例规定的特权与豁免。

领馆行政技术人员或者领馆服务人员如果是中国公民或者在中国永久居留的外国人，除没有义务就其执行职务所涉及事项作证外，不享有本条例规定的特权与豁免。

私人服务人员不享有本条例规定的特权与豁免。

第二十三条 下列人员在中国过境或者逗留期间享有所必需的豁免和不

受侵犯：

（一）途经中国的外国驻第三国的领事官员和与其共同生活的配偶及未成年子女；

（二）持有中国外交签证或者持有与中国互免签证国家外交护照的外国领事官员。

第二十四条 享有领事特权与豁免的人员：

（一）应当尊重中国的法律、法规；

（二）不得干涉中国的内政；

（三）不得将领馆馆舍和领馆成员的寓所充作与执行领事职务不相符合的用途。

第二十五条 领事官员不得在中国境内为私人利益从事任何职务范围以外的职业或者商业活动。

第二十六条 如果外国给予中国驻该国领馆、领馆成员以及途经或者临时去该国的中国驻第三国领事官员的领事特权与豁免，不同于中国给予该国驻中国领馆、领馆成员以及途经或者临时来中国的该国驻第三国领事官员的领事特权与豁免，中国政府根据对等原则，可以给予该国驻中国领馆、领馆成员以及途经或者临时来中国的该国驻第三国领事官员以相应的领事特权与豁免。

第二十七条 中国缔结或者参加的国际条约对领事特权与豁免另有规定的，按照国际条约的规定办理，但中国声明保留的条款除外。

中国与外国签订的双边条约或者协定对领事特权与豁免另有规定的，按照条约或者协定的规定执行。

第二十八条 本条例中下列用语的含义是：

（一）“领馆”是指总领事馆、领事馆、副领事馆或者领事代理处；

（二）“领区”是指为领馆执行领事职务而设定的区域；

（三）“领馆馆长”是指派遣国委派领导领馆的总领事、领事、副领事或者领事代理人；

（四）“领事官员”是指总领事、副总领事、领事、副领事、领事随员或者领事代理人；

（五）“领馆行政技术人员”是指从事领馆行政或者技术工作的人员；

（六）“领馆服务人员”是指从事领馆服务工作的人员；

（七）“领馆成员”是指领事官员、领馆行政技术人员和领馆服务人员；

（八）“私人服务人员”是指领馆成员私人雇用的服务人员；

（九）“领馆馆舍”是指专供领馆使用的建筑物或者部分建筑物及其附属的土地。

第二十九条 本条例自公布之日起施行。

中华人民共和国领海及毗连区法

1. 1992年2月25日第七届全国人民代表大会常务委员会第二十四次会议通过

2. 1992年2月25日中华人民共和国主席令第55号公布施行

第一条 为行使中华人民共和国对领海的主权和对毗连区的管制权，维护国家安全和海洋权益，制定本法。

第二条 中华人民共和国领海为邻接中华人民共和国陆地领土和内水的一带海域。

中华人民共和国的陆地领土包括中华人民共和国大陆及其沿海岛屿、台湾及其包括钓鱼岛在内的附属各岛、澎湖列岛、东沙群岛、西沙群岛、中沙群岛、南沙群岛以及其他一切属于中华人民共和国的岛屿。

中华人民共和国领海基线向陆地一侧的水域为中华人民共和国的内水。

第三条 中华人民共和国领海的宽度从领海基线量起为十二海里。

中华人民共和国领海基线采用直线基线法划定，由各相邻基点之间的直线连线组成。

中华人民共和国领海的外部界限为一条其每一点与领海基线的最近点距离等于十二海里的线。

第四条 中华人民共和国毗连区为领海以外邻接领海的一带海域。毗连区的宽度为十二海里。

中华人民共和国毗连区的外部界限为一条其每一点与领海基线的最近点距离等于二十四海里的线。

第五条 中华人民共和国对领海的主权及于领海上空、领海的海床及底土。

第六条 外国非军用船舶，享有依法无害通过中华人民共和国领海的权利。

外国军用船舶进入中华人民共和国领海，须经中华人民共和国政府批准。

第七条 外国潜水艇和其他潜水器通过中华人民共和国领海，必须在海面航行，并展示其旗帜。

第八条 外国船舶通过中华人民共和国领海，必须遵守中华人民共和国法律、法规，不得损害中华人民共和国的和平、安全和良好秩序。

外国核动力船舶和载运核物质、有毒物质或者其他危险物质的船舶通过中华人民共和国领海，必须持有有关证书，并采取特别预防措施。

中华人民共和国政府有权采取一切必要措施，以防止和制止对领海的非无害通过。

外国船舶违反中华人民共和国法律、法规的，由中华人民共和国有关机关依法处理。

第九条 为维护航行安全和其他特殊需要，中华人民共和国政府可以要求通过中华人民共和国领海的外国船舶使用指定的航道或者依照规定的分道通航制航行，具体办法由中华人民共和国政府或者其有关主管部门公布。

第十条 外国军用船舶或者用于非商业目的的外国政府船舶在通过中华人民共和国领海时，违反中华人民共和国法律、法规的，中华人民共和国有关主管机关有权令其立即离开领海，对所造成的损失或者损害，船旗国应当负国际责任。

第十一条 任何国际组织、外国的组织或者个人，在中华人民共和国领海内进行科学研究、海洋作业等活动，须经中华人民共和国政府或者其有关主管部门批准，遵守中华人民共和国法律、法规。

违反前款规定，非法进入中华人民共和国领海进行科学研究、海洋作业等活动的，由中华人民共和国有关机关依法处理。

第十二条 外国航空器只有根据该国政府与中华人民共和国政府签订的协定、协议，或者经中华人民共和国政府或者其授权的机关批准或者接受，方可进入中华人民共和国领海上空。

第十三条 中华人民共和国有权在毗连区内，为防止和惩处在其陆地领土、内水或者领海内违反有关安全、海关、财政、卫生或者入境出境管理的法律、法规的行为行使管制权。

第十四条 中华人民共和国有关主管机关有充分理由认为外国船舶违反中华人民共和国法律、法规时，可以对该外国船舶行使紧追权。

追逐须在外国船舶或者其小艇之一或者以被追逐的船舶为母船进行活动的其他船艇在中华人民共和国的内水、领海或者毗连区内时开始。

如果外国船舶是在中华人民共和国毗连区内,追逐只有在本法第十三条所列有关法律、法规规定的权利受到侵犯时方可进行。

追逐只要没有中断,可以在中华人民共和国领海或者毗连区外继续进行。在被追逐的船舶进入其本国领海或者第三国领海时,追逐终止。

本条规定的紧追权由中华人民共和国军用船舶、军用航空器或者中华人民共和国政府授权的执行政府公务的船舶、航空器行使。

第十五条 中华人民共和国领海基线由中华人民共和国政府公布。

第十六条 中华人民共和国政府依据本法制定有关规定。

第十七条 本法自公布之日起施行。

中华人民共和国专属经济区和大陆架法

1. 1998年6月26日第九届全国人民代表大会常务委员会第三次会议通过

2. 1998年6月26日中华人民共和国主席令第6号公布施行

第一条 为保障中华人民共和国对专属经济区和大陆架行使主权权利和管辖权,维护国家海洋权益,制定本法。

第二条 中华人民共和国的专属经济区,为中华人民共和国领海以外并邻接领海的区域,从测算领海宽度的基线量起延至二百海里。

中华人民共和国的大陆架,为中华人民共和国领海以外依本国陆地领土的全部自然延伸,扩展到大陆边外缘的海底区域的海床和底土;如果从测算领海宽度的基线量起至大陆边外缘的距离不足二百海里,则扩展至二百海里。

中华人民共和国与海岸相邻或者相向国家关于专属经济区和大陆架的主张重叠的,在国际法的基础上按照公平原则以协议划定界限。

第三条 中华人民共和国在专属经济区为勘查、开发、养护和管理海床上覆水域、海床及其底土的自然资源,以及进行其他经济性开发和勘查,如利用海水、海流和风力生产能等活动,行使主权权利。

中华人民共和国对专属经济区的人工岛屿、设施和结构的建造、使用和海洋科学研究、海洋环境的保护和保全，行使管辖权。

本法所称专属经济区的自然资源，包括生物资源和非生物资源。

第四条 中华人民共和国为勘查大陆架和开发大陆架的自然资源，对大陆架行使主权权利。

中华人民共和国对大陆架的人工岛屿、设施和结构的建造、使用和海洋科学研究、海洋环境的保护和保全，行使管辖权。

中华人民共和国拥有授权和管理为一切目的在大陆架上进行钻探的专属权利。

本法所称大陆架的自然资源，包括海床和底土的矿物和其他非生物资源，以及属于定居种的生物，即在可捕捞阶段在海床上或者海床下不能移动或者其躯体须与海床或者底土保持接触才能移动的生物。

第五条 任何国际组织、外国的组织或者个人进入中华人民共和国的专属经济区从事渔业活动，必须经中华人民共和国主管机关批准，并遵守中华人民共和国的法律、法规及中华人民共和国与有关国家签订的条约、协定。

中华人民共和国主管机关有权采取各种必要的养护和管理措施，确保专属经济区的生物资源不受过度开发的危害。

第六条 中华人民共和国主管机关有权对专属经济区的跨界种群、高度洄游鱼种、海洋哺乳动物、源自中华人民共和国河流的溯河产卵种群、在中华人民共和国水域内度过大部分生命周期的降河产卵鱼种，进行养护和管理。

中华人民共和国对源自本国河流的溯河产卵种群，享有主要利益。

第七条 任何国际组织、外国的组织或者个人对中华人民共和国的专属经济区和大陆架的自然资源进行勘查、开发活动或者在中华人民共和国的大陆架上为任何目的进行钻探，必须经中华人民共和国主管机关批准，并遵守中华人民共和国的法律、法规。

第八条 中华人民共和国在专属经济区和大陆架有专属权利建造并授权和管理建造、操作和使用人工岛屿、设施和结构。

中华人民共和国对专属经济区和大陆架的人工岛屿、设施和结构行使专属管辖权，包括有关海关、财政、卫生、安全和出境入境的法律和法规方面的管辖权。

中华人民共和国主管机关有权在专属经济区和大陆架的人工岛屿、

设施和结构周围设置安全地带，并可以在该地带采取适当措施，确保航行安全以及人工岛屿、设施和结构的安全。

第九条　任何国际组织、外国的组织或者个人在中华人民共和国的专属经济区和大陆架进行海洋科学研究，必须经中华人民共和国主管机关批准，并遵守中华人民共和国的法律、法规。

第十条　中华人民共和国主管机关有权采取必要的措施，防止、减少和控制海洋环境的污染，保护和保全专属经济区和大陆架的海洋环境。

第十一条　任何国家在遵守国际法和中华人民共和国的法律、法规的前提下，在中华人民共和国的专属经济区享有航行、飞越的自由，在中华人民共和国的专属经济区和大陆架享有铺设海底电缆和管道的自由，以及与上述自由有关的其他合法使用海洋的便利。铺设海底电缆和管道的路线，必须经中华人民共和国主管机关同意。

第十二条　中华人民共和国在行使勘查、开发、养护和管理专属经济区的生物资源的主权权利时，为确保中华人民共和国的法律、法规得到遵守，可以采取登临、检查、逮捕、扣留和进行司法程序等必要的措施。

中华人民共和国对在专属经济区和大陆架违反中华人民共和国法律、法规的行为，有权采取必要措施、依法追究法律责任，并可以行使紧追权。

第十三条　中华人民共和国在专属经济区和大陆架享有的权利，本法未作规定的，根据国际法和中华人民共和国其他有关法律、法规行使。

第十四条　本法的规定不影响中华人民共和国享有的历史性权利。

第十五条　中华人民共和国政府可以根据本法制定有关规定。

第十六条　本法自公布之日起施行。

反分裂国家法

1. 2005年3月14日第十届全国人民代表大会第三次会议通过

2. 2005年3月14日中华人民共和国主席令第34号公布施行

第一条　为了反对和遏制“台独”分裂势力分裂国家，促进祖国和平统一，维护台湾海峡地区和平稳定，维护国家主权和领土完整，维护中华民族的根本利益,根据宪法,制定本法。

第二条 世界上只有一个中国,大陆和台湾同属一个中国,中国的主权和领土完整不容分割。维护国家主权和领土完整是包括台湾同胞在内的全中国人民的共同义务。

台湾是中国的一部分。国家绝不允许"台独"分裂势力以任何名义、任何方式把台湾从中国分裂出去。

第三条 台湾问题是中国内战的遗留问题。

解决台湾问题,实现祖国统一,是中国的内部事务,不受任何外国势力的干涉。

第四条 完成统一祖国的大业是包括台湾同胞在内的全中国人民的神圣职责。

第五条 坚持一个中国原则,是实现祖国和平统一的基础。

以和平方式实现祖国统一,最符合台湾海峡两岸同胞的根本利益。国家以最大的诚意,尽最大的努力,实现和平统一。

国家和平统一后,台湾可以实行不同于大陆的制度,高度自治。

第六条 国家采取下列措施,维护台湾海峡地区和平稳定,发展两岸关系:

(一)鼓励和推动两岸人员往来,增进了解,增强互信;

(二)鼓励和推动两岸经济交流与合作,直接通邮通航通商,密切两岸经济关系,互利互惠;

(三)鼓励和推动两岸教育、科技、文化、卫生、体育交流,共同弘扬中华文化的优秀传统;

(四)鼓励和推动两岸共同打击犯罪;

(五)鼓励和推动有利于维护台湾海峡地区和平稳定、发展两岸关系的其他活动。

国家依法保护台湾同胞的权利和利益。

第七条 国家主张通过台湾海峡两岸平等的协商和谈判,实现和平统一。协商和谈判可以有步骤、分阶段进行,方式可以灵活多样。

台湾海峡两岸可以就下列事项进行协商和谈判:

(一)正式结束两岸敌对状态;

(二)发展两岸关系的规划;

(三)和平统一的步骤和安排;

(四)台湾当局的政治地位;

（五）台湾地区在国际上与其地位相适应的活动空间；

（六）与实现和平统一有关的其他任何问题。

第八条 “台独”分裂势力以任何名义、任何方式造成台湾从中国分裂出去的事实，或者发生将会导致台湾从中国分裂出去的重大事变，或者和平统一的可能性完全丧失，国家得采取非和平方式及其他必要措施，捍卫国家主权和领土完整。

依照前款规定采取非和平方式及其他必要措施，由国务院、中央军事委员会决定和组织实施，并及时向全国人民代表大会常务委员会报告。

第九条 依照本法规定采取非和平方式及其他必要措施并组织实施时，国家尽最大可能保护台湾平民和在台湾的外国人的生命财产安全和其他正当权益，减少损失；同时，国家依法保护台湾同胞在中国其他地区的权利和利益。

第十条 本法自公布之日起施行。

七、国　防

中华人民共和国国防法

1．1997年3月14日第八届全国人民代表大会第五次会议通过

2．根据2009年8月27日第十一届全国人民代表大会常务委员会第十次会议《关于修改部分法律的决定》修正

3．2020年12月26日第十三届全国人民代表大会常务委员会第二十四次会议修订

目　录

第一章　总　则

第一条　为了建设和巩固国防，保障改革开放和社会主义现代化建设的顺利进行，实现中华民族伟大复兴，根据宪法，制定本法。

第二条　国家为防备和抵抗侵略，制止武装颠覆和分裂，保卫国家主权、统一、领土完整、安全和发展利益所进行的军事活动，以及与军事有关的政治、经济、外交、科技、教育等方面的活动,适用本法。

第三条 国防是国家生存与发展的安全保障。

国家加强武装力量建设,加强边防、海防、空防和其他重大安全领域防卫建设,发展国防科研生产,普及全民国防教育,完善国防动员体系,实现国防现代化。

第四条 国防活动坚持以马克思列宁主义、毛泽东思想、邓小平理论、“三个代表”重要思想、科学发展观、习近平新时代中国特色社会主义思想为指导,贯彻习近平强军思想,坚持总体国家安全观,贯彻新时代军事战略方针,建设与我国国际地位相称、与国家安全和发展利益相适应的巩固国防和强大武装力量。

第五条 国家对国防活动实行统一的领导。

第六条 中华人民共和国奉行防御性国防政策,独立自主、自力更生地建设和巩固国防,实行积极防御,坚持全民国防。

国家坚持经济建设和国防建设协调、平衡、兼容发展,依法开展国防活动,加快国防和军队现代化,实现富国和强军相统一。

第七条 保卫祖国、抵抗侵略是中华人民共和国每一个公民的神圣职责。

中华人民共和国公民应当依法履行国防义务。

一切国家机关和武装力量、各政党和各人民团体、企业事业组织、社会组织和其他组织,都应当支持和依法参与国防建设,履行国防职责,完成国防任务。

第八条 国家和社会尊重、优待军人,保障军人的地位和合法权益,开展各种形式的拥军优属活动,让军人成为全社会尊崇的职业。

中国人民解放军和中国人民武装警察部队开展拥政爱民活动,巩固军政军民团结。

第九条 中华人民共和国积极推进国际军事交流与合作,维护世界和平,反对侵略扩张行为。

第十条 对在国防活动中作出贡献的组织和个人,依照有关法律、法规的规定给予表彰和奖励。

第十一条 任何组织和个人违反本法和有关法律,拒绝履行国防义务或者危害国防利益的,依法追究法律责任。

公职人员在国防活动中,滥用职权、玩忽职守、徇私舞弊的,依法追究法律责任。

第二章　国家机构的国防职权

第十二条　全国人民代表大会依照宪法规定，决定战争和和平的问题，并行使宪法规定的国防方面的其他职权。

全国人民代表大会常务委员会依照宪法规定，决定战争状态的宣布，决定全国总动员或者局部动员，并行使宪法规定的国防方面的其他职权。

第十三条　中华人民共和国主席根据全国人民代表大会的决定和全国人民代表大会常务委员会的决定，宣布战争状态，发布动员令，并行使宪法规定的国防方面的其他职权。

第十四条　国务院领导和管理国防建设事业，行使下列职权：

（一）编制国防建设的有关发展规划和计划；

（二）制定国防建设方面的有关政策和行政法规；

（三）领导和管理国防科研生产；

（四）管理国防经费和国防资产；

（五）领导和管理国民经济动员工作和人民防空、国防交通等方面的建设和组织实施工作；

（六）领导和管理拥军优属工作和退役军人保障工作；

（七）与中央军事委员会共同领导民兵的建设，征兵工作，边防、海防、空防和其他重大安全领域防卫的管理工作；

（八）法律规定的与国防建设事业有关的其他职权。

第十五条　中央军事委员会领导全国武装力量，行使下列职权：

（一）统一指挥全国武装力量；

（二）决定军事战略和武装力量的作战方针；

（三）领导和管理中国人民解放军、中国人民武装警察部队的建设，制定规划、计划并组织实施；

（四）向全国人民代表大会或者全国人民代表大会常务委员会提出议案；

（五）根据宪法和法律，制定军事法规，发布决定和命令；

（六）决定中国人民解放军、中国人民武装警察部队的体制和编制，规定中央军事委员会机关部门、战区、军兵种和中国人民武装警察部队等单位的任务和职责；

（七）依照法律、军事法规的规定，任免、培训、考核和奖惩武装力量成员；

（八）决定武装力量的武器装备体制，制定武器装备发展规划、计划，协同国务院领导和管理国防科研生产；

（九）会同国务院管理国防经费和国防资产；

（十）领导和管理人民武装动员、预备役工作；

（十一）组织开展国际军事交流与合作；

（十二）法律规定的其他职权。

第十六条 中央军事委员会实行主席负责制。

第十七条 国务院和中央军事委员会建立协调机制，解决国防事务的重大问题。

中央国家机关与中央军事委员会机关有关部门可以根据情况召开会议，协调解决有关国防事务的问题。

第十八条 地方各级人民代表大会和县级以上地方各级人民代表大会常务委员会在本行政区域内，保证有关国防事务的法律、法规的遵守和执行。

地方各级人民政府依照法律规定的权限，管理本行政区域内的征兵、民兵、国民经济动员、人民防空、国防交通、国防设施保护，以及退役军人保障和拥军优属等工作。

第十九条 地方各级人民政府和驻地军事机关根据需要召开军地联席会议，协调解决本行政区域内有关国防事务的问题。

军地联席会议由地方人民政府的负责人和驻地军事机关的负责人共同召集。军地联席会议的参加人员由会议召集人确定。

军地联席会议议定的事项，由地方人民政府和驻地军事机关根据各自职责和任务分工办理，重大事项应当分别向上级报告。

第三章 武装力量

第二十条 中华人民共和国的武装力量属于人民。它的任务是巩固国防，抵抗侵略，保卫祖国，保卫人民的和平劳动，参加国家建设事业，全心全意为人民服务。

第二十一条 中华人民共和国的武装力量受中国共产党领导。武装力量中的中国共产党组织依照中国共产党章程进行活动。

第二十二条 中华人民共和国的武装力量，由中国人民解放军、中国人民武装警察部队、民兵组成。

中国人民解放军由现役部队和预备役部队组成,在新时代的使命任务是为巩固中国共产党领导和社会主义制度,为捍卫国家主权、统一、领土完整,为维护国家海外利益,为促进世界和平与发展,提供战略支撑。现役部队是国家的常备军,主要担负防卫作战任务,按照规定执行非战争军事行动任务。预备役部队按照规定进行军事训练、执行防卫作战任务和非战争军事行动任务;根据国家发布的动员令,由中央军事委员会下达命令转为现役部队。

中国人民武装警察部队担负执勤、处置突发社会安全事件、防范和处置恐怖活动、海上维权执法、抢险救援和防卫作战以及中央军事委员会赋予的其他任务。

民兵在军事机关的指挥下,担负战备勤务、执行非战争军事行动任务和防卫作战任务。

第二十三条　中华人民共和国的武装力量必须遵守宪法和法律。

第二十四条　中华人民共和国武装力量建设坚持走中国特色强军之路,坚持政治建军、改革强军、科技强军、人才强军、依法治军,加强军事训练,开展政治工作,提高保障水平,全面推进军事理论、军队组织形态、军事人员和武器装备现代化,构建中国特色现代作战体系,全面提高战斗力,努力实现党在新时代的强军目标。

第二十五条　中华人民共和国武装力量的规模应当与保卫国家主权、安全、发展利益的需要相适应。

第二十六条　中华人民共和国的兵役分为现役和预备役。军人和预备役人员的服役制度由法律规定。

中国人民解放军、中国人民武装警察部队依照法律规定实行衔级制度。

第二十七条　中国人民解放军、中国人民武装警察部队在规定岗位实行文职人员制度。

第二十八条　中国人民解放军军旗、军徽是中国人民解放军的象征和标志。中国人民武装警察部队旗、徽是中国人民武装警察部队的象征和标志。

公民和组织应当尊重中国人民解放军军旗、军徽和中国人民武装警察部队旗、徽。

中国人民解放军军旗、军徽和中国人民武装警察部队旗、徽的图案、样式以及使用管理办法由中央军事委员会规定。

第二十九条 国家禁止任何组织或者个人非法建立武装组织，禁止非法武装活动，禁止冒充军人或者武装力量组织。

第四章 边防、海防、空防和其他重大安全领域防卫

第三十条 中华人民共和国的领陆、领水、领空神圣不可侵犯。国家建设强大稳固的现代边防、海防和空防，采取有效的防卫和管理措施，保卫领陆、领水、领空的安全，维护国家海洋权益。

国家采取必要的措施，维护在太空、电磁、网络空间等其他重大安全领域的活动、资产和其他利益的安全。

第三十一条 中央军事委员会统一领导边防、海防、空防和其他重大安全领域的防卫工作。

中央国家机关、地方各级人民政府和有关军事机关，按照规定的职权范围，分工负责边防、海防、空防和其他重大安全领域的管理和防卫工作，共同维护国家的安全和利益。

第三十二条 国家根据边防、海防、空防和其他重大安全领域防卫的需要，加强防卫力量建设，建设作战、指挥、通信、测控、导航、防护、交通、保障等国防设施。各级人民政府和军事机关应当依照法律、法规的规定，保障国防设施的建设，保护国防设施的安全。

第五章 国防科研生产和军事采购

第三十三条 国家建立和完善国防科技工业体系，发展国防科研生产，为武装力量提供性能先进、质量可靠、配套完善、便于操作和维修的武器装备以及其他适用的军用物资，满足国防需要。

第三十四条 国防科技工业实行军民结合、平战结合、军品优先、创新驱动、自主可控的方针。

国家统筹规划国防科技工业建设，坚持国家主导、分工协作、专业配套、开放融合，保持规模适度、布局合理的国防科研生产能力。

第三十五条 国家充分利用全社会优势资源，促进国防科学技术进步，加快技术自主研发，发挥高新技术在武器装备发展中的先导作用，增加技术储备，完善国防知识产权制度，促进国防科技成果转化，推进科技资源共享和协同创新，提高国防科研能力和武器装备技术水平。

第三十六条 国家创造有利的环境和条件，加强国防科学技术人才培养，

鼓励和吸引优秀人才进入国防科研生产领域，激发人才创新活力。

国防科学技术工作者应当受到全社会的尊重。国家逐步提高国防科学技术工作者的待遇，保护其合法权益。

第三十七条　国家依法实行军事采购制度，保障武装力量所需武器装备和物资、工程、服务的采购供应。

第三十八条　国家对国防科研生产实行统一领导和计划调控；注重发挥市场机制作用，推进国防科研生产和军事采购活动公平竞争。

国家为承担国防科研生产任务和接受军事采购的组织和个人依法提供必要的保障条件和优惠政策。地方各级人民政府应当依法对承担国防科研生产任务和接受军事采购的组织和个人给予协助和支持。

承担国防科研生产任务和接受军事采购的组织和个人应当保守秘密，及时高效完成任务，保证质量，提供相应的服务保障。

国家对供应武装力量的武器装备和物资、工程、服务，依法实行质量责任追究制度。

第六章　国防经费和国防资产

第三十九条　国家保障国防事业的必要经费。国防经费的增长应当与国防需求和国民经济发展水平相适应。

国防经费依法实行预算管理。

第四十条　国家为武装力量建设、国防科研生产和其他国防建设直接投入的资金、划拨使用的土地等资源，以及由此形成的用于国防目的的武器装备和设备设施、物资器材、技术成果等属于国防资产。

国防资产属于国家所有。

第四十一条　国家根据国防建设和经济建设的需要，确定国防资产的规模、结构和布局，调整和处分国防资产。

国防资产的管理机构和占有、使用单位，应当依法管理国防资产，充分发挥国防资产的效能。

第四十二条　国家保护国防资产不受侵害，保障国防资产的安全、完整和有效。

禁止任何组织或者个人破坏、损害和侵占国防资产。未经国务院、中央军事委员会或者国务院、中央军事委员会授权的机构批准，国防资产的占有、使用单位不得改变国防资产用于国防的目的。国防资产中的技术成果，在坚持国防优先、确保安全的前提下，可以根据国家有关规定用于其他用途。

国防资产的管理机构或者占有、使用单位对不再用于国防目的的国防资产,应当按照规定报批,依法改作其他用途或者进行处置。

第七章 国防教育

第四十三条 国家通过开展国防教育,使全体公民增强国防观念、强化忧患意识、掌握国防知识、提高国防技能、发扬爱国主义精神,依法履行国防义务。

普及和加强国防教育是全社会的共同责任。

第四十四条 国防教育贯彻全民参与、长期坚持、讲求实效的方针,实行经常教育与集中教育相结合、普及教育与重点教育相结合、理论教育与行为教育相结合的原则。

第四十五条 国防教育主管部门应当加强国防教育的组织管理,其他有关部门应当按照规定的职责做好国防教育工作。

军事机关应当支持有关机关和组织开展国防教育工作,依法提供有关便利条件。

一切国家机关和武装力量、各政党和各人民团体、企业事业组织、社会组织和其他组织,都应当组织本地区、本部门、本单位开展国防教育。

学校的国防教育是全民国防教育的基础。各级各类学校应当设置适当的国防教育课程,或者在有关课程中增加国防教育的内容。普通高等学校和高中阶段学校应当按照规定组织学生军事训练。

公职人员应当积极参加国防教育,提升国防素养,发挥在全民国防教育中的模范带头作用。

第四十六条 各级人民政府应当将国防教育纳入国民经济和社会发展计划,保障国防教育所需的经费。

第八章 国防动员和战争状态

第四十七条 中华人民共和国的主权、统一、领土完整、安全和发展利益遭受威胁时,国家依照宪法和法律规定,进行全国总动员或者局部动员。

第四十八条 国家将国防动员准备纳入国家总体发展规划和计划,完善国防动员体制,增强国防动员潜力,提高国防动员能力。

第四十九条 国家建立战略物资储备制度。战略物资储备应当规模适度、储存安全、调用方便、定期更换,保障战时的需要。

第五十条　国家国防动员领导机构、中央国家机关、中央军事委员会机关有关部门按照职责分工，组织国防动员准备和实施工作。

一切国家机关和武装力量、各政党和各人民团体、企业事业组织、社会组织、其他组织和公民，都必须依照法律规定完成国防动员准备工作；在国家发布动员令后，必须完成规定的国防动员任务。

第五十一条　国家根据国防动员需要，可以依法征收、征用组织和个人的设备设施、交通工具、场所和其他财产。

县级以上人民政府对被征收、征用者因征收、征用所造成的直接经济损失，按照国家有关规定给予公平、合理的补偿。

第五十二条　国家依照宪法规定宣布战争状态，采取各种措施集中人力、物力和财力，领导全体公民保卫祖国、抵抗侵略。

第九章　公民、组织的国防义务和权利

第五十三条　依照法律服兵役和参加民兵组织是中华人民共和国公民的光荣义务。

各级兵役机关和基层人民武装机构应当依法办理兵役工作，按照国务院和中央军事委员会的命令完成征兵任务，保证兵员质量。有关国家机关、人民团体、企业事业组织、社会组织和其他组织，应当依法完成民兵和预备役工作，协助完成征兵任务。

第五十四条　企业事业组织和个人承担国防科研生产任务或者接受军事采购，应当按照要求提供符合质量标准的武器装备或者物资、工程、服务。

企业事业组织和个人应当按照国家规定在与国防密切相关的建设项目中贯彻国防要求，依法保障国防建设和军事行动的需要。车站、港口、机场、道路等交通设施的管理、运营单位应当为军人和军用车辆、船舶的通行提供优先服务，按照规定给予优待。

第五十五条　公民应当接受国防教育。

公民和组织应当保护国防设施，不得破坏、危害国防设施。

公民和组织应当遵守保密规定，不得泄露国防方面的国家秘密，不得非法持有国防方面的秘密文件、资料和其他秘密物品。

第五十六条　公民和组织应当支持国防建设，为武装力量的军事训练、战备勤务、防卫作战、非战争军事行动等活动提供便利条件或者其他协助。

国家鼓励和支持符合条件的公民和企业投资国防事业，保障投资者的合法权益并依法给予政策优惠。

第五十七条 公民和组织有对国防建设提出建议的权利，有对危害国防利益的行为进行制止或者检举的权利。

第五十八条 民兵、预备役人员和其他公民依法参加军事训练，担负战备勤务、防卫作战、非战争军事行动等任务时，应当履行自己的职责和义务；国家和社会保障其享有相应的待遇，按照有关规定对其实行抚恤优待。

公民和组织因国防建设和军事活动在经济上受到直接损失的，可以依照国家有关规定获得补偿。

第十章 军人的义务和权益

第五十九条 军人必须忠于祖国，忠于中国共产党，履行职责，英勇战斗，不怕牺牲，捍卫祖国的安全、荣誉和利益。

第六十条 军人必须模范地遵守宪法和法律，遵守军事法规，执行命令，严守纪律。

第六十一条 军人应当发扬人民军队的优良传统，热爱人民，保护人民，积极参加社会主义现代化建设，完成抢险救灾等任务。

第六十二条 军人应当受到全社会的尊崇。

国家建立军人功勋荣誉表彰制度。

国家采取有效措施保护军人的荣誉、人格尊严，依照法律规定对军人的婚姻实行特别保护。

军人依法履行职责的行为受法律保护。

第六十三条 国家和社会优待军人。

国家建立与军事职业相适应、与国民经济发展相协调的军人待遇保障制度。

第六十四条 国家建立退役军人保障制度，妥善安置退役军人，维护退役军人的合法权益。

第六十五条 国家和社会抚恤优待残疾军人，对残疾军人的生活和医疗依法给予特别保障。

因战、因公致残或者致病的残疾军人退出现役后，县级以上人民政府应当及时接收安置，并保障其生活不低于当地的平均生活水平。

第六十六条　国家和社会优待军人家属，抚恤优待烈士家属和因公牺牲、病故军人的家属。

第十一章　对外军事关系

第六十七条　中华人民共和国坚持互相尊重主权和领土完整、互不侵犯、互不干涉内政、平等互利、和平共处五项原则，维护以联合国为核心的国际体系和以国际法为基础的国际秩序，坚持共同、综合、合作、可持续的安全观，推动构建人类命运共同体，独立自主地处理对外军事关系，开展军事交流与合作。

第六十八条　中华人民共和国遵循以联合国宪章宗旨和原则为基础的国际关系基本准则，依照国家有关法律运用武装力量，保护海外中国公民、组织、机构和设施的安全，参加联合国维和、国际救援、海上护航、联演联训、打击恐怖主义等活动，履行国际安全义务，维护国家海外利益。

第六十九条　中华人民共和国支持国际社会实施的有利于维护世界和地区和平、安全、稳定的与军事有关的活动，支持国际社会为公正合理地解决国际争端以及国际军备控制、裁军和防扩散所做的努力，参与安全领域多边对话谈判，推动制定普遍接受、公正合理的国际规则。

第七十条　中华人民共和国在对外军事关系中遵守同外国、国际组织缔结或者参加的有关条约和协定。

第十二章　附　　则

第七十一条　本法所称军人，是指在中国人民解放军服现役的军官、军士、义务兵等人员。

本法关于军人的规定，适用于人民武装警察。

第七十二条　中华人民共和国特别行政区的防务，由特别行政区基本法和有关法律规定。

第七十三条　本法自 2021 年 1 月 1 日起施行。

中华人民共和国军事设施保护法

1. 1990年2月23日第七届全国人民代表大会常务委员会第十二次会议通过
2. 根据2009年8月27日第十一届全国人民代表大会常务委员会第十次会议《关于修改部分法律的决定》第一次修正
3. 根据2014年6月27日第十二届全国人民代表大会常务委员会第九次会议《关于修改〈中华人民共和国军事设施保护法〉的决定》第二次修正
4. 2021年6月10日第十三届全国人民代表大会常务委员会第二十九次会议修订

目　　录

第一章　总　　则

第一条　为了保护军事设施的安全，保障军事设施的使用效能和军事活动的正常进行，加强国防现代化建设，巩固国防，抵御侵略，根据宪法，制定本法。

第二条　本法所称军事设施，是指国家直接用于军事目的的下列建筑、场地和设备：

（一）指挥机关，地上和地下的指挥工程、作战工程；

（二）军用机场、港口、码头；

（三）营区、训练场、试验场；

（四）军用洞库、仓库；

（五）军用信息基础设施，军用侦察、导航、观测台站，军用测量、导航、助航标志；

(六)军用公路、铁路专用线，军用输电线路，军用输油、输水、输气管道；

(七)边防、海防管控设施；

(八)国务院和中央军事委员会规定的其他军事设施。

前款规定的军事设施，包括军队为执行任务必需设置的临时设施。

第三条　军事设施保护工作坚持中国共产党的领导。各级人民政府和军事机关应当共同保护军事设施，维护国防利益。

国务院、中央军事委员会按照职责分工，管理全国的军事设施保护工作。地方各级人民政府会同有关军事机关，管理本行政区域内的军事设施保护工作。

有关军事机关应当按照规定的权限和程序，提出需要地方人民政府落实的军事设施保护需求，地方人民政府应当会同有关军事机关制定具体保护措施并予以落实。

设有军事设施的地方，有关军事机关和县级以上地方人民政府应当建立军地军事设施保护协调机制，相互配合，监督、检查军事设施的保护工作，协调解决军事设施保护工作中的问题。

第四条　中华人民共和国的组织和公民都有保护军事设施的义务。

禁止任何组织或者个人破坏、危害军事设施。

任何组织或者个人对破坏、危害军事设施的行为，都有权检举、控告。

第五条　国家统筹兼顾经济建设、社会发展和军事设施保护，促进经济社会发展和军事设施保护相协调。

第六条　国家对军事设施实行分类保护、确保重点的方针。军事设施的分类和保护标准，由国务院和中央军事委员会规定。

第七条　国家对因设有军事设施、经济建设受到较大影响的地方，采取相应扶持政策和措施。具体办法由国务院和中央军事委员会规定。

第八条　对在军事设施保护工作中做出突出贡献的组织和个人，依照有关法律、法规的规定给予表彰和奖励。

第二章　军事禁区、军事管理区的划定

第九条　军事禁区、军事管理区根据军事设施的性质、作用、安全保密的需要和使用效能的要求划定，具体划定标准和确定程序，由国务院和中央军事委员会规定。

本法所称军事禁区，是指设有重要军事设施或者军事设施安全保密要求高、具有重大危险因素，需要国家采取特殊措施加以重点保护，依照法定程序和标准划定的军事区域。

本法所称军事管理区，是指设有较重要军事设施或者军事设施安全保密要求较高、具有较大危险因素，需要国家采取特殊措施加以保护，依照法定程序和标准划定的军事区域。

第十条 军事禁区、军事管理区由国务院和中央军事委员会确定，或者由有关军事机关根据国务院和中央军事委员会的规定确定。

军事禁区、军事管理区的撤销或者变更，依照前款规定办理。

第十一条 陆地和水域的军事禁区、军事管理区的范围，由省、自治区、直辖市人民政府和有关军级以上军事机关共同划定，或者由省、自治区、直辖市人民政府、国务院有关部门和有关军级以上军事机关共同划定。空中军事禁区和特别重要的陆地、水域军事禁区的范围，由国务院和中央军事委员会划定。

军事禁区、军事管理区的范围调整，依照前款规定办理。

第十二条 军事禁区、军事管理区应当由县级以上地方人民政府按照国家统一规定的样式设置标志牌。

第十三条 军事禁区、军事管理区范围的划定或者调整，应当在确保军事设施安全保密和使用效能的前提下，兼顾经济建设、生态环境保护和当地居民的生产生活。

因军事设施建设需要划定或者调整军事禁区、军事管理区范围的，应当在军事设施建设项目开工建设前完成。但是，经战区级以上军事机关批准的除外。

第十四条 军事禁区、军事管理区范围的划定或者调整，需要征收、征用土地、房屋等不动产，压覆矿产资源，或者使用海域、空域等的，依照有关法律、法规的规定办理。

第十五条 军队为执行任务设置的临时军事设施需要划定陆地、水域临时军事禁区、临时军事管理区范围的，由县级以上地方人民政府和有关团级以上军事机关共同划定，并各自向上一级机关备案。其中，涉及有关海事管理机构职权的，应当在划定前征求其意见。划定之后，由县级以上地方人民政府或者有关海事管理机构予以公告。

军队执行任务结束后，应当依照前款规定的程序及时撤销划定的陆地、水域临时军事禁区、临时军事管理区。

第三章　军事禁区的保护

第十六条　军事禁区管理单位应当根据具体条件，按照划定的范围，为陆地军事禁区修筑围墙、设置铁丝网等障碍物，为水域军事禁区设置障碍物或者界线标志。

水域军事禁区的范围难以在实际水域设置障碍物或者界线标志的，有关海事管理机构应当向社会公告水域军事禁区的位置和边界。海域的军事禁区应当在海图上标明。

第十七条　禁止陆地、水域军事禁区管理单位以外的人员、车辆、船舶等进入军事禁区，禁止航空器在陆地、水域军事禁区上空进行低空飞行，禁止对军事禁区进行摄影、摄像、录音、勘察、测量、定位、描绘和记述。但是，经有关军事机关批准的除外。

禁止航空器进入空中军事禁区，但依照国家有关规定获得批准的除外。

使用军事禁区的摄影、摄像、录音、勘察、测量、定位、描绘和记述资料，应当经有关军事机关批准。

第十八条　在陆地军事禁区内，禁止建造、设置非军事设施，禁止开发利用地下空间。但是，经战区级以上军事机关批准的除外。

在水域军事禁区内，禁止建造、设置非军事设施，禁止从事水产养殖、捕捞以及其他妨碍军用舰船行动、危害军事设施安全和使用效能的活动。

第十九条　在陆地、水域军事禁区内采取的防护措施不足以保证军事设施安全保密和使用效能，或者陆地、水域军事禁区内的军事设施具有重大危险因素的，省、自治区、直辖市人民政府和有关军事机关，或者省、自治区、直辖市人民政府、国务院有关部门和有关军事机关根据军事设施性质、地形和当地经济建设、社会发展情况，可以在共同划定陆地、水域军事禁区范围的同时，在禁区外围共同划定安全控制范围，并在其外沿设置安全警戒标志。

安全警戒标志由县级以上地方人民政府按照国家统一规定的样式设置，地点由军事禁区管理单位和当地县级以上地方人民政府共同确定。

水域军事禁区外围安全控制范围难以在实际水域设置安全警戒标

志的,依照本法第十六条第二款的规定执行。

第二十条 划定陆地、水域军事禁区外围安全控制范围,不改变原土地及土地附着物、水域的所有权。在陆地、水域军事禁区外围安全控制范围内,当地居民可以照常生产生活,但是不得进行爆破、射击以及其他危害军事设施安全和使用效能的活动。

因划定军事禁区外围安全控制范围影响不动产所有权人或者用益物权人行使权利的,依照有关法律、法规的规定予以补偿。

第四章 军事管理区的保护

第二十一条 军事管理区管理单位应当根据具体条件,按照划定的范围,为军事管理区修筑围墙、设置铁丝网或者界线标志。

第二十二条 军事管理区管理单位以外的人员、车辆、船舶等进入军事管理区,或者对军事管理区进行摄影、摄像、录音、勘察、测量、定位、描绘和记述,必须经军事管理区管理单位批准。

第二十三条 在陆地军事管理区内,禁止建造、设置非军事设施,禁止开发利用地下空间。但是,经军级以上军事机关批准的除外。

在水域军事管理区内,禁止从事水产养殖;未经军级以上军事机关批准,不得建造、设置非军事设施;从事捕捞或者其他活动,不得影响军用舰船的战备、训练、执勤等行动。

第二十四条 划为军事管理区的军民合用港口的水域,实行军地分区管理;在地方管理的水域内需要新建非军事设施的,必须事先征得军事设施管理单位的同意。

划为军事管理区的军民合用机场、港口、码头的管理办法,由国务院和中央军事委员会规定。

第五章 没有划入军事禁区、军事管理区的军事设施的保护

第二十五条 没有划入军事禁区、军事管理区的军事设施,军事设施管理单位应当采取措施予以保护;军队团级以上管理单位也可以委托当地人民政府予以保护。

第二十六条 在没有划入军事禁区、军事管理区的军事设施一定距离内进行采石、取土、爆破等活动,不得危害军事设施的安全和使用效能。

第二十七条 没有划入军事禁区、军事管理区的作战工程外围应当划定安

全保护范围。作战工程的安全保护范围,应当根据作战工程性质、地形和当地经济建设、社会发展情况,由省、自治区、直辖市人民政府和有关军事机关共同划定,或者由省、自治区、直辖市人民政府、国务院有关部门和有关军事机关共同划定。在作战工程布局相对集中的地区,作战工程安全保护范围可以连片划定。县级以上地方人民政府应当按照有关规定为作战工程安全保护范围设置界线标志。

作战工程安全保护范围的撤销或者调整,依照前款规定办理。

第二十八条　划定作战工程安全保护范围,不改变原土地及土地附着物的所有权。在作战工程安全保护范围内,当地居民可以照常生产生活,但是不得进行开山采石、采矿、爆破;从事修筑建筑物、构筑物、道路和进行农田水利基本建设、采伐林木等活动,不得危害作战工程安全和使用效能。

因划定作战工程安全保护范围影响不动产所有权人或者用益物权人行使权利的,依照有关法律、法规的规定予以补偿。

禁止私自开启封闭的作战工程,禁止破坏作战工程的伪装,禁止阻断进出作战工程的通道。未经作战工程管理单位师级以上的上级主管军事机关批准,不得对作战工程进行摄影、摄像、录音、勘察、测量、定位、描绘和记述,不得在作战工程内存放非军用物资器材或者从事种植、养殖等生产活动。

新建工程和建设项目,确实难以避开作战工程的,应当按照国家有关规定提出拆除或者迁建、改建作战工程的申请;申请未获批准的,不得拆除或者迁建、改建作战工程。

第二十九条　在军用机场净空保护区域内,禁止修建超出机场净空标准的建筑物、构筑物或者其他设施,不得从事影响飞行安全和机场助航设施使用效能的活动。

军用机场管理单位应当定期检查机场净空保护情况,发现修建的建筑物、构筑物或者其他设施超过军用机场净空保护标准的,应当及时向有关军事机关和当地人民政府主管部门报告。有关军事机关和当地人民政府主管部门应当依照本法规定及时处理。

第三十条　有关军事机关应当向地方人民政府通报当地军用机场净空保护有关情况和需求。

地方人民政府应当向有关军事机关通报可能影响军用机场净空保

护的当地有关国土空间规划和高大建筑项目建设计划。

地方人民政府应当制定保护措施，督促有关单位对军用机场净空保护区域内的高大建筑物、构筑物或者其他设施设置飞行障碍标志。

第三十一条 军民合用机场以及由军队管理的保留旧机场、直升机起落坪的净空保护工作，适用军用机场净空保护的有关规定。

公路飞机跑道的净空保护工作，参照军用机场净空保护的有关规定执行。

第三十二条 地方各级人民政府和有关军事机关采取委托看管、分段负责等方式，实行军民联防，保护军用管线安全。

地下军用管线应当设立路由标石或者永久性标志，易遭损坏的路段、部位应当设置标志牌。已经公布具体位置、边界和路由的海域水下军用管线应当在海图上标明。

第三十三条 在军用无线电固定设施电磁环境保护范围内，禁止建造、设置影响军用无线电固定设施使用效能的设备和电磁障碍物体，不得从事影响军用无线电固定设施电磁环境的活动。

军用无线电固定设施电磁环境的保护措施，由军地无线电管理机构按照国家无线电管理相关规定和标准共同确定。

军事禁区、军事管理区内无线电固定设施电磁环境的保护，适用前两款规定。

军用无线电固定设施电磁环境保护涉及军事系统与非军事系统间的无线电管理事宜的，按照国家无线电管理的有关规定执行。

第三十四条 未经国务院和中央军事委员会批准或者国务院和中央军事委员会授权的机关批准，不得拆除、移动边防、海防管控设施，不得在边防、海防管控设施上搭建、设置民用设施。在边防、海防管控设施周边安排建设项目，不得危害边防、海防管控设施安全和使用效能。

第三十五条 任何组织和个人不得损毁或者擅自移动军用测量标志。在军用测量标志周边安排建设项目，不得危害军用测量标志安全和使用效能。

军用测量标志的保护，依照有关法律、法规的规定执行。

第六章 管理职责

第三十六条 县级以上地方人民政府编制国民经济和社会发展规划、安排可能影响军事设施保护的建设项目，国务院有关部门、地方人民政府编制国土空间规划等规划,应当兼顾军事设施保护的需要,并按照规定书面征求有关军事机关的意见。必要时,可以由地方人民政府会同有关部门、有关军事机关对建设项目进行评估。

国务院有关部门或者县级以上地方人民政府有关部门审批前款规定的建设项目,应当审查征求军事机关意见的情况;对未按规定征求军事机关意见的,应当要求补充征求意见;建设项目内容在审批过程中发生的改变可能影响军事设施保护的,应当再次征求有关军事机关的意见。

有关军事机关应当自收到征求意见函之日起三十日内提出书面答复意见;需要请示上级军事机关或者需要勘察、测量、测试的,答复时间可以适当延长,但通常不得超过九十日。

第三十七条　军队编制军事设施建设规划、组织军事设施项目建设,应当考虑地方经济建设、生态环境保护和社会发展的需要,符合国土空间规划等规划的总体要求,并进行安全保密环境评估和环境影响评价。涉及国土空间规划等规划的,应当征求国务院有关部门、地方人民政府的意见,尽量避开生态保护红线、自然保护地、地方经济建设热点区域和民用设施密集区域。确实不能避开,需要将生产生活设施拆除或者迁建的,应当依法进行。

第三十八条　县级以上地方人民政府安排建设项目或者开辟旅游景点,应当避开军事设施。确实不能避开,需要将军事设施拆除、迁建或者改作民用的,由省、自治区、直辖市人民政府或者国务院有关部门和战区级军事机关商定,并报国务院和中央军事委员会批准或者国务院和中央军事委员会授权的机关批准;需要将军事设施改建的,由有关军事机关批准。

因前款原因将军事设施拆除、迁建、改建或者改作民用的,由提出需求的地方人民政府依照有关规定给予有关军事机关政策支持或者经费补助。将军事设施迁建、改建涉及用地用海用岛的,地方人民政府应当依法及时办理相关手续。

第三十九条　军事设施因军事任务调整、周边环境变化和自然损毁等原因,失去使用效能并无需恢复重建的,军事设施管理单位应当按照规定程序及时报国务院和中央军事委员会批准或者国务院和中央军事委员会授权的机关批准,予以拆除或者改作民用。

军队执行任务结束后,应当及时将设置的临时军事设施拆除。

第四十条 军用机场、港口实行军民合用的,需经国务院和中央军事委员会批准。军用码头实行军民合用的,需经省、自治区、直辖市人民政府或者国务院有关部门会同战区级军事机关批准。

第四十一条 军事禁区、军事管理区和没有划入军事禁区、军事管理区的军事设施,县级以上地方人民政府应当会同军事设施管理单位制定具体保护措施,可以公告施行。

划入军事禁区、军事管理区的军事设施的具体保护措施,应当随军事禁区、军事管理区范围划定方案一并报批。

第四十二条 各级军事机关应当严格履行保护军事设施的职责,教育军队人员爱护军事设施,保守军事设施秘密,建立健全保护军事设施的规章制度,监督、检查、解决军事设施保护工作中的问题。

有关军事机关应当支持配合军事设施保护执法、司法活动。

第四十三条 军事设施管理单位应当认真执行有关保护军事设施的规章制度,建立军事设施档案,对军事设施进行检查、维护。

军事设施管理单位对军事设施的重要部位应当采取安全监控和技术防范措施,并及时根据军事设施保护需要和科技进步升级完善。

军事设施管理单位不得将军事设施用于非军事目的,但因执行应急救援等紧急任务的除外。

第四十四条 军事设施管理单位应当了解掌握军事设施周边建设项目等情况,发现可能危害军事设施安全和使用效能的,应当及时向有关军事机关和当地人民政府主管部门报告,并配合有关部门依法处理。

第四十五条 军事禁区、军事管理区的管理单位应当依照有关法律、法规的规定,保护军事禁区、军事管理区内的生态环境、自然资源和文物。

第四十六条 军事设施管理单位必要时应当向县级以上地方人民政府提供地下、水下军用管线的位置资料。地方进行建设时,当地人民政府应当对地下、水下军用管线予以保护。

第四十七条 各级人民政府应当加强国防和军事设施保护教育,使全体公民增强国防观念,保护军事设施,保守军事设施秘密,制止破坏、危害军事设施的行为。

第四十八条 县级以上地方人民政府应当会同有关军事机关,定期组织检查和评估本行政区域内军事设施保护情况,督促限期整改影响军事设施保护的隐患和问题，完善军事设施保护措施。

第四十九条　国家实行军事设施保护目标责任制和考核评价制度，将军事设施保护目标完成情况作为对地方人民政府、有关军事机关和军事设施管理单位及其负责人考核评价的内容。

第五十条　军事禁区、军事管理区需要公安机关协助维护治安管理秩序的，经国务院和中央军事委员会决定或者由有关军事机关提请省、自治区、直辖市公安机关批准，可以设立公安机构。

第五十一条　违反本法规定，有下列情形之一的，军事设施管理单位的执勤人员应当予以制止：

（一）非法进入军事禁区、军事管理区或者在陆地、水域军事禁区上空低空飞行的；

（二）对军事禁区、军事管理区非法进行摄影、摄像、录音、勘察、测量、定位、描绘和记述的；

（三）进行破坏、危害军事设施的活动的。

第五十二条　有本法第五十一条所列情形之一，不听制止的，军事设施管理单位依照国家有关规定，可以采取下列措施：

（一）强制带离、控制非法进入军事禁区、军事管理区或者驾驶、操控航空器在陆地、水域军事禁区上空低空飞行的人员，对违法情节严重的人员予以扣留并立即移送公安、国家安全等有管辖权的机关；

（二）立即制止信息传输等行为，扣押用于实施违法行为的器材、工具或者其他物品，并移送公安、国家安全等有管辖权的机关；

（三）在紧急情况下，清除严重危害军事设施安全和使用效能的障碍物；

（四）在危及军事设施安全或者执勤人员生命安全等紧急情况下依法使用武器。

军人、军队文职人员和军队其他人员有本法第五十一条所列情形之一的，依照军队有关规定处理。

第七章　法律责任

第五十三条　违反本法第十七条、第十八条、第二十三条规定，擅自进入水域军事禁区，在水域军事禁区内从事水产养殖、捕捞，在水域军事管理区内从事水产养殖，或者在水域军事管理区内从事捕捞等活动影响军用舰船行动的，由交通运输、渔业等主管部门给予警告，责令离开，没收渔具、渔获物。

第五十四条　违反本法第十八条、第二十三条、第二十四条规定，在陆地、水域军事禁区、军事管理区内建造、设置非军事设施，擅自开发利用陆地军事禁区、军事管理区地下空间，或者在划为军事管理区的军民合用港口地方管理的水域未征得军事设施管理单位同意建造、设置非军事设施的，由住房和城乡建设、自然资源、交通运输、渔业等主管部门责令停止兴建活动，对已建成的责令限期拆除。

第五十五条　违反本法第二十八条第一款规定，在作战工程安全保护范围内开山采石、采矿、爆破的，由自然资源、生态环境等主管部门以及公安机关责令停止违法行为，没收采出的产品和违法所得；修筑建筑物、构筑物、道路或者进行农田水利基本建设影响作战工程安全和使用效能的，由自然资源、生态环境、交通运输、农业农村、住房和城乡建设等主管部门给予警告，责令限期改正。

第五十六条　违反本法第二十八条第三款规定，私自开启封闭的作战工程，破坏作战工程伪装，阻断作战工程通道，将作战工程用于存放非军用物资器材或者种植、养殖等生产活动的，由公安机关以及自然资源等主管部门责令停止违法行为，限期恢复原状。

第五十七条　违反本法第二十八条第四款、第三十四条规定，擅自拆除、迁建、改建作战工程，或者擅自拆除、移动边防、海防管控设施的，由住房和城乡建设主管部门、公安机关等责令停止违法行为，限期恢复原状。

第五十八条　违反本法第二十九条第一款规定，在军用机场净空保护区域内修建超出军用机场净空保护标准的建筑物、构筑物或者其他设施的，由住房和城乡建设、自然资源主管部门责令限期拆除超高部分。

第五十九条　违反本法第三十三条规定，在军用无线电固定设施电磁环境保护范围内建造、设置影响军用无线电固定设施使用效能的设备和电磁障碍物体，或者从事影响军用无线电固定设施电磁环境的活动的，由自然资源、生态环境等主管部门以及无线电管理机构给予警告，责令限期改正；逾期不改正的，查封干扰设备或者强制拆除障碍物。

第六十条　有下列行为之一的，适用《中华人民共和国治安管理处罚法》第二十三条的处罚规定：

（一）非法进入军事禁区、军事管理区或者驾驶、操控航空器在陆地、水域军事禁区上空低空飞行，不听制止的；

（二）在军事禁区外围安全控制范围内，或者在没有划入军事禁区、军事管理区的军事设施一定距离内，进行危害军事设施安全和使用效能的活动，不听制止的；

（三）在军用机场净空保护区域内，进行影响飞行安全和机场助航设施使用效能的活动，不听制止的；

（四）对军事禁区、军事管理区非法进行摄影、摄像、录音、勘察、测量、定位、描绘和记述，不听制止的；

（五）其他扰乱军事禁区、军事管理区管理秩序和危害军事设施安全的行为，情节轻微，尚不够刑事处罚的。

第六十一条　违反国家规定，故意干扰军用无线电设施正常工作的，或者对军用无线电设施产生有害干扰，拒不按照有关主管部门的要求改正的，依照《中华人民共和国治安管理处罚法》第二十八条的规定处罚。

第六十二条　毁坏边防、海防管控设施以及军事禁区、军事管理区的围墙、铁丝网、界线标志或者其他军事设施的，依照《中华人民共和国治安管理处罚法》第三十三条的规定处罚。

第六十三条　有下列行为之一，构成犯罪的，依法追究刑事责任：

（一）破坏军事设施的；

（二）过失损坏军事设施，造成严重后果的；

（三）盗窃、抢夺、抢劫军事设施的装备、物资、器材的；

（四）泄露军事设施秘密，或者为境外的机构、组织、人员窃取、刺探、收买、非法提供军事设施秘密的；

（五）破坏军用无线电固定设施电磁环境，干扰军用无线电通讯，情节严重的；

（六）其他扰乱军事禁区、军事管理区管理秩序和危害军事设施安全的行为，情节严重的。

第六十四条　军人、军队文职人员和军队其他人员有下列行为之一，按照军队有关规定给予处分；构成犯罪的，依法追究刑事责任：

（一）有本法第五十三条至第六十三条规定行为的；

（二）擅自将军事设施用于非军事目的，或者有其他滥用职权行为的；

（三）擅离职守或者玩忽职守的。

第六十五条　公职人员在军事设施保护工作中有玩忽职守、滥用职权、徇私舞弊等行为的，依法给予处分；构成犯罪的，依法追究刑事责任。

第六十六条 违反本法规定，破坏、危害军事设施的，属海警机构职权范围的，由海警机构依法处理。

违反本法规定，有其他破坏、危害军事设施行为的，由有关主管部门依法处理。

第六十七条 违反本法规定，造成军事设施损失的，依法承担赔偿责任。

第六十八条 战时违反本法的，依法从重追究法律责任。

第八章 附 则

第六十九条 中国人民武装警察部队所属军事设施的保护，适用本法。

第七十条 国防科技工业重要武器装备的科研、生产、试验、存储等设施的保护，参照本法有关规定执行。具体办法和设施目录由国务院和中央军事委员会规定。

第七十一条 国务院和中央军事委员会根据本法制定实施办法。

第七十二条 本法自2021年8月1日起施行。

中华人民共和国
军事设施保护法实施办法

2001年1月12日国务院、中央军事委员会令第298号公布施行

第一章 总 则

第一条 根据《中华人民共和国军事设施保护法》(以下简称军事设施保护法)的规定，制定本办法。

第二条 设有军事设施的地方，县级以上地方人民政府和驻地有关军事机关共同成立军事设施保护委员会，负责协调、指导本行政区域内的军事设施保护工作。

军事设施保护委员会的办事机构设在省军区(卫戍区、警备区)、军分区(警备区)、县(自治县、市、市辖区)人民武装部，具体办理军事设施保护委员会的日常工作。

第三条 军事设施保护委员会履行下列职责：

(一)依照军事设施保护法律、法规和国家的方针、政策，制定军事设施保护措施；

（二）组织指导本行政区域内的军事设施保护工作，协调解决军事设施保护工作的有关事宜；

（三）组织开展军事设施保护的宣传教育工作；

（四）组织开展军事设施保护法律、法规执行情况的监督检查。

第四条　中国人民解放军总参谋部在国务院和中央军事委员会的领导下，主管全国的军事设施保护工作，指导各级军事设施保护委员会的工作。

军区司令机关主管辖区内的军事设施保护工作，指导辖区内各级军事设施保护委员会的工作。

上级军事设施保护委员会指导下级军事设施保护委员会的工作。

第五条　国务院有关部门在各自的职责范围内，负责军事设施保护的有关工作，并协助军事机关落实军事设施保护措施。

县级以上地方人民政府负责本行政区域内军事设施保护的有关工作，并协助驻地军事机关落实军事设施保护措施。

第六条　军事机关应当向驻地人民政府介绍军事设施的有关情况，听取驻地人民政府的意见；地方人民政府应当向驻地军事机关介绍经济建设的有关情况，听取驻地军事机关的意见。

第七条　各级人民政府和军事机关对在军事设施保护工作中做出显著成绩的组织和个人，给予表彰、奖励。

第二章　军事禁区、军事管理区的保护

第八条　军事禁区、军事管理区的确定及其范围的划定，以及军事禁区外围安全控制范围的划定，依照军事设施保护法和国务院、中央军事委员会的有关规定办理。

第九条　在水域军事禁区内，禁止非军用船只进入，禁止建筑、设置非军事设施，禁止从事水产养殖、捕捞以及其他有碍军用舰船行动和安全保密的活动。

第十条　在水域军事管理区内，禁止建筑、设置非军事设施，禁止从事水产养殖；从事捕捞或者其他活动，不得影响军用舰船的行动。

第十一条　划为军事管理区的军民合用港口的水域，实行军地分区管理；在地方管理的水域内需要新建非军事设施的，必须事先征得有关军事设施管理单位的同意。

第十二条　军事禁区、军事管理区应当设立标志牌。标志牌的样式、质地

和规格由省、自治区、直辖市军事设施保护委员会规定，标志牌由县级以上地方人民政府负责设立。

水域军事禁区、军事管理区的范围难以在实际水域设置界线标志或者障碍物表示的，由当地交通、渔业行政主管部门共同向社会公告，并由测绘主管部门在海图上标明。

第三章 作战工程的保护

第十三条 军事设施保护法所称作战工程，包括坑道、永备工事以及配套的专用道路、桥涵以及水源、供电、战备用房等附属设施。

第十四条 未划入军事禁区、军事管理区的作战工程应当在作战工程外围划定安全保护范围。作战工程的安全保护范围，根据工程部署、地形和当地经济建设情况，由省军区或者作战工程管理单位的上级军级以上主管军事机关提出方案，报军区和省、自治区、直辖市人民政府批准。

在作战工程布局相对集中的地区，作战工程安全保护范围可以连片划定。

第十五条 作战工程安全保护范围的划定，不影响安全保护范围内的土地及其附着物的所有权、使用权，安全保护范围内的单位、居民可以照常生产、生活，但不得危害军事设施的安全保密和使用效能。

第十六条 在作战工程安全保护范围内，禁止开山采石、采矿、爆破，禁止采伐林木；修筑建筑物、构筑物、道路和进行农田水利基本建设，应当征得作战工程管理单位的上级主管军事机关和当地军事设施保护委员会同意，并不得影响作战工程的安全保密和使用效能。

第十七条 禁止私自开启封闭的作战工程，禁止破坏作战工程的伪装，禁止阻断入出作战工程的通道。

未经作战工程管理单位的上级师级以上主管军事机关批准，不得对作战工程进行摄影、摄像、勘察、测量、描绘和记述，不得在作战工程内存放非军用物资器材或者从事种植、养殖等生产活动。

第十八条 新建工程和建设项目，确实难以避开作战工程的，应当按照国家有关规定提出拆除或者迁建、改建作战工程的申请；申请未获批准，不得拆除或者迁建、改建作战工程。

第四章 军用机场净空的保护

第十九条 本办法所称军用机场净空，是指为保证军用飞机（含直升机）起飞、着陆和复飞的安全,在飞行场地周围划定的限制物体高度的空间区域。

军用机场净空保护标准按照国家有关规定执行。

第二十条　在军用机场净空保护区域内,禁止修建超出机场净空标准的建筑物、构筑物或者其他设施。

第二十一条　在军用机场净空保护区域内种植植物,设置灯光或者物体,排放烟尘、粉尘、火焰、废气或者从事其他类似活动,不得影响飞行安全和机场助航设施的使用效能。

第二十二条　军用机场管理单位应当了解当地城市规划和村庄、集镇规划和高大建筑项目建设计划,提供军用机场净空保护技术咨询。

第二十三条　在军用机场净空保护区域内建设高大建筑物、构筑物或者其他设施的,建设单位必须在申请立项前书面征求军用机场管理单位的军级以上主管军事机关的意见;未征求军事机关意见或者建设项目设计高度超过军用机场净空保护标准的,国务院有关部门、地方人民政府有关部门不予办理建设许可手续。

第二十四条　军用机场管理单位应当定期检查机场净空保护情况,发现擅自修建超过军用机场净空保护标准的建筑物、构筑物或者其他设施的,应当及时向上级和当地军事设施保护委员会报告。

地方人民政府应当掌握当地军用机场净空保护有关情况,制定保护措施,督促有关单位对军用机场净空保护区域内的高大建筑物、构筑物或者其他设施设置飞行障碍标志。

第二十五条　在军用机场侧净空保护区域内原有自然障碍物附近新建高大建筑物、构筑物或者其他设施,必须符合国家有关机场净空的规定。

第二十六条　军民合用机场以及由军队管理的保留旧机场、公路飞行跑道的净空保护工作,适用军用机场净空保护的有关规定。

第五章　军用通信、输电线路和军用输油、输水管道的保护

第二十七条　军事设施保护法所称军用通信、输电线路包括:

(一)架空线路:电杆(杆塔)、电线(缆),变压器、配电室以及其他附属设施;

(二)埋设线路:地下、水底电(光)缆,管道、检查井、标石、水线标志牌,无人值守载波增音站,电缆充气站以及其他附属设施;

（三）无线线路：无人值守微波站、微波无源反射板、各类无线电固定台（站）天线以及其他附属设施。

第二十八条 军事设施保护法所称军用输油、输水管道，是指专供军队使用的地面或者地下、水下输油、输水管道和管道沿线的加压站、计量站、处理场、油库、阀室、标志物以及其他附属设施。

第二十九条 军用通信、输电线路和军用输油、输水管道（以下简称军用管线）管理单位，应当加强维护管理工作，坚持巡查和测试检查制度；必要时，可以组织武装巡查，发现问题，及时处理。

第三十条 地方各级人民政府和驻地军事机关，应当根据实际情况组织军用管线沿线群众实行军民联防护线，采取委托看管、分段负责等形式，保护军用管线的安全。

第三十一条 地下军用管线应当设立路由标石或者永久性标志，易遭损坏的路段（部位）应当设置标志牌。水下军用管线应当在海图上标明。

第三十二条 军用管线的具体保护要求以及军用管线与其他设施相互妨碍的处理，按照国务院、中央军事委员会的有关规定执行。

第六章 军用无线电固定设施电磁环境的保护

第三十三条 本办法所称军用无线电固定设施电磁环境（以下简称军用电磁环境），是指为保证军用无线电收（发）信、侦察、测向、雷达、导航定位等固定设施正常工作，在其周围划定的限制电磁干扰信号和电磁障碍物体的区域。

军用电磁环境的具体保护要求，按照国家规定的有关标准执行。

第三十四条 在军用电磁环境保护范围内，禁止建设、设置或者使用发射、辐射电磁信号的设备和电磁障碍物体。

第三十五条 地方在军用电磁环境保护范围内安排建设项目，对军用电磁环境可能产生影响的，应当按照规定征求有关军事机关的意见；必要时，可以由军事设施管理单位和地方有关部门共同对其干扰程度和电磁障碍物的影响情况进行测试和论证。

第三十六条 各级人民政府有关部门审批和验收军用电磁环境保护范围内的建设项目，应当审查发射、辐射电磁信号设备和电磁障碍物的状况，以及征求军事机关意见的情况；未征求军事机关意见或者不符合国家电磁环境保护标准的，不予办理建设或者使用许可手续。

第三十七条 军用无线电固定设施管理单位，应当掌握军用电磁环境保护情况,发现问题及时向上级军事机关和当地军事设施保护委员会报告。

第七章　边防设施和军用测量标志的保护

第三十八条　本办法所称边防设施,是指边防巡逻路、边境铁丝网(铁栅栏)、边境监控设备、边境管理辅助标志以及边防直升机起降场、边防船艇停泊点等由边防部队使用、管理的军事设施。

第三十九条　任何组织或者个人未经边防设施管理单位同意,不得擅自拆除或者移动边防设施。

第四十条　边境地区开辟口岸、互市贸易区、旅游景点或者修建道路、管线、桥梁等项目涉及边防设施的,应当按照有关规定征求军事机关的意见;需要迁建、改建边防设施的,应当报有关省、自治区、直辖市军事设施保护委员会批准;迁建、改建的边防设施的位置、质量、标准必须符合国家有关规定。

第四十一条　军用测量标志的保护,依照国家有关法律、法规的规定办理。

第八章　强制措施和法律责任

第四十二条　军事设施管理单位执勤人员遇有军事设施保护法第三十条所列违法行为,可以采取下列强制措施,予以制止:

(一)驱逐非法进入军事禁区的人员离开军事禁区;

(二)对用于实施违法行为的器材、工具或者其他物品予以扣押,对违法情节严重的人员予以扣留,立即移送公安机关或者国家安全机关;

(三)在紧急情况下,清除严重危害军事设施安全和使用效能的障碍物。

第四十三条　违反本办法第九条、第十条、第十一条的规定,在水域军事禁区、军事管理区内或者军民合用港口的水域建筑、设置非军事设施的,由城市规划、交通、渔业行政主管部门依据各自的职权责令停止兴建活动;已建成的,责令限期拆除。

第四十四条　违反本办法第九条、第十条的规定,擅自进入水域军事禁区,在水域军事禁区内从事水产养殖、捕捞,或者在水域军事管理区内从事水产养殖的,由交通、渔业行政主管部门依据各自的职权给予警告,责令离开,可以没收渔具、渔获物。

第四十五条　违反本办法第十六条的规定,在作战工程安全保护范围内开山采石、采矿、爆破、采伐林木的,由公安机关以及国土资源、林业行政主管部门依据各自的职权责令停止违法行为,没收采出的产品和违法所得;造成损失的,依法赔偿损失。

第四十六条 违反本办法第十六条的规定,擅自在作战工程安全保护范围内修筑建筑物、构筑物、道路或者进行农田水利基本建设的,由城市规划、交通、农业行政主管部门依据各自的职权给予警告,责令限期改正;造成损失的,依法赔偿损失。

第四十七条 违反本办法第十七条的规定,破坏作战工程封闭伪装,阻断作战工程通道,或者将作战工程用于堆物、种植、养殖的,由公安机关责令停止违法行为,限期恢复原状;造成损失的,依法赔偿损失。

第四十八条 违反本办法第二十条、第二十五条的规定,在军用机场净空保护区域内修建超出军用机场净空保护标准的建筑物、构筑物或者其他设施的,由城市规划行政主管部门责令限期拆除超高部分。

第四十九条 违反本办法第三十四条的规定,在军用电磁环境保护范围内建设、设置或者使用发射、辐射电磁信号的设备和电磁障碍物体的,由城市规划、信息产业行政主管部门依据各自的职权给予警告,责令限期改正;拒不改正的,查封干扰设备或者强制拆除障碍物。

第五十条 违反本办法第十八条、第三十九条、第四十条的规定,擅自拆除、迁建、改建作战工程、边防设施或者擅自移动边防设施的,由城市规划行政主管部门责令停止违法行为,限期恢复原状;造成损失的,依法赔偿损失。

第五十一条 违反本办法,构成违反治安管理行为的,由公安机关依法处罚;构成犯罪的,依法追究刑事责任。

第九章 附 则

第五十二条 中国人民武装警察部队所属军事设施的保护,适用军事设施保护法和本办法。

第五十三条 本办法自公布之日起施行。

中华人民共和国兵役法

1. 1984年5月31日第六届全国人民代表大会第二次会议通过

2. 根据1998年12月29日第九届全国人民代表大会常务委员会第六次会议《关于修改〈中华人民共和国兵役法〉的决定》第一次修正

3. 根据2009年8月27日第十一届全国人民代表大会常务委员会第十次会议《关于修改部分法律的决定》第二次修正

4. 根据2011年10月29日第十一届全国人民代表大会常务委员会第二十三次会议《关于修改〈中华人民共和国兵役法〉的决定》第三次修正

5. 2021年8月20日第十三届全国人民代表大会常务委员会第三十次会议修订

目　　录

第一章　总　　则

第一条　为了规范和加强国家兵役工作，保证公民依法服兵役，保障军队兵员补充和储备，建设巩固国防和强大军队，根据宪法，制定本法。

第二条　保卫祖国、抵抗侵略是中华人民共和国每一个公民的神圣职责。

第三条　中华人民共和国实行以志愿兵役为主体的志愿兵役与义务兵役相结合的兵役制度。

第四条 兵役工作坚持中国共产党的领导,贯彻习近平强军思想,贯彻新时代军事战略方针,坚持与国家经济社会发展相协调,坚持与国防和军队建设相适应,遵循服从国防需要、聚焦备战打仗、彰显服役光荣、体现权利和义务一致的原则。

第五条 中华人民共和国公民,不分民族、种族、职业、家庭出身、宗教信仰和教育程度,都有义务依照本法的规定服兵役。

有严重生理缺陷或者严重残疾不适合服兵役的公民,免服兵役。

依照法律被剥夺政治权利的公民,不得服兵役。

第六条 兵役分为现役和预备役。在中国人民解放军服现役的称军人;预编到现役部队或者编入预备役部队服预备役的,称预备役人员。

第七条 军人和预备役人员,必须遵守宪法和法律,履行公民的义务,同时享有公民的权利;由于服兵役而产生的权利和义务,由本法和其他相关法律法规规定。

第八条 军人必须遵守军队的条令和条例,忠于职守,随时为保卫祖国而战斗。

预备役人员必须按照规定参加军事训练、担负战备勤务、执行非战争军事行动任务,随时准备应召参战,保卫祖国。

军人和预备役人员入役时应当依法进行服役宣誓。

第九条 全国的兵役工作,在国务院、中央军事委员会领导下,由国防部负责。

省军区(卫戍区、警备区)、军分区(警备区)和县、自治县、不设区的市、市辖区的人民武装部,兼各该级人民政府的兵役机关,在上级军事机关和同级人民政府领导下,负责办理本行政区域的兵役工作。

机关、团体、企业事业组织和乡、民族乡、镇的人民政府,依照本法的规定完成兵役工作任务。兵役工作业务,在设有人民武装部的单位,由人民武装部办理;不设人民武装部的单位,确定一个部门办理。普通高等学校应当有负责兵役工作的机构。

第十条 县级以上地方人民政府兵役机关应当会同相关部门,加强对本行政区域内兵役工作的组织协调和监督检查。

县级以上地方人民政府和同级军事机关应当将兵役工作情况作为拥军优属、拥政爱民评比和有关单位及其负责人考核评价的内容。

第十一条 国家加强兵役工作信息化建设,采取有效措施实现有关部门之间信息共享,推进兵役信息收集、处理、传输、存储等技术的现代化,为提高兵役工作质量效益提供支持。

兵役工作有关部门及其工作人员应当对收集的个人信息严格保密，不得泄露或者向他人非法提供。

第十二条　国家采取措施，加强兵役宣传教育，增强公民依法服兵役意识，营造服役光荣的良好社会氛围。

第十三条　军人和预备役人员建立功勋的，按照国家和军队关于功勋荣誉表彰的规定予以褒奖。

组织和个人在兵役工作中作出突出贡献的，按照国家和军队有关规定予以表彰和奖励。

第二章　兵役登记

第十四条　国家实行兵役登记制度。兵役登记包括初次兵役登记和预备役登记。

第十五条　每年十二月三十一日以前年满十八周岁的男性公民，都应当按照兵役机关的安排在当年进行初次兵役登记。

机关、团体、企业事业组织和乡、民族乡、镇的人民政府，应当根据县、自治县、不设区的市、市辖区人民政府兵役机关的安排，负责组织本单位和本行政区域的适龄男性公民进行初次兵役登记。

初次兵役登记可以采取网络登记的方式进行，也可以到兵役登记站（点）现场登记。进行兵役登记，应当如实填写个人信息。

第十六条　经过初次兵役登记的未服现役的公民，符合预备役条件的，县、自治县、不设区的市、市辖区人民政府兵役机关可以根据需要，对其进行预备役登记。

第十七条　退出现役的士兵自退出现役之日起四十日内，退出现役的军官自确定安置地之日起三十日内，到安置地县、自治县、不设区的市、市辖区人民政府兵役机关进行兵役登记信息变更；其中，符合预备役条件，经部队确定需要办理预备役登记的，还应当办理预备役登记。

第十八条　县级以上地方人民政府兵役机关负责本行政区域兵役登记工作。

县、自治县、不设区的市、市辖区人民政府兵役机关每年组织兵役登记信息核验，会同有关部门对公民兵役登记情况进行查验，确保兵役登记及时，信息准确完整。

第三章 平时征集

第十九条 全国每年征集服现役的士兵的人数、次数、时间和要求，由国务院和中央军事委员会的命令规定。

县级以上地方各级人民政府组织兵役机关和有关部门组成征集工作机构，负责组织实施征集工作。

第二十条 年满十八周岁的男性公民，应当被征集服现役；当年未被征集的，在二十二周岁以前仍可以被征集服现役。普通高等学校毕业生的征集年龄可以放宽至二十四周岁，研究生的征集年龄可以放宽至二十六周岁。

根据军队需要，可以按照前款规定征集女性公民服现役。

根据军队需要和本人自愿，可以征集年满十七周岁未满十八周岁的公民服现役。

第二十一条 经初次兵役登记并初步审查符合征集条件的公民，称应征公民。

在征集期间，应征公民应当按照县、自治县、不设区的市、市辖区征集工作机构的通知，按时参加体格检查等征集活动。

应征公民符合服现役条件，并经县、自治县、不设区的市、市辖区征集工作机构批准的，被征集服现役。

第二十二条 在征集期间，应征公民被征集服现役，同时被机关、团体、企业事业组织招录或者聘用的，应当优先履行服兵役义务；有关机关、团体、企业事业组织应当服从国防和军队建设的需要，支持兵员征集工作。

第二十三条 应征公民是维持家庭生活唯一劳动力的，可以缓征。

第二十四条 应征公民因涉嫌犯罪正在被依法监察调查、侦查、起诉、审判或者被判处徒刑、拘役、管制正在服刑的，不征集。

第四章 士兵的现役和预备役

第二十五条 现役士兵包括义务兵役制士兵和志愿兵役制士兵，义务兵役制士兵称义务兵，志愿兵役制士兵称军士。

第二十六条 义务兵服现役的期限为二年。

第二十七条 义务兵服现役期满，根据军队需要和本人自愿，经批准可以选改为军士；服现役期间表现特别优秀的，经批准可以提前选改为军士。根据军队需要，可以直接从非军事部门具有专业技能的公民中招收军士。

军士实行分级服现役制度。军士服现役的期限一般不超过三十年，年龄不超过五十五周岁。

军士分级服现役的办法和直接从非军事部门招收军士的办法，按照国家和军队有关规定执行。

第二十八条　士兵服现役期满，应当退出现役。

士兵因国家建设或者军队编制调整需要退出现役的，经军队医院诊断证明本人健康状况不适合继续服现役的，或者因其他特殊原因需要退出现役的，经批准可以提前退出现役。

第二十九条　士兵服现役的时间自征集工作机构批准入伍之日起算。

士兵退出现役的时间为部队下达退出现役命令之日。

第三十条　依照本法第十七条规定经过预备役登记的退出现役的士兵，由部队会同兵役机关根据军队需要，遴选确定服士兵预备役；经过考核，适合担任预备役军官职务的，服军官预备役。

第三十一条　依照本法第十六条规定经过预备役登记的公民，符合士兵预备役条件的，由部队会同兵役机关根据军队需要，遴选确定服士兵预备役。

第三十二条　预备役士兵服预备役的最高年龄，依照其他有关法律规定执行。

预备役士兵达到服预备役最高年龄的，退出预备役。

第五章　军官的现役和预备役

第三十三条　现役军官从下列人员中选拔、招收：

（一）军队院校毕业学员；

（二）普通高等学校应届毕业生；

（三）表现优秀的现役士兵；

（四）军队需要的专业技术人员和其他人员。

战时根据需要，可以从现役士兵、军队院校学员、征召的预备役军官和其他人员中直接任命军官。

第三十四条　预备役军官包括下列人员：

（一）确定服军官预备役的退出现役的军官；

（二）确定服军官预备役的退出现役的士兵；

（三）确定服军官预备役的专业技术人员和其他人员。

第三十五条　军官服现役和服预备役的最高年龄，依照其他有关法律规定执行。

第三十六条 现役军官按照规定服现役已满最高年龄或者衔级最高年限的，退出现役；需要延长服现役或者暂缓退出现役的，依照有关法律规定执行。

现役军官按照规定服现役未满最高年龄或者衔级最高年限，因特殊情况需要退出现役的，经批准可以退出现役。

第三十七条 依照本法第十七条规定经过预备役登记的退出现役的军官、依照本法第十六条规定经过预备役登记的公民，符合军官预备役条件的，由部队会同兵役机关根据军队需要，遴选确定服军官预备役。

预备役军官按照规定服预备役已满最高年龄的，退出预备役。

第六章 军队院校从青年学生中招收的学员

第三十八条 根据军队建设的需要，军队院校可以从青年学生中招收学员。招收学员的年龄，不受征集服现役年龄的限制。

第三十九条 学员完成学业达到军队培养目标的，由院校发给毕业证书；按照规定任命为现役军官或者军士。

第四十条 学员未达到军队培养目标或者不符合军队培养要求的，由院校按照国家和军队有关规定发给相应证书，并采取多种方式分流；其中，回入学前户口所在地的学员，就读期间其父母已办理户口迁移手续的，可以回父母现户口所在地，由县、自治县、不设区的市、市辖区的人民政府按照国家有关规定接收安置。

第四十一条 学员被开除学籍的，回入学前户口所在地；就读期间其父母已办理户口迁移手续的，可以回父母现户口所在地，由县、自治县、不设区的市、市辖区的人民政府按照国家有关规定办理。

第四十二条 军队院校从现役士兵中招收的学员，适用本法第三十九条、第四十条、第四十一条的规定。

第七章 战时兵员动员

第四十三条 为了应对国家主权、统一、领土完整、安全和发展利益遭受的威胁，抵抗侵略，各级人民政府、各级军事机关，在平时必须做好战时兵员动员的准备工作。

第四十四条 在国家发布动员令或者国务院、中央军事委员会依照《中华人民共和国国防动员法》采取必要的国防动员措施后，各级人民政府、各级军事机关必须依法迅速实施动员，军人停止退出现役，休假、探亲的军人立即归队，预备役人员随时准备应召服现役，经过预备役登记的公民做好服预备役被征召的准备。

第四十五条　战时根据需要，国务院和中央军事委员会可以决定适当放宽征召男性公民服现役的年龄上限，可以决定延长公民服现役的期限。

第四十六条　战争结束后，需要复员的军人，根据国务院和中央军事委员会的复员命令，分期分批地退出现役，由各级人民政府妥善安置。

第八章　服役待遇和抚恤优待

第四十七条　国家保障军人享有符合军事职业特点、与其履行职责相适应的工资、津贴、住房、医疗、保险、休假、疗养等待遇。军人的待遇应当与国民经济发展相协调，与社会进步相适应。

女军人的合法权益受法律保护。军队应当根据女军人的特点，合理安排女军人的工作任务和休息休假，在生育、健康等方面为女军人提供特别保护。

第四十八条　预备役人员参战、参加军事训练、担负战备勤务、执行非战争军事行动任务，享受国家规定的伙食、交通等补助。预备役人员是机关、团体、企业事业组织工作人员的，参战、参加军事训练、担负战备勤务、执行非战争军事行动任务期间，所在单位应当保持其原有的工资、奖金和福利待遇。预备役人员的其他待遇保障依照有关法律法规和国家有关规定执行。

第四十九条　军人按照国家有关规定，在医疗、金融、交通、参观游览、法律服务、文化体育设施服务、邮政服务等方面享受优待政策。公民入伍时保留户籍。

军人因战、因公、因病致残的，按照国家规定评定残疾等级，发给残疾军人证，享受国家规定的待遇、优待和残疾抚恤金。因工作需要继续服现役的残疾军人，由所在部队按照规定发给残疾抚恤金。

军人牺牲、病故，国家按照规定发给其遗属抚恤金。

第五十条　国家建立义务兵家庭优待金制度。义务兵家庭优待金标准由地方人民政府制定，中央财政给予定额补助。具体补助办法由国务院退役军人工作主管部门、财政部门会同中央军事委员会机关有关部门制定。

义务兵和军士入伍前是机关、团体、事业单位或者国有企业工作人员的，退出现役后可以选择复职复工。

义务兵和军士入伍前依法取得的农村土地承包经营权，服现役期间应当保留。

第五十一条　现役军官和军士的子女教育，家属的随军、就业创业以及工作调动，享受国家和社会的优待。

符合条件的军人家属，其住房、医疗、养老按照有关规定享受优待。

军人配偶随军未就业期间，按照国家有关规定享受相应的保障待遇。

第五十二条　预备役人员因参战、参加军事训练、担负战备勤务、执行非战争军事行动任务致残、牺牲的，由当地人民政府依照有关规定给予抚恤优待。

第九章　退役军人的安置

第五十三条　对退出现役的义务兵，国家采取自主就业、安排工作、供养等方式妥善安置。

义务兵退出现役自主就业的，按照国家规定发给一次性退役金，由安置地的县级以上地方人民政府接收，根据当地的实际情况，可以发给经济补助。国家根据经济社会发展，适时调整退役金的标准。

服现役期间平时获得二等功以上荣誉或者战时获得三等功以上荣誉以及属于烈士子女的义务兵退出现役，由安置地的县级以上地方人民政府安排工作；待安排工作期间由当地人民政府按照国家有关规定发给生活补助费；根据本人自愿，也可以选择自主就业。

因战、因公、因病致残的义务兵退出现役，按照国家规定的评定残疾等级采取安排工作、供养等方式予以妥善安置；符合安排工作条件的，根据本人自愿，也可以选择自主就业。

第五十四条　对退出现役的军士，国家采取逐月领取退役金、自主就业、安排工作、退休、供养等方式妥善安置。

军士退出现役，服现役满规定年限的，采取逐月领取退役金方式予以妥善安置。

军士退出现役，服现役满十二年或者符合国家规定的其他条件的，由安置地的县级以上地方人民政府安排工作；待安排工作期间由当地人民政府按照国家有关规定发给生活补助费；根据本人自愿，也可以选择自主就业。

军士服现役满三十年或者年满五十五周岁或者符合国家规定的其他条件的，作退休安置。

因战、因公、因病致残的军士退出现役，按照国家规定的评定残疾等级采取安排工作、退休、供养等方式予以妥善安置；符合安排工作条件的，根据本人自愿，也可以选择自主就业。

军士退出现役，不符合本条第二款至第五款规定条件的，依照本法第五十三条规定的自主就业方式予以妥善安置。

第五十五条　对退出现役的军官，国家采取退休、转业、逐月领取退役金、复员等方式妥善安置；其安置方式的适用条件，依照有关法律法规的规定执行。

第五十六条　残疾军人、患慢性病的军人退出现役后，由安置地的县级以上地方人民政府按照国务院、中央军事委员会的有关规定负责接收安置；其中，患过慢性病旧病复发需要治疗的，由当地医疗机构负责给予治疗，所需医疗和生活费用，本人经济困难的，按照国家规定给予补助。

第十章　法律责任

第五十七条　有服兵役义务的公民有下列行为之一的，由县级人民政府责令限期改正；逾期不改正的，由县级人民政府强制其履行兵役义务，并处以罚款：

（一）拒绝、逃避兵役登记的；

（二）应征公民拒绝、逃避征集服现役的；

（三）预备役人员拒绝、逃避参加军事训练、担负战备勤务、执行非战争军事行动任务和征召的。

有前款第二项行为，拒不改正的，不得录用为公务员或者参照《中华人民共和国公务员法》管理的工作人员，不得招录、聘用为国有企业和事业单位工作人员，两年内不准出境或者升学复学，纳入履行国防义务严重失信主体名单实施联合惩戒。

第五十八条　军人以逃避服兵役为目的，拒绝履行职责或者逃离部队的，按照中央军事委员会的规定给予处分。

军人有前款行为被军队除名、开除军籍或者被依法追究刑事责任的，依照本法第五十七条第二款的规定处罚；其中，被军队除名的，并处以罚款。

明知是逃离部队的军人而招录、聘用的，由县级人民政府责令改正，并处以罚款。

第五十九条　机关、团体、企业事业组织拒绝完成本法规定的兵役工作任务的，阻挠公民履行兵役义务的，或者有其他妨害兵役工作行为的，由县级以上地方人民政府责令改正，并可以处以罚款；对单位负有责任的领导人员、直接负责的主管人员和其他直接责任人员，依法予以处罚。

第六十条　扰乱兵役工作秩序，或者阻碍兵役工作人员依法执行职务的，依照《中华人民共和国治安管理处罚法》的规定处罚。

第六十一条　国家工作人员和军人在兵役工作中，有下列行为之一的，依法给予处分：

（一）贪污贿赂的；

（二）滥用职权或者玩忽职守的；

（三）徇私舞弊，接送不合格兵员的；

（四）泄露或者向他人非法提供兵役个人信息的。

第六十二条　违反本法规定，构成犯罪的，依法追究刑事责任。

第六十三条　本法第五十七条、第五十八条、第五十九条规定的处罚，由县级以上地方人民政府兵役机关会同有关部门查明事实，经同级地方人民政府作出处罚决定后，由县级以上地方人民政府兵役机关、发展改革、公安、退役军人工作、卫生健康、教育、人力资源和社会保障等部门按照职责分工具体执行。

第十一章　附　　则

第六十四条　本法适用于中国人民武装警察部队。

第六十五条　本法自2021年10月1日起施行。

中华人民共和国现役军官法

1. 1988年9月5日第七届全国人民代表大会常务委员会第三次会议通过

2. 根据1994年5月12日第八届全国人民代表大会常务委员会第七次会议《关于修改〈中国人民解放军现役军官服役条例〉的决定》第一次修正

3. 根据2000年12月28日第九届全国人民代表大会常务委员会第十九次会议《关于修改〈中国人民解放军现役军官服役条例〉的决定》第二次修正

目　　录

第一章　总　　则

第一条　为了建设一支革命化、年轻化、知识化、专业化的现役军官队伍，以利于人民解放军完成国家赋予的任务，制定本法。

第二条　人民解放军现役军官(以下简称军官)是被任命为排级以上职务或者初级以上专业技术职务，并被授予相应军衔的现役军人。

军官按照职务性质分为军事军官、政治军官、后勤军官、装备军官和专业技术军官。

第三条　军官是国家工作人员的组成部分。

军官履行宪法和法律赋予的神圣职责，在社会生活中享有与其职责相应的地位和荣誉。

国家依法保障军官的合法权益。

第四条　军官的选拔和使用，坚持任人唯贤、德才兼备、注重实绩、适时交流的原则，实行民主监督，尊重群众公论。

第五条　国家按照优待现役军人的原则，确定军官的各种待遇。

第六条　军官符合本法规定的退出现役条件的，应当退出现役。

第七条　人民解放军总政治部主管全军的军官管理工作，团级以上单位的政治机关主管本单位的军官管理工作。

第二章　军官的基本条件、来源和培训

第八条　军官必须具备下列基本条件：

（一）忠于祖国，忠于中国共产党，有坚定的革命理想、信念，全心全意为人民服务，自觉献身国防事业；

（二）遵守宪法和法律、法规，执行国家的方针、政策和军队的规章、制度，服从命令，听从指挥；

（三）具有胜任本职工作所必需的理论、政策水平，现代军事、科学文化、专业知识，组织、指挥能力，经过院校培训并取得相应学历，身体

健康;

(四)爱护士兵,以身作则,公道正派,廉洁奉公,艰苦奋斗,不怕牺牲。

第九条 军官的来源:

(一)选拔优秀士兵和普通中学毕业生入军队院校学习毕业;

(二)接收普通高等学校毕业生;

(三)由文职干部改任;

(四)招收军队以外的专业技术人员和其他人员。

战时根据需要,可以从士兵、征召的预备役军官和非军事部门的人员中直接任命军官。

第十条 人民解放军实行经院校培训提拔军官的制度。

军事、政治、后勤、装备军官每晋升一级指挥职务,应当经过相应的院校或者其他训练机构培训。担任营级以下指挥职务的军官,应当经过初级指挥院校培训;担任团级和师级指挥职务的军官,应当经过中级指挥院校培训;担任军级以上指挥职务的军官,应当经过高级指挥院校培训。

在机关任职的军官应当经过相应的院校培训。

专业技术军官每晋升一级专业技术职务,应当经过与其所从事专业相应的院校培训;院校培训不能满足需要时,应当通过其他方式,完成规定的继续教育任务。

第三章 军官的考核和职务任免

第十一条 各级首长和政治机关应当按照分工对所属军官进行考核。

考核军官,应当实行领导和群众相结合,根据军官的基本条件和中央军事委员会规定的军官考核标准、程序、方法,以工作实绩为主,全面考核。考核结果分为优秀、称职、不称职三个等次,并作为任免军官职务的主要依据。考核结果应当告知本人。

任免军官职务,应当先经考核;未经考核不得任免。

第十二条 军官职务的任免权限:

(一)总参谋长、总政治部主任至正师职军官职务,由中央军事委员会主席任免;

(二)副师职(正旅职)、正团职(副旅职)军官职务和高级专业技术军官职务,由总参谋长、总政治部主任、总后勤部部长和政治委员、总装备部部长和政治委员、大军区及军兵种或者相当大军区级单位的正职首长任免，副大军区级单位的正团职（副旅职）军官职务由副大军区级单位的正职首长任免；

（三）副团职、正营职军官职务和中级专业技术军官职务，由集团军或者其他有任免权的军级单位的正职首长任免，独立师的正营职军官职务由独立师的正职首长任免；

（四）副营职以下军官职务和初级专业技术军官职务，由师（旅）或者其他有任免权的师（旅）级单位的正职首长任免。

前款所列军官职务的任免，按照中央军事委员会规定的程序办理。

第十三条　在执行作战、抢险救灾等紧急任务时，上级首长有权暂时免去违抗命令、不履行职责或者不称职的所属军官的职务，并可以临时指派其他军人代理；因其他原因，军官职务出现空缺时，上级首长也可以临时指派军人代理。

依照前款规定暂时免去或者临时指派军人代理军官职务，应当尽快报请有任免权的上级审核决定，履行任免手续。

第十四条　作战部队的军事、政治、后勤、装备军官平时任职的最高年龄分别为：

（一）担任排级职务的，三十岁；

（二）担任连级职务的，三十五岁；

（三）担任营级职务的，四十岁；

（四）担任团级职务的，四十五岁；

（五）担任师级职务的，五十岁；

（六）担任军级职务的，五十五岁；

（七）担任大军区级职务的，副职六十三岁，正职六十五岁。

在舰艇上服役的营级和团级职务军官，任职的最高年龄分别为四十五岁和五十岁；从事飞行的团级职务军官，任职的最高年龄为五十岁。

作战部队的师级和军级职务军官，少数工作需要的，按照任免权限经过批准，任职的最高年龄可以适当延长，但是师级和正军职军官延长的年龄最多不得超过五岁，副军职军官延长的年龄最多不得超过三岁。

第十五条　作战部队以外单位的副团职以下军官和大军区级职务军官，任职的最高年龄依照本法第十四条第一款的相应规定执行；正团职军官，任职的最高年龄为五十岁；师级职务军官，任职的最高年龄为五十五岁；副军职和正军职军官，任职的最高年龄分别为五十八岁和六十岁。

第十六条 专业技术军官平时任职的最高年龄分别为：

（一）担任初级专业技术职务的，四十岁；

（二）担任中级专业技术职务的，五十岁；

（三）担任高级专业技术职务的，六十岁。

担任高级专业技术职务的军官，少数工作需要的，按照任免权限经过批准，任职的最高年龄可以适当延长，但是延长的年龄最多不得超过五岁。

第十七条 担任排、连、营、团、师（旅）、军级主官职务的军官，平时任职的最低年限分别为三年。

第十八条 机关和院校的股长、科长、处长、局长、部长及相当领导职务的军官，任职的最低年限参照本法第十七条的规定执行。

机关和院校的参谋、干事、秘书、助理员、教员等军官，每个职务等级任职的最低年限为三年。

第十九条 专业技术军官平时任职的最低年限，按照中央军事委员会的有关规定执行。

第二十条 军官任职满最低年限后，才能根据编制缺额和本人德才条件逐职晋升。

军官德才优秀、实绩显著、工作需要的，可以提前晋升；特别优秀的，可以越职晋升。

第二十一条 军官晋升职务，应当具备拟任职务所要求的任职经历、文化程度、院校培训等资格。具体条件由中央军事委员会规定。

第二十二条 军官职务应当按照编制员额和编制职务等级任命。

第二十三条 军官经考核不称职的，应当调任下级职务或者改做其他工作，并按照新任职务确定待遇。

第二十四条 担任师、军、大军区级职务的军官，正职和副职平时任职的最高年限分别为十年。任职满最高年限的，应当免去现任职务。

第二十五条 根据国防建设的需要，军队可以向非军事部门派遣军官，执行军队交付的任务。

第二十六条 军官可以按照中央军事委员会的规定改任文职干部。

第四章　军官的交流和回避

第二十七条　军官应当在不同岗位或者不同单位之间进行交流,具体办法由中央军事委员会根据本法规定。

第二十八条　军官在一个岗位任职满下列年限的,应当交流:

(一)作战部队担任师级以下主官职务的,四年;担任军级主官职务的,五年;

(二)作战部队以外单位担任军级以下主官职务的,五年;

(三)机关担任股长、科长、处长及相当领导职务的,四年;担任局长、部长及相当领导职务的,五年;但是少数专业性强和工作特别需要的除外。

担任师级和军级领导职务的军官,在本单位连续工作分别满二十五年和三十年的,应当交流。

担任其他职务的军官,也应当根据需要进行交流。

第二十九条　在艰苦地区工作的军官向其他地区交流,按照中央军事委员会的有关规定执行。

第三十条　军官之间有夫妻关系、直系血亲关系、三代以内旁系血亲关系以及近姻亲关系的,不得担任有直接上下级或者间隔一级领导关系的职务,不得在同一单位担任双方直接隶属于同一首长的职务,也不得在担任领导职务一方的机关任职。

第三十一条　军官不得在其原籍所在地的军分区(师级警备区)和县、市、市辖区的人民武装部担任主官职务,但是工作特别需要的除外。

第三十二条　军官在执行职务时,涉及本人或者涉及与本人有本法第三十条所列亲属关系人员的利益关系的,应当回避,但是执行作战任务和其他紧急任务的除外。

第五章　军官的奖励和处分

第三十三条　军官在作战和军队建设中做出突出贡献或者取得显著成绩,以及为国家和人民做出其他较大贡献的,按照中央军事委员会的规定给予奖励。

奖励分为:嘉奖、三等功、二等功、一等功、荣誉称号以及中央军事委员会规定的其他奖励。

第三十四条　军官违反军纪的,按照中央军事委员会的规定给予处分。

处分分为:警告、严重警告、记过、记大过、降职(级)或者降衔、撤职、开除军籍以及中央军事委员会规定的其他处分。

第三十五条 对被撤职的军官,根据其所犯错误的具体情况,任命新的职务;未任命新的职务的,应当确定职务等级待遇。

第三十六条 军官违反法律,构成犯罪的,依法追究刑事责任。

第六章 军官的待遇

第三十七条 军官实行职务军衔等级工资制和定期增资制度,按照国家和军队的有关规定享受津贴和补贴,并随着国民经济的发展适时调整。具体标准和办法由中央军事委员会规定。

军官按照规定离职培训、休假、治病疗养以及免职待分配期间,工资照发。

第三十八条 军官享受公费医疗待遇。有关部门应当做好军官的医疗保健工作,妥善安排军官的治病和疗养。

军官按照国家和军队的有关规定享受军人保险待遇。

第三十九条 军官住房实行公寓住房与自有住房相结合的保障制度。军官按照规定住用公寓住房或者购买自有住房,享受相应的住房补贴和优惠待遇。

第四十条 军官享受休假待遇。上级首长应当每年按照规定安排军官休假。

执行作战任务部队的军官停止休假。

国家发布动员令后,按照动员令应当返回部队的正在休假的军官,应当自动结束休假,立即返回本部。

第四十一条 军官的家属随军、就业、工作调动和子女教育,享受国家和社会优待。

军官具备家属随军条件的,经师(旅)级以上单位的政治机关批准,其配偶和未成年子女、无独立生活能力的子女可以随军,是农村户口的,转为城镇户口。

部队移防或者军官工作调动的,随军家属可以随调。

军官年满五十岁、身边无子女的,可以调一名有工作的子女到军官所在地。所调子女已婚的,其配偶和未成年子女、无独立生活能力的子女可以随调。

随军的军官家属、随调的军官子女及其配偶的就业和工作调动,按照国务院和中央军事委员会的有关规定办理。

第四十二条　军官牺牲、病故后，其随军家属移交政府安置管理。具体办法由国务院和中央军事委员会规定。

第七章　军官退出现役

第四十三条　军事、政治、后勤、装备军官平时服现役的最低年限分别为：

（一）担任排级职务的，八年；

（二）担任连级职务的，副职十年，正职十二年；

（三）担任营级职务的，副职十四年，正职十六年；

（四）担任团级职务的，副职十八年，正职二十年。

第四十四条　专业技术军官平时服现役的最低年限分别为：

（一）担任初级专业技术职务的，十二年；

（二）担任中级专业技术职务的，十六年；

（三）担任高级专业技术职务的，二十年。

第四十五条　军官未达到平时服现役的最低年限的，不得退出现役。但是有下列情形之一的，应当提前退出现役：

（一）伤病残不能坚持正常工作的；

（二）经考核不称职又不宜作其他安排的；

（三）犯有严重错误不适合继续服现役的；

（四）调离军队，到非军事部门工作的；

（五）因军队体制编制调整精简需要退出现役的。

军官未达到平时服现役的最低年限，要求提前退出现役未获批准，经教育仍坚持退出现役的，给予降职（级）处分或者取消其军官身份后，可以作出退出现役处理。

第四十六条　军官达到平时服现役的最高年龄的，应当退出现役。

军官平时服现役的最高年龄分别为：

（一）担任正团职职务的，五十岁；

（二）担任师级职务的，五十五岁；

（三）担任军级职务的，副职五十八岁，正职六十岁；

（四）担任其他职务的，服现役的最高年龄与任职的最高年龄相同。

第四十七条　军官未达到平时服现役的最高年龄，有下列情形之一的，应当退出现役：

（一）任职满最高年限后需要退出现役的；

（二）伤病残不能坚持正常工作的；

（三）受军队编制员额限制，不能调整使用的；

（四）调离军队，到非军事部门工作的；

（五）有其他原因需要退出现役的。

第四十八条 军官退出现役的批准权限与军官职务的任免权限相同。

第四十九条 军官退出现役后，采取转业由政府安排工作和职务，或者由政府协助就业、发给退役金的方式安置；有的也可以采取复员或者退休的方式安置。

担任师级以上职务和高级专业技术职务的军官，退出现役后作退休安置，有的也可以作转业安置或者其他安置。

担任团级以下职务和初级、中级专业技术职务的军官，退出现役后作转业安置或者其他安置。

对退出现役由政府安排工作和职务以及由政府协助就业、发给退役金的军官，政府应当根据需要进行职业培训。

未达到服现役的最高年龄，基本丧失工作能力的军官，退出现役后作退休安置。

服现役满三十年以上或者服现役和参加工作满三十年以上，或者年满五十岁以上的军官，担任师级以上职务，本人提出申请，经组织批准的，退出现役后可以作退休安置；担任团级职务，不宜作转业或者其他安置的，可以由组织批准退出现役后作退休安置。

第五十条 军官达到服现役的最高年龄，符合国家规定的离休条件的，可以离职休养。因工作需要或者其他原因，经过批准，可以提前或者推迟离休。

第五十一条 军官退出现役后的安置管理具体办法由国务院和中央军事委员会规定。

军官离职休养和军级以上职务军官退休后，按照国务院和中央军事委员会的有关规定安置管理。

第八章 附 则

第五十二条 人民解放军总政治部根据本法制定实施办法，报国务院和中央军事委员会批准后施行。

第五十三条 中国人民武装警察部队现役警官适用本法，具体办法由国务院和中央军事委员会规定。

第五十四条 本法（原称《中国人民解放军现役军官服役条例》）自1989年

1月1日起施行。1978年8月18日第五届全国人民代表大会常务委员会批准、1978年8月19日国务院和中央军事委员会颁布的《中国人民解放军干部服役条例》同时废止。

中华人民共和国预备役人员法

1. 2022年12月30日第十三届全国人民代表大会常务委员会第三十八次会议通过
2. 2022年12月30日中华人民共和国主席令第127号公布
3. 自2023年3月1日起施行

目　　录

第一章　总　　则

第一条　为了健全预备役人员制度，规范预备役人员管理，维护预备役人员合法权益，保障预备役人员有效履行职责使命，加强国防力量建设，根据宪法和《中华人民共和国国防法》、《中华人民共和国兵役法》，制定本法。

第二条　本法所称预备役人员，是指依法履行兵役义务，预编到中国人民解放军现役部队或者编入中国人民解放军预备役部队服预备役的公民。

预备役人员分为预备役军官和预备役士兵。预备役士兵分为预备役军士和预备役兵。

预备役人员是国家武装力量的成员，是战时现役部队兵员补充的重要来源。

第三条 预备役人员工作坚持中国共产党的领导，贯彻习近平强军思想，坚持总体国家安全观，贯彻新时代军事战略方针，以军事需求为牵引，以备战打仗为指向，以质量建设为着力点，提高预备役人员履行使命任务的能力和水平。

第四条 预备役人员必须服从命令、严守纪律，英勇顽强、不怕牺牲，按照规定参加政治教育和军事训练、担负战备勤务、执行非战争军事行动任务，随时准备应召参战，保卫祖国。

国家依法保障预备役人员的地位和权益。预备役人员享有与其履行职责相应的荣誉和待遇。

第五条 中央军事委员会领导预备役人员工作。

中央军事委员会政治工作部门负责组织指导预备役人员管理工作，中央军事委员会国防动员部门负责组织预备役人员编组、动员征集等有关工作，中央军事委员会机关其他部门按照职责分工负责预备役人员有关工作。

中央国家机关、县级以上地方人民政府和同级军事机关按照职责分工做好预备役人员有关工作。

编有预备役人员的部队（以下简称部队）负责所属预备役人员政治教育、军事训练、执行任务和有关选拔补充、日常管理、退出预备役等工作。

第六条 县级以上地方人民政府和有关军事机关应当根据预备役人员工作需要召开军地联席会议，协调解决有关问题。

县级以上地方人民政府和同级军事机关，应当将预备役人员工作情况作为拥军优属、拥政爱民评比和有关单位及其负责人考核评价的内容。

第七条 机关、团体、企业事业组织和乡镇人民政府、街道办事处应当支持预备役人员履行预备役职责，协助做好预备役人员工作。

第八条 国家加强预备役人员工作信息化建设。

中央军事委员会政治工作部门会同中央国家机关、中央军事委员会机关有关部门，统筹做好信息数据系统的建设、维护、应用和信息安全管理等工作。

有关部门和单位、个人应当对在预备役人员工作过程中知悉的国家秘密、军事秘密和个人隐私、个人信息予以保密，不得泄露或者向他人非法提供。

第九条　预备役人员工作所需经费，按照财政事权和支出责任划分原则列入中央和地方预算。

第十条　预备役人员在履行预备役职责中做出突出贡献的，按照国家和军队有关规定给予表彰和奖励。

组织和个人在预备役人员工作中做出突出贡献的，按照国家和军队有关规定给予表彰和奖励。

第二章　预备役军衔

第十一条　国家实行预备役军衔制度。

预备役军衔是区分预备役人员等级、表明预备役人员身份的称号和标志，是党和国家给予预备役人员的地位和荣誉。

第十二条　预备役军衔分为预备役军官军衔、预备役军士军衔和预备役兵军衔。

预备役军官军衔设二等七衔：

（一）预备役校官：预备役大校、上校、中校、少校；

（二）预备役尉官：预备役上尉、中尉、少尉。

预备役军士军衔设三等七衔：

（一）预备役高级军士：预备役一级军士长、二级军士长、三级军士长；

（二）预备役中级军士：预备役一级上士、二级上士；

（三）预备役初级军士：预备役中士、下士。

预备役兵军衔设两衔：预备役上等兵、列兵。

第十三条　预备役军衔按照军种划分种类，在预备役军衔前冠以军种名称。

预备役军官分为预备役指挥管理军官和预备役专业技术军官，分别授予预备役指挥管理军官军衔和预备役专业技术军官军衔。

预备役军衔标志式样和佩带办法由中央军事委员会规定。

第十四条　预备役军衔的授予和晋升，以预备役人员任职岗位、德才表现、服役时间和做出的贡献为依据，具体办法由中央军事委员会规定。

第十五条　预备役人员退出预备役的，其预备役军衔予以保留，在其军衔前冠以“退役”。

第十六条　对违反军队纪律的预备役人员，按照中央军事委员会的有关规定，可以降低其预备役军衔等级。

依照本法规定取消预备役人员身份的，相应取消其预备役军衔；预备役人员犯罪或者退出预备役后犯罪，被依法判处剥夺政治权利或者有期徒刑以上刑罚的，应当剥夺其预备役军衔。

批准取消或者剥夺预备役军衔的权限，与批准授予相应预备役军衔的权限相同。

第三章 选拔补充

第十七条 预备役人员应当符合下列条件：

（一）忠于祖国，忠于中国共产党，拥护社会主义制度，热爱人民，热爱国防和军队；

（二）遵守宪法和法律，具有良好的政治素质和道德品行；

（三）年满十八周岁；

（四）具有履行职责的身体条件和心理素质；

（五）具备岗位要求的文化程度和工作能力；

（六）法律、法规规定的其他条件。

第十八条 预备役人员主要从符合服预备役条件、经过预备役登记的退役军人和专业技术人才、专业技能人才中选拔补充。

预备役登记依照《中华人民共和国兵役法》有关规定执行。

第十九条 预备役人员的选拔补充计划由中央军事委员会确定。中央军事委员会机关有关部门会同有关中央国家机关，指导部队和县级以上地方人民政府兵役机关实施。

第二十条 部队应当按照规定的标准条件，会同县级以上地方人民政府兵役机关遴选确定预备役人员。

预备役人员服预备役的时间自批准服预备役之日起算。

第二十一条 县级以上地方人民政府兵役机关应当向部队及时、准确地提供本行政区域公民预备役登记信息，组织预备役人员选拔补充对象的政治考核、体格检查等工作，办理相关入役手续。

第二十二条 机关、团体、企业事业组织和乡镇人民政府、街道办事处，应当根据部队需要和县、自治县、不设区的市、市辖区人民政府兵役机关的安排，组织推荐本单位、本行政区域符合条件的人员参加预备役人员选拔补充。

被推荐人员应当按照规定参加预备役人员选拔补充。

第二十三条　部队应当按照规定，对选拔补充的预备役人员授予预备役军衔、任用岗位职务。

第四章　教育训练和晋升任用

第二十四条　预备役人员的教育训练，坚持院校教育、训练实践、职业培训相结合，纳入国家和军队教育培训体系。

军队和预备役人员所在单位应当按照有关规定开展预备役人员教育训练。

第二十五条　预备役人员在被授予和晋升预备役军衔、任用岗位职务前，应当根据需要接受相应的教育训练。

第二十六条　预备役人员应当按照规定参加军事训练，达到军事训练大纲规定的训练要求。

年度军事训练时间由战区级以上军事机关根据需要确定。

中央军事委员会可以决定对预备役人员实施临战训练，预备役人员必须按照要求接受临战训练。

第二十七条　预备役人员在服预备役期间应当按照规定参加职业培训，提高履行预备役职责的能力。

第二十八条　对预备役人员应当进行考核。考核工作由部队按照规定组织实施，考核结果作为其预备役军衔晋升、职务任用、待遇调整、奖励惩戒等的依据。

预备役人员的考核结果应当通知本人和其预备役登记地县、自治县、不设区的市、市辖区人民政府兵役机关以及所在单位，并作为调整其职位、职务、职级、级别、工资和评定职称等的依据之一。

第二十九条　预备役人员表现优秀、符合条件的，可以按照规定晋升预备役军衔、任用部队相应岗位职务。

预备役兵服预备役满规定年限，根据军队需要和本人自愿，经批准可以选改为预备役军士。

预备役人员任用岗位职务的批准权限由中央军事委员会规定。

第五章　日常管理

第三十条　预备役人员有单位变更、迁居、出国（境）、患严重疾病、身体残疾等重要事项以及联系方式发生变化的，应当及时向部队报告。

预备役人员有前款规定情况或者严重违纪违法、失踪、死亡的，预备役人员所在单位和乡镇人民政府、街道办事处应当及时报告县、自治县、不设区的市、市辖区人民政府兵役机关。

部队应当与县、自治县、不设区的市、市辖区人民政府兵役机关建立相互通报制度，准确掌握预备役人员动态情况。

第三十一条 预备役人员因迁居等原因需要变更预备役登记地的，相关县、自治县、不设区的市、市辖区人民政府兵役机关应当及时变更其预备役登记信息。

第三十二条 预备役人员参加军事训练、担负战备勤务、执行非战争军事行动任务等的召集，由部队通知本人，并通报其所在单位和预备役登记地县、自治县、不设区的市、市辖区人民政府兵役机关。

召集预备役人员担负战备勤务、执行非战争军事行动任务，应当经战区级以上军事机关批准。

预备役人员所在单位和预备役登记地县、自治县、不设区的市、市辖区人民政府兵役机关，应当协助召集预备役人员。

预备役人员应当按照召集规定时间到指定地点报到。

第三十三条 预备役人员参加军事训练、担负战备勤务、执行非战争军事行动任务等期间，由部队按照军队有关规定管理。

第三十四条 预备役人员按照军队有关规定穿着预备役制式服装、佩带预备役标志服饰。

任何单位和个人不得非法生产、买卖预备役制式服装和预备役标志服饰。

第三十五条 预备役人员应当落实军队战备工作有关规定，做好执行任务的准备。

第六章 征 召

第三十六条 在国家发布动员令或者国务院、中央军事委员会依法采取必要的国防动员措施后，部队应当根据上级的命令，迅速向被征召的预备役人员下达征召通知，并通报其预备役登记地县、自治县、不设区的市、市辖区人民政府兵役机关和所在单位。

预备役人员接到征召通知后，必须按照要求在规定时间到指定地点报到。国家发布动员令后，尚未接到征召通知的预备役人员，未经部队和预备役登记地兵役机关批准，不得离开预备役登记地；已经离开的，应当立即返回或者原地待命。

第三十七条　预备役登记地县、自治县、不设区的市、市辖区人民政府兵役机关，预备役人员所在单位和乡镇人民政府、街道办事处，应当督促预备役人员响应征召，为预备役人员征召提供必要的支持和协助，帮助解决困难，维护预备役人员合法权益。

从事交通运输的单位和个人应当优先运送被征召的预备役人员。

预备役人员因被征召，诉讼、行政复议、仲裁活动不能正常进行的，适用有关时效中止和程序中止的规定，但是法律另有规定的除外。

第三十八条　预备役人员有下列情形之一的，经其预备役登记地县、自治县、不设区的市、市辖区人民政府兵役机关核实，并经部队批准，可以暂缓征召：

（一）患严重疾病处于治疗期间暂时无法履行预备役职责；

（二）家庭成员生活不能自理，且本人为唯一监护人、赡养人、扶养人，或者家庭发生重大变故必须由本人亲自处理；

（三）女性预备役人员在孕期、产假、哺乳期内；

（四）涉嫌严重职务违法或者职务犯罪正在被监察机关调查，或者涉嫌犯罪正在被侦查、起诉、审判；

（五）法律、法规规定的其他情形。

第三十九条　被征召的预备役人员，根据军队有关规定转服现役。

预备役人员转服现役，由其预备役登记地县、自治县、不设区的市、市辖区人民政府兵役机关办理入伍手续。预备役人员转服现役的，按照有关规定改授相应军衔、任用相应岗位职务，履行军人职责。

第四十条　国家解除国防动员后，由预备役人员转服现役的军人需要退出现役的，按照军人退出现役的有关规定由各级人民政府妥善安置。被征召的预备役人员未转服现役的，部队应当安排其返回，并通知其预备役登记地县、自治县、不设区的市、市辖区人民政府兵役机关和所在单位。

第七章　待遇保障

第四十一条　国家建立激励与补偿相结合的预备役人员津贴补贴制度。

预备役人员按照规定享受服役津贴；参战、参加军事训练、担负战备勤务、执行非战争军事行动任务期间，按照规定享受任务津贴。

预备役人员参战、参加军事训练、担负战备勤务、执行非战争军事行动任务期间，按照规定享受相应补贴和伙食、交通等补助；其中，预备役人员是机关、团体、企业事业组织工作人员的，所在单位应当保持其原有的工资、奖金、福利和保险等待遇。

预备役人员津贴补贴的标准及其调整办法由中央军事委员会规定。

第四十二条 预备役人员参战,享受军人同等医疗待遇;参加军事训练、担负战备勤务、执行非战争军事行动任务期间,按照规定享受国家和军队相应医疗待遇。

军队医疗机构按照规定为预备役人员提供优先就医等服务。

第四十三条 预备役人员参加军事训练、担负战备勤务、执行非战争军事行动任务期间,军队为其购买人身意外伤害保险。

第四十四条 预备役人员参战、参加军事训练、担负战备勤务、执行非战争军事行动任务期间,其家庭因自然灾害、意外事故、重大疾病等原因,基本生活出现严重困难的,地方人民政府和部队应当按照有关规定给予救助和慰问。

国家鼓励和支持人民团体、企业事业组织、社会组织和其他组织以及个人,为困难预备役人员家庭提供援助服务。

第四十五条 预备役人员所在单位不得因预备役人员履行预备役职责,对其作出辞退、解聘或者解除劳动关系、免职、降低待遇、处分等处理。

第四十六条 预备役人员所在单位按照国家有关规定享受优惠和扶持政策。

预备役人员创办小微企业、从事个体经营等活动,可以按照国家有关规定享受融资优惠等政策。

第四十七条 预备役人员按照规定享受优待。

预备役人员因参战、参加军事训练、担负战备勤务、执行非战争军事行动任务伤亡的,由县级以上地方人民政府按照国家有关规定给予抚恤。

第四十八条 预备役人员被授予和晋升预备役军衔,获得功勋荣誉表彰,以及退出预备役时,部队应当举行仪式。

第四十九条 女性预备役人员的合法权益受法律保护。部队应当根据女性预备役人员的特点,合理安排女性预备役人员的岗位和任务。

第五十条 预备役人员退出预备役后,按照规定享受相应的荣誉和待遇。

第八章 退出预备役

第五十一条 预备役军官、预备役军士在本衔级服预备役的最低年限为四年。

预备役军官、预备役军士服预备役未满本衔级最低年限的,不得申请退出预备役;满最低年限的,本人提出申请、经批准可以退出预备役。

预备役兵服预备役年限为四年,其中,预备役列兵、上等兵各为二年。预备役兵服预备役未满四年的,不得申请退出预备役。预备役兵服预备役满四年未被选改为预备役军士的,应当退出预备役。

第五十二条　预备役人员服预备役达到最高年龄的,应当退出预备役。预备役人员服预备役的最高年龄:

(一)预备役指挥管理军官:预备役尉官为四十五周岁,预备役校官为六十周岁;

(二)预备役专业技术军官:预备役尉官为五十周岁,预备役校官为六十周岁;

(三)预备役军士:预备役下士、中士、二级上士均为四十五周岁,预备役一级上士、三级军士长、二级军士长、一级军士长均为五十五周岁;

(四)预备役兵为三十周岁。

第五十三条　预备役军官、预备役军士服预备役未满本衔级最低年限或者未达到最高年龄,预备役兵服预备役未满规定年限或者未达到最高年龄,有下列情形之一的,应当安排退出预备役:

(一)被征集或者选拔补充服现役的;

(二)因军队体制编制调整改革或者优化预备役人员队伍结构需要退出的;

(三)因所在单位或者岗位变更等原因,不适合继续服预备役的;

(四)因伤病残无法履行预备役职责的;

(五)法律、法规规定的其他情形。

第五十四条　预备役军官、预备役军士服预备役满本衔级最低年限或者达到最高年龄,预备役兵服预备役满规定年限或者达到最高年龄,有下列情形之一的,不得退出预备役:

(一)国家发布动员令或者国务院、中央军事委员会依法采取国防动员措施要求的;

(二)正在参战或者担负战备勤务、执行非战争军事行动任务的;

(三)涉嫌违反军队纪律正在接受审查或者调查、尚未作出结论的;

(四)法律、法规规定的其他情形。

前款规定的情形消失的,预备役人员可以提出申请,经批准后退出预备役。

第五十五条　预备役人员有下列情形之一的，应当取消预备役人员身份：

（一）预备役军官、预备役军士服预备役未满本衔级最低年限，预备役兵服预备役未满规定年限，本人要求提前退出预备役，经教育仍坚持退出预备役的；

（二）连续两年部队考核不称职的；

（三）因犯罪被追究刑事责任的；

（四）法律、法规规定的其他情形。

第五十六条　预备役人员退出预备役的时间为下达退出预备役命令之日。

第五十七条　批准预备役人员退出预备役的权限，与批准晋升相应预备役军衔的权限相同。

第九章　法律责任

第五十八条　经过预备役登记的公民拒绝、逃避参加预备役人员选拔补充的，预备役人员拒绝、逃避参加军事训练、担负战备勤务、执行非战争军事行动任务和征召的，由县级人民政府责令限期改正；逾期不改的，由县级人民政府强制其履行兵役义务，并处以罚款；属于公职人员的，还应当依法给予处分。

预备役人员有前款规定行为的，部队应当按照有关规定停止其相关待遇。

第五十九条　预备役人员参战、参加军事训练、担负战备勤务、执行非战争军事行动任务期间，违反纪律的，由部队按照有关规定给予处分。

第六十条　国家机关及其工作人员、军队单位及其工作人员在预备役人员工作中滥用职权、玩忽职守、徇私舞弊，或者有其他违反本法规定行为的，由其所在单位、主管部门或者上级机关责令改正；对负有责任的领导人员和直接责任人员，依法给予处分。

第六十一条　机关、团体、企业事业组织拒绝完成本法规定的预备役人员工作任务的，阻挠公民履行预备役义务的，或者有其他妨害预备役人员工作行为的，由县级以上地方人民政府责令改正，并可以处以罚款；对负有责任的领导人员和直接责任人员，依法给予处分、处罚。

非法生产、买卖预备役制式服装和预备役标志服饰的，依法予以处罚。

第六十二条　违反本法规定，构成犯罪的，依法追究刑事责任。

第六十三条　本法第五十八条、第六十一条第一款规定的处罚，由县级以上地方人民政府兵役机关会同有关部门查明事实，经同级地方人民政府作出处罚决定后，由县级以上地方人民政府兵役机关和有关部门按照职责分工具体执行。

第十章　附　　则

第六十四条　中国人民武装警察部队退出现役的人员服预备役的，适用本法。

第六十五条　本法自 2023 年 3 月 1 日起施行。《中华人民共和国预备役军官法》同时废止。

中华人民共和国人民武装警察法

1．2009 年 8 月 27 日第十一届全国人民代表大会常务委员会第十次会议通过

2．2020 年 6 月 20 日第十三届全国人民代表大会常务委员会第十九次会议修订

目　　录

第一章　总　　则

第一条　为了规范和保障人民武装警察部队履行职责，建设强大的现代化人民武装警察部队，维护国家安全和社会稳定，保护公民、法人和其他组织的合法权益，制定本法。

第二条　人民武装警察部队是中华人民共和国武装力量的重要组成部分，

由党中央、中央军事委员会集中统一领导。

第三条 人民武装警察部队坚持中国共产党的绝对领导，贯彻习近平强军思想，贯彻新时代军事战略方针，按照多能一体、维稳维权的战略要求，加强练兵备战、坚持依法从严、加快建设发展，有效履行职责。

第四条 人民武装警察部队担负执勤、处置突发社会安全事件、防范和处置恐怖活动、海上维权执法、抢险救援和防卫作战以及中央军事委员会赋予的其他任务。

第五条 人民武装警察部队应当遵守宪法和法律，忠于职守，依照本法和其他法律的有关规定履行职责。

人民武装警察部队依法履行职责的行为受法律保护。

第六条 对在执行任务中做出突出贡献的人民武装警察，依照有关法律和中央军事委员会的规定给予表彰和奖励。

对协助人民武装警察执行任务有突出贡献的个人和组织，依照有关法律、法规的规定给予表彰和奖励。

第七条 人民武装警察部队实行衔级制度，衔级制度的具体内容由法律另行规定。

第八条 人民武装警察享有法律、法规规定的现役军人的权益。

第二章 组织和指挥

第九条 人民武装警察部队由内卫部队、机动部队、海警部队和院校、研究机构等组成。

内卫部队按照行政区划编设，机动部队按照任务编设，海警部队在沿海地区按照行政区划和任务区域编设。具体编设由中央军事委员会确定。

第十条 人民武装警察部队平时执行任务，由中央军事委员会或者中央军事委员会授权人民武装警察部队组织指挥。

人民武装警察部队平时与人民解放军共同参加抢险救援、维稳处突、联合训练演习等非战争军事行动，由中央军事委员会授权战区指挥。

人民武装警察部队战时执行任务，由中央军事委员会或者中央军事委员会授权战区组织指挥。

组织指挥具体办法由中央军事委员会规定。

第十一条 中央国家机关、县级以上地方人民政府应当与人民武装警察部队建立任务需求和工作协调机制。

中央国家机关、县级以上地方人民政府因重大活动安全保卫、处置突发社会安全事件、防范和处置恐怖活动、抢险救援等需要人民武装警察部队协助的，应当按照国家有关规定提出需求。

执勤目标单位可以向负责执勤任务的人民武装警察部队提出需求。

第十二条　调动人民武装警察部队执行任务，坚持依法用兵、严格审批的原则，按照指挥关系、职责权限和运行机制组织实施。批准权限和程序由中央军事委员会规定。

遇有重大灾情、险情或者暴力恐怖事件等严重威胁公共安全或者公民人身财产安全的紧急情况，人民武装警察部队应当依照中央军事委员会有关规定采取行动并同时报告。

第十三条　人民武装警察部队根据执行任务需要，参加中央国家机关、县级以上地方人民政府设立的指挥机构，在指挥机构领导下，依照中央军事委员会有关规定实施组织指挥。

第十四条　中央国家机关、县级以上地方人民政府对人民武装警察部队执勤、处置突发社会安全事件、防范和处置恐怖活动、抢险救援工作进行业务指导。

人民武装警察部队执行武装警卫、武装守卫、武装守护、武装警戒、押解、押运等任务，执勤目标单位可以对在本单位担负执勤任务的人民武装警察部队进行执勤业务指导。

第三章　任务和权限

第十五条　人民武装警察部队主要担负下列执勤任务：

（一）警卫对象、重要警卫目标的武装警卫；

（二）重大活动的安全保卫；

（三）重要的公共设施、核设施、企业、仓库、水源地、水利工程、电力设施、通信枢纽等目标的核心要害部位的武装守卫；

（四）重要的桥梁和隧道的武装守护；

（五）监狱、看守所等场所的外围武装警戒；

（六）直辖市，省、自治区人民政府所在地的市和其他重要城市（镇）的重点区域、特殊时期以及特定内陆边界的武装巡逻；

（七）协助公安机关、国家安全机关依法执行逮捕、追捕任务，协助监狱、看守所等执勤目标单位执行押解、追捕任务，协助中国人民银行、国防军工单位等执勤目标单位执行押运任务。

前款规定的执勤任务的具体范围,依照国家有关规定执行。

第十六条　人民武装警察部队参与处置动乱、暴乱、骚乱、非法聚集事件、群体性事件等突发事件,主要担负下列任务:

(一)保卫重要目标安全;

(二)封锁、控制有关场所和道路;

(三)实施隔离、疏导、带离、驱散行动,制止违法犯罪行为;

(四)营救和救护受困人员;

(五)武装巡逻,协助开展群众工作,恢复社会秩序。

第十七条　人民武装警察部队参与防范和处置恐怖活动,主要担负下列任务:

(一)实施恐怖事件现场控制、救援、救护,以及武装巡逻、重点目标警戒;

(二)协助公安机关逮捕、追捕恐怖活动人员;

(三)营救人质、排除爆炸物;

(四)参与处置劫持航空器等交通工具事件。

第十八条　人民武装警察部队参与自然灾害、事故灾难、公共卫生事件等突发事件的抢险救援,主要担负下列任务:

(一)参与搜寻、营救、转移或者疏散受困人员;

(二)参与危险区域、危险场所和警戒区的外围警戒;

(三)参与排除、控制灾情和险情,防范次生和衍生灾害;

(四)参与核生化救援、医疗救护、疫情防控、交通设施抢修抢建等专业抢险;

(五)参与抢救、运送、转移重要物资。

第十九条　人民武装警察执行任务时,可以依法采取下列措施:

(一)对进出警戒区域、通过警戒哨卡的人员、物品、交通工具等按照规定进行检查;对不允许进出、通过的,予以阻止;对强行进出、通过的,采取必要措施予以制止;

(二)在武装巡逻中,经现场指挥员同意并出示人民武装警察证件,对有违法犯罪嫌疑的人员当场进行盘问并查验其证件,对可疑物品和交通工具进行检查;

(三)协助执行交通管制或者现场管制;

(四)对聚众扰乱社会治安秩序、危及公民人身财产安全、危害公共安全或者执勤目标安全的，采取必要措施予以制止、带离、驱散；

（五）根据执行任务的需要，向相关单位和人员了解有关情况或者在现场以及与执行任务相关的场所实施必要的侦察。

第二十条　人民武装警察执行任务时，发现有下列情形的人员，经现场指挥员同意，应当及时予以控制并移交公安机关、国家安全机关或者其他有管辖权的机关处理：

（一）正在实施犯罪的；

（二）通缉在案的；

（三）违法携带危及公共安全物品的；

（四）正在实施危害执勤目标安全行为的；

（五）以暴力、威胁等方式阻碍人民武装警察执行任务的。

第二十一条　人民武装警察部队协助公安机关、国家安全机关和监狱等执行逮捕、追捕任务，根据所协助机关的决定，协助搜查犯罪嫌疑人、被告人、罪犯的人身和住所以及涉嫌藏匿犯罪嫌疑人、被告人、罪犯或者违法物品的场所、交通工具等。

第二十二条　人民武装警察执行执勤、处置突发社会安全事件、防范和处置恐怖活动任务使用警械和武器，依照人民警察使用警械和武器的规定以及其他有关法律、法规的规定执行。

第二十三条　人民武装警察执行任务，遇有妨碍、干扰的，可以采取必要措施排除阻碍、强制实施。

人民武装警察执行任务需要采取措施的，应当严格控制在必要限度内，有多种措施可供选择的，应当选择有利于最大程度地保护个人和组织权益的措施。

第二十四条　人民武装警察因执行任务的紧急需要，经出示人民武装警察证件，可以优先乘坐公共交通工具；遇交通阻碍时，优先通行。

第二十五条　人民武装警察因执行任务的需要，在紧急情况下，经现场指挥员出示人民武装警察证件，可以优先使用或者依法征用个人和组织的设备、设施、场地、建筑物、交通工具以及其他物资、器材，任务完成后应当及时归还或者恢复原状，并按照国家有关规定支付费用；造成损失的，按照国家有关规定给予补偿。

第二十六条　人民武装警察部队出境执行防范和处置恐怖活动等任务，依照有关法律、法规和中央军事委员会的规定执行。

第四章 义务和纪律

第二十七条 人民武装警察应当服从命令、听从指挥，依法履职尽责，坚决完成任务。

第二十八条 人民武装警察遇有公民的人身财产安全受到侵犯或者处于其他危难情形，应当及时救助。

第二十九条 人民武装警察不得有下列行为：

（一）违抗上级决定和命令、行动消极或者临阵脱逃；

（二）违反规定使用警械、武器；

（三）非法剥夺、限制他人人身自由，非法检查、搜查人身、物品、交通工具、住所、场所；

（四）体罚、虐待、殴打监管羁押、控制的对象；

（五）滥用职权、徇私舞弊，擅离职守或者玩忽职守；

（六）包庇、纵容违法犯罪活动；

（七）泄露国家秘密、军事秘密；

（八）其他违法违纪行为。

第三十条 人民武装警察执行任务，应当按照规定着装，持有人民武装警察证件，按照规定使用摄录器材录像取证、出示证件。

第三十一条 人民武装警察应当举止文明，礼貌待人，遵守社会公德，尊重公民的宗教信仰和民族风俗习惯。

第五章 保障措施

第三十二条 为了保障人民武装警察部队执行任务，中央国家机关、县级以上地方人民政府及其有关部门应当依据职责及时向人民武装警察部队通报下列情报信息：

（一）社会安全信息；

（二）恐怖事件、突发事件的情报信息；

（三）气象、水文、海洋环境、地理空间、灾害预警等信息；

（四）其他与执行任务相关的情报信息。

中央国家机关、县级以上地方人民政府应当与人民武装警察部队建立情报信息共享机制，可以采取联通安全信息网络和情报信息系统以及数据库等方式，提供与执行任务相关的情报信息及数据资源。

人民武装警察部队对获取的相关信息，应当严格保密、依法运用。

第三十三条 国家建立与经济社会发展相适应、与人民武装警察部队担负任务和建设发展相协调的经费保障机制。所需经费按照国家有关规定列入预算。

第三十四条　执勤目标单位及其上级主管部门应当按照国家有关规定，为担负执勤任务的人民武装警察部队提供执勤设施、生活设施等必要的保障。

第三十五条　在有毒、粉尘、辐射、噪声等严重污染或者高温、低温、缺氧以及其他恶劣环境下的执勤目标单位执行任务的人民武装警察，享有与执勤目标单位工作人员同等的保护条件和福利补助，由执勤目标单位或者其上级主管部门给予保障。

第三十六条　人民武装警察部队的专用标志、制式服装、警械装备、证件、印章，按照中央军事委员会有关规定监制和配备。

第三十七条　人民武装警察部队应当根据执行任务的需要，加强对所属人民武装警察的教育和训练，提高依法执行任务的能力。

第三十八条　人民武装警察因执行任务牺牲、伤残的，按照国家有关军人抚恤优待的规定给予抚恤优待。

第三十九条　人民武装警察部队依法执行任务，公民、法人和其他组织应当给予必要的支持和协助。

公民、法人和其他组织对人民武装警察部队执行任务给予协助的行为受法律保护。

公民、法人和其他组织因协助人民武装警察部队执行任务牺牲、伤残或者遭受财产损失的，按照国家有关规定给予抚恤优待或者相应补偿。

第六章　监督检查

第四十条　人民武装警察部队应当对所属单位和人员执行法律、法规和遵守纪律的情况进行监督检查。

第四十一条　人民武装警察受中央军事委员会监察委员会、人民武装警察部队各级监察委员会的监督。

人民武装警察执行执勤、处置突发社会安全事件、防范和处置恐怖活动、海上维权执法、抢险救援任务，接受人民政府及其有关部门、公民、法人和其他组织的监督。

第四十二条　中央军事委员会监察委员会、人民武装警察部队各级监察委员会接到公民、法人和其他组织的检举、控告，或者接到县级以上人民政府及其有关部门对人民武装警察违法违纪行为的情况通报后，应当依法及时查处,按照有关规定将处理结果反馈检举人、控告人或者通报县级以上人民政府及其有关部门。

第七章 法律责任

第四十三条 人民武装警察在执行任务中不履行职责,或者有本法第二十九条所列行为之一的,按照中央军事委员会的有关规定给予处分。

第四十四条 妨碍人民武装警察依法执行任务,有下列行为之一的,由公安机关依法给予治安管理处罚:

(一)侮辱、威胁、围堵、拦截、袭击正在执行任务的人民武装警察的;

(二)强行冲闯人民武装警察部队设置的警戒带、警戒区的;

(三)拒绝或者阻碍人民武装警察执行追捕、检查、搜查、救险、警戒等任务的;

(四)阻碍执行任务的人民武装警察部队的交通工具和人员通行的;

(五)其他严重妨碍人民武装警察执行任务的行为。

第四十五条 非法制造、买卖、持有、使用人民武装警察部队专用标志、警械装备、证件、印章的,由公安机关处十五日以下拘留或者警告,可以并处违法所得一倍以上五倍以下的罚款。

第四十六条 违反本法规定,构成犯罪的,依法追究刑事责任。

第八章 附 则

第四十七条 人民武装警察部队执行海上维权执法任务,由法律另行规定。

第四十八条 人民武装警察部队执行防卫作战任务,依照中央军事委员会的命令执行。

第四十九条 人民武装警察部队执行戒严任务,依照《中华人民共和国戒严法》的有关规定执行。

第五十条 人民武装警察部队文职人员在执行本法规定的任务时,依法履行人民武装警察的有关职责和义务,享有相应权益。

第五十一条 本法自2020年6月21日起施行。

中华人民共和国海警法

1. 2021年1月22日第十三届全国人民代表大会常务委员会第二十五次会议通过
2. 2021年1月22日中华人民共和国主席令第71号公布
3. 自2021年2月1日起施行

目　　录

第一章　总　　则

第一条　为了规范和保障海警机构履行职责，维护国家主权、安全和海洋权益，保护公民、法人和其他组织的合法权益，制定本法。

第二条　人民武装警察部队海警部队即海警机构，统一履行海上维权执法职责。

海警机构包括中国海警局及其海区分局和直属局、省级海警局、市级海警局、海警工作站。

第三条　海警机构在中华人民共和国管辖海域（以下简称我国管辖海域）及其上空开展海上维权执法活动，适用本法。

第四条　海上维权执法工作坚持中国共产党的领导，贯彻总体国家安全观，遵循依法管理、综合治理、规范高效、公正文明的原则。

第五条 海上维权执法工作的基本任务是开展海上安全保卫,维护海上治安秩序,打击海上走私、偷渡,在职责范围内对海洋资源开发利用、海洋生态环境保护、海洋渔业生产作业等活动进行监督检查,预防、制止和惩治海上违法犯罪活动。

第六条 海警机构及其工作人员依法执行职务受法律保护,任何组织和个人不得非法干涉、拒绝和阻碍。

第七条 海警机构工作人员应当遵守宪法和法律,崇尚荣誉,忠于职守,纪律严明,严格执法,清正廉洁。

第八条 国家建立陆海统筹、分工合作、科学高效的海上维权执法协作配合机制。国务院有关部门、沿海地方人民政府、军队有关部门和海警机构应当相互加强协作配合,做好海上维权执法工作。

第九条 对在海上维权执法活动中做出突出贡献的组织和个人,依照有关法律、法规的规定给予表彰和奖励。

第二章 机构和职责

第十条 国家在沿海地区按照行政区划和任务区域编设中国海警局海区分局和直属局、省级海警局、市级海警局和海警工作站,分别负责所管辖区域的有关海上维权执法工作。中国海警局按照国家有关规定领导所属海警机构开展海上维权执法工作。

第十一条 海警机构管辖区域应当根据海上维权执法工作的需要合理划定和调整,可以不受行政区划限制。

海警机构管辖区域的划定和调整应当及时向社会公布,并通报有关机关。

第十二条 海警机构依法履行下列职责:

(一)在我国管辖海域开展巡航、警戒,值守重点岛礁,管护海上界线,预防、制止、排除危害国家主权、安全和海洋权益的行为;

(二)对海上重要目标和重大活动实施安全保卫,采取必要措施保护重点岛礁以及专属经济区和大陆架的人工岛屿、设施和结构安全;

(三)实施海上治安管理,查处海上违反治安管理、入境出境管理的行为,防范和处置海上恐怖活动,维护海上治安秩序;

(四)对海上有走私嫌疑的运输工具或者货物、物品、人员进行检查,查处海上走私违法行为;

(五)在职责范围内对海域使用、海岛保护以及无居民海岛开发利用、海洋矿产资源勘查开发、海底电(光)缆和管道铺设与保护、海洋调查测量、海洋基础测绘、涉外海洋科学研究等活动进行监督检查,查处违法行为;

(六)在职责范围内对海洋工程建设项目、海洋倾倒废弃物对海洋污染损害、自然保护地海岸线向海一侧保护利用等活动进行监督检查,查处违法行为,按照规定权限参与海洋环境污染事故的应急处置和调查处理;

(七)对机动渔船底拖网禁渔区线外侧海域和特定渔业资源渔场渔业生产作业、海洋野生动物保护等活动进行监督检查,查处违法行为,依法组织或者参与调查处理海上渔业生产安全事故和渔业生产纠纷;

(八)预防、制止和侦查海上犯罪活动;

(九)按照国家有关职责分工,处置海上突发事件;

(十)依照法律、法规和我国缔结、参加的国际条约,在我国管辖海域以外的区域承担相关执法任务;

(十一)法律、法规规定的其他职责。

海警机构与公安、自然资源、生态环境、交通运输、渔业渔政、海关等主管部门的职责分工,按照国家有关规定执行。

第十三条　海警机构接到因海上自然灾害、事故灾难等紧急求助,应当及时通报有关主管部门,并积极开展应急救援和救助。

第十四条　中央国家机关按照国家有关规定对海上维权执法工作实行业务指导。

第十五条　中国海警局及其海区分局按照国家有关规定,协调指导沿海地方人民政府海上执法队伍开展海域使用、海岛保护开发、海洋生态环境保护、海洋渔业管理等相关执法工作。

根据海上维权执法工作需要,中国海警局及其海区分局可以统一协调组织沿海地方人民政府海上执法队伍的船舶、人员参与海上重大维权执法行动。

第三章　海上安全保卫

第十六条　为维护海上安全和秩序,海警机构有权依法对在我国管辖海域航行、停泊、作业的外国船舶进行识别查证,判明船舶的基本信息及其航行、作业的基本情况。对有违法嫌疑的外国船舶,海警机构有权采取跟踪监视等措施。

第十七条　对非法进入我国领海及其以内海域的外国船舶,海警机构有权责令其立即离开，或者采取扣留、强制驱离、强制拖离等措施。

第十八条　海警机构执行海上安全保卫任务，可以对在我国管辖海域航行、停泊、作业的船舶依法登临、检查。

海警机构登临、检查船舶，应当通过明确的指令要求被检查船舶停船接受检查。被检查船舶应当按照指令停船接受检查，并提供必要的便利；拒不配合检查的，海警机构可以强制检查；现场逃跑的，海警机构有权采取必要的措施进行拦截、紧追。

海警机构检查船舶，有权依法查验船舶和生产作业许可有关的证书、资料以及人员身份信息，检查船舶及其所载货物、物品，对有关违法事实进行调查取证。

对外国船舶登临、检查、拦截、紧追，遵守我国缔结、参加的国际条约的有关规定。

第十九条　海警机构因处置海上突发事件的紧急需要，可以采取下列措施：

（一）责令船舶停止航行、作业；

（二）责令船舶改变航线或者驶向指定地点；

（三）责令船舶上的人员下船，或者限制、禁止人员上船、下船；

（四）责令船舶卸载货物，或者限制、禁止船舶卸载货物；

（五）法律、法规规定的其他措施。

第二十条　未经我国主管机关批准，外国组织和个人在我国管辖海域和岛礁建造建筑物、构筑物，以及布设各类固定或者浮动装置的，海警机构有权责令其停止上述违法行为或者限期拆除；对拒不停止违法行为或者逾期不拆除的，海警机构有权予以制止或者强制拆除。

第二十一条　对外国军用船舶和用于非商业目的的外国政府船舶在我国管辖海域违反我国法律、法规的行为，海警机构有权采取必要的警戒和管制措施予以制止，责令其立即离开相关海域；对拒不离开并造成严重危害或者威胁的，海警机构有权采取强制驱离、强制拖离等措施。

第二十二条　国家主权、主权权利和管辖权在海上正在受到外国组织和个人的不法侵害或者面临不法侵害的紧迫危险时，海警机构有权依照本法和其他相关法律、法规，采取包括使用武器在内的一切必要措施制止侵害、排除危险。

第四章　海上行政执法

第二十三条　海警机构对违反海上治安、海关、海洋资源开发利用、海洋生态环境保护、海洋渔业管理等法律、法规、规章的组织和个人,依法实施包括限制人身自由在内的行政处罚、行政强制或者法律、法规规定的其他措施。

海警机构依照海洋资源开发利用、海洋生态环境保护、海洋渔业管理等法律、法规的规定,对海上生产作业现场进行监督检查。

海警机构因调查海上违法行为的需要,有权向有关组织和个人收集、调取证据。有关组织和个人应当如实提供证据。

海警机构为维护海上治安秩序,对有违法犯罪嫌疑的人员进行当场盘问、检查或者继续盘问的,依照《中华人民共和国人民警察法》的规定执行。

第二十四条　海警机构因开展行政执法需要登临、检查、拦截、紧追相关船舶的,依照本法第十八条规定执行。

第二十五条　有下列情形之一,省级海警局以上海警机构可以在我国管辖海域划定海上临时警戒区,限制或者禁止船舶、人员通行、停留:

(一)执行海上安全保卫任务需要的;

(二)打击海上违法犯罪活动需要的;

(三)处置海上突发事件需要的;

(四)保护海洋资源和生态环境需要的;

(五)其他需要划定海上临时警戒区的情形。

划定海上临时警戒区,应当明确海上临时警戒区的区域范围、警戒期限、管理措施等事项并予以公告。其中,可能影响海上交通安全的,应当在划定前征求海事管理机构的意见,并按照相关规定向海事管理机构申请发布航行通告、航行警告;涉及军事用海或者可能影响海上军事设施安全和使用的,应当依法征得军队有关部门的同意。

对于不需要继续限制或者禁止船舶、人员通行、停留的,海警机构应当及时解除警戒,并予公告。

第二十六条　对涉嫌违法正在接受调查处理的船舶,海警机构可以责令其暂停航行、作业,在指定地点停泊或者禁止其离港。必要时,海警机构可以将嫌疑船舶押解至指定地点接受调查处理。

第二十七条　国际组织、外国组织和个人的船舶经我国主管机关批准在我国管辖海域从事渔业生产作业以及其他自然资源勘查开发、海洋科学研究、海底电(光)缆和管道铺设等活动的,海警机构应当依法进行监管,可以派出执法人员随船监管。

第二十八条 为预防、制止和惩治在我国陆地领土、内水或者领海内违反有关安全、海关、财政、卫生或者入境出境管理法律、法规的行为，海警机构有权在毗连区行使管制权，依法实施行政强制措施或者法律、法规规定的其他措施。

第二十九条 违法事实确凿，并有下列情形之一，海警机构执法人员可以当场作出处罚决定：

（一）对个人处五百元以下罚款或者警告、对单位处五千元以下罚款或者警告的；

（二）罚款处罚决定不在海上当场作出，事后难以处罚的。

当场作出的处罚决定，应当及时报所属海警机构备案。

第三十条 对不适用当场处罚，但事实清楚，当事人自愿认错认罚，且对违法事实和法律适用没有异议的海上行政案件，海警机构征得当事人书面同意后，可以通过简化取证方式和审核审批等措施快速办理。

对符合快速办理条件的海上行政案件，当事人在自行书写材料或者询问笔录中承认违法事实、认错认罚，并有视听资料、电子数据、检查笔录等关键证据能够相互印证的，海警机构可以不再开展其他调查取证工作。

使用执法记录仪等设备对询问过程录音录像的，可以替代书面询问笔录。必要时，对视听资料的关键内容和相应时间段等作文字说明。

对快速办理的海上行政案件，海警机构应当在当事人到案后四十八小时内作出处理决定。

第三十一条 海上行政案件有下列情形之一，不适用快速办理：

（一）依法应当适用听证程序的；

（二）可能作出十日以上行政拘留处罚的；

（三）有重大社会影响的；

（四）可能涉嫌犯罪的；

（五）其他不宜快速办理的。

第三十二条 海警机构实施行政强制措施前，执法人员应当向本单位负责人报告并经批准。情况紧急，需要在海上当场实施行政强制措施的，应当在二十四小时内向本单位负责人报告，抵岸后及时补办批准手续；因不可抗力无法在二十四小时内向本单位负责人报告的，应当在不可抗力影响消除后二十四小时内向本单位负责人报告。海警机构负责人认为不应当采取行政强制措施的，应当立即解除。

第三十三条　当事人逾期不履行处罚决定的，作出处罚决定的海警机构可以依法采取下列措施：

（一）到期不缴纳罚款的，每日按罚款数额的百分之三加处罚款；

（二）将查封、扣押的财物依法拍卖、变卖或者将冻结的存款、汇款划拨抵缴罚款；

（三）根据法律规定，采取其他行政强制执行方式。

本法和其他法律没有规定海警机构可以实施行政强制执行的事项，海警机构应当申请人民法院强制执行。

第三十四条　各级海警机构对海上行政案件的管辖分工，由中国海警局规定。

海警机构与其他机关对海上行政案件管辖有争议的，由海警机构与其他机关按照有利于案件调查处理的原则进行协商。

第三十五条　海警机构办理海上行政案件时，有证据证明当事人在海上实施将物品倒入海中等故意毁灭证据的行为，给海警机构举证造成困难的，可以结合其他证据，推定有关违法事实成立，但是当事人有证据足以推翻的除外。

第三十六条　海警机构开展巡航、警戒、拦截、紧追等海上执法工作，使用标示有专用标志的执法船舶、航空器的，即为表明身份。

海警机构在进行行政执法调查或者检查时，执法人员不得少于两人，并应当主动出示执法证件表明身份。当事人或者其他有关人员有权要求执法人员出示执法证件。

第三十七条　海警机构开展海上行政执法的程序，本法未作规定的，适用《中华人民共和国行政处罚法》、《中华人民共和国行政强制法》、《中华人民共和国治安管理处罚法》等有关法律的规定。

第五章　海上犯罪侦查

第三十八条　海警机构办理海上发生的刑事案件，依照《中华人民共和国刑事诉讼法》和本法的有关规定行使侦查权，采取侦查措施和刑事强制措施。

第三十九条　海警机构在立案后，对于危害国家安全犯罪、恐怖活动犯罪、黑社会性质的组织犯罪、重大毒品犯罪或者其他严重危害社会的犯罪案件，依照《中华人民共和国刑事诉讼法》和有关规定，经过严格的批准手续，可以采取技术侦查措施，按照规定交由有关机关执行。

追捕被通缉或者批准、决定逮捕的在逃的犯罪嫌疑人、被告人,经过批准,可以采取追捕所必需的技术侦查措施。

第四十条 应当逮捕的犯罪嫌疑人在逃,海警机构可以按照规定发布通缉令,采取有效措施,追捕归案。

海警机构对犯罪嫌疑人发布通缉令的,可以商请公安机关协助追捕。

第四十一条 海警机构因办理海上刑事案件需要登临、检查、拦截、紧追相关船舶的,依照本法第十八条规定执行。

第四十二条 海警机构、人民检察院、人民法院依法对海上刑事案件的犯罪嫌疑人、被告人决定取保候审的,由被取保候审人居住地的海警机构执行。被取保候审人居住地未设海警机构的,当地公安机关应当协助执行。

第四十三条 海警机构、人民检察院、人民法院依法对海上刑事案件的犯罪嫌疑人、被告人决定监视居住的,由海警机构在被监视居住人住处执行;被监视居住人在负责办案的海警机构所在的市、县没有固定住处的,可以在指定的居所执行。对于涉嫌危害国家安全犯罪、恐怖活动犯罪,在住处执行可能有碍侦查的,经上一级海警机构批准,也可以在指定的居所执行。但是,不得在羁押场所、专门的办案场所执行。

第四十四条 海警工作站负责侦查发生在本管辖区域内的海上刑事案件。

市级海警局以上海警机构负责侦查管辖区域内的重大的危害国家安全犯罪、恐怖活动犯罪、涉外犯罪、经济犯罪、集团犯罪案件以及其他重大犯罪案件。

上级海警机构认为有必要的,可以侦查下级海警机构管辖范围内的海上刑事案件;下级海警机构认为案情重大需要上级海警机构侦查的海上刑事案件,可以报请上级海警机构管辖。

第四十五条 海警机构办理海上刑事案件,需要提请批准逮捕或者移送起诉的,应当向所在地相应人民检察院提请或者移送。

第六章 警械和武器使用

第四十六条 有下列情形之一,海警机构工作人员可以使用警械或者现场的其他装备、工具:

(一)依法登临、检查、拦截、紧追船舶时,需要迫使船舶停止航行的;

(二)依法强制驱离、强制拖离船舶的;

(三)依法执行职务过程中遭遇阻碍、妨害的;

（四）需要现场制止违法犯罪行为的其他情形。

第四十七条　有下列情形之一，经警告无效的，海警机构工作人员可以使用手持武器：

（一）有证据表明船舶载有犯罪嫌疑人或者非法载运武器、弹药、国家秘密资料、毒品等物品，拒不服从停船指令的；

（二）外国船舶进入我国管辖海域非法从事生产作业活动，拒不服从停船指令或者以其他方式拒绝接受登临、检查，使用其他措施不足以制止违法行为的。

第四十八条　有下列情形之一，海警机构工作人员除可以使用手持武器外，还可以使用舰载或者机载武器：

（一）执行海上反恐怖任务的；

（二）处置海上严重暴力事件的；

（三）执法船舶、航空器受到武器或者其他危险方式攻击的。

第四十九条　海警机构工作人员依法使用武器，来不及警告或者警告后可能导致更为严重危害后果的，可以直接使用武器。

第五十条　海警机构工作人员应当根据违法犯罪行为和违法犯罪行为人的危险性质、程度和紧迫性，合理判断使用武器的必要限度，尽量避免或者减少不必要的人员伤亡、财产损失。

第五十一条　海警机构工作人员使用警械和武器，本法未作规定的，依照人民警察使用警械和武器的规定以及其他有关法律、法规的规定执行。

第七章　保障和协作

第五十二条　国家建立与海警机构担负海上维权执法任务和建设发展相适应的经费保障机制。所需经费按照国家有关规定列入预算。

第五十三条　国务院有关部门、沿海县级以上地方人民政府及其有关部门在编制国土空间规划和相关专项规划时，应当统筹海上维权执法工作需求，按照国家有关规定对海警机构执法办案、执勤训练、生活等场地和设施建设等予以保障。

第五十四条　海警机构因海上维权执法紧急需要，可以依照法律、法规、规章的规定优先使用或者征用组织和个人的交通工具、通信工具、场地，用后应当及时归还，并支付适当费用；造成损失的，按照国家有关规定给予补偿。

第五十五条　海警机构应当优化力量体系，建强人才队伍，加强教育培训，保障海警机构工作人员具备履行法定职责的知识、技能和素质，提高海上维权执法专业能力。

海上维权执法实行持证上岗和资格管理制度。

第五十六条 国家加强海上维权执法装备体系建设，保障海警机构配备与其履行职责相适应的船舶、航空器、武器以及其他装备。

第五十七条 海警机构应当加强信息化建设，运用现代信息技术，促进执法公开，强化便民服务，提高海上维权执法工作效率。

海警机构应当开通海上报警服务平台，及时受理人民群众报警、紧急求助。

第五十八条 海警机构分别与相应的外交(外事)、公安、自然资源、生态环境、交通运输、渔业渔政、应急管理、海关等主管部门，以及人民法院、人民检察院和军队有关部门建立信息共享和工作协作配合机制。

有关主管部门应当及时向海警机构提供与开展海上维权执法工作相关的基础数据、行政许可、行政管理政策等信息服务和技术支持。

海警机构应当将海上监督检查、查处违法犯罪等工作数据、信息，及时反馈有关主管部门，配合有关主管部门做好海上行政管理工作。海警机构依法实施行政处罚，认为需要吊销许可证件的，应当将相关材料移送发证机关处理。

第五十九条 海警机构因开展海上维权执法工作需要，可以向有关主管部门提出协助请求。协助请求属于有关主管部门职责范围内的，有关主管部门应当配合。

第六十条 海警机构对依法决定行政拘留的违法行为人和拘留审查的外国人，以及决定刑事拘留、执行逮捕的犯罪嫌疑人，分别送海警机构所在地拘留所或者看守所执行。

第六十一条 海警机构对依法扣押、扣留的涉案财物，应当妥善保管，不得损毁或者擅自处理。但是，对下列货物、物品，经市级海警局以上海警机构负责人批准，可以先行依法拍卖或者变卖并通知所有人，所有人不明确的，通知其他当事人：

(一)成品油等危险品；

(二)鲜活、易腐、易失效等不宜长期保存的；

(三)长期不使用容易导致机械性能下降、价值贬损的车辆、船舶等；

(四)体量巨大难以保管的；

(五)所有人申请先行拍卖或者变卖的。

拍卖或者变卖所得款项由海警机构暂行保存，待结案后按照国家有关规定处理。

第六十二条　海警机构对应当退还所有人或者其他当事人的涉案财物，通知所有人或者其他当事人在六个月内领取；所有人不明确的，应当采取公告方式告知所有人认领。在通知所有人、其他当事人或者公告后六个月内无人认领的，按无主财物处理，依法拍卖或者变卖后将所得款项上缴国库。遇有特殊情况的，可以延期处理，延长期限最长不超过三个月。

第八章　国际合作

第六十三条　中国海警局根据中华人民共和国缔结、参加的国际条约或者按照对等、互利的原则，开展海上执法国际合作；在规定权限内组织或者参与有关海上执法国际条约实施工作，商签海上执法合作性文件。

第六十四条　海警机构开展海上执法国际合作的主要任务是参与处置涉外海上突发事件，协调解决海上执法争端，管控海上危机，与外国海上执法机构和有关国际组织合作打击海上违法犯罪活动，保护海洋资源环境，共同维护国际和地区海洋公共安全和秩序。

第六十五条　海警机构可以与外国海上执法机构和有关国际组织开展下列海上执法国际合作：

（一）建立双边、多边海上执法合作机制，参加海上执法合作机制的活动；

（二）交流和共享海上执法情报信息；

（三）海上联合巡逻、检查、演练、训练；

（四）教育培训交流；

（五）互派海上执法国际合作联络人员；

（六）其他海上执法国际合作活动。

第九章　监　督

第六十六条　海警机构及其工作人员应当依照法律、法规规定的条件、权限和程序履行职责、行使职权，不得滥用职权、玩忽职守、徇私舞弊，不得侵犯组织和个人的合法权益。

第六十七条　海警机构应当尊重和依法保障公民、法人和其他组织对海警机构执法工作的知情权、参与权和监督权，增强执法工作透明度和公信力。

海警机构应当依法公开海上执法工作信息。

第六十八条 海警机构询问、讯问、继续盘问、辨认违法犯罪嫌疑人以及对违法犯罪嫌疑人进行安全检查、信息采集等执法活动,应当在办案场所进行。紧急情况下必须在现场进行询问、讯问或者有其他不宜在办案场所进行询问、讯问的情形除外。

海警机构应当按照国家有关规定以文字、音像等形式,对海上维权执法活动进行全过程记录,归档保存。

第六十九条 海警机构及其工作人员开展海上维权执法工作,依法接受检察机关、军队监察机关的监督。

第七十条 人民政府及其有关部门、公民、法人和其他组织对海警机构及其工作人员的违法违纪行为,有权向检察机关、军队监察机关通报、检举、控告。对海警机构及其工作人员正在发生的违法违纪或者失职行为,可以通过海上报警服务平台进行投诉、举报。

对依法检举、控告或者投诉、举报的公民、法人和其他组织,任何机关和个人不得压制和打击报复。

第七十一条 上级海警机构应当对下级海警机构的海上维权执法工作进行监督,发现其作出的处理措施或者决定有错误的,有权撤销、变更或者责令下级海警机构撤销、变更;发现其不履行法定职责的,有权责令其依法履行。

第七十二条 中国海警局应当建立健全海上维权执法工作监督机制和执法过错责任追究制度。

第十章 法律责任

第七十三条 有下列阻碍海警机构及其工作人员依法执行职务的行为之一,由公安机关或者海警机构依照《中华人民共和国治安管理处罚法》关于阻碍人民警察依法执行职务的规定予以处罚:

(一)侮辱、威胁、围堵、拦截、袭击海警机构工作人员的;

(二)阻碍调查取证的;

(三)强行冲闯海上临时警戒区的;

(四)阻碍执行追捕、检查、搜查、救险、警卫等任务的;

(五)阻碍执法船舶、航空器、车辆和人员通行的;

(六)采取危险驾驶、设置障碍等方法驾驶船舶逃窜,危及执法船舶、人员安全的;

(七)其他严重阻碍海警机构及其工作人员执行职务的行为。

第七十四条　海警机构工作人员在执行职务中，有下列行为之一，按照中央军事委员会的有关规定给予处分：

（一）泄露国家秘密、商业秘密和个人隐私的；

（二）弄虚作假，隐瞒案情，包庇、纵容违法犯罪活动的；

（三）刑讯逼供或者体罚、虐待违法犯罪嫌疑人的；

（四）违反规定使用警械、武器的；

（五）非法剥夺、限制人身自由，非法检查或者搜查人身、货物、物品、交通工具、住所或者场所的；

（六）敲诈勒索，索取、收受贿赂或者接受当事人及其代理人请客送礼的；

（七）违法实施行政处罚、行政强制，采取刑事强制措施或者收取费用的；

（八）玩忽职守，不履行法定义务的；

（九）其他违法违纪行为。

第七十五条　违反本法规定，构成犯罪的，依法追究刑事责任。

第七十六条　组织和个人对海警机构作出的行政行为不服的，有权依照《中华人民共和国行政复议法》的规定向上一级海警机构申请行政复议；或者依照《中华人民共和国行政诉讼法》的规定向有管辖权的人民法院提起行政诉讼。

第七十七条　海警机构及其工作人员违法行使职权，侵犯组织和个人合法权益造成损害的，应当依照《中华人民共和国国家赔偿法》和其他有关法律、法规的规定给予赔偿。

第十一章　附　　则

第七十八条　本法下列用语的含义是：

（一）省级海警局，是指直接由中国海警局领导，在沿海省、自治区、直辖市设立的海警局；市级海警局，是指由省级海警局领导，在沿海省、自治区下辖市和直辖市下辖区设立的海警局；海警工作站，通常是指由市级海警局领导，在沿海县级行政区域设立的基层海警机构。

（二）船舶，是指各类排水或者非排水的船、艇、筏、水上飞行器、潜水器等移动式装置，不包括海上石油、天然气等作业平台。

第七十九条　外国在海上执法方面对我国公民、法人和其他组织采取歧视性的禁止、限制或者其他特别措施的，海警机构可以按照国家有关规定采取相应的对等措施。

第八十条　本法规定的对船舶的维权执法措施适用于海上各种固定或者浮动建筑、装置，固定或者移动式平台。

第八十一条　海警机构依照法律、法规和我国缔结、参加的国际条约，在我国管辖海域以外的区域执行执法任务时，相关程序可以参照本法有关规定执行。

第八十二条　中国海警局根据法律、行政法规和国务院、中央军事委员会的决定，就海上维权执法事项制定规章，并按照规定备案。

第八十三条　海警机构依照《中华人民共和国国防法》、《中华人民共和国人民武装警察法》等有关法律、军事法规和中央军事委员会的命令，执行防卫作战等任务。

第八十四条　本法自2021年2月1日起施行。

中华人民共和国国防教育法

1. *2001年4月28日第九届全国人民代表大会常务委员会第二十一次会议通过*
2. *根据2018年4月27日第十三届全国人民代表大会常务委员会第二次会议《关于修改〈中华人民共和国国境卫生检疫法〉等六部法律的决定》修正*

目　　录

第一章　总　　则

第一条　为了普及和加强国防教育，发扬爱国主义精神，促进国防建设和社会主义精神文明建设，根据国防法和教育法，制定本法。

第二条　国防教育是建设和巩固国防的基础，是增强民族凝聚力、提高全民素质的重要途径。

第三条　国家通过开展国防教育,使公民增强国防观念,掌握基本的国防知识,学习必要的军事技能,激发爱国热情,自觉履行国防义务。

第四条　国防教育贯彻全民参与、长期坚持、讲求实效的方针,实行经常教育与集中教育相结合、普及教育与重点教育相结合、理论教育与行为教育相结合的原则,针对不同对象确定相应的教育内容分类组织实施。

第五条　中华人民共和国公民都有接受国防教育的权利和义务。

普及和加强国防教育是全社会的共同责任。

一切国家机关和武装力量、各政党和各社会团体、各企业事业组织以及基层群众性自治组织,都应当根据各自的实际情况组织本地区、本部门、本单位开展国防教育。

第六条　国务院领导全国的国防教育工作。中央军事委员会协同国务院开展全民国防教育。

地方各级人民政府领导本行政区域内的国防教育工作。驻地军事机关协助和支持地方人民政府开展国防教育。

第七条　国家国防教育工作机构规划、组织、指导和协调全国的国防教育工作。

县级以上地方负责国防教育工作的机构组织、指导、协调和检查本行政区域内的国防教育工作。

第八条　教育、退役军人事务、文化宣传等部门,在各自职责范围内负责国防教育工作。

征兵、国防科研生产、国民经济动员、人民防空、国防交通、军事设施保护等工作的主管部门,依照本法和有关法律、法规的规定,负责国防教育工作。

工会、共产主义青年团、妇女联合会以及其他有关社会团体,协助人民政府开展国防教育。

第九条　中国人民解放军、中国人民武装警察部队按照中央军事委员会的有关规定开展国防教育。

第十条　国家支持、鼓励社会组织和个人开展有益于国防教育的活动。

第十一条　国家和社会对在国防教育工作中作出突出贡献的组织和个人,采取各种形式给予表彰和奖励。

第十二条　国家设立全民国防教育日。

第二章 学校国防教育

第十三条 学校的国防教育是全民国防教育的基础，是实施素质教育的重要内容。

教育行政部门应当将国防教育列入工作计划，加强对学校国防教育的组织、指导和监督，并对学校国防教育工作定期进行考核。

第十四条 小学和初级中学应当将国防教育的内容纳入有关课程，将课堂教学与课外活动相结合，对学生进行国防教育。

有条件的小学和初级中学可以组织学生开展以国防教育为主题的少年军校活动。教育行政部门、共产主义青年团组织和其他有关部门应当加强对少年军校活动的指导与管理。

小学和初级中学可以根据需要聘请校外辅导员，协助学校开展多种形式的国防教育活动。

第十五条 高等学校、高级中学和相当于高级中学的学校应当将课堂教学与军事训练相结合，对学生进行国防教育。

高等学校应当设置适当的国防教育课程，高级中学和相当于高级中学的学校应当在有关课程中安排专门的国防教育内容，并可以在学生中开展形式多样的国防教育活动。

高等学校、高级中学和相当于高级中学的学校学生的军事训练，由学校负责军事训练的机构或者军事教员按照国家有关规定组织实施。军事机关应当协助学校组织学生的军事训练。

第十六条 学校应当将国防教育列入学校的工作和教学计划，采取有效措施，保证国防教育的质量和效果。

学校组织军事训练活动，应当采取措施，加强安全保障。

第十七条 负责培训国家工作人员的各类教育机构，应当将国防教育纳入培训计划，设置适当的国防教育课程。

国家根据需要选送地方和部门的负责人到有关军事院校接受培训，学习和掌握履行领导职责所必需的国防知识。

第三章 社会国防教育

第十八条 国家机关应当根据各自的工作性质和特点，采取多种形式对工作人员进行国防教育。

国家机关工作人员应当具备基本的国防知识。从事国防建设事业的国家机关工作人员，必须学习和掌握履行职责所必需的国防知识。

各地区、各部门的领导人员应当依法履行组织、领导本地区、本部门开展国防教育的职责。

第十九条　企业事业组织应当将国防教育列入职工教育计划，结合政治教育、业务培训、文化体育等活动，对职工进行国防教育。

承担国防科研生产、国防设施建设、国防交通保障等任务的企业事业组织，应当根据所担负的任务，制定相应的国防教育计划，有针对性地对职工进行国防教育。

社会团体应当根据各自的活动特点开展国防教育。

第二十条　军区、省军区（卫戍区、警备区）、军分区（警备区）和县、自治县、市、市辖区的人民武装部按照国家和军队的有关规定，结合政治教育和组织整顿、军事训练、执行勤务、征兵工作以及重大节日、纪念日活动，对民兵、预备役人员进行国防教育。

民兵、预备役人员的国防教育，应当以基干民兵、第一类预备役人员和担任领导职务的民兵、预备役人员为重点，建立和完善制度，保证受教育的人员、教育时间和教育内容的落实。

第二十一条　城市居民委员会、农村村民委员会应当将国防教育纳入社区、农村社会主义精神文明建设的内容，结合征兵工作、拥军优属以及重大节日、纪念日活动，对居民、村民进行国防教育。

城市居民委员会、农村村民委员会可以聘请退役军人协助开展国防教育。

第二十二条　文化、新闻、出版、广播、电影、电视等部门和单位应当根据形势和任务的要求，采取多种形式开展国防教育。

中央和省、自治区、直辖市以及设区的市的广播电台、电视台、报刊应当开设国防教育节目或者栏目，普及国防知识。

第二十三条　烈士陵园、革命遗址和其他具有国防教育功能的博物馆、纪念馆、科技馆、文化馆、青少年宫等场所，应当为公民接受国防教育提供便利，对有组织的国防教育活动实行优惠或者免费；依照本法第二十八条的规定被命名为国防教育基地的，应当对有组织的中小学生免费开放；在全民国防教育日向社会免费开放。

第四章　国防教育的保障

第二十四条　各级人民政府应当将国防教育纳入国民经济和社会发展计划，并根据开展国防教育的需要，在财政预算中保障国防教育所需的经费。

第二十五条 国家机关、事业单位、社会团体开展国防教育所需的经费，在本单位预算经费内列支；企业开展国防教育所需经费，在本单位职工教育经费中列支。

学校组织学生军事训练所需的经费，按照国家有关规定执行。

第二十六条 国家鼓励社会组织和个人捐赠财产，资助国防教育的开展。

社会组织和个人资助国防教育的财产，由依法成立的国防教育基金组织或者其他公益性社会组织依法管理。

国家鼓励社会组织和个人提供或者捐赠所收藏的具有国防教育意义的实物用于国防教育。使用单位对提供使用的实物应当妥善保管，使用完毕，及时归还。

第二十七条 国防教育经费和社会组织、个人资助国防教育的财产，必须用于国防教育事业，任何单位或者个人不得挪用、克扣。

第二十八条 本法第二十三条规定的场所，具备下列条件的，经省、自治区、直辖市人民政府批准，可以命名为国防教育基地：

（一）有明确的国防教育主题内容；

（二）有健全的管理机构和规章制度；

（三）有相应的国防教育设施；

（四）有必要的经费保障；

（五）有显著的社会教育效果。

国防教育基地应当加强建设，不断完善，充分发挥国防教育的功能。被命名的国防教育基地不再具备前款规定条件的，由原批准机关撤销命名。

第二十九条 各级人民政府应当加强对国防教育基地的规划、建设和管理，并为其发挥作用提供必要的保障。

各级人民政府应当加强对具有国防教育意义的文物的收集、整理、保护工作。

第三十条 全民国防教育使用统一的国防教育大纲。国防教育大纲由国家国防教育工作机构组织制定。

适用于不同地区、不同类别教育对象的国防教育教材，由有关部门或者地方依据国防教育大纲并结合本地区、本部门的特点组织编写。

第三十一条 各级国防教育工作机构应当组织、协调有关部门做好国防教育教员的选拔、培训和管理工作，加强国防教育师资队伍建设。

国防教育教员应当从热爱国防教育事业、具有基本的国防知识和必要的军事技能的人员中选拔。

第三十二条　中国人民解放军和中国人民武装警察部队应当根据需要和可能，为驻地有组织的国防教育活动选派军事教员，提供必要的军事训练场地、设施以及其他便利条件。

在国庆节、中国人民解放军建军节和全民国防教育日，经批准的军营可以向社会开放。军营开放的办法由中央军事委员会规定。

第五章　法律责任

第三十三条　国家机关、社会团体、企业事业组织以及其他社会组织违反本法规定，拒不开展国防教育活动的，由人民政府有关部门或者上级机关给予批评教育，并责令限期改正；拒不改正，造成恶劣影响的，对负有直接责任的主管人员依法给予行政处分。

第三十四条　违反本法规定，挪用、克扣国防教育经费的，由有关主管部门责令限期归还；对负有直接责任的主管人员和其他直接责任人员依法给予行政处分；构成犯罪的，依法追究刑事责任。

第三十五条　侵占、破坏国防教育基地设施、损毁展品的，由有关主管部门给予批评教育，并责令限期改正；有关责任人应当依法承担相应的民事责任。

有前款所列行为，违反治安管理规定的，由公安机关依法给予治安管理处罚；构成犯罪的，依法追究刑事责任。

第三十六条　寻衅滋事，扰乱国防教育工作和活动秩序的，或者盗用国防教育名义骗取钱财的，由有关主管部门给予批评教育，并予以制止；违反治安管理规定的，由公安机关依法给予治安管理处罚；构成犯罪的，依法追究刑事责任。

第三十七条　负责国防教育的国家工作人员玩忽职守、滥用职权、徇私舞弊的，依法给予行政处分；构成犯罪的，依法追究刑事责任。

第六章　附　　则

第三十八条　本法自公布之日起施行。

中华人民共和国国防动员法

1. 2010年2月26日第十一届全国人民代表大会常务委员会第十三次会议通过
2. 2010年2月26日中华人民共和国主席令第25号公布
3. 自2010年7月1日起施行

目　　录

第一章　总　　则

第一条　为了加强国防建设，完善国防动员制度，保障国防动员工作的顺利进行，维护国家的主权、统一、领土完整和安全，根据宪法，制定本法。

第二条　国防动员的准备、实施以及相关活动，适用本法。

第三条　国家加强国防动员建设，建立健全与国防安全需要相适应、与经济社会发展相协调、与突发事件应急机制相衔接的国防动员体系，增强国防动员能力。

第四条　国防动员坚持平战结合、军民结合、寓军于民的方针，遵循统一领导、全民参与、长期准备、重点建设、统筹兼顾、有序高效的原则。

第五条　公民和组织在和平时期应当依法完成国防动员准备工作；国家决定实施国防动员后，应当完成规定的国防动员任务。

第六条　国家保障国防动员所需经费。国防动员经费按照事权划分的原则，分别列入中央和地方财政预算。

第七条　国家对在国防动员工作中作出突出贡献的公民和组织，给予表彰和奖励。

第二章　组织领导机构及其职权

第八条　国家的主权、统一、领土完整和安全遭受威胁时，全国人民代表大会常务委员会依照宪法和有关法律的规定，决定全国总动员或者局部动员。国家主席根据全国人民代表大会常务委员会的决定，发布动员令。

第九条　国务院、中央军事委员会共同领导全国的国防动员工作，制定国防动员工作的方针、政策和法规，向全国人民代表大会常务委员会提出实施全国总动员或者局部动员的议案，根据全国人民代表大会常务委员会的决定和国家主席发布的动员令，组织国防动员的实施。

国家的主权、统一、领土完整和安全遭受直接威胁必须立即采取应对措施时，国务院、中央军事委员会可以根据应急处置的需要，采取本法规定的必要的国防动员措施，同时向全国人民代表大会常务委员会报告。

第十条　地方人民政府应当贯彻和执行国防动员工作的方针、政策和法律、法规；国家决定实施国防动员后，应当根据上级下达的国防动员任务，组织本行政区域国防动员的实施。

县级以上地方人民政府依照法律规定的权限管理本行政区域的国防动员工作。

第十一条　县级以上人民政府有关部门和军队有关部门在各自的职责范围内，负责有关的国防动员工作。

第十二条　国家国防动员委员会在国务院、中央军事委员会的领导下负责组织、指导、协调全国的国防动员工作；按照规定的权限和程序议定的事项，由国务院和中央军事委员会的有关部门按照各自职责分工组织实施。军区国防动员委员会、县级以上地方各级国防动员委员会负责组织、指导、协调本区域的国防动员工作。

第十三条　国防动员委员会的办事机构承担本级国防动员委员会的日常

工作，依法履行有关的国防动员职责。

第十四条　国家的主权、统一、领土完整和安全遭受的威胁消除后，应当按照决定实施国防动员的权限和程序解除国防动员的实施措施。

第三章　国防动员计划、实施预案与潜力统计调查

第十五条　国家实行国防动员计划、国防动员实施预案和国防动员潜力统计调查制度。

第十六条　国防动员计划和国防动员实施预案，根据国防动员的方针和原则、国防动员潜力状况和军事需求编制。军事需求由军队有关部门按照规定的权限和程序提出。

国防动员实施预案与突发事件应急处置预案应当在指挥、力量使用、信息和保障等方面相互衔接。

第十七条　各级国防动员计划和国防动员实施预案的编制和审批，按照国家有关规定执行。

第十八条　县级以上人民政府应当将国防动员的相关内容纳入国民经济和社会发展计划。军队有关部门应当将国防动员实施预案纳入战备计划。

县级以上人民政府及其有关部门和军队有关部门应当按照职责落实国防动员计划和国防动员实施预案。

第十九条　县级以上人民政府统计机构和有关部门应当根据国防动员的需要，准确及时地向本级国防动员委员会的办事机构提供有关统计资料。提供的统计资料不能满足需要时，国防动员委员会办事机构可以依据《中华人民共和国统计法》和国家有关规定组织开展国防动员潜力专项统计调查。

第二十条　国家建立国防动员计划和国防动员实施预案执行情况的评估检查制度。

第四章　与国防密切相关的建设项目和重要产品

第二十一条　根据国防动员的需要，与国防密切相关的建设项目和重要产品应当贯彻国防要求，具备国防功能。

第二十二条　与国防密切相关的建设项目和重要产品目录，由国务院经济发展综合管理部门会同国务院其他有关部门以及军队有关部门拟定，报国务院、中央军事委员会批准。

列入目录的建设项目和重要产品，其军事需求由军队有关部门提出；建设项目审批、核准和重要产品设计定型时，县级以上人民政府有关主管部门应当按照规定征求军队有关部门的意见。

第二十三条　列入目录的建设项目和重要产品，应当依照有关法律、行政法规和贯彻国防要求的技术规范和标准进行设计、生产、施工、监理和验收，保证建设项目和重要产品的质量。

第二十四条　企业事业单位投资或者参与投资列入目录的建设项目建设或者重要产品研究、开发、制造的，依照有关法律、行政法规和国家有关规定，享受补贴或者其他政策优惠。

第二十五条　县级以上人民政府应当对列入目录的建设项目和重要产品贯彻国防要求工作给予指导和政策扶持，有关部门应当按照职责做好有关的管理工作。

第五章　预备役人员的储备与征召

第二十六条　国家实行预备役人员储备制度。

国家根据国防动员的需要，按照规模适度、结构科学、布局合理的原则，储备所需的预备役人员。

国务院、中央军事委员会根据国防动员的需要，决定预备役人员储备的规模、种类和方式。

第二十七条　预备役人员按照专业对口、便于动员的原则，采取预编到现役部队、编入预备役部队、编入民兵组织或者其他形式进行储备。

国家根据国防动员的需要，建立预备役专业技术兵员储备区。

国家为预备役人员训练、储备提供条件和保障。预备役人员应当依法参加训练。

第二十八条　县级以上地方人民政府兵役机关负责组织实施本行政区域预备役人员的储备工作。县级以上地方人民政府有关部门、预备役人员所在乡(镇)人民政府、街道办事处或者企业事业单位，应当协助兵役机关做好预备役人员储备的有关工作。

第二十九条　预编到现役部队和编入预备役部队的预备役人员、预定征召的其他预备役人员，离开预备役登记地一个月以上的，应当向其预备役登记的兵役机关报告。

第三十条　国家决定实施国防动员后，县级人民政府兵役机关应当根据上级的命令，迅速向被征召的预备役人员下达征召通知。

接到征召通知的预备役人员应当按照通知要求,到指定地点报到。

第三十一条 被征召的预备役人员所在单位应当协助兵役机关做好预备役人员的征召工作。

从事交通运输的单位和个人,应当优先运送被征召的预备役人员。

第三十二条 国家决定实施国防动员后,预定征召的预备役人员,未经其预备役登记地的县级人民政府兵役机关批准,不得离开预备役登记地;已经离开预备役登记地的,接到兵役机关通知后,应当立即返回或者到指定地点报到。

第六章 战略物资储备与调用

第三十三条 国家实行适应国防动员需要的战略物资储备和调用制度。

战略物资储备由国务院有关主管部门组织实施。

第三十四条 承担战略物资储备任务的单位,应当按照国家有关规定和标准对储备物资进行保管和维护,定期调整更换,保证储备物资的使用效能和安全。

国家按照有关规定对承担战略物资储备任务的单位给予补贴。

第三十五条 战略物资按照国家有关规定调用。国家决定实施国防动员后,战略物资的调用由国务院和中央军事委员会批准。

第三十六条 国防动员所需的其他物资的储备和调用,依照有关法律、行政法规的规定执行。

第七章 军品科研、生产与维修保障

第三十七条 国家建立军品科研、生产和维修保障动员体系,根据战时军队订货和装备保障的需要,储备军品科研、生产和维修保障能力。

本法所称军品,是指用于军事目的的装备、物资以及专用生产设备、器材等。

第三十八条 军品科研、生产和维修保障能力储备的种类、布局和规模,由国务院有关主管部门会同军队有关部门提出方案,报国务院、中央军事委员会批准后组织实施。

第三十九条 承担转产、扩大生产军品和维修保障任务的单位,应当根据所担负的国防动员任务,储备所需的设备、材料、配套产品、技术,建立所需的专业技术队伍,制定和完善预案与措施。

第四十条 各级人民政府应当支持和帮助承担转产、扩大生产军品任务的单位开发和应用先进的军民两用技术,推广军民通用的技术标准,提高转产、扩大生产军品的综合保障能力。

国务院有关主管部门应当对重大的跨地区、跨行业的转产、扩大生产军品任务的实施进行协调,并给予支持。

第四十一条　国家决定实施国防动员后,承担转产、扩大生产军品任务的单位,应当按照国家军事订货合同和转产、扩大生产的要求,组织军品科研、生产,保证军品质量,按时交付订货,协助军队完成维修保障任务。为转产、扩大生产军品提供能源、材料、设备和配套产品的单位,应当优先满足转产、扩大生产军品的需要。

国家对因承担转产、扩大生产军品任务造成直接经济损失的单位给予补偿。

第八章　战争灾害的预防与救助

第四十二条　国家实行战争灾害的预防与救助制度,保护人民生命和财产安全,保障国防动员潜力和持续动员能力。

第四十三条　国家建立军事、经济、社会目标和首脑机关分级防护制度。分级防护标准由国务院、中央军事委员会规定。

军事、经济、社会目标和首脑机关的防护工作,由县级以上人民政府会同有关军事机关共同组织实施。

第四十四条　承担军事、经济、社会目标和首脑机关防护任务的单位,应当制定防护计划和抢险抢修预案,组织防护演练,落实防护措施,提高综合防护效能。

第四十五条　国家建立平战结合的医疗卫生救护体系。国家决定实施国防动员后,动员医疗卫生人员、调用药品器材和设备设施,保障战时医疗救护和卫生防疫。

第四十六条　国家决定实施国防动员后,人员、物资的疏散和隐蔽,在本行政区域进行的,由本级人民政府决定并组织实施;跨行政区域进行的,由相关行政区域共同的上一级人民政府决定并组织实施。

承担人员、物资疏散和隐蔽任务的单位,应当按照有关人民政府的决定,在规定时间内完成疏散和隐蔽任务。

第四十七条　战争灾害发生时,当地人民政府应当迅速启动应急救助机制,组织力量抢救伤员、安置灾民、保护财产,尽快消除战争灾害后果,恢复正常生产生活秩序。

遭受战争灾害的人员和组织应当及时采取自救、互救措施，减少战争灾害造成的损失。

第九章　国防勤务

第四十八条　国家决定实施国防动员后，县级以上人民政府根据国防动员实施的需要，可以动员符合本法规定条件的公民和组织担负国防勤务。

本法所称国防勤务，是指支援保障军队作战、承担预防与救助战争灾害以及协助维护社会秩序的任务。

第四十九条　十八周岁至六十周岁的男性公民和十八周岁至五十五周岁的女性公民，应当担负国防勤务；但有下列情形之一的，免予担负国防勤务：

（一）在托儿所、幼儿园和孤儿院、养老院、残疾人康复机构、救助站等社会福利机构从事管理和服务工作的公民；

（二）从事义务教育阶段学校教学、管理和服务工作的公民；

（三）怀孕和在哺乳期内的女性公民；

（四）患病无法担负国防勤务的公民；

（五）丧失劳动能力的公民；

（六）在联合国等政府间国际组织任职的公民；

（七）其他经县级以上人民政府决定免予担负国防勤务的公民。

有特殊专长的专业技术人员担负特定的国防勤务，不受前款规定的年龄限制。

第五十条　被确定担负国防勤务的人员，应当服从指挥、履行职责、遵守纪律、保守秘密。担负国防勤务的人员所在单位应当给予支持和协助。

第五十一条　交通运输、邮政、电信、医药卫生、食品和粮食供应、工程建筑、能源化工、大型水利设施、民用核设施、新闻媒体、国防科研生产和市政设施保障等单位，应当依法担负国防勤务。

前款规定的单位平时应当按照专业对口、人员精干、应急有效的原则组建专业保障队伍，组织训练、演练，提高完成国防勤务的能力。

第五十二条　公民和组织担负国防勤务，由县级以上人民政府负责组织。

担负预防与救助战争灾害、协助维护社会秩序勤务的公民和专业保障队伍，由当地人民政府指挥，并提供勤务和生活保障；跨行政区域执行勤务的，由相关行政区域的县级以上地方人民政府组织落实相关保障。

担负支援保障军队作战勤务的公民和专业保障队伍，由军事机关指挥，伴随部队行动的由所在部队提供勤务和生活保障；其他的由当地人民政府提供勤务和生活保障。

第五十三条　担负国防勤务的人员在执行勤务期间，继续享有原工作单位的工资、津贴和其他福利待遇；没有工作单位的，由当地县级人民政府参照民兵执行战备勤务的补贴标准给予补贴；因执行国防勤务伤亡的，由当地县级人民政府依照《军人抚恤优待条例》等有关规定给予抚恤优待。

第十章　民用资源征用与补偿

第五十四条　国家决定实施国防动员后，储备物资无法及时满足动员需要的，县级以上人民政府可以依法对民用资源进行征用。

本法所称民用资源，是指组织和个人所有或者使用的用于社会生产、服务和生活的设施、设备、场所和其他物资。

第五十五条　任何组织和个人都有接受依法征用民用资源的义务。

需要使用民用资源的中国人民解放军现役部队和预备役部队、中国人民武装警察部队、民兵组织，应当提出征用需求，由县级以上地方人民政府统一组织征用。县级以上地方人民政府应当对被征用的民用资源予以登记，向被征用人出具凭证。

第五十六条　下列民用资源免予征用：

（一）个人和家庭生活必需的物品和居住场所；

（二）托儿所、幼儿园和孤儿院、养老院、残疾人康复机构、救助站等社会福利机构保障儿童、老人、残疾人和救助对象生活必需的物品和居住场所；

（三）法律、行政法规规定免予征用的其他民用资源。

第五十七条　被征用的民用资源根据军事要求需要进行改造的，由县级以上地方人民政府会同有关军事机关组织实施。

承担改造任务的单位应当按照使用单位提出的军事要求和改造方案进行改造，并保证按期交付使用。改造所需经费由国家负担。

第五十八条　被征用的民用资源使用完毕，县级以上地方人民政府应当及时组织返还；经过改造的，应当恢复原使用功能后返还；不能修复或者灭失的，以及因征用造成直接经济损失的，按照国家有关规定给予补偿。

第五十九条　中国人民解放军现役部队和预备役部队、中国人民武装警察部队、民兵组织进行军事演习、训练，需要征用民用资源或者采取临时性管制措施的，按照国务院、中央军事委员会的有关规定执行。

第十一章 宣传教育

第六十条 各级人民政府应当组织开展国防动员的宣传教育，增强公民的国防观念和依法履行国防义务的意识。有关军事机关应当协助做好国防动员的宣传教育工作。

第六十一条 国家机关、社会团体、企业事业单位和基层群众性自治组织，应当组织所属人员学习和掌握必要的国防知识与技能。

第六十二条 各级人民政府应当运用各种宣传媒体和宣传手段，对公民进行爱国主义、革命英雄主义宣传教育，激发公民的爱国热情，鼓励公民踊跃参战支前，采取多种形式开展拥军优属和慰问活动，按照国家有关规定做好抚恤优待工作。

新闻出版、广播影视和网络传媒等单位，应当按照国防动员的要求做好宣传教育和相关工作。

第十二章 特别措施

第六十三条 国家决定实施国防动员后，根据需要，可以依法在实施国防动员的区域采取下列特别措施：

（一）对金融、交通运输、邮政、电信、新闻出版、广播影视、信息网络、能源水源供应、医药卫生、食品和粮食供应、商业贸易等行业实行管制；

（二）对人员活动的区域、时间、方式以及物资、运载工具进出的区域进行必要的限制；

（三）在国家机关、社会团体和企业事业单位实行特殊工作制度；

（四）为武装力量优先提供各种交通保障；

（五）需要采取的其他特别措施。

第六十四条 在全国或者部分省、自治区、直辖市实行特别措施，由国务院、中央军事委员会决定并组织实施；在省、自治区、直辖市范围内的部分地区实行特别措施，由国务院、中央军事委员会决定，由特别措施实施区域所在省、自治区、直辖市人民政府和同级军事机关组织实施。

第六十五条 组织实施特别措施的机关应当在规定的权限、区域和时限内实施特别措施。特别措施实施区域内的公民和组织，应当服从组织实施特别措施的机关的管理。

第六十六条 采取特别措施不再必要时，应当及时终止。

第六十七条 因国家发布动员令，诉讼、行政复议、仲裁活动不能正常进行的，适用有关时效中止和程序中止的规定，但法律另有规定的除外。

第十三章　法律责任

第六十八条　公民有下列行为之一的，由县级人民政府责令限期改正；逾期不改的，强制其履行义务：

（一）预编到现役部队和编入预备役部队的预备役人员、预定征召的其他预备役人员离开预备役登记地一个月以上未向预备役登记的兵役机关报告的；

（二）国家决定实施国防动员后，预定征召的预备役人员未经预备役登记的兵役机关批准离开预备役登记地，或者未按照兵役机关要求及时返回，或者未到指定地点报到的；

（三）拒绝、逃避征召或者拒绝、逃避担负国防勤务的；

（四）拒绝、拖延民用资源征用或者阻碍对被征用的民用资源进行改造的；

（五）干扰、破坏国防动员工作秩序或者阻碍从事国防动员工作的人员依法履行职责的。

第六十九条　企业事业单位有下列行为之一的，由有关人民政府责令限期改正；逾期不改的，强制其履行义务，并可以处以罚款：

（一）在承建的贯彻国防要求的建设项目中未按照国防要求和技术规范、标准进行设计或者施工、生产的；

（二）因管理不善导致战略储备物资丢失、损坏或者不服从战略物资调用的；

（三）未按照转产、扩大生产军品和维修保障任务的要求进行军品科研、生产和维修保障能力储备，或者未按照规定组建专业技术队伍的；

（四）拒绝、拖延执行专业保障任务的；

（五）拒绝或者故意延误军事订货的；

（六）拒绝、拖延民用资源征用或者阻碍对被征用的民用资源进行改造的；

（七）阻挠公民履行征召、担负国防勤务义务的。

第七十条　有下列行为之一的，对直接负责的主管人员和其他直接责任人员，依法给予处分：

（一）拒不执行上级下达的国防动员命令的；

（二）滥用职权或者玩忽职守，给国防动员工作造成严重损失的；

（三）对征用的民用资源，拒不登记、出具凭证，或者违反规定使用造

成严重损坏,以及不按照规定予以返还或者补偿的;

(四)泄露国防动员秘密的;

(五)贪污、挪用国防动员经费、物资的;

(六)滥用职权,侵犯和损害公民或者组织合法权益的。

第七十一条 违反本法规定,构成违反治安管理行为的,依法给予治安管理处罚;构成犯罪的,依法追究刑事责任。

第十四章 附 则

第七十二条 本法自2010年7月1日起施行。

中华人民共和国人民防空法

1. 1996年10月29日第八届全国人民代表大会常务委员会第二十二次会议通过

2. 根据2009年8月27日第十一届全国人民代表大会常务委员会第十次会议《关于修改部分法律的决定》修正

目 录

第一章 总 则

第一条 为了有效地组织人民防空,保护人民的生命和财产安全,保障社会主义现代化建设的顺利进行,制定本法。

第二条 人民防空是国防的组成部分。国家根据国防需要,动员和组织群众采取防护措施，防范和减轻空袭危害。

人民防空实行长期准备、重点建设、平战结合的方针，贯彻与经济建设协调发展、与城市建设相结合的原则。

第三条　县级以上人民政府应当将人民防空建设纳入国民经济和社会发展计划。

第四条　人民防空经费由国家和社会共同负担。

中央负担的人民防空经费，列入中央预算；县级以上地方各级人民政府负担的人民防空经费，列入地方各级预算。

有关单位应当按照国家规定负担人民防空费用。

第五条　国家对人民防空设施建设按照有关规定给予优惠。

国家鼓励、支持企业事业组织、社会团体和个人，通过多种途径，投资进行人民防空工程建设；人民防空工程平时由投资者使用管理，收益归投资者所有。

第六条　国务院、中央军事委员会领导全国的人民防空工作。

大军区根据国务院、中央军事委员会的授权领导本区域的人民防空工作。

县级以上地方各级人民政府和同级军事机关领导本行政区域的人民防空工作。

第七条　国家人民防空主管部门管理全国的人民防空工作。

大军区人民防空主管部门管理本区域的人民防空工作。

县级以上地方各级人民政府人民防空主管部门管理本行政区域的人民防空工作。

中央国家机关人民防空主管部门管理中央国家机关的人民防空工作。

人民防空主管部门的设置、职责和任务，由国务院、中央军事委员会规定。

县级以上人民政府的计划、规划、建设等有关部门在各自的职责范围内负责有关的人民防空工作。

第八条　一切组织和个人都有得到人民防空保护的权利，都必须依法履行人民防空的义务。

第九条　国家保护人民防空设施不受侵害。禁止任何组织或者个人破坏、侵占人民防空设施。

第十条 县级以上人民政府和军事机关对在人民防空工作中做出显著成绩的组织或者个人,给予奖励。

第二章 防护重点

第十一条 城市是人民防空的重点。国家对城市实行分类防护。

城市的防护类别、防护标准,由国务院、中央军事委员会规定。

第十二条 城市人民政府应当制定防空袭方案及实施计划,必要时可以组织演习。

第十三条 城市人民政府应当制定人民防空工程建设规划,并纳入城市总体规划。

第十四条 城市的地下交通干线以及其他地下工程的建设,应当兼顾人民防空需要。

第十五条 为战时储备粮食、医药、油料和其他必需物资的工程,应当建在地下或者其他隐蔽地点。

第十六条 对重要的经济目标,有关部门必须采取有效防护措施,并制定应急抢险抢修方案。

前款所称重要的经济目标,包括重要的工矿企业、科研基地、交通枢纽、通信枢纽、桥梁、水库、仓库、电站等。

第十七条 人民防空主管部门应当依照规定对城市和经济目标的人民防空建设进行监督检查。被检查单位应当如实提供情况和必要的资料。

第三章 人民防空工程

第十八条 人民防空工程包括为保障战时人员与物资掩蔽、人民防空指挥、医疗救护等而单独修建的地下防护建筑,以及结合地面建筑修建的战时可用于防空的地下室。

第十九条 国家对人民防空工程建设,按照不同的防护要求,实行分类指导。

国家根据国防建设的需要,结合城市建设和经济发展水平,制定人民防空工程建设规划。

第二十条 建设人民防空工程,应当在保证战时使用效能的前提下,有利于平时的经济建设、群众的生产生活和工程的开发利用。

第二十一条　人民防空指挥工程、公用的人员掩蔽工程和疏散干道工程由人民防空主管部门负责组织修建；医疗救护、物资储备等专用工程由其他有关部门负责组织修建。

有关单位负责修建本单位的人员与物资掩蔽工程。

第二十二条　城市新建民用建筑，按照国家有关规定修建战时可用于防空的地下室。

第二十三条　人民防空工程建设的设计、施工、质量必须符合国家规定的防护标准和质量标准。

人民防空工程专用设备的定型、生产必须符合国家规定的标准。

第二十四条　县级以上人民政府有关部门对人民防空工程所需的建设用地应当依法予以保障；对人民防空工程连接城市的道路、供电、供热、供水、排水、通信等系统的设施建设，应当提供必要的条件。

第二十五条　人民防空主管部门对人民防空工程的维护管理进行监督检查。

公用的人民防空工程的维护管理由人民防空主管部门负责。

有关单位应当按照国家规定对已经修建或者使用的人民防空工程进行维护管理，使其保持良好使用状态。

第二十六条　国家鼓励平时利用人民防空工程为经济建设和人民生活服务。平时利用人民防空工程，不得影响其防空效能。

第二十七条　任何组织或者个人不得进行影响人民防空工程使用或者降低人民防空工程防护能力的作业，不得向人民防空工程内排入废水、废气和倾倒废弃物，不得在人民防空工程内生产、储存爆炸、剧毒、易燃、放射性和腐蚀性物品。

第二十八条　任何组织或者个人不得擅自拆除本法第二十一条规定的人民防空工程；确需拆除的，必须报经人民防空主管部门批准，并由拆除单位负责补建或者补偿。

第四章　通信和警报

第二十九条　国家保障人民防空通信、警报的畅通，以迅速准确地传递、发放防空警报信号，有效地组织、指挥人民防空。

第三十条　国家人民防空主管部门负责制定全国的人民防空通信、警报建设规划，组织全国的人民防空通信、警报网的建设和管理。

县级以上地方各级人民政府人民防空主管部门负责制定本行政区域的人民防空通信、警报建设规划，组织本行政区域人民防空通信、警报网的建设和管理。

第三十一条　邮电部门、军队通信部门和人民防空主管部门应当按照国家规定的任务和人民防空通信、警报建设规划，对人民防空通信实施保障。

第三十二条　人民防空主管部门建设通信、警报网所需的电路、频率，邮电部门、军队通信部门、无线电管理机构应当予以保障；安装人民防空通信、警报设施，有关单位或者个人应当提供方便条件，不得阻挠。

国家用于人民防空通信的专用频率和防空警报音响信号，任何组织或者个人不得占用、混同。

第三十三条　通信、广播、电视系统，战时必须优先传递、发放防空警报信号。

第三十四条　军队有关部门应当向人民防空主管部门通报空中情报，协助训练有关专业人员。

第三十五条　人民防空通信、警报设施必须保持良好使用状态。

设置在有关单位的人民防空警报设施，由其所在单位维护管理，不得擅自拆除。

县级以上地方各级人民政府根据需要可以组织试鸣防空警报；并在试鸣的五日以前发布公告。

第三十六条　人民防空通信、警报设施平时应当为抢险救灾服务。

第五章　疏　　散

第三十七条　人民防空疏散由县级以上人民政府统一组织。

人民防空疏散必须根据国家发布的命令实施，任何组织不得擅自行动。

第三十八条　城市人民防空疏散计划，由县级以上人民政府根据需要组织有关部门制定。

预定的疏散地区，在本行政区域内的，由本级人民政府确定；跨越本行政区域的，由上一级人民政府确定。

第三十九条　县级以上人民政府应当组织有关部门和单位，做好城市疏散人口安置和物资储运、供应的准备工作。

第四十条　农村人口在有必要疏散时，由当地人民政府按照就近的原则组织实施。

第六章　群众防空组织

第四十一条　县级以上地方各级人民政府应当根据人民防空的需要，组织有关部门建立群众防空组织。

群众防空组织战时担负抢险抢修、医疗救护、防火灭火、防疫灭菌、消毒和消除沾染、保障通信联络、抢救人员和抢运物资、维护社会治安等任务，平时应当协助防汛、防震等部门担负抢险救灾任务。

第四十二条　群众防空组织由下列部门负责组建：

（一）城建、公用、电力等部门组建抢险抢修队；

（二）卫生、医药部门组建医疗救护队；

（三）公安部门组建消防队、治安队；

（四）卫生、化工、环保等部门组建防化防疫队；

（五）邮电部门组建通信队；

（六）交通运输部门组建运输队。

红十字会组织依法进行救护工作。

第四十三条　群众防空组织所需装备、器材和经费由人民防空主管部门和组建单位提供。

第四十四条　群众防空组织应当根据人民防空主管部门制定的训练大纲和训练计划进行专业训练。

第七章　人民防空教育

第四十五条　国家开展人民防空教育，使公民增强国防观念，掌握人民防空的基本知识和技能。

第四十六条　国家人民防空主管部门负责组织制定人民防空教育计划，规定教育内容。

在校学生的人民防空教育，由各级教育主管部门和人民防空主管部门组织实施。

国家机关、社会团体、企业事业组织人员的人民防空教育，由所在单位组织实施；其他人员的人民防空教育，由城乡基层人民政府组织实施。

第四十七条　新闻、出版、广播、电影、电视、文化等有关部门应当协助开展人民防空教育。

第八章 法律责任

第四十八条 城市新建民用建筑,违反国家有关规定不修建战时可用于防空的地下室的,由县级以上人民政府人民防空主管部门对当事人给予警告,并责令限期修建,可以并处十万元以下的罚款。

第四十九条 有下列行为之一的,由县级以上人民政府人民防空主管部门对当事人给予警告,并责令限期改正违法行为,可以对个人并处五千元以下的罚款、对单位并处一万元至五万元的罚款;造成损失的,应当依法赔偿损失:

(一)侵占人民防空工程的;

(二)不按照国家规定的防护标准和质量标准修建人民防空工程的;

(三)违反国家有关规定,改变人民防空工程主体结构、拆除人民防空工程设备设施或者采用其他方法危害人民防空工程的安全和使用效能的;

(四)拆除人民防空工程后拒不补建的;

(五)占用人民防空通信专用频率、使用与防空警报相同的音响信号或者擅自拆除人民防空通信、警报设备设施的;

(六)阻挠安装人民防空通信、警报设施,拒不改正的;

(七)向人民防空工程内排入废水、废气或者倾倒废弃物的。

第五十条 违反本法规定,故意损坏人民防空设施或者在人民防空工程内生产、储存爆炸、剧毒、易燃、放射性等危险品,尚不构成犯罪的,依照治安管理处罚法的有关规定处罚;构成犯罪的,依法追究刑事责任。

第五十一条 人民防空主管部门的工作人员玩忽职守、滥用职权、徇私舞弊或者有其他违法、失职行为构成犯罪的,依法追究刑事责任;尚不构成犯罪的,依法给予行政处分。

第九章 附则

第五十二条 省、自治区、直辖市人民代表大会常务委员会可以根据本法制定实施办法。

第五十三条 本法自 1997 年 1 月 1 日起施行。

中华人民共和国国防交通法

1．2016年9月3日第十二届全国人民代表大会常务委员会第二十二次会议通过
2．2016年9月3日中华人民共和国主席令第50号公布
3．自2017年1月1日起施行

目　　录

第一章　总　　则

第一条　为了加强国防交通建设，促进交通领域军民融合发展，保障国防活动顺利进行，制定本法。

第二条　以满足国防需要为目的，在铁路、道路、水路、航空、管道以及邮政等交通领域进行的规划、建设、管理和资源使用活动，适用本法。

第三条　国家坚持军民融合发展战略，推动军地资源优化配置、合理共享，提高国防交通平时服务、急时应急、战时应战的能力，促进经济建设和国防建设协调发展。

国防交通工作遵循统一领导、分级负责、统筹规划、平战结合的原则。

第四条　国家国防交通主管机构负责规划、组织、指导和协调全国的国防交通工作。国家国防交通主管机构的设置和工作职责，由国务院、中央军事委员会规定。

县级以上地方人民政府国防交通主管机构负责本行政区域的国防

交通工作。

县级以上人民政府有关部门和有关军事机关按照职责分工，负责有关的国防交通工作。

省级以上人民政府有关部门和军队有关部门建立国防交通军民融合发展会商机制，相互通报交通建设和国防需求等情况，研究解决国防交通重大问题。

第五条 公民和组织应当依法履行国防交通义务。

国家鼓励公民和组织依法参与国防交通建设，并按照有关规定给予政策和经费支持。

第六条 国防交通经费按照事权划分的原则，列入政府预算。

企业事业单位用于开展国防交通日常工作的合理支出，列入本单位预算，计入成本。

第七条 县级以上人民政府根据国防需要，可以依法征用民用运载工具、交通设施、交通物资等民用交通资源，有关组织和个人应当予以配合，履行相关义务。

民用交通资源征用的组织实施和补偿，依照有关法律、行政法规执行。

第八条 各级人民政府应当将国防交通教育纳入全民国防教育，通过多种形式开展国防交通宣传活动，普及国防交通知识，增强公民的国防交通观念。

各级铁路、道路、水路、航空、管道、邮政等行政管理部门（以下统称交通主管部门）和相关企业事业单位应当对本系统、本单位的人员进行国防交通教育。

设有交通相关专业的院校应当将国防交通知识纳入相关专业课程或者单独开设国防交通相关课程。

第九条 任何组织和个人对在国防交通工作中知悉的国家秘密和商业秘密负有保密义务。

第十条 对在国防交通工作中作出突出贡献的组织和个人，按照国家有关规定给予表彰和奖励。

第十一条 国家加强国防交通信息化建设，为提高国防交通保障能力提供支持。

第十二条 战时和平时特殊情况下，需要在交通领域采取行业管制、为武装力量优先提供交通保障等国防动员措施的，依照《中华人民共和国国防法》、《中华人民共和国国防动员法》等有关法律执行。

武装力量组织进行军事演习、训练，需要对交通采取临时性管制措施的，按照国务院、中央军事委员会的有关规定执行。

第十三条　战时和平时特殊情况下，国家根据需要，设立国防交通联合指挥机构，统筹全国或者局部地区的交通运输资源，统一组织指挥全国或者局部地区的交通运输以及交通设施设备的抢修、抢建与防护。相关组织和个人应当服从统一指挥。

第二章　国防交通规划

第十四条　国防交通规划包括国防交通工程设施建设规划、国防交通专业保障队伍建设规划、国防交通物资储备规划、国防交通科研规划等。

编制国防交通规划应当符合下列要求：

（一）满足国防需要，有利于平战快速转换，保障国防活动顺利进行；

（二）兼顾经济社会发展需要，突出重点，注重效益，促进资源融合共享；

（三）符合城乡规划和土地利用总体规划，与国家综合交通运输体系发展规划相协调；

（四）有利于加强边防、海防交通基础设施建设，扶持沿边、沿海经济欠发达地区交通运输发展；

（五）保护环境，节约土地、能源等资源。

第十五条　县级以上人民政府应当将国防交通建设纳入国民经济和社会发展规划。

国务院及其有关部门和省、自治区、直辖市人民政府制定交通行业以及相关领域的发展战略、产业政策和规划交通网络布局，应当兼顾国防需要，提高国家综合交通运输体系保障国防活动的能力。

国务院有关部门应当将有关国防要求纳入交通设施、设备的技术标准和规范。有关国防要求由国家国防交通主管机构征求军队有关部门意见后汇总提出。

第十六条　国防交通工程设施建设规划，由县级以上人民政府国防交通主管机构会同本级人民政府交通主管部门编制，经本级人民政府发展改革部门审核后，报本级人民政府批准。

下级国防交通工程设施建设规划应当依据上一级国防交通工程设施建设规划编制。

编制国防交通工程设施建设规划，应当征求有关军事机关和本级人民政府有关部门的意见。县级以上人民政府有关部门编制综合交通运输体系发展规划和交通工程设施建设规划，应当征求本级人民政府国防交通主管机构的意见，并纳入国防交通工程设施建设的相关内容。

第十七条 国防交通专业保障队伍建设规划，由国家国防交通主管机构会同国务院有关部门和军队有关部门编制。

第十八条 国防交通物资储备规划，由国防交通主管机构会同军地有关部门编制。

中央储备的国防交通物资，由国家国防交通主管机构会同国务院交通主管部门和军队有关部门编制储备规划。

地方储备的国防交通物资，由省、自治区、直辖市人民政府国防交通主管机构会同本级人民政府有关部门和有关军事机关编制储备规划。

第十九条 国防交通科研规划，由国家国防交通主管机构会同国务院有关部门和军队有关部门编制。

第三章 交通工程设施

第二十条 建设国防交通工程设施，应当以国防交通工程设施建设规划为依据，保障战时和平时特殊情况下国防交通畅通。

建设其他交通工程设施，应当依法贯彻国防要求，在建设中采用增强其国防功能的工程技术措施，提高国防交通保障能力。

第二十一条 国防交通工程设施应当按照基本建设程序、相关技术标准和规范以及国防要求进行设计、施工和竣工验收。相关人民政府国防交通主管机构组织军队有关部门参与项目的设计审定、竣工验收等工作。

交通工程设施建设中为增加国防功能修建的项目应当与主体工程同步设计、同步建设、同步验收。

第二十二条 国防交通工程设施在满足国防活动需要的前提下，应当为经济社会活动提供便利。

第二十三条 国防交通工程设施管理单位负责国防交通工程设施的维护和管理，保持其国防功能。

国防交通工程设施需要改变用途或者作报废处理的，由国防交通工程设施管理单位逐级上报国家国防交通主管机构或者其授权的国防交通主管机构批准。

县级以上人民政府应当加强对国防交通工程设施维护管理工作的

监督检查。

第二十四条　任何组织和个人进行生产和其他活动，不得影响国防交通工程设施的正常使用，不得危及国防交通工程设施的安全。

第二十五条　县级以上人民政府国防交通主管机构负责向本级人民政府交通主管部门以及相关企业事业单位了解交通工程设施建设项目的立项、设计、施工等情况；有关人民政府交通主管部门以及相关企业事业单位应当予以配合。

第二十六条　县级以上人民政府国防交通主管机构应当及时向有关军事机关通报交通工程设施建设情况，并征求其贯彻国防要求的意见，汇总后提出需要贯彻国防要求的具体项目。

第二十七条　对需要贯彻国防要求的交通工程设施建设项目，由有关人民政府国防交通主管机构会同本级人民政府发展改革部门、财政部门、交通主管部门和有关军事机关，与建设单位协商确定贯彻国防要求的具体事宜。

交通工程设施新建、改建、扩建项目因贯彻国防要求增加的费用由国家承担。有关部门应当对项目的实施予以支持和保障。

第二十八条　各级人民政府对国防交通工程设施建设项目和贯彻国防要求的交通工程设施建设项目，在土地使用、城乡规划、财政、税费等方面，按照国家有关规定给予政策支持。

第四章　民用运载工具

第二十九条　国家国防交通主管机构应当根据国防需要，会同国务院有关部门和军队有关部门，确定需要贯彻国防要求的民用运载工具的类别和范围，及时向社会公布。

国家鼓励公民和组织建造、购置、经营前款规定的类别和范围内的民用运载工具及其相关设备。

第三十条　县级以上人民政府国防交通主管机构应当向民用运载工具登记管理部门和建造、购置人了解需要贯彻国防要求的民用运载工具的建造、购置、使用等情况，有关公民和组织应当予以配合。

第三十一条　县级以上人民政府国防交通主管机构应当及时将掌握的民用运载工具基本情况通报有关军事机关，并征求其贯彻国防要求的意见，汇总后提出需要贯彻国防要求的民用运载工具的具体项目。

第三十二条　对需要贯彻国防要求的民用运载工具的具体项目，由县级以上人民政府国防交通主管机构会同本级人民政府财政部门、交通主管部门和有关军事机关，与有关公民和组织协商确定贯彻国防要求的具体事宜，并签订相关协议。

第三十三条 民用运载工具因贯彻国防要求增加的费用由国家承担。有关部门应当对民用运载工具贯彻国防要求的实施予以支持和保障。

各级人民政府对贯彻国防要求的民用运载工具在服务采购、运营范围等方面，按照有关规定给予政策支持。

第三十四条 贯彻国防要求的民用运载工具所有权人、承租人、经营人负责民用运载工具的维护和管理，保障其使用效能。

第五章 国防运输

第三十五条 县级以上人民政府交通主管部门会同军队有关交通运输部门按照统一计划、集中指挥、迅速准确、安全保密的原则，组织国防运输。

承担国防运输任务的公民和组织应当优先安排国防运输任务。

第三十六条 国家以大中型运输企业为主要依托，组织建设战略投送支援力量，增强战略投送能力，为快速组织远距离、大规模国防运输提供有效支持。

承担战略投送支援任务的企业负责编组人员和装备，根据有关规定制定实施预案，进行必要的训练、演练，提高执行战略投送任务的能力。

第三十七条 各级人民政府和军事机关应当加强国防运输供应、装卸等保障设施建设。

县级以上地方人民政府和相关企业事业单位，应当根据国防运输的需要提供饮食饮水供应、装卸作业、医疗救护、通行与休整、安全警卫等方面的必要的服务或者保障。

第三十八条 国家驻外机构和我国从事国际运输业务的企业及其境外机构，应当为我国实施国际救援、海上护航和维护国家海外利益的军事行动的船舶、飞机、车辆和人员的补给、休整提供协助。

国家有关部门应当对前款规定的机构和企业为海外军事行动提供协助所需的人员和运输工具、货物等的出境入境提供相关便利。

第三十九条 公民和组织完成国防运输任务所发生的费用，由使用单位按照不低于市场价格的原则支付。具体办法由国务院财政部门、交通主管部门和中央军事委员会后勤保障部规定。

第四十条 军队根据需要，可以在相关交通企业或者交通企业较为集中的地区派驻军事代表，会同有关单位共同完成国防运输和交通保障任务。

军事代表驻在单位和驻在地人民政府有关部门，应当为军事代表开展工作提供便利。

军事代表的派驻和工作职责，按照国务院、中央军事委员会的有关规定执行。

第六章　国防交通保障

第四十一条　各级国防交通主管机构组织人民政府有关部门和有关军事机关制定国防交通保障方案，明确重点交通目标、线路以及保障原则、任务、技术措施和组织措施。

第四十二条　国务院有关部门和县级以上地方人民政府按照职责分工，组织有关企业事业单位实施交通工程设施抢修、抢建和运载工具抢修，保障国防活动顺利进行。有关军事机关应当给予支持和协助。

第四十三条　国防交通保障方案确定的重点交通目标的管理单位和预定承担保障任务的单位，应当根据有关规定编制重点交通目标保障预案，并做好相关准备。

第四十四条　重点交通目标的管理单位和预定承担保障任务的单位，在重点交通目标受到破坏威胁时，应当立即启动保障预案，做好相应准备；在重点交通目标遭受破坏时，应当按照任务分工，迅速组织实施工程加固和抢修、抢建，尽快恢复交通。

与国防运输有关的其他交通工程设施遭到破坏的，其管理单位应当及时按照管理关系向上级报告，同时组织修复。

第四十五条　县级以上人民政府国防交通主管机构会同本级人民政府国土资源、城乡规划等主管部门确定预定抢建重要国防交通工程设施的土地，作为国防交通控制范围，纳入土地利用总体规划和城乡规划。

未经县级以上人民政府国土资源主管部门、城乡规划主管部门和国防交通主管机构批准，任何组织和个人不得占用作为国防交通控制范围的土地。

第四十六条　重点交通目标的对空、对海防御，由军队有关部门纳入对空、对海防御计划，统一组织实施。

重点交通目标的地面防卫，由其所在地县级以上人民政府和有关军事机关共同组织实施。

重点交通目标的工程技术防护，由其所在地县级以上人民政府交通主管部门会同本级人民政府国防交通主管机构、人民防空主管部门，组织指导其管理单位和保障单位实施。

重点交通目标以外的其他交通设施的防护，由其所在地县级以上人民政府按照有关规定执行。

第四十七条 因重大军事行动和国防科研生产试验以及与国防相关的保密物资、危险品运输等特殊需要，县级以上人民政府有关部门应当按照规定的权限和程序，在相关地区的陆域、水域、空域采取必要的交通管理措施和安全防护措施。有关军事机关应当给予协助。

第四十八条 县级以上人民政府交通主管部门和有关军事机关、国防交通主管机构应当根据需要，组织相关企业事业单位开展国防交通专业保障队伍的训练、演练。

国防交通专业保障队伍由企业事业单位按照有关规定组建。

参加训练、演练的国防交通专业保障队伍人员的生活福利待遇，参照民兵参加军事训练的有关规定执行。

第四十九条 国防交通专业保障队伍执行国防交通工程设施抢修、抢建、防护和民用运载工具抢修以及人员物资抢运等任务，由县级以上人民政府国防交通主管机构会同本级人民政府交通主管部门统一调配。

国防交通专业保障队伍的车辆、船舶和其他机动设备，执行任务时按照国家国防交通主管机构的规定设置统一标志，可以优先通行。

第五十条 各级人民政府对承担国防交通保障任务的企业和个人，按照有关规定给予政策支持。

第七章 国防交通物资储备

第五十一条 国家建立国防交通物资储备制度，保证战时和平时特殊情况下国防交通顺畅的需要。

国防交通物资储备应当布局合理、规模适度，储备的物资应当符合国家规定的质量标准。

国防交通储备物资的品种由国家国防交通主管机构会同国务院有关部门和军队有关部门规定。

第五十二条 国务院交通主管部门和省、自治区、直辖市人民政府国防交通主管机构，应当按照有关规定确定国防交通储备物资储存管理单位，监督检查国防交通储备物资管理工作。

国防交通储备物资储存管理单位应当建立健全管理制度，按照国家有关规定和标准对储备物资进行保管、维护和更新，保证储备物资的使用效能和安全，不得挪用、损坏和丢失储备物资。

第五十三条　战时和平时特殊情况下执行交通防护和抢修、抢建任务，或者组织重大军事演习，抢险救灾以及国防交通专业保障队伍训练、演练等需要的，可以调用国防交通储备物资。

调用中央储备的国防交通物资，由国家国防交通主管机构批准；调用地方储备的国防交通物资，由省、自治区、直辖市人民政府国防交通主管机构批准。

国防交通储备物资储存管理单位，应当严格执行储备物资调用指令，不得拒绝或者拖延。

未经批准，任何组织和个人不得动用国防交通储备物资。

第五十四条　国防交通储备物资因产品技术升级、更新换代或者主要技术性能低于使用维护要求，丧失储备价值的，可以改变用途或者作报废处理。

中央储备的国防交通物资需要改变用途或者作报废处理的，由国家国防交通主管机构组织技术鉴定并审核后，报国务院财政部门审批。

地方储备的国防交通物资需要改变用途或者作报废处理的，由省、自治区、直辖市人民政府国防交通主管机构组织技术鉴定并审核后，报本级人民政府财政部门审批。

中央和地方储备的国防交通物资改变用途或者报废获得的收益，应当上缴本级国库，纳入财政预算管理。

第八章　法 律 责 任

第五十五条　违反本法规定，有下列行为之一的，由县级以上人民政府交通主管部门或者国防交通主管机构责令限期改正，对负有直接责任的主管人员和其他直接责任人员依法给予处分；有违法所得的，予以没收，并处违法所得一倍以上五倍以下罚款：

（一）擅自改变国防交通工程设施用途或者作报废处理的；

（二）拒绝或者故意拖延执行国防运输任务的；

（三）拒绝或者故意拖延执行重点交通目标抢修、抢建任务的；

（四）拒绝或者故意拖延执行国防交通储备物资调用命令的；

（五）擅自改变国防交通储备物资用途或者作报废处理的；

（六）擅自动用国防交通储备物资的；

（七）未按照规定保管、维护国防交通储备物资，造成损坏、丢失的。

上述违法行为造成财产损失的，依法承担赔偿责任。

第五十六条 国防交通主管机构、有关军事机关以及交通主管部门和其他相关部门的工作人员违反本法规定，有下列情形之一的，对负有直接责任的主管人员和其他直接责任人员依法给予处分：

（一）滥用职权或者玩忽职守，给国防交通工作造成严重损失的；

（二）贪污、挪用国防交通经费、物资的；

（三）泄露在国防交通工作中知悉的国家秘密和商业秘密的；

（四）在国防交通工作中侵害公民或者组织合法权益的。

第五十七条 违反本法规定，构成违反治安管理行为的，依法给予治安管理处罚；构成犯罪的，依法追究刑事责任。

第九章 附 则

第五十八条 本法所称国防交通工程设施，是指国家为国防目的修建的交通基础设施以及国防交通专用的指挥、检修、装卸、仓储等工程设施。

本法所称国防运输，是指政府和军队为国防目的运用军民交通运输资源，运送人员、装备、物资的活动。军队运用自身资源进行的运输活动，按照中央军事委员会有关规定执行。

第五十九条 与国防交通密切相关的信息设施、设备和专业保障队伍的建设、管理、使用活动，适用本法。

国家对信息动员另有规定的，从其规定。

第六十条 本法自 2017 年 1 月 1 日起施行。

国防交通条例

1. 1995 年 2 月 24 日国务院、中央军事委员会令第 173 号发布

2. 根据 2011 年 1 月 8 日国务院令第 588 号《关于废止和修改部分行政法规的决定》修订

第一章 总 则

第一条 为了加强国防交通建设，保障战时和特殊情况下国防交通顺畅，制定本条例。

第二条 在中华人民共和国领域内从事国防交通活动，必须遵守本条例。

本条例所称国防交通，是指为国防建设服务的铁路、道路、水路、航空、管道、邮电通信等交通体系。

第三条　国防交通工作实行统一领导、分级负责、全面规划、平战结合的原则。

第四条　各级人民政府、军事机关应当重视国防交通建设，为国防交通工作提供必要条件。

县级以上人民政府交通管理部门和有关交通企业事业单位，应当做好国防交通工作。

第五条　对在国防交通建设中做出重大贡献的单位和个人，各级人民政府、交通管理部门和军事机关应当给予奖励。

第二章　管理机构及其职责

第六条　国家国防交通主管机构在国务院、中央军事委员会领导下，负责全国国防交通工作，履行下列职责：

（一）拟订国防交通工作的方针、政策，草拟有关法律、行政法规；

（二）规划全国国防交通网络布局，对国家交通建设提出有关国防要求的建议；

（三）拟订全国国防交通保障计划，为重大军事行动和其他紧急任务组织交通保障；

（四）组织全国国防交通科学技术研究；

（五）指导检查国防交通工作，协调有关方面的关系；

（六）国务院、中央军事委员会赋予的其他职责。

第七条　军区国防交通主管机构和县级以上地方国防交通主管机构负责本地区国防交通工作，履行下列职责：

（一）贯彻执行国家国防交通工作的方针、政策和法律、法规、规章，拟订本地区有关国防交通工作的规定；

（二）规划本地区国防交通网络布局，对本地区交通建设提出有关国防要求的建议，参加有关交通工程设施的勘察、设计鉴（审）定和竣工验收；

（三）拟订本地区国防交通保障计划，组织国防交通保障队伍，为本地区内的军事行动和其他紧急任务组织交通保障；

（四）负责本地区的国防运力动员和运力征用；

（五）按照国家有关规定，制定和实施本地区的国防交通物资储备计

划,调用国防交通物资;

（六）组织本地区国防交通科学技术研究及其成果的推广、应用;

（七）指导、检查、监督本地区国防交通工作,协调处理有关问题;

（八）上级国防交通主管机构和本级人民政府赋予的其他职责。

第八条 国务院交通管理部门分别负责本系统的国防交通工作,履行下列职责:

（一）贯彻执行国家国防交通工作的方针、政策和法律、法规、规章;

（二）制定并组织落实本系统的国防交通建设规划和技术规范;

（三）制定本系统的国防交通保障计划,指导国防交通专业保障队伍建设;

（四）按照国家有关规定,管理和使用本系统的国防交通资产;

（五）组织本系统国防交通科学技术研究及其成果的推广、应用;

（六）指导、检查、监督本系统的国防交通工作,协调处理有关问题。

第九条 承担国防交通任务的交通企业事业单位,在国防交通工作中履行下列职责:

（一）贯彻执行国家国防交通工作的方针、政策和法律、法规、规章;

（二）参加有关国防交通工程设施的勘察、设计鉴（审）定和竣工验收;

（三）制定本单位国防交通保障计划,完成国防交通保障任务;

（四）按照国家有关规定,管理和使用本单位的国防交通资产;

（五）负责本单位的国防交通专业保障队伍的组织、训练和管理工作。

第十条 在特殊情况下,省级国防交通主管机构可以提请有关省、自治区、直辖市人民政府决定,由公安机关、港务监督机构分别在自己的职责范围内对局部地区的道路、水路实行交通管制。

第三章 保障计划

第十一条 本条例所称国防交通保障计划（以下简称保障计划）,是指保障战时和特殊情况下国防交通顺畅的预定方案,主要包括:国防交通保障的方针、任务,各项国防交通保障工作的技术措施和组织措施。

保障计划分为:全国保障计划、军区保障计划、地区保障计划和专业保障计划。

第十二条 全国保障计划由国家国防交通主管机构组织国务院有关部门

和有关军事机关拟订，报国务院、中央军事委员会批准。

第十三条　军区保障计划由军区国防交通主管机构组织本地区省、自治区、直辖市人民政府有关部门和有关军事机关拟订，征求国家国防交通主管机构的意见后，报军区批准。

第十四条　地区保障计划由县级以上地方国防交通主管机构组织本级人民政府有关部门和有关军事机关拟订，征求上一级国防交通主管机构意见后，报本级人民政府批准。

第十五条　专业保障计划由国务院交通管理部门在各自的职责范围内分别制定，征求国务院其他有关部门意见后，报国家国防交通主管机构同意。

第四章　工程设施

第十六条　本条例所称国防交通工程设施，是指为保障战时和特殊情况下国防交通顺畅而建造的下列建筑和设备：

（一）国家修建的主要为国防建设服务的交通基础设施；

（二）专用的指挥、检修、仓储、防护等工程与设施；

（三）专用的车辆、船舶、航空器；

（四）国防需要的其他交通工程设施。

第十七条　建设国防交通工程设施，应当兼顾经济建设的需要。

建设其他交通工程设施或者研制重要交通工具，应当兼顾国防建设的需要。

第十八条　国防交通主管机构拟订的国防交通建设规划，应当送本级人民政府计划部门和交通管理部门综合平衡。

县级以上人民政府计划部门和交通管理部门在制定交通建设规划时，应当征求本级国防交通主管机构的意见，并将已经确定的国防交通工程设施建设项目和需要贯彻国防要求的建设项目，列入交通建设规划。

第十九条　交通建设规划中有关贯彻国防要求的建设项目，必须按照国防要求进行建设。

第二十条　国防交通工程设施建设项目和有关贯彻国防要求的建设项目，其设计鉴（审）定、竣工验收应当经有关的国防交通主管机构同意。

第二十一条　国防交通工程设施的管理单位，必须加强对国防交通工程设施的维护管理。

改变国防交通工程设施的用途或者将其作报废处理的，必须经管理单位的上一级国防交通主管机构批准。

第二十二条　国家对国防交通工程设施的建设实行优惠政策。具体办法由国家国防交通主管机构会同国务院有关部门制定。

第二十三条　土地管理部门和城市规划主管部门，应当将经批准的预定抢建重要国防交通工程设施的土地作为国防交通控制用地，纳入土地利用总体规划和城市规划。

未经土地管理部门、城市规划主管部门和国防交通主管机构批准，任何单位或者个人不得占用国防交通控制用地。

第二十四条　任何单位或者个人进行生产和其他活动，不得影响国防交通工程设施的正常使用，不得危及国防交通工程设施的安全。

第五章　保障队伍

第二十五条　本条例所称国防交通保障队伍，是指战时和特殊情况下执行抢修、抢建、防护国防交通工程设施、抢运国防交通物资和通信保障任务的组织。

国防交通保障队伍，分为专业保障队伍和交通沿线保障队伍。

第二十六条　专业保障队伍，由交通管理部门以本系统交通企业生产单位为基础进行组建；执行交通保障任务时，由国防交通主管机构统一调配。

交通沿线保障队伍，由当地人民政府和有关军事机关负责组织。

第二十七条　交通管理部门负责专业保障队伍的训练，战时应当保持专业保障队伍人员稳定。

有关军事机关负责组织交通沿线保障队伍的专业训练；国防交通主管机构负责提供教材、器材和业务指导。

第二十八条　县级以上人民政府及有关部门，对专业保障队伍应当给予必要的扶持。

第二十九条　交通保障队伍的车辆、船舶和其他机动设备，应当按照国家国防交通主管机构的规定，设置统一标志；在战时和特殊情况下可以优先通行。

第六章　运力动员和运力征用

第三十条　本条例所称运力动员，是指战时国家发布动员令，对任何单位和个人所拥有的运载工具、设备以及操作人员，进行统一组织和调用的活动。

本条例所称运力征用，是指在特殊情况下，省、自治区、直辖市人民政府依法采取行政措施，调用单位和个人所拥有的运载工具、设备以及操作人员的活动。

第三十一条　县级以上人民政府交通管理部门和其他有关部门应当向国防交通主管机构提供运力注册登记的有关资料。

第三十二条　战时军队需要使用动员的运力的，应当向所在地的军区国防交通主管机构提出申请。武装警察部队、民兵组织和其他单位需要使用动员的运力的，应当向当地国防交通主管机构提出申请。

第三十三条　动员国务院交通管理部门所属的运力，应当经国务院、中央军事委员会批准。动员地方交通管理部门所属的运力或者社会运力，应当经省、自治区、直辖市人民政府批准。

第三十四条　在特殊情况下，军队或者其他单位需要使用征用的运力的，应当向当地国防交通主管机构提出申请，由省、自治区、直辖市人民政府批准。

第三十五条　被动员或者被征用运力的单位和个人必须依法履行义务，保证被动员或者被征用的运载工具和设备的技术状况良好，并保证随同的操作人员具有相应的技能。

第三十六条　需要对动员或者征用的运载工具、设备作重大改造的，必须经相应的国防交通主管机构批准。

第三十七条　对被动员和被征用运力的操作人员的抚恤优待，按照国家有关规定执行；运载工具、设备的补偿办法另行规定。

第七章　军事运输

第三十八条　交通管理部门和交通企业应当优先安排军事运输计划，重点保障紧急、重要的军事运输。运输军事人员、装备及其他军用物资，应当迅速准确、安全保密。

第三十九条　地方各级人民政府和有条件的承运单位，应当为实施军事运输的人员提供饮食、住宿和医疗方便。

第四十条　军队可以在铁路、水路、航空等交通运输单位或其所在地区派驻军事代表，会同有关单位共同完成军事运输和交通保障任务。

第八章　物资储备

第四十一条　国家建立国防交通物资储备制度，保证战时和特殊情况下国防交通顺畅的需要。

第四十二条 国防交通物资储备分为国家储备、部门储备和地方储备，分别列入县级以上各级人民政府和有关部门的物资储备计划。

第四十三条 负责储备国防交通物资的单位，必须对所储备的物资加强维护和管理，不得损坏、丢失。

第四十四条 未经国防交通主管机构批准，任何单位或者个人不得动用储备的国防交通物资。

经批准使用储备的国防交通物资，应当按照规定支付费用。

第四十五条 由地方人民政府或者交通管理部门管理的用作战费、支前费、军费购置的交通保障物资，应当列入国防交通物资储备。

第九章 教育与科研

第四十六条 交通管理部门和交通企业事业单位，应当对本系统、本单位的人员进行国防交通教育。

交通运输院校和邮电通信院校，应当在相关课程中设置国防交通的内容。

第四十七条 交通管理部门和有关的科研机构，应当加强国防交通科学技术研究。国防交通科学技术研究项目，应当纳入各级科学技术研究规划。

第十章 罚 则

第四十八条 违反本条例有关规定，有下列行为之一的，对负有直接责任的主管人员和其他直接责任人员依法给予行政处分；构成犯罪的，依法追究刑事责任：

（一）应当贯彻国防要求的交通工程设施，在施工过程中没有贯彻国防要求的；

（二）对国防交通工程设施管理不善，造成损失的，或者擅自改变国防交通工程设施的用途或者擅自作报废处理的；

（三）对储备的国防交通物资管理不善，造成损失的；

（四）未经批准动用储备的国防交通物资的。

第四十九条 危及国防交通工程设施安全或者侵占国防交通控制用地的，由国防交通主管机构责令停止违法行为，给予警告，可以并处5万元以下的罚款；造成经济损失的，应当依法赔偿。

第五十条 逃避或者抗拒运力动员或者运力征用的，由国防交通主管机构给予警告，可以并处相当于被动员或者被征用的运载工具、设备价值2倍以下的罚款。

第五十一条 有下列行为之一的，依照《中华人民共和国治安管理处罚法》的有关规定给予处罚；构成犯罪的，依法追究刑事责任：

（一）扰乱、妨碍军事运输和国防交通保障的；

（二）扰乱、妨碍国防交通工程设施建设的；

（三）破坏国防交通工程设施的；

（四）盗窃、哄抢国防交通物资的。

第五十二条 国防交通主管机构的工作人员，滥用职权、玩忽职守的，依法给予行政处分；构成犯罪的，依法追究刑事责任。

第十一章　附　　则

第五十三条 本条例下列用语的含义：

（一）特殊情况，是指局部战争、武装冲突和其他突发事件；

（二）交通管理部门，是指主管铁路、道路、水路、航空和邮电通信的行业管理部门。

第五十四条 国防交通经费由中央、地方、部门、企业共同承担。具体办法由国家国防交通主管机构会同国务院有关部门制定。

第五十五条 本条例自发布之日起施行。

八、国 家 赔 偿

中华人民共和国国家赔偿法

1. 1994 年 5 月 12 日第八届全国人民代表大会常务委员会第七次会议通过
2. 根据 2010 年 4 月 29 日第十一届全国人民代表大会常务委员会第十四次会议《关于修改〈中华人民共和国国家赔偿法〉的决定》第一次修正
3. 根据 2012 年 10 月 26 日第十一届全国人民代表大会常务委员会第二十九次会议《关于修改〈中华人民共和国国家赔偿法〉的决定》第二次修正

目　　录

第一章　总　　则

第一条　为保障公民、法人和其他组织享有依法取得国家赔偿的权利，促进国家机关依法行使职权，根据宪法，制定本法。

第二条　国家机关和国家机关工作人员行使职权，有本法规定的侵犯公民、法人和其他组织合法权益的情形，造成损害的，受害人有依照本法取得国家赔偿的权利。

本法规定的赔偿义务机关，应当依照本法及时履行赔偿义务。

第二章 行政赔偿

第一节 赔偿范围

第三条 行政机关及其工作人员在行使行政职权时有下列侵犯人身权情形之一的，受害人有取得赔偿的权利：

（一）违法拘留或者违法采取限制公民人身自由的行政强制措施的；

（二）非法拘禁或者以其他方法非法剥夺公民人身自由的；

（三）以殴打、虐待等行为或者唆使、放纵他人以殴打、虐待等行为造成公民身体伤害或者死亡的；

（四）违法使用武器、警械造成公民身体伤害或者死亡的；

（五）造成公民身体伤害或者死亡的其他违法行为。

第四条 行政机关及其工作人员在行使行政职权时有下列侵犯财产权情形之一的，受害人有取得赔偿的权利：

（一）违法实施罚款、吊销许可证和执照、责令停产停业、没收财物等行政处罚的；

（二）违法对财产采取查封、扣押、冻结等行政强制措施的；

（三）违法征收、征用财产的；

（四）造成财产损害的其他违法行为。

第五条 属于下列情形之一的，国家不承担赔偿责任：

（一）行政机关工作人员与行使职权无关的个人行为；

（二）因公民、法人和其他组织自己的行为致使损害发生的；

（三）法律规定的其他情形。

第二节 赔偿请求人和赔偿义务机关

第六条 受害的公民、法人和其他组织有权要求赔偿。

受害的公民死亡，其继承人和其他有扶养关系的亲属有权要求赔偿。

受害的法人或者其他组织终止的，其权利承受人有权要求赔偿。

第七条 行政机关及其工作人员行使行政职权侵犯公民、法人和其他组织的合法权益造成损害的，该行政机关为赔偿义务机关。

两个以上行政机关共同行使行政职权时侵犯公民、法人和其他组织的合法权益造成损害的，共同行使行政职权的行政机关为共同赔偿义务机关。

法律、法规授权的组织在行使授予的行政权力时侵犯公民、法人和其他组织的合法权益造成损害的，被授权的组织为赔偿义务机关。

受行政机关委托的组织或者个人在行使受委托的行政权力时侵犯公民、法人和其他组织的合法权益造成损害的，委托的行政机关为赔偿义务机关。

赔偿义务机关被撤销的，继续行使其职权的行政机关为赔偿义务机关；没有继续行使其职权的行政机关的，撤销该赔偿义务机关的行政机关为赔偿义务机关。

第八条 经复议机关复议的，最初造成侵权行为的行政机关为赔偿义务机关，但复议机关的复议决定加重损害的，复议机关对加重的部分履行赔偿义务。

第三节 赔偿程序

第九条 赔偿义务机关有本法第三条、第四条规定情形之一的，应当给予赔偿。

赔偿请求人要求赔偿，应当先向赔偿义务机关提出，也可以在申请行政复议或者提起行政诉讼时一并提出。

第十条 赔偿请求人可以向共同赔偿义务机关中的任何一个赔偿义务机关要求赔偿，该赔偿义务机关应当先予赔偿。

第十一条 赔偿请求人根据受到的不同损害，可以同时提出数项赔偿要求。

第十二条 要求赔偿应当递交申请书，申请书应当载明下列事项：

（一）受害人的姓名、性别、年龄、工作单位和住所，法人或者其他组织的名称、住所和法定代表人或者主要负责人的姓名、职务；

（二）具体的要求、事实根据和理由；

（三）申请的年、月、日。

赔偿请求人书写申请书确有困难的，可以委托他人代书；也可以口头申请，由赔偿义务机关记入笔录。

赔偿请求人不是受害人本人的，应当说明与受害人的关系，并提供相应证明。

赔偿请求人当面递交申请书的，赔偿义务机关应当当场出具加盖本行政机关专用印章并注明收讫日期的书面凭证。申请材料不齐全的,赔偿义务机关应当当场或者在五日内一次性告知赔偿请求人需要补正的全部内容。

第十三条 赔偿义务机关应当自收到申请之日起两个月内,作出是否赔偿的决定。赔偿义务机关作出赔偿决定,应当充分听取赔偿请求人的意见,并可以与赔偿请求人就赔偿方式、赔偿项目和赔偿数额依照本法第四章的规定进行协商。

赔偿义务机关决定赔偿的,应当制作赔偿决定书,并自作出决定之日起十日内送达赔偿请求人。

赔偿义务机关决定不予赔偿的,应当自作出决定之日起十日内书面通知赔偿请求人,并说明不予赔偿的理由。

第十四条 赔偿义务机关在规定期限内未作出是否赔偿的决定,赔偿请求人可以自期限届满之日起三个月内,向人民法院提起诉讼。

赔偿请求人对赔偿的方式、项目、数额有异议的,或者赔偿义务机关作出不予赔偿决定的,赔偿请求人可以自赔偿义务机关作出赔偿或者不予赔偿决定之日起三个月内,向人民法院提起诉讼。

第十五条 人民法院审理行政赔偿案件,赔偿请求人和赔偿义务机关对自己提出的主张,应当提供证据。

赔偿义务机关采取行政拘留或者限制人身自由的强制措施期间,被限制人身自由的人死亡或者丧失行为能力的,赔偿义务机关的行为与被限制人身自由的人的死亡或者丧失行为能力是否存在因果关系,赔偿义务机关应当提供证据。

第十六条 赔偿义务机关赔偿损失后,应当责令有故意或者重大过失的工作人员或者受委托的组织或者个人承担部分或者全部赔偿费用。

对有故意或者重大过失的责任人员,有关机关应当依法给予处分;构成犯罪的,应当依法追究刑事责任。

第三章 刑事赔偿

第一节 赔偿范围

第十七条 行使侦查、检察、审判职权的机关以及看守所、监狱管理机关及其工作人员在行使职权时有下列侵犯人身权情形之一的,受害人有取得赔偿的权利:

(一)违反刑事诉讼法的规定对公民采取拘留措施的,或者依照刑事诉讼法规定的条件和程序对公民采取拘留措施，但是拘留时间超过刑事诉讼法规定的时限，其后决定撤销案件、不起诉或者判决宣告无罪终止追究刑事责任的；

（二）对公民采取逮捕措施后，决定撤销案件、不起诉或者判决宣告无罪终止追究刑事责任的；

（三）依照审判监督程序再审改判无罪，原判刑罚已经执行的；

（四）刑讯逼供或者以殴打、虐待等行为或者唆使、放纵他人以殴打、虐待等行为造成公民身体伤害或者死亡的；

（五）违法使用武器、警械造成公民身体伤害或者死亡的。

第十八条 行使侦查、检察、审判职权的机关以及看守所、监狱管理机关及其工作人员在行使职权时有下列侵犯财产权情形之一的，受害人有取得赔偿的权利：

（一）违法对财产采取查封、扣押、冻结、追缴等措施的；

（二）依照审判监督程序再审改判无罪，原判罚金、没收财产已经执行的。

第十九条 属于下列情形之一的，国家不承担赔偿责任：

（一）因公民自己故意作虚伪供述，或者伪造其他有罪证据被羁押或者被判处刑罚的；

（二）依照刑法第十七条、第十八条规定不负刑事责任的人被羁押的；

（三）依照刑事诉讼法第十五条、第一百七十三条第二款、第二百七十三条第二款、第二百七十九条规定不追究刑事责任的人被羁押的；

（四）行使侦查、检察、审判职权的机关以及看守所、监狱管理机关的工作人员与行使职权无关的个人行为；

（五）因公民自伤、自残等故意行为致使损害发生的；

（六）法律规定的其他情形。

第二节 赔偿请求人和赔偿义务机关

第二十条 赔偿请求人的确定依照本法第六条的规定。

第二十一条 行使侦查、检察、审判职权的机关以及看守所、监狱管理机关及其工作人员在行使职权时侵犯公民、法人和其他组织的合法权益造成损害的，该机关为赔偿义务机关。

对公民采取拘留措施，依照本法的规定应当给予国家赔偿的，作出拘留决定的机关为赔偿义务机关。

对公民采取逮捕措施后决定撤销案件、不起诉或者判决宣告无罪的，作出逮捕决定的机关为赔偿义务机关。

再审改判无罪的，作出原生效判决的人民法院为赔偿义务机关。二审改判无罪，以及二审发回重审后作无罪处理的，作出一审有罪判决的人民法院为赔偿义务机关。

第三节 赔偿程序

第二十二条 赔偿义务机关有本法第十七条、第十八条规定情形之一的，应当给予赔偿。

赔偿请求人要求赔偿，应当先向赔偿义务机关提出。

赔偿请求人提出赔偿请求，适用本法第十一条、第十二条的规定。

第二十三条 赔偿义务机关应当自收到申请之日起两个月内，作出是否赔偿的决定。赔偿义务机关作出赔偿决定，应当充分听取赔偿请求人的意见，并可以与赔偿请求人就赔偿方式、赔偿项目和赔偿数额依照本法第四章的规定进行协商。

赔偿义务机关决定赔偿的，应当制作赔偿决定书，并自作出决定之日起十日内送达赔偿请求人。

赔偿义务机关决定不予赔偿的，应当自作出决定之日起十日内书面通知赔偿请求人，并说明不予赔偿的理由。

第二十四条 赔偿义务机关在规定期限内未作出是否赔偿的决定，赔偿请求人可以自期限届满之日起三十日内向赔偿义务机关的上一级机关申请复议。

赔偿请求人对赔偿的方式、项目、数额有异议的，或者赔偿义务机关作出不予赔偿决定的，赔偿请求人可以自赔偿义务机关作出赔偿或者不予赔偿决定之日起三十日内，向赔偿义务机关的上一级机关申请复议。

赔偿义务机关是人民法院的，赔偿请求人可以依照本条规定向其上一级人民法院赔偿委员会申请作出赔偿决定。

第二十五条 复议机关应当自收到申请之日起两个月内作出决定。

赔偿请求人不服复议决定的，可以在收到复议决定之日起三十日内向复议机关所在地的同级人民法院赔偿委员会申请作出赔偿决定；复议机关逾期不作决定的，赔偿请求人可以自期限届满之日起三十日内向复议机关所在地的同级人民法院赔偿委员会申请作出赔偿决定。

第二十六条 人民法院赔偿委员会处理赔偿请求，赔偿请求人和赔偿义务机关对自己提出的主张，应当提供证据。

被羁押人在羁押期间死亡或者丧失行为能力的，赔偿义务机关的行为与被羁押人的死亡或者丧失行为能力是否存在因果关系，赔偿义务机关应当提供证据。

第二十七条 人民法院赔偿委员会处理赔偿请求，采取书面审查的办法。必要时，可以向有关单位和人员调查情况、收集证据。赔偿请求人与赔偿义务机关对损害事实及因果关系有争议的，赔偿委员会可以听取赔偿请求人和赔偿义务机关的陈述和申辩，并可以进行质证。

第二十八条 人民法院赔偿委员会应当自收到赔偿申请之日起三个月内作出决定；属于疑难、复杂、重大案件的，经本院院长批准，可以延长三个月。

第二十九条 中级以上的人民法院设立赔偿委员会，由人民法院三名以上审判员组成，组成人员的人数应当为单数。

赔偿委员会作赔偿决定，实行少数服从多数的原则。

赔偿委员会作出的赔偿决定，是发生法律效力的决定，必须执行。

第三十条 赔偿请求人或者赔偿义务机关对赔偿委员会作出的决定，认为确有错误的，可以向上一级人民法院赔偿委员会提出申诉。

赔偿委员会作出的赔偿决定生效后，如发现赔偿决定违反本法规定的，经本院院长决定或者上级人民法院指令，赔偿委员会应当在两个月内重新审查并依法作出决定，上一级人民法院赔偿委员会也可以直接审查并作出决定。

最高人民检察院对各级人民法院赔偿委员会作出的决定，上级人民检察院对下级人民法院赔偿委员会作出的决定，发现违反本法规定的，应当向同级人民法院赔偿委员会提出意见，同级人民法院赔偿委员会应当在两个月内重新审查并依法作出决定。

第三十一条 赔偿义务机关赔偿后，应当向有下列情形之一的工作人员追偿部分或者全部赔偿费用：

（一）有本法第十七条第四项、第五项规定情形的；

（二）在处理案件中有贪污受贿，徇私舞弊，枉法裁判行为的。

对有前款规定情形的责任人员，有关机关应当依法给予处分；构成犯罪的，应当依法追究刑事责任。

第四章　赔偿方式和计算标准

第三十二条　国家赔偿以支付赔偿金为主要方式。

能够返还财产或者恢复原状的，予以返还财产或者恢复原状。

第三十三条　侵犯公民人身自由的，每日赔偿金按照国家上年度职工日平均工资计算。

第三十四条　侵犯公民生命健康权的，赔偿金按照下列规定计算：

（一）造成身体伤害的，应当支付医疗费、护理费，以及赔偿因误工减少的收入。减少的收入每日的赔偿金按照国家上年度职工日平均工资计算，最高额为国家上年度职工年平均工资的五倍；

（二）造成部分或者全部丧失劳动能力的，应当支付医疗费、护理费、残疾生活辅助具费、康复费等因残疾而增加的必要支出和继续治疗所必需的费用，以及残疾赔偿金。残疾赔偿金根据丧失劳动能力的程度，按照国家规定的伤残等级确定，最高不超过国家上年度职工年平均工资的二十倍。造成全部丧失劳动能力的，对其扶养的无劳动能力的人，还应当支付生活费；

（三）造成死亡的，应当支付死亡赔偿金、丧葬费，总额为国家上年度职工年平均工资的二十倍。对死者生前扶养的无劳动能力的人，还应当支付生活费。

前款第二项、第三项规定的生活费的发放标准，参照当地最低生活保障标准执行。被扶养的人是未成年人的，生活费给付至十八周岁止；其他无劳动能力的人，生活费给付至死亡时止。

第三十五条　有本法第三条或者第十七条规定情形之一，致人精神损害的，应当在侵权行为影响的范围内，为受害人消除影响，恢复名誉，赔礼道歉；造成严重后果的，应当支付相应的精神损害抚慰金。

第三十六条　侵犯公民、法人和其他组织的财产权造成损害的，按照下列规定处理：

（一）处罚款、罚金、追缴、没收财产或者违法征收、征用财产的，返还财产；

（二）查封、扣押、冻结财产的，解除对财产的查封、扣押、冻结，造成财产损坏或者灭失的，依照本条第三项、第四项的规定赔偿；

（三）应当返还的财产损坏的，能够恢复原状的恢复原状，不能恢复原状的，按照损害程度给付相应的赔偿金；

(四)应当返还的财产灭失的,给付相应的赔偿金;

(五)财产已经拍卖或者变卖的,给付拍卖或者变卖所得的价款;变卖的价款明显低于财产价值的,应当支付相应的赔偿金;

(六)吊销许可证和执照、责令停产停业的,赔偿停产停业期间必要的经常性费用开支;

(七)返还执行的罚款或者罚金、追缴或者没收的金钱,解除冻结的存款或者汇款的,应当支付银行同期存款利息;

(八)对财产权造成其他损害的,按照直接损失给予赔偿。

第三十七条 赔偿费用列入各级财政预算。

赔偿请求人凭生效的判决书、复议决定书、赔偿决定书或者调解书,向赔偿义务机关申请支付赔偿金。

赔偿义务机关应当自收到支付赔偿金申请之日起七日内,依照预算管理权限向有关的财政部门提出支付申请。财政部门应当自收到支付申请之日起十五日内支付赔偿金。

赔偿费用预算与支付管理的具体办法由国务院规定。

第五章 其他规定

第三十八条 人民法院在民事诉讼、行政诉讼过程中,违法采取对妨害诉讼的强制措施、保全措施或者对判决、裁定及其他生效法律文书执行错误,造成损害的,赔偿请求人要求赔偿的程序,适用本法刑事赔偿程序的规定。

第三十九条 赔偿请求人请求国家赔偿的时效为两年,自其知道或者应当知道国家机关及其工作人员行使职权时的行为侵犯其人身权、财产权之日起计算,但被羁押等限制人身自由期间不计算在内。在申请行政复议或者提起行政诉讼时一并提出赔偿请求的,适用行政复议法、行政诉讼法有关时效的规定。

赔偿请求人在赔偿请求时效的最后六个月内,因不可抗力或者其他障碍不能行使请求权的,时效中止。从中止时效的原因消除之日起,赔偿请求时效期间继续计算。

第四十条 外国人、外国企业和组织在中华人民共和国领域内要求中华人民共和国国家赔偿的,适用本法。

外国人、外国企业和组织的所属国对中华人民共和国公民、法人和其他组织要求该国国家赔偿的权利不予保护或者限制的,中华人民共和国与该外国人、外国企业和组织的所属国实行对等原则。

第六章 附 则

第四十一条 赔偿请求人要求国家赔偿的,赔偿义务机关、复议机关和人民法院不得向赔偿请求人收取任何费用。

对赔偿请求人取得的赔偿金不予征税。

第四十二条 本法自1995年1月1日起施行。

国家赔偿费用管理条例

2011年1月17日国务院令第589号公布施行

第一条 为了加强国家赔偿费用管理,保障公民、法人和其他组织享有依法取得国家赔偿的权利,促进国家机关依法行使职权,根据《中华人民共和国国家赔偿法》(以下简称国家赔偿法),制定本条例。

第二条 本条例所称国家赔偿费用,是指依照国家赔偿法的规定,应当向赔偿请求人赔偿的费用。

第三条 国家赔偿费用由各级人民政府按照财政管理体制分级负担。

各级人民政府应当根据实际情况,安排一定数额的国家赔偿费用,列入本级年度财政预算。当年需要支付的国家赔偿费用超过本级年度财政预算安排的,应当按照规定及时安排资金。

第四条 国家赔偿费用由各级人民政府财政部门统一管理。

国家赔偿费用的管理应当依法接受监督。

第五条 赔偿请求人申请支付国家赔偿费用的,应当向赔偿义务机关提出书面申请,并提交与申请有关的生效判决书、复议决定书、赔偿决定书或者调解书以及赔偿请求人的身份证明。

赔偿请求人书写申请书确有困难的,可以委托他人代书;也可以口头申请,由赔偿义务机关如实记录,交赔偿请求人核对或者向赔偿请求人宣读,并由赔偿请求人签字确认。

第六条 申请材料真实、有效、完整的,赔偿义务机关收到申请材料即为受理。赔偿义务机关受理申请的,应当书面通知赔偿请求人。

申请材料不完整的,赔偿义务机关应当当场或者在3个工作日内一次告知赔偿请求人需要补正的全部材料。赔偿请求人按照赔偿义务机关的要求提交补正材料的,赔偿义务机关收到补正材料即为受理。未告知需要补正材料的,赔偿义务机关收到申请材料即为受理。

申请材料虚假、无效,赔偿义务机关决定不予受理的,应当书面通知赔偿请求人并说明理由。

第七条 赔偿请求人对赔偿义务机关不予受理决定有异议的,可以自收到书面通知之日起 10 日内向赔偿义务机关的上一级机关申请复核。上一级机关应当自收到复核申请之日起 5 个工作日内依法作出决定。

上一级机关认为不予受理决定错误的,应当自作出复核决定之日起 3 个工作日内通知赔偿义务机关受理,并告知赔偿请求人。赔偿义务机关应当在收到通知后立即受理。

上一级机关维持不予受理决定的,应当自作出复核决定之日起 3 个工作日内书面通知赔偿请求人并说明理由。

第八条 赔偿义务机关应当自受理赔偿请求人支付申请之日起 7 日内,依照预算管理权限向有关财政部门提出书面支付申请,并提交下列材料:

(一)赔偿请求人请求支付国家赔偿费用的申请;

(二)生效的判决书、复议决定书、赔偿决定书或者调解书;

(三)赔偿请求人的身份证明。

第九条 财政部门收到赔偿义务机关申请材料后,应当根据下列情况分别作出处理:

(一)申请的国家赔偿费用依照预算管理权限不属于本财政部门支付的,应当在 3 个工作日内退回申请材料并书面通知赔偿义务机关向有管理权限的财政部门申请;

(二)申请材料符合要求的,收到申请即为受理,并书面通知赔偿义务机关;

(三)申请材料不符合要求的,应当在 3 个工作日内一次告知赔偿义务机关需要补正的全部材料。赔偿义务机关应当在 5 个工作日内按照要求提交全部补正材料,财政部门收到补正材料即为受理。

第十条 财政部门应当自受理申请之日起 15 日内,按照预算和财政国库管理的有关规定支付国家赔偿费用。

财政部门发现赔偿项目、计算标准违反国家赔偿法规定的,应当提交作出赔偿决定的机关或者其上级机关依法处理、追究有关人员的责任。

第十一条 财政部门自支付国家赔偿费用之日起3个工作日内告知赔偿义务机关、赔偿请求人。

第十二条 赔偿义务机关应当依照国家赔偿法第十六条、第三十一条的规定,责令有关工作人员、受委托的组织或者个人承担或者向有关工作人员追偿部分或者全部国家赔偿费用。

赔偿义务机关依照前款规定作出决定后,应当书面通知有关财政部门。

有关工作人员、受委托的组织或者个人应当依照财政收入收缴的规定上缴应当承担或者被追偿的国家赔偿费用。

第十三条 赔偿义务机关、财政部门及其工作人员有下列行为之一,根据《财政违法行为处罚处分条例》的规定处理、处分;构成犯罪的,依法追究刑事责任:

(一)以虚报、冒领等手段骗取国家赔偿费用的;

(二)违反国家赔偿法规定的范围和计算标准实施国家赔偿造成财政资金损失的;

(三)不依法支付国家赔偿费用的;

(四)截留、滞留、挪用、侵占国家赔偿费用的;

(五)未依照规定责令有关工作人员、受委托的组织或者个人承担国家赔偿费用或者向有关工作人员追偿国家赔偿费用的;

(六)未依照规定将应当承担或者被追偿的国家赔偿费用及时上缴财政的。

第十四条 本条例自公布之日起施行。1995年1月25日国务院发布的《国家赔偿费用管理办法》同时废止。

最高人民法院关于适用《中华人民共和国国家赔偿法》若干问题的解释（一）

1. 2011年2月14日最高人民法院审判委员会第1511次会议通过
2. 2011年2月28日公布
3. 法释〔2011〕4号
4. 自2011年3月18日起施行

为正确适用2010年4月29日第十一届全国人民代表大会常务委员会第十四次会议修正的《中华人民共和国国家赔偿法》，对人民法院处理国家赔偿案件中适用国家赔偿法的有关问题解释如下：

第一条　国家机关及其工作人员行使职权侵犯公民、法人和其他组织合法权益的行为发生在2010年12月1日以后，或者发生在2010年12月1日以前、持续至2010年12月1日以后的，适用修正的国家赔偿法。

第二条　国家机关及其工作人员行使职权侵犯公民、法人和其他组织合法权益的行为发生在2010年12月1日以前的，适用修正前的国家赔偿法，但有下列情形之一的，适用修正的国家赔偿法：

（一）2010年12月1日以前已经受理赔偿请求人的赔偿请求但尚未作出生效赔偿决定的；

（二）赔偿请求人在2010年12月1日以后提出赔偿请求的。

第三条　人民法院对2010年12月1日以前已经受理但尚未审结的国家赔偿确认案件，应当继续审理。

第四条　公民、法人和其他组织对行使侦查、检察、审判职权的机关以及看守所、监狱管理机关在2010年12月1日以前作出并已发生法律效力的不予确认职务行为违法的法律文书不服，未依据修正前的国家赔偿法规定提出申诉并经有权机关作出侵权确认结论，直接向人民法院赔偿委员会申请赔偿的，不予受理。

第五条　公民、法人和其他组织对在2010年12月1日以前发生法律效力的赔偿决定不服提出申诉的，人民法院审查处理时适用修正前的国家赔偿法;但是仅就修正的国家赔偿法增加的赔偿项目及标准提出申诉的,人民法院不予受理。

第六条 人民法院审查发现2010年12月1日以前发生法律效力的确认裁定、赔偿决定确有错误应当重新审查处理的,适用修正前的国家赔偿法。

第七条 赔偿请求人认为行使侦查、检察、审判职权的机关以及看守所、监狱管理机关及其工作人员在行使职权时有修正的国家赔偿法第十七条第(一)、(二)、(三)项、第十八条规定情形的,应当在刑事诉讼程序终结后提出赔偿请求,但下列情形除外:

(一)赔偿请求人有证据证明其与尚未终结的刑事案件无关的;

(二)刑事案件被害人依据刑事诉讼法第一百九十八条的规定,以财产未返还或者认为返还的财产受到损害而要求赔偿的。

第八条 赔偿请求人认为人民法院有修正的国家赔偿法第三十八条规定情形的,应当在民事、行政诉讼程序或者执行程序终结后提出赔偿请求,但人民法院已依法撤销对妨害诉讼采取的强制措施的情形除外。

第九条 赔偿请求人或者赔偿义务机关认为人民法院赔偿委员会作出的赔偿决定存在错误,依法向上一级人民法院赔偿委员会提出申诉的,不停止赔偿决定的执行;但人民法院赔偿委员会依据修正的国家赔偿法第三十条的规定决定重新审查的,可以决定中止原赔偿决定的执行。

第十条 人民检察院依据修正的国家赔偿法第三十条第三款的规定,对人民法院赔偿委员会在2010年12月1日以后作出的赔偿决定提出意见的,同级人民法院赔偿委员会应当决定重新审查,并可以决定中止原赔偿决定的执行。

第十一条 本解释自公布之日起施行。

九、国 家 安 全

中华人民共和国国家安全法

1. 2015年7月1日第十二届全国人民代表大会常务委员会第十五次会议通过
2. 2015年7月1日中华人民共和国主席令第29号公布施行

目　　录

第一章　总　　则

第一条　为了维护国家安全，保卫人民民主专政的政权和中国特色社会主义制度，保护人民的根本利益，保障改革开放和社会主义现代化建设的顺利进行，实现中华民族伟大复兴，根据宪法，制定本法。

第二条　国家安全是指国家政权、主权、统一和领土完整、人民福祉、经济社会可持续发展和国家其他重大利益相对处于没有危险和不受内外威胁的状态，以及保障持续安全状态的能力。

第三条 国家安全工作应当坚持总体国家安全观，以人民安全为宗旨，以政治安全为根本，以经济安全为基础，以军事、文化、社会安全为保障，以促进国际安全为依托，维护各领域国家安全，构建国家安全体系，走中国特色国家安全道路。

第四条 坚持中国共产党对国家安全工作的领导，建立集中统一、高效权威的国家安全领导体制。

第五条 中央国家安全领导机构负责国家安全工作的决策和议事协调，研究制定、指导实施国家安全战略和有关重大方针政策，统筹协调国家安全重大事项和重要工作，推动国家安全法治建设。

第六条 国家制定并不断完善国家安全战略，全面评估国际、国内安全形势，明确国家安全战略的指导方针、中长期目标、重点领域的国家安全政策、工作任务和措施。

第七条 维护国家安全，应当遵守宪法和法律，坚持社会主义法治原则，尊重和保障人权，依法保护公民的权利和自由。

第八条 维护国家安全，应当与经济社会发展相协调。

国家安全工作应当统筹内部安全和外部安全、国土安全和国民安全、传统安全和非传统安全、自身安全和共同安全。

第九条 维护国家安全，应当坚持预防为主、标本兼治，专门工作与群众路线相结合，充分发挥专门机关和其他有关机关维护国家安全的职能作用，广泛动员公民和组织，防范、制止和依法惩治危害国家安全的行为。

第十条 维护国家安全，应当坚持互信、互利、平等、协作，积极同外国政府和国际组织开展安全交流合作，履行国际安全义务，促进共同安全，维护世界和平。

第十一条 中华人民共和国公民、一切国家机关和武装力量、各政党和各人民团体、企业事业组织和其他社会组织，都有维护国家安全的责任和义务。

中国的主权和领土完整不容侵犯和分割。维护国家主权、统一和领土完整是包括港澳同胞和台湾同胞在内的全中国人民的共同义务。

第十二条 国家对在维护国家安全工作中作出突出贡献的个人和组织给予表彰和奖励。

第十三条 国家机关工作人员在国家安全工作和涉及国家安全活动中，滥用职权、玩忽职守、徇私舞弊的，依法追究法律责任。

任何个人和组织违反本法和有关法律，不履行维护国家安全义务或者从事危害国家安全活动的,依法追究法律责任。

第十四条 每年4月15日为全民国家安全教育日。

第二章 维护国家安全的任务

第十五条 国家坚持中国共产党的领导,维护中国特色社会主义制度,发展社会主义民主政治,健全社会主义法治,强化权力运行制约和监督机制,保障人民当家作主的各项权利。

国家防范、制止和依法惩治任何叛国、分裂国家、煽动叛乱、颠覆或者煽动颠覆人民民主专政政权的行为;防范、制止和依法惩治窃取、泄露国家秘密等危害国家安全的行为;防范、制止和依法惩治境外势力的渗透、破坏、颠覆、分裂活动。

第十六条 国家维护和发展最广大人民的根本利益,保卫人民安全,创造良好生存发展条件和安定工作生活环境,保障公民的生命财产安全和其他合法权益。

第十七条 国家加强边防、海防和空防建设,采取一切必要的防卫和管控措施,保卫领陆、内水、领海和领空安全,维护国家领土主权和海洋权益。

第十八条 国家加强武装力量革命化、现代化、正规化建设,建设与保卫国家安全和发展利益需要相适应的武装力量;实施积极防御军事战略方针,防备和抵御侵略,制止武装颠覆和分裂;开展国际军事安全合作,实施联合国维和、国际救援、海上护航和维护国家海外利益的军事行动,维护国家主权、安全、领土完整、发展利益和世界和平。

第十九条 国家维护国家基本经济制度和社会主义市场经济秩序,健全预防和化解经济安全风险的制度机制,保障关系国民经济命脉的重要行业和关键领域、重点产业、重大基础设施和重大建设项目以及其他重大经济利益安全。

第二十条 国家健全金融宏观审慎管理和金融风险防范、处置机制,加强金融基础设施和基础能力建设,防范和化解系统性、区域性金融风险,防范和抵御外部金融风险的冲击。

第二十一条 国家合理利用和保护资源能源,有效管控战略资源能源的开发,加强战略资源能源储备,完善资源能源运输战略通道建设和安全保护措施,加强国际资源能源合作,全面提升应急保障能力,保障经济社会发展所需的资源能源持续、可靠和有效供给。

第二十二条 国家健全粮食安全保障体系,保护和提高粮食综合生产能力，完善粮食储备制度、流通体系和市场调控机制，健全粮食安全预警制度，保障粮食供给和质量安全。

第二十三条 国家坚持社会主义先进文化前进方向，继承和弘扬中华民族优秀传统文化，培育和践行社会主义核心价值观，防范和抵制不良文化的影响，掌握意识形态领域主导权，增强文化整体实力和竞争力。

第二十四条 国家加强自主创新能力建设，加快发展自主可控的战略高新技术和重要领域核心关键技术，加强知识产权的运用、保护和科技保密能力建设，保障重大技术和工程的安全。

第二十五条 国家建设网络与信息安全保障体系，提升网络与信息安全保护能力，加强网络和信息技术的创新研究和开发应用，实现网络和信息核心技术、关键基础设施和重要领域信息系统及数据的安全可控；加强网络管理，防范、制止和依法惩治网络攻击、网络入侵、网络窃密、散布违法有害信息等网络违法犯罪行为，维护国家网络空间主权、安全和发展利益。

第二十六条 国家坚持和完善民族区域自治制度，巩固和发展平等团结互助和谐的社会主义民族关系。坚持各民族一律平等，加强民族交往、交流、交融，防范、制止和依法惩治民族分裂活动，维护国家统一、民族团结和社会和谐，实现各民族共同团结奋斗、共同繁荣发展。

第二十七条 国家依法保护公民宗教信仰自由和正常宗教活动，坚持宗教独立自主自办的原则，防范、制止和依法惩治利用宗教名义进行危害国家安全的违法犯罪活动，反对境外势力干涉境内宗教事务，维护正常宗教活动秩序。

国家依法取缔邪教组织，防范、制止和依法惩治邪教违法犯罪活动。

第二十八条 国家反对一切形式的恐怖主义和极端主义，加强防范和处置恐怖主义的能力建设，依法开展情报、调查、防范、处置以及资金监管等工作，依法取缔恐怖活动组织和严厉惩治暴力恐怖活动。

第二十九条 国家健全有效预防和化解社会矛盾的体制机制，健全公共安全体系，积极预防、减少和化解社会矛盾，妥善处置公共卫生、社会安全等影响国家安全和社会稳定的突发事件，促进社会和谐，维护公共安全和社会安定。

第三十条 国家完善生态环境保护制度体系，加大生态建设和环境保护力度，划定生态保护红线，强化生态风险的预警和防控，妥善处置突发环境事件，保障人民赖以生存发展的大气、水、土壤等自然环境和条件不受威胁和破坏,促进人与自然和谐发展。

第三十一条 国家坚持和平利用核能和核技术,加强国际合作,防止核扩散,完善防扩散机制,加强对核设施、核材料、核活动和核废料处置的安全管理、监管和保护,加强核事故应急体系和应急能力建设,防止、控制和消除核事故对公民生命健康和生态环境的危害,不断增强有效应对和防范核威胁、核攻击的能力。

第三十二条 国家坚持和平探索和利用外层空间、国际海底区域和极地,增强安全进出、科学考察、开发利用的能力,加强国际合作,维护我国在外层空间、国际海底区域和极地的活动、资产和其他利益的安全。

第三十三条 国家依法采取必要措施,保护海外中国公民、组织和机构的安全和正当权益,保护国家的海外利益不受威胁和侵害。

第三十四条 国家根据经济社会发展和国家发展利益的需要,不断完善维护国家安全的任务。

第三章 维护国家安全的职责

第三十五条 全国人民代表大会依照宪法规定,决定战争和和平的问题,行使宪法规定的涉及国家安全的其他职权。

全国人民代表大会常务委员会依照宪法规定,决定战争状态的宣布,决定全国总动员或者局部动员,决定全国或者个别省、自治区、直辖市进入紧急状态,行使宪法规定的和全国人民代表大会授予的涉及国家安全的其他职权。

第三十六条 中华人民共和国主席根据全国人民代表大会的决定和全国人民代表大会常务委员会的决定,宣布进入紧急状态,宣布战争状态,发布动员令,行使宪法规定的涉及国家安全的其他职权。

第三十七条 国务院根据宪法和法律,制定涉及国家安全的行政法规,规定有关行政措施,发布有关决定和命令;实施国家安全法律法规和政策;依照法律规定决定省、自治区、直辖市的范围内部分地区进入紧急状态;行使宪法法律规定的和全国人民代表大会及其常务委员会授予的涉及国家安全的其他职权。

第三十八条 中央军事委员会领导全国武装力量,决定军事战略和武装力量的作战方针,统一指挥维护国家安全的军事行动,制定涉及国家安全的军事法规,发布有关决定和命令。

第三十九条 中央国家机关各部门按照职责分工,贯彻执行国家安全方针政策和法律法规,管理指导本系统、本领域国家安全工作。

第四十条 地方各级人民代表大会和县级以上地方各级人民代表大会常务委员会在本行政区域内,保证国家安全法律法规的遵守和执行。

地方各级人民政府依照法律法规规定管理本行政区域内的国家安全工作。

香港特别行政区、澳门特别行政区应当履行维护国家安全的责任。

第四十一条 人民法院依照法律规定行使审判权,人民检察院依照法律规定行使检察权,惩治危害国家安全的犯罪。

第四十二条 国家安全机关、公安机关依法搜集涉及国家安全的情报信息,在国家安全工作中依法行使侦查、拘留、预审和执行逮捕以及法律规定的其他职权。

有关军事机关在国家安全工作中依法行使相关职权。

第四十三条 国家机关及其工作人员在履行职责时,应当贯彻维护国家安全的原则。

国家机关及其工作人员在国家安全工作和涉及国家安全活动中,应当严格依法履行职责,不得超越职权、滥用职权,不得侵犯个人和组织的合法权益。

第四章 国家安全制度

第一节 一般规定

第四十四条 中央国家安全领导机构实行统分结合、协调高效的国家安全制度与工作机制。

第四十五条 国家建立国家安全重点领域工作协调机制,统筹协调中央有关职能部门推进相关工作。

第四十六条 国家建立国家安全工作督促检查和责任追究机制,确保国家安全战略和重大部署贯彻落实。

第四十七条 各部门、各地区应当采取有效措施,贯彻实施国家安全战略。

第四十八条 国家根据维护国家安全工作需要,建立跨部门会商工作机制,就维护国家安全工作的重大事项进行会商研判,提出意见和建议。

第四十九条 国家建立中央与地方之间、部门之间、军地之间以及地区之间关于国家安全的协同联动机制。

第五十条 国家建立国家安全决策咨询机制,组织专家和有关方面开展对国家安全形势的分析研判,推进国家安全的科学决策。

第二节　情报信息

第五十一条　国家健全统一归口、反应灵敏、准确高效、运转顺畅的情报信息收集、研判和使用制度，建立情报信息工作协调机制，实现情报信息的及时收集、准确研判、有效使用和共享。

第五十二条　国家安全机关、公安机关、有关军事机关根据职责分工，依法搜集涉及国家安全的情报信息。

国家机关各部门在履行职责过程中，对于获取的涉及国家安全的有关信息应当及时上报。

第五十三条　开展情报信息工作，应当充分运用现代科学技术手段，加强对情报信息的鉴别、筛选、综合和研判分析。

第五十四条　情报信息的报送应当及时、准确、客观，不得迟报、漏报、瞒报和谎报。

第三节　风险预防、评估和预警

第五十五条　国家制定完善应对各领域国家安全风险预案。

第五十六条　国家建立国家安全风险评估机制，定期开展各领域国家安全风险调查评估。

有关部门应当定期向中央国家安全领导机构提交国家安全风险评估报告。

第五十七条　国家健全国家安全风险监测预警制度，根据国家安全风险程度，及时发布相应风险预警。

第五十八条　对可能即将发生或者已经发生的危害国家安全的事件，县级以上地方人民政府及其有关主管部门应当立即按照规定向上一级人民政府及其有关主管部门报告，必要时可以越级上报。

第四节　审查监管

第五十九条　国家建立国家安全审查和监管的制度和机制，对影响或者可能影响国家安全的外商投资、特定物项和关键技术、网络信息技术产品和服务、涉及国家安全事项的建设项目，以及其他重大事项和活动，进行国家安全审查，有效预防和化解国家安全风险。

第六十条　中央国家机关各部门依照法律、行政法规行使国家安全审查职责，依法作出国家安全审查决定或者提出安全审查意见并监督执行。

第六十一条　省、自治区、直辖市依法负责本行政区域内有关国家安全审查和监管工作。

第五节 危机管控

第六十二条 国家建立统一领导、协同联动、有序高效的国家安全危机管控制度。

第六十三条 发生危及国家安全的重大事件,中央有关部门和有关地方根据中央国家安全领导机构的统一部署,依法启动应急预案,采取管控处置措施。

第六十四条 发生危及国家安全的特别重大事件,需要进入紧急状态、战争状态或者进行全国总动员、局部动员的,由全国人民代表大会、全国人民代表大会常务委员会或者国务院依照宪法和有关法律规定的权限和程序决定。

第六十五条 国家决定进入紧急状态、战争状态或者实施国防动员后,履行国家安全危机管控职责的有关机关依照法律规定或者全国人民代表大会常务委员会规定,有权采取限制公民和组织权利、增加公民和组织义务的特别措施。

第六十六条 履行国家安全危机管控职责的有关机关依法采取处置国家安全危机的管控措施,应当与国家安全危机可能造成的危害的性质、程度和范围相适应;有多种措施可供选择的,应当选择有利于最大程度保护公民、组织权益的措施。

第六十七条 国家健全国家安全危机的信息报告和发布机制。

国家安全危机事件发生后,履行国家安全危机管控职责的有关机关,应当按照规定准确、及时报告,并依法将有关国家安全危机事件发生、发展、管控处置及善后情况统一向社会发布。

第六十八条 国家安全威胁和危害得到控制或者消除后,应当及时解除管控处置措施,做好善后工作。

第五章 国家安全保障

第六十九条 国家健全国家安全保障体系,增强维护国家安全的能力。

第七十条 国家健全国家安全法律制度体系,推动国家安全法治建设。

第七十一条 国家加大对国家安全各项建设的投入,保障国家安全工作所需经费和装备。

第七十二条 承担国家安全战略物资储备任务的单位,应当按照国家有关规定和标准对国家安全物资进行收储、保管和维护，定期调整更换，保证储备物资的使用效能和安全。

第七十三条　鼓励国家安全领域科技创新，发挥科技在维护国家安全中的作用。

第七十四条　国家采取必要措施，招录、培养和管理国家安全工作专门人才和特殊人才。

根据维护国家安全工作的需要，国家依法保护有关机关专门从事国家安全工作人员的身份和合法权益，加大人身保护和安置保障力度。

第七十五条　国家安全机关、公安机关、有关军事机关开展国家安全专门工作，可以依法采取必要手段和方式，有关部门和地方应当在职责范围内提供支持和配合。

第七十六条　国家加强国家安全新闻宣传和舆论引导，通过多种形式开展国家安全宣传教育活动，将国家安全教育纳入国民教育体系和公务员教育培训体系，增强全民国家安全意识。

第六章　公民、组织的义务和权利

第七十七条　公民和组织应当履行下列维护国家安全的义务：

（一）遵守宪法、法律法规关于国家安全的有关规定；

（二）及时报告危害国家安全活动的线索；

（三）如实提供所知悉的涉及危害国家安全活动的证据；

（四）为国家安全工作提供便利条件或者其他协助；

（五）向国家安全机关、公安机关和有关军事机关提供必要的支持和协助；

（六）保守所知悉的国家秘密；

（七）法律、行政法规规定的其他义务。

任何个人和组织不得有危害国家安全的行为，不得向危害国家安全的个人或者组织提供任何资助或者协助。

第七十八条　机关、人民团体、企业事业组织和其他社会组织应当对本单位的人员进行维护国家安全的教育，动员、组织本单位的人员防范、制止危害国家安全的行为。

第七十九条　企业事业组织根据国家安全工作的要求，应当配合有关部门采取相关安全措施。

第八十条　公民和组织支持、协助国家安全工作的行为受法律保护。

因支持、协助国家安全工作，本人或者其近亲属的人身安全面临危险的，可以向公安机关、国家安全机关请求予以保护。公安机关、国家安全机关应当会同有关部门依法采取保护措施。

第八十一条 公民和组织因支持、协助国家安全工作导致财产损失的，按照国家有关规定给予补偿；造成人身伤害或者死亡的，按照国家有关规定给予抚恤优待。

第八十二条 公民和组织对国家安全工作有向国家机关提出批评建议的权利，对国家机关及其工作人员在国家安全工作中的违法失职行为有提出申诉、控告和检举的权利。

第八十三条 在国家安全工作中，需要采取限制公民权利和自由的特别措施时，应当依法进行，并以维护国家安全的实际需要为限度。

第七章　附　　则

第八十四条 本法自公布之日起施行。

中华人民共和国反间谍法

1. 2014年11月1日第十二届全国人民代表大会常务委员会第十一次会议通过

2. 2014年11月1日中华人民共和国主席令第16号公布施行

目　　录

第一章　总　　则

第一条 为了防范、制止和惩治间谍行为，维护国家安全，根据宪法，制定本法。

第二条 反间谍工作坚持中央统一领导，坚持公开工作与秘密工作相结合、专门工作与群众路线相结合、积极防御、依法惩治的原则。

第三条 国家安全机关是反间谍工作的主管机关。

公安、保密行政管理等其他有关部门和军队有关部门按照职责分工,密切配合,加强协调,依法做好有关工作。

第四条 中华人民共和国公民有维护国家的安全、荣誉和利益的义务,不得有危害国家的安全、荣誉和利益的行为。

一切国家机关和武装力量、各政党和各社会团体及各企业事业组织,都有防范、制止间谍行为,维护国家安全的义务。

国家安全机关在反间谍工作中必须依靠人民的支持,动员、组织人民防范、制止危害国家安全的间谍行为。

第五条 反间谍工作应当依法进行,尊重和保障人权,保障公民和组织的合法权益。

第六条 境外机构、组织、个人实施或者指使、资助他人实施的,或者境内机构、组织、个人与境外机构、组织、个人相勾结实施的危害中华人民共和国国家安全的间谍行为,都必须受到法律追究。

第七条 国家对支持、协助反间谍工作的组织和个人给予保护,对有重大贡献的给予奖励。

第二章 国家安全机关在反间谍工作中的职权

第八条 国家安全机关在反间谍工作中依法行使侦查、拘留、预审和执行逮捕以及法律规定的其他职权。

第九条 国家安全机关的工作人员依法执行任务时,依照规定出示相应证件,有权查验中国公民或者境外人员的身份证明,向有关组织和人员调查、询问有关情况。

第十条 国家安全机关的工作人员依法执行任务时,依照规定出示相应证件,可以进入有关场所、单位;根据国家有关规定,经过批准,出示相应证件,可以进入限制进入的有关地区、场所、单位,查阅或者调取有关的档案、资料、物品。

第十一条 国家安全机关的工作人员在依法执行紧急任务的情况下,经出示相应证件,可以优先乘坐公共交通工具,遇交通阻碍时,优先通行。

国家安全机关因反间谍工作需要,按照国家有关规定,可以优先使用或者依法征用机关、团体、企业事业组织和个人的交通工具、通信工具、场地和建筑物,必要时,可以设置相关工作场所和设备、设施,任务完成后应当及时归还或者恢复原状,并依照规定支付相应费用;造成损失的,应当补偿。

第十二条 国家安全机关因侦察间谍行为的需要,根据国家有关规定,经过严格的批准手续,可以采取技术侦察措施。

第十三条 国家安全机关因反间谍工作需要,可以依照规定查验有关组织和个人的电子通信工具、器材等设备、设施。查验中发现存在危害国家安全情形的,国家安全机关应当责令其整改;拒绝整改或者整改后仍不符合要求的,可以予以查封、扣押。

对依照前款规定查封、扣押的设备、设施,在危害国家安全的情形消除后,国家安全机关应当及时解除查封、扣押。

第十四条 国家安全机关因反间谍工作需要,根据国家有关规定,可以提请海关、边防等检查机关对有关人员和资料、器材免检。有关检查机关应当予以协助。

第十五条 国家安全机关对用于间谍行为的工具和其他财物,以及用于资助间谍行为的资金、场所、物资,经设区的市级以上国家安全机关负责人批准,可以依法查封、扣押、冻结。

第十六条 国家安全机关根据反间谍工作需要,可以会同有关部门制定反间谍技术防范标准,指导有关部门落实反间谍技术防范措施,对存在隐患的部门,经过严格的批准手续,可以进行反间谍技术防范检查和检测。

第十七条 国家安全机关及其工作人员在工作中,应当严格依法办事,不得超越职权、滥用职权,不得侵犯组织和个人的合法权益。

国家安全机关及其工作人员依法履行反间谍工作职责获取的组织和个人的信息、材料,只能用于反间谍工作。对属于国家秘密、商业秘密和个人隐私的,应当保密。

第十八条 国家安全机关工作人员依法执行职务受法律保护。

第三章 公民和组织的义务和权利

第十九条 机关、团体和其他组织应当对本单位的人员进行维护国家安全的教育,动员、组织本单位的人员防范、制止间谍行为。

第二十条 公民和组织应当为反间谍工作提供便利或者其他协助。

因协助反间谍工作,本人或者其近亲属的人身安全面临危险的,可以向国家安全机关请求予以保护。国家安全机关应当会同有关部门依法采取保护措施。

第二十一条 公民和组织发现间谍行为，应当及时向国家安全机关报告；向公安机关等其他国家机关、组织报告的，相关国家机关、组织应当立即移送国家安全机关处理。

第二十二条 在国家安全机关调查了解有关间谍行为的情况、收集有关证据时，有关组织和个人应当如实提供，不得拒绝。

第二十三条 任何公民和组织都应当保守所知悉的有关反间谍工作的国家秘密。

第二十四条 任何个人和组织都不得非法持有属于国家秘密的文件、资料和其他物品。

第二十五条 任何个人和组织都不得非法持有、使用间谍活动特殊需要的专用间谍器材。专用间谍器材由国务院国家安全主管部门依照国家有关规定确认。

第二十六条 任何个人和组织对国家安全机关及其工作人员超越职权、滥用职权和其他违法行为，都有权向上级国家安全机关或者有关部门检举、控告。受理检举、控告的国家安全机关或者有关部门应当及时查清事实，负责处理，并将处理结果及时告知检举人、控告人。

对协助国家安全机关工作或者依法检举、控告的个人和组织，任何个人和组织不得压制和打击报复。

第四章 法律责任

第二十七条 境外机构、组织、个人实施或者指使、资助他人实施，或者境内机构、组织、个人与境外机构、组织、个人相勾结实施间谍行为，构成犯罪的，依法追究刑事责任。

实施间谍行为，有自首或者立功表现的，可以从轻、减轻或者免除处罚；有重大立功表现的，给予奖励。

第二十八条 在境外受胁迫或者受诱骗参加敌对组织、间谍组织，从事危害中华人民共和国国家安全的活动，及时向中华人民共和国驻外机构如实说明情况，或者入境后直接或者通过所在单位及时向国家安全机关、公安机关如实说明情况，并有悔改表现的，可以不予追究。

第二十九条 明知他人有间谍犯罪行为，在国家安全机关向其调查有关情况、收集有关证据时，拒绝提供的，由其所在单位或者上级主管部门予以处分，或者由国家安全机关处十五日以下行政拘留；构成犯罪的，依法追究刑事责任。

第三十条 以暴力、威胁方法阻碍国家安全机关依法执行任务的，依法追究刑事责任。

故意阻碍国家安全机关依法执行任务，未使用暴力、威胁方法，造成严重后果的，依法追究刑事责任；情节较轻的，由国家安全机关处十五日以下行政拘留。

第三十一条 泄露有关反间谍工作的国家秘密的，由国家安全机关处十五日以下行政拘留；构成犯罪的，依法追究刑事责任。

第三十二条 对非法持有属于国家秘密的文件、资料和其他物品的，以及非法持有、使用专用间谍器材的，国家安全机关可以依法对其人身、物品、住处和其他有关的地方进行搜查；对其非法持有的属于国家秘密的文件、资料和其他物品，以及非法持有、使用的专用间谍器材予以没收。非法持有属于国家秘密的文件、资料和其他物品，构成犯罪的，依法追究刑事责任；尚不构成犯罪的，由国家安全机关予以警告或者处十五日以下行政拘留。

第三十三条 隐藏、转移、变卖、损毁国家安全机关依法查封、扣押、冻结的财物的，或者明知是间谍活动的涉案财物而窝藏、转移、收购、代为销售或者以其他方法掩饰、隐瞒的，由国家安全机关追回。构成犯罪的，依法追究刑事责任。

第三十四条 境外人员违反本法的，可以限期离境或者驱逐出境。

第三十五条 当事人对行政处罚决定、行政强制措施决定不服的，可以自接到决定书之日起六十日内，向作出决定的上一级机关申请复议；对复议决定不服的，可以自接到复议决定书之日起十五日内向人民法院提起诉讼。

第三十六条 国家安全机关对依照本法查封、扣押、冻结的财物，应当妥善保管，并按照下列情形分别处理：

（一）涉嫌犯罪的，依照刑事诉讼法的规定处理；

（二）尚不构成犯罪，有违法事实的，对依法应当没收的予以没收，依法应当销毁的予以销毁；

（三）没有违法事实的，或者与案件无关的，应当解除查封、扣押、冻结，并及时返还相关财物；造成损失的，应当依法赔偿。

国家安全机关没收的财物，一律上缴国库。

第三十七条 国家安全机关工作人员滥用职权、玩忽职守、徇私舞弊，构成犯罪的,或者有非法拘禁、刑讯逼供、暴力取证、违反规定泄露国家秘密、商业秘密和个人隐私等行为,构成犯罪的,依法追究刑事责任。

第五章 附 则

第三十八条 本法所称间谍行为,是指下列行为:

(一)间谍组织及其代理人实施或者指使、资助他人实施,或者境内外机构、组织、个人与其相勾结实施的危害中华人民共和国国家安全的活动;

(二)参加间谍组织或者接受间谍组织及其代理人的任务的;

(三)间谍组织及其代理人以外的其他境外机构、组织、个人实施或者指使、资助他人实施,或者境内机构、组织、个人与其相勾结实施的窃取、刺探、收买或者非法提供国家秘密或者情报,或者策动、引诱、收买国家工作人员叛变的活动;

(四)为敌人指示攻击目标的;

(五)进行其他间谍活动的。

第三十九条 国家安全机关、公安机关依照法律、行政法规和国家有关规定,履行防范、制止和惩治间谍行为以外的其他危害国家安全行为的职责,适用本法的有关规定。

第四十条 本法自公布之日起施行。1993 年 2 月 22 日第七届全国人民代表大会常务委员会第三十次会议通过的《中华人民共和国国家安全法》同时废止。

中华人民共和国反间谍法实施细则

2017 年 11 月 22 日国务院令第 692 号公布施行

第一章 总 则

第一条 根据《中华人民共和国反间谍法》(以下简称《反间谍法》),制定本实施细则。

第二条 国家安全机关负责本细则的实施。

公安、保密行政管理等其他有关部门和军队有关部门按照职责分工,密切配合,加强协调,依法做好有关工作。

第三条 《反间谍法》所称“境外机构、组织”包括境外机构、组织在中华人民共和国境内设立的分支(代表)机构和分支组织;所称“境外个人”包括居住在中华人民共和国境内不具有中华人民共和国国籍的人。

第四条 《反间谍法》所称“间谍组织代理人”,是指受间谍组织或者其成员的指使、委托、资助,进行或者授意、指使他人进行危害中华人民共和国国家安全活动的人。

间谍组织和间谍组织代理人由国务院国家安全主管部门确认。

第五条 《反间谍法》所称“敌对组织”,是指敌视中华人民共和国人民民主专政的政权和社会主义制度,危害国家安全的组织。

敌对组织由国务院国家安全主管部门或者国务院公安部门确认。

第六条 《反间谍法》所称“资助”实施危害中华人民共和国国家安全的间谍行为,是指境内外机构、组织、个人的下列行为:

(一)向实施间谍行为的组织、个人提供经费、场所和物资的;

(二)向组织、个人提供用于实施间谍行为的经费、场所和物资的。

第七条 《反间谍法》所称“勾结”实施危害中华人民共和国国家安全的间谍行为,是指境内外组织、个人的下列行为:

(一)与境外机构、组织、个人共同策划或者进行危害国家安全的间谍活动的;

(二)接受境外机构、组织、个人的资助或者指使,进行危害国家安全的间谍活动的;

(三)与境外机构、组织、个人建立联系,取得支持、帮助,进行危害国家安全的间谍活动的。

第八条 下列行为属于《反间谍法》第三十九条所称“间谍行为以外的其他危害国家安全行为”:

(一)组织、策划、实施分裂国家、破坏国家统一,颠覆国家政权、推翻社会主义制度的;

(二)组织、策划、实施危害国家安全的恐怖活动的;

(三)捏造、歪曲事实,发表、散布危害国家安全的文字或者信息,或者制作、传播、出版危害国家安全的音像制品或者其他出版物的;

(四)利用设立社会团体或者企业事业组织,进行危害国家安全活动的;

(五)利用宗教进行危害国家安全活动的;

(六)组织、利用邪教进行危害国家安全活动的;

（七）制造民族纠纷，煽动民族分裂，危害国家安全的；

（八）境外个人违反有关规定，不听劝阻，擅自会见境内有危害国家安全行为或者有危害国家安全行为重大嫌疑的人员的。

第二章　国家安全机关在反间谍工作中的职权

第九条　境外个人被认为入境后可能进行危害中华人民共和国国家安全活动的，国务院国家安全主管部门可以决定其在一定时期内不得入境。

第十条　对背叛祖国、危害国家安全的犯罪嫌疑人，依据《反间谍法》第八条的规定，国家安全机关可以通缉、追捕。

第十一条　国家安全机关依法执行反间谍工作任务时，有权向有关组织和人员调查询问有关情况。

第十二条　国家安全机关工作人员依法执行反间谍工作任务时，对发现身份不明、有危害国家安全行为的嫌疑人员，可以检查其随带物品。

第十三条　国家安全机关执行反间谍工作紧急任务的车辆，可以配置特别通行标志和警灯、警报器。

第十四条　国家安全机关工作人员依法执行反间谍工作任务的行为，不受其他组织和个人的非法干涉。

国家安全机关工作人员依法执行反间谍工作任务时，应当出示国家安全部侦察证或者其他相应证件。

国家安全机关及其工作人员在工作中，应当严格依法办事，不得超越职权、滥用职权，不得侵犯组织和个人的合法权益。

第三章　公民和组织维护国家安全的义务和权利

第十五条　机关、团体和其他组织对本单位的人员进行维护国家安全的教育，动员、组织本单位的人员防范、制止间谍行为的工作，应当接受国家安全机关的协调和指导。

机关、团体和其他组织不履行《反间谍法》和本细则规定的安全防范义务，未按照要求整改或者未达到整改要求的，国家安全机关可以约谈相关负责人，将约谈情况通报该单位上级主管部门，推动落实防范间谍行为和其他危害国家安全行为的责任。

第十六条　下列情形属于《反间谍法》第七条所称“重大贡献”：

（一）为国家安全机关提供重要线索，发现、破获严重危害国家安全的犯罪案件的；

（二）为国家安全机关提供重要情况，防范、制止严重危害国家安全的行为发生的；

（三）密切配合国家安全机关执行国家安全工作任务，表现突出的；

（四）为维护国家安全，与危害国家安全的犯罪分子进行斗争，表现突出的；

（五）在教育、动员、组织本单位的人员防范、制止危害国家安全行为的工作中，成绩显著的。

第十七条 《反间谍法》第二十四条所称“非法持有属于国家秘密的文件、资料和其他物品”是指：

（一）不应知悉某项国家秘密的人员携带、存放属于该项国家秘密的文件、资料和其他物品的；

（二）可以知悉某项国家秘密的人员，未经办理手续，私自携带、留存属于该项国家秘密的文件、资料和其他物品的。

第十八条 《反间谍法》第二十五条所称“专用间谍器材”，是指进行间谍活动特殊需要的下列器材：

（一）暗藏式窃听、窃照器材；

（二）突发式收发报机、一次性密码本、密写工具；

（三）用于获取情报的电子监听、截收器材；

（四）其他专用间谍器材。

专用间谍器材的确认，由国务院国家安全主管部门负责。

第四章　法律责任

第十九条 实施危害国家安全的行为，由有关部门依法予以处分，国家安全机关也可以予以警告；构成犯罪的，依法追究刑事责任。

第二十条 下列情形属于《反间谍法》第二十七条所称“立功表现”：

（一）揭发、检举危害国家安全的其他犯罪分子，情况属实的；

（二）提供重要线索、证据，使危害国家安全的行为得以发现和制止的；

（三）协助国家安全机关、司法机关捕获其他危害国家安全的犯罪分子的；

（四）对协助国家安全机关维护国家安全有重要作用的其他行为。

“重大立功表现”，是指在前款所列立功表现的范围内对国家安全工作有特别重要作用的。

第二十一条 有证据证明知道他人有间谍行为，或者经国家安全机关明确告知他人有危害国家安全的犯罪行为,在国家安全机关向其调查有关情况、收集有关证据时,拒绝提供的,依照《反间谍法》第二十九条的规定处理。

第二十二条 国家安全机关依法执行反间谍工作任务时,公民和组织依法有义务提供便利条件或者其他协助,拒不提供或者拒不协助,构成故意阻碍国家安全机关依法执行反间谍工作任务的,依照《反间谍法》第三十条的规定处罚。

第二十三条 故意阻碍国家安全机关依法执行反间谍工作任务,造成国家安全机关工作人员人身伤害或者财物损失的,应当依法承担赔偿责任,并由司法机关或者国家安全机关依照《反间谍法》第三十条的规定予以处罚。

第二十四条 对涉嫌间谍行为的人员,国家安全机关可以决定其在一定期限内不得出境。对违反《反间谍法》的境外个人,国务院国家安全主管部门可以决定限期离境或者驱逐出境,并决定其不得入境的期限。被驱逐出境的境外个人,自被驱逐出境之日起10年内不得入境。

第五章 附 则

第二十五条 国家安全机关、公安机关依照法律、行政法规和国家有关规定,履行防范、制止和惩治间谍行为以外的其他危害国家安全行为的职责,适用本细则的有关规定。

第二十六条 本细则自公布之日起施行。1994年6月4日国务院发布的《中华人民共和国国家安全法实施细则》同时废止。

中华人民共和国国家情报法

1. 2017年6月27日第十二届全国人民代表大会常务委员会第二十八次会议通过

2. 根据2018年4月27日第十三届全国人民代表大会常务委员会第二次会议《关于修改〈中华人民共和国国境卫生检疫法〉等六部法律的决定》修正

目 录

第一章 总 则

第一条 为了加强和保障国家情报工作,维护国家安全和利益,根据宪法,制定本法。

第二条 国家情报工作坚持总体国家安全观,为国家重大决策提供情报参考,为防范和化解危害国家安全的风险提供情报支持,维护国家政权、主权、统一和领土完整、人民福祉、经济社会可持续发展和国家其他重大利益。

第三条 国家建立健全集中统一、分工协作、科学高效的国家情报体制。

中央国家安全领导机构对国家情报工作实行统一领导,制定国家情报工作方针政策,规划国家情报工作整体发展,建立健全国家情报工作协调机制,统筹协调各领域国家情报工作,研究决定国家情报工作中的重大事项。

中央军事委员会统一领导和组织军队情报工作。

第四条 国家情报工作坚持公开工作与秘密工作相结合、专门工作与群众路线相结合、分工负责与协作配合相结合的原则。

第五条 国家安全机关和公安机关情报机构、军队情报机构(以下统称国家情报工作机构)按照职责分工,相互配合,做好情报工作、开展情报行动。

各有关国家机关应当根据各自职能和任务分工,与国家情报工作机构密切配合。

第六条 国家情报工作机构及其工作人员应当忠于国家和人民,遵守宪法和法律,忠于职守,纪律严明,清正廉洁,无私奉献,坚决维护国家安全和利益。

第七条 任何组织和公民都应当依法支持、协助和配合国家情报工作,保守所知悉的国家情报工作秘密。

国家对支持、协助和配合国家情报工作的个人和组织给予保护。

第八条 国家情报工作应当依法进行,尊重和保障人权,维护个人和组织的合法权益。

第九条 国家对在国家情报工作中作出重大贡献的个人和组织给予表彰和奖励。

第二章 国家情报工作机构职权

第十条 国家情报工作机构根据工作需要,依法使用必要的方式、手段和渠道,在境内外开展情报工作。

第十一条 国家情报工作机构应当依法搜集和处理境外机构、组织、个人实施或者指使、资助他人实施的,或者境内外机构、组织、个人相勾结实施的危害中华人民共和国国家安全和利益行为的相关情报,为防范、制止和惩治上述行为提供情报依据或者参考。

第十二条 国家情报工作机构可以按照国家有关规定,与有关个人和组织建立合作关系,委托开展相关工作。

第十三条 国家情报工作机构可以按照国家有关规定,开展对外交流与合作。

第十四条 国家情报工作机构依法开展情报工作,可以要求有关机关、组织和公民提供必要的支持、协助和配合。

第十五条 国家情报工作机构根据工作需要,按照国家有关规定,经过严格的批准手续,可以采取技术侦察措施和身份保护措施。

第十六条 国家情报工作机构工作人员依法执行任务时,按照国家有关规定,经过批准,出示相应证件,可以进入限制进入的有关区域、场所,可以向有关机关、组织和个人了解、询问有关情况,可以查阅或者调取有关的档案、资料、物品。

第十七条 国家情报工作机构工作人员因执行紧急任务需要,经出示相应证件,可以享受通行便利。

国家情报工作机构工作人员根据工作需要,按照国家有关规定,可以优先使用或者依法征用有关机关、组织和个人的交通工具、通信工具、场地和建筑物,必要时,可以设置相关工作场所和设备、设施,任务完成后应当及时归还或者恢复原状,并依照规定支付相应费用;造成损失的,应当补偿。

第十八条 国家情报工作机构根据工作需要,按照国家有关规定,可以提请海关、出入境边防检查等机关提供免检等便利。

第十九条 国家情报工作机构及其工作人员应当严格依法办事,不得超越职权、滥用职权,不得侵犯公民和组织的合法权益,不得利用职务便利为自己或者他人谋取私利,不得泄露国家秘密、商业秘密和个人信息。

第三章 国家情报工作保障

第二十条 国家情报工作机构及其工作人员依法开展情报工作，受法律保护。

第二十一条 国家加强国家情报工作机构建设，对其机构设置、人员、编制、经费、资产实行特殊管理，给予特殊保障。

国家建立适应情报工作需要的人员录用、选调、考核、培训、待遇、退出等管理制度。

第二十二条 国家情报工作机构应当适应情报工作需要，提高开展情报工作的能力。

国家情报工作机构应当运用科学技术手段，提高对情报信息的鉴别、筛选、综合和研判分析水平。

第二十三条 国家情报工作机构工作人员因执行任务，或者与国家情报工作机构建立合作关系的人员因协助国家情报工作，其本人或者近亲属人身安全受到威胁时，国家有关部门应当采取必要措施，予以保护、营救。

第二十四条 对为国家情报工作作出贡献并需要安置的人员，国家给予妥善安置。

公安、民政、财政、卫生、教育、人力资源社会保障、退役军人事务、医疗保障等有关部门以及国有企业事业单位应当协助国家情报工作机构做好安置工作。

第二十五条 对因开展国家情报工作或者支持、协助和配合国家情报工作导致伤残或者牺牲、死亡的人员，按照国家有关规定给予相应的抚恤优待。

个人和组织因支持、协助和配合国家情报工作导致财产损失的，按照国家有关规定给予补偿。

第二十六条 国家情报工作机构应当建立健全严格的监督和安全审查制度，对其工作人员遵守法律和纪律等情况进行监督，并依法采取必要措施，定期或者不定期进行安全审查。

第二十七条 任何个人和组织对国家情报工作机构及其工作人员超越职权、滥用职权和其他违法违纪行为，有权检举、控告。受理检举、控告的有关机关应当及时查处，并将查处结果告知检举人、控告人。

对依法检举、控告国家情报工作机构及其工作人员的个人和组织，任何个人和组织不得压制和打击报复。

国家情报工作机构应当为个人和组织检举、控告、反映情况提供便利渠道，并为检举人、控告人保密。

第四章 法律责任

第二十八条 违反本法规定，阻碍国家情报工作机构及其工作人员依法开展情报工作的，由国家情报工作机构建议相关单位给予处分或者由国家安全机关、公安机关处警告或者十五日以下拘留；构成犯罪的，依法追究刑事责任。

第二十九条 泄露与国家情报工作有关的国家秘密的，由国家情报工作机构建议相关单位给予处分或者由国家安全机关、公安机关处警告或者十五日以下拘留；构成犯罪的，依法追究刑事责任。

第三十条 冒充国家情报工作机构工作人员或者其他相关人员实施招摇撞骗、诈骗、敲诈勒索等行为的，依照《中华人民共和国治安管理处罚法》的规定处罚；构成犯罪的，依法追究刑事责任。

第三十一条 国家情报工作机构及其工作人员有超越职权、滥用职权，侵犯公民和组织的合法权益，利用职务便利为自己或者他人谋取私利，泄露国家秘密、商业秘密和个人信息等违法违纪行为的，依法给予处分；构成犯罪的，依法追究刑事责任。

第五章 附 则

第三十二条 本法自 2017 年 6 月 28 日起施行。

中华人民共和国反恐怖主义法

1. 2015 年 12 月 27 日第十二届全国人民代表大会常务委员会第十八次会议通过

2. 根据 2018 年 4 月 27 日第十三届全国人民代表大会常务委员会第二次会议《关于修改〈中华人民共和国国境卫生检疫法〉等六部法律的决定》修正

目 录

第一章　总　　则

第一条　为了防范和惩治恐怖活动，加强反恐怖主义工作，维护国家安全、公共安全和人民生命财产安全，根据宪法，制定本法。

第二条　国家反对一切形式的恐怖主义，依法取缔恐怖活动组织，对任何组织、策划、准备实施、实施恐怖活动，宣扬恐怖主义，煽动实施恐怖活动，组织、领导、参加恐怖活动组织，为恐怖活动提供帮助的，依法追究法律责任。

国家不向任何恐怖活动组织和人员作出妥协，不向任何恐怖活动人员提供庇护或者给予难民地位。

第三条　本法所称恐怖主义，是指通过暴力、破坏、恐吓等手段，制造社会恐慌、危害公共安全、侵犯人身财产，或者胁迫国家机关、国际组织，以实现其政治、意识形态等目的的主张和行为。

本法所称恐怖活动，是指恐怖主义性质的下列行为：

（一）组织、策划、准备实施、实施造成或者意图造成人员伤亡、重大财产损失、公共设施损坏、社会秩序混乱等严重社会危害的活动的；

（二）宣扬恐怖主义，煽动实施恐怖活动，或者非法持有宣扬恐怖主义的物品，强制他人在公共场所穿戴宣扬恐怖主义的服饰、标志的；

（三）组织、领导、参加恐怖活动组织的；

（四）为恐怖活动组织、恐怖活动人员、实施恐怖活动或者恐怖活动培训提供信息、资金、物资、劳务、技术、场所等支持、协助、便利的；

（五）其他恐怖活动。

本法所称恐怖活动组织，是指三人以上为实施恐怖活动而组成的犯罪组织。

本法所称恐怖活动人员，是指实施恐怖活动的人和恐怖活动组织的成员。

本法所称恐怖事件，是指正在发生或者已经发生的造成或者可能造成重大社会危害的恐怖活动。

第四条 国家将反恐怖主义纳入国家安全战略，综合施策，标本兼治，加强反恐怖主义的能力建设，运用政治、经济、法律、文化、教育、外交、军事等手段，开展反恐怖主义工作。

国家反对一切形式的以歪曲宗教教义或者其他方法煽动仇恨、煽动歧视、鼓吹暴力等极端主义，消除恐怖主义的思想基础。

第五条 反恐怖主义工作坚持专门工作与群众路线相结合，防范为主、惩防结合和先发制敌、保持主动的原则。

第六条 反恐怖主义工作应当依法进行，尊重和保障人权，维护公民和组织的合法权益。

在反恐怖主义工作中，应当尊重公民的宗教信仰自由和民族风俗习惯，禁止任何基于地域、民族、宗教等理由的歧视性做法。

第七条 国家设立反恐怖主义工作领导机构，统一领导和指挥全国反恐怖主义工作。

设区的市级以上地方人民政府设立反恐怖主义工作领导机构，县级人民政府根据需要设立反恐怖主义工作领导机构，在上级反恐怖主义工作领导机构的领导和指挥下，负责本地区反恐怖主义工作。

第八条 公安机关、国家安全机关和人民检察院、人民法院、司法行政机关以及其他有关国家机关，应当根据分工，实行工作责任制，依法做好反恐怖主义工作。

中国人民解放军、中国人民武装警察部队和民兵组织依照本法和其他有关法律、行政法规、军事法规以及国务院、中央军事委员会的命令，并根据反恐怖主义工作领导机构的部署，防范和处置恐怖活动。

有关部门应当建立联动配合机制，依靠、动员村民委员会、居民委员会、企业事业单位、社会组织，共同开展反恐怖主义工作。

第九条 任何单位和个人都有协助、配合有关部门开展反恐怖主义工作的义务，发现恐怖活动嫌疑或者恐怖活动嫌疑人员的，应当及时向公安机关或者有关部门报告。

第十条 对举报恐怖活动或者协助防范、制止恐怖活动有突出贡献的单位和个人，以及在反恐怖主义工作中作出其他突出贡献的单位和个人，按照国家有关规定给予表彰、奖励。

第十一条　对在中华人民共和国领域外对中华人民共和国国家、公民或者机构实施的恐怖活动犯罪，或者实施的中华人民共和国缔结、参加的国际条约所规定的恐怖活动犯罪，中华人民共和国行使刑事管辖权，依法追究刑事责任。

第二章　恐怖活动组织和人员的认定

第十二条　国家反恐怖主义工作领导机构根据本法第三条的规定，认定恐怖活动组织和人员，由国家反恐怖主义工作领导机构的办事机构予以公告。

第十三条　国务院公安部门、国家安全部门、外交部门和省级反恐怖主义工作领导机构对于需要认定恐怖活动组织和人员的，应当向国家反恐怖主义工作领导机构提出申请。

第十四条　金融机构和特定非金融机构对国家反恐怖主义工作领导机构的办事机构公告的恐怖活动组织和人员的资金或者其他资产，应当立即予以冻结，并按照规定及时向国务院公安部门、国家安全部门和反洗钱行政主管部门报告。

第十五条　被认定的恐怖活动组织和人员对认定不服的，可以通过国家反恐怖主义工作领导机构的办事机构申请复核。国家反恐怖主义工作领导机构应当及时进行复核，作出维持或者撤销认定的决定。复核决定为最终决定。

国家反恐怖主义工作领导机构作出撤销认定的决定的，由国家反恐怖主义工作领导机构的办事机构予以公告；资金、资产已被冻结的，应当解除冻结。

第十六条　根据刑事诉讼法的规定，有管辖权的中级以上人民法院在审判刑事案件的过程中，可以依法认定恐怖活动组织和人员。对于在判决生效后需要由国家反恐怖主义工作领导机构的办事机构予以公告的，适用本章的有关规定。

第三章　安全防范

第十七条　各级人民政府和有关部门应当组织开展反恐怖主义宣传教育，提高公民的反恐怖主义意识。

教育、人力资源行政主管部门和学校、有关职业培训机构应当将恐怖活动预防、应急知识纳入教育、教学、培训的内容。

新闻、广播、电视、文化、宗教、互联网等有关单位,应当有针对性地面向社会进行反恐怖主义宣传教育。

村民委员会、居民委员会应当协助人民政府以及有关部门,加强反恐怖主义宣传教育。

第十八条 电信业务经营者、互联网服务提供者应当为公安机关、国家安全机关依法进行防范、调查恐怖活动提供技术接口和解密等技术支持和协助。

第十九条 电信业务经营者、互联网服务提供者应当依照法律、行政法规规定,落实网络安全、信息内容监督制度和安全技术防范措施,防止含有恐怖主义、极端主义内容的信息传播;发现含有恐怖主义、极端主义内容的信息的,应当立即停止传输,保存相关记录,删除相关信息,并向公安机关或者有关部门报告。

网信、电信、公安、国家安全等主管部门对含有恐怖主义、极端主义内容的信息,应当按照职责分工,及时责令有关单位停止传输、删除相关信息,或者关闭相关网站、关停相关服务。有关单位应当立即执行,并保存相关记录,协助进行调查。对互联网上跨境传输的含有恐怖主义、极端主义内容的信息,电信主管部门应当采取技术措施,阻断传播。

第二十条 铁路、公路、水上、航空的货运和邮政、快递等物流运营单位应当实行安全查验制度,对客户身份进行查验,依照规定对运输、寄递物品进行安全检查或者开封验视。对禁止运输、寄递,存在重大安全隐患,或者客户拒绝安全查验的物品,不得运输、寄递。

前款规定的物流运营单位,应当实行运输、寄递客户身份、物品信息登记制度。

第二十一条 电信、互联网、金融、住宿、长途客运、机动车租赁等业务经营者、服务提供者,应当对客户身份进行查验。对身份不明或者拒绝身份查验的,不得提供服务。

第二十二条 生产和进口单位应当依照规定对枪支等武器、弹药、管制器具、危险化学品、民用爆炸物品、核与放射物品作出电子追踪标识,对民用爆炸物品添加安检示踪标识物。

运输单位应当依照规定对运营中的危险化学品、民用爆炸物品、核与放射物品的运输工具通过定位系统实行监控。

有关单位应当依照规定对传染病病原体等物质实行严格的监督管理，严密防范传染病病原体等物质扩散或者流入非法渠道。

对管制器具、危险化学品、民用爆炸物品，国务院有关主管部门或者省级人民政府根据需要，在特定区域、特定时间，可以决定对生产、进出口、运输、销售、使用、报废实施管制，可以禁止使用现金、实物进行交易或者对交易活动作出其他限制。

第二十三条 发生枪支等武器、弹药、危险化学品、民用爆炸物品、核与放射物品、传染病病原体等物质被盗、被抢、丢失或者其他流失的情形，案发单位应当立即采取必要的控制措施，并立即向公安机关报告，同时依照规定向有关主管部门报告。公安机关接到报告后，应当及时开展调查。有关主管部门应当配合公安机关开展工作。

任何单位和个人不得非法制作、生产、储存、运输、进出口、销售、提供、购买、使用、持有、报废、销毁前款规定的物品。公安机关发现的，应当予以扣押；其他主管部门发现的，应当予以扣押，并立即通报公安机关；其他单位、个人发现的，应当立即向公安机关报告。

第二十四条 国务院反洗钱行政主管部门、国务院有关部门、机构依法对金融机构和特定非金融机构履行反恐怖主义融资义务的情况进行监督管理。

国务院反洗钱行政主管部门发现涉嫌恐怖主义融资的，可以依法进行调查，采取临时冻结措施。

第二十五条 审计、财政、税务等部门在依照法律、行政法规的规定对有关单位实施监督检查的过程中，发现资金流入流出涉嫌恐怖主义融资的，应当及时通报公安机关。

第二十六条 海关在对进出境人员携带现金和无记名有价证券实施监管的过程中，发现涉嫌恐怖主义融资的，应当立即通报国务院反洗钱行政主管部门和有管辖权的公安机关。

第二十七条 地方各级人民政府制定、组织实施城乡规划，应当符合反恐怖主义工作的需要。

地方各级人民政府应当根据需要，组织、督促有关建设单位在主要道路、交通枢纽、城市公共区域的重点部位，配备、安装公共安全视频图像信息系统等防范恐怖袭击的技防、物防设备、设施。

第二十八条 公安机关和有关部门对宣扬极端主义，利用极端主义危害公共安全、扰乱公共秩序、侵犯人身财产、妨害社会管理的,应当及时予以制止,依法追究法律责任。

公安机关发现极端主义活动的,应当责令立即停止,将有关人员强行带离现场并登记身份信息,对有关物品、资料予以收缴,对非法活动场所予以查封。

任何单位和个人发现宣扬极端主义的物品、资料、信息的,应当立即向公安机关报告。

第二十九条 对被教唆、胁迫、引诱参与恐怖活动、极端主义活动,或者参与恐怖活动、极端主义活动情节轻微,尚不构成犯罪的人员,公安机关应当组织有关部门、村民委员会、居民委员会、所在单位、就读学校、家庭和监护人对其进行帮教。

监狱、看守所、社区矫正机构应当加强对服刑的恐怖活动罪犯和极端主义罪犯的管理、教育、矫正等工作。监狱、看守所对恐怖活动罪犯和极端主义罪犯,根据教育改造和维护监管秩序的需要,可以与普通刑事罪犯混合关押,也可以个别关押。

第三十条 对恐怖活动罪犯和极端主义罪犯被判处徒刑以上刑罚的,监狱、看守所应当在刑满释放前根据其犯罪性质、情节和社会危害程度,服刑期间的表现,释放后对所居住社区的影响等进行社会危险性评估。进行社会危险性评估,应当听取有关基层组织和原办案机关的意见。经评估具有社会危险性的,监狱、看守所应当向罪犯服刑地的中级人民法院提出安置教育建议,并将建议书副本抄送同级人民检察院。

罪犯服刑地的中级人民法院对于确有社会危险性的,应当在罪犯刑满释放前作出责令其在刑满释放后接受安置教育的决定。决定书副本应当抄送同级人民检察院。被决定安置教育的人员对决定不服的,可以向上一级人民法院申请复议。

安置教育由省级人民政府组织实施。安置教育机构应当每年对被安置教育人员进行评估,对于确有悔改表现,不致再危害社会的,应当及时提出解除安置教育的意见,报决定安置教育的中级人民法院作出决定。被安置教育人员有权申请解除安置教育。

人民检察院对安置教育的决定和执行实行监督。

第三十一条 公安机关应当会同有关部门,将遭受恐怖袭击的可能性较大以及遭受恐怖袭击可能造成重大的人身伤亡、财产损失或者社会影响的单位、场所、活动、设施等确定为防范恐怖袭击的重点目标,报本级反恐怖主义工作领导机构备案。

第三十二条 重点目标的管理单位应当履行下列职责:

(一)制定防范和应对处置恐怖活动的预案、措施,定期进行培训和演练;

(二)建立反恐怖主义工作专项经费保障制度,配备、更新防范和处置设备、设施;

(三)指定相关机构或者落实责任人员,明确岗位职责;

(四)实行风险评估,实时监测安全威胁,完善内部安全管理;

(五)定期向公安机关和有关部门报告防范措施落实情况。

重点目标的管理单位应当根据城乡规划、相关标准和实际需要,对重点目标同步设计、同步建设、同步运行符合本法第二十七条规定的技防、物防设备、设施。

重点目标的管理单位应当建立公共安全视频图像信息系统值班监看、信息保存使用、运行维护等管理制度,保障相关系统正常运行。采集的视频图像信息保存期限不得少于九十日。

对重点目标以外的涉及公共安全的其他单位、场所、活动、设施,其主管部门和管理单位应当依照法律、行政法规规定,建立健全安全管理制度,落实安全责任。

第三十三条 重点目标的管理单位应当对重要岗位人员进行安全背景审查。对有不适合情形的人员,应当调整工作岗位,并将有关情况通报公安机关。

第三十四条 大型活动承办单位以及重点目标的管理单位应当依照规定,对进入大型活动场所、机场、火车站、码头、城市轨道交通站、公路长途客运站、口岸等重点目标的人员、物品和交通工具进行安全检查。发现违禁品和管制物品,应当予以扣留并立即向公安机关报告;发现涉嫌违法犯罪人员,应当立即向公安机关报告。

第三十五条 对航空器、列车、船舶、城市轨道车辆、公共电汽车等公共交通运输工具,营运单位应当依照规定配备安保人员和相应设备、设施,加强安全检查和保卫工作。

第三十六条 公安机关和有关部门应当掌握重点目标的基础信息和重要动态,指导、监督重点目标的管理单位履行防范恐怖袭击的各项职责。

公安机关、中国人民武装警察部队应当依照有关规定对重点目标进行警戒、巡逻、检查。

第三十七条 飞行管制、民用航空、公安等主管部门应当按照职责分工，加强空域、航空器和飞行活动管理，严密防范针对航空器或者利用飞行活动实施的恐怖活动。

第三十八条 各级人民政府和军事机关应当在重点国（边）境地段和口岸设置拦阻隔离网、视频图像采集和防越境报警设施。

公安机关和中国人民解放军应当严密组织国（边）境巡逻，依照规定对抵离国（边）境前沿、进出国（边）境管理区和国（边）境通道、口岸的人员、交通运输工具、物品，以及沿海沿边地区的船舶进行查验。

第三十九条 出入境证件签发机关、出入境边防检查机关对恐怖活动人员和恐怖活动嫌疑人员，有权决定不准其出境入境、不予签发出境入境证件或者宣布其出境入境证件作废。

第四十条 海关、出入境边防检查机关发现恐怖活动嫌疑人员或者涉嫌恐怖活动物品的，应当依法扣留，并立即移送公安机关或者国家安全机关。

第四十一条 国务院外交、公安、国家安全、发展改革、工业和信息化、商务、旅游等主管部门应当建立境外投资合作、旅游等安全风险评估制度，对中国在境外的公民以及驻外机构、设施、财产加强安全保护，防范和应对恐怖袭击。

第四十二条 驻外机构应当建立健全安全防范制度和应对处置预案，加强对有关人员、设施、财产的安全保护。

第四章 情报信息

第四十三条 国家反恐怖主义工作领导机构建立国家反恐怖主义情报中心，实行跨部门、跨地区情报信息工作机制，统筹反恐怖主义情报信息工作。

有关部门应当加强反恐怖主义情报信息搜集工作，对搜集的有关线索、人员、行动类情报信息，应当依照规定及时统一归口报送国家反恐怖主义情报中心。

地方反恐怖主义工作领导机构应当建立跨部门情报信息工作机制，组织开展反恐怖主义情报信息工作，对重要的情报信息，应当及时向上级反恐怖主义工作领导机构报告，对涉及其他地方的紧急情报信息，应当及时通报相关地方。

第四十四条 公安机关、国家安全机关和有关部门应当依靠群众，加强基层基础工作，建立基层情报信息工作力量，提高反恐怖主义情报信息工作能力。

第四十五条 公安机关、国家安全机关、军事机关在其职责范围内，因反恐怖主义情报信息工作的需要，根据国家有关规定，经过严格的批准手续，可以采取技术侦察措施。

依照前款规定获取的材料，只能用于反恐怖主义应对处置和对恐怖活动犯罪、极端主义犯罪的侦查、起诉和审判，不得用于其他用途。

第四十六条 有关部门对于在本法第三章规定的安全防范工作中获取的信息，应当根据国家反恐怖主义情报中心的要求，及时提供。

第四十七条 国家反恐怖主义情报中心、地方反恐怖主义工作领导机构以及公安机关等有关部门应当对有关情报信息进行筛查、研判、核查、监控，认为有发生恐怖事件危险，需要采取相应的安全防范、应对处置措施的，应当及时通报有关部门和单位，并可以根据情况发出预警。有关部门和单位应当根据通报做好安全防范、应对处置工作。

第四十八条 反恐怖主义工作领导机构、有关部门和单位、个人应当对履行反恐怖主义工作职责、义务过程中知悉的国家秘密、商业秘密和个人隐私予以保密。

违反规定泄露国家秘密、商业秘密和个人隐私的，依法追究法律责任。

第五章 调　　查

第四十九条 公安机关接到恐怖活动嫌疑的报告或者发现恐怖活动嫌疑，需要调查核实的，应当迅速进行调查。

第五十条 公安机关调查恐怖活动嫌疑，可以依照有关法律规定对嫌疑人员进行盘问、检查、传唤，可以提取或者采集肖像、指纹、虹膜图像等人体生物识别信息和血液、尿液、脱落细胞等生物样本，并留存其签名。

公安机关调查恐怖活动嫌疑，可以通知了解有关情况的人员到公安机关或者其他地点接受询问。

第五十一条 公安机关调查恐怖活动嫌疑，有权向有关单位和个人收集、调取相关信息和材料。有关单位和个人应当如实提供。

第五十二条 公安机关调查恐怖活动嫌疑，经县级以上公安机关负责人批准，可以查询嫌疑人员的存款、汇款、债券、股票、基金份额等财产，可以采取查封、扣押、冻结措施。查封、扣押、冻结的期限不得超过二个月，情况复杂的，可以经上一级公安机关负责人批准延长一个月。

第五十三条 公安机关调查恐怖活动嫌疑，经县级以上公安机关负责人批准，可以根据其危险程度，责令恐怖活动嫌疑人员遵守下列一项或者多项约束措施：

（一）未经公安机关批准不得离开所居住的市、县或者指定的处所；

（二）不得参加大型群众性活动或者从事特定的活动；

（三）未经公安机关批准不得乘坐公共交通工具或者进入特定的场所；

（四）不得与特定的人员会见或者通信；

（五）定期向公安机关报告活动情况；

（六）将护照等出入境证件、身份证件、驾驶证件交公安机关保存。

公安机关可以采取电子监控、不定期检查等方式对其遵守约束措施的情况进行监督。

采取前两款规定的约束措施的期限不得超过三个月。对不需要继续采取约束措施的，应当及时解除。

第五十四条 公安机关经调查，发现犯罪事实或者犯罪嫌疑人的，应当依照刑事诉讼法的规定立案侦查。本章规定的有关期限届满，公安机关未立案侦查的，应当解除有关措施。

第六章 应对处置

第五十五条 国家建立健全恐怖事件应对处置预案体系。

国家反恐怖主义工作领导机构应当针对恐怖事件的规律、特点和可能造成的社会危害，分级、分类制定国家应对处置预案，具体规定恐怖事件应对处置的组织指挥体系和恐怖事件安全防范、应对处置程序以及事后社会秩序恢复等内容。

有关部门、地方反恐怖主义工作领导机构应当制定相应的应对处置预案。

第五十六条 应对处置恐怖事件，各级反恐怖主义工作领导机构应当成立由有关部门参加的指挥机构，实行指挥长负责制。反恐怖主义工作领导机构负责人可以担任指挥长，也可以确定公安机关负责人或者反恐怖主义工作领导机构的其他成员单位负责人担任指挥长。

跨省、自治区、直辖市发生的恐怖事件或者特别重大恐怖事件的应对处置，由国家反恐怖主义工作领导机构负责指挥；在省、自治区、直辖市范围内发生的涉及多个行政区域的恐怖事件或者重大恐怖事件的应对处置，由省级反恐怖主义工作领导机构负责指挥。

第五十七条 恐怖事件发生后，发生地反恐怖主义工作领导机构应当立即启动恐怖事件应对处置预案，确定指挥长。有关部门和中国人民解放军、中国人民武装警察部队、民兵组织，按照反恐怖主义工作领导机构和指挥长的统一领导、指挥，协同开展打击、控制、救援、救护等现场应对处置工作。

上级反恐怖主义工作领导机构可以对应对处置工作进行指导，必要时调动有关反恐怖主义力量进行支援。

需要进入紧急状态的，由全国人民代表大会常务委员会或者国务院依照宪法和其他有关法律规定的权限和程序决定。

第五十八条 发现恐怖事件或者疑似恐怖事件后，公安机关应当立即进行处置，并向反恐怖主义工作领导机构报告；中国人民解放军、中国人民武装警察部队发现正在实施恐怖活动的，应当立即予以控制并将案件及时移交公安机关。

反恐怖主义工作领导机构尚未确定指挥长的，由在场处置的公安机关职级最高的人员担任现场指挥员。公安机关未能到达现场的，由在场处置的中国人民解放军或者中国人民武装警察部队职级最高的人员担任现场指挥员。现场应对处置人员无论是否属于同一单位、系统，均应当服从现场指挥员的指挥。

指挥长确定后，现场指挥员应当向其请示、报告工作或者有关情况。

第五十九条 中华人民共和国在境外的机构、人员、重要设施遭受或者可能遭受恐怖袭击的，国务院外交、公安、国家安全、商务、金融、国有资产监督管理、旅游、交通运输等主管部门应当及时启动应对处置预案。国务院外交部门应当协调有关国家采取相应措施。

中华人民共和国在境外的机构、人员、重要设施遭受严重恐怖袭击后，经与有关国家协商同意，国家反恐怖主义工作领导机构可以组织外交、公安、国家安全等部门派出工作人员赴境外开展应对处置工作。

第六十条 应对处置恐怖事件，应当优先保护直接受到恐怖活动危害、威胁人员的人身安全。

第六十一条 恐怖事件发生后，负责应对处置的反恐怖主义工作领导机构可以决定由有关部门和单位采取下列一项或者多项应对处置措施：

（一）组织营救和救治受害人员，疏散、撤离并妥善安置受到威胁的人员以及采取其他救助措施；

（二）封锁现场和周边道路，查验现场人员的身份证件，在有关场所附近设置临时警戒线；

（三）在特定区域内实施空域、海（水）域管制，对特定区域内的交通运输工具进行检查；

（四）在特定区域内实施互联网、无线电、通讯管制；

（五）在特定区域内或者针对特定人员实施出境入境管制；

（六）禁止或者限制使用有关设备、设施，关闭或者限制使用有关场所，中止人员密集的活动或者可能导致危害扩大的生产经营活动；

（七）抢修被损坏的交通、电信、互联网、广播电视、供水、排水、供电、供气、供热等公共设施；

（八）组织志愿人员参加反恐怖主义救援工作，要求具有特定专长的人员提供服务；

（九）其他必要的应对处置措施。

采取前款第三项至第五项规定的应对处置措施，由省级以上反恐怖主义工作领导机构决定或者批准；采取前款第六项规定的应对处置措施，由设区的市级以上反恐怖主义工作领导机构决定。应对处置措施应当明确适用的时间和空间范围，并向社会公布。

第六十二条 人民警察、人民武装警察以及其他依法配备、携带武器的应对处置人员，对在现场持枪支、刀具等凶器或者使用其他危险方法，正在或者准备实施暴力行为的人员，经警告无效的，可以使用武器；紧急情况下或者警告后可能导致更为严重危害后果的，可以直接使用武器。

第六十三条 恐怖事件发生、发展和应对处置信息，由恐怖事件发生地的省级反恐怖主义工作领导机构统一发布；跨省、自治区、直辖市发生的恐怖事件，由指定的省级反恐怖主义工作领导机构统一发布。

任何单位和个人不得编造、传播虚假恐怖事件信息；不得报道、传播可能引起模仿的恐怖活动的实施细节；不得发布恐怖事件中残忍、不人道的场景；在恐怖事件的应对处置过程中，除新闻媒体经负责发布信息的反恐怖主义工作领导机构批准外，不得报道、传播现场应对处置的工作人员、人质身份信息和应对处置行动情况。

第六十四条 恐怖事件应对处置结束后，各级人民政府应当组织有关部门帮助受影响的单位和个人尽快恢复生活、生产，稳定受影响地区的社会秩序和公众情绪。

第六十五条 当地人民政府应当及时给予恐怖事件受害人员及其近亲属适当的救助，并向失去基本生活条件的受害人员及其近亲属及时提供基本生活保障。卫生、医疗保障等主管部门应当为恐怖事件受害人员及其近亲属提供心理、医疗等方面的援助。

第六十六条 公安机关应当及时对恐怖事件立案侦查，查明事件发生的原因、经过和结果，依法追究恐怖活动组织、人员的刑事责任。

第六十七条 反恐怖主义工作领导机构应当对恐怖事件的发生和应对处置工作进行全面分析、总结评估，提出防范和应对处置改进措施，向上一级反恐怖主义工作领导机构报告。

第七章 国际合作

第六十八条 中华人民共和国根据缔结或者参加的国际条约，或者按照平等互惠原则，与其他国家、地区、国际组织开展反恐怖主义合作。

第六十九条 国务院有关部门根据国务院授权，代表中国政府与外国政府和有关国际组织开展反恐怖主义政策对话、情报信息交流、执法合作和国际资金监管合作。

在不违背我国法律的前提下，边境地区的县级以上地方人民政府及其主管部门，经国务院或者中央有关部门批准，可以与相邻国家或者地区开展反恐怖主义情报信息交流、执法合作和国际资金监管合作。

第七十条 涉及恐怖活动犯罪的刑事司法协助、引渡和被判刑人移管，依照有关法律规定执行。

第七十一条 经与有关国家达成协议，并报国务院批准，国务院公安部门、国家安全部门可以派员出境执行反恐怖主义任务。

中国人民解放军、中国人民武装警察部队派员出境执行反恐怖主义任务，由中央军事委员会批准。

第七十二条 通过反恐怖主义国际合作取得的材料可以在行政处罚、刑事诉讼中作为证据使用，但我方承诺不作为证据使用的除外。

第八章 保障措施

第七十三条 国务院和县级以上地方各级人民政府应当按照事权划分，将反恐怖主义工作经费分别列入同级财政预算。

国家对反恐怖主义重点地区给予必要的经费支持，对应对处置大规模恐怖事件给予经费保障。

第七十四条 公安机关、国家安全机关和有关部门，以及中国人民解放军、中国人民武装警察部队，应当依照法律规定的职责，建立反恐怖主义专业力量，加强专业训练，配备必要的反恐怖主义专业设备、设施。

县级、乡级人民政府根据需要，指导有关单位、村民委员会、居民委员会建立反恐怖主义工作力量、志愿者队伍，协助、配合有关部门开展反恐怖主义工作。

第七十五条 对因履行反恐怖主义工作职责或者协助、配合有关部门开展反恐怖主义工作导致伤残或者死亡的人员，按照国家有关规定给予相应的待遇。

第七十六条 因报告和制止恐怖活动，在恐怖活动犯罪案件中作证，或者从事反恐怖主义工作，本人或者其近亲属的人身安全面临危险的，经本人或者其近亲属提出申请，公安机关、有关部门应当采取下列一项或者多项保护措施：

（一）不公开真实姓名、住址和工作单位等个人信息；

（二）禁止特定的人接触被保护人员；

（三）对人身和住宅采取专门性保护措施；

（四）变更被保护人员的姓名，重新安排住所和工作单位；

（五）其他必要的保护措施。

公安机关、有关部门应当依照前款规定，采取不公开被保护单位的真实名称、地址，禁止特定的人接近被保护单位，对被保护单位办公、经营场所采取专门性保护措施，以及其他必要的保护措施。

第七十七条 国家鼓励、支持反恐怖主义科学研究和技术创新，开发和推广使用先进的反恐怖主义技术、设备。

第七十八条 公安机关、国家安全机关、中国人民解放军、中国人民武装警察部队因履行反恐怖主义职责的紧急需要，根据国家有关规定，可以征用单位和个人的财产。任务完成后应当及时归还或者恢复原状，并依照规定支付相应费用；造成损失的，应当补偿。

因开展反恐怖主义工作对有关单位和个人的合法权益造成损害的，应当依法给予赔偿、补偿。有关单位和个人有权依法请求赔偿、补偿。

第九章 法律责任

第七十九条 组织、策划、准备实施、实施恐怖活动，宣扬恐怖主义，煽动实施恐怖活动，非法持有宣扬恐怖主义的物品，强制他人在公共场所穿戴宣扬恐怖主义的服饰、标志，组织、领导、参加恐怖活动组织，为恐怖活动组织、恐怖活动人员、实施恐怖活动或者恐怖活动培训提供帮助的，依法追究刑事责任。

第八十条 参与下列活动之一，情节轻微，尚不构成犯罪的，由公安机关处十日以上十五日以下拘留，可以并处一万元以下罚款：

（一）宣扬恐怖主义、极端主义或者煽动实施恐怖活动、极端主义活动的；

（二）制作、传播、非法持有宣扬恐怖主义、极端主义的物品的；

（三）强制他人在公共场所穿戴宣扬恐怖主义、极端主义的服饰、标志的；

（四）为宣扬恐怖主义、极端主义或者实施恐怖主义、极端主义活动提供信息、资金、物资、劳务、技术、场所等支持、协助、便利的。

第八十一条 利用极端主义，实施下列行为之一，情节轻微，尚不构成犯罪的，由公安机关处五日以上十五日以下拘留，可以并处一万元以下罚款：

（一）强迫他人参加宗教活动，或者强迫他人向宗教活动场所、宗教教职人员提供财物或者劳务的；

（二）以恐吓、骚扰等方式驱赶其他民族或者有其他信仰的人员离开居住地的；

（三）以恐吓、骚扰等方式干涉他人与其他民族或者有其他信仰的人员交往、共同生活的；

（四）以恐吓、骚扰等方式干涉他人生活习俗、方式和生产经营的；

（五）阻碍国家机关工作人员依法执行职务的；

（六）歪曲、诋毁国家政策、法律、行政法规，煽动、教唆抵制人民政府依法管理的；

（七）煽动、胁迫群众损毁或者故意损毁居民身份证、户口簿等国家法定证件以及人民币的；

（八）煽动、胁迫他人以宗教仪式取代结婚、离婚登记的；

（九）煽动、胁迫未成年人不接受义务教育的；

（十）其他利用极端主义破坏国家法律制度实施的。

第八十二条 明知他人有恐怖活动犯罪、极端主义犯罪行为,窝藏、包庇,情节轻微,尚不构成犯罪的,或者在司法机关向其调查有关情况、收集有关证据时,拒绝提供的,由公安机关处十日以上十五日以下拘留,可以并处一万元以下罚款。

第八十三条 金融机构和特定非金融机构对国家反恐怖主义工作领导机构的办事机构公告的恐怖活动组织及恐怖活动人员的资金或者其他资产,未立即予以冻结的,由公安机关处二十万元以上五十万元以下罚款,并对直接负责的董事、高级管理人员和其他直接责任人员处十万元以下罚款;情节严重的,处五十万元以上罚款,并对直接负责的董事、高级管理人员和其他直接责任人员,处十万元以上五十万元以下罚款,可以并处五日以上十五日以下拘留。

第八十四条 电信业务经营者、互联网服务提供者有下列情形之一的,由主管部门处二十万元以上五十万元以下罚款,并对其直接负责的主管人员和其他直接责任人员处十万元以下罚款;情节严重的,处五十万元以上罚款,并对其直接负责的主管人员和其他直接责任人员,处十万元以上五十万元以下罚款,可以由公安机关对其直接负责的主管人员和其他直接责任人员,处五日以上十五日以下拘留:

(一)未依照规定为公安机关、国家安全机关依法进行防范、调查恐怖活动提供技术接口和解密等技术支持和协助的;

(二)未按照主管部门的要求,停止传输、删除含有恐怖主义、极端主义内容的信息,保存相关记录,关闭相关网站或者关停相关服务的;

(三)未落实网络安全、信息内容监督制度和安全技术防范措施,造成含有恐怖主义、极端主义内容的信息传播,情节严重的。

第八十五条 铁路、公路、水上、航空的货运和邮政、快递等物流运营单位有下列情形之一的,由主管部门处十万元以上五十万元以下罚款,并对其直接负责的主管人员和其他直接责任人员处十万元以下罚款:

(一)未实行安全查验制度,对客户身份进行查验,或者未依照规定对运输、寄递物品进行安全检查或者开封验视的;

(二)对禁止运输、寄递,存在重大安全隐患,或者客户拒绝安全查验的物品予以运输、寄递的;

(三)未实行运输、寄递客户身份、物品信息登记制度的。

第八十六条 电信、互联网、金融业务经营者、服务提供者未按规定对客户身份进行查验,或者对身份不明、拒绝身份查验的客户提供服务的,主管部门应当责令改正;拒不改正的,处二十万元以上五十万元以下罚款,并对其直接负责的主管人员和其他直接责任人员处十万元以下罚款;情节严重的,处五十万元以上罚款,并对其直接负责的主管人员和其他直接责任人员,处十万元以上五十万元以下罚款。

住宿、长途客运、机动车租赁等业务经营者、服务提供者有前款规定情形的,由主管部门处十万元以上五十万元以下罚款,并对其直接负责的主管人员和其他直接责任人员处十万元以下罚款。

第八十七条 违反本法规定,有下列情形之一的,由主管部门给予警告,并责令改正;拒不改正的,处十万元以下罚款,并对其直接负责的主管人员和其他直接责任人员处一万元以下罚款:

(一)未依照规定对枪支等武器、弹药、管制器具、危险化学品、民用爆炸物品、核与放射物品作出电子追踪标识,对民用爆炸物品添加安检示踪标识物的;

(二)未依照规定对运营中的危险化学品、民用爆炸物品、核与放射物品的运输工具通过定位系统实行监控的;

(三)未依照规定对传染病病原体等物质实行严格的监督管理,情节严重的;

(四)违反国务院有关主管部门或者省级人民政府对管制器具、危险化学品、民用爆炸物品决定的管制或者限制交易措施的。

第八十八条 防范恐怖袭击重点目标的管理、营运单位违反本法规定,有下列情形之一的,由公安机关给予警告,并责令改正;拒不改正的,处十万元以下罚款,并对其直接负责的主管人员和其他直接责任人员处一万元以下罚款:

(一)未制定防范和应对处置恐怖活动的预案、措施的;

(二)未建立反恐怖主义工作专项经费保障制度,或者未配备防范和处置设备、设施的;

(三)未落实工作机构或者责任人员的;

(四)未对重要岗位人员进行安全背景审查,或者未将有不适合情形的人员调整工作岗位的;

(五)对公共交通运输工具未依照规定配备安保人员和相应设备、设施的;

（六）未建立公共安全视频图像信息系统值班监看、信息保存使用、运行维护等管理制度的。

大型活动承办单位以及重点目标的管理单位未依照规定对进入大型活动场所、机场、火车站、码头、城市轨道交通站、公路长途客运站、口岸等重点目标的人员、物品和交通工具进行安全检查的，公安机关应当责令改正；拒不改正的，处十万元以下罚款，并对其直接负责的主管人员和其他直接责任人员处一万元以下罚款。

第八十九条 恐怖活动嫌疑人员违反公安机关责令其遵守的约束措施的，由公安机关给予警告，并责令改正；拒不改正的，处五日以上十五日以下拘留。

第九十条 新闻媒体等单位编造、传播虚假恐怖事件信息，报道、传播可能引起模仿的恐怖活动的实施细节，发布恐怖事件中残忍、不人道的场景，或者未经批准，报道、传播现场应对处置的工作人员、人质身份信息和应对处置行动情况的，由公安机关处二十万元以下罚款，并对其直接负责的主管人员和其他直接责任人员，处五日以上十五日以下拘留，可以并处五万元以下罚款。

个人有前款规定行为的，由公安机关处五日以上十五日以下拘留，可以并处一万元以下罚款。

第九十一条 拒不配合有关部门开展反恐怖主义安全防范、情报信息、调查、应对处置工作的，由主管部门处二千元以下罚款；造成严重后果的，处五日以上十五日以下拘留，可以并处一万元以下罚款。

单位有前款规定行为的，由主管部门处五万元以下罚款；造成严重后果的，处十万元以下罚款；并对其直接负责的主管人员和其他直接责任人员依照前款规定处罚。

第九十二条 阻碍有关部门开展反恐怖主义工作的，由公安机关处五日以上十五日以下拘留，可以并处五万元以下罚款。

单位有前款规定行为的，由公安机关处二十万元以下罚款，并对其直接负责的主管人员和其他直接责任人员依照前款规定处罚。

阻碍人民警察、人民解放军、人民武装警察依法执行职务的，从重处罚。

第九十三条 单位违反本法规定，情节严重的，由主管部门责令停止从事相关业务、提供相关服务或者责令停产停业；造成严重后果的，吊销有关证照或者撤销登记。

第九十四条 反恐怖主义工作领导机构、有关部门的工作人员在反恐怖主义工作中滥用职权、玩忽职守、徇私舞弊，或者有违反规定泄露国家秘密、商业秘密和个人隐私等行为，构成犯罪的，依法追究刑事责任；尚不构成犯罪的，依法给予处分。

反恐怖主义工作领导机构、有关部门及其工作人员在反恐怖主义工作中滥用职权、玩忽职守、徇私舞弊或者有其他违法违纪行为的，任何单位和个人有权向有关部门检举、控告。有关部门接到检举、控告后，应当及时处理并回复检举、控告人。

第九十五条 对依照本法规定查封、扣押、冻结、扣留、收缴的物品、资金等，经审查发现与恐怖主义无关的，应当及时解除有关措施，予以退还。

第九十六条 有关单位和个人对依照本法作出的行政处罚和行政强制措施决定不服的，可以依法申请行政复议或者提起行政诉讼。

第十章 附 则

第九十七条 本法自2016年1月1日起施行。2011年10月29日第十一届全国人民代表大会常务委员会第二十三次会议通过的《全国人民代表大会常务委员会关于加强反恐怖工作有关问题的决定》同时废止。

十、其他相关法

中华人民共和国
国家勋章和国家荣誉称号法

1．2015年12月27日第十二届全国人民代表大会常务委员会第十八次会议通过
2．2015年12月27日中华人民共和国主席令第38号公布
3．自2016年1月1日起施行

第一条　为了褒奖在中国特色社会主义建设中作出突出贡献的杰出人士，弘扬民族精神和时代精神，激发全国各族人民建设富强、民主、文明、和谐的社会主义现代化国家的积极性，实现中华民族伟大复兴，根据宪法，制定本法。

第二条　国家勋章和国家荣誉称号为国家最高荣誉。

国家勋章和国家荣誉称号的设立和授予，适用本法。

第三条　国家设立“共和国勋章”，授予在中国特色社会主义建设和保卫国家中作出巨大贡献、建立卓越功勋的杰出人士。

国家设立“友谊勋章”，授予在我国社会主义现代化建设和促进中外交流合作、维护世界和平中作出杰出贡献的外国人。

第四条　国家设立国家荣誉称号，授予在经济、社会、国防、外交、教育、科技、文化、卫生、体育等各领域各行业作出重大贡献、享有崇高声誉的杰出人士。

国家荣誉称号的名称冠以“人民”，也可以使用其他名称。国家荣誉称号的具体名称由全国人民代表大会常务委员会在决定授予时确定。

第五条　全国人民代表大会常务委员会委员长会议根据各方面的建议，向全国人民代表大会常务委员会提出授予国家勋章、国家荣誉称号的议案。

国务院、中央军事委员会可以向全国人民代表大会常务委员会提出授予国家勋章、国家荣誉称号的议案。

第六条 全国人民代表大会常务委员会决定授予国家勋章和国家荣誉称号。

第七条 中华人民共和国主席根据全国人民代表大会常务委员会的决定，向国家勋章和国家荣誉称号获得者授予国家勋章、国家荣誉称号奖章，签发证书。

第八条 中华人民共和国主席进行国事活动，可以直接授予外国政要、国际友人等人士"友谊勋章"。

第九条 国家在国庆日或者其他重大节日、纪念日，举行颁授国家勋章、国家荣誉称号的仪式；必要时，也可以在其他时间举行颁授国家勋章、国家荣誉称号的仪式。

第十条 国家设立国家功勋簿，记载国家勋章和国家荣誉称号获得者及其功绩。

第十一条 国家勋章和国家荣誉称号获得者应当受到国家和社会的尊重，享有受邀参加国家庆典和其他重大活动等崇高礼遇和国家规定的待遇。

第十二条 国家和社会通过多种形式，宣传国家勋章和国家荣誉称号获得者的卓越功绩和杰出事迹。

第十三条 国家勋章和国家荣誉称号为其获得者终身享有，但依照本法规定被撤销的除外。

第十四条 国家勋章和国家荣誉称号获得者应当按照规定佩带国家勋章、国家荣誉称号奖章，妥善保管勋章、奖章及证书。

第十五条 国家勋章和国家荣誉称号获得者去世的，其获得的勋章、奖章及证书由其继承人或者指定的人保存；没有继承人或者被指定人的，可以由国家收存。

国家勋章、国家荣誉称号奖章及证书不得出售、出租或者用于从事其他营利性活动。

第十六条 生前作出突出贡献符合本法规定授予国家勋章、国家荣誉称号条件的人士，本法施行后去世的，可以向其追授国家勋章、国家荣誉称号。

第十七条 国家勋章和国家荣誉称号获得者，应当珍视并保持国家给予的荣誉，模范地遵守宪法和法律，努力为人民服务，自觉维护国家勋章和国家荣誉称号的声誉。

第十八条 国家勋章和国家荣誉称号获得者因犯罪被依法判处刑罚或者

有其他严重违法、违纪等行为，继续享有国家勋章、国家荣誉称号将会严重损害国家最高荣誉的声誉的，由全国人民代表大会常务委员会决定撤销其国家勋章、国家荣誉称号并予以公告。

第十九条 国家勋章和国家荣誉称号的有关具体事项，由国家功勋荣誉表彰有关工作机构办理。

第二十条 国务院、中央军事委员会可以在各自的职权范围内开展功勋荣誉表彰奖励工作。

第二十一条 本法自2016年1月1日起施行。

中华人民共和国
境外非政府组织境内活动管理法

1. 2016年4月28日第十二届全国人民代表大会常务委员会第二十次会议通过

2. 根据2017年11月4日第十二届全国人民代表大会常务委员会第三十次会议《关于修改〈中华人民共和国会计法〉等十一部法律的决定》修正

目 录

第一章 总 则

第一条 为了规范、引导境外非政府组织在中国境内的活动，保障其合法权益，促进交流与合作，制定本法。

第二条 境外非政府组织在中国境内开展活动适用本法。

本法所称境外非政府组织，是指在境外合法成立的基金会、社会团体、智库机构等非营利、非政府的社会组织。

第三条 境外非政府组织依照本法可以在经济、教育、科技、文化、卫生、体育、环保等领域和济困、救灾等方面开展有利于公益事业发展的活动。

第四条 境外非政府组织在中国境内依法开展活动,受法律保护。

第五条 境外非政府组织在中国境内开展活动应当遵守中国法律,不得危害中国的国家统一、安全和民族团结,不得损害中国国家利益、社会公共利益和公民、法人以及其他组织的合法权益。

境外非政府组织在中国境内不得从事或者资助营利性活动、政治活动,不得非法从事或者资助宗教活动。

第六条 国务院公安部门和省级人民政府公安机关,是境外非政府组织在中国境内开展活动的登记管理机关。

国务院有关部门和单位、省级人民政府有关部门和单位,是境外非政府组织在中国境内开展活动的相应业务主管单位。

第七条 县级以上人民政府公安机关和有关部门在各自职责范围内对境外非政府组织在中国境内开展活动依法实施监督管理、提供服务。

国家建立境外非政府组织监督管理工作协调机制,负责研究、协调、解决境外非政府组织在中国境内开展活动监督管理和服务便利中的重大问题。

第八条 国家对为中国公益事业发展做出突出贡献的境外非政府组织给予表彰。

第二章 登记和备案

第九条 境外非政府组织在中国境内开展活动,应当依法登记设立代表机构;未登记设立代表机构需要在中国境内开展临时活动的,应当依法备案。

境外非政府组织未登记设立代表机构、开展临时活动未经备案的,不得在中国境内开展或者变相开展活动,不得委托、资助或者变相委托、资助中国境内任何单位和个人在中国境内开展活动。

第十条 境外非政府组织符合下列条件,根据业务范围、活动地域和开展活动的需要,可以申请在中国境内登记设立代表机构:

(一)在境外合法成立;

(二)能够独立承担民事责任;

(三)章程规定的宗旨和业务范围有利于公益事业发展;

(四)在境外存续二年以上并实质性开展活动;

（五）法律、行政法规规定的其他条件。

第十一条 境外非政府组织申请登记设立代表机构，应当经业务主管单位同意。

业务主管单位的名录由国务院公安部门和省级人民政府公安机关会同有关部门公布。

第十二条 境外非政府组织应当自业务主管单位同意之日起三十日内，向登记管理机关申请设立代表机构登记。申请设立代表机构登记，应当向登记管理机关提交下列文件、材料：

（一）申请书；

（二）符合本法第十条规定的证明文件、材料；

（三）拟设代表机构首席代表的身份证明、简历及其无犯罪记录证明材料或者声明；

（四）拟设代表机构的住所证明材料；

（五）资金来源证明材料；

（六）业务主管单位的同意文件；

（七）法律、行政法规规定的其他文件、材料。

登记管理机关审查境外非政府组织代表机构设立申请，根据需要可以组织专家进行评估。

登记管理机关应当自受理申请之日起六十日内作出准予登记或者不予登记的决定。

第十三条 对准予登记的境外非政府组织代表机构，登记管理机关发给登记证书，并向社会公告。登记事项包括：

（一）名称；

（二）住所；

（三）业务范围；

（四）活动地域；

（五）首席代表；

（六）业务主管单位。

境外非政府组织代表机构凭登记证书依法办理税务登记，刻制印章，在中国境内的银行开立银行账户，并将税务登记证件复印件、印章式样以及银行账户报登记管理机关备案。

第十四条 境外非政府组织代表机构需要变更登记事项的，应当自业务主管单位同意之日起三十日内,向登记管理机关申请变更登记。

第十五条 有下列情形之一的,境外非政府组织代表机构由登记管理机关注销登记,并向社会公告:

(一)境外非政府组织撤销代表机构的;

(二)境外非政府组织终止的;

(三)境外非政府组织代表机构依法被撤销登记或者吊销登记证书的;

(四)由于其他原因终止的。

境外非政府组织代表机构注销登记后,设立该代表机构的境外非政府组织应当妥善办理善后事宜。境外非政府组织代表机构不具有法人资格,涉及相关法律责任的,由该境外非政府组织承担。

第十六条 境外非政府组织未在中国境内设立代表机构,在中国境内开展临时活动的,应当与中国的国家机关、人民团体、事业单位、社会组织(以下称中方合作单位)合作进行。

第十七条 境外非政府组织开展临时活动,中方合作单位应当按照国家规定办理审批手续,并在开展临时活动十五日前向其所在地的登记管理机关备案。备案应当提交下列文件、材料:

(一)境外非政府组织合法成立的证明文件、材料;

(二)境外非政府组织与中方合作单位的书面协议;

(三)临时活动的名称、宗旨、地域和期限等相关材料;

(四)项目经费、资金来源证明材料及中方合作单位的银行账户;

(五)中方合作单位获得批准的文件;

(六)法律、行政法规规定的其他文件、材料。

在赈灾、救援等紧急情况下,需要开展临时活动的,备案时间不受前款规定的限制。

临时活动期限不超过一年,确实需要延长期限的,应当重新备案。

登记管理机关认为备案的临时活动不符合本法第五条规定的,应当及时通知中方合作单位停止临时活动。

第三章　活动规范

第十八条 境外非政府组织代表机构应当以登记的名称,在登记的业务范围和活动地域内开展活动。

境外非政府组织不得在中国境内设立分支机构,国务院另有规定的除外。

第十九条 境外非政府组织代表机构应当于每年12月31日前将包含项目实施、资金使用等内容的下一年度活动计划报业务主管单位，业务主管单位同意后十日内报登记管理机关备案。特殊情况下需要调整活动计划的，应当及时向登记管理机关备案。

第二十条 境外非政府组织在中国境内开展活动不得对中方合作单位、受益人附加违反中国法律法规的条件。

第二十一条 境外非政府组织在中国境内活动资金包括：

（一）境外合法来源的资金；

（二）中国境内的银行存款利息；

（三）中国境内合法取得的其他资金。

境外非政府组织在中国境内活动不得取得或者使用前款规定以外的资金。

境外非政府组织及其代表机构不得在中国境内进行募捐。

第二十二条 设立代表机构的境外非政府组织应当通过代表机构在登记管理机关备案的银行账户管理用于中国境内的资金。

开展临时活动的境外非政府组织应当通过中方合作单位的银行账户管理用于中国境内的资金，实行单独记账，专款专用。

未经前两款规定的银行账户，境外非政府组织、中方合作单位和个人不得以其他任何形式在中国境内进行项目活动资金的收付。

第二十三条 境外非政府组织应当按照代表机构登记的业务范围、活动地域或者与中方合作单位协议的约定使用资金。

第二十四条 境外非政府组织代表机构应当执行中国统一的会计制度。财务会计报告应当经中国境内会计师事务所审计。

第二十五条 境外非政府组织在中国境内开展活动，应当按照中国有关外汇管理的规定办理外汇收支。

第二十六条 境外非政府组织代表机构应当依法办理税务登记、纳税申报和税款缴纳等事项。

第二十七条 境外非政府组织代表机构在中国境内聘用工作人员应当遵守法律、行政法规，并将聘用的工作人员信息报业务主管单位和登记管理机关备案。

第二十八条 境外非政府组织代表机构、开展临时活动的境外非政府组织不得在中国境内发展会员，国务院另有规定的除外。

第二十九条 境外非政府组织代表机构应当设一名首席代表，可以根据业务需要设一至三名代表。

有下列情形之一的，不得担任首席代表、代表：

（一）无民事行为能力或者限制民事行为能力的；

（二）有犯罪记录的；

（三）依法被撤销登记、吊销登记证书的代表机构的首席代表、代表，自被撤销、吊销之日起未逾五年的；

（四）法律、行政法规规定的其他情形。

第三十条 开展临时活动的境外非政府组织，应当以经备案的名称开展活动。

境外非政府组织、中方合作单位应当于临时活动结束后三十日内将活动情况、资金使用情况等书面报送登记管理机关。

第三十一条 境外非政府组织代表机构应当于每年1月31日前向业务主管单位报送上一年度工作报告，经业务主管单位出具意见后，于3月31日前报送登记管理机关，接受年度检查。

年度工作报告应当包括经审计的财务会计报告、开展活动的情况以及人员和机构变动的情况等内容。

境外非政府组织代表机构应当将年度工作报告在登记管理机关统一的网站上向社会公开。

第三十二条 中国境内任何单位和个人不得接受未登记代表机构、开展临时活动未经备案的境外非政府组织的委托、资助，代理或者变相代理境外非政府组织在中国境内开展活动。

第四章 便利措施

第三十三条 国家保障和支持境外非政府组织在中国境内依法开展活动。各级人民政府有关部门应当为境外非政府组织在中国境内依法开展活动提供必要的便利和服务。

第三十四条 国务院公安部门和省级人民政府公安机关会同有关部门制定境外非政府组织活动领域和项目目录，公布业务主管单位名录，为境外非政府组织开展活动提供指引。

第三十五条 县级以上人民政府有关部门应当依法为境外非政府组织提供政策咨询、活动指导服务。

登记管理机关应当通过统一的网站，公布境外非政府组织申请设立代表机构以及开展临时活动备案的程序，供境外非政府组织查询。

第三十六条 境外非政府组织代表机构依法享受税收优惠等政策。

第三十七条 对境外非政府组织代表机构进行年度检查不得收取费用。

第三十八条 境外非政府组织代表机构首席代表和代表中的境外人员，可以凭登记证书、代表证明文件等依法办理就业等工作手续。

第五章 监督管理

第三十九条 境外非政府组织在中国境内开展活动，应当接受公安机关、有关部门和业务主管单位的监督管理。

第四十条 业务主管单位负责对境外非政府组织设立代表机构、变更登记事项、年度工作报告提出意见，指导、监督境外非政府组织及其代表机构依法开展活动，协助公安机关等部门查处境外非政府组织及其代表机构的违法行为。

第四十一条 公安机关负责境外非政府组织代表机构的登记、年度检查，境外非政府组织临时活动的备案，对境外非政府组织及其代表机构的违法行为进行查处。

公安机关履行监督管理职责，发现涉嫌违反本法规定行为的，可以依法采取下列措施：

（一）约谈境外非政府组织代表机构的首席代表以及其他负责人；

（二）进入境外非政府组织在中国境内的住所、活动场所进行现场检查；

（三）询问与被调查事件有关的单位和个人，要求其对与被调查事件有关的事项作出说明；

（四）查阅、复制与被调查事件有关的文件、资料，对可能被转移、销毁、隐匿或者篡改的文件、资料予以封存；

（五）查封或者扣押涉嫌违法活动的场所、设施或者财物。

第四十二条 公安机关可以查询与被调查事件有关的单位和个人的银行账户，有关金融机构、金融监督管理机构应当予以配合。对涉嫌违法活动的银行账户资金，经设区的市级以上人民政府公安机关负责人批准，可以提请人民法院依法冻结；对涉嫌犯罪的银行账户资金，依照《中华人民共和国刑事诉讼法》的规定采取冻结措施。

第四十三条 国家安全、外交外事、财政、金融监督管理、海关、税务、外国专家等部门按照各自职责对境外非政府组织及其代表机构依法实施监督管理。

第四十四条 国务院反洗钱行政主管部门依法对境外非政府组织代表机构、中方合作单位以及接受境外非政府组织资金的中国境内单位和个人开立、使用银行账户过程中遵守反洗钱和反恐怖主义融资法律规定的情况进行监督管理。

第六章 法律责任

第四十五条 境外非政府组织代表机构、开展临时活动的境外非政府组织或者中方合作单位有下列情形之一的，由设区的市级以上人民政府公安机关给予警告或者责令限期停止活动；没收非法财物和违法所得；情节严重的，由登记管理机关吊销登记证书、取缔临时活动：

（一）未按照规定办理变更登记、备案相关事项的；

（二）未按照登记或者备案的名称、业务范围、活动地域开展活动的；

（三）从事、资助营利性活动，进行募捐或者违反规定发展会员的；

（四）违反规定取得、使用资金，未按照规定开立、使用银行账户或者进行会计核算的；

（五）未按照规定报送年度活动计划、报送或者公开年度工作报告的；

（六）拒不接受或者不按照规定接受监督检查的。

境外非政府组织代表机构、开展临时活动的境外非政府组织或者中方合作单位以提供虚假材料等非法手段，取得代表机构登记证书或者进行临时活动备案的，或者有伪造、变造、买卖、出租、出借登记证书、印章行为的，依照前款规定处罚。

第四十六条 有下列情形之一的，由设区的市级以上人民政府公安机关予以取缔或者责令停止违法行为；没收非法财物和违法所得；对直接责任人员给予警告，情节严重的，处十日以下拘留：

（一）未经登记、备案，以境外非政府组织代表机构、境外非政府组织名义开展活动的；

（二）被撤销登记、吊销登记证书或者注销登记后以境外非政府组织代表机构名义开展活动的；

（三）境外非政府组织临时活动期限届满或者临时活动被取缔后在中国境内开展活动的；

（四）境外非政府组织未登记代表机构、临时活动未备案，委托、资助中国境内单位和个人在中国境内开展活动的。

中国境内单位和个人明知境外非政府组织未登记代表机构、临时活动未备案，与其合作的，或者接受其委托、资助，代理或者变相代理其开展活动、进行项目活动资金收付的，依照前款规定处罚。

第四十七条 境外非政府组织、境外非政府组织代表机构有下列情形之一的，由登记管理机关吊销登记证书或者取缔临时活动；尚不构成犯罪的，由设区的市级以上人民政府公安机关对直接责任人员处十五日以下拘留：

（一）煽动抗拒法律、法规实施的；

（二）非法获取国家秘密的；

（三）造谣、诽谤或者发表、传播其他有害信息，危害国家安全或者损害国家利益的；

（四）从事或者资助政治活动，非法从事或者资助宗教活动的；

（五）有其他危害国家安全、损害国家利益或者社会公共利益情形的。

境外非政府组织、境外非政府组织代表机构有分裂国家、破坏国家统一、颠覆国家政权等犯罪行为的，由登记管理机关依照前款规定处罚，对直接责任人员依法追究刑事责任。

第四十八条 境外非政府组织、境外非政府组织代表机构违反本法规定被撤销登记、吊销登记证书或者临时活动被取缔的，自被撤销、吊销、取缔之日起五年内，不得在中国境内再设立代表机构或者开展临时活动。

未登记代表机构或者临时活动未备案开展活动的境外非政府组织，自活动被取缔之日起五年内，不得在中国境内再设立代表机构或者开展临时活动。

有本法第四十七条规定情形之一的境外非政府组织，国务院公安部门可以将其列入不受欢迎的名单，不得在中国境内再设立代表机构或者开展临时活动。

第四十九条 境外非政府组织代表机构被责令限期停止活动的，由登记管理机关封存其登记证书、印章和财务凭证。对被撤销登记、吊销登记证书的，由登记管理机关收缴其登记证书、印章并公告作废。

第五十条 境外人员违反本法规定的，有关机关可以依法限期出境、遣送出境或者驱逐出境。

第五十一条 公安机关、有关部门和业务主管单位及其工作人员在境外非政府组织监督管理工作中，不履行职责或者滥用职权、玩忽职守、徇私舞弊的，依法追究法律责任。

第五十二条 违反本法规定，构成违反治安管理行为的，由公安机关依法给予治安管理处罚；构成犯罪的，依法追究刑事责任。

第七章 附 则

第五十三条 境外学校、医院、自然科学和工程技术的研究机构或者学术组织与境内学校、医院、自然科学和工程技术的研究机构或者学术组织开展交流合作，按照国家有关规定办理。

前款规定的境外学校、医院、机构和组织在中国境内的活动违反本法第五条规定的，依法追究法律责任。

第五十四条 本法自 2017 年 1 月 1 日起施行。

中华人民共和国英雄烈士保护法

1. 2018 年 4 月 27 日第十三届全国人民代表大会常务委员会第二次会议通过
2. 2018 年 4 月 27 日中华人民共和国主席令第 5 号公布
3. 自 2018 年 5 月 1 日起施行

第一条 为了加强对英雄烈士的保护，维护社会公共利益，传承和弘扬英雄烈士精神、爱国主义精神，培育和践行社会主义核心价值观，激发实现中华民族伟大复兴中国梦的强大精神力量，根据宪法，制定本法。

第二条 国家和人民永远尊崇、铭记英雄烈士为国家、人民和民族作出的牺牲和贡献。

近代以来，为了争取民族独立和人民解放，实现国家富强和人民幸福，促进世界和平和人类进步而毕生奋斗、英勇献身的英雄烈士，功勋彪炳史册，精神永垂不朽。

第三条 英雄烈士事迹和精神是中华民族的共同历史记忆和社会主义核心价值观的重要体现。

国家保护英雄烈士，对英雄烈士予以褒扬、纪念，加强对英雄烈士事迹和精神的宣传、教育，维护英雄烈士尊严和合法权益。

全社会都应当崇尚、学习、捍卫英雄烈士。

第四条 各级人民政府应当加强对英雄烈士的保护，将宣传、弘扬英雄烈士事迹和精神作为社会主义精神文明建设的重要内容。

县级以上人民政府负责英雄烈士保护工作的部门和其他有关部门应当依法履行职责，做好英雄烈士保护工作。

军队有关部门按照国务院、中央军事委员会的规定，做好英雄烈士保护工作。

县级以上人民政府应当将英雄烈士保护工作经费列入本级预算。

第五条 每年9月30日为烈士纪念日，国家在首都北京天安门广场人民英雄纪念碑前举行纪念仪式，缅怀英雄烈士。

县级以上地方人民政府、军队有关部门应当在烈士纪念日举行纪念活动。

举行英雄烈士纪念活动，邀请英雄烈士遗属代表参加。

第六条 在清明节和重要纪念日，机关、团体、乡村、社区、学校、企业事业单位和军队有关单位根据实际情况，组织开展英雄烈士纪念活动。

第七条 国家建立并保护英雄烈士纪念设施，纪念、缅怀英雄烈士。

矗立在首都北京天安门广场的人民英雄纪念碑，是近代以来中国人民和中华民族争取民族独立解放、人民自由幸福和国家繁荣富强精神的象征，是国家和人民纪念、缅怀英雄烈士的永久性纪念设施。

人民英雄纪念碑及其名称、碑题、碑文、浮雕、图形、标志等受法律保护。

第八条 县级以上人民政府应当将英雄烈士纪念设施建设和保护纳入国民经济和社会发展规划、城乡规划，加强对英雄烈士纪念设施的保护和管理；对具有重要纪念意义、教育意义的英雄烈士纪念设施依照《中华人民共和国文物保护法》的规定，核定公布为文物保护单位。

中央财政对革命老区、民族地区、边疆地区、贫困地区英雄烈士纪念设施的修缮保护，应当按照国家规定予以补助。

第九条 英雄烈士纪念设施应当免费向社会开放，供公众瞻仰、悼念英雄烈士，开展纪念教育活动，告慰先烈英灵。

前款规定的纪念设施由军队有关单位管理的，按照军队有关规定实行开放。

第十条 英雄烈士纪念设施保护单位应当健全服务和管理工作规范，方便瞻仰、悼念英雄烈士，保持英雄烈士纪念设施庄严、肃穆、清净的环境和氛围。

任何组织和个人不得在英雄烈士纪念设施保护范围内从事有损纪念英雄烈士环境和氛围的活动，不得侵占英雄烈士纪念设施保护范围内的土地和设施，不得破坏、污损英雄烈士纪念设施。

第十一条 安葬英雄烈士时，县级以上人民政府、军队有关部门应当举行庄严、肃穆、文明、节俭的送迎、安葬仪式。

第十二条 国家建立健全英雄烈士祭扫制度和礼仪规范，引导公民庄严有序地开展祭扫活动。

县级以上人民政府有关部门应当为英雄烈士遗属祭扫提供便利。

第十三条 县级以上人民政府有关部门应当引导公民通过瞻仰英雄烈士纪念设施、集体宣誓、网上祭奠等形式，铭记英雄烈士的事迹，传承和弘扬英雄烈士的精神。

第十四条 英雄烈士在国外安葬的，中华人民共和国驻该国外交、领事代表机构应当结合驻在国实际情况组织开展祭扫活动。

国家通过与有关国家的合作，查找、收集英雄烈士遗骸、遗物和史料，加强对位于国外的英雄烈士纪念设施的修缮保护工作。

第十五条 国家鼓励和支持开展对英雄烈士事迹和精神的研究，以辩证唯物主义和历史唯物主义为指导认识和记述历史。

第十六条 各级人民政府、军队有关部门应当加强对英雄烈士遗物、史料的收集、保护和陈列展示工作，组织开展英雄烈士史料的研究、编纂和宣传工作。

国家鼓励和支持革命老区发挥当地资源优势，开展英雄烈士事迹和精神的研究、宣传和教育工作。

第十七条 教育行政部门应当以青少年学生为重点，将英雄烈士事迹和精神的宣传教育纳入国民教育体系。

教育行政部门、各级各类学校应当将英雄烈士事迹和精神纳入教育内容，组织开展纪念教育活动，加强对学生的爱国主义、集体主义、社会主义教育。

第十八条 文化、新闻出版、广播电视、电影、网信等部门应当鼓励和支持以英雄烈士事迹为题材、弘扬英雄烈士精神的优秀文学艺术作品、广播电视节目以及出版物的创作生产和宣传推广。

第十九条 广播电台、电视台、报刊出版单位、互联网信息服务提供者，应当通过播放或者刊登英雄烈士题材作品、发布公益广告、开设专栏等方式，广泛宣传英雄烈士事迹和精神。

第二十条 国家鼓励和支持自然人、法人和非法人组织以捐赠财产、义务宣讲英雄烈士事迹和精神、帮扶英雄烈士遗属等公益活动的方式，参与英雄烈士保护工作。

自然人、法人和非法人组织捐赠财产用于英雄烈士保护的，依法享受税收优惠。

第二十一条 国家实行英雄烈士抚恤优待制度。英雄烈士遗属按照国家规定享受教育、就业、养老、住房、医疗等方面的优待。抚恤优待水平应当与国民经济和社会发展相适应并逐步提高。

国务院有关部门、军队有关部门和地方人民政府应当关心英雄烈士遗属的生活情况，每年定期走访慰问英雄烈士遗属。

第二十二条 禁止歪曲、丑化、亵渎、否定英雄烈士事迹和精神。

英雄烈士的姓名、肖像、名誉、荣誉受法律保护。任何组织和个人不得在公共场所、互联网或者利用广播电视、电影、出版物等，以侮辱、诽谤或者其他方式侵害英雄烈士的姓名、肖像、名誉、荣誉。任何组织和个人不得将英雄烈士的姓名、肖像用于或者变相用于商标、商业广告，损害英雄烈士的名誉、荣誉。

公安、文化、新闻出版、广播电视、电影、网信、市场监督管理、负责英雄烈士保护工作的部门发现前款规定行为的，应当依法及时处理。

第二十三条 网信和电信、公安等有关部门在对网络信息进行依法监督管理工作中，发现发布或者传输以侮辱、诽谤或者其他方式侵害英雄烈士的姓名、肖像、名誉、荣誉的信息的，应当要求网络运营者停止传输，采取消除等处置措施和其他必要措施；对来源于中华人民共和国境外的上述信息，应当通知有关机构采取技术措施和其他必要措施阻断传播。

网络运营者发现其用户发布前款规定的信息的，应当立即停止传输该信息，采取消除等处置措施，防止信息扩散，保存有关记录，并向有关主管部门报告。网络运营者未采取停止传输、消除等处置措施的，依照《中华人民共和国网络安全法》的规定处罚。

第二十四条 任何组织和个人有权对侵害英雄烈士合法权益和其他违反

本法规定的行为,向负责英雄烈士保护工作的部门、网信、公安等有关部门举报,接到举报的部门应当依法及时处理。

第二十五条 对侵害英雄烈士的姓名、肖像、名誉、荣誉的行为,英雄烈士的近亲属可以依法向人民法院提起诉讼。

英雄烈士没有近亲属或者近亲属不提起诉讼的,检察机关依法对侵害英雄烈士的姓名、肖像、名誉、荣誉,损害社会公共利益的行为向人民法院提起诉讼。

负责英雄烈士保护工作的部门和其他有关部门在履行职责过程中发现第一款规定的行为,需要检察机关提起诉讼的,应当向检察机关报告。

英雄烈士近亲属依照第一款规定提起诉讼的,法律援助机构应当依法提供法律援助服务。

第二十六条 以侮辱、诽谤或者其他方式侵害英雄烈士的姓名、肖像、名誉、荣誉,损害社会公共利益的,依法承担民事责任;构成违反治安管理行为的,由公安机关依法给予治安管理处罚;构成犯罪的,依法追究刑事责任。

第二十七条 在英雄烈士纪念设施保护范围内从事有损纪念英雄烈士环境和氛围的活动的,纪念设施保护单位应当及时劝阻;不听劝阻的,由县级以上地方人民政府负责英雄烈士保护工作的部门、文物主管部门按照职责规定给予批评教育,责令改正;构成违反治安管理行为的,由公安机关依法给予治安管理处罚。

亵渎、否定英雄烈士事迹和精神,宣扬、美化侵略战争和侵略行为,寻衅滋事,扰乱公共秩序,构成违反治安管理行为的,由公安机关依法给予治安管理处罚;构成犯罪的,依法追究刑事责任。

第二十八条 侵占、破坏、污损英雄烈士纪念设施的,由县级以上人民政府负责英雄烈士保护工作的部门责令改正;造成损失的,依法承担民事责任;被侵占、破坏、污损的纪念设施属于文物保护单位的,依照《中华人民共和国文物保护法》的规定处罚;构成违反治安管理行为的,由公安机关依法给予治安管理处罚;构成犯罪的,依法追究刑事责任。

第二十九条 县级以上人民政府有关部门及其工作人员在英雄烈士保护工作中滥用职权、玩忽职守、徇私舞弊的,对直接负责的主管人员和其他直接责任人员,依法给予处分;构成犯罪的,依法追究刑事责任。

第三十条 本法自 2018 年 5 月 1 日起施行。

中华人民共和国公职人员政务处分法

1. 2020年6月20日第十三届全国人民代表大会常务委员会第十九次会议通过
2. 2020年6月20日中华人民共和国主席令第46号公布
3. 自2020年7月1日起施行

目　　录

第一章　总　　则

第一条　为了规范政务处分，加强对所有行使公权力的公职人员的监督，促进公职人员依法履职、秉公用权、廉洁从政从业、坚持道德操守，根据《中华人民共和国监察法》，制定本法。

第二条　本法适用于监察机关对违法的公职人员给予政务处分的活动。

本法第二章、第三章适用于公职人员任免机关、单位对违法的公职人员给予处分。处分的程序、申诉等适用其他法律、行政法规、国务院部门规章和国家有关规定。

本法所称公职人员，是指《中华人民共和国监察法》第十五条规定的人员。

第三条　监察机关应当按照管理权限，加强对公职人员的监督，依法给予违法的公职人员政务处分。

公职人员任免机关、单位应当按照管理权限，加强对公职人员的教育、管理、监督，依法给予违法的公职人员处分。

监察机关发现公职人员任免机关、单位应当给予处分而未给予，或者给予的处分违法、不当的，应当及时提出监察建议。

第四条 给予公职人员政务处分，坚持党管干部原则，集体讨论决定；坚持法律面前一律平等，以事实为根据，以法律为准绳，给予的政务处分与违法行为的性质、情节、危害程度相当；坚持惩戒与教育相结合，宽严相济。

第五条 给予公职人员政务处分，应当事实清楚、证据确凿、定性准确、处理恰当、程序合法、手续完备。

第六条 公职人员依法履行职责受法律保护，非因法定事由、非经法定程序，不受政务处分。

第二章 政务处分的种类和适用

第七条 政务处分的种类为：

（一）警告；

（二）记过；

（三）记大过；

（四）降级；

（五）撤职；

（六）开除。

第八条 政务处分的期间为：

（一）警告，六个月；

（二）记过，十二个月；

（三）记大过，十八个月；

（四）降级、撤职，二十四个月。

政务处分决定自作出之日起生效，政务处分期自政务处分决定生效之日起计算。

第九条 公职人员二人以上共同违法，根据各自在违法行为中所起的作用和应当承担的法律责任，分别给予政务处分。

第十条 有关机关、单位、组织集体作出的决定违法或者实施违法行为的，对负有责任的领导人员和直接责任人员中的公职人员依法给予政务处分。

第十一条 公职人员有下列情形之一的，可以从轻或者减轻给予政务处分：

（一）主动交代本人应当受到政务处分的违法行为的；

（二）配合调查，如实说明本人违法事实的；

（三）检举他人违纪违法行为，经查证属实的；

（四）主动采取措施，有效避免、挽回损失或者消除不良影响的；

(五)在共同违法行为中起次要或者辅助作用的;

(六)主动上交或者退赔违法所得的;

(七)法律、法规规定的其他从轻或者减轻情节。

第十二条 公职人员违法行为情节轻微,且具有本法第十一条规定的情形之一的,可以对其进行谈话提醒、批评教育、责令检查或者予以诫勉,免予或者不予政务处分。

公职人员因不明真相被裹挟或者被胁迫参与违法活动,经批评教育后确有悔改表现的,可以减轻、免予或者不予政务处分。

第十三条 公职人员有下列情形之一的,应当从重给予政务处分:

(一)在政务处分期内再次故意违法,应当受到政务处分的;

(二)阻止他人检举、提供证据的;

(三)串供或者伪造、隐匿、毁灭证据的;

(四)包庇同案人员的;

(五)胁迫、唆使他人实施违法行为的;

(六)拒不上交或者退赔违法所得的;

(七)法律、法规规定的其他从重情节。

第十四条 公职人员犯罪,有下列情形之一的,予以开除:

(一)因故意犯罪被判处管制、拘役或者有期徒刑以上刑罚(含宣告缓刑)的;

(二)因过失犯罪被判处有期徒刑,刑期超过三年的;

(三)因犯罪被单处或者并处剥夺政治权利的。

因过失犯罪被判处管制、拘役或者三年以下有期徒刑的,一般应当予以开除;案件情况特殊,予以撤职更为适当的,可以不予开除,但是应当报请上一级机关批准。

公职人员因犯罪被单处罚金,或者犯罪情节轻微,人民检察院依法作出不起诉决定或者人民法院依法免予刑事处罚的,予以撤职;造成不良影响的,予以开除。

第十五条 公职人员有两个以上违法行为的,应当分别确定政务处分。应当给予两种以上政务处分的,执行其中最重的政务处分;应当给予撤职以下多个相同政务处分的,可以在一个政务处分期以上、多个政务处分期之和以下确定政务处分期,但是最长不得超过四十八个月。

第十六条 对公职人员的同一违法行为,监察机关和公职人员任免机关、单位不得重复给予政务处分和处分。

第十七条 公职人员有违法行为，有关机关依照规定给予组织处理的，监察机关可以同时给予政务处分。

第十八条 担任领导职务的公职人员有违法行为，被罢免、撤销、免去或者辞去领导职务的，监察机关可以同时给予政务处分。

第十九条 公务员以及参照《中华人民共和国公务员法》管理的人员在政务处分期内，不得晋升职务、职级、衔级和级别；其中，被记过、记大过、降级、撤职的，不得晋升工资档次。被撤职的，按照规定降低职务、职级、衔级和级别，同时降低工资和待遇。

第二十条 法律、法规授权或者受国家机关依法委托管理公共事务的组织中从事公务的人员，以及公办的教育、科研、文化、医疗卫生、体育等单位中从事管理的人员，在政务处分期内，不得晋升职务、岗位和职员等级、职称；其中，被记过、记大过、降级、撤职的，不得晋升薪酬待遇等级。被撤职的，降低职务、岗位或者职员等级，同时降低薪酬待遇。

第二十一条 国有企业管理人员在政务处分期内，不得晋升职务、岗位等级和职称；其中，被记过、记大过、降级、撤职的，不得晋升薪酬待遇等级。被撤职的，降低职务或者岗位等级，同时降低薪酬待遇。

第二十二条 基层群众性自治组织中从事管理的人员有违法行为的，监察机关可以予以警告、记过、记大过。

基层群众性自治组织中从事管理的人员受到政务处分的，应当由县级或者乡镇人民政府根据具体情况减发或者扣发补贴、奖金。

第二十三条 《中华人民共和国监察法》第十五条第六项规定的人员有违法行为的，监察机关可以予以警告、记过、记大过。情节严重的，由所在单位直接给予或者监察机关建议有关机关、单位给予降低薪酬待遇、调离岗位、解除人事关系或者劳动关系等处理。

《中华人民共和国监察法》第十五条第二项规定的人员，未担任公务员、参照《中华人民共和国公务员法》管理的人员、事业单位工作人员或者国有企业人员职务的，对其违法行为依照前款规定处理。

第二十四条 公职人员被开除，或者依照本法第二十三条规定，受到解除人事关系或者劳动关系处理的，不得录用为公务员以及参照《中华人民共和国公务员法》管理的人员。

第二十五条 公职人员违法取得的财物和用于违法行为的本人财物，除依法应当由其他机关没收、追缴或者责令退赔的，由监察机关没收、追缴或者责令退赔；应当退还原所有人或者原持有人的，依法予以退还；属于国家财产或者不应当退还以及无法退还的，上缴国库。

公职人员因违法行为获得的职务、职级、衔级、级别、岗位和职员等级、职称、待遇、资格、学历、学位、荣誉、奖励等其他利益，监察机关应当建议有关机关、单位、组织按规定予以纠正。

第二十六条 公职人员被开除的，自政务处分决定生效之日起，应当解除其与所在机关、单位的人事关系或者劳动关系。

公职人员受到开除以外的政务处分，在政务处分期内有悔改表现，并且没有再发生应当给予政务处分的违法行为的，政务处分期满后自动解除，晋升职务、职级、衔级、级别、岗位和职员等级、职称、薪酬待遇不再受原政务处分影响。但是，解除降级、撤职的，不恢复原职务、职级、衔级、级别、岗位和职员等级、职称、薪酬待遇。

第二十七条 已经退休的公职人员退休前或者退休后有违法行为的，不再给予政务处分，但是可以对其立案调查；依法应当予以降级、撤职、开除的，应当按照规定相应调整其享受的待遇，对其违法取得的财物和用于违法行为的本人财物依照本法第二十五条的规定处理。

已经离职或者死亡的公职人员在履职期间有违法行为的，依照前款规定处理。

第三章 违法行为及其适用的政务处分

第二十八条 有下列行为之一的，予以记过或者记大过；情节较重的，予以降级或者撤职；情节严重的，予以开除：

（一）散布有损宪法权威、中国共产党领导和国家声誉的言论的；

（二）参加旨在反对宪法、中国共产党领导和国家的集会、游行、示威等活动的；

（三）拒不执行或者变相不执行中国共产党和国家的路线方针政策、重大决策部署的；

（四）参加非法组织、非法活动的；

（五）挑拨、破坏民族关系，或者参加民族分裂活动的；

（六）利用宗教活动破坏民族团结和社会稳定的；

（七）在对外交往中损害国家荣誉和利益的。

有前款第二项、第四项、第五项和第六项行为之一的，对策划者、组织者和骨干分子,予以开除。

公开发表反对宪法确立的国家指导思想,反对中国共产党领导,反对社会主义制度,反对改革开放的文章、演说、宣言、声明等的,予以开除。

第二十九条 不按照规定请示、报告重大事项,情节较重的,予以警告、记过或者记大过;情节严重的,予以降级或者撤职。

违反个人有关事项报告规定,隐瞒不报,情节较重的,予以警告、记过或者记大过。

篡改、伪造本人档案资料的,予以记过或者记大过;情节严重的,予以降级或者撤职。

第三十条 有下列行为之一的,予以警告、记过或者记大过;情节严重的,予以降级或者撤职:

(一)违反民主集中制原则,个人或者少数人决定重大事项,或者拒不执行、擅自改变集体作出的重大决定的;

(二)拒不执行或者变相不执行、拖延执行上级依法作出的决定、命令的。

第三十一条 违反规定出境或者办理因私出境证件的,予以记过或者记大过;情节严重的,予以降级或者撤职。

违反规定取得外国国籍或者获取境外永久居留资格、长期居留许可的,予以撤职或者开除。

第三十二条 有下列行为之一的,予以警告、记过或者记大过;情节较重的,予以降级或者撤职;情节严重的,予以开除:

(一)在选拔任用、录用、聘用、考核、晋升、评选等干部人事工作中违反有关规定的;

(二)弄虚作假,骗取职务、职级、衔级、级别、岗位和职员等级、职称、待遇、资格、学历、学位、荣誉、奖励或者其他利益的;

(三)对依法行使批评、申诉、控告、检举等权利的行为进行压制或者打击报复的;

(四)诬告陷害,意图使他人受到名誉损害或者责任追究等不良影响的;

(五)以暴力、威胁、贿赂、欺骗等手段破坏选举的。

第三十三条 有下列行为之一的,予以警告、记过或者记大过;情节较重的，予以降级或者撤职；情节严重的，予以开除：

（一）贪污贿赂的；

（二）利用职权或者职务上的影响为本人或者他人谋取私利的；

（三）纵容、默许特定关系人利用本人职权或者职务上的影响谋取私利的。

拒不按照规定纠正特定关系人违规任职、兼职或者从事经营活动，且不服从职务调整的，予以撤职。

第三十四条 收受可能影响公正行使公权力的礼品、礼金、有价证券等财物的，予以警告、记过或者记大过；情节较重的，予以降级或者撤职；情节严重的，予以开除。

向公职人员及其特定关系人赠送可能影响公正行使公权力的礼品、礼金、有价证券等财物，或者接受、提供可能影响公正行使公权力的宴请、旅游、健身、娱乐等活动安排，情节较重的，予以警告、记过或者记大过；情节严重的，予以降级或者撤职。

第三十五条 有下列行为之一，情节较重的，予以警告、记过或者记大过；情节严重的，予以降级或者撤职：

（一）违反规定设定、发放薪酬或者津贴、补贴、奖金的；

（二）违反规定，在公务接待、公务交通、会议活动、办公用房以及其他工作生活保障等方面超标准、超范围的；

（三）违反规定公款消费的。

第三十六条 违反规定从事或者参与营利性活动，或者违反规定兼任职务、领取报酬的，予以警告、记过或者记大过；情节较重的，予以降级或者撤职；情节严重的，予以开除。

第三十七条 利用宗族或者黑恶势力等欺压群众，或者纵容、包庇黑恶势力活动的，予以撤职；情节严重的，予以开除。

第三十八条 有下列行为之一，情节较重的，予以警告、记过或者记大过；情节严重的，予以降级或者撤职：

（一）违反规定向管理服务对象收取、摊派财物的；

（二）在管理服务活动中故意刁难、吃拿卡要的；

（三）在管理服务活动中态度恶劣粗暴，造成不良后果或者影响的；

（四）不按照规定公开工作信息，侵犯管理服务对象知情权，造成不良后果或者影响的；

（五）其他侵犯管理服务对象利益的行为，造成不良后果或者影响的。

有前款第一项、第二项和第五项行为，情节特别严重的，予以开除。

第三十九条 有下列行为之一，造成不良后果或者影响的，予以警告、记过或者记大过；情节较重的，予以降级或者撤职；情节严重的，予以开除：

（一）滥用职权，危害国家利益、社会公共利益或者侵害公民、法人、其他组织合法权益的；

（二）不履行或者不正确履行职责，玩忽职守，贻误工作的；

（三）工作中有形式主义、官僚主义行为的；

（四）工作中有弄虚作假，误导、欺骗行为的；

（五）泄露国家秘密、工作秘密，或者泄露因履行职责掌握的商业秘密、个人隐私的。

第四十条 有下列行为之一的，予以警告、记过或者记大过；情节较重的，予以降级或者撤职；情节严重的，予以开除：

（一）违背社会公序良俗，在公共场所有不当行为，造成不良影响的；

（二）参与或者支持迷信活动，造成不良影响的；

（三）参与赌博的；

（四）拒不承担赡养、抚养、扶养义务的；

（五）实施家庭暴力，虐待、遗弃家庭成员的；

（六）其他严重违反家庭美德、社会公德的行为。

吸食、注射毒品，组织赌博，组织、支持、参与卖淫、嫖娼、色情淫乱活动的，予以撤职或者开除。

第四十一条 公职人员有其他违法行为，影响公职人员形象，损害国家和人民利益的，可以根据情节轻重给予相应政务处分。

第四章　政务处分的程序

第四十二条 监察机关对涉嫌违法的公职人员进行调查，应当由二名以上工作人员进行。监察机关进行调查时，有权依法向有关单位和个人了解情况，收集、调取证据。有关单位和个人应当如实提供情况。

严禁以威胁、引诱、欺骗及其他非法方式收集证据。以非法方式收集的证据不得作为给予政务处分的依据。

第四十三条 作出政务处分决定前，监察机关应当将调查认定的违法事实及拟给予政务处分的依据告知被调查人，听取被调查人的陈述和申辩，并对其陈述的事实、理由和证据进行核实，记录在案。被调查人提出的事实、理由和证据成立的，应予采纳。不得因被调查人的申辩而加重政务处分。

第四十四条 调查终结后，监察机关应当根据下列不同情况，分别作出处理：

（一）确有应受政务处分的违法行为的，根据情节轻重，按照政务处分决定权限，履行规定的审批手续后，作出政务处分决定；

（二）违法事实不能成立的，撤销案件；

（三）符合免予、不予政务处分条件的，作出免予、不予政务处分决定；

（四）被调查人涉嫌其他违法或者犯罪行为的，依法移送主管机关处理。

第四十五条 决定给予政务处分的，应当制作政务处分决定书。

政务处分决定书应当载明下列事项：

（一）被处分人的姓名、工作单位和职务；

（二）违法事实和证据；

（三）政务处分的种类和依据；

（四）不服政务处分决定，申请复审、复核的途径和期限；

（五）作出政务处分决定的机关名称和日期。

政务处分决定书应当盖有作出决定的监察机关的印章。

第四十六条 政务处分决定书应当及时送达被处分人和被处分人所在机关、单位，并在一定范围内宣布。

作出政务处分决定后，监察机关应当根据被处分人的具体身份书面告知相关的机关、单位。

第四十七条 参与公职人员违法案件调查、处理的人员有下列情形之一的，应当自行回避，被调查人、检举人及其他有关人员也有权要求其回避：

（一）是被调查人或者检举人的近亲属的；

（二）担任过本案的证人的；

（三）本人或者其近亲属与调查的案件有利害关系的；

（四）可能影响案件公正调查、处理的其他情形。

第四十八条 监察机关负责人的回避，由上级监察机关决定；其他参与违法案件调查、处理人员的回避，由监察机关负责人决定。

监察机关或者上级监察机关发现参与违法案件调查、处理人员有应当回避情形的，可以直接决定该人员回避。

第四十九条 公职人员依法受到刑事责任追究的，监察机关应当根据司法机关的生效判决、裁定、决定及其认定的事实和情节，依照本法规定给予政务处分。

公职人员依法受到行政处罚，应当给予政务处分的，监察机关可以根据行政处罚决定认定的事实和情节，经立案调查核实后，依照本法给予政务处分。

监察机关根据本条第一款、第二款的规定作出政务处分后，司法机关、行政机关依法改变原生效判决、裁定、决定等，对原政务处分决定产生影响的，监察机关应当根据改变后的判决、裁定、决定等重新作出相应处理。

第五十条 监察机关对经各级人民代表大会、县级以上各级人民代表大会常务委员会选举或者决定任命的公职人员予以撤职、开除的，应当先依法罢免、撤销或者免去其职务，再依法作出政务处分决定。

监察机关对经中国人民政治协商会议各级委员会全体会议或者其常务委员会选举或者决定任命的公职人员予以撤职、开除的，应当先依章程免去其职务，再依法作出政务处分决定。

监察机关对各级人民代表大会代表、中国人民政治协商会议各级委员会委员给予政务处分的，应当向有关的人民代表大会常务委员会，乡、民族乡、镇的人民代表大会主席团或者中国人民政治协商会议委员会常务委员会通报。

第五十一条 下级监察机关根据上级监察机关的指定管辖决定进行调查的案件，调查终结后，对不属于本监察机关管辖范围内的监察对象，应当交有管理权限的监察机关依法作出政务处分决定。

第五十二条 公职人员涉嫌违法，已经被立案调查，不宜继续履行职责的，公职人员任免机关、单位可以决定暂停其履行职务。

公职人员在被立案调查期间，未经监察机关同意，不得出境、辞去公职；被调查公职人员所在机关、单位及上级机关、单位不得对其交流、晋升、奖励、处分或者办理退休手续。

第五十三条 监察机关在调查中发现公职人员受到不实检举、控告或者诬告陷害,造成不良影响的,应当按照规定及时澄清事实,恢复名誉,消除不良影响。

第五十四条 公职人员受到政务处分的,应当将政务处分决定书存入其本人档案。对于受到降级以上政务处分的,应当由人事部门按照管理权限在作出政务处分决定后一个月内办理职务、工资及其他有关待遇等的变更手续;特殊情况下,经批准可以适当延长办理期限,但是最长不得超过六个月。

第五章 复审、复核

第五十五条 公职人员对监察机关作出的涉及本人的政务处分决定不服的,可以依法向作出决定的监察机关申请复审;公职人员对复审决定仍不服的,可以向上一级监察机关申请复核。

监察机关发现本机关或者下级监察机关作出的政务处分决定确有错误的,应当及时予以纠正或者责令下级监察机关及时予以纠正。

第五十六条 复审、复核期间,不停止原政务处分决定的执行。

公职人员不因提出复审、复核而被加重政务处分。

第五十七条 有下列情形之一的,复审、复核机关应当撤销原政务处分决定,重新作出决定或者责令原作出决定的监察机关重新作出决定:

(一)政务处分所依据的违法事实不清或者证据不足的;

(二)违反法定程序,影响案件公正处理的;

(三)超越职权或者滥用职权作出政务处分决定的。

第五十八条 有下列情形之一的,复审、复核机关应当变更原政务处分决定,或者责令原作出决定的监察机关予以变更:

(一)适用法律、法规确有错误的;

(二)对违法行为的情节认定确有错误的;

(三)政务处分不当的。

第五十九条 复审、复核机关认为政务处分决定认定事实清楚,适用法律正确的,应当予以维持。

第六十条 公职人员的政务处分决定被变更,需要调整该公职人员的职务、职级、衔级、级别、岗位和职员等级或者薪酬待遇等的,应当按照规定予以调整。政务处分决定被撤销的,应当恢复该公职人员的级别、薪酬待遇,按照原职务、职级、衔级、岗位和职员等级安排相应的职务、职级、衔级、岗位和职员等级,并在原政务处分决定公布范围内为其恢复名誉。

没收、追缴财物错误的,应当依法予以返还、赔偿。

公职人员因有本法第五十七条、第五十八条规定的情形被撤销政务处分或者减轻政务处分的,应当对其薪酬待遇受到的损失予以补偿。

第六章 法律责任

第六十一条 有关机关、单位无正当理由拒不采纳监察建议的,由其上级机关、主管部门责令改正,对该机关、单位给予通报批评,对负有责任的领导人员和直接责任人员依法给予处理。

第六十二条 有关机关、单位、组织或者人员有下列情形之一的,由其上级机关,主管部门,任免机关、单位或者监察机关责令改正,依法给予处理:

(一)拒不执行政务处分决定的;

(二)拒不配合或者阻碍调查的;

(三)对检举人、证人或者调查人员进行打击报复的;

(四)诬告陷害公职人员的;

(五)其他违反本法规定的情形。

第六十三条 监察机关及其工作人员有下列情形之一的,对负有责任的领导人员和直接责任人员依法给予处理:

(一)违反规定处置问题线索的;

(二)窃取、泄露调查工作信息,或者泄露检举事项、检举受理情况以及检举人信息的;

(三)对被调查人或者涉案人员逼供、诱供,或者侮辱、打骂、虐待、体罚或者变相体罚的;

(四)收受被调查人或者涉案人员的财物以及其他利益的;

(五)违反规定处置涉案财物的;

(六)违反规定采取调查措施的;

(七)利用职权或者职务上的影响干预调查工作、以案谋私的;

(八)违反规定发生办案安全事故,或者发生安全事故后隐瞒不报、报告失实、处置不当的;

(九)违反回避等程序规定,造成不良影响的;

(十)不依法受理和处理公职人员复审、复核的;

(十一)其他滥用职权、玩忽职守、徇私舞弊的行为。

第六十四条 违反本法规定,构成犯罪的,依法追究刑事责任。

第七章 附 则

第六十五条 国务院及其相关主管部门根据本法的原则和精神，结合事业单位、国有企业等的实际情况，对事业单位、国有企业等的违法的公职人员处分事宜作出具体规定。

第六十六条 中央军事委员会可以根据本法制定相关具体规定。

第六十七条 本法施行前，已结案的案件如果需要复审、复核，适用当时的规定。尚未结案的案件，如果行为发生时的规定不认为是违法的，适用当时的规定；如果行为发生时的规定认为是违法的，依照当时的规定处理，但是如果本法不认为是违法或者根据本法处理较轻的，适用本法。

第六十八条 本法自 2020 年 7 月 1 日起施行。

中华人民共和国反外国制裁法

1．2021 年 6 月 10 日第十三届全国人民代表大会常务委员会第二十九次会议通过

2．2021 年 6 月 10 日中华人民共和国主席令第 90 号公布施行

第一条 为了维护国家主权、安全、发展利益，保护我国公民、组织的合法权益，根据宪法，制定本法。

第二条 中华人民共和国坚持独立自主的和平外交政策，坚持互相尊重主权和领土完整、互不侵犯、互不干涉内政、平等互利、和平共处的五项原则，维护以联合国为核心的国际体系和以国际法为基础的国际秩序，发展同世界各国的友好合作，推动构建人类命运共同体。

第三条 中华人民共和国反对霸权主义和强权政治，反对任何国家以任何借口、任何方式干涉中国内政。

外国国家违反国际法和国际关系基本准则，以各种借口或者依据其本国法律对我国进行遏制、打压，对我国公民、组织采取歧视性限制措施，干涉我国内政的，我国有权采取相应反制措施。

第四条 国务院有关部门可以决定将直接或者间接参与制定、决定、实施本法第三条规定的歧视性限制措施的个人、组织列入反制清单。

第五条 除根据本法第四条规定列入反制清单的个人、组织以外，国务院有关部门还可以决定对下列个人、组织采取反制措施：

（一）列入反制清单个人的配偶和直系亲属；

（二）列入反制清单组织的高级管理人员或者实际控制人；

（三）由列入反制清单个人担任高级管理人员的组织；

（四）由列入反制清单个人和组织实际控制或者参与设立、运营的组织。

第六条　国务院有关部门可以按照各自职责和任务分工，对本法第四条、第五条规定的个人、组织，根据实际情况决定采取下列一种或者几种措施：

（一）不予签发签证、不准入境、注销签证或者驱逐出境；

（二）查封、扣押、冻结在我国境内的动产、不动产和其他各类财产；

（三）禁止或者限制我国境内的组织、个人与其进行有关交易、合作等活动；

（四）其他必要措施。

第七条　国务院有关部门依据本法第四条至第六条规定作出的决定为最终决定。

第八条　采取反制措施所依据的情形发生变化的，国务院有关部门可以暂停、变更或者取消有关反制措施。

第九条　反制清单和反制措施的确定、暂停、变更或者取消，由外交部或者国务院其他有关部门发布命令予以公布。

第十条　国家设立反外国制裁工作协调机制，负责统筹协调相关工作。

国务院有关部门应当加强协同配合和信息共享，按照各自职责和任务分工确定和实施有关反制措施。

第十一条　我国境内的组织和个人应当执行国务院有关部门采取的反制措施。

对违反前款规定的组织和个人，国务院有关部门依法予以处理，限制或者禁止其从事相关活动。

第十二条　任何组织和个人均不得执行或者协助执行外国国家对我国公民、组织采取的歧视性限制措施。

组织和个人违反前款规定，侵害我国公民、组织合法权益的，我国公民、组织可以依法向人民法院提起诉讼，要求其停止侵害、赔偿损失。

第十三条　对于危害我国主权、安全、发展利益的行为，除本法规定外，有关法律、行政法规、部门规章可以规定采取其他必要的反制措施。

第十四条　任何组织和个人不执行、不配合实施反制措施的，依法追究法律责任。

第十五条 对于外国国家、组织或者个人实施、协助、支持危害我国主权、安全、发展利益的行为,需要采取必要反制措施的,参照本法有关规定执行。

第十六条 本法自公布之日起施行。

中华人民共和国反有组织犯罪法

1. 2021年12月24日第十三届全国人民代表大会常务委员会第三十二次会议通过
2. 2021年12月24日中华人民共和国主席令第101号公布
3. 自2022年5月1日起施行

目　　录

第一章　总　　则

第一条 为了预防和惩治有组织犯罪,加强和规范反有组织犯罪工作,维护国家安全、社会秩序、经济秩序,保护公民和组织的合法权益,根据宪法,制定本法。

第二条 本法所称有组织犯罪,是指《中华人民共和国刑法》第二百九十四条规定的组织、领导、参加黑社会性质组织犯罪,以及黑社会性质组织、恶势力组织实施的犯罪。

本法所称恶势力组织,是指经常纠集在一起,以暴力、威胁或者其他手段,在一定区域或者行业领域内多次实施违法犯罪活动,为非作恶,欺压群众，扰乱社会秩序、经济秩序，造成较为恶劣的社会影响，但尚未形成黑社会性质组织的犯罪组织。

境外的黑社会组织到中华人民共和国境内发展组织成员、实施犯罪，以及在境外对中华人民共和国国家或者公民犯罪的，适用本法。

第三条 反有组织犯罪工作应当坚持总体国家安全观，综合运用法律、经济、科技、文化、教育等手段，建立健全反有组织犯罪工作机制和有组织犯罪预防治理体系。

第四条 反有组织犯罪工作应当坚持专门工作与群众路线相结合，坚持专项治理与系统治理相结合，坚持与反腐败相结合，坚持与加强基层组织建设相结合，惩防并举、标本兼治。

第五条 反有组织犯罪工作应当依法进行，尊重和保障人权，维护公民和组织的合法权益。

第六条 监察机关、人民法院、人民检察院、公安机关、司法行政机关以及其他有关国家机关，应当根据分工，互相配合，互相制约，依法做好反有组织犯罪工作。

有关部门应当动员、依靠村民委员会、居民委员会、企业事业单位、社会组织，共同开展反有组织犯罪工作。

第七条 任何单位和个人都有协助、配合有关部门开展反有组织犯罪工作的义务。

国家依法对协助、配合反有组织犯罪工作的单位和个人给予保护。

第八条 国家鼓励单位和个人举报有组织犯罪。

对举报有组织犯罪或者在反有组织犯罪工作中作出突出贡献的单位和个人，按照国家有关规定给予表彰、奖励。

第二章 预防和治理

第九条 各级人民政府和有关部门应当依法组织开展有组织犯罪预防和治理工作，将有组织犯罪预防和治理工作纳入考评体系。

村民委员会、居民委员会应当协助人民政府以及有关部门开展有组织犯罪预防和治理工作。

第十条 承担有组织犯罪预防和治理职责的部门应当开展反有组织犯罪宣传教育，增强公民的反有组织犯罪意识和能力。

监察机关、人民法院、人民检察院、公安机关、司法行政机关应当通过普法宣传、以案释法等方式，开展反有组织犯罪宣传教育。

新闻、广播、电视、文化、互联网信息服务等单位，应当有针对性地面向社会开展反有组织犯罪宣传教育。

第十一条 教育行政部门、学校应当会同有关部门建立防范有组织犯罪侵害校园工作机制，加强反有组织犯罪宣传教育，增强学生防范有组织犯罪的意识，教育引导学生自觉抵制有组织犯罪，防范有组织犯罪的侵害。

学校发现有组织犯罪侵害学生人身、财产安全，妨害校园及周边秩序的，有组织犯罪组织在学生中发展成员的，或者学生参加有组织犯罪活动的，应当及时制止，采取防范措施，并向公安机关和教育行政部门报告。

第十二条 民政部门应当会同监察机关、公安机关等有关部门，对村民委员会、居民委员会成员候选人资格进行审查，发现因实施有组织犯罪受过刑事处罚的，应当依照有关规定及时作出处理；发现有组织犯罪线索的，应当及时向公安机关报告。

第十三条 市场监管、金融监管、自然资源、交通运输等行业主管部门应当会同公安机关，建立健全行业有组织犯罪预防和治理长效机制，对相关行业领域内有组织犯罪情况进行监测分析，对有组织犯罪易发的行业领域加强监督管理。

第十四条 监察机关、人民法院、人民检察院、公安机关在办理案件中发现行业主管部门有组织犯罪预防和治理工作存在问题的，可以书面向相关行业主管部门提出意见建议。相关行业主管部门应当及时处理并书面反馈。

第十五条 公安机关可以会同有关部门根据本地有组织犯罪情况，确定预防和治理的重点区域、行业领域或者场所。

重点区域、行业领域或者场所的管理单位应当采取有效措施，加强管理，并及时将工作情况向公安机关反馈。

第十六条 电信业务经营者、互联网服务提供者应当依法履行网络信息安全管理义务，采取安全技术防范措施，防止含有宣扬、诱导有组织犯罪内容的信息传播；发现含有宣扬、诱导有组织犯罪内容的信息的，应当立即停止传输，采取消除等处置措施，保存相关记录，并向公安机关或者有关部门报告，依法为公安机关侦查有组织犯罪提供技术支持和协助。

网信、电信、公安等主管部门对含有宣扬、诱导有组织犯罪内容的信息，应当按照职责分工，及时责令有关单位停止传输、采取消除等处置措施，或者下架相关应用、关闭相关网站、关停相关服务。有关单位应当立即执行,并保存相关记录,协助调查。对互联网上来源于境外的上述信息,电信主管部门应当采取技术措施,及时阻断传播。

第十七条 国务院反洗钱行政主管部门、国务院其他有关部门、机构应当督促金融机构和特定非金融机构履行反洗钱义务。发现与有组织犯罪有关的可疑交易活动的,有关主管部门可以依法进行调查,经调查不能排除洗钱嫌疑的,应当及时向公安机关报案。

第十八条 监狱、看守所、社区矫正机构对有组织犯罪的罪犯,应当采取有针对性的监管、教育、矫正措施。

有组织犯罪的罪犯刑满释放后,司法行政机关应当会同有关部门落实安置帮教等必要措施,促进其顺利融入社会。

第十九条 对因组织、领导黑社会性质组织被判处刑罚的人员,设区的市级以上公安机关可以决定其自刑罚执行完毕之日起,按照国家有关规定向公安机关报告个人财产及日常活动。报告期限不超过五年。

第二十条 曾被判处刑罚的黑社会性质组织的组织者、领导者或者恶势力组织的首要分子开办企业或者在企业中担任高级管理人员的,相关行业主管部门应当依法审查,对其经营活动加强监督管理。

第二十一条 移民管理、海关、海警等部门应当会同公安机关严密防范境外的黑社会组织入境渗透、发展、实施违法犯罪活动。

出入境证件签发机关、移民管理机构对境外的黑社会组织的人员,有权决定不准其入境、不予签发入境证件或者宣布其入境证件作废。

移民管理、海关、海警等部门发现境外的黑社会组织的人员入境的,应当及时通知公安机关。发现相关人员涉嫌违反我国法律或者发现涉嫌有组织犯罪物品的,应当依法扣留并及时处理。

第三章 案件办理

第二十二条 办理有组织犯罪案件,应当以事实为根据,以法律为准绳,坚持宽严相济。

对有组织犯罪的组织者、领导者和骨干成员,应当严格掌握取保候审、不起诉、缓刑、减刑、假释和暂予监外执行的适用条件,充分适用剥夺政治权利、没收财产、罚金等刑罚。

有组织犯罪的犯罪嫌疑人、被告人自愿如实供述自己的罪行,承认指控的犯罪事实,愿意接受处罚的,可以依法从宽处理。

第二十三条 利用网络实施的犯罪,符合本法第二条规定的,应当认定为有组织犯罪。

为谋取非法利益或者形成非法影响，有组织地进行滋扰、纠缠、哄闹、聚众造势等，对他人形成心理强制，足以限制人身自由、危及人身财产安全，影响正常社会秩序、经济秩序的，可以认定为有组织犯罪的犯罪手段。

第二十四条 公安机关应当依法运用现代信息技术，建立有组织犯罪线索收集和研判机制，分级分类进行处置。

公安机关接到对有组织犯罪的报案、控告、举报后，应当及时开展统计、分析、研判工作，组织核查或者移送有关主管机关依法处理。

第二十五条 有关国家机关在履行职责时发现有组织犯罪线索，或者接到对有组织犯罪的举报的，应当及时移送公安机关等主管机关依法处理。

第二十六条 公安机关核查有组织犯罪线索，可以按照国家有关规定采取调查措施。公安机关向有关单位和个人收集、调取相关信息和材料的，有关单位和个人应当如实提供。

第二十七条 公安机关核查有组织犯罪线索，经县级以上公安机关负责人批准，可以查询嫌疑人员的存款、汇款、债券、股票、基金份额等财产信息。

公安机关核查黑社会性质组织犯罪线索，发现涉案财产有灭失、转移的紧急风险的，经设区的市级以上公安机关负责人批准，可以对有关涉案财产采取紧急止付或者临时冻结、临时扣押的紧急措施，期限不得超过四十八小时。期限届满或者适用紧急措施的情形消失的，应当立即解除紧急措施。

第二十八条 公安机关核查有组织犯罪线索，发现犯罪事实或者犯罪嫌疑人的，应当依照《中华人民共和国刑事诉讼法》的规定立案侦查。

第二十九条 公安机关办理有组织犯罪案件，可以依照《中华人民共和国出境入境管理法》的规定，决定对犯罪嫌疑人采取限制出境措施，通知移民管理机构执行。

第三十条 对有组织犯罪案件的犯罪嫌疑人、被告人，根据办理案件和维护监管秩序的需要，可以采取异地羁押、分别羁押或者单独羁押等措施。采取异地羁押措施的，应当依法通知犯罪嫌疑人、被告人的家属和辩护人。

第三十一条 公安机关在立案后，根据侦查犯罪的需要，依照《中华人民共和国刑事诉讼法》的规定，可以采取技术侦查措施、实施控制下交付或者由有关人员隐匿身份进行侦查。

第三十二条 犯罪嫌疑人、被告人检举、揭发重大犯罪的其他共同犯罪人或者提供侦破重大案件的重要线索或者证据，同案处理可能导致其本人或者近亲属有人身危险的，可以分案处理。

第三十三条 犯罪嫌疑人、被告人积极配合有组织犯罪案件的侦查、起诉、审判等工作，有下列情形之一的，可以依法从宽处罚，但对有组织犯罪的组织者、领导者应当严格适用：

（一）为查明犯罪组织的组织结构及其组织者、领导者、首要分子的地位、作用提供重要线索或者证据的；

（二）为查明犯罪组织实施的重大犯罪提供重要线索或者证据的；

（三）为查处国家工作人员涉有组织犯罪提供重要线索或者证据的；

（四）协助追缴、没收尚未掌握的赃款赃物的；

（五）其他为查办有组织犯罪案件提供重要线索或者证据的情形。

对参加有组织犯罪组织的犯罪嫌疑人、被告人不起诉或者免予刑事处罚的，可以根据案件的不同情况，依法予以训诫、责令具结悔过、赔礼道歉、赔偿损失，或者由主管部门予以行政处罚或者处分。

第三十四条 对黑社会性质组织的组织者、领导者，应当依法并处没收财产。对其他组织成员，根据其在犯罪组织中的地位、作用以及所参与违法犯罪活动的次数、性质、违法所得数额、造成的损失等，可以依法并处罚金或者没收财产。

第三十五条 对有组织犯罪的罪犯，执行机关应当依法从严管理。

黑社会性质组织的组织者、领导者或者恶势力组织的首要分子被判处十年以上有期徒刑、无期徒刑、死刑缓期二年执行的，应当跨省、自治区、直辖市异地执行刑罚。

第三十六条 对被判处十年以上有期徒刑、无期徒刑、死刑缓期二年执行的黑社会性质组织的组织者、领导者或者恶势力组织的首要分子减刑的，执行机关应当依法提出减刑建议，报经省、自治区、直辖市监狱管理机关复核后，提请人民法院裁定。

对黑社会性质组织的组织者、领导者或者恶势力组织的首要分子假释的，适用前款规定的程序。

第三十七条 人民法院审理黑社会性质组织犯罪罪犯的减刑、假释案件，应当通知人民检察院、执行机关参加审理，并通知被报请减刑、假释的罪犯参加，听取其意见。

第三十八条 执行机关提出减刑、假释建议以及人民法院审理减刑、假释案件,应当充分考虑罪犯履行生效裁判中财产性判项、配合处置涉案财产等情况。

第四章 涉案财产认定和处置

第三十九条 办理有组织犯罪案件中发现的可用以证明犯罪嫌疑人、被告人有罪或者无罪的各种财物、文件,应当依法查封、扣押。

公安机关、人民检察院、人民法院可以依照《中华人民共和国刑事诉讼法》的规定查询、冻结犯罪嫌疑人、被告人的存款、汇款、债券、股票、基金份额等财产。有关单位和个人应当配合。

第四十条 公安机关、人民检察院、人民法院根据办理有组织犯罪案件的需要,可以全面调查涉嫌有组织犯罪的组织及其成员的财产状况。

第四十一条 查封、扣押、冻结、处置涉案财物,应当严格依照法定条件和程序进行,依法保护公民和组织的合法财产权益,严格区分违法所得与合法财产、本人财产与其家属的财产,减少对企业正常经营活动的不利影响。不得查封、扣押、冻结与案件无关的财物。经查明确实与案件无关的财物,应当在三日以内解除查封、扣押、冻结,予以退还。对被害人的合法财产,应当及时返还。

查封、扣押、冻结涉案财物,应当为犯罪嫌疑人、被告人及其扶养的家属保留必需的生活费用和物品。

第四十二条 公安机关可以向反洗钱行政主管部门查询与有组织犯罪相关的信息数据,提请协查与有组织犯罪相关的可疑交易活动,反洗钱行政主管部门应当予以配合并及时回复。

第四十三条 对下列财产,经县级以上公安机关、人民检察院或者人民法院主要负责人批准,可以依法先行出售、变现或者变卖、拍卖,所得价款由扣押、冻结机关保管,并及时告知犯罪嫌疑人、被告人或者其近亲属:

(一)易损毁、灭失、变质等不宜长期保存的物品;

(二)有效期即将届满的汇票、本票、支票等;

(三)债券、股票、基金份额等财产,经权利人申请,出售不损害国家利益、被害人利益,不影响诉讼正常进行的。

第四十四条 公安机关、人民检察院应当对涉案财产审查甄别。在移送审查起诉、提起公诉时,应当对涉案财产提出处理意见。

在审理有组织犯罪案件过程中,应当对与涉案财产的性质、权属有关的事实、证据进行法庭调查、辩论。人民法院应当依法作出判决,对涉案财产作出处理。

第四十五条 有组织犯罪组织及其成员违法所得的一切财物及其孳息、收益，违禁品和供犯罪所用的本人财物，应当依法予以追缴、没收或者责令退赔。

依法应当追缴、没收的涉案财产无法找到、灭失或者与其他合法财产混合且不可分割的，可以追缴、没收其他等值财产或者混合财产中的等值部分。

被告人实施黑社会性质组织犯罪的定罪量刑事实已经查清，有证据证明其在犯罪期间获得的财产高度可能属于黑社会性质组织犯罪的违法所得及其孳息、收益，被告人不能说明财产合法来源的，应当依法予以追缴、没收。

第四十六条 涉案财产符合下列情形之一的，应当依法予以追缴、没收：

（一）为支持或者资助有组织犯罪活动而提供给有组织犯罪组织及其成员的财产；

（二）有组织犯罪组织成员的家庭财产中实际用于支持有组织犯罪活动的部分；

（三）利用有组织犯罪组织及其成员的违法犯罪活动获得的财产及其孳息、收益。

第四十七条 黑社会性质组织犯罪案件的犯罪嫌疑人、被告人逃匿，在通缉一年后不能到案，或者犯罪嫌疑人、被告人死亡，依照《中华人民共和国刑法》规定应当追缴其违法所得及其他涉案财产的，依照《中华人民共和国刑事诉讼法》有关犯罪嫌疑人、被告人逃匿、死亡案件违法所得的没收程序的规定办理。

第四十八条 监察机关、公安机关、人民检察院发现与有组织犯罪相关的洗钱以及掩饰、隐瞒犯罪所得、犯罪所得收益等犯罪的，应当依法查处。

第四十九条 利害关系人对查封、扣押、冻结、处置涉案财物提出异议的，公安机关、人民检察院、人民法院应当及时予以核实，听取其意见，依法作出处理。

公安机关、人民检察院、人民法院对涉案财物作出处理后，利害关系人对处理不服的，可以提出申诉或者控告。

第五章 国家工作人员涉有组织犯罪的处理

第五十条 国家工作人员有下列行为的，应当全面调查，依法作出处理：

（一）组织、领导、参加有组织犯罪活动的；

（二）为有组织犯罪组织及其犯罪活动提供帮助的；

（三）包庇有组织犯罪组织、纵容有组织犯罪活动的；

（四）在查办有组织犯罪案件工作中失职渎职的；

（五）利用职权或者职务上的影响干预反有组织犯罪工作的；

（六）其他涉有组织犯罪的违法犯罪行为。

国家工作人员组织、领导、参加有组织犯罪的，应当依法从重处罚。

第五十一条 监察机关、人民法院、人民检察院、公安机关、司法行政机关应当加强协作配合，建立线索办理沟通机制，发现国家工作人员涉嫌本法第五十条规定的违法犯罪的线索，应当依法处理或者及时移送主管机关处理。

任何单位和个人发现国家工作人员与有组织犯罪有关的违法犯罪行为，有权向监察机关、人民检察院、公安机关等部门报案、控告、举报。有关部门接到报案、控告、举报后，应当及时处理。

第五十二条 依法查办有组织犯罪案件或者依照职责支持、协助查办有组织犯罪案件的国家工作人员，不得有下列行为：

（一）接到报案、控告、举报不受理，发现犯罪信息、线索隐瞒不报、不如实报告，或者未经批准、授权擅自处置、不移送犯罪线索、涉案材料；

（二）向违法犯罪人员通风报信，阻碍案件查处；

（三）违背事实和法律处理案件；

（四）违反规定查封、扣押、冻结、处置涉案财物；

（五）其他滥用职权、玩忽职守、徇私舞弊的行为。

第五十三条 有关机关接到对从事反有组织犯罪工作的执法、司法工作人员的举报后，应当依法处理，防止犯罪嫌疑人、被告人等利用举报干扰办案、打击报复。

对利用举报等方式歪曲捏造事实，诬告陷害从事反有组织犯罪工作的执法、司法工作人员的，应当依法追究责任；造成不良影响的，应当按照规定及时澄清事实，恢复名誉，消除不良影响。

第六章 国际合作

第五十四条 中华人民共和国根据缔结或者参加的国际条约，或者按照平等互惠原则，与其他国家、地区、国际组织开展反有组织犯罪合作。

第五十五条 国务院有关部门根据国务院授权，代表中国政府与外国政府和有关国际组织开展反有组织犯罪情报信息交流和执法合作。

国务院公安部门应当加强跨境反有组织犯罪警务合作，推动与有关国家和地区建立警务合作机制。经国务院公安部门批准，边境地区公安机关可以与相邻国家或者地区执法机构建立跨境有组织犯罪情报信息交流和警务合作机制。

第五十六条 涉及有组织犯罪的刑事司法协助、引渡，依照有关法律的规定办理。

第五十七条 通过反有组织犯罪国际合作取得的材料可以在行政处罚、刑事诉讼中作为证据使用，但依据条约规定或者我方承诺不作为证据使用的除外。

第七章 保障措施

第五十八条 国家为反有组织犯罪工作提供必要的组织保障、制度保障和物质保障。

第五十九条 公安机关和有关部门应当依照职责，建立健全反有组织犯罪专业力量，加强人才队伍建设和专业训练，提升反有组织犯罪工作能力。

第六十条 国务院和县级以上地方各级人民政府应当按照事权划分，将反有组织犯罪工作经费列入本级财政预算。

第六十一条 因举报、控告和制止有组织犯罪活动，在有组织犯罪案件中作证，本人或者其近亲属的人身安全面临危险的，公安机关、人民检察院、人民法院应当按照有关规定，采取下列一项或者多项保护措施：

（一）不公开真实姓名、住址和工作单位等个人信息；

（二）采取不暴露外貌、真实声音等出庭作证措施；

（三）禁止特定的人接触被保护人员；

（四）对人身和住宅采取专门性保护措施；

（五）变更被保护人员的身份，重新安排住所和工作单位；

（六）其他必要的保护措施。

第六十二条 采取本法第六十一条第三项、第四项规定的保护措施，由公安机关执行。根据本法第六十一条第五项规定，变更被保护人员身份的，由国务院公安部门批准和组织实施。

公安机关、人民检察院、人民法院依法采取保护措施，有关单位和个人应当配合。

第六十三条 实施有组织犯罪的人员配合侦查、起诉、审判等工作，对侦破案件或者查明案件事实起到重要作用的,可以参照证人保护的规定执行。

第六十四条 对办理有组织犯罪案件的执法、司法工作人员及其近亲属,可以采取人身保护、禁止特定的人接触等保护措施。

第六十五条 对因履行反有组织犯罪工作职责或者协助、配合有关部门开展反有组织犯罪工作导致伤残或者死亡的人员,按照国家有关规定给予相应的待遇。

第八章 法律责任

第六十六条 组织、领导、参加黑社会性质组织,国家机关工作人员包庇、纵容黑社会性质组织,以及黑社会性质组织、恶势力组织实施犯罪的,依法追究刑事责任。

境外的黑社会组织的人员到中华人民共和国境内发展组织成员、实施犯罪,以及在境外对中华人民共和国国家或者公民犯罪的,依法追究刑事责任。

第六十七条 发展未成年人参加黑社会性质组织、境外的黑社会组织,教唆、诱骗未成年人实施有组织犯罪,或者实施有组织犯罪侵害未成年人合法权益的,依法从重追究刑事责任。

第六十八条 对有组织犯罪的罪犯,人民法院可以依照《中华人民共和国刑法》有关从业禁止的规定,禁止其从事相关职业,并通报相关行业主管部门。

第六十九条 有下列情形之一,尚不构成犯罪的,由公安机关处五日以上十日以下拘留,可以并处一万元以下罚款;情节较重的,处十日以上十五日以下拘留,并处一万元以上三万元以下罚款;有违法所得的,除依法应当返还被害人的以外,应当予以没收:

(一)参加境外的黑社会组织的;

(二)积极参加恶势力组织的;

(三)教唆、诱骗他人参加有组织犯罪组织,或者阻止他人退出有组织犯罪组织的;

(四)为有组织犯罪活动提供资金、场所等支持、协助、便利的;

(五)阻止他人检举揭发有组织犯罪、提供有组织犯罪证据,或者明知他人有有组织犯罪行为,在司法机关向其调查有关情况、收集有关证据时拒绝提供的。

教唆、诱骗未成年人参加有组织犯罪组织或者阻止未成年人退出有组织犯罪组织，尚不构成犯罪的，依照前款规定从重处罚。

第七十条 违反本法第十九条规定，不按照公安机关的决定如实报告个人财产及日常活动的，由公安机关给予警告，并责令改正；拒不改正的，处五日以上十日以下拘留，并处三万元以下罚款。

第七十一条 金融机构等相关单位未依照本法第二十七条规定协助公安机关采取紧急止付、临时冻结措施的，由公安机关责令改正；拒不改正的，由公安机关处五万元以上二十万元以下罚款，并对直接负责的主管人员和其他直接责任人员处五万元以下罚款；情节严重的，公安机关可以建议有关主管部门对直接负责的主管人员和其他直接责任人员依法给予处分。

第七十二条 电信业务经营者、互联网服务提供者有下列情形之一的，由有关主管部门责令改正；拒不改正或者情节严重的，由有关主管部门依照《中华人民共和国网络安全法》的有关规定给予处罚：

（一）拒不为侦查有组织犯罪提供技术支持和协助的；

（二）不按照主管部门的要求对含有宣扬、诱导有组织犯罪内容的信息停止传输、采取消除等处置措施、保存相关记录的。

第七十三条 有关国家机关、行业主管部门拒不履行或者拖延履行反有组织犯罪法定职责，或者拒不配合反有组织犯罪调查取证，或者在其他工作中滥用反有组织犯罪工作有关措施的，由其上级机关责令改正；情节严重的，对负有责任的领导人员和直接责任人员，依法给予处分；构成犯罪的，依法追究刑事责任。

第七十四条 有关部门和单位、个人应当对在反有组织犯罪工作过程中知悉的国家秘密、商业秘密和个人隐私予以保密。违反规定泄露国家秘密、商业秘密和个人隐私的，依法追究法律责任。

第七十五条 国家工作人员有本法第五十条、第五十二条规定的行为，构成犯罪的，依法追究刑事责任；尚不构成犯罪的，依法给予处分。

第七十六条 有关单位和个人对依照本法作出的行政处罚和行政强制措施决定不服的，可以依法申请行政复议或者提起行政诉讼。

第九章 附　　则

第七十七条 本法自 2022 年 5 月 1 日起施行。